PORT-ROYAL

PAR

C.-A. SAINTE-BEUVE

TROISIÈME ÉDITION

TOME CINQUIÈME

PARIS
LIBRAIRIE DE L. HACHETTE ET Cie
BOULEVARD SAINT-GERMAIN, N° 77

1867
Tous droits réservés

PORT-ROYAL

IMPRIMERIE GÉNÉRALE DE CH. LAHURE
Rue de Fleurus, 9, à Paris

LIVRE CINQUIÈME

LA SECONDE GÉNÉRATION
DE PORT-ROYAL
(SUITE)

IX

L'automne de Port-Royal. — M. d'Andilly à Versailles. — Il s'oublie à Pomponne. — Son retour à Port-Royal des Champs et sa mort. — Madame de Sévigné amie mondaine ; libre parleuse.— La Fontaine auxiliaire et collaborateur. — Brienne et ses frasques. — Les amies et bienfaitrices. — Prince et princesse de Conti. — Caractère de tous deux. — Les mérites sérieux de la princesse. — Restitutions et aumônes. — Bourdaloue grondé pour un sermon. — Duc et duchesse de Liancourt. — Perfection de l'épouse chrétienne. — La terre de Liancourt embellie ; et pourquoi. — Mort de la femme et du mari.

Qui eût annoncé à Port-Royal, dans les premières années de cette Paix, qu'on était aux derniers beaux jours et tout à la veille du déclin, aurait fort étonné et n'aurait pas été cru. Ce qu'on peut dire de mieux et de plus vrai sur la situation de Port-Royal en ce moment, sur cette prospérité apparente et sans lendemain, a été dit par un très-spirituel auteur[1], à l'occasion du Paraclet fondé par Abélard dans les plaines de Champagne. Hilaire, un disciple, au retour d'un voyage, rendant compte à Abélard des impressions et des pressentiments d'un de leurs

---

1. M. de Rémusat, dans un drame inédit d'*Abélard*.

amis : — « Mais enfin que craint-il? » demande Abélard. — « Rien de précis, répond Hilaire, mais tout lui semble un déclin. *Il dit qu'à la fin de septembre, on sent l'approche de l'hiver et que pourtant l'été dure encore.* » — Ce mot pourrait servir d'épigraphe à ces derniers chapitres de l'avant-dernier livre.

Louis XIV pourtant, de qui le mal devait venir, ne paraissait pas se douter encore qu'il le causerait si tôt. M. de Lyonne, son habile secrétaire d'État aux affaires étrangères, étant mort, il déclara le 6 septembre 1671 qu'il avait choisi, pour le remplacer, M. de Pomponne, alors son ambassadeur en Suède [1]. Quelques personnes ayant

---

1. Louis XIV annonça cette faveur à M. de Pomponne, par une lettre qui respire bien la plénitude du pouvoir absolu et la naïveté d'un monarque-dieu daignant communiquer sa grâce à qui il veut bien, et choisir ses élus où il lui plaît. La voici en entier, telle que je la trouve copiée dans les *Papiers de la famille Arnauld*, tome IV (manuscrits de la Bibliothèque de l'Arsenal); M. Monmerqué, du reste, l'a déjà donnée :

« A Versailles, le 5 septembre 1671.

« En recevant cette lettre, vous aurez des sentiments bien différents : la surprise, la joie et l'embarras vous frapperont tout ensemble ; car vous ne vous attendez pas que je vous fasse secrétaire d'État, étant dans le fond du Nord. Une distinction aussi grande et un choix fait sur toute la France doivent toucher un cœur comme le vôtre, et l'argent que je vous ordonne de donner peut embarrasser un moment un homme qui a moins de richesses que d'autres qualités. Après avoir fait ce préambule, je *vas* expliquer en peu de mots ce que je fais pour vous. Lionne étant mort, je veux que vous remplissiez sa place. Mais comme il faut donner quelque récompense à son fils qui a la survivance, et que le prix que j'ai réglé monte à huit cent mille livres, dont j'en donne trois cents par le moyen d'une charge qui vaque, il faut que vous trouviez le reste. Mais, pour y apporter de la facilité, je vous donne un brevet de retenue des cinq cent mille livres que vous devez fournir, en attendant que je trouve dans quelques années le moyen de vous donner de quoi vous tirer de l'embarras où mettent beaucoup de dettes. Voilà ce que je fais pour vous, et ce que je veux de vous. Travaillez cependant à mettre mes affaires en Suède en état de vous rendre bientôt auprès de moi. Je vous enverrai un successeur qui se servira de vos gens pour le temps qu'il devra demeurer où vous êtes, et vous partirez pour vous rendre auprès de moi, pour consommer pleinement la grâce que je vous fais, qui ne paroît pas petite à beaucoup de gens. Elle vous marque assez l'estime que je fais de votre

fait observer que M. d'Andilly sans doute, tout solitaire qu'il était, voudrait remercier le roi d'une si grande faveur faite à son fils, le roi dit gracieusement qu'*il le croyait*. C'était un ordre, et c'est ainsi que M. d'Andilly, que nous avons laissé dans une sorte d'exil à Pomponne[1], fut induit et comme obligé à paraître à Versailles.

M. d'Andilly n'était peut-être pas alors aussi solitaire qu'on le supposait à la Cour; il n'avait pas profité des premiers mois ni même de la première et de la seconde année de la Paix de l'Église pour revoler à son désert de Port-Royal. Sa fille, la mère Angélique de Saint-Jean, l'attendait d'année en année, et il ne venait pas[2]. M. Arnauld,

personne sans qu'il soit nécessaire que j'en dise davantage. Vous donnerez créance à ce que vous dira ce porteur, et me le renverrez aussitôt avec les éclaircissements que je vous demande sur les affaires dont vous êtes chargé.

« LOUIS. »

On verra par la suite la contre-partie et le revers de cette bonne grâce royale dans le jugement porté par Louis XIV, lorsqu'il renvoya M. de Pomponne en 1679.

1. Tome II, page 290, et tome IV, page 210.
2. Elle lui écrivait, le 19 mai 1670 :

« Il est bien aisé de juger si les années ne semblent pas fort longues, quand il en faut attendre la révolution tout entière pour avoir l'honneur et la satisfaction de vous voir. J'avoue que ce qui est rare frappe plus les sens; néanmoins, en cette matière, rien n'est meilleur que ce qui est le plus ordinaire.... N'êtes-vous pas préparé à ne plus connoître notre maison, ou plutôt une partie du jardin qui est devenue comme un champ de bataille par le carnage qu'y ont fait les maçons? Il ne faut pas que cela vous surprenne, de peur que vous n'en fussiez trop touché. J'aurois appréhendé l'année passée que vous eussiez vu ce renversement qui touchoit jusques à *Lolotte* (la petite Charlotte de Pomponne), quoique ces plants de son bon papa ne lui eussent rien coûté pour mériter ses larmes. Pour cette heure que l'on commence à voir un beau bâtiment qui remplit ces ruines, cela n'a pas quelque chose de si affreux, et pourvu, comme je vous l'ai dit, que vous soyez préparé contre la surprise des sens en quelques endroits, vous aurez en d'autres de quoi les satisfaire, par la beauté des plants et la quantité de fruit que nous promet cette année, nonobstant un hiver capable de tout faire mourir, tant il a été extraordinaire. »

Ce bouleversement du jardin par les maçons tenait à la recon-

son frère, a doucement indiqué cette éclipse de zèle et cette défaillance, quand il a dit dans l'Oraison funèbre ds son illustre aîné, qu'il prononça en présence des religieuses des Champs :

« Afin qu'il fût convaincu par sa propre expérience du besoin continuel qne nous avons de la Grâce pour ne nous point affoiblir dans nos plus saintes résolutions, Dieu a permis que la douceur de son exil lui ait fait un peu oublier ce qu'il devoit considérer comme son véritable pays au regard de la terre, lorsqu'il ne tenoit plus qu'à lui d'y retourner.

« Quelques considérations légitimes en soi, mais qui devoient céder à des engagements plus saints, l'arrêtèrent un peu de temps, et furent comme une glu qui, embarrassant les ailes spirituelles de cette colombe, comme parle saint Augustin, l'a empêchée de s'envoler aussi tôt qu'elle l'auroit pu vers sa chère solitude. »

Cette *glu*, cette douceur, cet enchantement de l'exil de Pomponne et des distractions qu'on s'y permettait, madame de Sévigné nous en explique le secret mieux que personne, et en des termes moins mystiques, lorsqu'elle écrit du salon de Fresnes et de chez madame Du Plessis, le 1er août 1667, à M. de Pomponne :

« Il faut que je vous dise comme je suis présentement : j'ai M. d'Andilly à ma main gauche, c'est-à-dire du côté de mon cœur ; j'ai madame de La Fayette à ma droite ; madame Du Plessis devant moi, qui s'amuse à barbouiller de petites images ; madame de Motteville un peu plus loin, qui rêve profondément ; notre oncle de Cessac, que je crains parce que je ne le connois guère ; madame de Caderousse, mademoiselle sa sœur, qui est un fruit nouveau que vous ne connoissez pas, et mademoiselle de Sévigné sur le tout, allant et venant par le cabinet comme de petits frelons. »

struction du cloître qui se fit en ces années. — Nous trouvons M. d'Andilly en visite à Port-Royal dans le mois de septembre de l'année suivante (1671), mais seulement en visite.

Quel tableau! il n'y manque rien, pas même ce murmure d'abeilles dont parlait saint Jean l'Aumônier[1], et qui va si bien autour du front austère et de la lèvre souriante de d'Andilly.

Voilà donc à quoi il s'oubliait. M. d'Andilly s'était insensiblement remis à ce régime des amitiés du monde, et à ce demi-jansénisme de ses spirituelles amies, si diversifié, si souriant, et qui était bien la plus aimable des nuances. Cela ne l'empêchait pas de *croître* chaque jour *en sainteté*, à ce qu'elles nous disent de lui, et de les gronder parfois sur leur reste de paganisme et d'idôlatrie, elles à leur tour le lui rendant bien et lui reprochant aussitôt de s'inquiéter plus du salut des jolies que des laides ; ces gronderies-là, qui s'étendaient en des conversations de six heures, avaient encore leur charme[2].

---

1. Tome II, page 285.
2. Rien n'explique mieux comment, avec M. d'Andilly, les conversations étaient aisément de six heures, que la profusion et l'étendue de sa parole. On aura idée de cette profusion qui lui était habituelle, par une Dédicace de lui (inédite) que je lis sur le dernier feuillet d'un magnifique exemplaire de ses *Œuvres chrétiennes*, par lui donné à madame de Pomponne le jour de son mariage (et qui appartient à M. Cigongne) :

« Je prie ma très-chère fille de Pomponne, dit-il, de garder toute sa vie ce livre pour l'amour de moi, comme le plus grand gage que je pouvois lui donner de ma parfaite amitié pour elle, puisqu'elle y verra peints de telle sorte, non pas les traits de mon visage qui s'effaceront par la mort, mais tous les sentiments de mon âme qui est immortelle, qu'il lui sera facile de juger par là de la place que sa vertu lui fait tenir dans mon cœur, et des actions infinies de grâces que je rendrai sans cesse à Dieu d'avoir par elle rendu mon fils et moi deux des plus heureux hommes qui soient au monde : car de la manière que s'est fait leur mariage, je ne saurois douter qu'il ne le comble de ses plus saintes bénédictions ; et jamais père ne donna la sienne à ses enfants avec plus de tendresse et d'amour que je leur donne la mienne. — Ce dimanche, 9 mai 1660, qui est le jour de leur mariage.

« ARNAULD D'ANDILLY. »

Il semble qu'on l'entende causer, reprenant à peine haleine et liant si bien ses phrases (comme M. de Humboldt) qu'on ne sait où les couper.

Il prit pourtant son grand courage et regagna, avant de mourir, son désert des Champs; mais ce ne fut qu'après avoir fait sa réapparition à la Cour.

Il y avait vingt-six ans qu'il l'avait quittée; il avait quatre-vingt-deux ans.

Il a lui-même raconté cette journée d'honneur et de satisfaction nonpareille, où il lui fut donné de ressentir la plus orgueilleuse des joies et la plus flatteuse à son cœur de père, à son cœur d'Arnauld. Le roi fut mieux que bon, il fut coquet pour lui. « Savez-vous, écrit madame de Sévigné à sa fille, que le roi a reçu M. d'Andilly comme nous aurions pu faire? » Et elle raconte cette mémorable journée du 10 septembre 1671, de manière à éteindre tous les autres récits, y compris celui qu'en a fait d'Andilly lui-même :

« Le roi causa une heure avec le bonhomme d'Andilly aussi plaisamment, aussi bonnement, aussi agréablement qu'il est possible : il étoit aise de faire voir son esprit à ce bon vieillard et d'attirer sa juste admiration. Il témoigna qu'il étoit plein de plaisir d'avoir choisi M. de Pomponne, qu'il l'attendoit avec impatience, qu'il auroit soin de ses affaires, sachant qu'il n'étoit pas riche. Il dit au bonhomme qu'il y avoit de la vanité à lui d'avoir mis dans sa Préface de Josèphe qu'il avoit quatre-vingts ans, que c'étoit un péché; enfin on rioit, on avoit de l'esprit. Le roi ajouta qu'il ne falloit pas croire qu'il le laissât en repos dans *son désert*[1], qu'il l'enverroit quérir, qu'il vouloit le voir comme un homme illustre par toutes sortes de raisons. Comme le bonhomme l'assuroit de sa fidélité, le roi dit qu'il n'en doutoit point, et que quand on servoit bien Dieu, on servoit bien son roi. Enfin ce furent des merveilles; il eut soin de l'envoyer dîner, et de le faire promener dans une calèche; il en a parlé un jour entier en l'admirant. Pour M. d'Andilly, il est transporté, et

---

1. Ceci semblerait indiquer Port-Royal; mais c'était à Pomponne que M. d'Andilly vivait depuis plusieurs années, et il y resta près de deux ans encore.

dit de moment en moment, sentant qu'il en a besoin : *Il faut s'humilier !* Vous pouvez penser la joie que cela me causa, et la part que j'y prends. »

Il faut voir toutefois, si l'on tient à ne rien perdre d'essentiel, la Relation de cette visite à Versailles par d'Andilly lui-même [1]. Il y a des passages dont rien ne saurait dispenser :

« ... Après cela je suppliai Sa Majesté de me dire si elle me permettoit d'user de la même liberté avec laquelle le roi son père et la reine sa mère avoient toujours eue pour agréable que je leur parlasse. Elle me répondit que oui, et cela d'une manière si obligeante, que je ne craignis point de lui dire : « Sire, pour ce qui regarde mon fils, Votre Majesté l'a tellement comblé de ses bienfaits et de ses faveurs, qu'il ne sauroit rien désirer davantage; mais pour moi, Sire, j'avoue que, pour être pleinement content, il me reste une chose à souhaiter. — Et quoi ? me répondit le roi. — L'oserois-je dire, Sire ? lui repartis-je. — Oui, me répliqua Sa Majesté. — *C'est, Sire*, lui dis-je alors, *que Votre Majesté me fasse l'honneur de m'aimer un peu.* » En achevant ces paroles, je lui embrassai les genoux....

« ... Il se passa plusieurs autres choses dans cette longue et si favorable audience que je ne saurois rapporter, parce que j'étois si attentif à ce que Sa Majesté me faisoit l'honneur de me dire d'une manière qui me touchoit également l'esprit et le cœur, et à lui répondre, que *ma mémoire étoit comme suspendue.* »

Nulle part l'éblouissement où l'on était de Louis XIV, de ce soleil de la royauté, n'apparaît mieux qu'en se réfléchissant, en resplendissant si à nu dans les yeux en pleurs et sur ce front de neige du solitaire et octogénaire d'Andilly [2].

---

1. Elle est à la suite des *Mémoires de Coulanges*, publiés par M. Monmerqué (1820).
2. Arnauld n'était pas ainsi; royaliste lui-même, il est plus de Port-Royal que cela. S'il dérogea souvent à l'esprit de Saint-Cyran, il y tint sur ce point et ne tomba jamais dans ces effusions

M. d'Andilly, en faisant cette apparition à Versailles, pensait bien surtout à son fils M. de Pomponne, mais il pensait aussi à l'intérêt de tous les amis, à ce qui en rejaillirait sur son cher Port-Royal d'honneur, de lustre, et par suite (il l'espérait) de protection. Tout en ayant sans cesse présente cette sainte demeure, il mit quelque temps encore à y retourner, et ce ne fut qu'en mai 1673 qu'il partit avec son fils Luzanci pour s'y installer une dernière fois dans l'étude, un exercice modéré et la prière. Le Journal intérieur de Port-Royal n'a pas manqué de noter ce beau jour : « Le jeudi, 25 mai, M. d'Andilly arriva de Pomponne pour demeurer dorénavant céans, avec M. de Luzanci, madame Hippolite, M. Saint-Omer, trois de ses gens et une servante. » Il n'y retrouva plus sa sœur, la mère Agnès, morte dès le 19 février 1671 [1]. Tout d'ailleurs prospérait à vue d'œil

d'une fidélité trop humaine. C'est encore un trait qui le sépare et le distingue de son respectable aîné d'Andilly ; s'il entendait moins libéralement, moins poliment que lui, la conciliation des querelles et aimait trop la bataille, si son livre de *la Fréquente Communion* est aussi peu riant que les *Pères des Déserts* sont gracieux et fleuris, ici encore il diffère. Nous l'avons vu, il y a peu de temps, présenté à Louis XIV lors de la Paix de l'Église ; il reçut aussi la faveur d'un mot auguste, mais il n'en fut pas si rempli, si inondé. On a même de lui, dans une lettre à Racine, un mot plus fin de tour qu'à lui n'appartient d'ordinaire : « (De Bruxelles, 7 avril 1685.) J'ai à vous remercier, Monsieur, du discours qu'on m'a envoyé de votre part (le Discours à l'Académie pour la réception de MM. Corneille et Bergeret). Rien n'est assurément plus éloquent, et le héros que vous y louez est d'autant plus digne de vos louanges que l'on dit qu'il y a trouvé de l'excès. »

1. Cette mort de la mère Agnès avait offert, comme on peut le croire, des particularités touchantes. Ce fut M. Arnauld qui y officia ; il y eut jusqu'à treize ecclésiastiques qui prirent part à l'enterrement : « Sans toutes ces personnes qui soutinrent le chant, dit notre Journal, le chœur seroit demeuré au Psaume *in Exitu*, où toutes les sœurs ne purent plus retenir leurs larmes, et pendant lequel elles descendirent toutes de leurs chaises (stalles) les unes après les autres pour aller baiser la main de la mère, auparavant que l'on la portât à la sépulture qui étoit dans l'église même. »

et à souhait; tout devait réjouir son regard. Madame de Sévigné a raconté une visite qu'elle lui fit, ainsi qu'à son oncle de Sévigné; c'était au cœur de l'hiver (24 janvier 1674). La tristesse du lieu se peignit à elle; mais la tristesse elle-même, réfléchie par cette imagination heureuse, n'est jamais sans une lumière et sans un sourire :

« Je revins hier du Mesnil, où j'étois allée pour voir le lendemain M. d'Andilly; je fus six heures avec lui; j'eus toute la joie que peut donner la conversation d'un homme admirable.... Je vis aussi mon oncle de Sévigné, mais un moment. Ce Port-Royal est une Thébaïde; c'est le Paradis; c'est un désert où toute la dévotion du Christianisme s'est rangée; c'est une sainteté répandue dans tout le pays à une lieue à la ronde; il y a cinq ou six solitaires qu'on ne connoît point, qui vivent comme les pénitents de saint Jean Climaque; les religieuses sont des Anges sur terre. Mademoiselle de Vertus y achève sa vie avec des douleurs inconcevables et une résignation extrême. Tout ce qui les sert, jusqu'aux charretiers, aux bergers, aux ouvriers, tout est saint. Je vous avoue que j'ai été ravie de voir cette divine solitude, dont j'avois tant ouï parler[1]; c'est un vallon affreux, tout propre à inspirer le goût de faire son salut. Je revins coucher au Mesnil, et hier ici, après avoir encore embrassé M. d'Andilly en passant. Je crois que je dinerai demain chez M. de Pomponne; ce ne sera pas sans parler de son père et de ma fille : voilà deux chapitres qui nous tiennent au cœur. »

C'étaient là des traits que nous ne pouvions négliger d'assembler autour de la vénérable figure de d'Andilly,

---

1. Ce mot indique assez qu'elle n'était point allée encore à Port-Royal des Champs. Comment concilier cela avec ce que dit Besoigne (tome II, page 480, de son *Histoire de Port-Royal*), que « dans le mois d'août 1670 la première pierre du troisième côté du cloître qu'on bâtissoit fut bénite par M. le curé de Saint-Benoît et *posée par madame de Sévigné?* » Cette pose put-elle se faire par procuration? — Le *Journal manuscrit* de Port-Royal, en cette année, dit que la pierre fut posée le 6 août par M. de Sévigné et donne le détail de la cérémonie : ainsi Besoigne (ou plutôt son imprimeur) s'est trompé.

des fleurs permises qui lui composent sous cette main gracieuse et incomparable sa dernière couronne [1].

Madame de Sévigné, que nous avons plaisir à nommer et à saluer chaque fois, et dont c'est présentement l'heure de fréquente liaison avec les nôtres, est véritablement à nos yeux et nous représente *l'amie* de Port-Royal. Les autres sont des solitaires, les autres des disciples, des adhérents, des affiliés, des dévots ou des dévotes à Port-Royal, des mères de l'Église et des dames de la Grâce ; elle, elle est, comme Boileau, et en toute liberté comme lui, elle est *l'amie*, et pas autre chose. On vient de voir comme elle aime M. d'Andilly et comme elle célèbre ce désert ; elle n'est pas dupe pourtant de ce qu'il y a de prévention dans ces disputes divines ; et elle y fait la

---

[1]. Je ne tiens dans tout ceci aucun compte d'un accident qui est arrivé à M. d'Andilly, depuis que nous l'avons quitté dans notre tome second. M. Varin, dans son singulier livre si faussement intitulé *la Vérité sur les Arnauld*, a construit contre lui tout un système d'accusations et d'insinuations, que je ne sais comment qualifier. Bien que je me croie au fait du sujet, j'avouerai que certains chapitres de cet ouvrage de M. Varin (notamment les scènes parodiées du *Tartufe*) sont restés pour moi inintelligibles et à l'état de pur amphigouri. M. d'Andilly un *Tartufe* ! Il serait plutôt crédule et dupe aisément. C'est ainsi que le définit Conrart, quand il nous le montre subitement gagné et retourné par ce traître Chavigny et célébrant en tout lieu son innocence : « Tant il est aisé de prévenir, dit-il, un esprit crédule et préoccupé comme est celui-ci, qui est toujours le mieux intentionné du monde, mais qui se laisse aisément prévenir, et qui juge que tout le monde est aussi homme de bien que lui, pourvu qu'on le lui dise avec de l'esprit et de belles paroles. » Tel les amis et contemporains de d'Andilly l'ont jugé. — M. Varin avait beaucoup lu, mais il ne voyait pas juste. Esprit inquiet, fébrile, ambitieux de plaire à un parti, et le contraire du judicieux, il n'avait pas été corrigé (si cela se corrige) par une éducation saine. Son livre est un méchant livre, aussi mal pensé que folâtrement écrit. — Il y aurait, pour le réfuter dans un travail spécial, à le suivre pied à pied dans l'examen des quatre ou cinq premiers volumes des *Papiers de la famille Arnauld* que possède la Bibliothèque de l'Arsenal, et qu'il a torturés et déchiquetés abusivement.

grande part de l'humaine raison ou de la déraison. C'est elle qui avait écrit, en novembre 1664, à M. de Pomponne, en lui parlant d'une de ses sœurs, d'une des filles de M. d'Andilly, s'il nous en souvient, la sœur Angélique de Sainte-Thérèse, celle qu'on avait mise avec la mère Agnès au couvent de Sainte-Marie du faubourg Saint-Jacques et qui avait signé :

« Voici encore une image de la prévention : nos sœurs de Sainte-Marie m'ont dit : « Enfin Dieu soit loué ! Dieu a touché le cœur de cette pauvre enfant; elle s'est mise dans le chemin de l'obéissance et du salut. » De là je vais à Port-Royal, j'y trouve un certain grand solitaire (d'Andilly) que vous connaissez, qui commença par me dire : « Eh bien ! ce pauvre oison a signé ; enfin Dieu l'a abandonnée, elle a fait le saut. » Pour moi, *j'ai pensé mourir de rire*, faisant réflexion sur ce que fait la préoccupation. Voilà bien le monde en son naturel. Je crois que le milieu de ces extrémités est toujours le meilleur. »

Voulez-vous l'exact pendant de cette conclusion toute de bon sens et de liberté d'esprit, chez un autre voisin excellent, chez celui qui, avec madame de Sévigné, est le modèle de *l'ami* de Port-Royal dans le monde ? Boileau écrit à Brossette (7 décembre 1703) après des éloges d'Arnauld auquel, selon son usage, il associe, en le subordonnant délicatement, Bourdaloue :

« Car pour ce qui regarde le démêlé sur la Grâce, c'est sur quoi je n'ai point pris parti, étant tantôt d'un sentiment et tantôt d'un autre ; de sorte que m'étant quelquefois couché *janséniste tirant au calviniste*, je suis tout étonné que je me réveille *moliniste approchant du pélagien*. Ainsi, sans les condamner les uns ni les autres, je m'écrie avec saint Augustin : *O altitudo sapientiæ !* Mais après avoir quelquefois en moi-même traduit ces paroles par : *Oh ! que Dieu est sage !* j'ajoute aussi en même temps: *Oh ! que les hommes sont fous !* »

Boileau était donc tout au plus, selon qu'il le dit encore, un *molino-janséniste*. C'est juste le pendant de madame de Sévigné, qui voyait à la fois les sœurs de Port-Royal et les filles de Sainte-Marie, sauf les préférences.

Madame de Sévigné avait en elle un grain de Montaigne, du doute, du *pour et contre* comme Boileau, comme toutes les personnes de bon sens. Il y a des moments où elle lâche pied sur le Jansénisme ; ainsi lorsqu'elle dit moitié sérieusement, moitié gaiement, à propos d'une de ses lectures saintes (28 août 1676) : « Pour moi, je passe bien plus loin que les Jésuites...., je suis persuadée que nous avons notre liberté tout entière. » Sur ce fond-là, elle varie du matin au soir, du soir au matin [1].

Madame de Sévigné faisait déjà, à quelque degré, comme nous voudrions faire : elle tirait de Port-Royal la littérature, l'agrément solide, la morale, l'utile et le charmant ; — avec cela un peu plus de religion sans doute qu'il ne nous est donné d'en prendre. Toutefois une réflexion nous vient de toutes parts : avec nos amateurs éclectiques de Port-Royal, avec nos aimables jansénistes selon d'Andilly, comme nous faisons insensiblement du chemin, comme nous sommes loin de Saint-Cyran !

Nous en sommes plus loin encore, lorsque nous voyons (toujours en l'honneur, bien probablement, et à l'intention de M. d'Andilly) le cardinal de Retz venir faire une visite à Port-Royal : « Le mercredi, 30 mai 1674, disent nos Journaux, monseigneur le cardinal de Retz vint dîner céans et s'en retourna sur les trois heures et demie, après avoir vu la Communauté un moment en suite de none. » On était dans l'Octave du Saint-Sa-

---

1. Les anciens éditeurs ont supprimé, dans une de ses lettres de 1693, ce passage non moins significatif, qui nous rend bien son premier mouvement naturel : « ... M. de Chandenier a quitté sa belle retraite de Sainte-Geneviève pour aller dans un trou, près de M. Nicole : si c'est dévotion, je l'honore ; si c'est légèreté, je m'en moque ; mais de quoi n'est pas capable l'humanité ? »

crement. Que j'aurais voulu entendre les paroles édifiantes et de bon pasteur, qu'il dut retrouver (l'acteur accompli, jouant le bonhomme) en présence de son ancien et fidèle troupeau[1] !

M. d'Andilly mourut à temps, dans cette période la plus glorieuse de Port-Royal, avant la persécution recommençante, avant les disgrâces de cour de son fils. Il mourut le 27 septembre 1674, âgé de quatre-vingt-cinq ans, en patriarche, entouré de ses enfants et de ses petits-enfants, tant ceux du monde que ceux du monastère,

Comme un vieil olivier parmi ses rejetons.

Le cantique bénissant du vieillard Siméon devait errer sur ses lèvres[2].

On l'enterra auprès de M. Le Maître. Ce fut M. Arnauld qui chanta la grand'messe, et qui fit pour cet aîné vénérable la cérémonie de l'enterrement; il s'en acquitta « avec une constance si grande qu'il ne parut pas même s'attendrir. » On y observa tout ce qui se pratiquait à l'égard des religieuses : car on voulut que le père des religieuses fût traité en toutes choses comme ses saintes filles. Quatre jours après, M. Arnauld, qu'on en avait prié, prononça une Oraison funèbre et de famille, qui parut belle à des témoins si remplis et si émus, qui nous paraît encore juste et délicate par endroits, mais où manque un certain lustre d'éloquence et ce que nous voudrions de nouveauté immortelle. Nous voudrions un peu de Bossuet partout; Arnauld ici n'a que le ton sans la couleur. Mais cette absence de cou-

1. Voir à l'*Appendice* sur les dispositions finales du cardinal de Retz.
2. M. de Pomponne se trouva présent à cette fin de son père ; les deux petits messieurs de Pomponne s'y trouvèrent aussi, étant venus passer le temps des vacances à Port-Royal : les deux petites de Pomponne y furent amenées du monastère, et tous réunis, ils reçurent la bénédiction de leur père et aïeul.

leur n'est-elle pas le ton même de Port-Royal? Nous n'essayerons pas d'y suppléer; notre point de vue de M. d'Andilly n'a été déjà que trop littéraire et trop amusé. — Un seul dernier mot à son sujet; M. d'Andilly était de ces natures chez qui les qualités gagnent plutôt en vieillissant; n'ayant jamais eu un goût souverain et dominant dans leur longue effervescence, elles ne font que mieux composer, en se rapaisant, le vin et le miel du vieillard [1].

Nous pourrions, sans trop nous écarter, rencontrer à ce moment de faveur et d'éclat, toute sorte de monde. Pourquoi pas La Fontaine? il faudrait être plus distrait que lui, pour ne pas accoster La Fontaine quand on le rencontre. J'ai dit [2] qu'il avait tiré des *Pères des Déserts*, traduits par d'Andilly, son poëme de *la Captivité de saint Malc :* mais auparavant il s'était laissé engager par Brienne à se faire l'éditeur et le parrain, pour ces Messieurs, d'un *Recueil de Poésies chrétiennes et diverses* en trois volumes, dédié au jeune prince de Conti et qui parut en manière d'étrennes au commencement de l'année 1671. C'était un choix fait avec soin et variété dans les œuvres des meilleurs poëtes français depuis Malherbe. L'annonce imprévue de ce nom de La Fontaine, ainsi placé sous la garantie de Port-Royal, était faite pour allécher et pour rassurer le public. Dans la Dédicace au jeune prince, La Fontaine définissait ainsi le bouquet

---

1. Je trouve dans une lettre de M. Le Camus, évêque de Grenoble, à M. de Pontchâteau quelques mots significatifs sur M. d'Andilly et qui marquent bien sa part et son rang dans la renaissance chrétienne du dix-septième siècle : « (8 octobre 1674.) J'écris à M. Arnauld sur la mort de M. d'Andilly; je vous prie de lui faire donner ma lettre. *C'est un des premiers qui s'est déclaré chrétien sans rougir. Avant lui, ou l'on ne l'étoit point de bonne foi, ou l'on n'osoit l'avouer.* Je n'ai pas manqué d'offrir à Dieu pour le repos de son âme le Saint-Sacrifice. »

2. Tome II, page 287.

poétique qu'on n'avait voulu rendre ni trop gai ni trop sombre :

> Si le pieux y règne, on n'en a point banni
> *Du profane innocent le mélange infini.*

Un de ces vers charmants comme il lui en échappe en tout sujet, et qui portent avec eux joie et lumière, de quoi faire injure, sans le vouloir, à la monotonie habituelle du Jansénisme. — Il continuait, en se montrant dans son simple et modeste rôle :

> De ce nouveau Recueil je t'offre l'abondance,
> Non point par vanité, mais par obéissance.
> Ceux qui par leur travail l'ont mis en cet état,
> Te le pouvoient offrir en termes pleins d'éclat ;
> Mais craignant de sortir de cette paix profonde
> Qu'ils goûtent en secret loin du bruit et du monde,
> Ils m'engagent pour eux à le produire au jour,
> Et me laissent le soin de t'en faire leur cour.
> Leur main l'eût enrichi d'un plus beau frontispice :
> La mienne leur a plu, simple et sans artifice.

Il ne fallait pas moins que la Paix de l'Église, et cette protection assurée au nom de Conti, pour qu'on ne vît pas d'inconvénient à faire ainsi La Fontaine (l'auteur de *Joconde*) éditeur responsable des Recueils anonymes de Port-Royal, et pour que l'on passât sur la singularité de cet amalgame.

La Préface en prose, qui suit la Dédicace, a été attribuée ou à Lancelot, qui était le précepteur du jeune prince, ou à Nicole ; je la croirais plus volontiers de celui-ci, à cause d'une certaine vivacité *relative* que n'avait pas Lancelot[1].

---

1. Il n'y a rien de particulier à dire du Recueil même, sinon qu'il est encore aujourd'hui intéressant à parcourir, qu'il est d'une bonne date, et qu'il exprime bien, dans la nuance sérieuse, la fleur poétique de la France durant la première moitié du dix-sep-

Un personnage bizarre, à la fois ami de La Fontaine et des Jansénistes, fut le plus grand entremetteur et arrangeur en toute cette affaire : c'était le fameux comte de Brienne dont j'ai eu déjà bien des occasions de parler, voué dès l'adolescence aux grands emplois, secrétaire d'État avant l'âge, perdu par sa faute, et qui, à la mort de sa femme (mademoiselle de Chavigny), et aussi pour quelque fâcheuse aventure au jeu, s'était retiré bon gré mal gré du monde, puis jeté dans l'Oratoire ; un des esprits les plus errants, les plus versatiles et les plus inconséquents qu'on pût voir, s'il ne fallait plutôt et tout simplement l'appeler un cerveau malsain et dérangé ;— homme d'esprit d'ailleurs, fort instruit, et très-séduisant par accès et par veines. Il était filleul de madame de Longueville ; il avait été initié par elle, quand il la revit en 1664, aux mystères du Jansénisme, et mis en relation avec les principaux de ces Messieurs ; mais il n'inspira jamais à nos amis qu'une confiance très-limitée. Dès les premiers temps de son entrée à Saint-Magloire, il avait

tième siècle et dans les neuf premières années du règne de Louis XIV (1661-1670). — J'y trouve une *Ode sur la Sagesse*, par M. de Pomponne, fort harmonieuse et fort noble de ton, qui vaut bien une ode de Godeau. M. de Pomponne y parle déjà de la Cour comme un homme revenu et un disgracié ; il avait été jeté de côté et dans une sorte d'exil après la catastrophe de Fouquet, et l'ode doit être de ce temps-là :

>   Assez j'ai vécu dans les chaînes,
>   Assez j'ai poussé de soupirs,
>   Assez dans mes jeunes désirs
>   J'ai connu l'amour et ses peines ;
>   Assez mon cœur ambitieux
>   Par ses désirs audacieux
>   Exposa ma barque à l'orage :
>   Il est temps que, sauvé des flots
>   Et tout dégouttant du naufrage,
>   Je plaigne dans le port l'erreur des matelots.

Ce sont d'assez jolis vers pour des vers de secrétaire d'État. — Or je lis précisément dans les *Mémoires* de M. Feydeau à l'année

signé avec toute la maison le Formulaire; cette signature lui ayant donné des scrupules, il consulta M. Arnauld, alors caché, qui lui répondit (3 octobre 1664) en applaudissant à son idée de rétractation, et en lui adressant de sérieux conseils. Arnauld, dans sa candeur, paraît être le seul des nôtres qui ait pris un peu au sérieux Brienne. En 1667, le *Confrère* (comme on l'appelait) fit avec Lancelot le voyage d'Aleth, pour s'édifier près du saint évêque Pavillon. Lancelot ne put manquer de juger son compagnon de route, que Nicole avait déjà pénétré dans les visites fréquentes que le converti de fraîche date faisait à l'hôtel de Longueville. En 1670, et avant que le Recueil de vers chrétiens et autres, qu'il avait confié à La Fontaine, fût même achevé d'imprimer, les frasques et escapades de Brienne recommencèrent[1]. Il devint amoureux de je ne sais qui (peut-être de madame Des Houlières), se fit renvoyer de l'Oratoire et se jeta dans

---

1662 : « Nous fûmes au mois de juillet à Saint-Nicolas de Verdun. Cette abbaye étoit à M. l'abbé de Haute-Fontaine. Nous vîmes là M. de Pomponne qui y étoit relégué par lettre de cachet; et il me parut bien vieilli et bien triste. Aussi me dit-il qu'il n'en faisoit pas le fin et qu'il s'ennuyoit furieusement à Verdun. » Ainsi l'on s'ennuie tout bonnement en prose, mais en vers on fait le résigné et le détaché. Et après cela étonnez-vous que ces belles strophes sonnent creux sous leur harmonie!

1. Je suis bien poli en disant *escapades*. Voici un passage d'une lettre que l'abbé Le Camus, le prochain évêque de Grenoble, écrivait à son ami l'abbé de Pontchâteau, à la date du 7 juin 1670 :

« M. de Brienne, à qui vos amis ont confié toutes leurs affaires, me paroit dans un pitoyable état; mais ce n'est pas de quoi j'ai à vous parler : c'est qu'il m'a dit qu'il avoit vos cachets et qu'il y a quelques jours qu'étant chez Richart, maître de la poste de Flandre ou de Hollande, il avoit ouvert et tiré un extrait d'une de vos lettres, parce qu'il connoit votre écriture. Il en pourra bien faire autant de tous vos amis; donnez-y ordre et pour vous et pour eux. Car, puisqu'il m'a dit cela assez légèrement, il en peut bien faire d'autres. Il est homme même à se faire *jésuite* et à découvrir tout ce qu'on lui a confié de vos amis. Comme cela vous regarde, j'ai cru ne pouvoir vous le taire. Il y a peu de remède, mais il est bon d'en être averti. »

une vie entièrement dissipée. Il n'était que sous-diacre. Le 11 janvier 1671, Lancelot écrivait à M. Périer : « Le *Confrère* joue d'étranges comédies depuis notre retour de chez vous (de Clermont en revenant d'Aleth).... Il est maintenant dans les États du duc de Meckelbourg qu'il a surpris ici (à Paris), et dont il a tiré une somme considérable, lui ayant fait croire qu'on lui faisoit la plus grande injustice du monde. Vous avez vu par vous-même qu'il sait assez bien jouer son personnage dans ces rencontres ; les larmes, les figures et les belles paroles ne lui manquent point. Il faudroit faire une espèce de roman pour vous écrire son histoire. Ses parents sont au désespoir et cherchent les moyens de le faire enfermer. » Étant revenu à Paris en 1673, il fut enfermé par lettre de cachet en diverses maisons, et, à partir de 1674, à Saint-Lazare où il resta dix-huit ans. L'abbé Cassagne (je l'ai dit ailleurs[1]), le prédicateur si moqué par Boileau, s'y trouvait aussi détenu. On leur permettait quelquefois de se voir; un jour la conversation tomba sur Port-Royal : ils s'engagèrent de concert à écrire l'*Histoire secrète du Jansénisme*. Cet ouvrage en était au troisième livre, lorsque la mort de l'abbé Cassagne vint faire contre-temps. Cette mort eut lieu à la suite d'une dispute. L'abbé Cassagne s'emportait contre Port-Royal : M. de Brienne qui, à certains jours, dans l'espérance de sa liberté, parlait de réduire le Jansénisme en poudre, mais à qui il prenait de temps en temps de vifs retours de tendresse pour ce parti, choqué des déclamations de Cassagne, le frappa d'un coup de pincettes, et l'abbé mourut de douleur de cette insulte. Il avait la folie fière. Ainsi Cassagne mourut pour avoir attaqué Port-Royal. « Il y a bien d'autres gens que lui, écrit à ce propos Brienne, à qui le Jansénisme a troublé le cer-

---

1. Au tome II, page 55.

vœu et renversé la judiciaire, quand ce ne seroit que moi à qui il a pensé faire tourner l'esprit. » Brienne était trop épris de son projet d'*Histoire secrète du Jansénisme* pour l'abandonner. Cela l'amusait et piquait ses vieilles passions; il y revint donc, et, comme chez lui une idée chassait vite l'autre, il changea son plan et voulut donner à son Histoire la forme de Dialogues; ce qu'il exécuta en partie. On remarquait, entre autres, un Dialogue entre le duc de Luines, qui médite de se retirer à Port-Royal, et Lancelot qui l'endoctrine sur les dispositions nécessaires de docilité et de soumission aveugle à ses nouveaux maîtres; et il paraît qu'ensuite Lancelot lui faisait le portrait des principaux pénitents qui y étaient déjà retirés : « Ce morceau, a dit quelqu'un qui l'avait lu, est écrit avec délicatesse. Les caractères y sont très-bien soutenus, et l'auteur a trouvé le secret d'y donner une couche de ridicule sans rien outrer. » C'est l'ouvrage qui l'occupa le plus pendant sa captivité, et le seul, dans tout l'innombrable fatras qu'il griffonna alors et dont il a dressé la liste, qui mérite d'être regretté. J'ai peine à croire que l'ouvrage soit perdu; il sortira de terre quelque jour. J'ai donné autant que je l'ai pu l'idée de la manière, en citant précédemment le Portrait de Nicole, que Brienne n'aimait pas et qu'il sacrifie à M. Arnauld, son héros et son favori [1].

1. M. Barrière a publié en 1828, sous le titre de *Mémoires inédits de Brienne*, bien des récits tirés de ses papiers; mais il ne paraît pas que l'éditeur ait eu entre les mains ce curieux ouvrage anecdotique sur le Jansénisme : il en aurait fait un autre usage. — Si Brienne avait une prédilection pour Arnauld, Arnauld, de son côté, avait gardé un assez bon souvenir de Brienne, ainsi qu'on le voit par ce passage d'une lettre à M. Du Vaucel (4 juillet 1692) : « Je crois, lui dit-il, que vous étiez à Aleth lorsque le Confrère de Brienne y alla voir le saint évêque. Vous savez aussi que, quelques années après, il eut quelque égarement d'esprit, d'où ses parents prirent occasion de le faire enfermer; et on prétend que, quoiqu'il fût

C'est dans les derniers temps de sa retraite à Saint-Magloire que Brienne avait préparé, sur la demande de la princesse de Conti, le *Recueil des Poésies chrétiennes et diverses*; sous ce titre de *diverses* et à l'article des *Auteurs incertains*, il comptait bien y glisser de ses vers; car, outre ses autres coups de marteau, il était féru de la manie de rimer [1]. On trouve dans le premier volume un Sonnet *sur la retraite de M. de B.*, qui est de lui sur lui-même :

> Tu m'ôtes tout, Seigneur, sans que mon cœur murmure ;
> Tu bornes justement mon vol audacieux;
> En me précipitant, tu m'approches des Cieux....

Ce *vol audacieux* pouvait sembler à double entente, si l'on se rappelle l'aventure du jeu, et l'auteur était bien assez folâtre pour avoir songé tout bas au calem-

---

tout à fait revenu en son bon sens, ils le retenoient toujours dans une très-dure captivité. C'est ce que madame de Roucy m'avoit mandé il y a deux mois, en suite d'une visite qu'elle lui avoit rendue. Mais elle me mande, par la lettre que j'en reçus hier, que Dieu l'avoit tiré de cette oppression; que le roi, à qui il avoit porté ses plaintes, avoit voulu qu'on lui rendît justice; que son interdiction avoit été levée, qu'il étoit remis dans tous ses droits et en pleine liberté; et elle ajoute qu'il se souvient toujours de moi avec sa cordialité ordinaire. *Il faut avouer que, pendant le temps de la persécution, il avoit rendu de grands services à la Vérité.* » Ainsi en jugeait d'un peu loin, et de souvenir, la candeur d'Arnauld.

1. Il a même l'air, par moments, d'imputer, comme Ovide, tous ses malheurs à la rime :

> Le vain plaisir de la rime
> M'a seul rendu criminel ;
> Ce fut le sang maternel
> Qui transmit en moi ce crime.
> Ma mère avoit de la voix, etc.

Il dit cela dans une Épître adressée de Saint-Lazare à un abbé de La Ferté, qui était enfermé comme lui.

bour. Les Stances de Damon pénitent en l'honneur de la Vierge :

> Qu'une âme est heureuse et contente,
> Qui fait aux voluptés une guerre innocente !

sont de lui. Il aurait bien voulu, dit-on, ajouter aux trois volumes un quatrième, où le genre galant aurait pris le dessus; ses supérieurs le lui firent supprimer.

La Fontaine, qui lui avait servi de prête-nom, ne s'en tint pas à cette première relation avec Port-Royal, et il publia en 1673 *la Captivité de saint Malc*. On se demande ce qui a pu l'amener à rimer cette historiette sacrée d'après saint Jérôme et toute en l'honneur de la virginité. La Fontaine n'était pas chaste ; M. d'Andilly ou quelque autre lui aura conseillé cet exercice comme pénitence et comme exemple. La chasteté, lui aura-t-on dit, est toujours possible, le Ciel aidant ; et il l'aura cru durant quelques jours. C'était dur pourtant de donner ce pensum de *Saint Malc* à La Fontaine; une idylle de Daphnis et Chloé lui aurait mieux convenu. Il a fait de son mieux, mais on s'aperçoit trop que l'ennui l'a pris en obéissant. Il y a des endroits où il semble avoir été distrait et avoir mal lu son original[1]. Les fourmis et le tableau des divers emplois dans leur petite république, qui sont l'endroit le plus cité de la pièce, sont tirés de saint Jérôme; chez celui-ci la fourmilière est mieux amenée, moins brusquement, et se rapporte mieux aux

---

1. Ainsi quand Malc, réduit en captivité, est emmené par son maître, celui-ci, Arabe ou Bédouin, l'oblige, selon la coutume de sa nation, d'adorer sa femme et ses enfants : « Nous nous prosternâmes devant eux, » dit le texte. La Fontaine l'oublie ; il raisonne sur cet ordre donné au captif :

> Si Malc s'en défendit, s'il l'osa, s'il le put,
> S'il en subit la loi sans peine et sans scrupule,
> C'est ce qu'en ce récit l'histoire dissimule.

L'histoire ne dissimule rien.

idées du solitaire, en tant que lui rappelant l'image du cénobitisme. La Fontaine était de tous les hommes le moins fait pour s'attacher à Port-Royal ; il était adonné à la nature. Il s'est moqué d'Escobar et de son *chemin de velours*, il ne voyait dans l'évêque d'Ypres, que *l'auteur de vains débats*, et dans ses partisans que des auteurs *pleins d'esprit et bons disputeurs*,

Encor que leurs leçons me semblent un peu tristes.

C'est tout ce qu'on peut décemment lui demander. *Saint Malc* fini, il se sera remis de plus belle, pour se décarêmer, à quelque joyeux conte, à quelque *Pâté d'anguilles*. Il s'était laissé débaucher à Port-Royal, il se laissa rapatrier à l'hôtel de Bouillon ; il reprit le chemin qui menait chez madame de La Sablière, chez quelqu'une de ces tendres et faciles enchanteresses. *Ne trouverai-je plus de charme qui m'arrête?...* Ceux qui ont dit cela avec cet accent ne sauraient guérir, ou ils ne guérissent, s'ils en ont l'air, que lorsqu'en eux tout est fini.

J'allais oublier le plus singulier et le plus naïf de cette relation de La Fontaine avec Port-Royal. Arnauld avait parlé avec éloge de ses Fables, et le poëte reconnaissant ne crut pouvoir mieux faire que de louer à son tour Arnauld dans le prologue d'un Conte qu'il lui voulait dédier ; ce Conte renfermait l'application un peu leste d'une parole de l'Écriture, et il eût d'ailleurs paru en compagnie des autres. Boileau et Racine eurent toutes les peines du monde à faire entendre à La Fontaine que c'était inconvenant et qu'on le prendrait de sa part pour un mauvais tour au grave docteur. Il finit par supprimer Conte et prologue. — Il voulait dédier un Conte léger à Arnauld, par l'effet de la même inadvertance qui lui faisait dédier *Philémon et Baucis* au duc de Vendôme.

Quoi qu'il en soit, nous avons rencontré et croisé le

bonhomme un moment, et c'est plus que nous ne pouvions espérer dans notre voie étroite. Des grands poëtes du règne de Louis XIV, il n'y a que Molière dont je ne puisse saisir de relation directe avec Port-Royal ni avec aucun de nos Messieurs ; j'ai dû imaginer, pour lui, une rencontre tout idéale [1]. Racine et Boileau nous reviennent de droit ; ils auront leur jour, et très-prochain.

L'histoire de Port-Royal, en ces années calmes et prospères, peut se renfermer dans celles des personnes amies et protectrices qui contribuèrent à procurer ou à décorer ce repos. Je les rangerai ici selon l'ordre de leur mort : — la princesse de Conti (1672) ;—la duchesse de Liancourt (1674) ; — madame de Sablé (1678) ; — madame de Longueville (1679). J'y entremêlerai même, au passage, quelques autres noms.

La princesse de Conti (Anne-Marie Martinozzi), qui se détache entre toutes les nièces de Mazarin et qui fait un si frappant contraste avec ses brillantes cousines les Mancini (si l'on excepte madame de Mercœur), est une digne et vertueuse personne, envers qui tout ce qu'on en rapporte ne peut inspirer que le respect et l'admiration. Elle arriva à la religion sévère de Port-Royal par l'initiation de M. d'Aleth, son voisin de Guyenne et de Languedoc, dont le prince de Conti fut successivement gouverneur. Elle résista assez longtemps et s'arrêta indécise à l'entrée de cette voie de la pénitence, où son époux l'avait précédée. Depuis que les Mémoires de Daniel de Cosnac ont paru, on connaît bien et trop bien l'intérieur de ce prince vif et spirituel, mais capricieux, versatile, à la merci de sa fantaisie présente, toujours excessif, malicieux, plus puéril qu'un enfant et toujours gouverné, — gouverné par sa sœur madame de Longue-

1. Tome III, page 277.

ville comme par une maîtresse, puis par tel ou tel de ses domestiques (dont était Cosnac), puis par son confesseur et directeur. Après qu'il eut quitté le parti de la guerre civile et fait sa paix à Bordeaux (juillet 1653), la seule vue d'une armée, qu'il vit parader dans une plaine en sortant, lui donna envie de laisser son avenir ecclésiastique pour devenir général et lui fit adopter avec ardeur l'idée, que lui insinua Sarasin, d'épouser une des nièces du cardinal, afin de se le rendre tout favorable. Des deux nièces alors disponibles (mademoiselle Martinozzi et Olympe Mancini, depuis comtesse de Soissons), il lui importait assez peu laquelle on demanderait pour lui, « ne voulant, disait-il, épouser que le cardinal. »

Cependant lorsque, arrivé à Paris (16 février 1654), il eut vu celle qui allait devenir sa femme, il parut satisfait. « Elle étoit belle et bien faite [1]. » L'idée que Cosnac nous donne de la princesse à ce moment n'est pas contraire au portrait que font d'elle nos auteurs, d'un point de vue bien opposé. Selon ce qu'on lit dans une Relation assez particulière de sa conduite et de ses sentiments [2], elle n'était en ce temps-là et ne fut durant quelques années encore qu'une *honnête païenne*, fière même quand elle acquérait le renom de modeste, visant au bonheur et à la considération ici-bas, et tout appliquée à se faire estimer et respecter. Destinée d'abord à épouser le beau M. de Candale, elle l'aurait préféré au fond de son cœur de jeune fille au prince de Conti, de qui, s'il n'avait pas été prince du sang, on aurait dit qu'il était bossu : pourtant la grandeur de l'alliance la consola vite, et elle ne regretta rien. Elle fut, peu après son mariage, courtisée par Vardes qui donna quelque ombrage au prince; mais qui en fut pour ses frais. Elle pa-

1. Mémoires de la grande Mademoiselle.
2. Dans le *Supplément au Nécrologe* (1735), pages 384-394.

rut un jour l'objet des galanteries un peu vives du jeune roi ; mais elle se conduisit en plein bal avec lui de telle sorte qu'elle le découragea nettement, au risque de mécontenter son oncle qui n'aimait les éclats en aucun sens et qui l'obligea à des excuses. On ne dit pas au juste par quel genre de froideur ou d'impolitesse elle avait pris sur elle de répondre aux avances du jeune Louis XIV. Le prince de Conti à cette nouvelle, amoureux et jaloux, écrivit des frontières d'Espagne où il commandait, qu'il voulait absolument avoir près de lui sa femme. Elle l'alla rejoindre en Languedoc sur la fin de cette année 1654; elle avait alors dix-sept ans.

Ce fut l'année suivante, à Pézénas où il s'était rendu pour présider les États du Languedoc, et pendant une indisposition qui le retenait au lit (rongé, comme il était, de débauche), que le prince de Conti, recevant la visite de M. d'Aleth, se sentit saisi d'une sainte frayeur de ses déportements passés, et il crut entendre au dedans de lui une voix qui lui disait : « Voilà l'homme auquel il faut que tu t'abandonnes, pour te convertir à Dieu tout de bon. » Et il s'en ouvrit au prélat dès le soir même, se déclarant disposé à faire tout ce qu'il lui voudrait prescrire. Certes ce qu'on sait du prince de Conti ne le rend pas un homme estimable, et il est impossible, quand on a lu dans les Mémoires du temps tout ce qui le concerne et qui n'est que trop manifeste, de ne pas concevoir de sa personne une idée voisine du mépris. Mais puisqu'il lui fallait être gouverné par quelqu'un et qu'il n'avait été jusque-là qu'un faible, méchant et criminel enfant, c'était tout de choisir, pour se gouverner, un saint et vertueux homme comme Pavillon, au lieu de ces intrigants domestiques auxquels il avait été en proie, un Cosnac, un Sarasin et autres plus ou moins spirituels sycophantes qui se jalousaient réciproquement. Ces merveilleux changements qu'on proclame l'effet de la Grâce, et dont nous avons déjà cité tant d'exemples, ont sans doute leur raison d'être dans l'organisation même. Ce n'est peut-être, en définitive, que le même ressort secret qui poussé à bout, et les circonstances intérieures et extérieures venant à changer, retourne subitement une âme, lui fait faire volte-face comme à la baguette et à l'improviste, et la remet en bataille dans un ordre en apparence tout différent. Mais n'analysons pas trop ce qui a produit visiblement le bien. Le prince de Conti, aux mains de son nouveau médecin moral, va se métamorphoser rapidement et, au lieu de ses méchancetés précédentes, donner de bons, de louables fruits. Je n'appelle point de ce nom ses Lettres sur la Grâce, adressées au Père De Champs, son ancien professeur, et qui sentent le régent de théologie. Je laisse le rigoureux Traité qu'il fit contre la Comédie en expiation de l'avoir trop aimée, et qui sent le moine : ce sont des petitesses et des excès dont un Bossuet lui-même n'est pas exempt. Chacun, d'ailleurs, sait son danger moral et y pourvoit comme il l'entend. M. Pavillon, cet homme hautement éclairé jusqu'en ses étroitesses, ne prescrivit pas seulement au prince les jeûnes, les prières, l'abstention du théâtre, d'assister à la messe à genoux (humiliation bien sensible), il ne lui permit pas seulement le cilice et la discipline dont l'apprenti pénitent était avide et qui ne sont que la partie grossière du châtiment : il exigea par degrés les restitutions intelligentes, efficaces, les réparations des rapines, des dévastations et aussi des scandales. Enfin, pour parler notre langage, s'il en fit un pénitent exemplaire et presque public, c'est qu'il n'en fallait pas moins pour refaire de lui un honnête homme. Il lui recommanda, quand il serait à Paris, de s'adresser à M. de Ciron, chancelier de l'Université de Toulouse, qui se trouvait alors à l'Assemblée générale du Clergé, et de recevoir de lui les conseils les plus urgents et quotidiens; car ce n'était pas une âme qu'on pût perdre de vue un seul instant. Cette direction que M. de Ciron exerça et parut usurper, en ces années de séjour à Paris, auprès des personnes du plus grand monde, et qui semblait se rattacher plus ou moins aux principes et à la cause de Port-Royal, déplut au cardinal Mazarin et à la reine, qui furent sur le point de le faire mettre à la Bastille. On se contenta, en 1657, de le renvoyer et de le confiner à Toulouse [1].

1. Dans un manuscrit de la Bibliothèque du Roi (Rés. Saint-Germ., paq. 30, n° 3), on trouve de curieux détails sur M. de Ciron qui, bientôt après, à Toulouse, devint le fondateur de l'Institut des Filles de l'Enfance conjointement avec madame de Mondonville. C'était un homme doux, affectif, d'une spiritualité et d'une mysticité plus tendre qu'on n'est accoutumé à en trouver chez les directeurs purs selon Port-Royal, et d'une expression aussi plus exagérée. Il semble qu'il ait reçu comme un coup terrible cette charge de diriger le prince de Conti : « En vérité, écrivait-il le 12 avril 1656, voilà ce qui me manquoit pour me crucifier entièrement. J'aimerois mieux être condamné à avoir le fouet de la main du bourreau que d'accepter cet emploi, si je ne croyois que Dieu l'a ordonné. Selon le sentiment présent, j'aimerois mieux la mort que cet emploi. En vérité cela m'a mis à *non plus*, et j'attends cette heure comme celle de la mort.... En vérité, s'il m'étoit permis de dire mon sentiment que je veux toujours soumettre, il me semble que l'on me tire de ma vocation : car je ne suis pas appelé à de grandes choses, et mon attrait n'est qu'aux emplois des pauvres abandonnés (M. de Ciron s'était chargé, pendant la tenue de l'Assemblée de 1655, de l'instruction des laquais et des pages de l'Assemblée).... Priez pour moi, disait-il en terminant; voilà une occasion de damnation pour moi. » On lit après cette lettre, à titre d'explication :

« Après que M. de Ciron, notre très-honoré Père, eut été prié par M. d'Aleth, qui lui en écrivit, de se charger de la conduite de M. le prince de Conti, il se prosterna contre terre dans sa chambre, où il versa une grande abondance de larmes. Et le Père Bain (c'était un prêtre grand missionnaire), entrant dans sa chambre, le trouva en cet état, et lui ayant demandé quel malheur il lui étoit arrivé, il lui dit qu'il lui en étoit arrivé un fort grand, puisque M. d'Aleth, pour qui il avoit une grande déférence, l'obligeoit de se charger de la conduite de M. le prince de Conti....

« Notre cher et honoré Père, continue la Relation, avant que de s'embarquer à vouloir confesser M. le prince de Conti, voulut avoir une con-

Quant à la princesse, elle assistait à cette conversion de son mari sans se hâter, sans y contredire en appa-

férence avec lui. Le vendredi saint, M. le prince de Conti l'alla trouver dans sa chambre, qui étoit alors à l'Institution de l'Oratoire chez M. Pinette, et M. de Ciron lui dit que, pour se charger de sa conduite, il falloit qu'il fût dans la volonté de rendre les quarante mille écus de pension qu'il avoit sur des abbayes, réparer les dommages et les pertes qu'il avoit causés par ses troupes dans les guerres civiles, etc., etc..., et enfin qu'il confessât Jésus-Christ publiquement; ce qu'il promit de faire. Après quoi M. de Ciron s'engagea avec beaucoup de douleur à conduire son âme, comme il a déjà dit, et comme il fait voir encore par ces paroles d'une lettre qu'il écrivit le 18 avril 1656 : « Vous saurez un jour jusqu'à quel « point de peine je fus abandonné le vendredi saint dans la conversation « avec M. le prince de Conti, et combien de larmes je versai nonobstant « la dureté naturelle de mon cœur. Mon Dieu, si ç'avoit été pour mes pé- « chés, que j'aurois de joie ! Mais que peut-il partir de nous qui ne soit « corrompu, si le sang de Jésus-Christ ne le lave ! »

Aux mains d'un tel confesseur, on n'est pas étonné que le prince de Conti, qui fit de bonnes choses, en ait fait aussi de singulières. Voici, au reste, quelques autres pensées qui achèvent de qualifier l'espèce de spiritualité de M. de Ciron, et dont quelques-unes sont chrétiennement fort belles :

« Il n'y a rien de long, de ce qui finit par miséricorde. »

« Dieu n'aime rien tant que les humbles, par quelque voie qu'ils le soient. »

« Cette vie est si courte que ses consolations ne valent pas la peine de les attendre, et moins encore d'être désirées.... »

« Les Chrétiens, qui sont les membres d'un Chef tout hérissé d'épines, ne doivent pas être délicats. »

« La vie chrétienne n'est que prière, et par conséquent aveu de ce qui nous manque et confession de la plénitude et suffisance de Dieu. »

« Il vaut mieux être rendu conforme à quelque état de Jésus-Christ crucifié qu'au plus grand des attributs divins. »

« Ceux que Dieu met dans sa gloire, sans les avoir faits participants des souffrances de Jésus-Christ, auroient dans le Ciel un sujet de jalousie, s'il étoit possible d'en avoir dans ce pays-là. »

« La gloire d'être faits conformes à Jésus-Christ par la souffrance est plus à estimer que la gloire de régner avec Jésus-Christ; car dans l'une on reçoit, et dans l'autre en quelque manière on donne. »

« Les grandes œuvres ne se fondent que par de grandes Croix qui cavent jusqu'au centre de l'âme; et la mesure de la bénédiction ne se prend que sur celle de la souffrance. »

« Dieu fait souvent plus de bien à l'âme et aux œuvres lorsqu'il les laisse souffrir que lorsqu'il les secourt promptement. »

« Je ne doute pas que Dieu ne veuille faire quelque chose de grand de nous; mais les préparatifs de cette grandeur et de cette élévation sont dans le néant et dans l'abîme de tout ce qui est créé. Dieu n'élève qu'à mesure qu'il creuse. » (Tiré des lettres de l'abbé de Ciron.)

rence, sans y adhérer au dedans. Elle avait des éléments de foi que M. Esprit [1], par ses conversations, avait essayé de fortifier en elle : elle écoutait son beau langage, mais elle y restait froide et n'y prenait pas. On avait soin que les conférences de M. d'Aleth, celles de M. de Ciron avec le prince, se passassent chez elle et devant elle, pour qu'elle en profitât. Elle éprouvait des ennuis secrets et agitait même des luttes violentes, connues d'elle seule. A un moment, « elle fit, dit-on, des efforts pour éteindre les foibles restes de sa foi languissante, » afin d'amortir son inquiétude ; elle tâcha de ne pas croire du tout et de se faire esprit fort ou philosophe, comme nous dirions ; « mais Dieu ne permit pas qu'elle y réussît. » Des maladies précoces, triste partage qu'elle devait à son époux [2], lui faisaient entrevoir

---

1. M. Esprit, dit *de l'Oratoire* ; et de l'Académie française, était attaché à la maison du prince de Conti et de son intime confiance. Le Père Rapin en dit long, dans ses *Mémoires*, sur M. Esprit et le dépeint agréablement : il paraît l'avoir bien connu. Pour ces sortes de portraits demi-religieux, demi-mondains, le Père Rapin est à merveille : c'est proprement son gibier. — Ne pas confondre ce M. Esprit qu'on disait *de l'Oratoire* et qui en était sorti, avec son frère aîné, prêtre, et qui en était réellement. (Il a été question de ce dernier à la page 200 du tome IV.)

2. Le 29 juillet 1656, Colbert, alors l'intendant et l'homme de confiance de Mazarin, écrivait à ce cardinal : « Madame la princesse de Conti s'est trouvée beaucoup plus mal avant-hier. Pour sauver cette princesse, il faut que Votre Éminence trouve moyen de la séparer de M. le prince, autrement il est impossible qu'elle puisse échapper de la maladie dont elle est attaquée. C'est le sentiment de tous ceux qui voient ce qui se passe. » A quoi Mazarin répondait : « Il faut faire en sorte que les médecins disent librement à M. le prince de Conti que, s'il ne se sépare de sa femme, il la fera absolument mourir. Vous pourrez lui dire de ma part que le plus grand mal que madame la princesse ait, c'est l'amour que lui a pour elle, et que je le prie de le lui témoigner en la manière que les médecins disent, parmi lesquels M. Valot en parle en des termes assez précis. » (*Correspondance* de Colbert, publiée par M. P Clément.)

l'heure de l'Éternité comme plus prochaine qu'il n'est ordinaire à la jeunesse. Le prince, dont l'ardeur était désormais tournée d'un seul côté, « lui disoit tout ce que la charité peut faire dire, sur la plus grande de toutes les affaires, à la personne du monde à qui elle importe le plus et que l'on aime le mieux. Elle recevoit avec beaucoup de douceur ce qu'il lui disoit; mais toutes ces instances ne faisoient au fond que l'importuner et l'aigrir contre la piété, » qu'elle regardait comme son ennemie et sa rivale dans un cœur où elle seule aurait voulu régner en souveraine. Enfin, un jour, « elle se trouva tout d'un coup, sans savoir comment, tournée à Dieu, persuadée des vérités de la foi, et brûlante du désir d'aller à Dieu. Elle appela le prince et lui dit, comme la meilleure nouvelle qu'elle pouvoit lui dire : *Je crois que Dieu m'a changée. Je vous prie de m'envoyer M. l'abbé de Ciron.* » — Elle avait dix-neuf ans; c'était en 1657.

Elle avait beaucoup à combattre et à prendre sur ses inclinations. Elle était fière et croyait que bien des occupations étaient au-dessous d'elle [1]. Elle n'était pas

1. La princesse de Conti, à la bien regarder, n'est point une personne du monde français; elle est plus âpre, plus primitive, Italienne de pure race. En plus d'un cas on la voit manquer à la politesse. Dans une lettre de madame de Longueville à madame de Sablé, ce défaut de savoir-vivre est nettement indiqué; madame de Longueville vient de parler d'un retard qu'elle met, bien malgré elle, à répondre à quelqu'un et qui lui donne l'apparence d'un tort, et elle ajoute : « Je suis quasi aussi honteuse de ce que vous me mandez de la princesse de Conti vers madame de La Meilleraye. Elle ne fait pas cela par dessein de manquer aux gens, mais il est vrai qu'*elle ne sait point comment il faut procéder avec le monde*. Je n'avois pas ouï parler de cela. Quand vous verrez madame de La Meilleraye, dites-lui bien, s'il vous plaît, que je suis bien fâchée que ce procédé ait été tenu vers elle par une personne qui m'est si proche.... » — Ce n'est pas de la princesse de Conti qu'on eût pu dire, comme de madame de Sablé, « que la politesse étoit répandue en tout son procédé, dans les petites comme

naturellement libérale et tenait quelque peu en cela du sang de Mazarin. Une anecdote, racontée par Cosnac sur sa rigueur à exiger le payement d'une dette de jeu, le prouve[1]. Elle eut donc à mener rudement sa guerre intérieure ; mais, à partir de ce moment, elle ne fit qu'avancer dans les voies de la piété et ne regarda plus en arrière.

Je ne veux rien embellir. Le détail de cette conversion, de ces confessions (et nous en avons des pièces écrites, tant du prince que d'elle), nous paraîtrait bien chétif et bien misérable ; il n'est pas beau d'étaler cette cuisine médicinale des âmes. On guérit comme on peut ; l'essentiel, au moral, est que le résultat soit bon.

Le prince de Conti, en se convertissant, n'avait changé que de direction, non de caractère. Il était excessif comme auparavant. On a une suite de ses lettres à M. de Ciron (1656-1664). Il venait d'être nommé, en 1657, au commandement de l'armée d'Italie. Dans une lettre datée de Lyon du 15 mai, il écrit à son confesseur : « Il y a des comédiens ici qui portoient mon nom autrefois (troupe de M. le Prince de Conti); je leur ai fait dire de le quitter, et vous croyez bien que je n'ai eu garde de les aller voir. » Pauvre troupe de Molière ! elle paye les frais de la pénitence. — Le 20 juillet, du camp devant Alexandrie, il se reproche d'avoir montré sa bravoure devant l'armée : « J'ai un intérieur si flétri que je n'y connois plus rien du tout; je ne sais plus ce que

---

dans les grandes choses. » — A son plus haut moment de sainteté, nous la verrons *laver la tête* à Bourdaloue.

1. On n'a aucune raison de douter de l'exactitude des récits de Cosnac, homme d'intrigue, positif, pétulant et assez naïf, qui ne paraît pas soupçonner le plus ou moins de moralité dans aucun des actes qu'il raconte. C'était un des remords du prince de Conti pénitent d'avoir contribué à faire un tel homme évêque, et il avait bien raison. — On voit pourtant par les lettres de l'évêque de Grenoble, Le Camus, que Cosnac, évêque de Valence, parut quelquefois prendre au sérieux ses devoirs d'évêque.

c'est qu'humilité. » Un tel général était homme, en effet, à se faire battre par humilité. — Après la levée du siége d'Alexandrie, il écrit (24 août) de Moncalvo une lettre très-dévote, qui finit par ces mots : « Je *vas* faire pendre des gens qui ont pillé une église. »

Nommé gouverneur de Languedoc en 1660, il s'appliqua à réformer son gouvernement, à y introduire le bon ordre. Sans cesse il se reproche de n'en pas faire assez ou de ne le faire que par orgueil encore, pour avoir l'approbation des gens de bien. Il ne croit jamais avoir assez mis le pied sur cet amour-propre qui, comme le vif-argent, ne se disperse que pour se rejoindre tout aussitôt. Au milieu de subtilités sans fin et du jargon mystique, il y a de l'esprit dans ces lettres et de la distinction morale, mais bien des misères et des choses pitoyables pour tout autre que pour un chrétien pratique. Il eut aussi, dans sa nouvelle conduite, des excès dont les autres se ressentirent. Il était toujours l'homme des extrêmes. Du temps de ses déportements il avait enlevé à un conseiller de Bordeaux, sa femme, dont il était amoureux [1] ; on lui ordonna d'écrire à ce conseiller une lettre d'amende honorable, et il s'exécuta humblement. A un autre gentilhomme, à qui il avait fait violence à Bordeaux, il s'empressa de restituer une grosse somme d'argent ; mais il ne put lui rendre avec ses écus son bon sens, car le pauvre gentilhomme en avait perdu la tête. Depuis qu'il était converti, il voulait tout bien faire et que les autres l'imitassent. Il faisait violence encore, dans l'autre sens ; il pratiquait le *Compelle intrare*. Son zèle effrayait bien des gens à l'entour. Racine, très-jeune alors et dans sa première dissipation, écrivait d'Uzès, où il était allé voir son oncle (25 juin 1662) :

« M. le prince de Conti est à trois lieues de cette ville, et

---

1. N'est-ce pas madame de Calvimont?

se fait furieusement craindre dans la province. Il fait rechercher les vieux crimes, qui sont en fort grand nombre. Il a fait emprisonner bon nombre de gentilshommes, et en a écarté beaucoup d'autres. Une troupe de comédiens s'étoient venus établir dans une petite ville proche d'ici ; il les a chassés, et ils ont passé le Rhône pour se retirer en Provence. On dit qu'il n'y a que des missionnaires et des archers à sa queue. Les gens de Languedoc ne sont pas accoutumés à telles réformes, mais il faut pourtant plier. »

De telles réformes à la dragonne entraînaient bien des hasards[1].

La princesse de Conti suivait, à sa manière, la voie où la précédait le prince ; elle y marchait avec un peu plus de lenteur et aussi avec plus de gravité. Les lettres qu'on a d'elle à M. de Ciron sont de pure mysticité, peu agréables. En oserai-je donner un échantillon ?

« *Fabiole* (c'est elle) est ici, qui se porte présentement tout à fait bien. Elle vous prie de lui permettre de se servir de la ceinture que vous avez donnée à *Paulin* (le prince), comme aussi de ce remède si utile contre le chagrin (c'était la discipline après le cilice). Cela ne lui fera point de mal, car elle est à cette heure en parfaite santé. Souvenez-vous que vous êtes le médecin de son âme ; songez seulement à la traiter et à la guérir. Il y a assez d'autres médecins qui ne pensent que trop à la santé de son corps ; ceux-ci, quand il s'agit d'appliquer leurs remèdes, se mettent fort peu en

---

1. Je trouve dans le *Journal* de M. de Pontchâteau une particularité assez singulière, qui se rapporterait à la conversion du prince de Conti ; M. de Pontchâteau la mentionne sans aucune explication ni observation : « Un bon Père (jésuite) disoit l'autre jour au Père Pommeraye (bénédictin) que les Jansénistes avoient gagné feu le prince de Conti avec de grandes sommes d'argent, et que ce prince l'avoit dit lui-même en se raillant des Jésuites qui n'avoient pas les mains garnies pour secourir leurs amis au besoin. » (*Journal* manuscrit de M. de Pontchâteau, janvier 1679.) On ne voit pas de quelles sommes il pouvait être question. Il est bien possible pourtant que, dans un moment de gêne du prince, un service utile lui ait été rendu à propos.

peine des petites incommodités que l'âme en peut recevoir. Faites-en de même ; vengez-vous d'eux en faisant comme eux ; appliquez vos remèdes aux âmes sans vous mettre en peine de ce qui arrivera à des corps. Au moins tenez cette conduite à l'égard de *Fabiole*, car elle vous en prie [1]. »

Et dans une autre lettre :

« J'entendis encore hier soir une seconde interrogation (une espèce de voix mystique intérieure): Si je ne voulois pas être comme sainte Thaïs dans un trou pour le reste de mes jours? Il me semble que la réponse de mon cœur fut qu'oui. Mais je me souvins aussitôt que ce ne sont point ces choses extérieures qui nous sanctifient, mais la volonté de Dieu sur nous bien connue et bien suivie. »

De ces confidences secrètes et qui étaient faites pour être ensevelies, je reviens aux traits apparents.

En 1661, elle accompagna son mari à Aleth, dans une retraite qu'il y fit sur la fin du Carême [2]. Comme les femmes ne logeaient jamais dans la maison épiscopale, elle demeura dans la Communauté des Filles régentes, d'où elle se rendait tous les jours à l'évêché pour y entendre des instructions en commun avec le prince. « C'est pendant cette retraite que M. Pavillon s'entretint à fond avec eux de l'obligation de réparer les dommages dont le prince avoit été la première cause durant les guerres civiles, et de restituer les biens ecclésiastiques, dont il avoit étrangement abusé pendant qu'il en avoit joui. » Les difficultés de tout régler et répartir dans un esprit de lumière et de parfaite équité « se trouvoient considérablement augmentées par la mort toute récente du cardinal Mazarin, qui leur laissoit de grands biens, dont l'origine étoit plus que suspecte. »

---

1. Je ne pousse pas la citation jusqu'à l'endroit où elle en vient à parler de sa *misérable carcasse*. Je l'ai dit, j'en ai prévenu, rien en tout ceci n'est agréable.
2. *Vie de M. Pavillon* (1738), tome I, pages 260-333.

Je touche ici au côté fructueux, incontestable, de cette direction salutaire :

« Comme on ne put pas tout faire en même temps, M. d'Aleth, en homme éclairé, ordonna premièrement la restitution des dommages causés dans les guerres civiles aux pauvres du Berry et de quelques autres provinces, *en prenant toutes les précautions nécessaires pour connoître les familles qui avoient le plus souffert*, après quoi, il marqua en détail de quelle manière le prince devoit rendre à l'Église ce qu'il en avoit injustement reçu, en ne vivant pas ecclésiastiquement. »

Quant aux grosses sommes que la princesse avait reçues du cardinal Mazarin et qu'il importait de purifier par le bon usage, elle désirait vivement d'abord qu'on les employât à la décoration de l'église de l'Ile-Adam et à la fondation d'un couvent de Carmélites, où elle pourrait de temps en temps faire des retraites. C'était encore là, sous forme spirituelle, une dévotion magnifique et flatteuse à la personne qui s'en faisait une perspective. M. Pavillon s'y opposa, et ne craignit point de contrarier ces premières idées de perfection de la princesse ; il espérait, disait-il dans une lettre, « que Madame auroit la bonté d'excuser sa rudesse, en considérant qu'il ne pouvoit partir d'un esprit nourri dans ces montagnes que des fruits sauvages et amers à la nature. » Son avis était d'employer moins en beau et plus chrétiennement les sommes à des œuvres pratiques applicables aux personnes du sexe dans les provinces, et il énumérait en détail quelques-unes de ces œuvres de charité.

Un des principes essentiels de la direction de M. d'Aleth consistait à réprimer le penchant qu'il rencontrait tant chez le prince que chez la princesse, et qui les portait à renoncer à leurs charges publiques pour se réfugier dans les voies d'une spiritualité individuelle et contemplative : une telle conversion eût été trop commode, et la paresse y eût trouvé son compte : il les obligea donc à rester dans leur rang, dans leur office de prince et de princesse, afin d'être les réparateurs exacts des désordres qu'eux ou les leurs avaient commis, et de devenir proprement les intendants de la fortune des pauvres. — Voilà le bienfait capital, immense, et qui rachète la petitesse de bien des moyens[1].

En 1662, le prince et la princesse firent une seconde retraite à Aleth, vers le temps de Pâques. C'est pendant cette retraite que la princesse, se sentant plus touchée que jamais des instructions qu'elle entendait, dépêcha un de ses gardes à Paris pour y vendre toutes ses pierreries (jusqu'à la valeur de soixante mille écus); elle avait hâte de commencer les restitutions parmi les pauvres de Berry, de Champagne et de Picardie, où il y avait famine.

Fontaine parle d'une circonstance qui n'est pas autre que celle-là, où elle fit vendre, pour en donner le prix aux pauvres, un très-beau collier de perles : « Il est vrai qu'en le donnant et le regardant pour la dernière fois, elle jeta un petit soupir [2]. »

On indique une troisième retraite que les deux époux firent encore, au printemps de 1665. Le prince de Conti étant mort à sa terre de La Grange, près Pézénas, le

---

[1]. On a dans le traité des *Devoirs des Grands*, par le prince de Conti, un résumé de la doctrine et de la direction de M. Pavillon à son égard. Ce résumé n'a que le tort, par le manque de particularités et d'exemples, de ressembler à un lieu commun.

[2]. « Leur misère (des pauvres) est si extrême en tout ce royaume, que les plus durs en sont épouvantés et tout transis. On fait à Paris de grandes aumônes. Depuis trois jours, madame la princesse de Conti a envoyé aux dames qui ont soin des pauvres son collier de perles de quarante mille francs, et des pierreries, qui font l'un et l'autre plus de cent mille francs, outre ce qu'elle donne en la province où elle est. » (Lettre de la mère Agnès, du 14 mai 1662.) L'hiver de 1661-1662 est resté mémorable par ses rigueurs et par les fléaux qui s'en suivirent.

21 février 1666 ¹, la princesse, âgée alors de vingt-neuf ans, devint le modèle des veuves chrétiennes. Elle justifia de plus en plus ce nom de *Fabiole* qu'elle prenait dans sa Correspondance intime ². Elle continua, sur les conseils de M. Pavillon, d'opérer les restitutions convenues jusqu'à la somme de huit cent mille livres. Esclave de l'équité, quand elle avait une affaire devant les juges, elle ne les sollicitait que pour qu'ils se gardassent bien d'apporter aucune prévention en sa faveur. Elle s'appliqua à élever chrétiennement ses fils, qui répondirent si peu à ses vœux, et qui ne firent honneur à notre ami M. Lancelot que par leur esprit. Elle vivait le plus qu'elle pouvait à sa terre du Bouchet, et regrettait que les devoirs de son rang l'obligeassent à en sortir. On voit, d'après quelques-unes de ses consultations à M. d'Aleth, à quel point elle craignait de blesser par les moindres paroles la vérité, en restant comme elle l'était

---

1. Le Père Rapin tient beaucoup à ce que le prince de Conti se soit démenti *in articulo mortis* et qu'écartant M. d'Aleth de son lit de mort, il ait déclaré « se soumettre aux Constitutions des deux Papes pour le fait et pour le droit, » voulant, disait-il, mourir « enfant de l'Église. » Les médecins et valets de chambre auraient révélé cet acte suprême de résipiscence que la princesse, de son côté, aurait cherché à couvrir et à étouffer. Le prince de Conti était, en effet, assez faible et assez versatile de caractère pour se retourner encore une fois à ses derniers moments, et je ne vois rien d'improbable à l'assertion, d'ailleurs intéressée, du Père Rapin. Mais quand le même Père, qui appelle cela une abjuration, croit pouvoir en attribuer la grâce à la bonté de Dieu en récompense des grandes aumônes par lesquelles le prince s'était appliqué, depuis sa conversion, à racheter ses anciens méfaits, le jésuite oublie que c'est la direction sévère et intelligente de Port-Royal et de M. d'Aleth, cette direction seule et non pas une autre, qui avait pu déterminer ce faible prince à réparer si abondamment le mal aux endroits et lieux où il l'avait le plus inhumainement commis. Jamais confesseur jésuite n'eût exigé de lui de pareilles restitutions et ne lui eût imposé de semblables pénitences.

2. Fabiole était une sainte veuve romaine, de naissance illustre, dirigée par saint Jérôme.

dans le commerce, c'est-à-dire dans la société et à la Cour. Elle ne fléchissait point, quand il s'agissait de rendre témoignage pour les justes et les absents dont on médisait. Bourdaloue ne nous apparaît de loin et aujourd'hui que comme le plus grave et le plus modéré des prédicateurs; à ses débuts pourtant et dans son premier éclat, en 1670, il choqua par son éloquence bien des personnes : sous ses définitions générales et ses peintures de moraliste, on cherchait souvent des noms propres, et l'on n'avait pas de peine à en trouver. Un jour, sous prétexte de la *médisance*, il s'attaquait à Pascal; un autre jour, sous le titre de la *sévérité évangélique*, c'était à M. de Tréville. « Le Père Bourdaloue, célèbre par ses prédications, et plus célèbre encore, s'il se peut, par son zèle amer et par ses emportements... : » c'est ainsi qu'on s'exprime dans un Mémoire qui devait être présenté au roi, en ces années, par madame de Longueville, pour se plaindre des infractions partielles à la Paix de l'Église. Une fois, dans un sermon sur la *sévérité de la pénitence*, prêché le quatrième dimanche de l'Avent, en 1670, Bourdaloue parut faire une allusion directe aux Jansénistes, en signalant « ces hommes zélés, mais d'un zèle qui n'est pas selon la science, ces esprits toujours portés aux extrémités, qui, pour ne pas rendre la pénitence trop facile, la réduisent à l'impossible et n'en parlent jamais que dans des termes capables d'effrayer. » La princesse de Conti, présente, témoigna hautement qu'elle n'était point édifiée de ce passage. Bourdaloue, après le sermon, crut devoir aller lui donner des explications, dont elle ne se montra que médiocrement satisfaite.

Telle fut la respectable personne qui mourut, frappée d'apoplexie, le 4 février 1672, à l'âge de trente-cinq ans. Sa perte excita un regret universel. Le roi fit son panégyrique en disant qu'elle était plus considérable par sa vertu que par la grandeur de sa fortune. Port-Royal eut, dans ce haut rang, des amies et protectrices plus agissantes, plus promptes à s'entremêler et à se mettre en avant ; il n'en eut point de plus solide et de plus inébranlable. C'est elle et sa belle-sœur madame de Longueville que madame de Sévigné (reprenant et appliquant à sa manière un mot de M. de La Rochefoucauld) avait particulièrement baptisées *les Mères de l'Église* ; mais on souriait moins en disant cela de la princesse de Conti qu'en le disant de l'autre princesse. — Son cœur fut porté aux Carmélites de la rue Saint-Jacques ; ses entrailles furent enterrées dans l'église de Port-Royal des Champs.

La duchesse de Liancourt, qui mourut en 1674, était aussi une amie très-sérieuse, très-solide, quoiqu'elle n'eût pas ce degré de sainteté ni de grandeur. Elle était Jeanne de Schomberg, d'origine allemande par le côté paternel, fille du maréchal de Schomberg, grand-maître de l'artillerie et surintendant des finances, et sœur du second maréchal de ce nom. Elle reçut de son père une éducation soignée et assez forte ; elle avait des belles-lettres et des talents : elle y unissait beauté et grâce. « Elle était fort brune (être *brune* était réputé alors un défaut), mais fort agréable, ajoute-t-on, fort spirituelle et fort gaie. » Elle avait dû épouser d'abord un fils de Sully. Ce mariage ayant manqué par la disgrâce et la retraite de l'illustre surintendant, elle fut mariée malgré elle au comte de Brissac qui lui répugnait, et avec raison. Elle s'opposa bel et bien, durant la nuit des noces, à la consommation du mariage, qui fut rompu juridiquement (1618). C'est peu après qu'elle épousa (1620), à vingt ans, M. de Liancourt qui en avait vingt-deux, beau, bien fait et galant. Sur la rupture de ce premier mariage déclaré nul, Tallemant dit que madame de

Liancourt « a toujours eu tellement devant les yeux cette espèce de tache, que cela l'a toujours fait aller bride en main. » Nos auteurs se contentent de dire que « sa modestie et sa pudeur étoient si grandes, que, jusqu'à la fin de sa vie, elle n'auroit pas voulu parler seule à quelque homme que ce fût, sans que la porte demeurât ouverte, ou qu'il y eût une troisième personne. »

M. de Liancourt, qui n'était doué d'aucune qualité supérieure et qui finit bonnement par être le plus respectable seigneur de sa paroisse, avait commencé par avoir tous les agréments et tous les travers de la jeunesse de son temps. Il était brillant et à la mode. On le rencontre en liaison étroite avec le poëte Théophile, et chose remarquable! ce poëte, qui passe généralement pour libertin et qui n'avait pas volé sa réputation, a ici le rôle d'un censeur qui prêche et morigène. Il voudrait retirer le jeune seigneur, son patron et son ami, de quelque passion peu digne, dans laquelle il le voit s'amollir et s'oublier : « On ne se peut passer, lui dit-il, du soin de sa condition. Remarquez en la vôtre combien vous êtes reculé de votre devoir, combien le soin que vous avez est indigne de celui que vous devez avoir; quel est le lieu où vous faites votre cour, au prix de celui où vous la devez faire? quelles sont les personnes que vous aimez, au prix de celles qui vous aiment? » N'allons point faire toutefois à M. de Liancourt un tort de ce qui est une marque de sa bonne et généreuse nature, d'avoir été aimé de Théophile, d'avoir goûté ses vers, de lui avoir inspiré dans son exil quelques accents bien sentis [1]. Il ne se ménagea point en sollicitations et en démarches pour le sauver durant sa prison.

M. de Liancourt était brave et plein d'ardeur. Il se distingua à la tête de son régiment de Picardie en plus

---

1. En une de ses Élégies adressée à M. Des Loges.

d'un assaut. Il avait le goût des duels, et un appel qu'il fit jusque dans la chambre du roi, au mépris des édits, lui fit perdre une charge à la Cour. Sa femme eut à souffrir de ses légèretés et infidélités d'époux ; comme elle l'aimait, elle prit patience et attendit doucement durant des années : tout son vœu était de le ramener à elle et au devoir. On raconte qu'un jour, un mémoire pour une parure donnée à une indigne rivale vint entre ses mains ; elle paya en silence et dissimula une offense si sensible. Son époux, qui sut la méprise, commença à l'en admirer et à être touché. C'est pour lui, c'est pour lui tendre un piége qu'elle crut innocent, qu'elle embellit sa terre de Liancourt en Beauvoisis avec une grande magnificence et un luxe presque royal de jardins et de jets d'eau. Elle savait qu'en faisant ainsi, elle entrait dans ses inclinations à lui ; elle s'appuyait sur les unes pour vaincre les autres. Elle traçait elle-même les dessins d'embellissement qu'elle variait avec goût, car elle savait peindre. « Comme elle avoit l'esprit inventif, dit la Relation, elle fit son plan de telle sorte, qu'il n'y avoit rien alors dans le royaume qui pût approcher de ce qu'elle avoit imaginé. Elle se trouva capable de donner de sa main les dessins des jardins et des machines. Elle entreprit et conduisit ce grand ouvrage, et y réussit de sorte qu'il n'y a pas encore à présent un jardin en France, hors les maisons royales, d'un goût plus grand ou mieux entendu. » Rapin, le Delille du temps, a célébré dans ses *Jardins* la Nymphe de Schomberg et les mille détours de son onde :

Et quam mille modis Schombergia duxerit undam
Nympha, loci custos....

La Fontaine, dans sa *Psyché*, nomme

Vaux, Liancourt et leurs Naïades[1].

1. On peut lire une *Description de la Maison de Liancourt*, en

Elle tâchait qu'en même temps sa maison ne fût jamais vide de gens d'esprit et de probité, capables de plaire au maître et de lui faire goûter un honnête loisir.

Dans une maladie contagieuse de M. de Liancourt, elle s'enferma avec lui pour le soigner; elle marqua le même dévouement, quand il fut attaqué de la petite vérole : elle gagnait petit à petit dans son cœur. Mais ce ne fut que dans une maladie qui lui survint à elle-même et où il craignit de la perdre, qu'elle acheva de le conquérir. Il y avait dix-huit ans que durait cette lutte de constante et ingénieuse tendresse. M. de Liancourt se rendit enfin à ses désirs, et, vers l'âge de quarante ans, il adopta une vie régulière qui peu à peu devint une vie demi-pénitente et sainte. M. d'Andilly, M. Arnauld, et nos Messieurs, à mesure que l'un et l'autre époux s'éclairèrent dans la piété, étaient mêlés plus avant à leur conseil et à leur conduite. M. de Liancourt allait, avec M. d'Andilly, visiter M. de Saint-Cyran prisonnier à Vincennes, et il fut averti, ainsi que son ami, de rendre ses voyages moins fréquents. — Le Père Des Mares, l'abbé de Bourzeis, devinrent avec le temps les hôtes familiers de Liancourt.

Cette réunion des époux chrétiens dura encore trente-six ans, depuis la réconciliation entière. L'on put dire de madame de Liancourt en toute vérité : « Tous ceux qui l'ont connue ont toujours admiré sa conduite à l'égard de son mari, et l'ont regardée comme un modèle accompli de l'amitié conjugale la plus sage, la plus chrétienne, la plus honnête, la plus appliquée et la plus agréable que l'on ait vu de nos jours dans aucun mariage. »

---

vers, des plus pompeuses et des plus plates, dans le *Recueil de Pièces en prose, les plus agréables de ce temps...* (Sercy, 1662), cinquième partie.

De son côté, M. de Liancourt, une fois qu'il connut son trésor, se montra de plus en plus digne de le posséder. Il le prouva bien dans une seconde maladie très-grave dont fut attaquée madame de Liancourt, trois ou quatre ans après la première. Comme il s'était formé autrefois une très-belle collection de tableaux, « il fit vœu d'en vendre pour cinquante mille écus et d'en donner le prix aux pauvres, soit que Dieu lui conservât par miséricorde le secours qu'il lui avoit donné dans cette vertueuse compagne, soit qu'il le lui ôtât par justice. C'était un vœu de reconnoissance et de soumission tout ensemble. Dieu lui rendit sa compagne, et la lui conserva durant trente-deux ans. »

Madame de Liancourt n'eut qu'un fils, assez mal marié [1], qui fut tué jeune au siége de Mardick et qui laissa une fille unique, mademoiselle de La Roche-Guyon, née après la mort de son père. Elle fut mise à Port-Royal [2], et, au sortir de là, mariée à M. de Marsillac, fils de M. de La Rochefoucauld. Le cardinal Mazarin l'avait demandée pour un de ses neveux; il offrait de grandes charges et de gros avantages au duc et à la duchesse : celle-ci, dont le faible fut longtemps, dit-on, d'avoir le tabouret et qui l'avait depuis 1648, serait devenue dame d'honneur de la reine. Ils refusèrent l'alliance et de se rengager à la Cour. Il faut tout dire : M. de Liancourt, gagné par les belles paroles de Chavigny, allait céder :

---

1. A mademoiselle de Lannoi, qui fit parler d'elle. — Madame de La Roche-Guyon, devenue veuve, épousa en secondes noces le prince d'Harcourt, depuis duc d'Elbeuf. Du temps qu'elle était madame de La Roche-Guyon, quelqu'un lui disait qu'il devait lui être bien agréable de passer l'été dans un aussi beau lieu que Liancourt; elle répondit : « Il n'y a point de belles prisons. »

2. « Nous ne voyons point de dames que madame de Liancourt, qui vient souvent chez nous, y ayant mis mademoiselle sa petite-fille qui a neuf ans. » (Lettre de la mère Angélique à la reine de Pologne, du 21 mai 1654.)

ce fut la duchesse qui tint bon. C'est au sujet de cette jeune fille élevée à Port-Royal, et aussi à l'occasion de l'abbé de Bourzeis qui était logé chez lui, que le duc avait essuyé, en janvier 1655, ce refus d'absolution à sa paroisse, qui fit tant d'éclat et eut de si grandes conséquences. J'ai expliqué ailleurs [1] comment M. de Liancourt, par son affaire de Saint-Sulpice, fut la cause occasionnelle des *Provinciales*. Il fut cause que M. Arnauld fit sa Lettre à un duc et pair; un passage de cette Lettre fit rayer Arnauld de la Sorbonne, et le jugement de la Sorbonne fit sortir les premières *Petites Lettres*.

M. de La Rochefoucauld, l'auteur des *Maximes*, souriait un peu du duc de Liancourt, son digne oncle, et disait de lui : « Il dépense tout son bien en médecins, et il est toujours malade; — en conseils de gens d'affaires, et il a toujours des procès qu'il perd; — en bonnes œuvres, et on lui refuse l'absolution à sa paroisse. »

A Port-Royal des Champs où il s'était fait bâtir un pied-à-terre, un petit lieu de retraite avant les persécutions [2], M. de Liancourt édifiait les gens par son extrême politesse, et les faisait sourire aussi par son ingénuité : il saluait les moindres personnes qu'il rencontrait, et le vacher même, on l'a dit, lui paraissait vénérable : « Il ouvroit les yeux et le regardoit fixement en le saluant, et il faisoit rire ceux qui l'accompagnoient, en leur demandant si ce n'étoit point un de ces Messieurs [3]. »

---

1. Tome III, page 29.
2. Tome II, page 264.
3. Le Lucius d'Apulée (livre II), à son arrivée à Hypate en Thessalie, croyait voir à chaque pas des hommes métamorphosés en arbres ou en pierres. Un de mes amis faisant, jeune, le voyage des Cévennes, demandait, à chaque masure qu'il rencontrait, si ce n'était pas une ruine du temps des Camisards : il venait de lire le *Jean Cavalier* d'Eugène Sue. Prévention humaine, tu ne fais que changer d'objet et te promener ici ou là!

Quand il avait le bonheur de posséder M. Arnauld à Liancourt, il lui faisait servir de ses plus grosses carpes qu'il appelait des *monstres*.

M. de Liancourt, en se convertissant, n'avait pas tout dépouillé de son ancienne façon de galant homme. Quand il s'agit de marier sa petite-fille au prince de Marsillac son petit-neveu, à qui elle allait porter ses grands biens, les envieux essayèrent de faire rompre cette alliance sous prétexte de galanteries de Marsillac. On s'était procuré des lettres de celui-ci à madame d'Olonne; on les montra à madame de Guemené, afin qu'elle en parlât à Port-Royal et que cela revînt à M. de Liancourt. On les montra aussi au maréchal d'Albret, qui alla trouver M. de Liancourt comme son parent et son ami, et qui lui fit même voir de ces lettres. M. de Liancourt répondit : « Je m'étonne que vous, qui êtes galant, soyez persuadé que l'on rompe un mariage pour cela; pour moi, qui l'ai été, j'en estime davantage Marsillac de l'être, et je suis bien aise de voir qu'il écrit si bien; je doutois qu'il eût tant d'esprit. Je vous assure que cette affaire avancera la sienne. » Il restait donc de l'honnête homme au sens mondain, dans ce bon seigneur converti.

On a imprimé sous le titre de *Règlement donné par une Dame de haute qualité à M... sa petite-fille* (1698), les conseils de madame de Liancourt à mademoiselle de La Roche-Guyon. Si Fénelon dans son livre *de l'Éducation des Filles* est plus gracieux, madame de Liancourt n'est pas moins judicieuse et solide. Ce cadre de grand monde étant donné, il y avait des recommandations pratiques excellentes; par exemple : « Ne souffrez point chez vous de visites d'hommes qui soient d'âge et de sorte à pouvoir être suspects; et s'il y en vient durant que vous n'aurez point d'autre compagnie, ne faites aucune difficulté de faire mettre vos chevaux au carrosse, et de les quitter en leur faisant excuse de ce que vous avez affaire à sortir.... » Cette petite fille si parfaitement élevée, et mariée au plus courtisan des hommes, mourut quelques années après, âgée de moins de vingt-quatre ans (1669). On a imprimé aussi un *Règlement* particulier que madame de Liancourt écrivit pour elle-même ; entre autres prescriptions positives, voici un mot qui est d'une belle âme :

« Autant de fois que je trouverai quelque chose beau ou bon, j'en ferai quelque action de grâces à Dieu intérieurement et quelque acte d'amour. »

Madame de Liancourt était si jalouse du devoir, et dans une sollicitude si continuelle de n'y manquer en rien, que la nuit, quand il lui venait l'idée d'une bonne chose à faire, elle ne se rendormait pas qu'elle ne l'eût écrite pour le lendemain sur des tablettes, et cela lui arrivait plus d'une fois dans une nuit.

Elle eut un long procès à soutenir, et plus long que sa vie, contre la maréchale de Schomberg sa belle-sœur (madame d'Hautefort), que celle-ci lui fit étant veuve. Elle était tout appliquée à conserver avec elle les meilleurs rapports d'amitié, pendant ces démêlés de leurs gens d'affaires. Elle lui proposa d'aller ensemble solliciter les juges, pour leur témoigner qu'elles ne désiraient l'une et l'autre que d'être jugées selon la justice. Ayant eu un scrupule sur ce qu'elle s'était aperçue que son avocat était beaucoup plus habile que celui de l'adversaire, elle crut devoir en prévenir à temps sa partie. Elle retranchait des mémoires et factums tout ce qui lui paraissait trop vif et peu mesuré. En un mot, on n'est pas plus tendrement plaideuse, ni plus chrétiennement, que madame de Liancourt.

Quinze jours avant sa mort, elle sentit que sa fin approchait, et comme elle était à La Roche-Guyon et non à Liancourt où devait être sa sépulture, elle dit ne personne de sa confidence : « Il est temps de porter mon corps à sa dernière demeure. Il y aura moins de cérémonie à l'y porter vivant que mort. »

En arrivant, pour la dernière fois, à cette terre si embellie, elle s'efforça de ne s'en point réjouir la vue, et quoique depuis des années elle ne fît plus que simplement l'entretenir, elle se reprochait sur cette fin d'avoir trop orné son exil, d'avoir trop aimé sa prison. Fidèle à la pensée de toute sa vie, elle s'occupait plus de M. de Liancourt que d'elle-même, s'efforçant de lui cacher tant qu'elle put la gravité de son état, et ensuite de l'y accoutumer insensiblement par ses paroles. Elle mourut le 14 juin 1674, assistée du Père Des Mares; elle avait soixante-quatorze ans. Le duc de Liancourt ne lui survécut que de six ou sept semaines. Il se reprochait de la trop aimer humainement, de la trop pleurer; il ne pouvait parler que d'elle; mais, douze jours avant de la suivre, il cessa tout à fait d'en parler : il continuait d'en mourir. — Dans cet intervalle des six semaines, il avait été faire une retraite à Port-Royal des Champs [1].

Ils laissèrent par testament mille livres de pension viagère à M. de Saci, et dix mille livres chacun à la maison de Port-Royal [2].

1. Madame de Liancourt, depuis un an environ, y avait eu un logement à elle : « Le mercredi 20 septembre 1673, M. de Saci bénit la chambre de madame de Liancourt, celle de mademoiselle de La Roche-Guyon, etc. » (Journal de Port-Royal.) — Cette mademoiselle de La Roche-Guyon devait être la fille de M. de Marsillac, qui mourut en 1676, à l'âge d'environ quinze ans, l'arrière-petite-fille de madame de Liancourt.

2. Ce n'est pas un des moindres signes de la vertu de M. et de madame de Liancourt que l'impression profonde et durable qui resta gravée de leur mémoire dans l'esprit de M. de La Rochefoucauld (prince de Marsillac) leur petit-gendre. Ce courtisan le plus assidu et le plus rompu de la Cour de Louis XIV, qui, durant plus de quarante ans, se fit une loi de ne manquer ni un lever ni un coucher du roi, ni un changement d'habit, ni une partie de

chasse, et qui n'avait d'autre religion que la faveur du maître, avait pourtant gardé *de cet ancien levain de Liancourt*, comme dit Saint-Simon, je ne sais quel reste de générosité qui sortait quelquefois à l'improviste, même devant le roi. Il continua de donner asile à Liancourt à quelques-uns de ces *saints persécutés*, c'est-à-dire au respectable Père Des Mares, qui y mourut (janvier 1687) et qu'il fit enterrer dans le caveau des seigneurs, auprès du duc et de la duchesse. « Il avoit un tel respect pour M. et madame de Liancourt qu'il ne voulut jamais souffrir qu'on changeât rien à Liancourt de ce qu'ils y avoient fait, quoique bien des choses eussent vieilli et eussent été bien mieux autrement; et c'étoit un plaisir que de l'entendre parler d'eux avec l'affection et la vénération qu'il conserva toujours pour eux. »

X

Madame de Sablé ; sa distinction et ses défauts. — Ses frayeurs. — Se loge contre Port-Royal de Paris. — Monde et retraite. — Jours de souffrance sur les jardins. — Porte murée et démurée. — Les malades, les mortes ; *qui vive* perpétuel. — Bel esprit et Maximes. — Expérience morale. — L'abbé de La Victoire. — Madame de Sablé à la Paix de l'Église ; retenue à Paris. — Le Père Rapin et la salade. — Madame de Bregy et les compliments. — Madame de Sablé amie non convertie. — Tréville, un voisin de Port-Royal. — Sa conversion. — Sa science ; sa supériorité — Délicatesse et dédain. — Mis en sermon par Bourdaloue. — On n'a pas plus d'esprit que lui. — Oracle de la rue Saint-Jacques ; théologien de qualité. — Relâchement et inconstance. — Ce qu'en dit Saint-Simon. — Lettre de Lassay. — Un fonds d'épicuréisme.

Nous avons eu dans l'exemple de M. et de madame de Liancourt comme notre idylle de *Philémon et Baucis*, — Philémon et Baucis ayant plus de cent mille livres de rente et chrétiens, également touchants.

Il n'y a rien de touchant dans la relation de madame de Sablé avec Port-Royal. C'est une relation des plus rares, des plus compliquées et des plus subtiles, amusante ou impatientante, si l'on veut, pas autre chose.

J'en ai déjà indiqué le caractère[1]. Madame de Sablé (Madeleine de Souvré), fille du maréchal de Souvré, marchait par les années avec le siècle, étant née vers 1600 ou même un peu auparavant. Elle ne s'expliquait sur ce chapitre de son âge qu'avec discrétion. Elle avait eu de la beauté et y joignait beaucoup d'esprit, mais des recherches sans fin et des artifices, des inquiétudes d'amour-propre dont elle ne se délivra jamais. Le *Nécrologe* de Port-Royal, si abondant d'ordinaire sur les vertus des amies et bienfaitrices, est succinct à son égard[2]. On s'explique cette réticence depuis qu'on a lu plus qu'il n'était besoin dans les papiers de la marquise ; elle avait tant tourmenté les bonnes sœurs de son vivant, tout en voulant les servir, elle leur avait tant fait écrire de lettres, tant arraché de compliments, d'excuses et d'explications, qu'on abrégea les discours et panégyriques après sa

---

1. Tome II, pages 207, 262 et ailleurs. — Il y a plus de vingt ans que j'avais travaillé sur les papiers de madame de Sablé à la Bibliothèque du Roi et que j'en avais extrait des notes en vue de Port-Royal. Je continuerai, dans ce qui suit, de rendre mon impression directe et de puiser aux sources. Madame de Sablé a été l'objet d'une Étude brillante de M. Cousin : mon humble médaillon ne saurait plus avoir qu'un mérite ; c'est d'être exact et d'après l'original.

2. Je parle du grand et premier *Nécrologe*, le seul qui compte en ce qui est du dix-septième siècle. Pour apprécier la maigreur et la sécheresse de l'article sur madame de Sablé, qu'on lise auparavant les articles qui concernent madame de Longueville, la princesse de Conti, mademoiselle de Vertus, madame de Liancourt : on sentira la différence. Même dans ces panégyriques funèbres, les Religieuses tenaient à ne rien dire qui ne fût vrai ; en parlant de madame de Sablé, elles omettent toutes les vertus qu'elles n'avaient pas vues en elle. On la désigne comme « amie très-particulière et bienfaitrice de la maison de Paris, » et l'on parle de son *humilité* qui lui a fait choisir par son testament une sépulture dans un simple cimetière. De sa piété, de sa charité, pas un mot. — Fontaine, qui se répand et qui exulte en louanges pour toutes les autres dames patronnes et amies de Port-Royal, se tait sur madame de Sablé.

mort. — Elle avait été fort galante dans sa jeunesse ; elle avait prétendu donner le ton à la grande galanterie renouvelée des Espagnols et des Maures, et être aimée et servie comme pas une en France ne l'avait été jusque-là. On voit, d'après ce qu'en dit madame de Motteville, qu'elle avait fait école de sentimentalité et de haute élégance à son moment. M. de Montmorency (celui qui fut décapité à Toulouse), l'homme le plus à la mode d'alors, et que les femmes s'arrachaient, avait été son plus illustre servant ; il s'était prêté quelque temps à ce jeu, qu'elle avait l'art de rendre encore plus pénible qu'agréable et glorieux. On voit, par des lettres de Voiture (1631-1632), qu'elle avait coqueté d'assez bon cœur avec ce bel esprit. Dès ce temps-là, elle était ce que nous la verrons jusqu'à la fin, peureuse à l'excès et ridiculement en garde contre la contagion des maladies. Venant de parler du petit-fils de madame de Rambouillet qui était mort d'un mal pestilentiel et qu'il n'avait pas quitté, Voiture, qui écrit à la marquise, ajoute pour la rassurer : « Sachez donc que moi qui vous écris, ne vous écris point, et que j'ai envoyé cette lettre à vingt lieues d'ici pour être copiée par un homme que je n'ai jamais vu. »

Les personnes de l'ancienne société m'ont souvent parlé d'une dame qu'elles avaient connue, madame de Montbreton, si peureuse et si frappée de terreur à l'idée de contagion, qu'elle n'allait point l'été, dans les grandes chaleurs, à la messe, de peur d'y être mordue par des puces *qui seraient enragées*. Madame de Sablé était de cette force. — En même temps Voiture nous la laisse voir difficile, exigeante à l'excès, et « qui ne sauroit être contente à moins d'avoir les cœurs tout entiers, » et, de plus, comme une personne à qui l'on n'oserait désobéir quand elle a donné un avis, de celles *qui commandent en conseillant*.

Le soin même avec lequel il lui écrit prouve assez le

cas qu'il faisait de son goût. Une lettre de Chapelain à la marquise pour la remercier d'un éloge de lui, qu'il a trouvé dans je ne sais quelle préface de La Mesnardière, et dont il lui rapporte l'inspiration, parle aussi de « ce beau crédit que sa vertu et ses connoissances lui ont donné sur les esprits raisonnables (24 octobre 16 9). » Car il ne faut pas oublier les qualités à côté des défauts. Les qualités de madame de Sablé consistaient, à ce qu'il semble, dans une véritable distinction et (au milieu de ces misères) une certaine solidité de l'esprit, qui faisait qu'Arnauld lui envoyait le Discours préliminaire de la *Logique*, pour la divertir et avoir son avis, et que La Rochefoucauld la consultait sur le fond et la forme de ses Maximes [1].

[1]. Voici la fin du billet d'Arnauld, par lequel il lui annonçait l'envoi prochain du Discours : « ... Je vous avoue aussi que je ne puis croire que ce soit tout de bon que vous soyez fâchée ; mais, si vous l'êtes, tout ce que je puis faire pour me réconcilier avec vous, c'est de vous envoyer quelque chose qui vous divertira une demi-heure, et où je pense que vous verrez exprimée une partie de vos pensées touchant la sottise du genre humain. C'est un discours que nous avons pensé de mettre à la tête de notre *Logique*. Vous nous obligerez de nous en mander votre sentiment, quand vous l'aurez vu ; *car ce ne sont que des personnes comme vous que nous en voulons avoir pour juges*. Je le fais copier, et j'espère de l'avoir dans deux ou trois jours. » — Le sieur de L'Estang dédiant à madame de Sablé son traité *De la Traduction, ou Règles pour apprendre à traduire la Langue latine en la Langue françoise...* (1660), parlait d'elle comme d'une personne capable de protéger l'ouvrage, *non-seulement par la grandeur de sa naissance, mais encore par l'étendue de son autorité et de son crédit :* « Car je sais, disait-il, que les maîtres de notre langue vous consultent dans leurs doutes, vous font l'arbitre de leurs différends et se soumettent à vos décisions. En effet, vous êtes, Madame, la personne du monde qui savez le mieux toutes les lois et toutes les règles du discours ; qui savez le mieux exprimer avec grâce et netteté vos sentiments et vos pensées ; qui savez le mieux employer ces belles façons de parler si ingénieuses, si charmantes et si naturellement françoises, et enfin qui savez le mieux toutes ces délicatesses et tous ces mystères du style dont parle M. de Vaugelas.... » Ce *sieur*

Elle avait commencé d'écrire à la mère Angélique dès le temps de la prison de M. de Saint-Cyran à Vincennes (septembre 1640). Elle était de concert, en cette partie de conversion, avec madame de Guemené qui ne se soutint pas. Quant à elle, elle persévéra, si l'on entend par là l'affiche extérieure. En se logeant près de Port-Royal de Paris, dans un bâtiment qu'elle fit faire contigu et communiquant au monastère (1653), elle se créait une situation à part, et on peut se la représenter telle qu'elle fut durant des années, un pied dans le monde, un œil sur le cloître, entendant tout, à l'affût de tout, s'entremettant, se faisant le centre du bel-esprit le plus sérieux, de la théologie la plus brillante; avide des moindres nouvelles, autant que friande des livres nouveaux; intéressant désormais à elle et à son salut des solitaires, des docteurs, la fleur du désert, et retenant encore les meilleurs de ses amis d'autrefois; ayant sous la main son confesseur austère, et ne congédiant pas son cuisinier; consultant son médecin et son casuiste sur ses migraines et ses scrupules; instituant des conférences, des colloques, faisant discuter les gens devant elle dans sa chambre; se sentant assistée des prières de la Communauté en ses jours de communion, et le leur rendant par ses eaux merveilleuses et ses élixirs à tout propos, et, si elle l'avait pu, par ses gelées et ses confitures [1]; ne se retranchant en définitive que ce qui ne lui était plus

---

de L'Estang est un pseudonyme; l'auteur véritable était un Provençal, Gaspard de Tende, fils naturel de Claude de Savoie, comte de Tende.

1. Madame de Sablé était la personne de Paris qui entendait le mieux la confection des potages. La comtesse de Bregy lui écrivait, un jour, qu'elle quitterait volontiers tous les mets et les ragoûts du plus magnifique repas, — laissons-la s'exprimer en ses propres termes, — « pour une écuelle (nous dirions une *assiettée*) non pas de lentilles, mais pour une de votre potage : rien n'étant si délicieux que d'en manger en vous écoutant parler. »

absolument permis. Que pouvait-il y avoir de plus flatteur et de plus considérable pour elle qu'une telle existence, à cet âge de cinquante ans passés? et à quoi cet amour-propre raffiné, cet amour de sa santé, de sa personne et de son âme (le tout ensemble), cette curiosité de son esprit, et cette peur de l'ennui et de l'oubli, cette peur de la mort, auraient-ils pu mieux s'employer désormais et se divertir? à quoi ces mille sentiments et caprices combinés et pétris en elle auraient-ils pu mieux trouver leur compte et, j'ajouterai, leur sûreté? Comme aux plus beaux jours de M. de Montmorency, elle avait sa manière de cour, elle avait son tourbillon. Son *moi* (pour parler comme Nicole) ne s'était jamais senti plus ramifié et plus multiple, plus enraciné dans autrui, plus chatouillé, irrité, soigné, occupé. On ne lui avait jamais plus rendu[1].

---

1. La lettre suivante, qu'elle crut devoir écrire au cardinal Mazarin, prouve au moins que si, dans cette dernière retraite, madame de Sablé n'intriguait pas en matière de politique, elle n'avait cessé de recevoir et d'entretenir tous les amis mondains à qui il prenait envie de la visiter. La date de cette lettre se rapporte au moment du plus grand succès des *Provinciales* et à l'agitation qu'on se donnait autour de Port-Royal pour recruter des partisans :

Madame de Sablé au cardinal Mazarin.

« Novembre 1656.

« Monseigneur,

« Je crois que dans une aussi grande surprise qu'en (qu'est) celle que j'ai sur ce que mon frère (le commandeur de Souvré) m'a dit de la part de Votre Éminence, elle aura bien la bonté de me permettre que je m'adresse à elle même pour me plaindre de mon malheur, de ce que, ne songeant plus qu'à faire mon salut et en ayant donné des marques si publiques par ma retraite et par le lieu que j'ai choisi, si éloigné du commerce ordinaire de la Cour, on n'a pas laissé de donner quelque ombrage à Votre Éminence, pour l'obliger à faire réflexion sur les gens qui me viennent voir. En vérité, Monseigneur, je ne puis comprendre comment certaines personnes qui rendent de mauvais offices seulement pour en tirer de l'avantage ont pu si hardiment renoncer à la vraisemblance, en me voulant montrer capable d'une aussi grande folie que seroit celle d'entrer en quelque chose contre votre service. Car quand même j'aurois l'esprit d'intrigue, dont Dieu me veuille bien garder! il faudroit avoir perdu le sens pour

Une personne d'esprit, qui avait assisté avec moi à la révélation et à l'inventaire de ce coin peu lumineux de Port-Royal où nous sommes en ce moment, et à qui cet air étouffé de coterie faisait mal au cœur, écrivait : « Ces nonnes malades et ces grandes dames blasées ne cherchaient qu'à parler d'elles-mêmes. Ce sont toutes les petites misères et les petites vanités cachées derrière le divin Époux. » Cela n'est pas juste pour les religieuses, qui n'étaient pas des nonnes et qui n'acceptaient madame de Sablé qu'à leur corps défendant ; mais cela est vrai de madame de Sablé comme de madame de Guemené, plutôt que de madame de Longueville. Madame de Sablé savait bien, au reste, le côté faible de sa réforme et le défaut de sa demi-retraite, et qu'il y avait en elle plus de dégoût humain que d'amour divin. Elle disait spirituellement, et en digne amie de La Rochefoucauld : « Il faut une grâce pour quitter le monde, mais il n'en faut point pour le haïr[1]. »

pouvoir même former de mauvaises intentions contre une autorité si solidement établie que l'est celle de Votre Éminence. Ce n'est pourtant pas, Monseigneur, sur le peu de fondement qu'il y auroit à l'entreprendre que je me justifie, mais principalement sur le témoignage de ma conscience; car je puis assurer Votre Éminence qu'au lieu où je suis, l'on ne parle point d'affaires d'État, et qu'on ne me croiroit point en sûreté de conscience, si je prenois la moindre part dans aucune intrigue. Je vous avoue, Monseigneur, que j'ai vu mes anciens amis sans distinction quand ils ont voulu me venir voir, et que je n'ai jamais pensé que cela me dût rendre suspecte, mais au contraire j'eusse plutôt cru le devoir être à ces gens mal intentionnés, par plusieurs raisons : et quand même il n'y auroit que la part que je prends à l'honneur et au bien que vous faites à mon frère, il me semble que cela suffiroit. Enfin, Monseigneur, j'espère que Votre Éminence aura la bonté de remarquer l'innocence de mes actions, et de me faire l'honneur de croire que personne n'est plus attachée que je la suis dans tous mes devoirs, et n'a plus de passion que j'en ai d'être tenue avec toute sorte de respect de Votre Éminence, etc. » (Bibliothèque de l'Arsenal, papiers de la famille Arnauld, tome II, n° 128.)

1. Madame de Longueville ne pouvait s'empêcher de le lui rappeler aussi, un jour qu'elle l'avait vue, dans une de ses peurs, quitter son logis un peu à la légère : « Je n'ai rien à dire de votre changement de logis, pourvu qu'il ne vous expose pas davantage

Qu'il y ait eu, à l'origine de son union extérieure avec Port-Royal, une telle idée et un parti pris de combiner ensemble bien des choses, ce n'est pas ce que je prétends ni ce que je veux dire : le relâchement et le mélange ne se firent que peu à peu et ne furent tout à fait sensibles qu'après quelques années. Dans une lettre de la mère Angélique à la reine de Pologne, du 21 mai 1654, on lit : « Madame de Sablé y vient (à Port-Royal) le plus qu'elle peut, ayant pris une maison fort proche en attendant que celle qu'elle a fait bâtir soit sèche. Elle se sépare le plus qu'elle peut du monde, et sincèrement elle veut être toute à Dieu. » Cette sincérité laissait subsister toutes les faiblesses.

Dès les premiers temps de son entrée à Port-Royal, on peut prendre idée de la délicatesse de ses rapports avec les Mères, par ce billet de la mère Angélique, qui lui avait déjà écrit (11 mars 1653) au sujet des *jours* et des *vues* que la marquise tenait à ouvrir pour sa maison sur les jardins du monastère, ce qui effarouchait les religieuses autant que la peur des maladies pouvait effaroucher madame de Sablé. La mère Angélique lui écrit donc de nouveau sur le même sujet, le jour de saint Joachim (20 mars) :

« Ma très-chère Sœur,

« Encore que j'aie la migraine, je ne puis remettre à vous dire qu'absolument je remets à votre bonté et sagesse tous nos intérêts touchant vos vues. Je n'ai jamais entendu vous y comprendre, n'ayant nulle peine que vous nous voyiez, à quelque heure que ce soit, ni mademoiselle Soyer[1] ; et si Dieu vous donne, comme il pourra arriver avec le temps, des femmes aussi sûres que celle-là, tout de même. Entre ci et là, il suffit que vous empêchiez celles que vous avez

au monde : car il ne suffit pas de le haïr, il faut encore le fuir pour faire son devoir. »

1. Une femme de chambre ou de compagnie de la marquise.

(aurez) de nous regarder, et que pour les étrangers les fenêtres d'en bas, lorsqu'ils seront à votre chambre, soient fermées à clef. Je spécifie cela, parce que vous le voulez ; car enfin je suis très-persuadée que vous aurez autant de soin, et peut-être plus que moi, qu'on ne fasse point de discours de nous. Que si les fenêtres n'étoient fermées à clef, tel diroit nous avoir vues, qu'il n'en seroit rien. Vous savez, ma très-chère Sœur, la malice du monde et les railleries que font trop souvent les personnes du monde des religieuses, et, outre cela, combien de gens seroient ravis d'entendre des contes de nous. Mais c'est trop vous dire. Sortez d'inquiétude, ma très-chère ; je ne vous demande qu'autant de confiance en nous[1], pour tout ce que vous en désirerez que nous en avons en votre bonté. Bonjour, ma très-chère.

« Il faut que je vous dise encore que je suis ravie de ce que vous ne vous êtes pas enfuie pour la fièvre tierce de ma sœur Gabrielle. J'avois si peur qu'elle mourût que rien plus, quoiqu'on ne meure guère de la fièvre tierce ; mais elle est si délicate et exténuée de longue main, qu'elle peut mourir des moindres maux qui lui surviendroient. J'en eusse été très-fâchée pour elle, car c'est une très-bonne religieuse, mais encore plus pour vous, de peur que vous n'eussiez pensé qu'on ne vous eût pas dit la vérité ; mais, Dieu merci, *elle n'a plus de fièvre*. Ne grondez pas de ce que je vous ai écrit ; ma migraine est peu de chose aujourd'hui.

« Je vous supplie de songer à faire quelque remède qui diminue les vôtres. C'est à moi à vous remercier, ma très-chère, de ce que vous avez agréable que j'aie de l'amitié pour vous. Je prie Dieu qu'il ne m'en rende pas indigne, et que je vous puisse rendre quelque très-humble service. »

Dans le corps de logis qu'elle s'était fait bâtir, il y

---

1. La grande condition de l'entrée et de l'installation à demeure de madame de Sablé à Port-Royal était qu'on ne lui cacherait jamais le nombre des malades ni le genre de la maladie ; mais on avait beau lui promettre et s'engager par ce qu'il y avait de plus saint qu'on ne la tromperait jamais, elle ne s'y fiait pas, s'informait sous main par ses gens, et soupçonnait toujours pis qu'il n'y avait. C'était un sujet perpétuel de zizanie amicale, et un inépuisable aliment de correspondance.

avait un passage et une porte d'entrée qui donnait dans le monastère. Cette porte dut être murée par ordre exprès du lieutenant civil, donné le 18 août 1661. La mère Agnès disait à ce propos, ou plutôt elle répétait ce qu'elle avait dit dès le premier jour de l'installation de madame de Sablé en une *chambre frontière* de Port-Royal, que, « si elle pouvoit faire des miracles, elle donneroit à madame de Sablé l'agilité des corps glorieux, qui entrent les portes fermées. » Nous apprenons d'une lettre de la même mère Agnès (27 décembre 1663) que, pendant les négociations de la paix en 1662 et dans l'espérance du bienheureux accommodement ménagé par M. de Comminges, auquel madame de Sablé prenait la plus grande part, on s'était permis, sur l'avis de je ne sais quelle personne étrangère, et en cédant aux instances de la marquise, de rouvrir cette porte interdite, ce qui était une contravention formelle aux ordres du roi, et ce qui donna bientôt des scrupules et des craintes aux religieuses [1] ; elles avisèrent sans bruit à

---

1. La mère Agnès, avec toutes sortes de précautions, entama l'affaire auprès de la marquise et se hasarda à lui proposer la fermeture. Après avoir montré les religieuses plus résignées que jamais, et décidées, pour la Signature, à obéir à Dieu plutôt qu'aux hommes, elle continuait en ces termes :

« Il nous reste à examiner si nous rendons à César ce qui est à César, et c'est à vous, ma chère Sœur, que je propose ce cas de conscience que vous êtes très-capable de résoudre, puisque vous savez tout ce qui en est et qu'il n'y a que vous qui y puissiez apporter le remède : dites-moi donc, s'il vous plaît, ce que nous répondrons quand on nous demandera raison de l'ouverture de votre porte? Dirons-nous que nous y avons donné les mains pour votre consolation, et sur de bonnes paroles que vous aviez d'une personne particulière qu'on avoit quelque sujet de croire qui parloit le langage de la Cour, parce qu'on étoit lors dans la conclusion de ce fameux accommodement qui promettoit tant de bonheur...? Mais on ne se souviendra non plus de cela que d'un songe, et on aura sujet de nous dire que nos imaginations n'ont rien changé dans les ordres exprès que nous avons reçus. Je vous avoue, ma très-chère Sœur, que j'appréhende plus cette réprimande que tous les maux qui la peuvent suivre ; car de croire que cela ne se découvrira point, ce seroit contre l'Évangile, qui nous commande de croire qu'il n'y a rien de si secret qui ne se découvre, etc., etc. »

la faire refermer. Mais que cette porte fût murée ou non, c'étaient des correspondances sans fin avec l'intérieur de Port-Royal, des lettres continuelles, de petits billets à la mère Angélique, à la mère Agnès, à la sœur Angélique de Saint-Jean. Madame de Sablé gardait et portait dans sa dévotion cette susceptibilité et ce caprice exigeant des amitiés les plus gâtées par le monde. Si elle était bienfaitrice de Port-Royal, Port-Royal avait fort à faire avec elle pour reconnaître ces bienfaits ; le cloître austère avait à sa porte le village des *Petits Soins*. Si on ne lui écrivait pas assez tôt, si on laissait échapper un terme de respect, si on oubliait de l'appeler *ma Sœur* dans les lettres, si on n'avait pas causé avec elle assez longtemps, la bouderie avait son cours, et il fallait mille douceurs pour la ramener, pour la convaincre qu'on l'aimait encore. La mère Angélique la grande s'épuisait à la rassurer, à l'exhorter, à lui dire qu'elle priait Dieu pour qu'elle devînt la femme forte dans tous les sens[1]. La mère Agnès était plus aisément en coquetterie béate avec elle, et s'en accommodait mieux[2]; elle y mettait de l'enjouement, une sorte de grâce. Au premier jour de l'an 1664, elle terminait une lettre toute de souhaits pieux et de protestations tendres, en cette gentille manière et en lui envoyant pour étrennes une *mouche* : « J'y joins un présent conforme à ma petitesse, et que vous ne pourrez pas dire qui n'ait cette qualité, puisque, selon l'expression générale de tout le monde, il n'y a rien de quoi l'on fasse si peu de cas que d'une *mouche* ; mais, pour ne la pas être dans la fâcheuse propriété qu'elles ont de se rendre fort importunes, je finis ce

---

1. « Deux jours avant sa mort, lorsqu'elle ne parloit presque plus, nous entendîmes qu'elle disoit : *Ma pauvre marquise!* » (Lettre de la mère Agnès à madame de Sablé, du 11 août 1661.)
2. Tome 1, page 378.

billet par les très-humbles obéissances, etc. » — Un jour que madame de Sablé, à la suite d'un gros rhume, s'imaginait avoir perdu l'odorat, la mère Agnès lui écrivait en manière de consolation et en se proposant elle-même pour exemple :

« Je suis bien aise et bien fâchée en même temps, ma très-chère Sœur, d'être obligée de me donner l'honneur de vous écrire; je suis fâchée du sujet que j'ai de vous rendre compte de la perte de mon odorat, qui m'apprend que vous êtes menacée de la même privation. Si je ne l'avois point déjà, je m'offrirois à vous en soulager en la prenant sur moi; mais je ferois moins pour vous que je ne voudrois faire, parce qu'il est vrai que cela ne m'a rien coûté. Je l'ai perdu dès l'âge de dix-huit ans, en la même manière qu'on le perd quand on a de grands rhumes, à quoi j'étois fort sujette ; je pensois toujours qu'il reviendroit; mais n'en ayant point de nouvelles, je n'ai point couru après, c'est-à-dire que je ne m'en suis pas mise en peine : non pas que je n'aime assez tous les sens qui sont nécessaires à la vie, mais je ne mets pas celui-là du nombre, et vous conclurez avec moi qu'on s'en passe fort bien, puisqu'il y a cinquante-huit ans que j'en suis privée; et si j'ose vous dire ce que je pense, vous gagneriez, ma très-chère Sœur, à cette perte si vous vous en serviez pour satisfaire à Dieu pour avoir pris trop de plaisir dans les bonnes odeurs.... » (1er septembre 1669.)

On a la réponse de madame de Sablé [1]. Ce malheureux odorat s'en était allé et était déjà revenu d'autres fois auparavant. Je ne sais si cette fois il se le tint pour dit, et ne revint pas.

La sœur Angélique de Saint-Jean, qui servait souvent de secrétaire, n'avait pas trop de tout son esprit pour conjurer et exorciser les mille petits démons de la marquise; elle lui écrivait un jour assez vivement : « Tout

---

1. Voir au tome II, page 208, à la note.

de bon, si vous étiez à la place du roi, j'appréhenderois que cette défiance vous fît condamner à l'exil bien des personnes qui ne le mériteroient non plus que celui qu'on y envoie (M. de Bernières ou tout autre) ; car c'est quasi nous bannir de votre conversation que de nous faire toujours accroire que nous nous en retirons, lorsque nous nous tuons de vous dire tout le contraire. » Les fins de billets sont faites pour réparer et redeviennent gracieuses : « Mais enfin vous savez si bien contraindre le monde qu'il faut qu'on cède à la peur de vous fâcher ; mais on ne vous cédera jamais que vous aimiez plus qu'on ne vous aime. »

Un jour, madame de Sablé entra dans sa tribune à l'église, pendant qu'une morte était au chœur, ou du moins *un peu avant qu'on y apportât* cette morte. On avait oublié de la prévenir ; ce fut une longue rancune. D'autres fois on était plus exact, et l'on brûlait *beaucoup de bois de genièvre* dans la cour où quelque pauvre défunte avait été exposée deux ou trois heures seulement ; et, pour tranquilliser encore madame de Sablé, on lui écrivait que c'était un surcroît de précaution, qu'assurément il n'y avait point eu de rougeole à cette maladie, que ce n'avait été qu'inflammation de poitrine avec hydropisie, etc. Dans une circonstance où il y eut en effet beaucoup de malades, elle n'y put tenir, et elle quitta sa maison [1]. La mère Angélique lui écrivait :

« Ma très-chère Sœur,

« Si vous saviez la peine que me donne la vôtre, je crois que vous auriez autant de peine pour moi que j'en ai pour vous. Je suis affligée que vous soyez sortie, et néanmoins, voyant la suite des choses, je crois qu'il le falloit ; car il

---

1. On sait que madame de Sablé alla dans un temps, et même plus d'une fois, à Auteuil, qui était en bonne réputation pour son air sain. Elle put y aller à cette occasion.

vous eût été impossible de soutenir la continuité de nos maladies, qui vous eussent fait mourir de frayeur. Il n'est tombé personne depuis deux jours, et deux de nos petites sont parfaitement guéries, et deux autres en bon état; les quatre autres sont au fort de leur mal, mais sans péril apparent, grâces à Dieu.... (Et elle essaye de lui faire entendre le langage chrétien :) Enfin, ma très-chère Sœur, nous sommes à Dieu. Il a un tel soin de nous qu'il ne laisse pas tomber un de nos cheveux sans son ordre ; cela fait que je ne me puis inquiéter jusques au trouble. Je vous assure pourtant, ma très-chère Sœur, que je l'ai plus été de votre crainte et de toute la peine qu'elle vous a donnée que de toutes nos malades. Au reste, ma très-chère Sœur, pour l'amour de Dieu, je vous supplie très-humblement de croire que ce que l'on vous a dit n'a point été par autre esprit que celui de la charité, du respect et de l'affection qui nous faisoit désirer de chercher les moyens de vous mettre en repos et en liberté d'esprit, tout notre désir étant qu'on n'ait jamais sujet d'avoir regret de s'être engagé avec nous ; et il me semble que je voudrois faire l'impossible pour cela. Je ne me plains point de vos frayeurs ; au contraire, je les porte avec douleur et compassion très-grande, et nous en avons pleuré, ma sœur Catherine et moi ; la pauvre fille en étoit toute pénétrée[1]. Mais je vous avoue, ma très-chère Sœur, que vos défiances me fâchent, et ces incrédulités que vous avez à tout ce que l'on vous dit, en sorte que vous doutez encore si l'on ne mettra point de morts au chapitre[2], encore qu'on vous ait

---

1. Cette sœur Catherine était une pensionnaire et novice, qu'on avait mise quelque temps auprès de madame de Sablé. Quand elle rentra au cloître, la sœur Angélique de Saint-Jean disait : « Elle a été si longtemps à l'école de la tendresse, qu'il lui en coûtera plus qu'à une autre pour apprendre le langage de l'Évangile. » — On lui permettait d'écrire de temps en temps à madame de Sablé; on ne la mortifiait pas trop sur ces lettres ; mais un jour qu'elle y parlait d'un perroquet qu'elle avait laissé, la sœur Angélique châtia ce passage « qui confondoit le saint avec le profane; car la charité doit subsister toujours, mais le jeu n'est plus de saison. »

2. Le chapitre faisait partie du corps de logis que s'était fait bâtir madame de Sablé ; tout ce qui se passait dans la salle du chapitre lui importait donc beaucoup à cause de la contiguïté.

tant protesté que cela ne seroit jamais tant que vous seriez au monde, que je prie Dieu être longues années. Encore vous veux-je pardonner; car je vois bien que c'est un effet de l'extrémité de votre frayeur, qui vous ôte la présence de l'esprit, et de la mémoire ce que l'on vous a dit; et il est vrai que cela me fit penser qu'il n'y avoit point de moyen assuré que de le murer (le chapitre), et sans la crainte de vous fâcher, il le seroit; et je vous assure que depuis le jour de la mort de notre sœur, personne n'y a entré, etc., etc. »

(Et le post-scriptum même, qui est précieux :) « J'avois toujours crainte que nos lettres vous fissent peur. Cela m'a fait différer à me donner l'honneur de vous écrire, mais mademoiselle Soyer me dit hier que je le pouvois, et qu'*en les passant au feu, vous n'en auriez pas peur*[2]. »

On souffre de voir ces saintes avoir tant à s'occupe de cette maniaque de qualité. Il semble que les grandes âmes et les grandes vertus devraient être affranchies de ces contacts rapetissants. Mais madame de Sablé était influente; elle prêtait son crédit, elle se donnait elle-même : on ne pouvait la rejeter. Pour tout dire, on avait besoin d'elle. La charité y mêlant son subterfuge on se disait : *Elle a besoin de nous*. Elle avait, de près, des

---

1. Et quelques jours après, ce sont de nouveaux détails, de nouvelles assurances ; on ne croirait pas, si on ne le lisait, le menu de ces assurances où l'on était obligé d'entrer avec elle :

« Ma très-chère Sœur, j'avois bien envie de vous dire qu'il y a plus de dix jours qu'il n'est tombé (malade) d'enfants, et vingt-cinq (jours) de grandes, et que toutes se portent bien, grâces à Dieu ; et pour moi je crois que le mauvais air est passé, et les dernières n'ont presque pas été mal au prix des premières.

« Pour vos doutes, ma très-chère Sœur, je vous dirai avec toute vérité que dans les cellules du noviciat on n'y mettra jamais ni on n'y a mis personne que de sain, et qu'au moindre mal qu'elles auront qui vous puisse donner quelque appréhension, on les ôtera. La quantité de rougeoles ne nous a point obligées de les mettre plus près que les infirmeries. Pour *les bassins*, on n'en a pas porté un seul à *notre lieu*, et on n'y en portera jamais, et il n'y entre de personnes que celles que vous avez permis, qui ne sont plus qu'*une* en nombre depuis que mademoiselle de Liancourt (mademoiselle de La Roche-Guyon) est chez madame de Guemené. Voilà la pure vérité, sur laquelle vous pouvez en toute assurance prendre vos mesures. »

obligeances et des attentions délicates qui faisaient passer sur bien des ennuis. Bref, il la fallait accepter avec les charges. Port-Royal eut en elle une charge mémorable. — Elle les a bien fait *endêver*, comme on dit.

Notez que, si la peur de la mort et du mauvais air dominait tout, en même temps la peur de l'Éternité la poussait (au moins dans les premières années) à aller plus avant en religion. M. Singlin résistait le plus qu'il pouvait et lui battait froid. Elle s'en plaignait. On avait grand'peine à lui expliquer que c'était sa méthode, que dans son extrême humilité il craignait de s'engager dans la conduite des personnes du monde, qu'il attendait que l'esprit de Dieu redoublât la vocation et les désirs des âmes, et lui donnât à lui-même la pensée de les diriger : « Si tous les directeurs en usoient de la sorte, qu'ils éviteroient de maux ! Mais, voyez-vous, ma très-chère Sœur, l'orgueil naturel n'aime point cela, et *les dames qui ont été adorées autrefois* le trouvent terriblement rude [1]. » M. Singlin, par une lettre du 17 octobre 1661, conseillait fort sagement à madame de Sablé de ne pas trop s'engager au dedans de Port-Royal :

« Ayant des choses en vous qui vous sont si particulières et si peu communes avec les personnes qui sont en religion, comme sont toutes ces frayeurs, ne pouvant dormir sans qu'on vous endorme par la lecture, et autres choses semblables, vous y penserez bien avant que d'entreprendre ce changement, pour n'avoir pas à vous remettre dans ce que vous quitterez. »

En 1662, madame de Sablé s'intéressa très-vivement aux négociations de M. de Comminges, et aurait voulu qu'on y mît plus de condescendance. Elle était et devait être du côté des accommodants. On a une lettre d'Arnauld, qu'il lui écrit sur une nouvelle proposition d'ac-

---

[1]. Lettre de la mère Angélique, du 6 mars 1657.

commodement, en mai 1663; il y a des duretés à l'adresse de M. de Comminges, à qui l'on prétend remontrer son devoir. Madame de Sablé avait trop de tact pour en faire usage : « On est bien heureux lorsque de telles choses s'adressent à vous, lui disait à ce propos mademoiselle de Vertus; car votre délicatesse vous fait sentir ce qui est bon ou mauvais à montrer. » Mais aussi cette dissimulation polie n'aidait en rien au succès lorsqu'on en venait à l'éclaircissement [1].

Elle fut très-active pour la Paix de l'Église; mais, dans cette dernière négociation, madame de Longueville eut la haute main et l'éclipsa. Madame de Sablé fut pourtant de celles à qui l'on écrivait des lettres de congratulation sur ce grand événement. On a quantité de lettres à elle adressées en ces années par son fils l'évêque de La Rochelle; on y voit comment il se prêta peu à peu à ses désirs et donna la main, tout prélat de cour qu'il était, à la réclamation des dix-neuf évêques auprès du Pape.

A travers cela, les soins du monde et du bel-esprit ne la laissaient pas un instant. Au plus fort de cette persécution de Port-Royal, M. de La Rochefoucauld donnait ses *Maximes* (1665). Madame de Sablé y avait grande part, les critiquait, y ajoutait, n'y gâtait rien, les faisait copier, les prêtait sous main à une quantité de personnes et avec toutes sortes de mystères, en ramassait pour l'auteur les jugements divers. Son salon était le grand laboratoire des *Maximes;* on assiste chez elle à leur confection. Enfin, elle en *travaillait* le succès. On a un petit projet d'article d'elle pour le *Journal des Savants*, qui commençait à paraître; elle l'envoya à M. de La Roche-

---

1. Voir dans l'*Appendice*, à la fin du volume, deux lettres, l'une de la sœur Angélique de Saint-Jean, l'autre de madame de Longueville, qui ajoutent quelques traits de plus à cette connaissance si complexe et quasi interminable de madame de Sablé.

foucauld, le 18 février 1665, pour qu'il l'y fît insérer, s'il le jugeait bon. L'auteur l'accueillit et n'y retrancha qu'une critique. J'ai raconté cette anecdote littéraire en son lieu [1]. Madame de Sablé, dans son ébauche d'article, envisageait chrétiennement le livre des *Maximes*, et indiquait le point de vue qu'ont ingénieusement approfondi depuis d'autres critiques supérieurs [2].

M. de La Rochefoucauld était dès lors en liaison étroite avec madame de La Fayette, que nous verrons, à la fin, assisté par Du Guet et par quelques-uns des Messieurs de Port-Royal ; voici une de ses premières grandes amies, madame de Sablé, qui travaille aux *Maximes*, tout à côté de Port-Royal ; madame de Longueville elle-même, sa passion de la Fronde, s'est déjà rattachée à ce monastère par sa pénitence ; — ajoutez madame de Sévigné, amie voltigeante, et qui va de l'un à l'autre : — ainsi Port-Royal entoure de tous côtés M. de La Rochefoucauld ; nous le cernons en quelque sorte, mais nous ne l'atteignons pas. M. de La Rochefoucauld, comme Molière, est trop parfaitement consommé en clairvoyance humaine, il tient trop bien son explication, il est trop foncièrement philosophe, pour pouvoir être même effleuré. On le voit d'ici dans son fauteuil : il sourit et il raille.

Nous touchons, quoi qu'il en soit, à la vraie supériorité de madame de Sablé, s'il lui en faut accorder une.

1. Dans un article sur M. de La Rochefoucauld (*Portraits de Femmes*, édition de 1855, page 271). — Le croira-t-on ? le biographe de madame de Sablé, M. Cousin, après bien des démangeaisons, a jugé à propos de s'approprier cette remarque pour n'avoir pas à me citer. Ce glorieux esprit, ce rival de M. de La Rochefoucauld, avec ses grands airs, mettait souvent son amour-propre à de bien petites choses. Il justifiait par son procédé la théorie de La Rochefoucauld dans le moment même où il se piquait d'être si fort au-dessus.
2. Notamment M. Vinet.

Les témoignages là-dessus paraissent concourir. Ce n'est pas seulement M. d'Andilly qui considère certaines pensées d'elle « comme le fruit d'une expérience qui ne s'est pu faire que *dans un monde où se rencontre le dernier raffinement de toutes choses;* » la mère Angélique lui disait : « Vous êtes doctissime dans les passions, les dégoûts, les instances et les fourberies du monde ; » et M. de La Rochefoucauld lui écrit : « Vous savez que je ne crois que vous sur de certains chapitres, et surtout sur les replis du cœur [1]. »

Madame de Sablé eut aussi l'idée de se charger, avec madame de Longueville, de faire la fortune du livre de M. Esprit, alors retiré à Béziers [2]. Elle aimait avant tout ce genre d'écrits, l'analyse morale, les réflexions, et tout ce qui était de raisonnement intérieur, autant qu'elle goûtait peu les faits et les histoires. Elle aimait la matière qu'elle connaissait bien et qui était *elle*.

On a publié, l'année de sa mort, un petit recueil de ses *Maximes et Pensées diverses* (1678). Elles sont loin de répondre à la réputation de l'auteur. Ces Maximes se rapportent surtout à l'usage de la société et de la conversation. C'est plus judicieux que piquant. Le tour y manque, ou du moins n'y est pas excellent. Ce sont des épreuves d'essai : La Rochefoucauld seul a la médaille parfaite [3].

---

1. Un jour pourtant, la mère Angélique lui écrivait : « Je vous demande permission de vous dire, ma très-chère Sœur, que vous connoissez très-bien les esprits, mais qu'en vérité vous ne connoissez pas les cœurs; je ne vous en veux pas dire la raison, quoique j'en aie envie. » — La mère Angélique parlait selon l'ordre de l'Évangile et de la charité, non au point de vue de La Rochefoucauld.

2. Le livre de *la Fausseté des Vertus humaines*. Il était prêt pour l'impression dès 1673; il y eut des retards, et l'ouvrage ne parut que vers l'époque de leur mort à tous, en 1678.

3. Tout, dans ces *Maximes*, n'est pas d'elle. Ainsi, la dernière

Je crains toujours d'être injuste, et je ne voudrais point paraître plus rigide qu'il ne faut envers une personne, après tout, si distinguée. On ferait un agréable butin dans sa Correspondance, dans cette masse de lettres qu'elle recevait et qu'elle conservait; et depuis que j'ai eu cette idée, d'autres l'ont eue également et y ont réussi à leur manière. On apprend à connaître près d'elle le spirituel abbé de La Victoire, dont le nom est associé d'ordinaire au sien. Il se prétendait marié à elle par une sorte de lien idéal : « Il ne peut arriver de mauvaise intelligence entre nous, qui ne tienne du divorce; car, ne vous ayant pas épousée, pour vous donner un meilleur parti, je n'ai pas laissé de me faire dans le cœur un mariage clandestin avec vous, qui durera éternellement. » Il lui écrit, de son abbaye de La Victoire, de jolies lettres badines, où il la tient au courant de ses ennuis, des emplois de son loisir : il craint de s'être rouillé l'esprit par l'absence, et il réclame d'elle un moment à son retour, pour tout réparer : « Un de vos moments referoit tout ce que les heures des autres ne raccommoderoient pas. » En attendant, il s'amuse à traduire les lettres familières de Cicéron, et s'entretient avec Messieurs de Port-Royal, qui lui font (par leurs livres) *très-bonne compagnie* :

« Je brouille assez de papier sur des matières fort différentes, mais cela ne sert qu'à me faire connoître qu'on ne se doit point mêler d'écrire après eux.... » — .« J'ai quelque coin de rustique, dit-il encore, qui me fait trouver ici (à La Victoire) du plaisir dans ma solitude à ne voir que des bois et des ruisseaux. L'été ne nous a point donné de si beaux jours

---

(LXXXI) : « Tous les grands divertissements sont dangereux pour la vie chrétienne, etc..., » n'est autre que la page de Pascal sur la Comédie. On a pris pêle-mêle, dans les papiers de madame de Sablé, du Pascal, comme dans les papiers de Pascal on avait pris du Montaigne.

que ceux de cet automne, et, quelque mépris qu'ait fait du soleil cette dame qui a accompli sa vie avant que de mourir[1], lorsqu'elle lui étoit comparable par sa beauté, j'ai toujours cru que ce n'étoit qu'une pure jalousie d'astre, et que sa lumière ne lui déplaisoit pas. »

Voilà comme elle aimait qu'on lui parlât, du temps qu'on l'adorait, et elle ne haïssait pas qu'on l'en fît ressouvenir jusqu'à la fin.

Son amitié avec la comtesse de Maure avait été aussi intime, aussi inquiète, aussi jalouse et orageuse que possible. Il en resta quelque chose jusque dans ces années de Port-Royal. La comtesse de Maure continue de lui dire *Mamour*; elle continue de lui écrire sur mille détails de société, sur ses Maximes (celles de madame de Sablé) qu'elle compare et préfère à celles de M. Esprit, sur une bourse, une collation. Voici un bout de lettre d'elle, qui donne bien le ton et le degré de la considération et de la *rareté* dont était madame de Sablé, et des délicatesses, des renchérissements de procédés de tout ce beau monde chrétien, ci-devant précieux :

« J'ai vu M. le prince de Conti, dînant avec madame de Longueville. L'on est venu à parler de vous. Il a demandé pour entrer souvent à Port-Royal. Après avoir un peu écouté cela, je lui ai dit d'une mine bien douce : « On ne se peut accoutumer à voir M. le prince ne savoir plus ce que fait madame la marquise de Sablé. » — Il a paru d'abord un peu embarrassé, et puis il a repris ses esprits et a dit d'un air riant : « Il est vrai qu'il y a de quoi s'étonner. Après avoir été si longtemps sans la voir, je n'aurai jamais la hardiesse d'y retourner, si ma sœur ne m'y remène. » — J'ai dit : « Cela ne sera pas, ce me semble, bien malaisé à obtenir. » — Madame de Longueville a dit ce qu'il falloit, et de l'air que vous vouliez, n'y ayant paru nullement échauffée. M. le comte

1. *Feu madame de Sablé*, comme il disait, quand il allait à Port-Royal plusieurs fois pour la voir, sans être reçu.

de Maure y étoit aussi. Enfin j'ai eu le plaisir de lui dire ce petit mot-là [1]. »

1. C'est à la comtesse de Maure qu'on s'adressait quand on était en brouille avec madame de Sablé, et qu'on voulait lui faire arriver quelques petites vérités enveloppées de beaucoup de compliments. Témoin cette lettre charmante de madame de Choisy à la comtesse, où il se voit bien du bon sens sous le badinage, et où l'on retrouve une fois de plus ce tracas perpétuel, si cher à la marquise, ce train d'engouements et de refroidissements, de propos de cour et de Sorbonne, la théologie et la salade :

« Décembre 1655.

« A l'exemple de l'amiral de Châtillon, je ne me décourage pas dans la mauvaise fortune. J'ai senti avec douleur la légèreté de madame la marquise, laquelle, persuadée par les Jansénistes, m'a ôté l'amitié que les Carmélites m'avoient procurée auprès d'elle. Je vous prie, Madame, de lui dire de ma part que je lui conseille en amie de ne s'engager pas à dire qu'elle ne m'aime plus, parce que je suis assurée que dans dix jours que je suis obligée d'aller loger à Luxembourg (*au palais du Luxembourg*), je la ferois tourner casaque en ma faveur. Entrons en matière. Elle trouve donc mauvais que j'aie prononcé une sentence de rigueur contre M. Arnauld. Qu'elle quitte sa passion, comme je fais la mienne, et voyons s'il est juste qu'un particulier, sans ordre du roi, sans bref du Pape, sans caractère d'évêque ni de curé, se mêle d'écrire incessamment, pour réformer la religion, et exciter, par ce procédé-là, des embarras dans les esprits, qui ne font autre effet que celui de faire des libertins et des impies. J'en parle comme savante, voyant combien les courtisans et les mondains sont détraqués depuis ces Propositions de la Grâce, disant à tous moments : « Hé ! qu'importe-t-il comme l'on fait, puisque, si nous avons la Grâce, nous serons sauvés, et si nous ne l'avons point, nous serons perdus ? » Et puis, ils concluent par dire : « Tout cela sont fariboles. Voyez comme ils s'étranglent *trétous*. Les uns soutiennent une chose, les autres une autre. » Avant toutes ces questions-ci, quand Pâques arrivoient, ils étoient étonnés comme des fondeurs de cloche, ne sachant où se fourrer et ayant de grands scrupules. Présentement ils sont gaillards, et ne songent plus à se confesser, disant : « Ce qui est écrit est écrit. » Voilà ce que les Jansénistes ont opéré à l'égard des mondains. Pour les véritables chrétiens, il n'étoit pas besoin qu'ils écrivissent tant pour les instruire, chacun sachant fort bien ce qu'il faut faire pour vivre selon la loi. Que messieurs les Jansénistes, au lieu de remuer des questions délicates, et qu'il ne faut point communiquer au peuple, prêchent par leur exemple, j'aurai pour eux un respect tout extraordinaire, les considérant comme des gens de bien, dont la vie est admirable, qui ont de l'esprit comme les Anges, et que j'honorerois parfaitement s'ils n'avoient point la vanité de vouloir introduire des nouveautés dans l'Église. Je crois fermement que si M. d'Andilly savoit que j'eusse l'audace de n'approuver pas les Jansénistes, il me donneroit un beau soufflet, au lieu de tant d'embrassades amoureuses qu'il m'a données autrefois. Je ne vous écris point de ma main, parce que

La Paix de l'Église fut une grande satisfaction pour madame de Sablé. J'ai dit qu'une part de l'honneur et des félicitations lui en revint. Godeau, qui prenait toujours les choses par le beau côté, ne manqua pas de l'en complimenter par lettre. Pourtant il y aurait bien eu quelque chose à dire, et elle n'était pas sans quelque petit reproche à se faire. Dans l'intervalle de la persécution, elle ne s'était pas seulement distraite, elle avait pactisé avec l'ennemi; elle n'avait pas rompu avec M. Chamillard : la peur fait faire bien des choses[1]. Elle craignait, si elle revoyait la mère Agnès, qu'il y eût lieu à quelques explications. La mère Agnès, à qui M. de Sévigné faisait part de ces appréhensions de sa voisine, répondait (2 novembre 1668) :

« Si nous avons l'honneur de voir madame la marquise, ce sera pour lui parler de l'Éternité et non pas d'un temps aussi misérable que celui qui s'est passé depuis notre séparation, et je suis bien éloignée, grâces à Dieu, de vouloir faire aucun reproche à personne. Si elle avoit pu recevoir une bonne conduite de M. Chamillard, je mettrois à part le traitement qu'il nous a fait, pour me réjouir de l'avantage qu'elle en auroit reçu. Mais l'Évangile m'apprend qu'on reconnoît de tels prophètes à leur fruit[2]. »

---

je prends des eaux de Sainte-Reine qui me donnent un froid si épouvantable, que je ne puis mettre le nez hors du lit. Mais, Madame, la colère de madame la marquise ira-t-elle, à votre avis, à me refuser la recette de la salade ? Si elle le fait, ce sera une grande inhumanité, dont elle sera punie en ce monde et en l'autre.... »

Les *Lettres inédites* de la comtesse de Maure ont été publiées par M. Aubineau (*Notices littéraires sur le dix-septième siècle*, 1859).

1. Faut-il faire remarquer, à sa décharge, qu'elle n'était pas toujours restée dans son faubourg Saint-Jacques pendant les années de persécution ? Le Père Rapin nous apprend qu'elle était allée demeurer chez son frère le commandeur de Souvré, rue des Petits-Champs, et qu'elle y avait transporté son salon. Combien de temps cela dura-t-il ? Je ne prétends pas suivre ni éclaircir dans toutes ses phases et ses éclipses cette biographie inconstante.

2. M. d'Andilly avait fait, dès auparavant, un reproche à ma-

Et dans une lettre du même temps, en réponse à M. de Sévigné, qui avait parlé sans doute des bonnes dispositions de madame de Sablé :

« Je désire, écrit la mère Agnès, que ce que vous avez dit qui étoit déjà, le soit à l'avenir, et que je ne manque plus à prier Dieu pour *cette Dame, qui a été longtemps l'objet de notre vénération, lorsqu'elle ne respiroit que la solitude d'un monastère pour être uniquement à Dieu.* »

A travers ce qui nous échappe, on devine qu'il y avait eu quelque tort et du froid. Mais enfin tout allait se réparer et s'oublier. La joie du succès et de la cause triomphante couvrait bien des ennuis et des faiblesses. Par malheur, en ce qui était de madame de Sablé, une nouvelle contrariété dut se joindre aussitôt à cette joie générale, un nouvel obstacle se dressa devant elle, Port-Royal, à partir de ce moment-là, n'étant plus qu'aux Champs. Il ne pouvait être question, même un seul instant, qu'elle s'y allât confiner, ni qu'elle y prît des quartiers; elle avait, dès l'origine, fait *vœu de stabilité* pour Paris[1]. L'exemple de madame de Longueville, de mademoiselle de Vertus, fut insuffisant; le mauvais air des étangs (sans compter la séquestration du monde) lui interdisait ce saint et suspect vallon. M. de Sévigné, qui, lorsqu'il le fallut, n'hésita point à s'y retirer et à quitter son logement du faubourg, lui disait assez crûment : « Mais, Madame, vous aurez beau faire, vous n'allongerez pas vos jours d'un seul moment au delà du terme

---

dame de Sablé de la liaison qu'elle avait gardée avec M. Chamillard : « Il s'agit de savoir si vous avez pu, sans blesser cette ancienne et si grande amitié dont vous honorez tant de personnes qui n'ont rien fait pour s'en rendre indignes, conserver une liaison particulière avec *l'un de leurs plus violents persécuteurs.* » (Lettre du 9 janvier 1667.)

1. Il n'est pas à croire que madame de Sablé soit allée une seule fois, même en visite, à Port-Royal des Champs.

que Dieu y a mis : si vous aviez cette vérité bien fortement imprimée dans l'esprit, je suis persuadé, Madame, que vous ne craindriez pas tant de choses. Mais enfin ne bougez de Paris, et faites-y pénitence. » Elle resta à Paris sans y faire plus de pénitence ; elle garda sa maison du faubourg Saint-Jacques, près de ce couvent, désormais séparé sous la mère Dorothée. Elle paraît avoir songé, dans l'été de 1675, à s'aller loger à l'hôtel Rambouillet ; on a une lettre de M. de Montausier à elle sur ce projet, qui n'eut pas de suite, à moins qu'elle n'y soit allée pour une seule saison. J'aurais aimé à croire que la porte de madame de Sablé, du côté du monastère si dégénéré, ne se rouvrît point ; que sa petite tribune de faveur lui parût désormais une incommodité et un danger, plutôt qu'un avantage ; mais il n'y a pas moyen de douter qu'elle entretint de libres et fréquentes communications avec le Port-Royal mal pensant, comme elle avait fait avec l'autre. L'habitude des lieux l'emporta sur le changement des personnes, et elle ne redouta point en ce genre la contagion. Ses relations avec Port-Royal des Champs ne discontinuèrent pas pour cela. Elle resta amie à distance, toujours susceptible, soupçonneuse, inquiète d'être moins aimée de ses anciennes *sœurs*, les accusant souvent d'oubli, et elles s'excusant sur leur rusticité. La mère Agnès lui écrivait, de temps en temps, pour des condoléances, pour des complimens ; en dernier lieu, ce fut pour lui parler, avec des remercîments infinis, d'une visite que l'évêque de La Rochelle, le fils de madame de Sablé, avait daigné faire à Port-Royal des Champs, en compagnie de l'évêque de Meaux, à l'époque de l'octave du Saint-Sacrement (juin 1670). La mère Angélique de Saint-Jean lui écrivit (17 novembre 1672) une lettre de condoléance sur la mort de son petit-fils, le marquis de Bois-Dauphin, tué dans la guerre de Hollande. Le salon de madame de Sablé devait être le centre des bureaux d'esprit jansénistes, dans ce faubourg Saint-Jacques où logeaient alors Nicole, Arnauld, M. de Tréville, madame de Saint-Loup, une Sablé en diminutif, mais d'un cran inférieur. Elle voyait, au reste, des gens d'esprit de toute sorte et de toute robe, et même des ennemis de ses amis, s'ils l'amusaient. On trouve dans ses papiers, à la date de 1675, un petit billet du Père Rapin, sur une certaine salade mangée la veille au soir chez M. le Premier Président de Lamoignon, et qui avait été trouvée fort bonne; c'était un secret de friandise de madame de Sablé. « On souhaite avoir le secret de la faire, écrit le Père Rapin : je tâcherai d'avoir le temps pour vous aller le demander moi-même. »

Singulière lettre à une dame soi-disant janséniste, de la part d'un jésuite, auteur d'une *Histoire* satirique *du Jansénisme.* Le Père Rapin emportant sa recette de salade, et Nicole apportant un petit traité de morale, purent se rencontrer sur l'escalier de la marquise.

C'est que madame de Sablé aimait les amalgames, et qu'elle ne s'était rien retranché; et pour preuve dernière et suprême que le *vieil homme* en elle, je veux dire la ci-devant jolie femme, avait aussi peu abdiqué que possible, voici ce que lui écrivait trois mois avant sa mort une flatteuse amie, la comtesse de Bregy, cette précieuse mère de notre sœur Eustoquie :

« Le 29 octobre 1677.

« Je vous vis hier, Madame, si belle et si charmante, que si le fameux Pâris vous eût rencontrée de même en son chemin le jour qu'il donna la pomme, elle eût été pour vous; et par la justice qu'il vous auroit faite contre les Déesses, il eût évité le fatal présent du cœur d'Hélène, qui lui coûta tant de maux, dont peut-être il se repentit. Mais pour vous, Madame, l'embrasement de Troie n'auroit point dû lui paroître un trop grand sacrifice, puisque moi, qui suis d'un sexe qui n'a que faire d'être sensible à la beauté des dames, je le fus si fort à la vôtre, que je m'exposai à tous les périls d'un bâtiment mal assuré pour aller vitement acheter un Portrait de vous [1]. Il a encore certains rapports à vous, qui font voir que vous n'êtes pas moins aimable, quoique vous ne soyez pas si à craindre. Mais tout cela se passe si doucement et si à propos, qu'il semble que, par générosité seulement, vous ayez ordonné à la moitié des grâces du corps de se retirer dans l'esprit, afin que ceux qui vous approchent et qui vous aiment puissent être heureux sans danger. »

On le voit trop, la mère Angélique et M. Singlin ont perdu leurs peines ; madame de Sablé n'a été que la plus spirituelle des incurables de Port-Royal. Le jargon de Voiture est encore de saison avec elle jusqu'au dernier jour ; elle a besoin, à plus de soixante-dix-sept ans, qu'on *lui en conte*.

Au moment où cette ancienne amie intime, la comtesse de Maure, venait de mourir (1663), mademoiselle de Vertus écrivait à madame de Sablé : « Cette pauvre comtesse de Maure me fait une grande pitié. Je prie Notre-Seigneur de lui faire miséricorde. Hélas! Madame, l'inutilité de la vie met bien souvent autant en péril que de plus grands péchés.... » — Quand madame de Sablé était près de mourir, le comte de Tréville écrivait à madame d'Uxelles : « Je n'ai pas encore su des nouvelles de madame de Sablé aujourd'hui ; mais je n'ose quasi en demander, tant je suis persuadé qu'on n'en aura que de mauvaises à me dire. Cette bonne dame me fait pitié.

---

[1]. Il n'existe pas de portrait gravé de madame de Sablé, soit sous ce nom, soit sous celui de mademoiselle de Souvré. S'agit-il simplement d'un portrait écrit, tel que celui de la princesse *Parthénie* au tome VIe du *Grand Cyrus* et dans l'*Histoire de la Princesse de Paphlagonie*? La phrase de madame de Bregy semble plutôt indiquer un portrait réel et en peinture. En tout cas, on est amené à supposer que la maison du marchand libraire ou du marchand d'estampes était en réparation, et qu'il y avait quelque échafaudage qui en rendait l'accès moins facile qu'à l'ordinaire. Mais, avec ces précieuses, on n'est jamais sûr du sens positif.

C'est une chose terrible que de se trouver ainsi aux portes de l'Éternité et à la veille de paroître devant le tribunal de Jésus-Christ, après avoir passé la meilleure partie de sa vie sans songer à ce passage et sans se mettre en état de ne le plus craindre. » Il ne manquerait plus que de voir quelqu'un faire pareille complainte à la mort de M. de Tréville, et c'est ce qui eut lieu en effet ; car lui aussi, il ne fut que le bel-esprit épicurien de Port-Royal.

Madame de Sablé mourut le 16 janvier 1678, quinze mois avant la duchesse de Longueville, et sans être témoin de la reprise d'hostilités contre le monastère, un peu moins cher pourtant à son cœur, on peut le croire, depuis qu'il était moins contigu.

Ce qui n'empêcha pas qu'on n'y fît des prières pour elle. Le 28 du même mois, on y chanta à son intention, après vêpres, « Vigiles entières avec tous les répons ; » et le lendemain, après tierces, on chanta Laudes, la messe et le *Libera* : ce qu'on accordait aux amis. Ce fut M. de Saci qui officia [1].

---

1. On a une preuve indirecte, mais certaine, du refroidissement où devait être madame de Sablé avec ses amis des Champs : c'est la lettre de condoléance adressée par l'abbesse de Port-Royal de Paris, la mère Dorothée, au médecin M. Vallant, le lendemain de la mort de la marquise. Voici cette lettre, que je dois, avec tant d'autres des documents précédents, à l'amitié de M. Claude, de la Bibliothèque impériale (la mère Dorothée écrit plus mal qu'il n'est permis à une personne de Port-Royal, on voit bien que c'est une renégate) :

« GLOIRE A N. S. J.-C., AU TRÈS-SAINT-SACREMENT.

« Ce 17 janvier 1678.

« Ce n'est pas pour vous consoler, Monsieur, de notre commune perte, étant aussi affligée et si attendrie que j'en suis malade depuis la nuit de l'extrême-onction, en pourtant louant et bénissant Dieu de ses miséricordes, que je suis persuadée intérieurement qu'il a faites à notre chère et illustre défunte que je n'oublierai jamais devant lui, après l'avoir si bien disposée à la mort, comme nous le croyons sur le récit : nous allons néanmoins, Monsieur, redoubler nos prières pour le repos de celle que

Nous continuons cette tournée de visites chez tout ce qu'il y a de mieux et de plus recherché dans le cercle

nous regrettons. La sainte communion s'est faite aujourd'hui générale à son intention, et si nous avions osé, nous aurions fait sonner son trépas pour marquer notre véritable affection et devoir, et pour reconnoissance de celle qu'elle nous a tant de fois si obligeamment témoignée et que mon cœur n'oubliera jamais. Nous vous supplions très-humblement, Monsieur, que la petite tribune soit dorénavant fermée, s'il vous plaît, afin que nous ne soyons pas vues par plusieurs, ce qui blesse la clôture ; et comme la petite grille n'est pas forte, il est bon principalement la nuit, je vous en conjure, de donner ordre que la porte qui y entre soit fermée à clef ; car, après les obsèques, il ne restera peut-être que quelques valets pour la garde des meubles, ce qui ne seroit pas sûreté pour nous de ce côté-là. Excusez, Monsieur, la peine que je prends la liberté de vous supplier de prendre ; c'est la confiance que nous avons en votre bonté, piété et prudence, qui nous la fait prendre, en vous suppliant très-humblement de nous conserver toujours quelque part en votre bienveillance.... (Le reste est purement relatif à M. Vallant.)

«... Votre très-humble et obéissante servante, *l'Abbesse indigne de Port-Royal de Paris.* »

P. S. « Excusez, Monsieur, si je vous envoie une lettre si mal griffonnée : c'est que je me trouve mal d'affliction de notre perte, dont je ressens bien de la douleur ; c'est ce qui m'empêche de pouvoir mieux écrire. Pardonnez-le moi, s'il vous plaît. » (Supplément français, n° $\frac{3029}{14}$).

Il n'était pas possible qu'on fût si bien et si avant dans le cœur de la mère Dorothée, sans avoir perdu auprès de la mère Angélique. — Et s'il fallait enfin un dernier indice du refroidissement de madame de Sablé pour Port-Royal, nous le trouverions dans ce passage du livre du Père Daniel en réponse aux *Provinciales* (*Entretiens de Cléandre et d'Eudoxe*) : « La marquise de Sablé, *qui portoit fort en ce temps-là les intérêts de Port-Royal,* ne put s'empêcher un jour de demander à Pascal s'il étoit bien sûr de tout ce qu'il disoit dans ses Lettres. Car si tout cela n'étoit pas vrai, lui dit-elle, en quelle conscience pourriez-vous le publier et décrier ainsi partout un Corps aussi considérable que celui des Jésuites ? » — Pascal aurait répondu que « c'étoit à ceux qui lui fournissoient les mémoires sur quoi il travailloit à y prendre garde, et non pas à lui qui ne faisoit que les arranger. » — « Je sais, continue Cléandre (l'un des interlocuteurs introduits par le Père Daniel), je sais ce point en particulier de *deux personnes très-dignes de foi, à qui la marquise de Sablé l'a raconté plus d'une fois elle-même dans les dernières années de sa vie.* » Il ressort de ce récit, en en rabattant ce qu'on voudra, que madame de Sablé, quand elle faisait cette confidence au Père Rapin ou au Père

de nos relations : nous en sommes vraiment à ce qu'on pourrait appeler *la fleur des pois.*

M. de Tréville n'est pas un des Messieurs de Port-Royal à proprement parler, mais il y touche ; c'est un voisin, un de nos proches voisins du faubourg Saint-Jacques, un de ces rares personnages qui, pour ne s'offrir à nous qu'incidemment et dans un demi-jour, ne méritent pas moins d'être remarqués. Cet homme dont le nom seul est connu et dont il ne reste pas d'œuvres, a eu heureusement trois grands peintres : Bourdaloue, La Bruyère, et Saint-Simon. Cela aidera à le distinguer.

Issu d'une famille noble du Béarn, élevé avec Louis XIV, cornette de la première compagnie des mousquetaires, il était de la société intime de Madame Henriette, duchesse d'Orléans. Il se trouvait auprès d'elle à Saint-Cloud, lorsqu'au retour d'Angleterre (juin 1670) elle y revint jouir de la beauté de la saison et de la conversation de ses amis, dont il avait l'honneur d'être, et des plus particuliers, avec M. de Turenne, M. de La Rochefoucauld, madame de La Fayette et un petit nombre d'autres. Il était présent à cette mort subite qui bouleversa tous ceux qui en furent témoins : « Tréville que je ramenai ce jour-là de Saint-Cloud, nous dit La Fare, et que je retins à coucher avec moi pour ne le pas laisser en proie à sa douleur, en quitta le monde, et prit le parti de la dévotion, qu'il a toujours soutenu depuis. » Ce dernier point seul de sa persévérance n'est pas tout à fait exact.

Tréville était déjà, d'ailleurs, fort avancé alors dans la religion, au moins par ses études ; il se rattachait, dès les années 1666-1668, à la société particulière de madame de Longueville convertie ; et comme il était sa-

---

Bouhours, ne *portait* plus les intérêts de Port-Royal comme elle le faisait dix ans auparavant.

vant, finement savant et avec curiosité, qu'il possédait le grec à fond, et mieux que la plupart de Messieurs de Port-Royal, elle l'avait initié aux conférences qui se tenaient chez elle à l'occasion du Nouveau-Testament de Mons et en vue d'une seconde édition. Tréville avait proposé plusieurs corrections essentielles, et pour le tour, et pour le sens. L'idée seule de rien changer à l'ouvrage de M. de Saci, prisonnier à cette époque, choqua beaucoup quelques personnes du pur Port-Royal. Un laïque, un étranger, se mêler à l'œuvre du sanctuaire, quelle intrusion ! quelle profanation! M. d'Andilly, qui ne savait pas d'abord de qui étaient les corrections proposées et qui les croyait de M. Du Bois, s'effaroucha et en écrivit à M. Arnauld. Il aurait voulu qu'on ne reçût à Port-Royal la parole de Jésus-Christ que de la main des gens de la maison : « Conservez à nos sœurs, disait-il, la traduction de leurs pères, sans permettre qu'elle soit altérée par une main étrangère. » Arnauld lui répondit très-sensément que c'était mêler trop d'amour humain à des choses d'un ordre supérieur, et que cet esprit de famille porté dans la religion passait les bornes : « Sera-ce donc à cause que la traduction est d'un tel ou d'un tel, que nous aurons du goût à la lire; et la considération des hommes nous sera-t-elle nécessaire pour nous faire estimer les paroles du Saint-Esprit? » Et quant aux critiques que M. d'Andilly insinuait contre la piété plus ou moins habile et intéressée de M. Du Bois, Arnauld lui faisait observer qu'elles manquaient le but, puisque les corrections n'étaient pas de lui, mais d'un autre de ses amis, « que vous ne pouvez pas, disait-il, accuser d'être intéressé, puisque vous ne le connoissez pas, et que nous savons, au contraire, que la seule pensée de son salut lui fait quitter toutes les prétentions qu'il avoit dans le monde. » La lettre est du 26 août 1666, et montre que les dispositions religieuses de Tréville étaient bien antérieures à la mort de la duchesse d'Orléans. Elles ne firent qu'éclater à tous les yeux en cette touchante occasion.

Cette conversion, avec le bruit qu'elle fit et le tour janséniste qui bientôt y parut, ne plut point, je le crois, à Louis XIV. Le roi put en vouloir à Messieurs de Port-Royal, qui lui avaient pris un jeune courtisan spirituel, à peu près de son âge [1], comme Richelieu en avait voulu autrefois à M. de Saint-Cyran, d'avoir enlevé M. Le Maître, un homme de talent et propre à le servir, dans la première veine de ses succès. Ce qui me fait conjecturer que dès lors le roi ne se montrait pas très-approbateur de la retraite de Tréville, c'est que Bourdaloue se permit de faire du nouveau converti un portrait satirique et reconnaissable en chaire, pour l'Avent de 1671. Madame de Sévigné raconte, à cette date, comment l'éloquent prédicateur fit *trois points* de la retraite de Tréville ; et l'on retrouve, en effet, dans un sermon imprimé, *sur la sévérité évangélique*, des allusions certaines à cette prétention, qui était le cachet de Tréville,

---

1. Tréville avait deux ou trois ans de moins que Louis XIV ; il était de ceux qui ne dataient que du règne, et sur qui le jeune roi devait avoir l'œil pour se les attacher et les former. — D'après une conversation de Boileau recueillie par Brossette, le dédaigneux Tréville n'avait pas assez tenu de compte de l'esprit du maître. « M. de Tréville, dont le père étoit capitaine-lieutenant des mousquetaires sous Louis XIII, a été élevé auprès de la personne du roi Louis XIV avec M. le chevalier prince de Rohan qui a eu la tête tranchée, M. de Guiche et M. le comte de Saulx de Lesdiguières. Ces jeunes seigneurs, ne trouvant pas dans le roi toute la vivacité qu'ils avoient eux-mêmes, s'imaginoient que le roi n'avoit pas beaucoup d'esprit. Cette pensée leur donna une espèce de mépris pour le jeune roi, qui s'en aperçut bientôt. Dès lors il commença lui-même à les haïr, et il a toujours conservé ce ressentiment contre eux : cela fut nuisible à leur fortune… » La rancune froide et durable de Louis XIV contre Tréville s'expliquerait ainsi de plus d'une manière.

de vouloir être en tout comme pas un autre, de ne ressembler en rien au commun des martyrs, et de se choisir une dévotion même qui fût d'une distinction et d'une qualité à part : « C'est dans les plus beaux fruits, dit saint Augustin, que les vers se forment, et c'est aux plus excellentes vertus que l'orgueil a coutume de s'attacher[1]. »

La Bruyère, dix-sept ans après, gravait, de son burin le plus incisif, un portrait de Tréville tout à fait dans le même sens et avec la même physionomie : « *Arsène*, du plus haut de son esprit, contemple les hommes, et, dans l'éloignement d'où il les voit, il est comme effrayé de leur petitesse : loué, exalté et porté jusqu'aux cieux par de certaines gens qui se sont promis de s'admirer réciproquement.... » Il faut tout relire. Mais on sent comme quelque chose d'un auteur piqué qui se venge d'un dédain, dans le portrait tracé par La Bruyère.

Ainsi crayonné et blasonné en chaire, noté à la Cour, tombé de Versailles au faubourg Saint-Jacques, Tréville n'avait plus qu'un parti à suivre, c'était d'être dévot, et de s'y tenir. Il ne fit point la campagne de 1672[2] ; et « il a eu raison, écrivait Bussy à madame de Scudery. Après les pas qu'il a faits du côté de la dévotion, il ne

---

1. Voir pour plus de détails, au tome IX des *Causeries du Lundi*, l'article *Bourdaloue*.

2. C'est probablement à cette excuse de ne pas faire la campagne et à la réponse du roi, que se rapportent ces remercîments de Tréville que Bossuet se chargea de présenter : « J'ai fait ses remercîments au roi, qui les a bien reçus. Il me demanda *s'il étoit bien affermi :* je lui dis que je le voyois fort désireux de son salut et y travailler avec soin ; que les grâces que Dieu lui faisoit étoient grandes. Il s'enquit *qui l'avoit converti.* Je répliquai : Une profonde considération sur les misères du monde et sur ses vanités, souvent repassées dans l'esprit. J'ajoutai que m'ayant communiqué son dessein, j'avois tâché de l'affermir dans de si bonnes pensées. » (Lettre de Bossuet au maréchal de Bellefonds, du 9 septembre 1672.)

faut plus s'armer que pour les Croisades. Un homme du monde ne peut justifier sa retraite, à quoi la plupart des gens veulent trouver à redire, qu'en ne se démentant point et la soutenant jusqu'au bout. » Quelques années après (juin 1677), madame de Scudery écrivait à Bussy : « Je vis hier Tréville; il a l'air mortifié comme un capucin : mais pour de l'esprit, il en a autant que jamais, et même plus agréable, car il l'a plus doux; et, s'il vous en souvient, cela lui manquoit. »

Tréville avait l'esprit naturellement dédaigneux, piquant, satirique, et plutôt vif que doux. Bussy, qui paraît d'ailleurs en faire grand cas, répète toujours, en homme qui ne hait pas les chutes des autres : « Et puis, je l'attends à la persévérance. »

C'était là le point délicat. Mais insistons encore sur cette rare éminence de son esprit. Les preuves directes nous manquent. Tréville n'était pas homme à en laisser. Il n'estimait pas assez le commun des mortels pour se livrer à eux par un ouvrage imprimé. Il faisait des lectures, mais où il n'y avait que peu d'élus. Madame de Coulanges nous offre un aperçu de ces fines agapes et de ces dégustations exquises : « J'attends aujourd'hui (24 juin 1695) une compagnie, qui ne vous déplairoit pas, ma très-belle; c'est M. de Tréville qui vient lire *à deux ou trois personnes* un ouvrage qu'il a composé; c'est un précis des Pères, qu'on dit être *la plus belle chose qui ait jamais été. Cet ouvrage ne verra jamais le jour, et ne sera lu que cette fois seulement.* De tout ce qui sera chez moi, je suis la seule indigne de l'entendre. C'est un secret que je vous confie au moins. » On sent bien que c'est à madame de Sévigné qu'elle parle.

Dans ce beau monde où peu à peu Tréville se laissa rembarquer, bien que toujours avec choix et mystère, il n'y avait que lui pour expliquer et rendre *lumineux*, par la manière dont il les exposait, ces systèmes subtils de la Grâce, du Quiétisme. On s'adressait à lui pour les comprendre, et il faisait, à l'intention de deux ou trois amis, de ces exposés, charmants dans sa bouche, qui eussent fait la joie et l'instruction d'un plus grand nombre : lui, il ne croyait pas le grand nombre en état de le goûter. Son travail restait une jouissance et une faveur. Figurez-vous un artiste qui, après les deux ou trois premières épreuves tirées d'une belle gravure avant la lettre, ferait briser la planche ! Ceux qui eurent le bonheur de le voir de près et de l'entendre lui en ont su d'autant plus de gré, et ils n'ont qu'une voix pour parler de lui. Du Guet, « qui n'est pas trop sot sur ces mêmes sujets, » se sent transporté en l'écoutant. Nicole, dans une heure d'enthousiasme, va jusqu'à préférer l'esprit de M. de Tréville à celui de Pascal[1]. Despréaux, dans sa Lettre à Perrault, énumérant quelques contemporains illustres, de ceux qu'il a toujours vus le plus frappés de la lecture des Anciens, y nomme Tréville à côté des Lamoignon et des Daguesseau. Rollin, parlant de la *Cyropédie* dans son *Histoire ancienne*, y donne, à propos d'un certain passage, une explication ingénieuse que lui a fournie « un homme de qualité, dit-il, l'un des plus beaux-esprits et des plus beaux parleurs du siècle passé, qui avoit une connoissance profonde des auteurs grecs. » Dans un petit écrit intitulé *Caractère de madame de Longueville*, un anonyme qui est digne d'être Nicole et mieux que Nicole, voulant définir et louer l'entretien de la princesse, ne trouve rien de mieux que de comparer sa manière à celle de M. de Tréville : « Il y avoit plus de choses vives et rares dans ce que disoit M. de Tréville ; mais il y avoit plus de délicatesse, et autant d'esprit et de bon sens, dans la manière dont madame de Longueville s'exprimoit. »

---

1. Précédemment, tome III, page 384.

Avoir de l'esprit comme M. de Tréville, parler comme M. de Tréville, c'était alors dans un monde très-connaisseur une louange consacrée. Il était grand homme pour tous ses amis, il était pour eux « le fameux M. de Tréville, » et le public n'avait rien à y voir; les sots ne savaient pas même son nom.

Bossuet connaissait beaucoup M. de Tréville. Il parlait de lui au roi, et rendait bon compte de sa conversion, la garantissant sincère. Il a parlé de lui à cœur ouvert au maréchal de Bellefonds. Il lui trouve, je le dois dire, un peu trop de curiosité d'esprit, un trop vif désir peut-être de vérifier les choses de la religion à leur source; car M. de Tréville s'était mis à lire méthodiquement les Pères, et il voulait couler à fond cette question de la Grâce, et bien d'autres questions encore :

« J'ai eu, écrit Bossuet au maréchal de Bellefonds (7 juillet 1673), une singulière et extraordinaire consolation de tenir ici (à Saint-Germain) quelques jours M. de Tréville. Je trouve que tout va bien, excepté qu'il s'est laissé emporter par le désir de savoir plus tôt qu'il ne falloit, et il a fait bien des pas dont il aura peine à revenir : cela soit dit entre nous. Je lui ai parlé sincèrement et bonnement : j'espère qu'il reviendra, et je le suivrai de près. »

Et dans une autre lettre précédente, du 9 septembre 1672 :

« J'embrasse M. de Tréville. On me reproche tous les jours que je le laisse à l'abandon à ces Messieurs (de Port-Royal). Je soutiens toujours qu'il est de mon parti, et sérieusement. Quand sa théologie sera parvenue jusqu'à examiner les questions de la Grâce, je lui demande une heure ou deux d'audience, et, en attendant, une grande suspension de jugement et de pensées. »

Ce fut M. de Tréville qui, par ses objections tirées des Pères grecs, amena Nicole à moyenner ce fameux système de la Grâce générale, qui mitige tout le Jansénisme.

J'ai dit quelque part[1], d'après Fontaine, que M. de Saci « s'étonnoit comment des personnes d'esprit pouvoient préférer les Pères grecs aux Pères latins. » Ces *personnes d'esprit*, c'était M. de Tréville qui montrait du goût dans cette préférence, un goût littéraire (sinon chrétien) plus délicat et plus fin.

Ainsi cela est bien entendu; si nous avions vécu dans cette seconde et encore brillante période du Jansénisme au dix-septième siècle, et si quelqu'un nous avait dit : « Je vous ferai connaître un homme du parti, qui n'est pas un homme de parti, un homme qui a été initié à tout ce qu'il y a eu de plus parfait à la Cour ou dans la retraite, et qui a été une lumière dans les conclaves les plus choisis; qui y a porté et en a gardé l'air du monde, la liberté d'esprit, la suprême délicatesse ; un gentilhomme érudit qui sait les Pères mieux que M. Arnauld, et que Bossuet trouve seulement un peu trop curieux (car, avec cette curiosité, il est homme un jour à lui échapper); un théologien de salon avec qui comptent les docteurs; un associé libre de la Sorbonne, si elle avait de tels associés ; qui a un avis sur le Synode de Dordrecht, et qui charme madame de Coulanges; qui a de l'esprit comme pas un, comme madame de Sévigné, comme M. Pascal, et plus que M. Pascal (assurent ceux qui sortent de l'entendre) ; qui rend agréable et lucide tout ce qu'il explique, qui parle comme un livre et qui ne fait pas de livres..., » nous n'aurions pas cherché bien longtemps le nom de cet homme à part, et nous eussions bientôt interrompu en disant : Ce ne peut être que M. de Tréville.

La position de M. de Tréville dans le parti janséniste

---

[1] Tome II, page 327.

était originale et unique. Il était un des oracles de cet Aréopage mystérieux qui siégeait devers les Grandes-Carmélites et Saint-Magloire, et dont les arrêts (de 1670 à 1678) se redisaient à l'oreille et portaient coup[1]. Pour être tout à fait en règle, et quoiqu'il ne voulût point écrire des livres et « qu'il fût proprement dans l'état que saint Augustin appelle d'un saint loisir, » il avait consulté M. d'Aleth, qui avait trouvé bon qu'il dît son avis sur les affaires de la Vérité, qu'il fournît les pensées ou les textes qui lui viendraient pour la défense commune, et qu'il fît même quelque écrit passager (anonyme et secret) qui ne le commît point. C'était un rôle d'amateur zélé, mais d'amateur, — un reste de grand seigneur, ou d'homme qui n'en prend qu'à son aise, dans le théologien consultant[2].

Il était toutefois assez ostensiblement lié avec Port-Royal pour qu'à la reprise de la persécution, en même temps que les derniers Messieurs quittaient le désert des Champs, il dût, lui de son côté, quitter le faubourg Saint-Jacques (juin 1679). « Il disoit que c'étoit sans ordre qu'il le quittoit, mais par des avis charitables. » On ajoute qu'à ce propos il dit des merveilles à l'archevêque. Il en était bien capable, avec lui comme avec d'autres. Cette sortie de Tréville de son premier quartier, où il était si bien entouré, amena peu à peu dans sa vie du relâchement. Après être allé dans sa province, il se rengagea peu à peu dans le monde, vers 1683. Il était encore jeune, n'ayant guère que quarante-deux ans. Burnet, l'évêque anglican, qui le vit alors dans un voyage qu'il

---

1. *Bibliothèque critique* de Richard Simon, tome IV, page 64.
2. Nicole alléguait toujours cet exemple de M. de Tréville, théologien volontaire et à ses heures, tandis qu'on s'obstinait à vouloir faire de lui un défenseur d'office et presque un polémique de corvée. Mais on s'était accoutumé de bonne heure à voir en Nicole un écrivain de métier ; et c'était le contraire pour M. de Tréville.

fit à Paris, en parle comme d'un homme d'un grand savoir et d'une religion éclairée, qui ne faisait que sortir depuis peu de sa longue retraite. Dans ce qu'il ajoute sur lui et sur plusieurs docteurs de Sorbonne à qui il attribue des tendances de Réforme, il dit un peu plus qu'il n'y en a, et il tire un peu les paroles de son côté.

Tréville, pénitent et retiré, avait eu une première persévérance de onze ou douze ans; c'était déjà fort honnête. Il recommence donc à voir le monde, et il ne le reverra pas impunément. C'est ici que nous avons sur son compte les impressions très-animées, très-récréatives et pittoresques de Saint-Simon. Le grand peintre moraliste, dans le cas présent, ne paraît d'ailleurs y mettre aucun fiel, aucune rancune du genre de celle de Bourdaloue ou de La Bruyère, et seulement la pénétration qui est inhérente à son talent.

Or, quoique nos petits Nécrologes parlent de Tréville comme d'un pieux et savant seigneur qui a persévéré et qui est mort plein de mérites, uniquement occupé de l'étude et du soin de son salut, il n'est rien de tel que d'entrevoir la vérité, et, pour cela, d'écouter Saint-Simon dans ce qu'il a de plus abrupt et de plus primesautier, dans une de ses Notes au *Journal de Dangeau* :

« Troisvilles, que par corruption on appeloit Tréville, étoit, dit-il, un gentilhomme de Béarn, qui avoit beaucoup d'esprit et de lecture, et un esprit galant et fort agréable. Il débuta fort agréablement dans le monde et à la Cour, où des dames du plus haut parage et de beaucoup d'esprit le recueillirent fort, et peut-être plus que de raison. La guerre, où son père commandoit les mousquetaires, ne lui fut pas si favorable que la Cour, et on l'accusa de n'y pas être si propre. Il s'en dégoûta bientôt, mais pour se jeter dans une grande dévotion. Celle du fameux Port-Royal étoit celle des gens d'esprit; il tourna de ce côté-là et se retira tout à fait. Il persévéra plusieurs années, puis alla revoir son pays. Il s'y dissipa et se livra, à son retour, à des devoirs qui devinrent un soulagement de la solitude. Le pied lui glissa parmi les toilettes qu'il fréquenta : de dévot il devint philosophe, et dans cette philosophie on lui reprocha de l'épicurien. Il se remit à faire des vers, à donner des repas recherchés, à exceller par un bon goût difficile à atteindre. Ses remords et ses anciens amis de piété l'y rappeloient par intervalle, et sa vie dégénéra en hauts et bas, en quartiers de relâchement et de régularité, et le tout en une sorte de problème qui, sans l'esprit qui le soutenoit et le faisoit désirer, l'eût tout à fait déshonoré et rendu ridicule. Ses dernières années furent plus réglées et plus pénitentes, et répondirent moins mal au commencement de sa dévotion. »

Tréville, à la date de juin 1704, à laquelle se rapporte cette note, était assez remis dans le monde pour avoir consenti à être nommé de l'Académie française ; mais Louis XIV, quand il fut informé du choix de la Compagnie et qu'on vint lui demander son agrément, répondit « que cette place ne convenoit point à un homme aussi retiré que M. de Tréville, et qu'ainsi il falloit que l'Académie procédât au choix d'un autre sujet. » Il ne pardonnait point à Tréville, élevé auprès de sa personne, d'avoir pu le quitter un jour si aisément, et de l'avoir sacrifié à un genre de vie qui n'était pas la pénitence pure. C'était là plus qu'un crime de *lèse-majesté*; c'était un crime de *lèse-personne*, a dit Saint-Simon.

Port-Royal ne fut donc point représenté à l'Académie française : d'Andilly, à l'origine, n'ayant point voulu en être, et Tréville, à la fin, ne l'ayant pu[1].

On va tant nous en dire, et surtout nous en laisser

---

[1]. Quant à Pascal, est-il besoin de le rappeler? il ne put, en aucun temps, être question de lui pour l'Académie, parce qu'il n'était pas un littérateur, mais un pénitent; parce que ses *Pensées* ne parurent qu'après sa mort ; parce que les *Provinciales* ne parurent pas sous son nom, ne furent jamais avouées publiquement de lui, et ne pouvaient constituer un titre académique, ayant été poursuivies et condamnées.

tant rêver, sur les défauts que M. de Tréville mêlait à ses veines de religion, et sur ses éclipses d'austérité où il se retrouvait le plus tempéré des moralistes indulgents, qu'on nous le fera tout à fait aimer. Certes, Tréville était dans un de ces intervalles de philosophie humaine et très-adoucie, lorsque Lassay lui écrivait :

« S'il étoit permis à un homme qui fait le métier de volontaire avec des cheveux blancs, de parler de philosophie, et de répondre à des discours aussi sages que les vôtres, je vous dirois, Monsieur, que je suis convaincu de tout ce que vous me mandez [1] : une grande liberté et une entière indépendance sont bien au-dessus des biens que peut donner la fortune, qui sont toujours mêlés de soins, d'inquiétudes et de travail; sans doute le repos vaut mieux, et surtout à notre âge [2], où nous pouvons en jouir sans honte; les plus grands honneurs sont trop achetés par la perte de la liberté; à plus forte raison on ne doit pas chercher les médiocres, qui ne peuvent convenir qu'aux gens qui le sont aussi; une extrême ambition ou une entière liberté peuvent seules remplir le cœur d'un honnête homme: tout cela est vrai, et on seroit trop heureux si on pouvoit passer sa vie avec cinq ou six personnes, sur qui on pût compter pour toujours, et qui penseroient à peu près comme nous, jouissant l'hiver des spectacles à Paris, et l'été des beaux jours à la campagne, sans

---

1. Notez que tout ce qui suit a dû être dit en substance par Tréville, jusqu'à ces mots, *Tout cela est vrai*, où Lassay reprend.
2. *A notre âge* était une politesse et une flatterie indirecte que Lassay adressait à Tréville, qui avait bien onze ans de plus que lui. De même, quand il parle un peu plus haut de ses *cheveux blancs*, il est permis de croire que Lassay exagère. Lassay, âgé de trente-six à quarante ans, fit des campagnes sur le pied de volontaire (1688-1690); dans les deux campagnes suivantes, au siége de Mons (1691) et au siége de Namur, (1692), il avait le titre et la qualité d'aide-de-camp du roi. Ce fut peut-être à l'occasion de cette reprise de service auprès du maître, que Tréville lui adressa quelques conseils de sage philosophie. Il est possible aussi que cette lettre se rapporte à quelque campagne d'une date postérieure, où Lassay, qui aimait assez les coups de fusil, aura voulu se trouver encore sur le pied de volontaire.

affaires, sans ambition, avec un bien raisonnable, et ménageant sa santé autant qu'il faut pour pouvoir jouir longtemps des plaisirs ; mais une trop longue expérience m'a appris que cette vie douce et tranquille est un château qui est bien *en Espagne;* la première occasion, la moindre lueur de faveur dissipe vos philosophes, et vous fait voir qu'ils ne parloient de la fortune que comme le renard parle des mûres....

« Je voudrois bien être assez jeune pour être surpris de l'histoire que vous me mandez ; mais je connois trop les femmes pour être étonné de ce qu'elles font : ce n'est point leur faute, c'est la nôtre de les prendre si sérieusement ; elles sont jolies, elles sont faites pour le plaisir et pour l'amusement ; il ne faut pas leur en demander davantage : il est bien triste de n'apprendre ces choses, et bien d'autres, qu'à un âge que je n'oserois plus avouer. Hélas ! quand on commence à ne plus rêver, ou plutôt à rêver moins, on est prêt à (*près de*) s'endormir pour toujours. »

Nous avons déjà vu un janséniste aimable, M. d'Aubigny, s'entretenant librement avec Saint-Évremond [1] ; voici que nous surprenons un second janséniste, l'homme d'esprit par excellence, qui s'entretient non moins librement avec Lassay. La réponse de celui-ci nous donne le ton, et ce ton n'est pas d'un rigoriste. L'homme à qui l'on écrit cela, et qui s'attire de ces répliques, est de la philosophie d'Horace, et à son tour il peut dire en sentant le pied lui glisser :

Nunc in Aristippi furtim præcepta relabor.

Je cherche des noms qui nous rendent par quelques traits connus une sensible idée de ce que pouvait être Tréville pour ses amis, et je ne trouve rien qui lui aille mieux, et à nous aussi, que de l'appeler le *M. Joubert* ou peut-être encore le *M. de Rémusat* du Jansénisme (ne prenez de ces noms que l'éclair rapide où ils se rencon-

---

[1]. Au tome III, page 584.

trent). M. de Tréville avait des pénétrations, des délicatesses, des curiosités et des étendues d'intelligence, en un mot un esprit et une science qui devaient souvent bien embarrasser sa foi. Il y avait des saisons où celle-ci fondait tout entière. A force de bien comprendre et de développer à ravir tous les systèmes, il ne savait pas bien réellement si tous n'étaient pas un jeu supérieur et un simple exercice de plaisir pour le sage. Singulier chrétien, singulier voisin de Port-Royal! revers et dénoûment imprévu de la pénitence! vous vous croyez sur un rocher des plus fermes, comme qui dirait à Malte ou à Gilbraltar; mais tout d'un coup tout remue, et vous êtes à Délos.

XI

Les vrais pénitents : M. de Sévigné. — Courtoisie et charité. — Chevalier servant du cloître. — Mademoiselle de Vertus. — Son origine, sa jeunesse. — Attachée à madame de Longueville, et messagère de conversion : — lui amène M. Singlin. — Pénitente à son tour. — Conseil et prudence. — Zèle pour M. de Saci. — Séparation d'avec madame de Longueville. — Retraite à Port-Royal. — Prise du petit habit. — Infirmités. — Médecins et directeurs. — Lettres de Du Guet : consolation et réconfort. — De la fin chrétienne. — Madame de Longueville ; son adhésion à Port-Royal. — Sa forme d'esprit : subtilité et gloire. — Se convertit à temps ; y trouve son compte. — Amour-propre inverse. — Absence de calcul et sincérité : amour. — Témoignage de M. de Pontchâteau. — Caractère de madame de Longueville. — Sa mort, signal de persécution. — Le trop d'éclat à Port-Royal. — Les carrosses. — Les pèlerins.

Ce n'était pas un bel esprit que le chevalier Renaud de Sévigné, qui mourut à Port-Royal des Champs, le 16 mai 1676 ; mais c'était un original, et un pénitent des plus sérieux. Il avait beaucoup fait la guerre, et avec distinction. Il lui resta une teinte de ridicule d'avoir été battu dans cette sortie qu'il fit au siége de Paris (1649), à la tête du régiment de cavalerie levé par son ami le Coadjuteur (archevêque de Corinthe). Cet échec s'appela gaiement : *La première aux Corinthiens*. Son nom est devenu comme inséparable de cette plaisanterie de la Fronde. Le chevalier de Sévigné méritait mieux ; il avait eu de beaux services dans les guerres d'Allemagne et d'Italie. Il avait été chevalier de Malte. On raconte que pendant ses guerres[1], un jour, au sac d'une ville, ayant trouvé une petite fille de trois ou quatre ans, abandonnée de ses parents et laissée sur un fumier, il fut touché de compassion, ramassa cet enfant dans son manteau et résolut d'en avoir soin toute sa vie ; ce qu'il exécuta fidèlement, et la jeune fille venue en âge se fit religieuse dans un monastère, où il paya sa pension. Cette action de charité lui porta bonheur, et il arriva un jour, disent nos Relations, où le bon Pasteur le recueillit à son tour, lui aussi, et le prit dans ses bras comme il avait recueilli cette petite. Il se le disait également ; il s'était fait faire, pour l'avoir continuellement sous les yeux, dans son oratoire, un tableau du bon Pasteur (par Champagne), et il en avait l'image gravée à son cachet. Devenu veuf de la mère de madame de La Fayette, madame de La Vergne, qui s'était remariée avec lui, il songea à *se retirer* du côté de Dieu, et, pour cela, il se tourna du côté de Port-Royal (1660). Il s'adressa à M. Singlin, qui voulut bien le recevoir à pénitence et le diriger : comme il avait quelque chose de fier et d'impérieux par son humeur, par sa race (il était Breton), et par l'habitude du commandement, M. de Sévigné eut à faire pour s'assu-

1. Il a été impossible d'éviter, à cet endroit et au sujet du chevalier de Sévigné, quelque répétition et double emploi avec ce qu'on a déjà pu lire dans un *Appendice* (tome IV, p. 581-582) et qui fait partie d'un article donné au *Moniteur* à l'occasion des *Lettres* de la mère Agnès. Ce passage du texte était écrit antérieurement à l'article. Tout en restant d'accord avec moi-même, je tâche, à chaque nouvelle reprise et rencontre d'une figure connue, d'ajouter ou de mieux marquer quelque trait.

jettir à l'obéissance. Il s'y plia peu à peu. Ayant fait bâtir un corps de logis attenant au monastère de Paris (1661) et qui devait revenir après lui aux religieuses, il y vécut d'une vie de plus en plus exacte et sévère, se dépouillant graduellement des restes d'élégance ou de luxe qu'il conservait d'abord, et réduisant même ses aises. M. de Saci, avec Fontaine, avait un appartement dans ce corps de logis, et le carrosse que gardait M. de Sévigné était moins pour lui que pour son hôte. Lui, il allait volontiers se promener, quand il en avait besoin, au jardin des Capucins qui était en face, et, comme il y allait en été avec un grand parasol dont il se séparait difficilement, de peur du soleil, les enfants du quartier le poursuivaient de cris et huées, d'une musique assez peu agréable. Par un retour du vieil homme, il eut un jour l'idée de leur faire donner quelques légères corrections et caresses, que leur administrerait un domestique dont il se ferait accompagner ; et il consulta M. de Saci, qui sourit de ce cas de conscience d'un genre nouveau.

M. de Sévigné lisait beaucoup. Il avait cinquante-sept ans quand il se mit à apprendre du latin, et il en apprit assez pour entendre les Offices et prières, et quelques ouvrages de saint Augustin et de saint Bernard : il ne se refusait pas le plaisir d'en citer. Il aimait à transcrire les traductions de M. de Saci, et s'en faisait une édification et un devoir. Tendrement attaché à la Communauté dont il se considérait comme un féal serviteur et un humble frère, et dont il avait fait l'objet de ses libéralités continuelles, de ses grands ou petits présents[1], il souffrit bien pendant les quatre années d'exil qu'il demeura dans sa maison de Paris, tandis que les Sœurs

---

[1]. En fait de petits présents, il leur envoie de l'excellent beurre (du beurre de Bretagne), une lampe, du fruit, des fleurs, un cachet où était l'image du bon Pasteur, etc., etc.

étaient chassées de la leur et confinées aux Champs. Il trouvait moyen encore de leur être utile, par les avis et les renseignements qu'il leur donnait sur les procédés de sa voisine, la sœur Dorothée. Il n'hésita pas ensuite à s'arracher à cette maison de Paris, où il comptait mourir, pour émigrer lui-même au désert, quoique cela dût lui coûter. Il s'était accoutumé à voir dans le monastère de Paris l'image de la patrie du chrétien. Un jour qu'il revenait au faubourg Saint-Jacques, après une maladie et convalescent, comme on lui demandait des nouvelles de sa santé, il répondait agréablement « que la force avoit commencé à lui revenir en passant devant l'Institution[1], mais qu'il s'étoit senti tout à fait guéri en revoyant le clocher de Port-Royal[2]. »

C'est cet homme de cœur et de repentir qui, retiré aux Champs en 1669, ayant consommé ses bienfaits envers les religieuses en leur fournissant de quoi rebâtir le cloître et agrandir le réfectoire, ayant achevé d'y dompter et d'y soumettre à la mansuétude de l'Agneau les duretés originelles de sa nature, mourut en paix dans la soixante-sixième année de son âge (1676), à temps et comme à souhait, — je veux dire, avant que de nouvelles persécutions vinssent l'affliger dans la personne de ses Sœurs et le jeter loin d'elles dans un inconsolable exil. Il fut inhumé dans ce cloître qu'on lui devait, et qui avait fait l'objet de ses constants désirs. Circonstance touchante! lorsqu'il vint demeurer à Port-Royal des

---

1. La maison de l'Institution de l'Oratoire, fondée par M. Pinette, rue d'Enfer, près de l'Observatoire.
2. Il avait fait pourtant, dès les années de séjour à Paris, de petits voyages et des retraites à Port-Royal des Champs. Il en fit une notamment dans les premiers jours d'août 1663, en commémoration de la mère Angélique morte le 6 de ce mois (deux ans auparavant); au sujet de quoi la mère Agnès lui écrivait : « Vous faites peut-être selon son intention, en recherchant le lieu qu'elle a tant aimé, que nous en étions jalouses. »

Champs, il avait désiré d'abord voir et visiter ce cloître, désormais insuffisant, et sur lequel il avait tout bas ses desseins de réédification généreuse; il voulait sans doute prendre idée de ce qu'on y pouvait faire. Il avait laissé percer quelque chose de ce désir curieux dans une lettre à la mère Agnès, avec laquelle il entretenait une édifiante et courtoise Correspondance [1]. Elle lui avait répondu en lui opposant le règlement inflexible sur la clôture, et l'anathème de *notre mère l'Église* : « C'est pourquoi, disait-elle, notre bâtiment de dedans ne vous apparoîtra point, parce qu'il y a un Chérubin à notre porte, qui en défend l'entrée avec une épée de feu. » Il paraît bien pourtant qu'on s'adoucit, que le Chérubin abaissa quelquefois cette épée de feu pour M. de Sévigné, surtout lorsque l'on fut dans le nouveau cloître dû à ses libéralités et dont il était l'un des parrains. Les Journaux de Port-Royal, qui nous parlent toujours avec grand détail des processions intérieures pour la fête du Saint-Sacrement, nous montrent quelquefois M. de Sévigné y assistant, par permission du supérieur, à la suite des ecclésiastiques, un cierge à la main, et faisant comme eux le tour du cloître. C'étaient ses jours de bonne fête. Il avait choisi ce cloître pour le lieu de sa sépulture. Les religieuses reconnaissantes l'y accueillirent, lui firent dresser un monument, et M. Hamon lui composa une belle épitaphe.

Un ami tel que le chevalier de Sévigné justifiait ce mot que lui écrivait la mère Agnès : « Nous avons beaucoup d'ennemis; mais un seul de nos vrais amis nous doit être plus précieux que les autres ne nous sont pénibles. » — Dans sa charité mêlée de courtoisie, il

---

[1]. Elle est surtout contenue dans un manuscrit de la Bibliothèque de l'Arsenal (*Lettres de diverses Religieuses de Port-Royal*, Belles-Lettres fr., 375 *ter*). M. Varin l'avait indiquée; M. Faugère l'a publiée dans son utile Recueil des *Lettres de la Mère Agnès*.

nous semble comme le chevalier d'honneur du monastère [1].

Je continue de rassembler en ce chapitre les diverses conversions solides et les pénitences de bon aloi.

Parmi les personnes de marque que la Paix de l'Église rattacha visiblement à Port-Royal, il faut mettre au premier rang mademoiselle de Vertus. Son père, Claude de Bretagne, comte de Vertus, avait pour aïeul et tige de sa branche un frère naturel de la duchesse et reine Anne. Elle-même signait *Catherine de Bretaigne*, et nos historiens ne manquent pas de faire ressortir cette illustre origine, par où elle descendait des anciens souverains du pays. A la suite de la duchesse de Longueville et de la princesse de Conti, elle entre, à la rigueur, et fait nombre dans le groupe de celles qu'on appelait *nos princesses*. On peut voir dans les *Historiettes* de Tallemant de quel père, et surtout de quelle mère, elle était issue. Cette mère était la fille du marquis de La Varenne-Fouquet, adroit Figaro et Mercure zélé de Henri IV dans ses intrigues galantes, ancien cuisinier d'ailleurs de Madame Catherine de Navarre, qui lui dit un jour : « La Varenne, tu as plus gagné à porter les poulets du roi mon frère, qu'à piquer les miens. » La comtesse de Vertus, la mère, ne démentait pas le sang paternel ; elle était belle, très-galante, et des plus bizarres, bien qu'avec de l'esprit. Ces déportements domestiques durent faire impression de bonne heure sur l'âme judicieuse de mademoiselle de Vertus. Celle-ci passa sa tendre jeunesse à pratiquer par piété la règle de Saint-Benoît dans un monastère. « Elle en fut

---

[1]. Nos religieuses, qui n'admettaient pas de si grands mots, se contentaient de l'appeler *le portier de Jésus-Christ*. (La tribune de M. de Sévigné à l'église était auprès de la porte dite des Sacrements.)

tirée par les flatteries de la Cour, où elle prit trop de part aux intrigues et aux plaisirs qu'elle désapprouvoit. » Elle était sœur cadette de la célèbre madame de Montbazon. « Cette mademoiselle de Vertus a du mérite, dit Tallemant. Elle sait le latin. Elle n'est pas si belle que sa sœur. Madame la Comtesse (de Soissons) fut si ingrate que de ne lui rien donner. Elle écrit fort raisonnablement ; mais l'affaire de M. de La Rochefoucauld l'a fort décriée. C'est la plus belle après madame de Montbazon, car elle a encore trois sœurs.... » On ne sait pas bien quelle est cette affaire de M. de La Rochefoucauld. Nous ne saurions répondre de toutes les années de jeunesse de mademoiselle de Vertus. Elle a parlé elle-même, dans les termes du plus vif repentir, de sa première vie qui, à l'entendre, l'aurait rendue indigne de souffrir pour la vérité : « Il est vrai que je ne mérite pas de souffrir pour quelque chose de bon ; c'est la récompense de la bonne vie. La mienne a été si terrible, que je n'ose espérer d'autre souffrance que celle que mes misérables péchés méritent. » Mais il ne serait pas juste de prendre à la lettre la parole du chrétien dans le gémissement de la pénitence, pas plus qu'il ne faudrait prendre au mot les poëtes dans leurs magnifiques hyperboles de louanges. Segrais dédiait à mademoiselle de Vertus sa troisième Églogue, *Amire*, qui se termine par ces vers :

> Daignez prêter l'oreille à ma muse rustique,
> Digne sang de nos Dieux et des Dieux d'Armorique,
> Dont toutes les vertus ont le grand cœur orné,
> A qui, jusqu'à leur nom, elles ont tout donné.

C'est dans cette Églogue que se trouvent ces jolis vers, du très-petit nombre de ceux de Segrais qui méritent d'être retenus :

> O les discours charmants ! ô les divines choses,
> Qu'un jour disait *Amire* en la saison des roses !

> Doux Zéphyrs, qui régniez alors dans ces beaux lieux,
> N'en portâtes-vous rien aux oreilles des Dieux[1] ?

A défaut d'honorable foyer domestique, mademoiselle de Vertus demeura successivement dans plusieurs grandes maisons, chez la Comtesse de Soissons d'abord, qui mourut en juin 1644 : Tallemant ne lui pardonnait pas de n'avoir rien laissé à mademoiselle de Vertus, « qui a été assez longtemps avec elle, disait-il, et qui est une *fille de mérite*. » C'est la seconde fois que le mot revient sous sa plume, et c'est le mot juste ; nous n'aurons le plus souvent qu'à l'appliquer. On retrouve, en octobre 1650, mademoiselle de Vertus s'ennuyant de vivre seule, qui va loger Place-Royale avec madame de Rohan la mère[2] ; elle aurait pu mieux choisir. Quelques années après, vers 1654, elle demeurait avec madame de Longueville, dès les premiers temps de leur commune conversion. L'odieuse mère de mademoiselle de Vertus ne lui étant d'aucune aide, la pauvre fille devait être souvent à la charge de son amie. Elle eut, il est vrai, une pension de la Cour, donnée par Mazarin, mais qu'on lui marchanda ensuite et qu'il paraît qu'on lui rogna. Dans les papiers provenant de la Cassette de

---

1. C'est une imitation de Virgile :

> O quoties et quæ nobis Galatea locuta est !
> Partem aliquam, Venti, Divûm referatis ad aures.

Et puisque nous en sommes aux imitations de Virgile, en voici une autre encore de Segrais, qui est d'une grande douceur et légèreté :

> De votre belle bouche une seule parole
> M'est ce qu'au voyageur est l'herbe fraîche et molle ;
> Et l'aise de vous voir est à mon cœur blessé
> Ce qu'une eau claire et vive est au cerf relancé.

Mais ceci est de l'Églogue intitulée *Climène*, et non plus de l'Églogue d'*Amire*. Nous ne sommes pas ici pour cueillir des fleurettes ; ne nous éloignons pas de mademoiselle de Vertus.

2. Veuve du duc de Rohan, fille de Sully, et autrefois très-galante.

Fouquet, sur une note intitulée : « Mémoires de ce que j'ai payé pour M. le Procureur-général, » et qui est probablement de madame Du Plessis-Bellière, on lit, entre autres articles : « 300 pistoles pour mademoiselle de Vertus. » La destination et l'emploi des autres sommes qui sont mentionnées à côté n'a rien qui puisse faire croire que ce fût donné à mauvaise fin. Elle aspirait, quoi qu'il en soit, à une condition moins précaire, à un état stable. « Serai-je toute ma vie vagabonde? » s'écriait-elle. En effet, dans ces changements fréquents de domicile et ces cohabitations avec de mieux établies qu'elle, — jamais chez elle et toujours chez les autres, — j'ai peine à ne pas me figurer un peu mademoiselle de Vertus sur le pied de *demoiselle de compagnie*, en très-grand. Elle avait quelques-uns des inconvénients du rôle. Elle en souffrait dans sa considération ; on était aisément léger sur son compte. Chose singulière ! vers le même moment où mademoiselle de Vertus s'entremettait près de madame de Sablé pour procurer M. Singlin à madame de Longueville, on voit, par une lettre d'elle, que la méchanceté ne l'épargnait pas elle-même : « Je vous envoie, écrivait-elle à madame de Sablé, la réponse que je fais à M. d'Andilly; c'est pour me mortifier et pour vous plaire que je ne l'ai pas fermée.... On fait courir le bruit à Fontainebleau que nous nous voyons journellement[1] M. de La Rochefoucauld et moi. Je vous mande cette nouvelle parce que je m'accoutume et que j'ai grand plaisir à vous tout dire... » Ceci semble répondre à cet autre mot de Tallemant que j'ai cité, et doit se rapporter à une affaire antérieure non éclaircie, où M. de La Rochefoucauld et

---

1. Je m'assure (car on a affaire à toutes sortes d'éplucheurs et de chicaneurs) qu'il y a bien dans le texte original *journellement*, et non pas *continuellement* comme on le lit dans un texte imprimé.

elle étaient mêlés dans les propos du monde. Abstenons-nous de juger, puisque nous ne savons pas [1].

1. Depuis lors, le Père Rapin, qui n'a pas de raisons pour aimer et épargner mademoiselle de Vertus, puisqu'elle est une adhérente et une sœur de Port-Royal, nous en a dit plus long que personne sur son passé : « Cette fille, lit-on dans ses Mémoires, avoit de l'esprit et de la beauté, et elle avoit plu au prince de Conti d'une manière qu'il fit ce qu'il put pour l'épouser; mais la disproportion de l'âge l'empêcha.... » Mademoiselle de Vertus se retira alors aux Bénédictines de Montargis pour y cacher son chagrin. C'est de là que la duchesse de Longueville l'attira à Moulins, « où elle sut si bien la cajoler qu'elle lui fit oublier son déplaisir. Le dessein de la duchesse (c'est toujours le Père Rapin qui parle) étoit de la gagner pour se remettre dans les bonnes grâces du duc de Longueville, son mari, par son entremise; car ce duc, après l'avoir aimée, la considéroit encore beaucoup (*on ne sait de laquelle des deux il s'agit*). Ce voyage fut un mystère; mademoiselle de Vertus le fit passer dans l'esprit de ses sœurs pour un voyage en Bretagne, leur écrivant de la route de ce pays-là, parce que les liaisons qu'elle avoit eues avec la duchesse de Longueville ne lui avoient pas fait d'honneur dans sa famille. » La réconciliation en effet entre la duchesse et son mari eut lieu dans une terre voisine de Louviers appartenant au marquis de La Croisette, et La Croisette, alors favori du duc de Longueville et qui avait tout pouvoir sur son esprit, était gouverné, selon le Père Rapin, par mademoiselle de Vertus qui le gagna à son dessein. Le jésuite chroniqueur nous dit plus nettement encore à un autre endroit :

« Elle s'étoit assez attachée depuis quelque temps à la duchesse de Longueville pour embrasser la nouvelle doctrine et pour en faire une profession plus éclatante et plus déclarée, comme faisoient la plupart des femmes de la Cour, qui cherchoient à faire du bruit dans le monde par leur dévotion après en avoir fait par leurs galanteries. Ce fut par là qu'elle fit une si grande liaison avec cette duchesse, qu'elles devinrent l'une et l'autre les plus attachées au parti et qu'elles méritèrent par leur attachement d'être consultées sur les affaires les plus importantes de Port-Royal, et que non-seulement elles donnoient leurs avis sur les questions de doctrine qu'on y traitoit, mais aussi leurs décisions : ce qui donna lieu au duc de La-Rochefoucauld, qui avoit eu bien du commerce avec elles et une grande part en leurs bonnes grâces, de les appeler par raillerie *les Mères de l'Église*.... »

Toujours M. de La Rochefoucauld! il paraît bien que c'était un bruit accrédité. — Quantité d'autres choses plus ou moins malveillantes que le Père Rapin ajoute sur le chapitre de mademoiselle de Vertus, — comme d'avoir supposé une guérison miraculeuse, par la Sainte-Épine, d'un mal au genou qu'elle n'avait pas,

Mademoiselle de Vertus avait de l'esprit, et, ce qui est plus rare, un bon esprit. « Une de ses plus belles parties, comme on disait alors, étoit *la bonté et la sagesse du conseil.* » Elle fut très-utile dès le premier jour à madame de Longueville dans toutes ses affaires domestiques et autres, soit qu'il s'agît pour elle de traiter avec son mari, au sortir des guerres civiles, soit qu'il fallût l'aider à régler sa religion et à se choisir des directeurs sûrs, de vrais guides, qui remissent un peu de calme dans sa conscience : mademoiselle de Vertus pourvoyait à tout. Je retire ce mot de *demoiselle de compagnie*, un peu trop léger; mais elle fut pendant des années, avec le caractère d'amie intime, le plus actif *aide-de-camp*, et un aide-de-camp qui trouvait souvent de lui-même le mot juste, qu'il se chargeait ensuite d'exécuter. Avant ses grandes maladies et infirmités, elle était pleine d'entregent et des plus *allantes*, comme on dit. Elle s'entremettait sans cesse, et pour le bien, et avec succès. On lit dans une note de Racine sur madame de Longueville : « Elle étoit quelquefois jalouse de mademoiselle de Vertus, qui étoit plus égale et plus attirante. » La position de mademoiselle de Vertus, cette longue habitude de dépendance, et la nécessité de se rendre utile et agréable là où elle vivait, avait dû lui former le caractère, qui y était primitivement disposé.

— d'être fausse en tout, par complaisance, il est vrai, plus que par malice, — d'être fort intéressée, etc., sont de purs propos auxquels on ne peut avoir une entière confiance. Le Père Rapin les tenait d'une sœur de mademoiselle de Vertus, mademoiselle de Clisson, qui était en opposition d'esprit avec sa sœur et du parti contraire en religion, et qui ne la ménageait pas; on peut penser si de semblables dires sont sujets à caution. Nous n'avons, au reste, à nous occuper sérieusement de mademoiselle de Vertus qu'à partir de sa conversion et de sa retraite, et il est bien prouvé que cette conversion fut sincère. En parlant d'elle à ce point de vue comme il convient, on n'a pas de peine à être plus chrétien que le Père Rapin.

Elle devança de peu madame de Longueville dans le sentier étroit, où celle-ci s'empressa de la suivre; l'on voit, par les lettres de mademoiselle de Vertus à madame de Sablé [1], combien elle se donna de mouvements pour son amie et s'inquiéta de lui procurer tous les meilleurs secours spirituels avant d'en profiter pour elle-même. M. Singlin, retiré de Port-Royal depuis le 8 août 1661, était alors obligé de se dérober, et il logeait dans une petite maison du faubourg Saint-Marceau, chez madame Vitart. Cette digne veuve paraissait occuper toute la maison ; mais, dans le haut et sur le derrière, elle logeait M. Singlin [2], M. de Saci, M. de Rebours qui y mourut, Fontaine, Du Fossé, etc. C'était un nid et un refuge des plus purs Port-Royalistes. Pour que M. Singlin pût se hasarder hors de sa *cache*, comme dit Fontaine, il fallait des précautions infinies, tout un déguisement. Il dut quitter

---

1. Elles ont été publiées par M. Cousin, dans la *Bibliothèque de l'École des Chartes*, tome III (3ᵉ série), 1852. J'avais, dès 1835, extrait pour moi, dans les manuscrits originaux, les principaux passages qui concernent mon sujet.

2. Une petite remarque ici en passant, mais essentielle pour la vérité du ton. Il ne faut jamais dire M. *l'abbé* Singlin, comme je le trouve chez un auteur, des mieux informés d'ailleurs de beaucoup de choses circonvoisines à notre sujet (M. Cousin). A Port-Royal, on n'employait les mots que dans une entière exactitude : M. Singlin n'ayant point d'*abbaye*, on ne l'appelait point *abbé*, pas plus que M. de Sainte-Marthe, M. de Saci, M. de Rebours. C'était différent pour M. de Barcos, pour M. de Lalane, pour M. Le Roi, qui étaient en effet abbés de Saint-Cyran, de Val-Croissant, de Haute-Fontaine. On pouvait donc dire à Port-Royal M. l'abbé Le Roi, M. l'abbé de Lalane, etc.; mais on n'a jamais dit M. *l'abbé* de Sainte-Marthe, M. *l'abbé* de Saci, etc. Laisser échapper cela, c'est montrer qu'on est un peu du dehors. — Nicole disait gaiement qu'à la mort de madame de Longueville il avait perdu son *abbaye;* car quelques-uns de ceux qui le rencontraient chez la princesse l'appelaient M. *l'abbé* Nicole : c'était une politesse assez maladroite, que croyaient lui faire les gens du monde. J'ai vu chez madame Récamier un homme qui croyait être plus poli en appelant M. Ballanche, M. *de* Ballanche.

la soutane; on lui mit le manteau court et la perruque, comme à un médecin, et il se rassurait en se disant qu'il l'était en effet dans le meilleur sens. Ce fut mademoiselle de Vertus qui conduisit et ménagea ces entrevues de M. Singlin avec madame de Longueville, exactement comme on eût fait, en des saisons profanes et volages, pour l'introduction mystérieuse de quelque galant cavalier. Voici une lettre d'elle à madame de Sablé, qui doit être de l'automne de 1661 :

« Enfin je reçus hier au soir un billet de la *dame* (madame de Longueville). On vous supplie donc de faire en sorte que votre *ami* (M. Singlin) vienne demain ici. Afin qu'on n'ait pas l'inquiétude qu'il soit connu dans son quartier [1], il peut venir en chaise et renvoyer ses porteurs, et je lui donnerai les miens pour le reporter où il lui plaira. S'il lui plaît de venir dîner, on le mettra dans une chambre où personne ne le verra qui le connoisse, et il est mieux, ce me semble, qu'il vienne d'assez bonne heure, c'est-à-dire entre dix et onze heures au plus tard.... (Et après quelques détails et précautions pour l'heure et pour l'entrée de la chaise :) J'ai bien envie que cela soit fait, car cette pauvre femme n'a pas de repos. Faites bien prier Dieu, je vous en conjure : si je la puis voir en de si bonnes mains, j'aurai une grande joie, je vous l'avoue ; il me semble que je serai comme ces personnes qui voient leurs amies pourvues et qui n'ont plus qu'à se tenir en repos pour elles. C'est que, dans la vérité, cette personne se fait d'étranges peines, qu'elle n'aura plus quand elle sera fixée. J'ai bien peur que votre ami ait trop de dureté pour nous. Enfin il faut prier Dieu et lui bien recommander cette affaire.... »

Et encore :

« Je suis persuadée que le besoin que votre ami a reconnu que notre amie a de lui l'obligera à en prendre le soin. Elle

1. Je donne cette phrase comme je l'avais déjà donnée dans mon ancien Portrait de madame de Longueville. Il n'y a aucune ponctuation dans le manuscrit. Toute vérification faite, cette leçon me paraît la meilleure.

est tellement satisfaite de la conversation qui dura trois heures, qu'elle n'étoit plus elle-même quand je la retrouvai. Je la frustrai de quelques petits moments que je passai avec lui. Mais, comme il avoit besoin de parler longtemps avec notre amie, je ne voulus pas user sa voix, et je me mortifiai en le quittant : car il me disoit des choses admirables. J'espère bien profiter de tout cela, s'il plaît à Dieu…. »

On comprend à merveille comment mademoiselle de Vertus précéda madame de Longueville dans son amour pour Port-Royal, et en même temps ne fit que la suivre en ce qui était de la direction de M. Singlin. M. Singlin ne l'admit au nombre de ses pénitentes qu'après madame de Longueville, et ainsi s'explique le mot de Fontaine, si bien informé sur tous ces points : « Ce sage ecclésiastique, M. Singlin, fut surpris de voir en elle tant de foi et de piété, et il pensa à la joindre avec madame de Longueville pour être sa consolation dans son veuvage, et sa compagne dans tous ses exercices spirituels. » Tout se concilie. Mademoiselle de Vertus avait agi la première pour amener M. Singlin à l'hôtel de Longueville, puis s'était effacée. Elle avait fait, comme elle le dit, l'affaire de son amie avant la sienne.

Cependant elle avait dès lors son vœu secret ; elle aspirait à ce qui deviendra sa vie dernière et à ce qui rejoindra l'aurore céleste de ses jeunes et pures années, à une réunion aussi entière que possible avec Port-Royal :

« Hé bien! Madame, écrivait-elle à madame de Sablé, avez-vous un peu songé à moi quand vous avez parlé à nos mères? Comment va mon affaire? Je ne mérite point ni du côté de Dieu, ni du leur, qu'elle aille bien ; car, dans la vérité je me sens fort indigne de la grâce que je demande ; mais j'espère que leur charité passera par-dessus mon extrême indignité, et leur fera considérer le besoin qu'une misérable comme moi peut avoir d'un secours comme celui que je demande. J'ai le cœur transi. On m'a dit qu'il y a de bien mauvaises nouvelles de Rome…. »

« Hélas ! s'écrie-t-elle encore, que n'ai-je de quoi faire bâtir une petite cellule auprès de vous !... Mais il n'y faut pas penser. On a tant aimé le monde, qu'on mérite bien de ne le pouvoir quitter quand on ne l'aime plus. »

Lorsque M. Singlin mourut, le 17 avril 1664, dans cette maison où il était caché[1], mademoiselle de Vertus, « eut cet avantage, dit Fontaine, sur madame de Longueville, que sa qualité retenoit : elle vint tout éplorée au logis. Sa foi ardente l'éleva au-dessus des frayeurs que donne aux âmes tendres la vue d'un corps mort. Elle lui fit découvrir le visage, le baisa, fondant en larmes, et contempla longtemps pour la dernière fois, dans l'amertume de son cœur, un homme dont Dieu s'étoit servi pour lui procurer de grands biens. » — Du Fossé, témoin des plus présents, et qui avait veillé M. Singlin presque toute la nuit de l'agonie, raconte la même visite avec de légères différences :

« Mademoiselle de Vertus, dit-il, qui ne savoit point l'extrémité où il étoit, arriva sur les sept ou huit heures (M. Singlin était mort à cinq heures du matin), pour le consulter sur une affaire qui lui étoit de la dernière conséquence, et pour la décision de laquelle il lui avoit demandé du temps. En apprenant cette mort sur nos visages autant que par nos

---

[1]. Il semblerait résulter d'une lettre de la mère Agnès à madame de Foix, coadjutrice de Saintes (7 mai 1664), que M. Singlin ne se fit porter dans la maison où il mourut que dans sa dernière maladie, et qu'il était auparavant caché ailleurs. Dans une lettre, même confidentielle, la mère Agnès dut éviter d'indiquer avec précision le lieu où il était habituellement, ainsi que d'autres amis. Fontaine nous donne l'explication entière. M. Singlin, aux approches du dernier carême, avait quitté la petite maison de madame Vitart où il vivait avec M. de Saci, pour aller se joindre à d'autres amis qui observaient encore plus rigoureusement le jeûne ; mais à la fin de ce carême, le jour du vendredi-saint, n'en pouvant plus et à bout de force, il revint à son premier asile, dans la petite maison où étaient M de Saci, Fontaine, Du Fossé, et se mit au lit pour ne plus s'en relever.

paroles, elle reçut le coup le plus sensible qu'elle eût peut-être jamais senti de sa vie. Elle ne put se consoler, ne trouvant personne en qui elle eût et pût avoir une si parfaite confiance. »

Fontaine n'aurait point écrit cette dernière phrase; car mademoiselle de Vertus trouva bientôt cet homme qui, pour elle, devait remplacer M. Singlin et le continuer; elle le posséda en M. de Saci, à qui elle accorda une confiance entière et dont elle fit l'objet de sa vénération la plus tendre.

Personne peut-être ne contribua plus qu'elle, par son excellent conseil, à la bonne direction que prirent vers la fin les négociations pour la Paix de l'Église. Elle était l'âme et la prudence de l'hôtel Longueville. On a des traces de son intervention très-sage dans des lettres écrites par elle à cette époque ; j'en ai cité une précédemment, relative à un projet de voyage de M. Pavillon [1]. Le bon Fontaine avait imaginé, à son point de vue, une explication mystique de cet événement, la Paix de l'Église, lequel, selon lui, n'avait eu d'autre résultat certain que de délivrer M. de Saci alors à la Bastille ; et c'était (toujours selon lui) mademoiselle de Vertus qui avait obtenu de Dieu cette grâce par son ardente charité pour M. de Saci : M. de Saci était le commencement et la fin de tout, aux yeux de Fontaine. Il faut l'entendre :

« Pour mademoiselle de Vertus, répondait-il lorsqu'on l'interrogeait sur elle dans le temps où elle mourut [2], l'admiration même que j'ai de tant d'excellentes qualités fait qu'il ne me reste qu'un souvenir confus de ce que j'en ai vu autrefois. Son zèle pour M. de Saci m'a tout rempli l'esprit. Elle étoit prodigue pour prévenir ses besoins. Elle a semé

1. Tome IV, page 364.
2. Il dit cela non dans ses *Mémoires*, mais dans des lettres qu'on peut lire au tome IV (pages 335-338) des *Vies édifiantes et intéressantes des Religieuses de Port-Royal*, 1752.

en cette occasion avec abondance. Aussi quelle tendresse de part et d'autre ! Quel soin de lui, lorsqu'il étoit à la Bastille! Je lui ai toujours attribué la Paix de l'Église, qui fut la délivrance de celui qu'elle aimoit, et qui sembla n'avoir été faite que pour lui rendre M. de Saci, puisque, quinze jours après, toutes les brouilleries recommencèrent ; et après ce coup tout miraculeux, elle ne pensa plus, comme Judith[1], qu'à s'aller renfermer chez vous avec ses bonnes filles.... Elle étoit digne de vivre et de mourir entre vos bras, et il y avoit peu d'autres mains que les vôtres, qui fussent dignes d'elles. Tout me manque quand je parle d'elle : il n'y a que mes yeux qui viennent au secours.... »

Madame de Longueville avait songé elle-même à se retirer complétement du monde et à vivre en personne du cloître; mais on ne le lui permit point. Ce n'était pas la méthode de Port-Royal, avec les princes et les princesses convertis; on les obligeait à rester jusqu'à un certain point dans le monde, pour y remplir certains devoirs de leur état et réparer exemplairement les injustices commises. Il n'en était pas ainsi de mademoiselle de Vertus, et lorsque la Paix de l'Église fut rétablie, rien ne s'opposa à ce qu'elle allât se réunir à ses sœurs de Port-Royal. Elle y courut dès le 8 avril 1669, et y fit une première retraite, trop courte à son gré. A propos d'une visite que madame de Longueville, à son tour, alla faire deux mois après au saint désert, et d'où elle était revenue contente et calmée, mademoiselle de Vertus écrivait à la mère Agnès, le 28 juin[2] : « Voilà une lettre de madame de

---

1. On ne voit pas trop ce que Judith vient faire là ; mademoiselle de Vertus avait pu contribuer à délivrer M. de Saci, mais elle n'avait pas tué Holopherne.
2. Le 28 juin 1669, et non 1671, comme quelques-uns l'ont cru. Indépendamment des autres raisons, la lettre de madame de Longueville, datée du même jour, contient un passage d'où il résulte que l'élection d'une nouvelle abbesse n'avait pas encore eu lieu à Port-Royal, et que la mère Angélique de Saint-Jean n'y était pas

Longueville; plus je lui parle, et plus je la vois contente de vous et de toute votre maison. J'ai bien envie de voir celle qu'elle y veut faire bâtir prête à être habitée, et je me trouve bien heureuse de n'avoir besoin ni d'architecte ni de maçons pour m'aller enfermer auprès de ma chère mère. Je la supplie de demander à Notre-Seigneur qu'il lève tous les petits obstacles qui me pourroient retarder ce bien. » La santé de mademoiselle de Vertus était déjà très-altérée à cette époque[1]; elle avait cinquante-deux ans. A côté du petit hôtel que madame de Longueville se fit bâtir dans le vallon, pour y passer de temps en temps quelques semaines, elle eut son petit corps de logis attenant et distinct, qui fut construit dans de modestes proportions. Elle n'attendit pas la fin de ces arrangements. Toutefois, malgré son ardent désir, il ne paraît pas qu'elle fit sa retraite entière aux Champs avant l'année 1671 et même 1672[2]; mais elle y passait des saisons, et elle en essaya dès l'automne de 1669. Ce fut une séparation touchante que sa sortie de chez madame de Longueville, à laquelle elle ne pouvait préférer que Dieu. Fontaine, interrogé sur ses souvenirs de ce temps-là, disait : « Leur union et leur séparation bien décrites feroient deux forts beaux endroits[3]. »

---

encore prieure. Or elle le devint à partir du 3 août 1669, ayant été choisie pour cette charge par la nouvelle abbesse, la mère Du Fargis.

1. « Cette pauvre mademoiselle de Vertus est toujours très-mal; c'est un grand chapitre que ses maux. » (Lettre de madame de Longueville à madame de Sablé, datée du Bouchet, du 3 juillet 1669.) — Et dans une letttre écrite trois ans auparavant (1666) : « Je demeure continuellement auprès de mademoiselle de Vertus, qui est si mal qu'en vérité je crains bien que nous la perdions. »

2. Ce ne fut que le 3 novembre 1672 que M. de Saci fit la bénédiction du bâtiment de mademoiselle de Vertus.

3. On lit dans une lettre de madame de Longueville à madame de Sablé, datée de Trie, du 2 octobre 1669 : « Vous aurez bientôt à Paris mademoiselle de Vertus, qui va faire un autre voyage

Madame de Sévigné nous a montré mademoiselle de Vertus messagère de deuil auprès de son amie, en une heure pathétique et déchirante, lorsqu'on dut lui annoncer la mort du jeune duc de Longueville tué au passage du Rhin. Retournée depuis deux jours à Port-Royal, où elle avait hâte de se renfermer irrévocablement, mademoiselle de Vertus n'avait qu'à reparaître à l'improviste pour donner à madame de Longueville l'idée d'un malheur :

« Ce retour si précipité marquoit bien quelque chose de funeste. En effet, dès qu'elle parut : *Ah ! Mademoiselle ! comment se porte monsieur mon frère* (le grand Condé) ? — Sa pensée n'osa aller plus loin. — *Madame, il se porte bien de sa blessure. — Il y a eu un combat ! Et mon fils ?* — On ne lui répondit rien. — *Ah ! Mademoiselle, mon fils, mon cher enfant ! répondez-moi, est-il mort ? — Madame, je n'ai point de parole pour vous répondre. — Ah ! mon cher fils ! est-il mort sur-le-champ ? N'a-t-il pas eu un seul moment ? Ah ! mon Dieu ! quel sacrifice !* Et là-dessus elle tombe sur son lit, etc.... » (Et tout ce qu'on sait.)

Par ce dialogue, devenu pour nous aussi classique qu'une scène d'*Iphigénie* ou de *Bérénice*, mademoiselle de Vertus reste aux yeux de la postérité la confidente inséparable de madame de Longueville.

un peu plus considérable, quoiqu'il ne se fasse pas en pays si lointain. (Elle vient de parler du voyage d'un ancien gouverneur de son fils en Provence.) Cela vous attendrira bien sans doute. Pour moi, vous jugez bien que je commence à l'être beaucoup, quoique pour cette fois elle ne s'enferme pas encore pour tout à fait , car elle reviendra encore pour quelque besoin que j'aurai d'elle dans quelque temps. Elle vous verra, et vous dira tous ses projets. »
— Il est parlé dans une autre lettre des sots discours et des fables impertinentes qui se débitèrent dans le monde, au sujet de cette séparation. Madame de Longueville n'y était pas insensible, et elle priait madame de Sablé de dire ce qu'il fallait pour réfuter ces versions mensongères et en confondre les inventeurs.

Une dernière fois rentrée à Port-Royal, mademoiselle de Vertus ne songea qu'à n'en plus sortir et à en observer la règle. Elle prit parmi les religieuses le petit habit blanc de novice, mais sans faire de vœux; sa mauvaise santé lui interdisait d'aller plus avant. Ce qu'elle se proposait, croyant que Dieu demandait cela d'elle, c'était « de s'assujettir à une partie des devoirs et des observances de la religion, les pratiquant dans sa chambre quand elle ne pourroit les remplir avec la Communauté ; de n'écrire point de lettres et de n'en point recevoir qu'elles ne fussent vues des supérieures (avec pourtant quelque exception); de ne se plus servir de sa vaisselle d'argent, mais de vaisselle de terre, et de se retrancher aussi divers ajustements, tant sur elle que dans sa chambre; le tout néanmoins *sans aucun engagement*, et en tant que la conduite de la maison ne passeroit point en d'autres mains, auquel cas elle seroit libre de reprendre tous ses priviléges et de vivre comme elle faisoit auparavant. » Ce fut le dimanche 11 novembre 1674, qu'elle se lia de la sorte autant qu'elle le pouvait, avec toutes les cérémonies usitées dans les vêtures. M. de Saci fit l'exhortation et bénit les habits, changeant seulement quelques mots aux formules accoutumées, pour les accommoder à cette profession d'une espèce particulière. L'abbésse et la mère prieure habillèrent la nouvelle sœur. En mettant d'abord la ceinture, on dit : « *Cum esses junior, cingebas te, et ambulabas quo volebas; cum autem senueris, alter cinget te, et ducet quo tu non vis.* » Et en mettant le voile : « *Accipe velum candidum, ut sequaris Agnum sine macula, et ambules cum eo in albis.* » A un moment, la demi-professe dit : *Ora pro me*, à l'abbesse, en l'embrassant, puis à la mère prieure, puis à Son Altesse (madame de Longueville) qui était présente, et ensuite à quelques autres sœurs. Mademoiselle de Vertus, ainsi passée à l'état de novice perpétuelle, vécut encore dix-huit années [1], et elle en survécut treize à son amie, dans de grandes et perpétuelles infirmités qui exercèrent sa patience. Elle fut les onze dernières années sans se lever de son lit. Après M. Hamon [2], elle eut pour médecin particulièrement attaché à elle M. Hecquet, alors très-jeune, qui demeura durant quatre années à Port-Royal ; elle le traitait en ami, presque en fils [3].

1. Nous trouvons, une fois, mademoiselle de Vertus sortie du cloître et habillée en séculière, pour tenir avec M. de Luzanci, en qualité de marraine, le fils du libraire Desprez, dont le baptême se fit dans l'église des Champs (30 juin 1677).

2. A la mort de M. Hamon, l'abbé de Rancé écrivit une lettre de condoléance fort bonne à mademoiselle de Vertus (2 mars 1687) :

« On ne peut être plus touché que je le suis, Mademoiselle, de la perte que vous avez faite du pauvre M. Hamon. Je connois trop toutes les qualités que Dieu lui avoit données, pour ignorer l'utilité que vous en pouviez tirer : il étoit bon pour les âmes comme pour les corps, ce qui est une chose si rare dans les personnes de sa profession, qu'on ne sauroit assez l'estimer. Dieu vous visite en bien des manières, Mademoiselle.... Je ne doute point qu'en multipliant les coups dont il vous frappe, il ne vous multiplie ses grâces : vous voyez si clair, Mademoiselle, sur la conduite que Dieu tient à votre égard, que vous n'avez pas besoin de nouvelles lumières ; vous y trouvez sa justice, vous y trouvez sa bonté ; il vous paroit en qualité de juge, il vous paroit comme un père charitable.... Ne vous lassez point, Mademoiselle, de baiser la main qui s'appesantit sur vous.... Il n'y a point de jour, Mademoiselle, que nous ne vous recommandions à Notre-Seigneur autant que nous le pouvons ; vous jugez bien que nous continuerons de le faire avec d'autant plus d'application que je vois bien que vos infirmités augmentent tous les jours. Il n'est pas nécessaire de vous dire que je regarde cela pour moi comme un devoir indispensable.... »

P.-S. « Nous avons prié pour le pauvre défunt (M. Hamon), et nous continuerons de le faire ; j'y suis bien obligé par toutes les marques qu'il m'a données de son amitié. » (Dû à M Louandre, bibliothécaire à Abbeville.)

On n'a rien dans cette lettre du terrible M. de Rancé ; on dirait qu'il s'est adouci en se ressouvenant qu'il parlait à la sœur de madame de Montbazon.

3. J'ai sous les yeux une lettre de mademoiselle de Vertus à M. Hecquet, sur la perte qu'il avait faite de son père, mort le 1er novembre 1691 ; c'est un langage chrétien, affectueux, amical, et qui sort des termes ordinaires de la condoléance ; c'est le langage d'une sœur en Jésus-Christ et d'une mère : « ... On prie fort Dieu (à Port-Royal) pour lui et pour vous ; je le fais de tout mon cœur, et je vous conjure d'attendre de moi toute la tendresse

Après M. de Saci, elle eut pour directeur M. Le Tourneux, sur qui elle avait reporté toute sa confiance ; puis enfin, après M. Le Tourneux, enlevé par une mort subite (28 novembre 1686), elle recourut à Du Guet, dans les lettres duquel on la retrouve tenant une grande place.

C'est la première fois que nous rencontrons cet admirable directeur. Il s'est peint d'un mot : « Je ne confesse point, dit-il, mais *elle* croit que je contribue à la consolation. » Il disait cela de la duchesse d'Épernon, sœur de M. de Pontchâteau ; il l'aurait pu dire de toutes ses pénitentes. Et en effet, forcé de sortir de l'Oratoire, comme nous le verrons, retranché du service ecclésiastique autant qu'on le pouvait, il répandait en secret de mille côtés le bienfait de ses lettres et de ses conseils ; mais il ne consolait personne plus que mademoiselle de Vertus. Durant ses longues années de souffrances et d'alitement, elle se lassait de vivre, elle s'effrayait de mourir ; il la rassurait contre la crainte extrême des jugements de Dieu, il la reprenait et l'apaisait sur le désir trop vif de la mort. Il lui disait :

« Il me semble qu'il y a toujours quelque hardiesse à deviner la fin de sa vie, quoiqu'elle soit moins dangereuse que la témérité de ceux qui s'en promettent une longue. Nos moments ne sont ni bien comptés ni bien connus que de Dieu seul. Il veut être attendu à chaque heure, mais il les cache toutes. On se prépare avec soin à sa venue, mais avec paix,

et tout le service que vous pouvez attendre d'une vraie mère : il y a longtemps que je vous ai prié de me regarder ainsi, et je vous en prie encore ; mon déplaisir est d'être aussi incapable que je suis de vous en donner des marques.... » Et au post-scriptum : « Toutes les sœurs de Port-Royal prennent une extrême part à votre douleur. Tout le monde prie, et ma sœur Françoise-Julie est vraiment consternée de votre affliction, et ma sœur Anne-Cécile prie aussi bien qu'elle pour vous. Toute l'infirmerie est en deuil. » — Il n'y a plus trace de la grande dame et de la femme du monde : mademoiselle de Vertus n'était plus alors que la plus infirme des religieuses de Port-Royal.

On n'est surpris ni de vivre, ni de mourir, parce qu'on n'est point surpris qu'il fasse sa volonté ; et comme on doit se défier de la plus ferme santé, on doit suspendre son jugement dans la défaillance la plus générale. Cette disposition fait la crainte de ceux qui se portent bien, et la consolation de ceux qui sont malades. On sent qu'on est porté par des mains étrangères, et qu'on peut en tomber, ou en être retenu à chaque moment. On s'y abandonne, on s'y repose ; et c'est une grande partie de la vertu que cette patience ou à l'égard de la vie, ou à l'égard de la mort. Nous ne savons de l'une ou de l'autre que leur incertitude, et pourvu que nous soyons prêts à demeurer ou à sortir, nous ne pouvons être trop soumis au choix que Dieu fera pour nous. »

On reconnaît déjà là ce style distingué, mais antithétique et un peu coupé, qui sent visiblement l'approche du dix-huitième siècle, et qui, ne s'interdisant pas l'esprit, se complaît au redoublement d'une même idée. On a une lettre tout entière *sur la crainte des jugements de Dieu :* la doctrine de la Grâce pure y reluit autant qu'en aucune page du plus vrai Port-Royal. De tous les Port-Royalistes, Du Guet est celui peut-être dont les lettres conviennent le mieux par la netteté de la doctrine à tous les stricts chrétiens selon saint Paul. Il professe l'abandon pur et simple de tout l'homme à la merci de Dieu :

« Il nous suffit, dit-il dans cette lettre à mademoiselle de Vertus, de savoir que l'inquiétude et le trouble l'offensent, parce que ces dispositions font injure à son application sur nous et à son amour ; qu'il n'est point honoré par des frayeurs excessives, ni par des réflexions accablantes sur le passé ; qu'*on ne peut l'honorer que par ses propres dons,* et que tout ce que sa Grâce ne fait point en nous, est incapable de le fléchir ; que la crainte qu'il nous inspire est toujours tranquille, parce qu'elle est humble, et fondée sur une confiance qu'il ne nous traitera pas comme il lui a plu de nous convaincre que nous le mériterions ; en un mot, qu'il nous commande d'espérer, et que l'espérance chrétienne doit être comme celle d'Abraham, contre toute vraisemblance : *Contra spem in spem credidit.* »

Un tel commandement d'espérer est bien propre, dira-t-on, à engendrer plutôt la crainte. Mais avec le pur Christianisme, on n'en est pas à une contradiction près : la solution chrétienne la plus vraie est dans l'assemblage intime de toutes les contradictions : *Credo, quia absurdum*. L'essentiel est que la flamme de charité descende sur toutes ces contradictions pour les fondre en une sorte de vivant miracle :

« On voudroit, continue Du Guet s'en prenant à l'âme demi-pénitente, savoir à quoi s'en tenir, voir ses comptes en bon état ; être sûr de ce qu'on a acquitté ; trouver des ressources pour le reste, et se reposer sur quelque chose de moins incertain à notre égard que la miséricorde de Dieu. Mais tout cela est plutôt l'effet de notre peu de foi et de notre orgueil, que d'une sincère pénitence. Le juste vit de la foi ; il ne voit rien, il ne sent rien ; il ne paroît avoir aucun appui ; tout semble fondre sous ses pieds ; tout échappe à ses mains ; il ne trouve en lui-même qu'une réponse de mort : et cependant il aime, et il espère : et c'est même parce qu'il ne trouve en soi que des sujets d'affliction et de crainte qu'il établit sa confiance en Dieu seul....

« Nous pouvons être pénétrés de la vue de notre misère, la sentir avec confusion et avec douleur ; c'est même notre plus important devoir : mais, si nous terminons à cette vue et à cette amère douleur toute l'attention de l'âme, nous n'accomplissons qu'une partie de notre devoir ; et peut-être n'y a-t-il rien en tout cela qui ne soit humain, et qui ne puisse être l'effet ou d'une vanité travestie en humilité, ou d'un secret déplaisir de n'être pas tel qu'on voudroit être à ses propres yeux. »

Les mérites ou les démérites, selon Du Guet, n'y font donc absolument rien. Malheur à qui prétendrait asseoir son espérance sur sa propre justice ! presque autant malheur à celui qui aboutirait au désespoir par un sentiment excessif de ses iniquités !

« Une personne qui connoît un peu la religion raisonne bien autrement. Elle est fortement convaincue de cette importante vérité, que *Dieu ne peut aimer hors de lui que ce qu'il a résolu de rendre aimable par ses dons;* que sa miséricorde est gratuite, et sans autre motif, sans autre fondement, sans autre cause, que ce qu'elle est miséricorde. Il lui plaît d'avoir pitié de nous : c'en est assez ; il ne faut plus demander de raisons. Dieu a une bonté digne de lui, et il fait miséricorde en Dieu. Quand nous aimons, nous supposons un bien : quand Dieu aime, il le produit. Nous avons besoin de ce que nous aimons : et Dieu est le bien souverain de tout ce qu'il veut aimer. Tenons-nous-en donc à cette admirable parole de Jésus-Christ dans l'Évangile : *Ne craignez point, petit troupeau, parce qu'il a plu à mon Père de vous donner son royaume.* »

Il a plu à mon Père, c'est la pierre angulaire de la doctrine. Du Guet, parlant à mademoiselle de Vertus, épuise ce thème du bon plaisir divin et de l'entière gratuité du salut; il y cherche un motif de la rassurer :

« *Vous avez été vendus pour rien*, disait un Prophète de la part de Dieu, *et moi je vous rachèterai pour rien* : c'est-à-dire, vous ne sauriez rendre une bonne raison pourquoi vous vous êtes livrés au Démon ; il est devenu votre maître, parce que vous l'avez voulu : et moi je deviendrai votre libérateur, parce que je le voudrai. D'autres raisons, il n'y en a point. *Je vous sauverai pour la gloire de mon nom, — pour moi-même*, dit-il ailleurs, *et comprenez-le bien*. Cela doit calmer toutes nos frayeurs....

« Il n'en est pas de sa parole comme de celle des hommes. Tout ce qu'il dit est la vérité même, il ne faut donc pas l'écouter quand il menace, et se retirer quand il console. Il ne récompense que la crainte qu'il inspire ; et celle qu'il inspire est toujours fidèle et toujours paisible. Toutes les vérités sont liées, et toutes les vertus le sont aussi. »

On ne peut mieux dire, ni mieux présenter l'inexplicable réseau dans toute sa complexité.

Mademoiselle de Vertus avait des effrois de sa vie

passée, de celle qu'elle avait menée dans le siècle, qui lui donnaient des désolations mortelles et des agonies. Du Guet la rassure sans rien atténuer : « Tout le monde passera nécessairement par la désolation où vous êtes ; les uns pendant la vie, et les autres après la mort. » Il terminait en tâchant de faire surnager une idée de joie, de bonté et d'amour, qu'il tirait comme une eau profonde du creux des rochers. Mais il a beau faire, on n'a nulle part l'âpre et austère doctrine plus à nu.

Mademoiselle de Vertus, je l'ai dit, cumulait bien des craintes. Tandis que les uns qui se croient pleins de vie sont emportés d'un seul coup, elle était de ces autres « qui sont longtemps suspendus *par un fil imperceptible* entre le danger de mourir et celui de vivre[1]. » Elle craignait, en vivant, de voir multiplier ses fautes, ses occasions d'impatience et de murmure, et de compromettre son Éternité ; elle craignait, en mourant, d'aborder cette Éternité redoutable et d'affronter le jugement suprême sans y être préparée. Du Guet, dans une lettre qui roule tout entière *sur le désir de la mort*, examine chrétiennement tous ces aspects différents de la question, et les éclaircit. Il cite ce mot qu'un ancien Père attribue à Jésus-Christ : « *Pati non vultis, mori non vultis : quid faciam vobis?* Vous ne pouvez souffrir ni la vie ni la mort : comment voulez-vous donc que je vous traite ? » Il s'attache surtout à combattre la crainte de mourir, qui paraît avoir été dominante chez mademoiselle de Vertus. Sans la vouloir trop rassurer, il l'exhorte à reprendre confiance ; il lui montre les imperfections dont elle se plaint et dont elle tire un sujet d'effroi, comme étant à peu près inséparables de l'état d'une longue infirmité,

---

1. Et encore, comme Du Guet le lui disait énergiquement : « La terre fond sous une infinité de gens, et Dieu vous tient par un cheveu. »

et de celles que Dieu excusera peut-être. Il ose plus, et, dans une page finale qui a son éloquence, il va jusqu'à lui découvrir et lui dénoncer ces infériorités dans la vie religieuse, qui font sa douleur et son remords, comme une conséquence et une suite un peu humiliante, mais nécessaire, de ce qu'elle a eu de plus qualifié autrefois selon le monde :

« L'éducation, dit-il, le tempérament, l'habitude, le tour même de l'esprit, font souvent qu'on est incommodé de diverses choses que les autres ne sentent point, ou qu'ils portent avec plus d'indifférence. Plus on veut alors se faire de violence, et plus on s'aigrit l'esprit. Il vaut mieux céder avec un peu de confusion à son infirmité, que de la combattre avec dépit et sans succès.

« Ceux qui ont eu une éducation plus simple et plus forte, sont plus heureux : ils ont moins à faire, et ils ont moins contracté du levain du vieil homme. *Les autres ont ajouté un second péché originel au premier ;* ils ont fortifié la cupidité commune par une autre plus criminelle et plus volontaire : il est juste qu'ils sentent le poids des chaînes qu'ils se sont faites, et qu'ils gémissent sous le joug qu'ils se sont imposé à eux-mêmes. Leur patience, leur repentir et leur confusion, peuvent réparer devant Dieu tout ce qui manque à l'austérité de leur vie, ou à leur mortification intérieure ; *et ce seroit peut-être une vanité et une injustice à une personne de qualité, et qui a eu le malheur d'avoir de quoi plaire au monde, si elle prétendoit être aussi peu fille d'Adam, que d'autres plus conformes à l'Évangile et plus unies à Jésus-Christ.*

« Ce n'est point en vain que le royaume des Cieux n'a été promis qu'aux petits. Ceux qui le sont n'ont que faire de se baisser ; la porte est taillée à leur mesure, et tous les passages sont pris sur leur hauteur. Mais *il faut que les autres se courbent, se ploient, s'estropient : et encore souvent ne peuvent-ils passer.* Voilà l'avantage qu'il y a à être quelque chose aux yeux du monde ! Il est si peu réel, qu'il y faut renoncer dès qu'on commence à apprendre le Catéchisme ; et l'on est quelquefois assez malheureux pour n'avoir pu y bien renoncer avant la mort.

« Je suis, Mademoiselle, à vos pieds, dans le temps que

j'ose vous écrire de telles choses : mais vous connoissez Jésus-Christ et sa loi ; et vous me pardonnez bien sans doute une liberté que vous m'avez donnée. »

On remarquera cette fin qui n'est plus du directeur, mais de l'ecclésiastique poli, respectueux et affectueux, de l'homme d'excellent goût et d'agrément infini, qui avait lu l'*Astrée* dans sa jeunesse, et dont tous ceux qui l'ont connu s'accordent à louer l'amabilité et le charme d'entretien[1].

Vers le temps où Du Guet essayait de consoler, par ces paroles hautes et sévères, celle même à laquelle le poëte Segrais avait galamment songé sous le nom d'*Amire*, il adressait des conseils non moins profondément chrétiens à celle qui écrivit *la Princesse de Clèves* : il aidait madame de La Fayette à mourir. Car c'est là où il en faut venir, quel qu'ait été le romanesque de la vie et son premier enchantement : eût-on été chantée sous les plus beaux noms et décorée de tous les myrtes et de toutes les guirlandes par les Godeau, les Segrais et les La Fontaine, Iris, Amire ou Uranie, il faut finir par le lit des incurables, le lit de mort, par le suaire, sinon par le cilice. Et qui osera conseiller la philosophie pure dans sa sévère nudité, la résignation naturelle positive,

---

1. La légèreté des propos du monde, la sottise et la badauderie des contemporains sont telles, qu'on ne craignit point, à peu d'années de là, et lorsque l'esprit de parti s'attaqua à Du Guet, de le représenter, dans une estampe, *aux pieds* (à la lettre) de mademoiselle de Vertus, les mains croisées sur la poitrine, dans la posture dévotieuse de l'oraison, avec ce quatrain satirique, où il était dit par allusion à son *Traité de la Prière publique:*

> La prière en public ne fait que t'ennuyer ;
> Pour la faire en secret, tu changes d'oratoire.
> Mais, aux pieds d'une *Iris*, ne fais-tu que prier ?
> Du Guet, je le veux croire.

Et celui qui avait fait cette épigramme se croyait certainement un homme d'esprit !

à des cœurs de femmes, s'ils ne sont des cœurs virils, et s'ils ne se la conseillent eux-mêmes?

Dans une vie qui a perdu sa fleur et devenue irrémédiablement triste et languissante, ces considérations, même terribles, du Dieu chrétien selon Port-Royal, ont, pour peu qu'on y entre par l'imagination, un sombre et puissant attrait. L'inquiétude habituelle s'y relève de lueurs d'espérance ; on veut avancer dans l'ombre, dans ces espèces de catacombes où l'on habite, on craint de reculer : est-ce bien le rayon divin, le rayon conducteur que l'on suit et vers qui l'on se dirige ? ne serait-ce pas un reflet trompeur? Il y a deux issues : sera-ce par la bonne ou par la mauvaise, que l'on sortira de ce souterrain de la vie? Cette alternative occupe et passionne ; chaque jour est une épreuve incertaine et recommençante, c'est un duel qui se continue ; on s'en entretient sans cesse ou avec le directeur, ou avec soi-même ; et tandis qu'il n'y aurait plus autrement qu'ennui morne, découragement taciturne et sec, ces idées d'au-delà, où reviennent se mêler des couleurs d'enfance, rouvrent toute une carrière, et donnent, ne fût-ce que par un faux jour, un grand et dernier intérêt à la vie.

Mademoiselle de Vertus, après être restée onze ans gisante et collée à ce lit mortuaire inévitable, expira le 21 novembre 1692, âgée de soixante-quinze ans ; la dernière à Port-Royal des hôtesses de distinction, à qui l'on permit ce désert. — Racine a fait son épitaphe. Ces noms si divers de Segrais, de Du Guet et de Racine lui composent une couronne [1].

---

1. Il est à regretter que Nicole n'ait rien écrit sur mademoiselle de Vertus : c'était lui qui aurait pu le mieux nous satisfaire en maint détail, ayant demeuré longtems à *l'hôtel* (comme on disait de l'hôtel Longueville), où il la voyait tous les jours. La sœur Élisabeth Le Féron lui écrivait peu de mois après la mort de ma-

C'est le moment de s'arrêter un peu devant celle que nous avons rencontrée tant de fois et que nous connaissons déjà par bien des côtés, madame de Longueville. La Paix de l'Église fut en partie son ouvrage, et la tranquillité dernière de Port-Royal tint à la durée de sa vie : l'une et l'autre finirent en même temps.

Nous ne saurions rien dire sur elle de plus précis, au point de vue particulier qui nous intéresse, que ce qu'on lit dans une lettre d'Arnauld au landgrave de Hesse-Rhinfels, qui l'avait questionné au sujet de cette princesse :

« Pour ce que vous me demandez de madame de Longueville, lui écrit Arnauld (19 avril 1683), elle est morte au mois d'avril 1679, âgée de cinquante-neuf ans (et sept mois), d'une fièvre qui avoit été précédée d'une fort grande langueur, il y avoit plus d'un an. Étant fille, elle avoit eu de grands sentiments de piété, et elle avoit même pensé de se faire carmélite. Le monde ensuite l'avoit entraînée, et, depuis son mariage, elle s'étoit trouvée engagée dans le malheur des guerres civiles. Ce fut dans le temps qu'elle s'en retira et qu'elle fit sa paix avec le roi, environ 1655 ou 1656, qu'elle

demoiselle de Vertus, en lui exprimant toutes les raisons qu'elle et ses sœurs avaient alors de se tenir humiliées et rabaissées (12 janvier 1693) : « Je crois, Monsieur, que vous comptez bien que la perte que nous venons de faire de mademoiselle de Vertus y ajoute encore, et je ne doute point que vous ne voyiez mieux que moi le vide qu'elle fait dans cette maison. Vous connoissiez mieux que personne son mérite, et vous n'ignoriez pas l'affection et l'attachement qu'elle avoit pour cette Communauté, qui perd en elle une de ses plus véritables amies. Permettez-moi de vous dire, Monsieur, que vous en perdez aussi une en sa personne. Je lui dois ce témoignage qu'elle avoit pour vous toute l'estime possible, et que, *dans toutes les occasions qui se sont présentées et que vous savez, elle en a toujours donné des preuves, par la manière juste et avantageuse dont elle a parlé de vous ;* et je ne puis m'empêcher de vous le dire, parce que c'est à moi-même qu'elle l'a fait dans les rencontres. » S'il fallait une preuve de plus de l'esprit judicieux et de la raison de mademoiselle de Vertus, on la trouverait dans cette justice qu'elle ne cessa de rendre à Nicole.

recommença de nouveau à se donner à Dieu[1], et depuis ce temps-là elle n'a plus tourné la tête en arrière, mais a vécu dans une très-grande piété, étant si affectionnée à la mortification et à la pénitence jusques aux disciplines et aux ceintures de fer, que ses confesseurs étoient obligés de la retenir. Depuis la mort de son fils qui fut tué au passage du Rhin, elle quitta l'hôtel de Longueville et s'alla loger au dehors des Carmélites du faubourg Saint-Jacques où elle avoit droit d'entrer, comme elle faisoit souvent : et *elle avoit bâti aussi un logis à Port-Royal, où elle passoit une partie de l'été.* On sait les restitutions qu'elle a faites pour les dommages causés par les guerres civiles. Elle étoit aussi fort charitable envers les pauvres, et très-exacte à ne donner les bénéfices auxquels elle avoit droit de nommer, qu'à ceux qu'on l'assuroit en être les plus dignes, sans avoir jamais égard à aucune recommandation. Elle est morte dans sa maison auprès des Carmélites, et est enterrée dans leur cloître ; mais son cœur est à Port-Royal des Champs. J'oubliois de dire qu'on ne peut pas mourir avec de plus grands sentiments d'humilité et plus de confiance en Dieu. »

On a tout ce qu'on peut désirer de plus circonstancié sur le moment de la conversion de madame de Longueville, je veux dire sa conversion complète, celle par laquelle elle passa sous la direction de M. Singlin et dans les maximes de Port-Royal : jusque-là elle n'avait eu qu'une ébauche de dévotion inquiète et des pratiques assez peu éclairées. J'ai analysé ailleurs[2] la pièce capitale, son Examen de conscience, écrit par elle-même à la suite d'une confession générale qu'elle avait faite à M. Singlin le 24 novembre 1661[3]. On a de plus, dans

---

1. Se rappeler la lettre du 14 février 1658 (citée au tome III, p. 208), dans laquelle le prosélytisme de madame de Longueville pour la bonne cause a commencé de se dessiner à nos yeux.
2. *Portraits de Femmes* (édit. de 1855), pages 300-304. Portrait de *Madame de Longueville.*
3. Voir le *Supplément au Nécrologe de Port-Royal*, in-4°, 1735, page 137.

les Mémoires de Fontaine, un compte-rendu de ses conversations avec M. Singlin en ces premiers temps. Ce directeur, qui passait pour sévère, fut à quelques égards plus indulgent que les premiers guides de madame de Longueville, qui lui avaient prescrit des mortifications corporelles excessives, telles que le retranchement de sommeil : lui, il laissa un peu plus tranquille cette chair, qui n'était pas l'endroit le plus vulnérable et le plus périlleux de la princesse ; il s'attaqua au point délicat, à l'esprit, à cet esprit d'orgueil, d'élévation, de raffinement superfin, à ce besoin d'exceller et de se distinguer, de se tirer du pair par un genre suprême qui mît sans cesse un abîme entre elle et la tourbe des esprits vulgaires et grossiers. Ç'avait même été là le principe de tous ses égarements politiques à l'origine : elle avait été poussée dans la Fronde et dans les séditions civiles par mille causes d'irritation personnelle sans doute, mais surtout par cette idée que La Rochefoucauld et ceux qui la gouvernaient alors lui avaient mise en tête, « combien il seroit grand et beau à une femme de se voir dans les grandes affaires, et combien cela la feroit distinguer et considérer. *Elle crut qu'elle passeroit pour en avoir beaucoup plus d'esprit;* qualité qui faisoit sa passion dominante, et l'objet de ses désirs les plus pressants et les plus chers. » Ce mot, pour avoir été dit par une personne qui n'aimait pas madame de Longueville[1], n'en est pas moins profondément vrai ; et nous-même n'avons-nous pas vu, sur de moindres scènes, et pu étudier de ces natures de femmes ainsi faites, — pure gloire et vanité d'esprit et de tête, des fantaisies d'imagination, d'incroyables et raffinés caprices, poétiques ou autres, et même politiques, nul jugement ? J'irai plus loin, et, s'il faut oser tout dire, dans ces liaisons suspectes et

---

1. Par sa belle-fille, madame de Nemours.

qui semblaient plus que naturelles, que madame de Longueville avait eues avec l'un au moins de ses frères, les sens, s'ils y entrèrent, n'avaient été que le moindre attrait; fi donc! elle n'avait point l'emportement d'une Italienne ou d'une sœur des Ptolémées : mais jusque dans ces liaisons si affichées et qui firent éclat [1], elle n'avait vu peut-être, outre le plaisir d'influer, que le besoin principal encore de se distinguer, de ne s'arrêter pas où s'arrêtent les bourgeois ou les gens de qualité ordinaire, et de marquer par un scandale de plus, galamment porté, qu'on était bien à part et du sang des demi-dieux.

Dans son plus beau temps, cette personne d'une grâce ncomparable, d'une ravissante élégance, d'un esprit délicat et subtil, d'un charme qui opérait quand il le voulait, habituée dès sa tendre jeunesse à être exaltée et bercée sur un nuage d'adorations, était donc le jugement le moins solide, l'imagination la plus faussée qui se pût voir [2].

---

[1]. Voir surtout les *Mémoires* de Daniel de Cosnac (1852), tome I, pages 10, 22; et tome II, pages 194, 195.

[2]. Sa plus chère admiration et son idéal littéraire avait été Voiture. Elle ne pouvait pas moins pour celui qui avait dit autrefois de *mademoiselle de Bourbon* : « Dès sa première enfance, elle vola la blancheur à la neige, et aux perles l'éclat et la netteté ; elle prit la beauté et la lumière des astres, et encore il ne se passe guère de jours qu'elle ne dérobe quelque rayon au soleil.... Dernièrement dans une assemblée qui se fit au Louvre, elle ôta la grâce et le lustre à toutes les dames et aux diamants qui les couvroient, etc. » Quelqu'un que tout ce mauvais goût choque, et qui ne peut se décider à y voir le plus beau moment du grand siècle, s'est risqué à dire de l'idole, sauf à garder prudemment l'anonyme : « Madame de Longueville : *le tour exquis, l'usage consommé, la façon parfaite, en tout la mode suprême, mais nulle solidité de sens, nulle sûreté de vrai goût, peu de fond.* » Galanterie à part, c'est mon avis, et c'est le jugement qu'il me paraîtrait raisonnable de porter, si en telle matière on portait un jugement et si l'on cherchait le judicieux.

M. Singlin retrouvait dans sa pénitente le même esprit au fond, plutôt travesti que changé. Douce, soumise, aussi docile en apparence qu'elle avait pu paraître autrefois ennuyée et dédaigneuse, elle ne faisait peut-être que rechercher dans un ordre inverse un autre genre de succès. Elle s'en doutait bien un peu ; elle s'en accusait la première : « J'ai appréhendé même, lui disait-elle en s'analysant avec la pointe la plus fine de son esprit, que le seul endroit de mon âme qui paroît sain, qui est cette docilité qui fait que j'avoue mes péchés et que je me soumets à tout ce qu'on m'ordonne pour les guérir, ne fût aussi malade que ce qui le paroissoit, et que cette même docilité *ne vînt aussi, comme tout le reste, de mon orgueil qui se transforme, s'il faut ainsi dire, en Ange de lumière, pour avoir de quoi vivre.* » M. Singlin, avec son habitude de médecin moral, n'avait sans doute pas besoin qu'elle le lui dît pour le voir. Toutefois, il est un seul point sur lequel il ne voyait peut-être pas aussi distinctement que nous combien, en s'adressant de préférence à lui, madame de Longueville demeurait, par un coin, semblable à elle-même : c'est qu'en choisissant la religion de Port-Royal pour sa ressource dernière et pour sa voie d'expiation, elle se prenait encore à ce qui était la grande et haute distinction du moment, à ce qu'il y avait de meilleur air et de plus attrayant en matière d'austérité à cette heure, à une religion de première qualité [1].

1. Madame de Maintenon n'avait pas attendu d'être devenue la compagne de Louis XIV, pour se montrer peu encline au Jansénisme; son bon sens l'avait de tout temps préservée de ce travers théologique. Elle avait vu dans sa jeunesse de ces exemples qui l'avaient guérie. Voici ce qu'elle disait en 1715, en s'entretenant avec les demoiselles de Saint-Cyr, et en se ressouvenant évidemment des Sablé, des Saint-Loup et de leurs pareilles, de toutes ces dames qui croyaient que prendre cocarde de Jansénisme, c'était prouver qu'elles étaient femmes d'esprit raffiné et de bon

Les mérites et les titres respectables de madame de Longueville convertie, je les dirai, mais il est inutile de les exagérer et surtout de les créer. Lorsque, à la fin de la seconde guerre civile, après avoir épuisé les inconséquences et les illusions, elle se vit obligée de rendre les armes et de s'avouer vaincue [1], qu'avait-elle à faire ? Tout lui échappait à la fois. Le temps seul et l'immobilité lui auraient refait sans doute petit à petit une situation très-suffisante ; un naufrage, pour les personnes de son rang, laisse toujours de beaux débris. Mais pour madame de Longueville, que le médiocre ne satisfaisait pas, et dont il était l'horreur, encore une fois que res-

goût. Or, de ces femmes-là, madame de Longueville offrait le plus éminent et le plus achevé modèle :

« Le meilleur moyen que je puisse vous donner, mes chères filles, disait madame de Maintenon, pour éviter de tomber dans l'erreur, c'est de fuir toutes nouveautés et de n'avoir aucune liaison avec ceux qui sont infectés de ces fausses maximes, quelque mérite qu'ils aient d'ailleurs, mais de vous en tenir toujours à une croyance simple de notre religion.... Si on vous demande de quel parti vous êtes, répondez que vous n'êtes d'aucun parti sur les opinions non décidées par l'Église, que vous croyez tout ce qu'elle croit et que vous condamnez ce qu'elle condamne ; que vous suspendez votre jugement sur les propositions sur lesquelles elle n'a pas encore prononcé.... C'est le parti que je pris dans ma jeunesse, que j'ai passée avec de grands esprits qui disputoient continuellement sur ces sortes de matières ; je n'y suis jamais entrée, et quand je voyois l'aigreur et l'animosité qui se mêloient dans ces disputes, je disois en moi-même : Si je suis jamais dévote, je ne serai ni de ceux-ci ni de ceux-là ; ce n'est pas la peine, disois-je, d'embrasser la vie dévote pour se damner par la haine et l'orgueil que cet esprit de cabale inspire ; car la présomption est tellement le caractère de ces dévotions de parti, que communément, pour parler d'une personne qui est de la cabale, on dit : *C'est une femme élevée au-dessus du commun*, comme s'il vous étoit marqué dans l'Évangile qu'il faut avoir une dévotion élevée et singulière.... Le propre de ces dévotions de parti est d'inspirer un profond mépris pour ceux qui ne sont pas du sien. »

1. « Dieu la prit les armes à la main et contre lui et contre son roi, lorsqu'il commença de la toucher, » a dit le *Nécrologe*, plus élégant et plus oratoire en ceci qu'il ne lui est ordinaire, mais moins exact aussi. L'intrigue politique ne cessa pour madame de Longueville que du jour où elle fut contrainte de faire son accommodement particulier à Bordeaux.

tait-il à faire, afin de ne pas trop tomber au-dessous d'elle-même? La Religion alors offrait un asile tout préparé; par la Religion, à force de s'abaisser et de descendre, on pouvait remonter bien haut. Et sur ce qu'elle eut les premières idées de retour à Dieu et de conversion vers l'âge de trente-cinq ans, qu'on n'aille pas nous faire de grandes doléances sur sa beauté encore si brillante qu'elle sacrifia, sur ses *blonds cheveux* qu'on l'obligea d'ensevelir, sur ses *yeux si doux* qu'on éteignit, sur cette *taille élégante à la fois et majestueuse* qu'on supprimait impitoyablement. Laissons à qui de droit ces regrets de soupirant et ces complaisances. Certes madame de Longueville, à cet âge, avait encore de quoi plaire et séduire, mais en rabattant de beaucoup de son premier empire et en descendant chaque jour désormais d'un degré. Elle en savait plus long que personne sur ces déchets de sa puissance, sur les secrets ravages de sa beauté. Des indiscrets, des insolents l'ont divulgué depuis : demandez à Brienne[1], demandez même à Bussy[2], ils vous diront tout crûment ces défauts qu'une plume qui se respecte se refuse à transcrire, mais qui sont la fin de l'amour et la mort de tout charme. Et puis,

---

1. *Mémoires* de Brienne, publiés par M. Barrière (1828), tome II, page 241. — Il y a dans ces *Mémoires* un mot terrible que M. Barrière a cru devoir omettre à l'impression par courtoisie, mais que toutes les fadaises et les roucoulements de M. Cousin sur la beauté prolongée de madame de Longueville arrachent à la fin, de guerre lasse, et font sortir ; le mot est de la duchesse de Meckelbourg (l'ancienne duchesse de Châtillon) qui avait de ces façons de dire originales et singulières ; elle disait donc de madame de Longueville que, dès qu'elle ouvrait la bouche pour parler, « elle *enchavignoit* tout le monde. » D'où il paraît que M. de Chavigny avait, au plus haut degré, le même inconvénient que madame de Longueville. C'est là un de ces mots comme les seules femmes en trouvent sur les femmes, un mot d'ancienne rivale.

2. *Histoire amoureuse des Gaules*, annotée par M. Paul Boiteau (Collection Jannet, 1856), page 197.

ne l'oublions jamais, elle était fière avant tout, idolâtre d'un idéal dont sa délicatesse n'admettait pas la diminution : elle s'adorait elle-même dans l'amour, et dès l'instant où elle sentait qu'elle y portait moins, elle devait s'en dégoûter aisément et ne plus se dédommager même par celui qu'elle eût inspiré.

Se tourner du côté de Dieu, se convertir résolûment, était donc le seul moyen long, pénible, mais efficace, pour retrouver tôt ou tard la considération, le respect, pour être traitée un jour par le roi comme elle le sera, pour recouvrer l'entière tendresse et l'estime des belles âmes, de ses chères et anciennes amies du cloître, pour occuper de soi toute une légion de saints et de justes, pour s'occuper soi-même à l'infini et se donner toutes les satisfactions inverses des premières, en croyant se mortifier et en se réparant. Ce calcul, madame de Longueville ne le fit pas, et, en général, les âmes qui se convertissent ne le font pas ; mais les instincts le font sourdement en elles ; la sensibilité, jusque dans son bouleversement, a sa logique secrète à laquelle elle obéit ; les inclinations cachées se retournent, se redressent, se dirigent du côté qu'elles peuvent, le seul qui leur soit laissé ; les souvenirs pieux, longtemps étouffés, se dégagent de dessous les autres ; ils se remettent à s'émouvoir et à conspirer. Tout cela, dira-t-on, ce n'est pas la Grâce. — Non, c'est la matière de la Grâce. Celle-ci est le rayon, et je ne prétends pas plus l'analyser qu'on n'analyse l'amour quand il prend flamme.

M. Singlin savait les ruses de l'amour-propre, et il est à croire que presque rien ne lui en échappait chez madame de Longueville, même à genoux et s'accusant. Il y a donc en elle toute une part à faire que l'on s'explique assez aisément, et dans laquelle l'inquiète et scrupuleuse convertie ne faisait que prendre une revanche exacte sur la mondaine ; dans son nouveau point d'honneur qui était le contre-pied de l'ancien, elle mettait tout son esprit à se confondre et à se rabattre par où elle avait péché. M. de La Rochefoucauld, s'il avait entendu certaines de ses confessions que nous lisons aujourd'hui, aurait pu dire en souriant, et il a dû le dire : « Toujours la même ! je la reconnois bien là. » Elle raffinait dans l'ascétisme, comme elle avait fait dans la galanterie ou dans l'intrigue. Elle prétendait ne rester à mi-chemin ni dans le milieu de rien ; elle entendait bien être la dernière, si elle ne pouvait être la première ; et autant artificieuse elle s'était montrée dans un temps à s'élever et à se grandir dans l'opinion, autant aujourd'hui elle était ambitieuse du mépris et ingénieuse à s'anéantir.

Sa dévotion se reconnaissait jusque dans l'ameublement de sa chambre. Quelqu'un qui voyait chez elle des chenets de fer ou de cuivre lui dit un jour que *c'était le porter bien haut*. Le chevalier de Méré, qui cite ce mot, le trouve plaisant ; c'était encore plus vrai que plaisant. Elle le portait en effet *bien haut* en fait d'humilité. L'amour-propre a de ces singuliers renversements, et il se met à viser en bas aussi avant qu'il avait visé en haut[1]. Après avoir été la première dans la gloire, on veut être la dernière et la plus humble dans l'humiliation et dans la pénitence : c'est encore une manière de se distinguer et d'exceller. On ne change pour cela que sa direction, non pas son procédé et sa nature. C'est comme en mathématiques, on n'a qu'à changer le signe ; au lieu du signe *plus* on met le signe *moins*, et les mêmes quantités se

---

1. « Il y a certains esprits extrêmes de femmes à qui la médiocrité est insupportable ; elles aimeroient mieux une simplicité austère qui marqueroit une réforme éclatante, en renonçant à la magnificence la plus outrée, que de demeurer dans un juste milieu qu'elles méprisent comme un défaut de goût et comme un état insipide. » (Fénelon, *Avis à une Dame de qualité sur l'éducation de sa fille.*)

retournent et se renversent; les séries fuient en sens contraire.

Un moraliste énergique a dit : « Qu'on ne vienne point me parler de l'amour-propre comme d'un vice; c'est un état naturel et nécessaire. Tous les amours-propres sont égaux moralement. Chaque homme a d'amour-propre tout ce qu'il peut en tenir, et chacun porte le sien à sa manière : les uns le portent tête haute, les autres le cou penché. Les Chrétiens portent le leur au rebours et sens dessus dessous [1]. »

Du Guet, que nous lisions tout à l'heure dans les lettres qu'il adressait à mademoiselle de Vertus, ne cesse de poursuivre cet amour-propre prolongé jusque sous l'aspect chrétien, la vanité (une vanité plus délicate que l'ordinaire) déguisée en humilité. Il la dénonce là où on la chercherait le moins, jusque dans l'état de tremblement d'une âme à l'idée des jugements de Dieu : « Une crainte excessive est orgueilleuse, dit-il.... Il paroît qu'il

---

1. Et La Rochefoucauld pensait certainement aux Chrétiens, aux convertis et aux pénitents, et bien probablement à madame de Longueville, lorsqu'il décrivait en ces termes, aussi subtils que leur objet, l'amour-propre, *l'amour de soi-même et de toutes choses pour soi, dont les transformations*, disait-il, *passent celles des Métamorphoses, et les raffinements ceux de la chimie :* « Il est dans tous les états de la vie et dans toutes les conditions ; il vit partout, et il vit de tout; il vit de rien ; il s'accommode des choses et de leur privation ; il passe même dans le parti des gens qui lui font la guerre (*les Chrétiens*); il entre dans leurs desseins, et, ce qui est admirable, il se hait lui-même avec eux; il conjure sa perte ; il travaille même à sa ruine. Enfin il ne se soucie que d'être, et, pourvu qu'il soit, il veut bien être son ennemi. Il ne faut donc pas s'étonner s'il se joint quelquefois à la plus rude austérité, et s'il entre si hardiment en société avec elle pour se détruire, parce que, dans le même temps qu'il se ruine en un endroit, il se rétablit en un autre ; quand on pense qu'il quitte son plaisir, il ne fait que le suspendre ou le changer, et lors même qu'il est vaincu et qu'on croit en être défait, on le retrouve qui triomphe dans sa propre défaite. »

y a de l'humilité à s'affliger avec excès de ce qu'on ne trouve rien dans le passé, ni dans le présent, qui nous rassure, et de ce qu'on est près d'arriver (devant Dieu), les mains non-seulement vides, mais peut-être même souillées : cependant il y a un secret orgueil à tout cela, et la surprise où l'on est de se trouver dans une pauvreté si générale, est une preuve qu'on avoit un peu compté sur ses richesses. » Il continue ainsi d'analyser bien des vertus spécieuses et d'y découvrir ce qu'il appelle *la corruption du cœur*, c'est-à-dire, pour parler plus justement, l'inévitable fond et le ressort de la nature humaine. Nous pourrions donc faire ce travail de dissection jusque dans les vertus dernières de madame de Longueville, et nous irions très-loin dans la démonstration des mêmes fibres. Et toutefois, il y a dans les sentimens de religion, comme dans l'ordre des affections naturelles, un moment où l'analyse est déjouée, où, avec les pleurs, la tendresse se déclare, où l'oubli de soi, l'abandon involontaire et le touchant sacrifice commencent : c'est l'heure de la passion, de l'attente amoureuse, de la sainte folie aux pieds de la Croix, de cet héroïsme unique, inénarrable, des Madeleine et des sainte Thérèse. Je sais ce qu'un esprit d'observation comparée et de science sévère pourrait avoir à ajouter encore ; mais une telle opiniâtreté d'analyse serait ici fastidieuse et presque inconvenante ; arrivé à ce point, je ne veux que relire l'admirable chapitre de saint Paul sur la Charité, et celui de l'*Imitation* sur l'Amour.

L'honneur chrétien de madame de Longueville, et ce qui la distingue profondément de madame de Sablé, c'est d'avoir eu cette componction du cœur, et, du moins par instants, d'avoir connu cet ardent amour de quelque chose d'éternel. Un de nos solitaires, qui n'est guère accoutumé à se flatter lui-même ni personne autre, et dont chaque mot compte quand c'est une éloge, M. de Pontchâteau écrivait à sa sœur, la duchesse d'Épernon, deux jours après la mort de madame de Longueville :

« (17 avril 1679.) — Voilà donc madame de Longueville partie pour ce grand voyage de l'Éternité d'où l'on ne revient jamais.... Des morts de cette nature des personnes qui tiennent un grand rang parmi le monde, et surtout lorsque nous y avons quelque rapport, nous frappent dans le moment; mais l'impression s'en efface bientôt, et nous ne tâchons pas même d'ordinaire à la retenir. On ne va parler d'autre chose durant quelque temps.... Je la crois heureuse, et que Dieu lui aura fait miséricorde. Elle aimoit beaucoup l'Église et les pauvres, qui sont les deux objets de notre charité sur la terre, et je me souviens d'avoir vu quantité de ses lettres dans les commencements de sa conversion, qui étoient remplies de sentiments fort pénitents et fort humbles. Elle les avoit encore, et les peines qu'elle avoit supportées depuis un an lui auront servi de pénitence.... »

Et dans une lettre du 22 avril 1679 :

« Je n'aime pas les exagérations, mais il faut avouer de bonne foi qu'il y a eu des choses assez singulières dans la pénitence de madame de Longueville, et pour le corps et pour l'esprit; car il est certain que, dans les commencements de sa pénitence, il lui étoit fort ordinaire de coucher sur la dure, prendre la discipline, porter une ceinture de fer; et pour ce qui est de l'esprit, je sais ce que peu de personnes savent sur cela, qui étoit bien humiliant pour une personne comme elle. Ce n'est pas que je voulusse la faire passer pour une sainte qui est allée jouir de Dieu au sortir de ce monde ; tout ce qui se passe dans l'autre nous est caché : mais il est vrai qu'on verra peu de gens de cette qualité embrasser un genre de vie comme le sien, et demeurer fermes jusqu'au bout dans les grandes vérités de la religion, dans un grand mépris de soi-même, ce qui paroissoit jusque dans ses habits, et dans une uniformité pour ses devoirs essentiels, comme elle l'a toujours témoigné. Il y avoit des foiblesses : qui n'en a point? Elle les voyoit et en gémissoit ; c'est presque tout ce que Dieu demande de nous. On peut excéder en la louant, et il est si naturel de se chercher soi-même quand on loue les autres, parce qu'il est aisé que nous nous regardions là-dedans, que le meilleur est de peu louer et d'attendre ce grand jour auquel Dieu ne rend pas seulement à chacun selon ses œuvres, mais où il louera lui-même ses Saints. »

Cette lettre de M. de Pontchâteau dans sa naïveté, et dans ses précautions mêmes, est pour nous le plus sincère et le plus irrécusable témoignage.

Une plume bien voisine de Port-Royal et à la fois délicate et sévère, que j'ai le regret de ne pouvoir deviner (à moins que ce ne soit celle de Nicole en son plus beau jour), a laissé de madame de Longueville un Portrait tel, qu'il ne le faut jamais oublier quand on a à parler de cette illustre pénitente ; car il montre qu'elle eut pourtant toujours un pied dans le monde, et que sa retraite même admettait un cercle et une cour de visiteurs choisis :

« CARACTÈRE DE MADAME DE LONGUEVILLE.

« C'étoit une chose à étudier que la manière dont madame de Longueville conversoit avec le monde.

« On y pouvoit remarquer ces qualités également estimables selon Dieu et selon le monde : elle ne médisoit jamais de personne, et elle témoignoit toujours quelque peine quand on parloit librement des défauts des autres, quoique avec vérité.

« Elle ne disoit jamais rien à son avantage, cela étoit sans exception.

« Elle prenoit, autant qu'elle pouvoit sans affectation, toutes les occasions qu'elle trouvoit de s'humilier.

« Elle disoit si bien tout ce qu'elle disoit, qu'il auroit été difficile de le mieux dire, quelque étude qu'on y apportât.

« Il y avoit plus de choses vives et rares dans ce que disoit M. de Tréville ; mais il y avoit plus de délicatesse et autant d'esprit et de bon sens, dans la manière dont madame de Longueville s'exprimoit.

« Elle parloit sensément, modestement, charitablement et sans passion.

« On ne remarquoit jamais dans ses discours de mauvais raisonnements.

« Elle écoutoit beaucoup, n'interrompoit jamais, et ne témoignoit point d'empressement de parler.

« L'air qui lui revenoit le moins étoit l'air décisif et scientifique, et je sais des personnes très-estimables d'ailleurs, qu'elle n'a jamais goûtées, parce qu'elles avoient quelque chose de cet air.

« C'étoit au contraire faire sa cour auprès d'elle que de parler de tout le monde avec équité et sans passion, et d'estimer en eux tout ce qu'ils pouvoient avoir de bon.

« Enfin, tout son extérieur, sa voix, son visage, ses gestes étoient une musique parfaite; et son esprit et son corps la servoient si bien pour exprimer tout ce qu'elle vouloit faire entendre, que c'étoit la plus parfaite actrice du monde.

« Cependant, — ajoute par une sorte de scrupule le peintre anonyme qui craint de s'être laissé trop entraîner, — quoique je sois persuadé qu'elle étoit un excellent modèle d'une conversation sage, chrétienne et agréable, je ne laisse pas de croire que l'état d'une personne qui n'auroit rien de tout cela, et qui seroit sans esprit et sans agrément, mais qui sauroit bien se passer de la conversation du monde, et se tenir en silence devant Dieu en s'occupant de quelque petit travail, est beaucoup plus heureux et plus souhaitable que celui-là, parce qu'il est moins exposé à la vanité et moins tenté par le spectacle des jugements favorables qu'on attire par ces belles qualités. »

Dans les dernières années, madame de Longueville n'avait plus rien en son visage qui pût faire ressouvenir de sa beauté; « sa taille seule avoit conservé de la grâce[1]. »

Ce n'est pas à nous, c'est à un historien de madame de Longueville qu'il appartiendrait d'approfondir toute une secrète et bien sensible partie de ses peines, et qui dut compter dans sa pénitence; je veux parler de ses deux fils. Elle fut cruellement éprouvée en leur personne.

---

1. *Nouvelles Lettres* de Madame, duchesse d'Orléans, publiées par M. G. Brunet (1853), page 200.

L'aîné, le comte de Dunois, indigne de sa race par son imbécillité, et en ayant conscience, s'était jeté dans l'Église, et même était entré aux Jésuites. Madame de Longueville, qui naturellement préférait son second fils, celui qui passait pour le fruit de l'amour et qui promettait d'être accompli selon le monde, le comte de Saint-Paul, se faisait pourtant scrupule de violenter l'aîné, de le contraindre à une vie ecclésiastique qu'il n'embrassait que par incapacité de figurer à la guerre ou à la Cour, et qui n'était pas une vocation. La famille, au contraire, le prince de Condé notamment, pesait de toute son autorité pour annuler ce pauvre aîné, et pour lui interdire, par intimidation, l'entrée de ce monde où il leur aurait fait peu d'honneur. Le comte de Saint-Paul, dont la mort fut un coup si cruel pour sa mère, n'avait pas toujours été bien pour elle ; obéissant à des influences diverses qui flattaient son ambition, il lui avait causé plus d'un froissement par ses sécheresses, ses froideurs, et son peu de confiance. On a quelques-unes des confidences de madame de Longueville, en ces années où elle trouvait tant de sujets de mortification auprès des siens : « Il est, disait-elle, de la justice de Dieu sur mes péchés qu'ayant tant semé pour la joie, je recueille présentement bien des chagrins. »

Ces chagrins semblaient oubliés ; ils avaient fait place à des satisfactions toutes contraires, et peut-être à des orgueils de mère, quand la mort soudaine du jeune prince vint couper court à ces reprises humaines, et achever de tuer en madame de Longueville ce qu'elle appelait les restes de la nature : elle parut plus que jamais s'enfermer dans l'ordre de la Grâce.

Elle eut pour mission dernière, dans son étroite union avec Port-Royal, de protéger ceux que la Paix de l'Église ne couvrit que pour un temps, et d'être auprès de la Cour l'organe de leurs doléances ou de leurs apologies. Dans les Mémoires qu'elle se chargeait de présenter pour eux au roi[1], et qui, en se répétant, contribuèrent plus peut-être à indisposer le monarque qu'à le rendre propice, ils ne sont désignés que sous ce titre : *les amis de madame de Longueville;* on n'avait pas à s'y tromper.

Elle se partageait toutefois entre deux monastères, celui des Carmélites du faubourg Saint-Jacques et Port-Royal des Champs. Elle décida, par un article de son testament, qu'elle serait enterrée en l'église de celui de ces deux monastères où elle mourrait, et que son cœur serait porté à l'autre : « Dieu a permis, dit le *Nécrologe*, qu'elle soit morte aux Carmélites, qui ont été les dépositaires de son corps, et nous avons l'honneur de posséder son cœur, qui a été tout occupé de l'amour de Dieu et de celui de l'Église. »

Elle mourut le 15 avril 1679[2]. Port-Royal allait payer

---

1. Voir dans les *Œuvres* d'Arnauld, tome XXV, pages 346, 350, deux de ces Mémoires. — Il n'est pas certain d'ailleurs qu'elle ait jugé à propos de les présenter.

2. Ce que les histoires jansénistes ne disent pas, c'est qu'elle ne put recevoir les sacrements dans toute leur régularité ; je lis dans un Journal manuscrit de M. de Pontchâteau, à la date du 17 avril 1679 :

« On a voulu faire une affaire à M. le curé de Saint-Jacques du Haut-Pas auprès de M. de Paris sur ce qu'il avoit donné l'extrême-onction à madame de Longueville avant le viatique. On la trouva si bas qu'il commença par l'onction, et ne dit les prières qu'après l'avoir communiée. Il a été trouver M. l'archevêque qui lui a dit qu'il auroit toujours une oreille pour l'écouter et qu'il le justifieroit à la Cour.

« Une personne a dit au Val-de-Grâce qu'*il* ne voudroit pas assurer le salut de madame de Longueville. Une autre demanda si elle avoit reçu ses sacrements, parce que le roi disoit que tous les Jansénistes ne les recevoient point. On nomma M. de Sainte-Beuve et d'autres. » (M. de Sainte-Beuve était mort d'apoplexie environ dix-huit mois auparavant.)

Il y eut même, dans le misérable état où elle était, quelque essai d'obsession :

« Le Père de Mouchy de l'Oratoire demanda deux ou trois fois à macher la sauvegarde éclatante qu'il lui avait due ; on n'attendait que la fin de la princesse pour entamer la persécution définitive. Le plus étonné de cette reprise d'hostilités ne fut pas Nicole : il avait toujours craint le trop de confiance auquel on s'était abandonné depuis la Paix de l'Église ; et tandis que, parmi ces Messieurs, les uns ne voyaient dans cette faveur publique dont jouissait Port-Royal qu'une prospérité juste et une restauration légitime, « l'avis des autres, dit-il, étoit plus farouche en apparence : ils eussent voulu qu'on eût évité tout ce qui avoit de l'éclat dans le monde, qu'on n'eût point vu

dame de Longueville si elle ne mouroit pas romaine. M. le curé de Saint-Jacques prit la parole et dit que, pour cela, c'étoit à lui d'en répondre »

Les intimes seuls surent alors ces détails. — Le cœur de la princesse fut apporté à Port-Royal, le 26 avril, en grande pompe. Il y avait, entre autres carrosses, les deux de Madame (*Madame* tout court à Port-Royal, cela vouloit dire madame de Longueville) attelés chacun à six chevaux, tout en deuil. Le cœur était dans le second carrosse. On commença à sonner les cloches dès qu'on aperçut les carrosses, une demi-heure avant l'arrivée. Il était six heures et demie du soir. Le convoi s'arrêta devant la porte de l'église, où M. de Saint-Benoît (M. Grenet), M. Arnauld, et tous les ecclésiastiques de la maison, attendaient, revêtus de surplis. L'aumônier de Madame harangua selon la coutume, et présenta le cœur à M. de Saint-Benoît, qui le reçut après avoir répondu à la harangue. Il se trouva foule à ce convoi : « Tous les officiers de Madame qui avoient accompagné les carrosses y étoient avec plusieurs pages et valets de pied de M. le Prince, dont douze tenoient des flambeaux allumés, avec lesquels ils étoient arrivés, montés sur des chevaux de selle. Il y avoit, outre cela, bien du monde qui s'étoit amassé des villages où ce train fort extraordinaire en ce pays avoit passé. » — Le cœur de son fils chéri, le duc de Longueville, reposait depuis longtemps à Port-Royal ; on l'y avait apporté le jeudi 11 août 1672, et enterré en grande cérémonie dans le chœur de l'église. — On a, d'ailleurs, peu de détails sur la vie de madame de Longueville quand elle était à Port-Royal ; cette vie était la prière. On la rencontre seulement, de loin en loin, mentionnée dans nos Journaux comme ayant assisté à des cérémonies intérieures, telles que sacrements donnés à des religieuses mourantes, confirmations, professions et prises d'habit, sermons de M. Le Tourneux.

à Port-Royal tant de carrosses, tant de personnes de qualité; qu'on eût eu pour vue principale de se cacher et de s'ensevelir; et, puisqu'on reconnoissoit que l'éclat avoit excité beaucoup d'envie, qu'on eût tâché de l'étouffer par une vie entièrement obscure. » C'était l'avis de M. de Sainte-Marthe, c'était l'avis de Nicole et des prudents.

Les visites qualifiées ne cessaient point en effet à Port-Royal durant ces belles années. On en peut prendre idée par les lettres qu'écrivait au printemps de 1677 M. de Pontchâteau, alors aux Champs : « Je suis un peu ennuyé de tous les carrosses que j'ai vus depuis Pâques dans ces quartiers, quoique je ne m'en incommode pas beaucoup : car, gens de connoissance ou non, je les traite les uns comme les autres, et les laisse quasi tous là[1]. »

1. Lettres de M. de Pontchâteau à la duchesse d'Épernon (Manuscrits de la Bibliothèque de Troyes). — Le jour du Saint-Sacrement de l'année 1677, à la veille de partir pour le voyage de Rome, il engage madame d'Épernon à ne venir que le mercredi prochain à cause de toutes les visites qui, d'ici là, ne laisseront aucun logement vacant : « Vous y passeriez le jeudi tout entier, et vous vous en retourneriez le vendredi après dîner. Madame de Longueville en sera bien aise, et mademoiselle de Vertus aussi, et nos Mères. » Quand madame d'Épernon vient à Port-Royal, il ne la va pas toujours voir : car, « n'y ayant qu'une seule porte pour aller à votre parloir, il faudroit essuyer la rencontre des tourières et de tous vos gens qui y sont continuellement. » Madame d'Épernon s'était retirée au Val-de-Grâce, au commencement de 1675; c'était un premier pas vers Port-Royal, où M. de Pontchâteau la désirait. Elle y faisait des visites assez fréquentes et des essais de retraite. En novembre 1678, on voit qu'elle y avait une chambre et une tribune près d'être achevées. Elle avait fait cadeau d'une plaque pour le bénitier, trop belle. M. de Pontchâteau lui prêchait le retranchement et la simplicité : « (12 août 1676) Madame de Longueville n'a que deux laquais ; ne seroit-ce pas assez pour vous? car, lorsque vous êtes au Val-de-Grâce, qu'est-ce que tous vos gens font dans votre maison ? » — Il semble que, dans l'automne de 1678, elle était bien près de franchir le degré d'une complète retraite à Port-Royal. Des embarras d'affaires la retinrent, et bientôt la mort de madame de Longueville, avec ce qui

Ce n'étaient pas seulement des carrosses de duchesses qu'on voyait à la file, c'étaient des visites sans nombre de dames appartenant à d'autres monastères, de pèlerins laïques ou religieux, qui venaient s'y édifier. Il en venait des extrémités de la France ; on en cite qui étaient jusque du mont Liban[1]. La visite du révérend Père Comblat, cordelier, qui passa à Port-Royal le mois de juin 1678, dans le dernier été florissant, et qui y prêcha, demeure pour nous très-curieuse par le ton de naïveté qu'il a mis à la raconter. C'est une description complète, adressée à un évêque qu'on a dit être M. Pavillon[2], de tout ce qu'il a vu et remarqué à Port-Royal. Le bon cordelier considère déjà ce monastère comme il ferait les lieux saints ; la légende commence ; il admire tout, il est ébloui. Il mêle à des impressions fidèles de légères exagérations qui nous sautent aux yeux : « Il y a là un médecin, dit-il (voulant désigner M. Hamon), un saint personnage *qui a quitté la Cour*[3], et qui s'est entièrement

---

s'ensuivit, lui en ôta l'idée. Madame d'Épernon mourut le 13 février 1691 au Val-de-Grâce, où elle fut enterrée : le 16, on dit pour elle un office des morts à Port-Royal.

1. « Le mercredi 22 février 1673, un prêtre maronite vint dire la messe céans ; son fils, qui étoit diacre, lui aida à la dire. Toute la Communauté et tout le dehors y assista, leurs cérémonies étant toutes extraordinaires et fort belles. Ils étoient arrivés l'un et l'autre dès l'après-dîner du jour précédent, et on dit qu'ils sont venus en France pour obtenir quelque faveur du roi auprès du Grand-Seigneur. » (Journal de Port-Royal.)

2. M. Pavillon était mort le 8 décembre 1677. Le Père Comblat put bien, avant son départ du Midi, promettre à M. d'Aleth qu'il lui ferait une Relation de tout ce qu'il verrait ; mais il n'est pas probable qu'il ait écrit cette Relation comme parlant au prélat déjà mort. Les manuscrits et l'imprimé indiquent toutefois Nicolas Pavillon comme celui à qui est adressée cette *Lettre d'un Prêtre des Frères mineurs à un Évêque.*(Voir à l'*Appendice* sur ce qu'on sait du Père Comblat.)

3. Dans l'imprimé de la Relation on a supprimé ce membre de phrase.

consacré au service de ce monastère et de tous les pauvres du voisinage. » Mademoiselle de Vertus subit aussi un degré de transformation : « Vous savez, Monseigneur, qu'il y a dans cette maison une *princesse* de l'ancienne maison de Bretagne, qui vit là comme une sainte, étant une fille d'un très-grand esprit, d'une lumière très-profonde et très-sublime, et, avec cela, d'une humilité merveilleuse. » Et après nous avoir parlé de *de ses grands biens* (ce qui n'est pas très-exact pour mademoiselle de Vertus[1]), et de l'usage qu'elle en fait, il ajoute : « Et voilà comme cette *princesse* se sanctifie et donne aux autres l'exemple de se sanctifier. » Il nous parle aussi d'une religieuse (je ne sais trop laquelle) avec qui il s'entretint, et qui avait eu *des millions de dot*[2]. Mais si l'on passe sur ces petits excès d'expression, on trouve dans cette Relation des détails précieux et sentis ; il insiste sur un point qui a frappé tous ceux qui ont visité Port-Royal, sur le caractère de piété grave et pénétrante avec lequel on y célébrait l'Office et on chantait les louanges du Seigneur :

« Je ne sais comme je parlerai de l'Office divin qu'elles font non pas comme des filles, mais comme des Anges ; car c'est ce qui m'y a charmé le cœur, ces âmes saintes entendant parfaitement tout ce qu'elles disent et donnant le ton et l'inflexion de voix à tout ce qu'elles chantent, de manière que leur voix parle au cœur plus merveilleusement qu'à l'oreille.... Et c'est là où l'on sent et où l'on voit dans le fond du cœur les effets de cette parole de saint Paul : « *Psallam spiritu, psallam et mente* : Je chanterai les louanges de Dieu de cœur, mais je les chanterai aussi avec intelligence. » Elles chantent le plain-chant romain ordinaire, selon l'ordre de Paris, étant du diocèse ; mais c'est sans faire jamais aucun

---

1. Dans l'imprimé on a cru devoir adoucir l'exagération, et l'on a mis *ses grands revenus*.
2. Ce doit être la sœur Christine Briquet, qui était seule héritière de huit à neuf cent mille livres lorsqu'elle entra au noviciat.

fredon ou façon quelconque qui marque légèreté ni afféterie, ni qui donne le moindre sujet de croire que l'on veut faire paroître sa voix, ni la moindre occasion de distraction à personne. Celle qui entonne est ordinairement une voix tout à fait admirable ; elle vous conduit et vous finit les Psaumes et Antiennes d'une manière comme mourante ou gémissante qui vous perce le cœur, et qui vous fait connoître sensiblement en même temps l'effet de cette parole de saint Paul : « Nous ne savons ce que nous devons demander à Dieu dans nos prières pour le prier comme il faut, mais le Saint-Esprit prie pour nous par des gémissements ineffables. » —

« L'on m'a dit que l'on faisoit taire durant des trois ou quatre mois toutes les filles qui venoient du monde avec les voix artificielles et mondaines, et qu'on ne leur permettoit point de chanter qu'elles n'eussent bien appris à s'écouter, à s'entendre et à donner à leur voix un ton d'intelligence et une expression si fidèle à la prononciation, que leur chant fût effectivement une véritable prière. »

Et pour la lecture à table pendant les repas, ou dans les autres lieux où on la fait en commun :

« Ce qui me fait croire, écrit le bon Père, que ce doit être des délices perpétuelles dans cette Communauté, c'est que leur ayant entendu lire la matière de l'Oraison dans le chœur à Complies, celle qui lit y parle si ponctuellement et si distinctement, et pourtant sans façon, qu'on n'en perd pas un mot ni on ne fait pas la moindre équivoque dans cette lecture, et elle y dit tout avec un ton si net, et avec cela si touchant, qu'il faut nécessairement l'écouter, tant elle persuade ce qu'elle lit. »

L'admiration dont Port-Royal était l'objet, et qui amenait ce concours de pèlerins grands et petits dans un désert voisin de Versailles, devenait un danger sous un roi qui n'aimait de bruit et d'éclat que celui qu'il faisait et qui se rapportait à lui. La mère Agnès, dès le moment où la Paix de l'Église avait remis la maison en lumière, n'avait pas été sans craindre ce trop de succès et de triomphe ; elle ne le craignait, il est vrai, qu'en vue de

Dieu, et pour la dissipation que cela pouvait causer. Il existe d'elle une lettre fort belle, adressée dans ces commencements à M. de Sévigné qui était encore à Paris, et par laquelle elle demande au nom de ses Sœurs un répit, au moins pendant le saint temps du carême, pour les congratulations et les visites qui affluaient déjà de toutes parts; elle voudrait retarder le flot de disciples et d'amis qui va déborder :

« Ce 23 février (1669).

« Nous ne craignons rien, mon très-cher Frère, que de dissiper le fruit de notre paix, par des visites trop soudaines. Nous voudrions être un temps fort notable *hortus conclusus, fons signatus;* et Dieu nous avoit inspiré d'être un an dans le recueillement, pour honorer les saints Anges qui nous gardent avec bien plus de soin que ne faisoient les archers. Néanmoins, comme ce n'est point du tout par indifférence au désir de nos amis, qui s'ennuieroient trop de ne pas voir la résurrection des morts, nous n'avons pas osé faire ce vœu-là comme nous en avions l'instinct; mais la Providence de Dieu, qui a réglé tous nos événements, nous a marqué un temps que nous ne saurions avancer sans une précipitation qui lui seroit désagréable, qui est de passer le temps de la sainte Pénitence dans le même état que depuis quatre ans et demi, qui n'empêchera pas que nous ne soyons *cor unum et anima una*, puisqu'au contraire nous en serons unis plus saintement. Je vous prends donc, s'il vous plaît, pour entremetteur entre ces bonnes demoiselles et nous, qui se purifieront comme nous désirons de faire depuis (durant ?) ce temps-là. Nous avons ici des frères et autres parents de nos Sœurs, qui ont déjà été renvoyés avec de très-humbles excuses, n'y ayant rien de si juste, comme vous le dites, que de goûter combien le Seigneur est doux. Ce nous est un grand avantage d'avoir des amis et des amies qui ont ce même dessein, que je les supplie très-humblement de pratiquer en notre faveur, afin que le feu de la sainte charité se conserve mieux étant couvert de cendres, au lieu qu'il s'évaporeroit un peu étant découvert. »

A voir les choses au point de vue mystique, le feu, dont parlait si excellemment la mère Agnès, ne resta point assez couvert durant ces dix ans dont nous venons de résumer l'histoire, et c'est pour cela que, selon quelques-uns même des plus fidèles, il mérita devant Dieu d'être dispersé.

FIN DU LIVRE CINQUIÈME.

LIVRE SIXIÈME

LE PORT-ROYAL

FINISSANT

I

Caractère de la dernière persécution. — Pensée arrêtée de Louis XIV sur le Jansénisme. — Rôle et portrait de M. de Harlai. — Visite de l'abbé Fromageau à Port-Royal des Champs ; — l'interrogatoire poli. — Visite de M. de Harlai ; — le prélat grand seigneur. — Langue dorée. — Rigueur en douceur. — Une scène de haute comédie. — Renvoi des postulantes ; — des pensionnaires ; — des confesseurs et des Messieurs. — Incidents de la sortie. — Entretien du président de Guedreville et de l'archevêque. — Mademoiselle de Grammont ; la petite Du Gué. — Difficulté de remplacer les confesseurs. — Entretien de M. Grenet et de l'archevêque. — Le bon homme et l'habile homme. — La comédie sous l'alcôve. — Les vraies raisons de M. de Harlai. — Ses mœurs ; jolie lettre du Père Quesnel. — Disgrâce de M. de Pomponne.

Nous entrons dans la sixième et dernière partie de notre sujet, dans le récit de cette persécution des trente dernières années, dont le caractère fut longtemps d'être sourde, sournoise, hypocrite, et avec des semblants d'intermittence, mais qui désormais, sous une forme ou sous une autre, ne cessera plus, et qui mène à la ruine.

Les historiens contemporains de Port-Royal, tels que Racine ou Gerberon, qui ont retracé en abrégé les vicissitudes du monastère, ou celles du Jansénisme, s'arrêtent à la Paix de l'Église comme au terme légitime ;

ils écrivent lorsque déjà cette Paix est de tous côtés atteinte et que la brèche est ouverte, ils le savent trop bien; pourtant ils y bornent leur récit. C'est absolument (toute proportion gardée) comme les premiers historiens contemporains de la Révolution française qui s'arrêtent à la Constitution de 91, quand on est déjà en pleine Assemblée législative : Racine me fait ressouvenir de Rabaut-Saint-Étienne. Cependant les brèches, jusqu'à l'entier renversement, se pratiquaient et se poursuivaient toujours.

Dès 1676, avant la mort de madame de Longueville, il y avait eu une première infraction. Des ecclésiastiques du diocèse d'Angers, des membres de la Faculté de théologie et le chancelier de l'Université de cette ville, à la suite de démêlés très-compliqués, s'étaient plaints en Cour de ce que leur évêque, Henri Arnauld, ne recevait point de signature pure et simple du Formulaire, et de ce qu'il s'était mis en tête d'exiger qu'on en passât par la distinction du droit et du fait, érigeant ainsi en une règle pour tous ce qui pouvait être au plus une tolérance pour quelques-uns. En conséquence de cette plainte et sur le fait articulé, vrai ou non, et dont M. d'Angers ne convenait pas, le roi, sollicité par M. de Harlai, archevêque de Paris, déclara, de l'avis de son Conseil, que son Arrêt du 23 octobre 1668 (c'est-à-dire l'Arrêt fondamental de la Paix de l'Église) ne tirait point à conséquence pour l'usage général, et, en propres termes, que la *condescendance* pleine de prudence dont on avait usé, en admettant quelques signatures avec explication, *en faveur de quelques particuliers seulement et pour les mettre à couvert de leur scrupule*, n'était pas une révocation de la Bulle qui prescrit avec serment la signature du Formulaire. Une telle déclaration avait pour effet de réduire singulièrement la portée d'une Paix trop préconisée. Cet Arrêt rendu le 30 mai 1676, à l'armée de Flandre où était alors le roi, s'appelle *l'Arrêt du Camp de Ninove*. Mais ce ne fut qu'un fâcheux symptôme, et le trouble qu'il causa dans le moment n'eut pas de suites [1].

1. Je trouve dans une Correspondance manuscrite de l'évêque de Grenoble, M. Le Camus, une appréciation très-juste de la faute d'obstination ou de maladresse commise en cette circonstance par l'évêque d'Angers, et un sentiment très-exact de toute la situation de Port-Royal à ce moment. M. Le Camus écrivait à son intime ami, l'abbé de Pontchâteau, à la date du 5 juillet 1676 : « Il auroit été à souhaiter que M. d'Angers n'eût pas fait l'Ordonnance que vous m'avez envoyée, et par le *fond* et par la *forme*. 1° Le fond est assez éclairci, et il ne faut pas mettre les gens en tentation de faire des pas en arrière. 2° C'est exposer l'Eglise à de nouveaux troubles, et sous prétexte de ces sortes d'affaires, l'on en prend occasion de nous refuser toutes choses dans nos diocèses. 3° Ceux qui gouvernent présentement les affaires de l'Église ne sont nullement favorables. L'un d'eux (M. de Harlai) veut être cardinal, et vous savez ce que je vous ai mandé de lui depuis qu'il est en place. 4° Les ministres ne se mêlent plus de ces choses et ne veulent point d'affaires — Pour la forme, on empêche de signer simplement ceux qui le voudront; l'on dit que le roi a été surpris, et on ordonne le contraire de ce que le roi écrit. Pouvoit-on attendre un autre succès en s'opposant aux ordres de Sa Majesté? — Ainsi le meilleur parti est de se taire, de ne point faire d'éclat, pas même se plaindre. Peut-être en peut-on traiter en particulier avec M. Le Tellier ; les autres moyens ne sont plus de saison, et la prudence demande qu'on parle peu et qu'on laisse mourir toutes ces contestations.... On ne vous craint plus, Messieurs, et ainsi on ne trouvera pas une seconde fois la même facilité pour terminer les affaires qu'on a eue la première. Pour peu qu'on sache les dispositions du Gouvernement, on comprendra aisément ce que j'en dis. Je n'ai aucun commerce à la Cour, mais je ne crois pas me tromper dans mes vues.... Votre sainte famille, (Port-Royal) m'est souvent présente devant Dieu : rien ne la pourra tirer d'affaire qu'un grand silence et oubli du monde. Si l'on pouvoit vivre à présent comme on vivoit du temps qu'on étoit poussé, n'y point attirer de visites d'évêques ni de personnes du monde qui disent et redisent mille choses, si l'on pouvoit ne voir que ses véritables amis et écrire fortement comme de coutume contre les abus qui s'élèvent, sans paroître et sans parler au dehors, on conserveroit l'estime qu'on a acquise, on ne découvriroit pas son foible, on ne réveilleroit pas ses ennemis et on ne leur

A ne prendre les choses qu'extérieurement, la seconde infraction à la Paix, après celle-là, n'eut lieu que vingt ans plus tard, en 1696, lorsque les Jansénistes, se fiant trop en la protection du nouvel archevêque de Paris, M. de Noailles, eurent l'indiscrétion de rompre le silence et publièrent l'*Exposition de la Foi* (de feu M. de Barcos), qui attira une Ordonnance de l'archevêque et

donneroit pas d'ouverture pour penser de faire du mal. Vous me trouverez sans doute bien politique aujourd'hui ; mais c'a toujours été ma pensée que plus on se cache, plus on est redouté et honoré et moins donne-t-on d'expédient à ses ennemis de persécuter. » Il revenait sur ce sujet dans les lettres suivantes, et y insistait : « (6 août 1676.) Je vous ai écrit plusieurs lettres, je ne sais si elles sont parvenues jusqu'à vous : je vous marquois mon sentiment sur l'Ordonnance de M. d'Angers qui me fait beaucoup de peine, quelque respect que j'aie pour ce grand prélat. Il me semble que le temps ne comporte point pareilles choses ; et d'ailleurs je trouve qu'elle va trop loin en défendant de signer le Formulaire purement et simplement. L'affaire du Jansénisme est finie : il ne faut donner aucun prétexte pour la remettre sur le tapis, car vos ennemis détruiroient en détail ce qu'on a établi en gros. » Et le 7 septembre : « Permettez-moi de vous dire que quand cette Ordonnance n'eût point été faite et qu'on eût pris d'autres mesures, il n'en eût été que mieux. Les affaires ont été terminées de la manière la plus avantageuse que vous le pouviez souhaiter. Pourquoi faire des querelles dans un temps où tous ceux qui ont les affaires ecclésiastiques en main ne cherchent qu'à vous inquiéter, et d'ailleurs quel bien revient-il à l'Église de toutes ces contestations à contre-temps? Ou il ne falloit pas faire l'accommodement qu'on a fait, ou il falloit demeurer dans le silence et ne jamais parler de ces contestations. N'a-t-on pas jugé à propos de ne rien demander de nouveau en Sorbonne, bien qu'il parût plus juste de rétablir les docteurs dans leurs droits (les docteurs expulsés à cause de M. Arnauld) après une paix que le Pape avoit autorisée ? Si vous saviez combien ces choses nuisent dans l'esprit du roi et lui font concevoir de l'opposition contre les évêques qu'on appelle dévots, et combien dans nos diocèses cela nous empêche de faire du bien, on se contenteroit de ce qu'on a obtenu et on demeureroit en repos. M. Nicole est tout-à-fait de cet avis.... » Nicole était, à ce moment, en visite chez M. de Grenoble, et son opinion dès lors était pour tout ce qui maintiendrait la paix, bien qu'il dût lui-même commettre aussi sa faute qui contribua à la rompre.

ralluma la guerre théologique. Daguesseau, dans l'élégant et instructif Mémoire qu'il a laissé sur les Affaires de l'Église de France [1], se plaçant au point de vue du Parlement, juge de la sorte : première infraction légère, Arrêt du Camp de Ninove, 1676 ; seconde et sérieuse reprise d'hostilité par suite de la publication de l'*Exposition de la Foi* et de l'Ordonnance de l'archevêque contre ce livre, 1696. — En se plaçant au point de vue de Rome, il y a mieux : le pape Innocent XI, qui succède à Clément X en 1676, et Innocent XII, qui succède à Innocent XI en 1691, ne sont pas contraires à la Paix de l'Église, favorisent en plusieurs cas les Jansénistes, improuvent certaines doctrines relâchées des adversaires, facilitent la signature du Formulaire et y laissent plus de latitude au sens. Ce n'est que sous Clément XI en 1705, lors de la Bulle *Víneam Domini Sabaoth*, que l'infraction à la Paix de Clément IX éclate du côté de Rome.

Mais en France, malgré les apparences qu'on sauvait, et en restant au point de vue du monastère de Port-Royal, nous allons trouver les choses tout autrement sévères et éprouver un traitement fort significatif, qui en dira plus que tout le reste.

Le roi, ne l'oublions pas, avait été fort mécontent de rencontrer la plume de Nicole dans ce projet de Lettre des évêques au Pape. De plus, l'affaire de la Régale était fort engagée en ce temps-là et toute flagrante ; deux évêques amis des Jansénistes s'y étaient des plus compromis. L'un d'eux, M. d'Aleth (Pavillon), venait de mourir en 1677 ; mais l'autre, M. de Pamiers (Caulet), tenait bon toujours et soutenait un siége à extinction contre tout l'arsenal gallican et parlementaire du grand roi. Caulet n'était pas personnellement et primitivement

---

1. Au tome XIII de ses *OEuvres*, page 161.

très-janséniste, mais il l'était devenu ; il avait été l'un des quatres évêques auxiliaires et soutiens de Port-Royal avant la Paix. Il n'en fallait pas plus pour faire craindre à Louis XIV que tout le parti ne conspirât, un jour ou l'autre, à entraver son gouvernement, pour réveiller toutes ses fâcheuses préventions d'enfance, et le confirmer dans son ancienne pensée, que l'existence du Jansénisme n'était pas compatible avec l'ordre et l'unité d'action qu'il voulait imprimer à son État. On peut dire qu'à cette date, dans son esprit, il y eut idée arrêtée et parti pris de détruire et le Jansénisme et la Communauté célèbre qui en était le foyer [1].

Et c'est ainsi qu'à peine le traité de Nimègue conclu, ce roi, qui venait de tenir tête à l'Europe et d'en sortir avec gloire, d'imposer la paix à tous, se tourna contre Port-Royal et déclara la guerre à une maison de pauvres religieuses. Il avait dit un jour avec humeur qu'il ne trouvait plus que des Jansénistes en son chemin, *ces Messieurs de Port-Royal, toujours ces Messieurs*, mais qu'il viendrait à bout de la cabale, qu'il en faisait son affaire, et qu'il serait en cela plus jésuite que les Jésuites eux-mêmes.

On a cherché des raisons à l'animosité de M. de Harlai contre Port-Royal. Il faudrait savoir d'abord s'il y a eu proprement animosité [2]. M. de Harlai était un

1. On lit dans une de ces lettres d'information que, dans les grandes circonstances, nos religieuses recevaient de leurs amis en Cour : « M. de Billy (qui avait une de ses filles en pension au monastère) a ouï M. le Duc dire à Monseigneur son père (c'est-à-dire au grand Condé) que le roi lui avoit dit que la considération de feu madame de Longueville avoit retardé de deux ans l'exécution de ce qui s'est fait à Port-Royal et au faubourg Saint-Jacques. M. le Duc a répondu au roi que ce que Sa Majesté faisoit étoit toujours bien, mais qu'il se pouvoit faire qu'en ce rencontre Sa Majesté n'eût pas été informée des choses comme elle le devoit être. Et le roi ne répondit rien. »

2. Il y avait des points d'antipathie, il est vrai, et M. Le Camus,

archevêque purement politique, et ce caractère seul suffirait pour expliquer toute sa conduite. Ne jugeons point ce prélat sur la foi de nos auteurs, toujours étroits quand ils ont affaire à des adversaires, et qui semblent ne voir le monde du dehors que par la fente d'une porte ou par le trou d'une serrure. Daguesseau, qui est gallican et non janséniste, ce qui est assez différent [1], Daguesseau, qui est un ami un peu vague et flottant de Port-Royal, un ami toutefois, a tracé de cet archevêque un portrait, et de son administration un tableau, qui, pour être extrêmement adoucis, n'en sont pas moins d'une vérité générale extérieure, bonne à connaître; nous serons toujours assez à même d'y apporter de près nos restrictions :

« François de Harlai, dit-il, prélat d'un génie élevé et pacifique, auquel il n'auroit rien manqué s'il avoit su autant édifier l'Église qu'il étoit capable de lui faire honneur par ses talents et de la conduire par sa prudence, se conduisoit lui-même avec tant d'habileté qu'il réussissoit presque toujours également à contenir la vivacité de ceux qu'on appeloit Jansénistes, et à éluder, au moins en grande partie, les coups des Jésuites. Il avoit eu une grande part à la Paix de l'Église ; il savoit ce qu'elle avoit coûté de peines et de tra-

évêque de Grenoble, écrivant à M. de Pontchâteau, au sujet de quelque premier indice de fâcheux augure, pouvait dire dès le 2 avril 1675 : « Ce que vous me marquez du chagrin de votre prélat contre les imprimeurs ne me surprend point, et, quelque mine qu'il fasse, il ne vous aime point et vous donnera votre fait en temps et lieu, parce qu'il est convaincu que vous ne l'aimez point et que vous n'avez jamais approuvé sa conduite : j'entends vos amis. »

1. J'aime à rappeler de temps en temps cette distinction que j'ai déjà établie plus d'une fois, et je tâche de le faire sans me répéter : « Le Jansénisme, me disait un homme de grand sens (M. Dupin), est à la fois plus étroit que le Gallicanisme et plus large : plus étroit en ce qu'il fait secte et n'a pas comme l'autre un caractère national ; plus large (et surtout plus profond) en ce qu'il a son principe dans un dogme, tandis que l'autre n'est qu'une affaire de jurisprudence et de coutume. »

vaux ; et comme la distinction du fait et du droit en avoit été la base, il sentoit que ce fondement ne pouvoit être ébranlé, sans que tout l'édifice fût menacé de sa ruine. Les ministres du roi, vraiment dignes de ce nom, concouroient avec lui dans ces sentiments. Les confesseurs mêmes, plus raisonnables alors, ne s'éloignoient pas de ces vues pacifiques ; et le Père de La Chaise, dont le règne a été le plus long, étoit un bon gentilhomme qui aimoit à vivre en paix, et à y laisser vivre les autres ; capable d'amitié, de reconnoissance, et bienfaisant même, autant que les préjugés de son Corps pouvoient le lui permettre. Le trouble que causa en 1676 une Ordonnance de l'évêque d'Angers, et l'Arrêt du Conseil qui la condamna, fut léger et de peu de durée. L'archevêque de Paris étouffoit d'abord, autant qu'il le pouvoit, toutes les semences de discordes, persuadé, comme tous ceux qui sont propres au Gouvernement, que jamais une affaire n'est plus aisée à terminer que dans le moment de sa naissance, et qu'il est incomparablement plus aisé de prévenir les maux que de les guérir. Les Jésuites, sûrs de lui et ne le craignant point, parce qu'il les craignoit, et que sa conduite, qui pouvoit leur donner toujours prise sur lui, le mettoit dans leur dépendance, le laissoient assez faire ce qu'il vouloit, d'autant plus qu'il avoit toujours l'habileté de les mettre dans sa confidence, et de paroître agir de concert avec eux. Il n'étoit pas même haï des Jansénistes les plus sensés : il avoit su parer adroitement des coups que l'on vouloit leur porter. Ses manières aimables et engageantes étoient comme un charme qui calmoit ou qui suspendoit les fureurs des partis contraires, et jamais homme n'a mieux su se faire tout à tous pour les gagner tous : heureux si c'eût été à la religion qu'il eût voulu les attacher plutôt qu'à sa personne !... »

Saint-Simon, qui voit et qui perce son monde bien autrement que Daguesseau, n'a guère jugé différemment cette fois, et n'a fait que donner plus de relief à la même vue du personnage, quand il a dit[1] :

1. Notes sur le *Journal de Dangeau*, à la date du 31 octobre 1685 : c'est à un endroit où il est question des prétendants que l'opinion

« Harlai, archevêque de Paris, né avec tous les talents du corps et de l'esprit, et, s'il n'avoit eu que les derniers, le plus grand prélat de l'Église, devoit s'être fait tout ce qu'il étoit; mais de tels talents poussent toujours leur homme, et quand les mœurs n'y répondent pas, ils ne font qu'aigrir l'ambition ; sa faveur et sa capacité le faisoient aspirer au ministère; les affaires du Clergé, d'une part, et du roi, de l'autre, avec Rome, lui en avoient donné des espérances ; il comptoit que les Sceaux l'y porteroient et combleroient son autorité en attendant: c'eût été un grand chancelier ; il ne pouvoit être médiocre en rien, et cela même étoit redouté par le roi pour son cabinet, et encore plus par ses ministres. »

Maintenant nous faut-il prêter l'oreille aux propos jansénistes et aux petites anecdotes qui iraient à présenter M. de Harlai comme un ennemi personnel, ayant des motifs de se venger ? M. Arnauld, écrivant à une mère Constance, supérieure de la Visitation d'Angers, et déplorant les violences qui avaient déchiré ce diocèse, les avait imputées à M. de Harlai et s'était exprimé sur le compte de cet archevêque en termes peu flatteurs, le comparant à un ministre de l'*Ante-Christ :* la lettre interceptée était venue aux mains de M. de Harlai, qui naturellement en sut peu de gré à M. Arnauld. Celui-ci, depuis plusieurs années, ne lui rendait plus aucune visite et avait comme rompu avec lui [1]. — Autre grief : madame de Longueville traitait froidement M. de Harlai et n'était à son égard que bien strictement polie. M. de Harlai s'en serait plaint un jour devant madame de Saint-Loup, et cette dame assez remuante, et qui aimait à se faire de fête, se serait mise

---

désignait pour la succession du chancelier Le Tellier, et qui étaient Boucherat, Pussort, Le Peletier, le procureur-général Harlai, Novion et enfin notre Harlai, archevêque de Paris. Saint-Simon les passe en revue et les crayonne l'un après l'autre.

1. Lettre de M. Arnauld, du 1ᵉʳ juillet 1692.

en frais de conciliation et aurait pris sur elle de rassurer M. de Harlai, répondant qu'il serait le bien reçu quand il se présenterait chez la princesse. Mais madame de Longueville, mécontente des avances de madame de Saint-Loup [1], l'aurait désavouée, et l'archevêque piqué

1. Ce n'eût pas été la première fois que madame de Longueville aurait eu à se garder des inventions officieuses de madame de Saint-Loup et aurait rabattu de ses empressements. Témoin cette lettre adressée à madame de Sablé (décembre 1664), et qui nous confirme dans ce que nous pouvions déjà soupçonner sur l'esprit d'intrigue de quelques-unes de ces dames de la Grâce :

« J'eusse été bien aise de vous reparler encore de madame de Saint-Loup et de vous expliquer pourquoi ma lettre est mesurée. Je crois pourtant que vous le devinez bien et que vous concevez aisément qu'outre qu'on ne veut dire en écrivant aussi bien qu'en parlant que ce qu'on sent, c'est encore que je ne veux pas qu'il se promène par les maisons une de mes letttres qui montre que j'estime et que j'aime madame de Saint-Loup comme les gens que j'aime et que j'estime le plus ; *il y a bien des années que je mesure tout avec elle, parce qu'il n'y a pas d'air de vanité qu'elle ne prenne sur de certaines amitiés dont la mienne est du nombre*, et je n'ai point trouvé cela convenable ; ainsi je n'ai point voulu nourrir cet air-là, et je l'ai si peu nourri que quand elle a été des temps très-longs sans me voir et sans m'écrire, j'ai tout laissé mourir sans émouvoir avec elle aucun recommencement, et je me suis contentée, quand je l'ai vue, de la traiter avec la même familiarité et de la même sorte : voilà la conduite que j'ai eue avec elle, dont elle ne s'est pas vantée ; mais cela est ainsi, et tout fraîchement. Je vous assure qu'il y avoit bien deux mois que je n'avois ouï parler d'elle devant que je partisse pour Châteaudun, qu'elle ne m'a point écrit durant tout mon voyage, même sur tout ce qui est arrivé dans ma famille, et que je n'eusse rien relevé de tout cela à mon retour, prétendant me contenter de la traiter comme si de rien n'eût été. Or, vous jugez bien qu'en cette occasion ici, je ne puis donc pas me *redémesurer d'amitié* pour elle, ni m'embarquer à mille billets sur une telle affaire, car elle eût fait durer dix ans la réplique et la duplique si j'y eusse donné lieu, et j'avoue que je n'aime point à faire aucune scène avec elle, ni proprement à entretenir le monde de nos procédés et de nos querelles ; je me suis donc contentée de lui faire justice, premièrement en ne croyant pas ce beau conte, secondement en le disant du meilleur ton du monde à tout ce qui m'en parle, et en troisième lieu en le lui écrivant d'une sorte très-proportionnée à la sorte d'amitié et d'estime que j'ai pour elle, et disproportionnée seulement à sa vanité, que je ne suis pas obligée de satisfaire, surtout à mes dépens....

« Je ne puis encore m'empêcher de vous dire, pour répondre à une lettre que vous m'écrivites là-dessus, que je suis tout comme vous, que je sais à quoi m'en tenir de mes amis, et que je suis incapable d'en soupçonner de certains, pouvant, ce me semble, à point nommé juger de quoi ils

n'aurait plus cherché que l'occasion de se venger et d'elle et de ses amis de Port-Royal. — Ou encore : un

sont capables, et de quoi ils ne le sont pas ; et même je porte ce jugement-là plus loin que mes amis ; car il y a d'autres gens de qui je le ferois aussi à point nommé. Mais madame de Saint-Loup n'en est pas, c'est-à-dire elle n'est pas au nombre de ceux que je ne puis pas soupçonner ; mais elle est en celui de ceux de qui je ne crois pas de certains mots d'une créance certaine, mais le doute n'est pas exclu ni l'examen ; et seulement en cette occasion, après le doute et l'examen, je conclus qu'elle n'est pas coupable. Je trouve que c'est la mettre en son rang, au moins en celui où je l'ai mise dans mon esprit, surtout depuis la *croix* ; car quoiqu'elle dise que cela ne faisoit mal à personne, je maintiens que toute personne capable de cette comédie en une matière de religion ne met guère de bornes à ses inventions quand elles lui sont bien nécessaires. »

Il s'agit de la *croix* dont Gourville a conté l'historiette en ses Mémoires et que madame de Saint-Loup prétendait lui être venue sur la main, une nuit, par miracle : elle la montrait à qui la vouloit voir. Quand la croix fut effacée, le miracle eut même lieu une seconde fois, avec quelques variantes. — La lettre qui précède est doublement curieuse, en ce qu'elle éclaire pour nous le caractère de madame de Saint-Loup, et en ce qu'elle nous est un exemple de la parfaite mesure et de la nuance précise que madame de Longueville savait mettre dans son procédé de société : chacun en avait avec elle selon son dû et dans la juste proportion. — (Mais il faut absolument voir sur madame de Saint-Loup, pour achever de s'édifier, l'historiette de Tallemant : *Le Page et ses deux femmes*. Madame de Saint-Loup, née La Roche-Posay, était la seconde femme de ce riche financier, Le Page, à qui elle avait fait acheter la terre de Saint-Loup en Poitou. Nos Nécrologes, comme s'ils avaient craint le conflit avec Tallemant, se taisent prudemment sur elle.) — On n'en a jamais fini quand on tient à être exact, et il nous faut, à tout moment, retoucher et raccommoder notre pensée. La citation suivante que je tire d'un recueil manuscrit nous montre que si le *Nécrologe* a gardé le silence sur madame de Saint-Loup, c'est que le *Supplément* n'a point paru en entier ; elle y aurait eu sa place. M. Vuillart écrivait à M. de Préfontaine, le 4 décembre 1698 : « Le 25 du mois passé (novembre), Dieu appela à lui madame de Saint-Loup à Poitiers, après une maladie d'environ quatre mois. Son curé mande qu'elle a beaucoup édifié durant cette longue épreuve ; qu'elle a conservé jusqu'à la fin une foi vive, une ferme espérance en la miséricorde de Dieu, un véritable esprit de pénitence, un grand amour pour la vérité, une généreuse déclaration de son respect pour les défenseurs qu'elle a eus dans notre siècle, et une parfaite reconnoissance des secours qu'elle en avoit tirés pour son salut. Elle avoit environ 80 ans. Ce jour l'abbé de Roquette, évêque d'Autun, ayant trouvé madame de Longueville à sa toilette, et lui ayant demandé pourquoi elle y était ce jour-là plus longtemps qu'à l'ordinaire, elle lui répondit qu'elle voulait aller rendre une visite à l'archevêque. Sur quoi l'abbé de Roquette aurait dit : « Votre Altesse est bien bonne de se donner cette peine ; elle n'a qu'à lui envoyer son aumônier, c'est encore plus qu'il ne mérite ; » et madame de Longueville aurait envoyé faire compliment par son aumônier. Deux ou trois heures après, l'archevêque savait tout ce qui s'était dit à la toilette de madame de Longueville. — Ce sont là des misères. Un archevêque de l'esprit et de la capacité de M. de Harlai fut contre Port-Royal parce que le roi le voulait, et que lui-même, prélat clairvoyant, il appréciait les raisons qu'il y avait de dissiper et d'éteindre ce foyer d'opposition ecclésiastique. Son procédé d'ailleurs, qui est bien à lui et qu'il appliquera avec suite, nous le peindra assez. Nous entrons dans une façon de persécution polie et comme à l'amiable.

Madame de Longueville était morte le 15 avril 1679 : moins de trois semaines après, le 5 mai suivant, M. de Pomponne vint trouver M. Arnauld (au faubourg Saint-Jacques, chez madame de Saint-Loup, je crois, où il

bon curé, que je connois depuis longtemps pour un homme habile, sincère, plein d'amour pour tout le vrai bien, généreux confesseur de la vérité et son amateur très-fidèle, est très-édifié de la persévérance constante et de l'heureuse fin de cette héroïne chrétienne, comme il ne peut, dit-il, s'empêcher de la nommer. Un de mes amis m'en a fait lire une fort belle lettre, et très-digne d'être gardée. J'estime beaucoup ces sortes de monuments qui servent à illustrer le *Nécrologe* si rempli de grands sujets que Dieu a fait naître dans notre siècle. C'en sont comme les pièces justificatives. Je suis le plus soigneux que je puis de les ramasser. » Nous devions cette réparation à madame de Saint-Loup. Peut-on se flatter jamais de connaître le fond d'une âme? On a du moins sous les yeux maintenant le pour et le contre.

logeait alors); il lui dit que le roi lui avait commandé de lui faire savoir « qu'il n'avoit pas approuvé les assemblées qui se faisoient chez feu madame de Longueville où il se trouvoit souvent; qu'il prît garde qu'il ne s'en tînt point à présent chez lui; que cette liaison si grande d'un nombre de personnes dans le faubourg Saint-Jacques, et qui étoient souvent avec lui, avoit un air de parti qu'il falloit empêcher; qu'il désiroit qu'il vécût comme les autres hommes, qu'il vît indifféremment toutes sortes de personnes, et que l'on ne remarquât point cette union particulière. » M. Arnauld ne fut pas en peine de répondre; mais nous savons de reste ses raisons, et ce n'est pas ici ce dont il s'agit.

Par surcroît de précaution, défense fut faite de la part du roi aux religieuses Carmélites, de louer, jusqu'à nouvel ordre, le logis qu'avait habité sur leur cour madame de Longueville. On voulait éviter que quelqu'un ne fût tenté de continuer après elle son salon religieux.

Dans le même temps (car il y avait concert dans les mesures prises en haut lieu), le roi commanda qu'on écrivît à l'intendant de la province de Berri « de se transporter à Saint-Cyran, de s'informer du gouvernement de cette abbaye, du nombre de religieux qu'il y avoit, des autres personnes qui y demeuroient, et de lui rendre compte de tout. » — C'était par une erreur qui tenait à une ancienne association d'idées, qu'on mêlait ainsi l'abbaye de Saint-Cyran à l'enquête ouverte contre Port-Royal. M. de Barcos, le dernier abbé, mort l'année précédente (1678), et qui était resté avec le monastère des Champs dans les termes d'une cordiale union, avait d'ailleurs vécu depuis des années dans une solitude entière, dans une exacte séparation de toutes les querelles et discussions du dehors; lui et

v — 11

les quelques moines qui usaient leurs jours à se mortifier et à jeûner dans sa triste abbaye, les deux ou trois amis qui s'y était retirés en pénitents libres et volontaires, ne participaient en rien au mouvement de controverse ou de consultation théologique qui se rattachait à M. Arnauld et dont ce docteur était le centre. Au reste, l'abbaye de Saint-Cyran, dont le titre était malsonnant et de fâcheux augure, ne subsista point ; il ne suffit pas aux adversaires d'y abolir l'obscure et austère réforme que M. de Barcos y avait introduite, on détruisit la maison même, coupable d'avoir donné son nom au dernier grand homme de bien dont la trop pure doctrine et le trop de christianisme, au sein de l'Église, avaient paru menaçants : mais ce renversement d'un monastère, perdu dans les arides solitudes de la Brenne [1], se fit à petit bruit et sans éclat. C'est à Port-Royal, comme au chef et au cœur, que furent portés les grands coups. Les signes avant-coureurs ont été notés avec soin dans les Journaux manuscrits des religieuses, que j'ai sous les yeux.

Le mardi 9 mai, le vice-gérant de l'Officialité de Paris, l'abbé Fromageau, accompagné d'un autre ecclésiastique, arriva à Port-Royal des Champs vers onze heures du matin. Il déclina son titre et demanda à parler à l'abbesse. Celle-ci était la mère Angélique de Saint-Jean, qui avait succédé, le 3 août 1678, à la mère

---

1. Je n'ai point visité les lieux où sont les ruines de l'abbaye de Saint-Cyran, mais un de mes anciens amis a pris plaisir à décrire l'aspect désolé du paysage environnant, « cette lande immense, parsemée d'étangs, où l'œil se promène sans obstacle jusqu'à l'horizon, cette campagne nue, morne, stérile, silencieuse, coupée de longs fossés pleins d'une eau verdâtre formant clôture comme ailleurs les buissons. » Ce lieu mélancolique était bien choisi pour figurer l'exil terrestre et servir de cadre à la pénitence. (Voir dans la *Revue de Paris*, du 21 mars 1841, une Lettre sur la Brenne, qui m'était adressée, par M. Auguste Desplaces.)

Du Fargis trois fois réélue depuis juillet 1669. L'abbé Fromageau, après avoir fait son compliment de la part de l'archevêque et avoir exprimé en fort bons termes toute la considération que ce prélat faisait profession d'avoir pour la maison, en vint au sujet de sa visite, et dit que l'archevêque l'avait envoyé pour s'informer de l'état des choses; que le roi lui en avait donné l'ordre. Et les questions commencèrent : Combien il y avait de religieuses? — L'abbesse lui répondit qu'on était à peu près 73 de chœur et 20 converses. — Combien de novices? — Deux seulement, mais plusieurs postulantes. — Il s'informa du nombre des pensionnaires ; on lui dit qu'il y en avait 42 (et ici de grands éloges, de sa part, sur l'éducation qu'on recevait à Port-Royal, et que les jeunes personnes qui en sortaient se reconnaissaient dans le monde entre toutes). — Il parut étonné que la Communauté ne fût pas plus nombreuse que cela, et ajouta qu'on la disait de 100 religieuses. L'abbesse lui fit remarquer qu'en y comprenant les converses et les novices, on n'était pas loin du compte : ce chiffre de 72 professes de chœur et de 20 converses, qui était à peu près celui auquel la Communauté s'était vue portée quand on les avait réunies toutes aux Champs en 1665, était devenu le nombre ordinaire auquel on avait résolu de se fixer, et l'on ne s'en était guère éloigné depuis. Insistant beaucoup sur la tristesse du lieu et sur ce que le désert était si affreux à voir qu'il semblait qu'on eût voulu y enterrer la maison, l'abbé insinua « que néanmoins la bonne compagnie rendoit tous les lieux agréables, et qu'il y avoit eu depuis longtemps, en celui-ci, beaucoup de personnes d'un mérite extraordinaire. » C'était une manière d'en venir aux Messieurs et aux solitaires.

« Je lui dis en passant, continue la mère Angélique, qui nous sert de guide sur tout cet entretien, qu'on en avoit fort augmenté le nombre dans les récits que l'on en faisoit, et que, pour moi, je n'y avois jamais vu plus de cinq ou six ecclésiastiques. Il répliqua qu'il parloit, en général, de tant d'habiles gens ecclésiastiques ou laïques, qui étoient ici, parce qu'on ne les démêloit pas. Je lui répondis que je n'en avois connu qu'un seul laïque, qui étoit M. Le Maître, que l'on pût désigner ainsi ; que d'autres personnes en petit nombre, qui avoient été ici, n'étoient point des personnes d'étude, et qu'ils s'y occupoient dans des emplois ou de piété ou de charité, en servant la maison en diverses choses. Il me dit qu'il avoit vu ici de grands logements, et en parla comme les ayant fort considérés, me faisant expliquer, comme par entretien, ce que c'étoit que les Granges, Vaumurier, d'autres bâtiments encore qu'il avoit vus au-dessus, et puis vint à celui de madame de Longueville et de mademoiselle de Vertus qu'il avoit déjà distingué ; ce qui montre qu'il étoit bien instruit. »

Je ne puis m'empêcher, en cet endroit, d'observer que la mère Angélique, sans altérer la vérité, et en se tenant sur la défensive selon son droit, à la fois par prudence et par humilité, diminue pourtant, en fait, l'importance de la réunion de Messieurs de Port-Royal. Certes, les jours de fête et dans les saints temps, dans le Carême, à Pâques, dans l'Octave du Saint-Sacrement, lorsque le désert conviait tous ses fidèles, il y avait là un plus grand nombre de personnes d'étude, Arnauld quelquefois, ainsi que Nicole, M. de Tillemont, Du Fossé, Fontaine et bien d'autres [1]. Mais le propre de ce monde de Port-Royal, de ce qu'on appelle vaguement ces Messieurs, c'est de n'être ni une société, ni une congrégation, ni quelque chose d'organisé et de

1. Besoigne, au tome II, page 484, de son *Histoire de l'Abbaye de Port-Royal*, a donné une liste des principaux noms qu'il a trouvés dans les Journaux manuscrits, tant d'ecclésiastiques que de laïques, qui étaient plus ou moins des habitués du désert en ces années : on y compte soixante-seize ecclésiastiques et une vingtaine de laïques.

saisissable. Laissez-les faire : ils arrivent de tous les côtés, ils s'assemblent et se rallient d'eux-mêmes sans bruit, ils refont leur ruche; mais à la première menace, au moindre signe d'orage, ils se dissipent, ils sont rentrés chacun dans leur ombre, et l'on ne trouve plus rien.

Après toutes ces questions de l'abbé, et les réponses qu'elle y avait faites, la mère Angélique lui ayant témoigné qu'elle avait une sorte de curiosité de savoir à quoi pouvait tendre cette visite extraordinaire qu'elle avait l'honneur de recevoir, et qu'il était difficile de n'en pas prendre quelque sujet de crainte, surtout pour des personnes qui, comme elles, y avaient déjà passé, l'abbé Fromageau répliqua qu'il s'acquittait de sa commission et n'en savait pas davantage : « Mais, Madame, lui dit-il, que pourriez-vous craindre sous un gouvernement aussi doux que celui-ci? Le roi aime la paix. M. l'archevêque est ennemi de l'éclat et fait les choses avec douceur.... »

Dans le cours de l'entretien, qui fut assez long et qui s'étendit sur bien des matières assez indifférentes, l'abbé Fromageau n'oublia pas de parler d'une tombe qu'il avait vue dans le bas-côté du chœur, à l'entrée de l'église, et dont il avait lu l'inscription : c'était celle de M. de Gibron, un gentilhomme du Midi, fils du sénéchal de Narbonne, d'abord capitaine dans le régiment du maréchal de Schomberg : nature violente, impétueuse, prompte à l'outrage et au blasphème, persécuteur des ecclésiastiques qui étaient sur ses terres, il s'était repenti dans une grave maladie qui l'avait mis en présence de la mort, et ce repentir avait duré. Il avait quelque temps hésité entre La Trappe et Port-Royal; mais l'austérité de la règle l'ayant éloigné, malgré lui, de La Trappe, il était revenu à Port-Royal et avait cherché à y compenser l'excès d'austérité par l'excès d'humiliation. Il avait donc ambitionné « la dernière place au-dessous des moindres serviteurs des servantes de Jésus-Christ, » c'est-à-dire qu'il s'était chargé de faire la cuisine non pas des religieuses, mais des domestiques des religieuses, des gens de leur ferme des Granges. Ayant ainsi vécu deux années dans cet emploi bizarre pour un gentilhomme, il était mort en juin 1677, à l'âge de vingt-huit ans, léguant tout son bien au monastère. L'abbé Fromageau remarqua qu'il n'y avait que deux ans de cela; il faisait ainsi pressentir le genre de grief que soulevaient ces conversions extraordinaires. Ce n'était qu'à Port-Royal en effet qu'on voyait de ces inventions et de ces originalités de pénitence dont on n'aurait retrouvé l'analogue que chez les libres ascètes des anciens déserts, — de vrais scandales de sainteté. — Mais l'abbé Fromageau n'était point un de ces prêtres comme les envoyait M. de Péréfixe, un M. Bail ou tout autre de ceux que nous avons vus et qui avaient gardé du manant : il se contint dans des termes polis, et qui témoignaient plutôt d'une parfaite estime. Il savait son monde, et était digne messager de son prélat.

Le même jour que se faisait cette visite aux Champs, le commis du secrétaire de l'Archevêché, M. de Vaucouleurs, allait trouver, sous prétexte de quelque affaire, le curé de Saint-Benoît, M. Grenet, supérieur de Port-Royal, et ayant amené l'entretien sur le sujet de cette maison, il lui adressait des questions diverses, ajoutant que l'archevêque l'attendait le lendemain matin à neuf heures. Avant de s'y rendre, M. Grenet recevait de plus grand matin une personne qui lui était envoyée de Port-Royal pour l'informer de la visite de la veille : il alla à l'Archevêché, comptant que l'archevêque lui en parlerait; mais celui-ci, sans lui en dire mot, se contenta de lui faire, comme de la part du roi, les mêmes questions qu'avait faites là-bas M. Fromageau, sur le nombre des religieuses, des novices, des pensionnaires et des confesseurs, et, les réponses ouïes, il ne s'ouvrit pas davantage.

Port-Royal était bien servi et avait des agents qui étaient à l'affût de tout ce qui l'intéressait. Huit jours après, le mercredi 17 mai, à cinq heures du matin, on reçut aux Champs l'avis secret que M. de Paris allait y venir pour donner ordre de renvoyer les pensionnaires. En effet, quatre heures après l'avis reçu, c'est-à-dire vers neuf heures du matin, l'on vint dire, au commencement de la grand'messe, que l'archevêque était arrivé ; c'était sa première visite depuis huit ans qu'il était à la tête du diocèse : il demandait à parler à madame l'abbesse, mais ne voulait pas qu'elle se dérangeât et qu'elle sortît de l'église avant que la messe fût dite. En descendant de carrosse, il entra lui-même dans l'église, mais n'avança pas jusqu'au balustre et se mit un moment à genoux pour la forme, et si peu qu'il n'eut que juste le temps de lire une épitaphe qui était sur un des pavés : il parlera tout à l'heure de cette épitaphe qui lui parut singulière, comme l'avait paru celle de M. de Gibron à l'abbé Fromageau. Dès qu'on sut que l'archevêque était dans l'église, on se mit en peine à la sacristie de lui porter un tapis et un carreau, mais il n'y était déjà plus[1].

Pour employer l'heure d'attente, il fit appeler M. de Saci qui entendait la messe, et il lui dit le sujet qui l'amenait, ce qu'il avait à signifier à la Communauté, lui témoignant « qu'il seroit bien aise que lui, M. de

---

1. Il n'y entra, est-il dit, que *comme un éclair*, en sorte que madame de Saint-Loup (que nous retrouvons partout depuis quelque temps) et une autre personne, qui entendaient la messe aux grilles de madame de Longueville, ne s'en aperçurent point du tout.

Saci, parlât à madame l'abbesse auparavant, et qu'il seroit plus doux qu'il la préparât à recevoir ses ordres. »
Nous assistons à la méthode pratique de M. de Harlai et à son art de dire obligeamment, même des choses pénibles. Il va s'y prendre à deux et trois fois, et s'appliquer à amortir le coup en le décomposant ; il ne laissa pas, toutefois, de marquer à M. de Saci en particulier toute l'estime qu'il faisait de lui et la satisfaction qu'il avait de sa conduite ; que le roi même en était informé ; qu'on savait qu'il travaillait utilement pour l'Église par ses ouvrages, qu'il ne se mêlait point aux écrits de controverse, mais qu'il aimait la tranquillité et la paix. Il fit entendre qu'il avait le regret de ne pouvoir en dire autant de tous ces Messieurs, et s'étendit sur ce chapitre, qu'il présenta comme un sujet de peine pour le roi. A l'occasion de la particularité de sentiments qu'on signalait en Messieurs de Port-Royal, il ne put s'empêcher de relever cette étrange épitaphe qu'il avait lue, dans le court temps qu'il s'était agenouillé à l'église, d'un prêtre qu'on louait de *n'avoir jamais dit la messe;* que c'était là une de ces singularités qui ne se voyaient qu'à Port-Royal. M. de Saci répondit « que tout ce qui étoit extraordinaire n'étoit pas blâmable ; » et il lui expliqua que ce digne prêtre, un ancien ami de jeunesse de l'abbé de Retz, M. Giroust, n'étant entré dans les Ordres que par des vues mondaines trop fréquentes et pour se mettre en état de tenir un bénéfice qui obligeait à la prêtrise, avait eu le bonheur, aussitôt après son ordination et avant d'avoir dit sa première messe, d'être éclairé (par la lecture de la Lettre de M. de Saint-Cyran sur le Sacerdoce, — ce que peut-être M. de Saci ne dit pas) sur la gravité de son engagement, et qu'il avait renoncé par pénitence à l'autel : il n'avait plus voulu d'autre office dans la maison de Dieu que celui du dernier des sacristains. Mais M. de Harlai, lui, n'était

pas de ceux qui s'interdisaient l'autel pour si peu. Il répondit, fort sensément d'ailleurs, « qu'étant si mal entré dans les Ordres, ce prêtre avoit bien fait de s'abstenir de dire la messe pour un temps, mais non pas pour toujours. » Et, je le répète, il assaisonnait chacune de ses remarques, et l'annonce même des rigueurs qu'il apportait, de toutes sortes de politesses et de procédés. Ce n'était plus un ridicule M. de Péréfixe, en colère et en émotion à tout bout de champ; c'était un homme du grand monde, d'un vif esprit, d'une habileté parfaite, et qui avait toute l'affabilité personnelle que donnent le ton et les manières sans la charité, de ces gens bien appris enfin, qui peuvent faire beaucoup de mal, mais qui n'en disent jamais[1].

Racine était justement dans l'église quand M. de Harlai y entra, Racine converti depuis deux années, rentré humblement au bercail, et qui venait voir sa tante religieuse. Le prélat l'avait aperçu, et, pendant que M. de Saci allait s'acquitter de la commission et prévenir la mère Angélique, il désira entretenir quelque temps l'illustre poëte, son confrère à l'Académie[2]. Il lui parla des affaires qui l'amenaient, et lui glissa dans

---

1. « J'en demeure là, écrivait la mère Angélique de Saint-Jean à son oncle l'évêque d'Angers, en le mettant au courant de ce qui s'était passé en ces journées; car M. l'archevêque n'en dit pas davantage en présence : *il est si bon et si doux qu'étant obligé de faire du mal, il craint au moins de le dire.* »

2. M. de Harlai, à tous ses autres mérites mondains, joignait celui d'être un excellent académicien. D'Olivet, dans son Histoire de la Compagnie, le loue comme *l'homme de France né avec le plus de talent pour la parôle* : « Personne ne reçut de la nature un plus merveilleux talent pour l'éloquence : il rassembloit non-seulement tout ce qui peut contribuer au charme des oreilles, une élocution noble et coulante, une prononciation animée, je ne sais quoi d'insinuant et d'aimable dans la voix, mais encore tout ce qui peut fixer agréablement les yeux, une physionomie solaire, un grand air de majesté, un geste libre et régulier. »

l'entretien quelques mots de la condamation qu'on venait de faire à Rome des soixante-cinq Propositions de la morale relâchée, dont les Jansénistes tiraient un sujet de triomphe. Et en effet, cette condamnation, provoquée par la Lettre des évêques qu'avait rédigée Nicole, avait dû servir d'aiguillon au redoublement d'animosité contre Port-Royal. Cette demi-victoire à Rome allait les faire écraser en France.

La messe était dite; l'archevêque fit appeler la mère Angélique de Saint-Jean :

« Je fus le trouver au grand parloir, écrit celle-ci, accompagnée de la mère Prieure (la mère Du Fargis). Nous nous mîmes à genoux d'abord pour lui demander sa bénédiction qu'il nous donna, et, nous ayant aussitôt fait asseoir, il me dit qu'il avoit désiré que M. de Saci me parlât avant lui, pour me dire le sujet qui l'amenoit, *étant persuadé que ce que l'on apprend de la bouche d'un ami adoucit ce qui pourroit en soi n'être pas agréable.* Je lui répondis que je recevrois toujours avec respect les ordres qui viendroient de sa part. Il répéta ce qu'il m'avoit fait dire par M. de Saci, savoir, que la volonté du roi étoit que nous ne reçussions plus à l'avenir de filles pour être religieuses, jusqu'à ce que le grand nombre que nous étions fût diminué et réduit à cinquante professes de chœur (la mère Prieure, qui étoit présente, dit qu'il ajouta *et douze converses;* mais je ne l'entendis point, parce que j'étois peut-être trop troublée); que pour cet effet il m'ordonnoit de renvoyer toutes les postulantes que nous avions au noviciat, puisque aussi bien elles auroient trop longtemps à attendre leur place. Il ajouta que l'intention de Sa Majesté étoit aussi que nous renvoyassions toutes nos pensionnaires, et que nous n'en reçussions plus à l'avenir, jusqu'à nouvel ordre. »

Il a l'adresse, on le voit, en signifiant des choses qu'il sait être définitives, de ne les présenter que comme provisoires et transitoires, et de les diminuer pour les faire entrer plus doucement. — Sur ce que la mère Angélique lui exprimait son étonnement de recevoir un tel ordre, sans savoir en quoi on l'avait pu mériter : « Il n'est pas besoin, lui dit-il, d'en chercher de cause, puisque cet ordre est conforme aux Canons qui ordonnent qu'on ne reçoive pas un plus grand nombre de religieuses que les fondations des monastères n'en peuvent porter, et que, le bien de cette maison ayant été diminué par le partage, votre Communauté est trop grande à proportion. » — Mais la mère Angélique lui faisant observer que ce nombre était actuellement le même qu'en 1665 après la réunion, et que d'ailleurs, si on voulait soulager la Communauté (en la supposant trop chargée eu égard à son revenu), ce n'en était pas le moyen que de lui interdire les pensionnaires, il sembla convenir de ces points avec elle; « il répondit avec démonstration de douceur et de pitié qu'il y avoit en effet quelque chose à dire à tout cela, mais que la volonté des souverains étoit une loi, et qu'il n'étoit pas besoin d'en pénétrer les raisons, surtout quand ce qu'ils commandoient s'accordoit avec les règlements de l'Église. »

La mère Angélique repartit que si le roi leur avait fait signifier cet ordre par quelque officier séculier, comme il avait fait autrefois par le lieutenant civil, elles se seraient crues obligées d'adresser de très-humbles Remontrances, parce que souvent les princes ne sont pas informés par eux-mêmes de ce qui regarde les affaires purement ecclésiastiques, mais que ces ordres leur étant apportés par celui qui, en sa qualité d'archevêque et de premier pasteur, était obligé de représenter au roi tout ce qu'elles auraient pu dire elles-mêmes, c'était lui qui se chargeait de tout devant Dieu, et qui prenait sur son compte la justice ou l'injustice des mesures, aussi bien que l'exécution ; qu'on n'avait plus qu'à se soumettre et à obéir en gémissant. Il parut sensible à cette parole et recommença ses démonstrations de regret et de compassion, accompagnées de termes polis et même affectueux pour la maison. « Ah! Monseigneur, lui dit la mère Angélique, nous avons occasion de plaindre notre malheur, de ce qu'ayant cette bonté pour nous, votre première visite en ce lieu-ci est pour un sujet qui apporte tant de tristesse. » — « Hélas! en effet, répliqua-t-il, je ne sais comment cela est arrivé, qu'il se soit passé tant de temps sans que j'y sois encore venu. » Et comme il semblait s'excuser, la mère Angélique s'empressa de s'excuser à son tour, la visite ayant été si imprévue qu'on n'avait pas eu le temps de recevoir Monseigneur avec le *Te Deum*, selon l'usage.

N'oublions pas que nous avons dans cet entretien fidèlement transmis une sorte de duel très-serré, mais toujours courtois, entre le plus habile et le mieux parlant des archevêques, et la plus spirituelle des abbesses. Laissons-la encore parler :

« Je lui représentai quelle seroit la douleur d'un si grand nombre de personnes, quand on leur signifieroit un tel arrêt. Je me jetai en même temps à genoux et lui demandai comme une grâce qu'il voulût bien qu'on fît venir en sa présence toutes ces pauvres filles, et qu'il fût lui-même témoin des larmes et de la douleur qu'une nouvelle si surprenante alloit causer. — « Hélas! dit-il, je le crois bien, et je le sens déjà. » — En même temps il me fit lever, se leva lui-même et me dit : « Mais toutefois si je pensois que cela pût tant soit peu adoucir votre peine et la leur, je me résoudrois à les voir ; mais cela ne changeroit rien. » — « Hélas! Monseigneur, lui dis-je, si la compassion ne produit rien, je ne dois pas vouloir vous donner une peine qui ne soulageroit pas la nôtre, ni celle de ces pauvres filles. »

Malgré sa politique et son esprit, l'archevêque ne s'attendait pas à tout. La mère Angélique s'avisa tout d'un coup de lui dire, par une de ces idées qui déroutent le goût le plus ordinaire ou le plus fin, et qui ne peuvent entrer que dans des imaginations confinées au mysticisme, « qu'elle auroit souhaité que tant de larmes qu'il alloit faire répandre eussent pu *composer un bain pour lui*, qui lui pût servir devant Dieu. » Il répondit d'une manière interdite : « *Hélas!* j'en suis pénétré. »

On aura remarqué combien d'*hélas!* il pousse : il n'enfonce le poignard qu'en soupirant.

Parmi les postulantes, il y en avait trois qui étaient reçues de la Communauté pour prendre l'habit, et dont les parents étaient avertis déjà : on n'attendait plus qu'eux pour faire leurs filles novices. On lui posa le cas, espérant qu'il ne considérerait point celles-ci sur le pied de simples postulantes, et qu'elles ne seraient point comprises dans l'ordre de sortie. Il répondit que puisqu'il en était ainsi, pour ces trois-là *on n'avait qu'à aller son train;* ce fut son mot. Il crut devoir accorder cette consolation dans le moment; mais, quelques jours après, il se dédit.

Pressé sur la contradiction apparente qu'il y avait à montrer d'une part tant d'estime pour l'éducation que recevaient les pensionnaires de Port-Royal, et d'autre part à venir condamner cette éducation et à la proscrire : « Hé, mon Dieu! s'écria-t-il, ne le voit-on pas bien? on parle toujours de Port-Royal, de ces Messieurs de Port-Royal : le roi n'aime pas ce qui fait du bruit. Il a fait dire depuis peu à M. Arnauld qu'il ne trouvoit pas bon que l'on fît chez lui des assemblées; qu'on ne trouve pas mauvais qu'il voie toutes sortes de personnes indifféremment, comme le reste du monde : mais à quoi bon que certaines gens se rencontrent toujours chez lui, et qu'il y ait tant de liaison entre ces Messieurs? S'il fait des ouvrages, il peut en prendre l'avis des personnes publiques qui sont établies pour cela : pourquoi avoir toujours besoin de communiquer avec ces Messieurs? Le roi ne veut point de ralliement : un Corps sans tête est toujours dangereux dans un État; il veut dissiper cela, et qu'on n'entende plus toujours dire : *Ces Messieurs, ces Messieurs de Port-Royal.* » Il s'étendit sur ce sujet de M. Arnauld, parla de la Lettre des évêques au Pape contre les soixante-cinq Propositions, disant « que cela faisoit voir la cabale et le ralliement, que le roi vouloit tout à fait détruire. » Il répéta huit ou dix fois ce terme de *ralliement*, et il le mettait à tout. « Non pas qu'on blâme, avait-il soin de remarquer, aucune de ces personnes prise isolément ; au contraire, on peut dire, à considérer chacune en particulier, qu'elles sont toutes bonnes ; mais, lorsqu'elles viennent à se rallier, il s'en fait un Corps sans chef, etc.... » C'était cette république de Port-Royal qu'on voulait supprimer. Il parla encore de quelques écrits qui avaient couru depuis la Paix. La mère Angélique répliquant que, si on les attribuait à M. Arnauld ou à ses amis, on leur faisait injustice, et qu'ils n'écrivaient point de cette manière-là, il répondit « qu'il le savoit bien, et même que M. Arnauld appeloit ces auteurs des *Jansénistes sauvages*, mais qu'il n'en étoit pas moins vrai que toutes ces personnes ne contribuassent ensemble à faire du bruit. »

Ramené pourtant sur le fait de ces pauvres jeunes filles pensionnaires dont il s'était écarté, et qui étaient bien innocentes de tout ce bruit, il répondit en propres termes : « Pour ce point, il y entre de la politique ; » et tout de suite il revint encore et insista sur cette union de tant de personnes qui avaient de l'estime pour la maison et pour tout ce qui en dépendait, indiquant assez que c'était dans ces alliances morales avec des familles considérables du royaume, dans ces *ramifications* du dehors comme nous dirions, qu'on voyait du danger.

Il entrecoupait, du reste, toute la partie que j'appellerais impérative et rigoureuse de son discours, par des divagations habiles et qui sentaient moins l'autorité d'un supérieur que le décousu d'une conversation d'honnêtes gens. Il ne se faisait faute de protester de son estime pour M. Arnauld en particulier, et se prévalait d'avoir tâché de le servir dans les occasions; qu'il n'y en avait eu qu'une dans laquelle il avouait qu'il n'y avait pas eu moyen, et que le tonnerre avait grondé trop haut : c'était lorsque le roi avait appris que M. Arnauld se disposait à lui faire remettre une Requête [1]; sur quoi Sa Majesté avait dit que quiconque s'en rendrait le porteur, son capitaine des gardes le conduirait à l'heure même à la Bastille. « Il paroît, Monseigneur, lui répondit admirablement la mère Angélique, qu'on distingue bien ces Messieurs du reste des hommes, puisque par toute la terre les princes laissent à leurs sujets cette liberté d'avoir recours à leur justice comme à un asile public. »

Cette réponse parut l'étonner; il se trouvait, pour la première fois peut-être, en face d'une intelligence ferme qui était au service d'un caractère élevé et d'un sens moral incorruptible, ce qui déconcerte même les plus habiles. Il hésita un peu à répondre, et enfin il dit « que cela étoit vrai en général, mais que quand le roi s'étoit exprimé de la sorte, il savoit au juste et très-bien ce que contenoit la Requête. »

En nommant les personnes considérables amies de l'abbaye et plus qu'amies, il n'avait pas oublié mademoiselle de Vertus dont il avait demandé des nouvelles, s'empressant de dire que les ordres de la Cour ne la concernaient pas ; et il avait témoigné qu'il serait bien aise de la voir :

« Mademoiselle de Vertus, qui arriva, termina l'entretien

1. M. Mallet, docteur en Sorbonne, avait attaqué et incriminé la traduction du *Nouveau-Testament de Mons*; M. Arnauld voulut répondre et publier une *Défense*, et, s'en voyant empêché par des avertissements venant de personnes considérables, il avait pris le parti de composer une Requête au roi (1677).

(c'est toujours la mère Angélique qui parle), lequel avoit toujours été accompagné de toutes les civilités qu'il affecte. Je ne lui faisois jamais d'inclination qu'il n'eût le chapeau à la main, et il fut si satisfait de lui et de nous, que nous avons appris, depuis, que des jésuites, confidents du Père de La Chaise, avoient dit en louant l'adresse de ce grand archevêque, qu'il réussissoit à tout, et qu'il s'étoit acquitté de cette commission si adroitement, qu'ayant fait tout ce qu'il avoit voulu, il nous avoit laissées fort satisfaites de lui. Il ne dit jamais un mot, dans tout cet entretien, du dessein qu'il avoit d'éloigner aussi les ecclésiastiques qui étoient ici; mais il fit entendre à mademoiselle de Vertus qui vint après moi, que c'étoit par pitié qu'il n'avoit pas eu le courage de me porter cette parole. »

N'admirons-nous pas quel homme tendre c'était que cet archevêque, quel cœur sensible et fertile en ménagements! Il n'a pas osé d'abord annoncer directement à la mère Angélique l'arrêt sur les novices et les pensionnaires, mais il l'a fait prononcer par M. de Saci : et maintenant voilà qu'il change d'interprète, et qu'en sortant il confie à mademoiselle de Vertus ce qu'il n'a pu se résoudre à dire en face à la mère Angélique sur le renvoi des confesseurs. Mais le dernier trait passe tout :

« Au sortir du parloir, il fit rappeler M. de Saci, et lui fit encore de grandes civilités ; il lui témoigna beaucoup de satisfaction de l'entretien qu'il venoit d'avoir avec la mère Abbesse, et, en s'en allant à son carrosse, il lui dit *agréablement* que c'étoit *même* l'intention du roi qu'il ne demeurât plus ici, ni lui, ni pas un des autres ecclésiastiques qui y étoient, qu'il lui conseilloit de se retirer, et leur accorda seulement quinze jours. »

Ainsi, le grand coup et le plus sensible, il l'avait réservé pour l'instant de l'adieu, et un pied déjà dans le carrosse. C'était son *Post-scriptum* à lui : « A propos, j'allais oublier de vous dire qu'il faut que vous et les autres, vous sortiez de céans. » Vivent les gens habiles! L'ancien Péréfixe n'était qu'un niais.

Mais, comme Péréfixe, Harlai a trouvé dans sa victime un narrateur véridique et droit qui a percé à jour cette habileté ; il a beau jouer son jeu le plus fin, il nous apparaît à nu sous son personnage de comédie ; c'est le Tartufe Philinte : il est démasqué.

Il était environ une heure et demie quand il partit. Pas un de ces Messieurs ne se présenta, et il n'avait vu que le seul M. de Saci : M. de Tillemont ne parut point ; M. de Sainte-Marthe était occupé près d'une mourante ; chacun d'eux était en prière ou en étude. Ils eurent l'air de ne pas être prévenus, et peut-être ne le furent-ils pas. M. de Harlai remarqua cette absence, et en parla depuis, sans d'ailleurs y insister.

Le jour même de l'expédition de M. de Harlai, entre cinq et six heures du soir, mourut une religieuse, sœur Françoise Le Camus de Buloyer de Romainville. Déjà, dans la persécution de 1664-1668, lors de la mort d'une des sœurs (Gertrude Du Pré), les religieuses avaient adressé par elle une Requête à Jésus-Christ. Animées d'un même esprit dans la persécution recommençante, elles adressèrent par la défunte une semblable Requête *au grand Pasteur des brebis que Dieu a ressuscité d'entre les morts.* Le corps étant sur le bord de la fosse, la mère Angélique lui mit la pièce écrite, entre les mains jointes, sur la poitrine :

« Nous en appelons à votre tribunal, Seigneur Jésus ! Les juges de la terre ferment l'accès aux plus justes plaintes, parce qu'ils veulent faire l'injustice sans contradiction : mais vous êtes vous-même notre justice, et vous nous rendrez et justice et miséricorde.... Écoutez, Seigneur, les gémissements et regardez les larmes de tant d'enfants que l'on arrache de notre sein, et conservez-les dans le vôtre.... Conservez-nous dans votre vérité, et nous rendez inébranlables dans l'union de la charité....

« Ame favorisée, qu'une providence de Dieu si particulière vient de délivrer si heureusement du filet des chasseurs, bénissez sa bonté, et lui témoignez votre reconnoissance en le priant d'étendre sa miséricorde sur toute cette famille à laquelle il vous avoit unie. Qu'il ne la laisse pas sans conduite, et qu'il lui conserve des pasteurs prudents et fidèles pour l'empêcher de s'égarer dans ce temps d'obscurité, afin que ceux qui s'efforcent de tendre des pièges aux âmes qui volent, n'aient pas le pouvoir d'en arrêter aucune pour l'empêcher de s'élever jusques à Dieu, et d'y demeurer éternellement unie. »

Quarante jours après, on mit une autre Requête dans la fosse en forme de *relief d'Appel*[1].

Mais cela peut sembler autant bizarre que touchant, et c'est trop parodier la procédure humaine par delà la tombe. J'aime mieux la lettre que la mère Angélique écrivait à l'évêque d'Angers (20 mai) sur cette reprise de persécution, et où on lit cette belle parole :

« Si Port-Royal étoit bâti sur la montagne, on ne s'étonneroit pas que le tonnerre tombât toujours sur son clocher ; mais il y a de quoi admirer la conduite de Dieu et celle du monde que, quelque cachées que nous soyons dans notre vallée et dans notre solitude, l'on nous cherche et l'on nous poursuit partout. »

Et encore, le 2 juin :

« On ne croiroit pas que les mêmes personnes pussent revoir deux fois pendant leur vie ce qui ne s'est point vu dans l'histoire pendant plusieurs siècles. Cependant, de la manière que l'on s'y prend, ce qui se passe est quelque chose de plus extraordinaire que ce que l'on a déjà vu (en 1664),

---

1. « Au nom du Père, du Fils et du Saint-Esprit, nous, Abbesse, Prieure et Religieuses de Port-Royal, voulant relever, selon les formes ordinaires, dans les quarante jours, l'Appel que nous interjetâmes le 18 du mois passé au grand Pasteur et au souverain Juge, Jésus-Christ, etc., etc. »

et je ne doute point que l'on n'ait dessein de le pousser plus loin.... On ne se met pas en peine d'y chercher aucun prétexte : car, quand on parle d'un parti redoutable à l'État, c'est pour se jouer du monde qui ne croira pas que, sous un Prince qui fait trembler toute l'Europe, on ait à craindre les troupes de nos petits enfants et quatre ou cinq prêtres qui conduisent une Communauté de religieuses qui ne peut être terrible qu'au Diable, parce que, grâce à Dieu, elle est une armée bien rangée.... »

Un Mémoire, rédigé par M. de Saci, dès le 18 mai, en faveur des religieuses, et résumant leurs doléances dans cette affliction nouvelle, fut remis à M. de Harlai, qui n'en avait que faire. La mère Angélique écrivit, le 25 mai, une lettre au pape Innocent XI, que M. de Pontchâteau se chargea d'aller présenter lui-même; on y lisait : « Votre Sainteté n'a qu'à nous dire : *Nolite flere*, pour essuyer toutes nos larmes. Cette parole sortie de la bouche du Vicaire de Jésus-Christ rendra la joie à nos âmes abattues par le renouvellement continuel des persécutions.... On nous condamne sans nous accuser de quoi que ce soit, et M. l'archevêque de Paris ne nous donne que des louanges en nous imposant ces peines.... » Les bonnes réponses verbales, les louanges même aussi, ne manquèrent pas du côté de Rome. Fussent-elles parties d'une bonne volonté plus réelle et plus effective, elles auraient été stériles à cette époque où un grave désaccord, qui se manifesta bientôt par des actes éclatants, divisait le Saint-Siége et Louis XIV.

Allant au plus pressé, à ce qui dans leur esprit avait le plus d'importance, les religieuses se mirent en devoir de faire prendre au plus tôt l'habit aux trois postulantes reçues, selon l'autorisation qu'avait paru y donner l'archevêque. Mais le curé de Saint-Benoît, leur supérieur, n'osa passer outre sans lui en reparler, et l'archevêque ne se ressouvint plus de sa promesse : il s'y refusa nettement. L'une de ces postulantes était mademoiselle Issali, fille cadette du célèbre avocat; l'aînée était déjà religieuse à Port-Royal. M. Issali, qui connaissait M. de Paris, le vit plusieurs fois à ce sujet et y perdit son éloquence. Les trois élues durent sortir comme les autres. Une d'elles, qui ne visait qu'à être converse, fut recueillie par mademoiselle de Vertus et attachée à son service; elle parvint, après quelques années, à rentrer dans le monastère et à y avoir son humble place[1]. Les deux autres vécurent au dehors en continuant d'attendre leur jour qui ne vint pas, et en persévérant dans leur vocation. Mademoiselle Issali notamment, qui mourut en 1726, ne cessa d'être, par le zèle et par les services, une religieuse extérieure et une servante de Port-Royal[2].

Toutes les pensionnaires durent sortir dans la quinzaine. Est-il besoin de redire combien de larmes innocentes et de soupirs accompagnèrent les adieux? « Tous ces pauvres enfants, écrit un témoin, alloient à la porte comme au supplice, avec des cris et des pleurs qui seront entendus du Ciel. » Les demoiselles de Luines, deux

---

1. La duchesse de La Feuillade, mademoiselle de Roannez, cette ancienne élève et postulante de Port-Royal, et qui avait fait vœu devant Dieu de s'y faire religieuse, ayant été infidèle à ce vœu en se mariant, exprima dans son testament l'intention expiatrice d'y fonder et établir une religieuse converse qui remplirait la place qu'elle aurait dû y tenir elle-même : elle légua 3,000 livres pour assurer l'accomplissement de cette espèce de pénitence par procuration. Le roi, pressé par la famille de la duchesse, permit que cet article du testament reçût son exécution et que l'on dérogeât, pour ce cas unique, à la défense qu'il avait faite. C'est ainsi, et au titre de converse de madame de La Feuillade, que l'ancienne postulante converse, que mademoiselle de Vertus avait recueillie, obtint d'être reçue en 1683. Ce fut la dernière professe.

2. Ce fut elle qui, lors de la destruction du monastère, prit soin de faire transporter à Saint-Étienne-du-Mont les corps de M. Le Maître, de M. de Saci et de Racine.

sœurs, sortirent les premières et le jour même que l'archevêque fit sa visite, leur père ayant été averti de l'ordre avant qu'il fût donné. C'est à leur sujet que M. Colbert avait déjà parlé au duc et à la duchesse de Luines, le 23 mars précédent; il leur avait conseillé de les retirer, donnant pour raison « qu'on ne feroit jamais rien pour leurs autres enfants, tant que ces deux-là seroient à Port-Royal; que tous ceux qui y avoient des filles pensionnaires pouvoient s'attendre à ne point faire leurs affaires à la Cour. Il est étrange, disait M. Colbert, que je vous aie si souvent parlé de cela, et que vous ne vous en mettiez pas plus en peine ; vous avez sept enfants, vous devez y penser. »

Un des parents, et qui y avait aussi deux filles pensionnaires, le président de Guedreville, voulut en avoir le cœur net et alla, le 22 mai, trouver l'archevêque pour s'informer des motifs de cette expulsion : avait-on, par hasard, surpris dans l'éducation qu'on y donnait aux jeunes personnes quelque chose de mauvais que le monde ne soupçonnait pas, et qui fût à reprendre, soit pour les mœurs, soit pour les sentiments ? L'archevêque rassura le père, et recommença les éloges généraux qu'il avait donnés tant de fois à la sainteté et à la régularité de la maison; et le président continuant de demander alors le pourquoi des rigueurs :

« Hé, Monsieur, vous ne m'entendez pas, repartit l'archevêque, et c'est pour cela même qu'on y a été obligé. Cette maison avoit trop de réputation : on se pressoit d'y mettre des enfants ; des personnes de qualité leur en donnoient ; on se disoit les uns aux autres la satisfaction qu'on en avoit : cela leur faisoit des amis qui s'unissoient avec ceux de cette maison, et qui faisoient ensemble des pelotons contre l'État. Le roi n'a pas agréé cela ; il croit que ces unions sont dangereuses dans un État : c'est ce que l'on a voulu dissiper. »

Le président ne resta pas court :

« En vérité, Monsieur, répliqua-t-il, je n'entends guère la politique de ces gens-là ; ils ne s'y prennent pas bien si c'est leur dessein d'attirer bien du monde. Tel que je suis, s'ils ont cette vue, il me semble qu'un président et un maître des requêtes ne devroit pas être négligé ; cependant toutes les fois que j'ai été là, bien loin que personne me soit venu faire la cour, je me plaignois de n'en pouvoir entretenir pas un. Si on les voit à l'église, ou qu'on les rencontre dans la cour, ils disparoissent aussitôt, et chacun d'eux se retire ou dans son cabinet ou à son affaire, de sorte que si j'avois eu à les accuser de quelque chose, ç'auroit plutôt été de rusticité. »

C'était spirituellement répondu ; mais Port-Royal, sous ses airs de froideur et de réserve, n'en était pas moins très-attirant, plus attirant que d'autres avec leurs avances, et l'archevêque aurait eu droit de dire au président : « Ma remarque subsiste. » C'est ce qu'il répondit à peu près, et il ajouta à la raison d'État qu'il avait donnée, trois autres raisons ou observations qui s'y rapportaient et venaient à l'appui :

« La première, que ces Messieurs entretenoient un commerce avec les étrangers de toute sorte de pays ;

« La seconde, qu'au dehors de Port-Royal des Champs, il y avoit des logements de quoi loger deux cents personnes ;

« La troisième, que le revenu de ce monastère étant peu considérable, on y entretenoit néanmoins une grande Communauté qui subsistoit, et que cela donnoit lieu de conjecturer qu'il falloit que ce fût par des assistances que les religieuses recevoient de leurs amis : ce qui faisoit craindre au roi que l'on ne pût se servir de ces mêmes aumônes dans des occasions qui ne lui plairoient pas. »

Une petite de Grammont, fille de cette belle comtesse (née Hamilton) que Louis XIV mit quelquefois en pé-

nitence, jamais en disgrâce, pour sa fidélité déclarée en
faveur de Port-Royal, sortit aussi alors, le même jour
que mesdemoiselles de Guedreville (30 mai). Sa mère
aurait voulu l'envoyer à l'abbaye de Gif; mais l'abbesse
de ce monastère voisin avait eu défense de recevoir aucune des pensionnaires sortantes, et elle s'excusa de ne
pouvoir tenir la promesse qu'elle avait faite à madame
de Grammont. Amenée à Versailles, la jeune enfant fit
bruit par quelques-unes de ses reparties; chacun était
curieux de la voir, de prendre, par elle, une idée de
cette éducation dont on disait des merveilles et où l'on
cherchait des mystères. On la conduisit près de madame
de Montespan. Je transcris la version donnée par les
meilleurs témoins, mais qui sont ici moins élégants que
fidèles :

« (16 juin 1679.) La réponse de mademoiselle de Grammont aux demandes de madame de Montespan touchant
M. l'archevêque n'a pas été comme on vous a dit. Il est
vrai que madame de Montespan a demandé à la petite demoiselle si elle connoissoit M. l'archevêque et qu'elle lui a
répondu qu'elle n'avoit point cet honneur, « parce que, dit-elle, il n'est jamais venu à notre maison que lorsqu'il y est
venu pour faire la belle affaire qu'il y a faite, et qu'il sortit
de l'église lorsqu'on a voulu chanter le *Te Deum.* » Elle lui
a demandé ensuite si elle connoissoit des Jésuites; elle lui
a répondu que non. *Madame*[1] a dit que la morale des Jésuites étoit trop sévère; la petite a répondu qu'elle étoit
plutôt trop lâche. — « Voilà, ce dit madame de Montespan,
le roi qui est votre ennemi, qui vient. » — « Je ne crois pas,
ce dit-elle, que le roi soit notre ennemi, parce que nous
prions toujours Dieu dans notre maison pour Sa Majesté. »
Voilà comme l'affaire s'est passée, et la conclusion étoit que
madame de Montespan dit qu'elle souhaitoit de tout son
cœur de pouvoir mettre ses filles dans votre maison. Elle a
conté au roi les réponses de la petite fille; mais le roi n'a

---

1. Madame, duchesse d'Orléans, l'Allemande.

nullement témoigné être scandalisé. Il est vrai que tout le monde est surpris de la modestie et de la conduite si sage et si sérieuse de cette enfant. Elle remarque tout ce qu'elle voit et ne dit rien que lorsqu'on l'interroge. Lorsqu'on l'a poussée pour savoir si elle vouloit être religieuse, elle a répondu qu'elle n'étoit point encore en âge de se déterminer, et que si elle est religieuse, ce ne sera jamais que dans Port-Royal. Madame de Montespan souhaite qu'on l'envoie à Fontevrault. On dit qu'il y a une fille de qualité qui y gouverne, qui aime fort le bien [1]. »

Cette petite de Grammont (Marie-Élisabeth) est celle qui, après avoir été fille d'honneur de la Dauphine de Bavière, devint chanoinesse, abbesse de Poussay en Lorraine, à laquelle Hamilton adressait de légers couplets, et qui, de mondaine et galante qu'elle était, se fit pénitente en vieillissant ; elle avait onze ans et demi en ce mois de juin 1679. La comtesse de Grammont, sa mère, ne se faisait faute de manifester en ce même temps sa façon de penser : « J'ai su, écrivait un autre de ces donneurs d'avis dont Port-Royal était si bien pourvu, que la comtesse de Grammont avoit trouvé occasion de parler (au roi), et dit qu'on s'étonnoit fort de ce qu'on faisoit aux religieuses de Port-Royal, qu'on ne savoit pas pourquoi leur faire du mal, qu'*on l'avoit nourrie sept ou huit ans par charité*[2] ; que c'étoient des créatures admirables. A cela *on* répondit : « Tout le monde en parle ainsi, mais c'est le lieu des assemblées et des cabales ; » et il ne parut nulle aigreur. »

L'archevêque s'amusa beaucoup quand on lui dit que la petite Du Gué, une des pensionnaires, se plaignait

---

1. La célèbre et savante abbesse de Fontevrault, la propre sœur de madame de Montespan.

2. Du temps de l'émigration, sous Cromwell, et quand les grands seigneurs anglais réfugiés en France ne touchaient pas leurs revenus.

de ne plus avoir son *papa* de Saci pour la confesser, et qu'elle avait répondu ne vouloir ni du Père de La Chaise, ni de M. l'archevêque, qu'on lui avait offerts à la place.

Quoi qu'il en soit de ces historiettes qui couraient le monde janséniste, et dont quelques-unes paraissaient charmantes à nos pauvres persécutés, trop avides des moindres *on dit* qui se débitaient à l'oreille, c'en est fait alors pour toujours de cette éducation tant vantée de Port-Royal; elle vient de recevoir son coup de mort. Interrompue une première fois en avril 1661 et suspendue dans un intervalle de huit ans, elle avait repris (je parle seulement de l'éducation intérieure donnée par les religieuses aux jeunes filles, car pour celle qui s'adressait à de jeunes messieurs, il n'en était plus question depuis longtemps), elle avait refleuri avec un rare bonheur pendant les dix années qui viennent de s'écouler, depuis le jour où les deux petites demoiselles de Pomponne y étaient arrivées les premières (5 mars 1669), et où la mère Agnès écrivait : « Toute la Communauté a de la joie de ces petites colombes, qui ont apporté la branche d'olive en rouvrant la porte qui étoit fermée aux grandes et aux petites. » Les deux enfants, qui avaient paru comme les messagères de l'alliance, n'étaient point encore sorties et figuraient en tête des grandes quand la dernière tempête éclata. L'Arche se referma pour jamais. Ces jeunes filles, modèles de piété, instruites à toutes les vertus, ne se retrouveront plus que dans les allusions plaintives de Racine, dans les louanges de Boileau [1].

1. Sur la liste des quarante-deux pensionnaires sortantes, on trouve à côté des noms de mesdemoiselles de Luines, de Grammont, de Guedreville, de Pomponne, ceux de Puisieux, de Celène d'Artlienay, de La Tour-Maubourg, de Semblançay, de Feuquières, de Menilles, de Buzanval, de Boutigny-le-Vayer, du Vaurouy, de

Cependant les confesseurs et les Messieurs durent aussi sortir. M. de Tillemont partit le premier, dès le mercredi 31 mai, et s'en alla droit à Tillemont. M. de Saci partit le 2 juin, quoiqu'il n'y eût pas encore de nouveaux confesseurs établis; il dut se rendre en toute hâte auprès d'une proche parente qui se mourait. Il eut de l'archevêque la permission de revenir passer quelques jours à Port-Royal dans l'Octave du Saint-Sacrement. M. Ruth d'Ans partit le 7 pour rejoindre à Tillemont M. de Tillemont. M. Borel partit le 8, jour de l'Octave, dans le même carrosse qui avait ramené M. de Saci la veille. Le vendredi 9, M. Bourgeois s'en alla aussi. En attendant les nouveaux confesseurs, qui n'étaient pas faciles à trouver, M. de Saci de retour demeura seul avec M. de Sainte-Marthe; mais il crut lui-même ne pas devoir prolonger son séjour, et le lundi 12, il partit avec son cousin M. de Luzanci et une madame Hippolite, amie des Pomponne[1], et ils se retirèrent tous les trois à Pomponne. M. de Pontchâteau, qui vivait à Port-Royal sous le nom de M. *Mercier*, et sur le pied de jardinier des Granges, s'était éloigné dès le lendemain de la visite de l'archevêque; il se disposait à faire le voyage de Rome.

M. de Sainte-Marthe ne partit que le 20 juin; il resta le dernier, faute de prêtres confesseurs qui vinssent le remplacer. On avait hâte de le voir éloigné; et comme

---

Billy, de Guignonville, de Tourouvre, de Genermont, etc., etc., et des Dodart, des Sainte-Marthe; — toutes familles de qualité ou de considération.

1. J'ai tort de dire *une* madame Hippolite : madame Hippolite-Antoinette Clément était une ancienne tourière de Port-Royal de Paris, personne très-considérée, qui, en sortant de ce monastère en 1664, s'était retirée à Pomponne, où M. d'Andilly lui avait offert l'hospitalité. Elle était venue à Port-Royal des Champs aussitôt après la Paix de l'Église; elle en sortit quand tous les hôtes durent se retirer de nouveau. C'était une des *dames* de Port-Royal.

sur ces entrefaites la mère Du Fargis, prieure, était tombée dangereusement malade, et qu'elle avait fait prier la duchesse de Lesdiguières, sa nièce, qui s'enquérait de ses nouvelles, de tâcher d'obtenir de l'archevêque par le cardinal de Retz, que M. de Sainte-Marthe demeurât auprès d'elle, au cas même qu'il vînt d'autres ecclésiastiques, la duchesse répondit, le 13 juin, par cette lettre qui marque mieux que tout la disposition des puissances ; c'est à la mère Angélique qu'elle écrit :

« Je n'ai pu, Madame, vous faire hier réponse, M. de Paris étant à Montmorency. M. le cardinal de Retz alla chez lui pour lui demander la permission que M. de Sainte-Marthe demeurât auprès de ma tante jusqu'à voir quel chemin prendroit sa maladie. A son retour, ce matin, M. le cardinal de Retz y a envoyé un gentilhomme, à qui il a répondu qu'il ne pouvoit en façon du monde lui accorder sa demande, cela dépendant du roi ; que si mon oncle vouloit, il en parleroit au roi vendredi prochain, mais qu'il pouvoit répondre par avance que le roi le refuseroit. Je suis, je vous proteste, Madame, dans un vrai désespoir que la première chose que vous m'avez demandée, et ma tante, ait eu un succès pareil ; car, de bonne foi, je suis si attachée à tout ce qui regarde le Port-Royal que je me sacrifierois avec joie pour vous rendre service. Je vous supplie de le bien témoigner à ma tante, et l'inquiétude où je suis de son mal. Vous ne sauriez croire l'emportement où est le roi sur le sujet des Jansénistes : *cela va jusqu'à s'en faire son affaire, disant que cela regarde sa personne et que M. de Paris n'a rien fait sans son ordre, et que vous n'êtes pas à bout.* En vérité, j'en suis dans un chagrin mortel ; car sincèrement j'aime et honore tout ce que feu madame de Longueville a honoré de ses bonnes grâces. Je vous supplie, Madame, etc.... »

On a compté que, dans ces deux mois de mai et juin, il sortit de ce Port-Royal si vivant soixante-six personnes en tout, savoir trente-quatre pensionnaires, treize postulantes du chœur, et, au dehors, tant d'ecclésiastiques que de séculiers, dix-sept personnes [1]. Il ne resta de nos anciennes connaissances que M. Hamon à titre de médecin, et quelques obscurs et saints domestiques, parmi lesquels M. *François* (l'Anglais Jenkins) et M. *Charles* (Du Chemin), ce prêtre ignoré de tous.

Le 17 juin, M. Arnauld, qui n'avait cessé de recevoir toutes sortes d'avis officieux et alarmants, se décida à se mettre en route, et il quitta secrètement la France pour n'y pas rentrer. Nous le suivrons bientôt dans sa retraite, et nous aurons à l'étudier dans ses derniers exploits de polémique, qui ne furent pas les moins brillants.

Cependant la difficulté de remplacer les confesseurs était grande; le digne supérieur, M. Grenet, curé de Saint-Benoît, s'y employait tout entier auprès de l'archevêque. Celui-ci disait bien qu'il permettait aux religieuses de lui en nommer; mais les conditions qu'il prescrivait, en paraissant leur laisser le choix, le leur rendaient comme impossible : « Il veut, écrivait la mère Angélique, que ce soient des personnes que nous ne connoissions pas et qui ne nous connoissent point, qui n'aient point de liaison avec nos amis et qui n'aient qu'une capacité fort médiocre, parce que nous sommes, à ce qu'il dit, assez instruites. Dès lors nous sommes dans la nécessité de rencontrer fort mal, puisque c'est tout à fait au hasard que l'on nomme des gens inconnus et ignorants, et qui pourroient être fort dangereux.... De vingt-

---

1. Cela ne fait que soixante-quatre : il y faut joindre deux filles de service. — Je suis comme M. Thiers dans son *Histoire de l'Empire :* je donne les chiffres d'après les Journaux mêmes de Port-Royal, d'après les *États de situation.* Maintenant pourquoi ne sort-il que trente-quatre pensionnaires en ces deux mois, quand la liste, qui est tout à côté dans le même Journal manuscrit, en indique quarante et une, et quand la mère Angélique en a précédemment accusé quarante-deux? Je ne note ces désaccords insignifiants que pour qu'on ne me cherche pas chicane là-dessus.

deux qu'on a nommés l'un après l'autre, tous ont eux-mêmes refusé de venir, les uns de peur de se rendre suspects de Jansénisme en acceptant cet emploi, les autres, et presque tous, pour ne vouloir pas quitter leur petit établissement à Paris.... » Dans le tracas de ces essais et tâtonnements, comme l'archevêque répondait un jour qu'elles n'avaient qu'à lui présenter *douze* noms et qu'il choisirait dans le nombre, ou bien qu'il leur donnerait lui-même une liste de *douze* et qu'elles en marqueraient un, la mère Angélique, avec cet esprit de repartie qui ne la quittait pas dans ses douleurs, dit que c'était ce qu'on appelait proprement choisir *à la douzaine*, mais que ni Avila, ni saint François de Sales qui a renchéri sur lui, ne se contenteraient pas de cette offre, eux qui voulaient qu'on en choisît un à peine entre *mille* et *dix mille*.

On ne trouva d'abord qu'un jeune ecclésiastique, natif de Lille en Flandre, M. L'Hermite, pieux, mais peu instruit, que les religieuses proposèrent pour chapelain, et qui n'était capable que de cela, et un M. Poligné, Breton, envoyé par M. Grenet, mais qui se montra bientôt peu digne de confiance, et qui s'abandonna, comme le M. Bail d'autrefois, à son sens rude et à son ton grossier. Les pauvres religieuses, depuis le départ de M. de Sainte-Marthe, n'avaient plus à qui parler, hormis à M. Hamon, cet humble lieutenant de tout le monde, cette douce représentation du vicaire mystérieux et perpétuel. Elles espéraient toujours que Dieu leur ferait enfin rencontrer, dans les nouveaux venus, quelque pasteur qui fût fidèle et non mercenaire.

L'archevêque y mettait moins de façon; et en une telle matière, qui était pour elles si sérieuse, il apportait un ton d'homme d'esprit et d'homme du monde qui les étonnait fort; il traitait tout cela en jouant et comme par-dessous jambe. M. Grenet, lui soumettant quelques noms, lui en proposa un dont il ne voulait pas; il l'arrêta court en souriant et comme s'il flairait le gibier : « Souvenez-vous de ce que je vous dis, je suis un bon chien de chasse; j'arrête où il faut. »

A l'occasion de ces confesseurs et des affaires de Port-Royal en ce changement critique de situation, M. Grenet eut avec l'archevêque quelques conversations qui ont été conservées et qui nous donnent la note juste des sentiments et de la pensée des personnages; nous assistons aux choses, comme si nous y avions été en effet. Ce digne curé de Saint-Benoît, je l'ai dit, donné pour supérieur à Port-Royal par M. de Péréfixe [1], était un excellent homme qui avait *signé* autrefois, qui n'était pas de Port-Royal, mais qui était bon et juste, et qui s'attacha de cœur à cette maison. Il y avait été conquis dès le premier jour par la régularité qu'il y avait vue, et par les vertus exemplaires dont il s'était senti édifié; mais ce n'était pas proprement un de ces *Messieurs*, et il n'avait pas ce qu'il faut pour le devenir. M. de Harlai, dans un moment de familiarité, le lui disait un jour : « Voyez-vous, Monsieur de Saint-Benoît! vous et moi qui sommes leurs supérieurs, nous ne sommes pourtant à leurs yeux que des *idoles*, des simulacres; elles n'ont au fond d'estime que pour leurs Messieurs, elles ne voient que leurs Messieurs. » M. Grenet, qui redisait ces paroles aux gens de Port-Royal, ne s'apercevait pas à quel point elles étaient vraies, même par rapport à lui : il ne leur était, en effet, qu'un *bon Israélite* dont on avait fort à se louer; il n'avait pas ce cachet grave, contenu, prudent, d'un christia-

---

1. Un curé de Paris paraîtra une personne bien occupée pour pouvoir être donné comme supérieur à un monastère situé à six lieues de Paris; mais, l'église de Saint-Benoît étant desservie par un Chapitre de chanoines, le curé était plus libre de s'absenter que dans les autres paroisses.

nisme distinct et fermement défini, qui caractérisait la tribu et la race sainte.

Il n'avait pas non plus cette pénétration qu'une longue méfiance et l'épreuve du mal finissent par donner aux plus simples; il n'était pas toujours sur ses gardes. Un jour, le 23 juin (1679), il écrivait à la mère Angélique :

« Croyez-moi, ménageons le prélat en tout où nous le pourrons ménager, eu égard à l'état présent. Il nous peut obliger, il peut aussi nous désobliger. Je vous proteste que je lui parlai, mardi, seul à seul l'espace d'une heure, en sa chambre, à la ruelle de son lit, assis et couverts l'un et l'autre, de la dernière force, lui disant qu'il seroit le plus fourbe, le plus perfide, le plus traître et le plus déloyal de tous les hommes, si, après l'expression qu'il me faisoit de ses pensées en votre faveur, il changeoit et ne marquoit pas qu'il étoit votre père. Je ne juge que de ce qu'il me marque sans le vouloir garantir, puisque tout homme est changeant et naturellement menteur ; mais, la langue étant l'aiguille du cœur, je juge de ce dernier par le premier. »

Honnête M. Grenet! ce n'est là ni le langage exact et le goût sévère, ni la circonspection non plus de Port-Royal.

M. Grenet revint sur cette conversation du mardi 20 juin, dans une visite qu'il fit aux Champs quinze jours après, et le bon homme, en causant avec la mère Angélique, s'y montre bien ce qu'il est, et aussi ce qu'il était aux yeux de cette mère clairvoyante :

« Le mardi, 4 juillet 1679, M. de Saint-Benoît demanda à parler à notre Mère, et, après l'avoir fort assurée de son affection pour toute la Communauté, *la priant d'en prendre pour témoins ses yeux trempés de larmes*, il lui dit qu'on ne lui feroit plus de mal, mais qu'il falloit qu'elle crût ses amis, qui sont tous persuadés qu'il faut rendre quelques devoirs plus particuliers à M. l'archevêque. Et il fit consister ces devoirs en des choses de rien...; car il ne parla que de lui

présenter des fruits et lui envoyer quelquefois faire des compliments. Notre Mère lui témoigna qu'il seroit facile de réparer cette faute à l'avenir, et, après qu'elle lui eut fait beaucoup d'honnêtetés, il lui rendit compte de l'entretien qu'il avoit eu seul à seul avec M. de Paris, étant sous son alcôve à sept heures du matin. Il commença ainsi : « Je vous
« dirai, ma Mère, que M. de Paris n'a nulle prévention ni
« mauvaise intention contre vous : il m'en a assuré plusieurs
« fois, et *m'a promis, en jurant sur sa Croix qu'il tenoit en ses*
« *mains, qu'il ne vous feroit point de mal*[1] ; et il faudroit qu'il
« fût le plus fourbe et le plus détestable de tous les hommes
« s'il ne disoit pas vrai, et il seroit plus traître, plus menteur
« et plus Diable que le Diable même, s'il ne disoit pas ce
« qu'il pense et qu'il eût d'autres desseins, après tant de
« serments et d'assurances qu'il m'a donnés de sa bienveil-
« lance pour vous. Néanmoins il se plaint d'une chose, qui
« est que le Port-Royal n'a point du tout de relation avec
« lui, comme s'il n'en étoit pas l'archevêque.... »

J'omets ici une longue justification que M. de Saint-Benoît raconte qu'il lui présenta sur tous les points, soit en ce qui regardait les Messieurs, soit en ce qui concernait les religieuses; après quoi il continua, parlant toujours à la mère Angélique :

« Il (l'archevêque) me parut satisfait de tout cela, et me
« jura encore sur son caractère qu'il ne vous feroit rien da-
« vantage, et que ce n'est pas à vous qu'on en veut. Il n'y a
« pas moyen de croire qu'après tant d'affirmations et de
« serments, il voulût mentir ; et pour moi je lui dis : « *Mon-*
« *seigneur, je le crois fermement sur votre parole et en suis si*
« *bien persuadé que je ne crains pas de dire que, si cela n'étoit*
« *pas vrai, il faudroit que vous fussiez le plus grand trompeur*
« *et le plus grand fourbe qu'il y eût au monde.* » Et il en de-
« meura d'accord avec moi. Comme il m'écoutoit bien vo-
« lontiers, je lui dis dans la suite du discours, sur ce qu'il

---

1. On croit lire une scène de notre vieux *Roman de Renart*, Renart sous le dais, faisant l'archevêque et mystifiant quelque bon prêtre innocent.

« me répétoit souvent qu'il n'étoit pas archevêque comme
« une idole : « Monseigneur, il y a qui est au-dessus de vous
« et de moi, qui est le souverain Pasteur, et n'est pas une
« idole non plus, et à qui il faut que nous rendions tous
« nos devoirs. » Je pris bien cette liberté, et il ne s'en fâcha
point....

« (Et revenant, pour conclure, à son propos du commen-
« cement :) Il faut donc avoir grand soin de le ménager et
« de lui rendre quelques devoirs, puisqu'il le veut. Pour
« moi, je ne m'accommode point de toutes ces façons-là ; ce-
« pendant, quand je suis avec lui, je le traite de *Grandeur*
« et de *Monseigneur*, *à tour de bras.* »

Encore une fois, honnête et très-honnête monsieur de Saint-Benoît, vous êtes un ami, un avocat, un curateur intègre et débonnaire de Port-Royal, mais vous n'êtes pas de Port-Royal!

Dans une autre conversation qui eut lieu un peu plus tard, en novembre 1680, M. de Harlai, à l'occasion d'un confesseur qu'on lui présentait, qu'il croyait sûr et qui ne l'était pas, s'exprima devant celui-ci et devant M. de Saint-Benoît, sur le compte de Port-Royal, en des termes dont il n'y a pas cette fois à suspecter la sincérité. Il y dit entre autres choses :

« Que depuis longtemps cette maison avoit été sous la conduite de personnes qui n'avoient point eu de dépendance ni de relation à leur supérieur et à leur archevêque ; qu'ils avoient soustrait les religieuses de son obéissance, et les avoient rendues tellement attachées à leurs sentiments, qu'elles ne vouloient plus écouter ni suivre d'autre voix ; *qu'il y avoit eu de la science dans cette maison, c'est-à-dire dans ceux qui la gouvernoient, et qu'ils avoient été les plus habiles du temps,* mais que leur science n'avoit pas été accompagnée d'humilité et de soumission....»

Remarquons, chemin faisant, qu'il parle de ces Messieurs au passé : « *Il y avoit eu* de la science, *ils avoient été* les plus habiles de leur temps. » Ainsi s'exprimait également Bossuet. Cela nous indique la vraie date de la floraison de Port-Royal et le moment juste auquel les contemporains la rapportaient. Le grand éclat littéraire de ce groupe d'écrivains s'étend et s'accroît de 1643 à 1657, du livre de *la Fréquente Communion* aux *Provinciales*. Cet éclat se prolonge, en s'affaiblissant, jusqu'en 1670, où il se manifeste encore, par un beau réveil posthume, dans les *Pensées* de Pascal, et où il se soutient honorablement dans les *Essais* de Nicole ; après quoi tout décline, on y sent un peu d'arriéré ou de suranné, et la littérature de Port-Royal proprement dite est dépassée, éclipsée par celle du règne de Louis XIV. Harlai et Bossuet, ces maîtres régnants à divers titres et ces oracles de l'heure présente, le savaient bien.

M. de Harlai, continuant d'énumérer ses griefs, comme devant des personnes sûres, et insistant sur la singularité de ce gouvernement occulte, toujours en guerre ouverte ou sourde avec l'autorité établie, ajoutait :

« Qu'au lieu que saint Benoît et saint Bernard avoient enseigné à leurs religieux une obéissance presque aveugle à tous les commandements de leurs supérieurs, à moins qu'ils ne fussent manifestement contre la loi de Dieu, — à ce point que saint Bernard vouloit même qu'on obéît lorsqu'il y avoit une opinion probable du côté du supérieur, — au contraire, on avoit inspiré aux religieuses de Port-Royal un esprit d'indépendance et de ne faire que ce que leurs directeurs et leurs amis approuvoient ; qu'il avoit fallu que l'ordre public leur cédât par condescendance (en 1669), et qu'au lieu de reconnoître la grâce qu'on leur faisoit, elles s'étoient vantées d'avoir forcé l'ordre public de leur céder ; qu'on avoit enseigné des maximes qui tendoient à rendre les inférieurs indépendants d'autre jugement que du leur, et que cela paroissoit principalement dans les Apologies qu'on avoit publiées pour les religieuses.... »

M. de Saint-Benoît l'ayant interrompu pour rappeler que cela s'était fait du temps de son prédécesseur, M. de

Péréfixe, mais qu'il n'y avait eu rien de pareil de son temps à lui, M. de Harlai reprit et assura « que rien n'étoit changé au fond; que les Requêtes et les lettres qu'on lui avoit adressées depuis qu'il étoit archevêque se ressentoient toujours du même esprit; *qu'on étoit venu quelquefois lui proposer des bagatelles, mais que pour les choses plus importantes du gouvernement on n'avoit eu aucune relation avec lui.*» En un mot, le véritable archevêque, pour elles, n'avait pas cessé d'être M. Arnauld. Et pour conclure, il déclarait le mal à peu près sans remède, « et qu'il n'espéroit presque pas qu'on pût les faire revenir à leur devoir, tant on les en avoit détournées! » — Nous tenons tous les motifs d'agir, et nous lisons assez clairement, ce semble, dans les dispositions morales des adversaires : elles ne sauraient être plus contraires ni plus menaçantes. [ni plus légitimes!]

Aussi essayèrent-ils dès lors, dans les derniers mois de l'année 1679 et dans les premiers de l'année suivante, s'il n'y aurait pas moyen de couper court à ces inquiétudes, toujours renaissantes, par quelque mesure radicale. Sur la fin de février (1680), madame de Saint-Loup, toujours en éveil, crut savoir de bonne source que M. de Paris avait dit dans son intimité « qu'il alloit *mettre la cognée à la racine*, et extirper enfin le Jansénisme; que, bien qu'il fût âgé, il espéroit vivre encore assez pour en voir l'entière destruction. » On n'attendait, pour arrêter les résolutions, que le retour du roi qui s'en allait au-devant de la nouvelle Dauphine. « Il y a encore quelques grenouilles qui coassent dans ces marais de Port-Royal, aurait dit l'archevêque, mais il ne faudra qu'un peu de soleil, au retour du roi, pour tout dessécher. » On faisait parler depuis quelque temps à la mère Dorothée, l'abbesse de Port-Royal de Paris, pour l'amener à une démission; on n'omettait ni caresses ni menaces, se servant même d'un ancien papier d'elle qu'on avait trouvé et qui tendait à infirmer son élection; on lui offrait ou une permutation avantageuse, ou un dédommagement moyennant pension et agréments de toute sorte. On avait, à ce qu'il paraît, l'idée de réunir de nouveau les deux maisons de Paris et des Champs, et de leur donner une seule abbesse, nommée par le roi; c'eût été madame Colbert, la sœur du ministre, et qui était alors abbesse du Lys. Le Port-Royal des Champs aurait reçu ce jour-là le coup mortel. Mais, la mère Dorothée ayant tenu ferme et résisté à toutes les sollicitations, on reconnut qu'on ne pourrait rien changer sans trop de violence, et on en revint contre la maison des Champs au procédé d'une guerre graduelle et lente, au procédé *par extinction*.

Maintenant, personne ne saurait s'étonner que cet archevêque, que nous trouvons si ennemi sous des formes agréables et douces, ait été fort mal vu à Port-Royal, et de même que nous avons entendu de quelle manière il parlait de ces Messieurs dans son intimité, il sera assez piquant de savoir comment, à leur tour, les amis de Port-Royal s'exprimaient sur son compte dans la familiarité aussi. Nous sommes servis à souhait, et voici une lettre, entre autres, que le Père Quesnel, qui était encore à Paris, écrivait à M. Arnauld à Bruxelles vers la même date (5 décembre 1679), pour le tenir au courant des nouvelles et le désennuyer [1]. — Il vient de parler du mariage de M. de La Roche-Guyon et de mademoiselle de Louvois, et d'une prise d'habit de mademoiselle de Soubise :

« M. l'abbé Colbert y prêcha, continue le Père Quesnel, et y prêcha bien. M. l'archevêque de Paris fit la cérémonie

---

1. Je tire cette lettre d'un petit manuscrit des Archives de l'Église janséniste d'Utrecht, intitulé *Quesnellii Epistolæ et Scripta*.

avec sa bonne grâce ordinaire. Mon Dieu ! on dit de lui, par
Paris, une histoire terrible. Un gentilhomme nommé Pierrepont, qui a été lieutenant des gardes du corps, avoit une
demoiselle fille d'une chanteuse ; il mettoit cette fille tantôt
dans un petit couvent, tantôt dans une chambre garnie, et
tantôt chez lui. M. de Paris, dit-on, ayant ouï parler de
cette personne, l'a fait venir souvent à l'Archevêché ; on
prétend qu'elle y alloit à toutes les heures. M. de Pierrepont a pris ces visites-là pour une infidélité, et un soir fort
tard, ou un matin d'assez bonne heure, ayant trouvé la demoiselle sortant de chez M. l'archevêque, il l'a battue.
M. l'archevêque s'en est plaint à tout le monde. M. de Pierrepont, suspendant un peu sa colère, et faisant réflexion
qu'il ne lui pouvoit être utile d'avoir M. de Paris sur les
bras, l'est allé trouver, l'a prié d'excuser l'emportement qu'il avoit eu, dont il n'avoit pu être le maître
envers une infidèle dont il se croyoit outragé ; qu'il
ne croyoit pas qu'il y prit intérêt, mais que, connoissant
mieux les choses, il ne verroit plus cette fille et la lui cédoit. On ajoute qu'à cela l'archevêque le baisa de tout son
cœur. Cependant on veut que ce M. de Pierrepont, n'étant
pas homme tout à fait à se contraindre, *est* allé trouver une
dame qui demeure au bout de l'Ile [1] ; qu'ils *ont* fort pesté à

---

1. Madame de Bretonvilliers, à laquelle l'archevêque rendait de
fréquentes visites, ce qui faisait que, parmi ses titres, on le surnommait plaisamment *Visiteur de l'Ile Notre-Dame*. — La maîtresse enlevée et d'où vint l'esclandre, était, dit-on, mademoiselle
de La Varenne ou de Varenne, devenue ensuite madame de Vieuxbourg, et belle-sœur d'une madame de Vieuxbourg, très-spirituelle et fort en vogue dans le second Jansénisme. Je trouve dans
les *Anecdotes écrites à Rhynwick en Hollande* (Bibliothèque de
Troyes) un souvenir recueilli dans la conversation de l'abbé d'Étemare, et qui n'est probablement qu'une broderie de l'histoire
racontée par Quesnel : « Mademoiselle de Varenne demeuroit dans
l'île Saint-Louis, et M. de Harlai alloit la voir de nuit en passant
par le Pont-Rouge, sans flambeaux, accompagné de quelques domestiques. Un jour M. de *Pierrecourt* (le même sans doute que le
M. de *Pierrepont* de Quesnel), capitaine aux gardes, lui joua un
tour : il prit quelques officiers avec des flambeaux et vint au-devant de lui, et tous lui dirent qu'ils auroient l'honneur de le
reconduire jusqu'à son archevêché. » C'est la même histoire, avec

frais communs; que la dame montre les lettres qu'elle a de M. de Paris, et que Pierrepont conte cette histoire-là à quiconque lui veut faire le plaisir de la lui entendre dire. Je ne crois pas que cette histoire-là soit vraie; il faut que M. de Paris ait des ennemis. Ma raison de douter est que l'on a dédié un livre à M. de Paris, où l'on le compare à saint Basile : or cette histoire seroit fausse de saint Basile; doncques, etc. »

Ceci est plus spirituel et de meilleur goût que le mot d'Arnauld lorsqu'il appelait M. de Harlai un *ministre de l'Ante-Christ*, ou encore quand il l'affuble dans ses lettres du sobriquet de *la vieille madame des Arquins*[1].

Port-Royal et tout ce qui le touchait de près était en veine de malheur : M. de Pomponne, secrétaire d'État, ayant le département des Affaires étrangères, qui avait succédé à M. de Lyonne en 1671, au grand applaudissement de tout le monde, et qui avait paru d'abord si bien réussir, fut brusquement disgracié en novembre 1679. Louis XIV nous a donné ses raisons, auxquelles il n'y a rien à répliquer :

« Je ne le connoissois, dit-il, que de réputation et par les commissions dont je l'avois chargé, qu'il avoit bien exécutées; mais l'emploi que je lui ai donné s'est trouvé trop grand et trop étendu pour lui. J'ai souffert plusieurs an-

---

variantes, que j'ai essayé d'éclaircir dans les *Nouveaux Lundis* (tome V, page 179). Il faut voir sur les satires, chansons et pasquinades jansénistes contre M. de Harlai, le tome Ier de *l'Esprit de M. Arnauld*, par Jurieu (pages 48-68).

1. Voici pourtant un passage d'une lettre d'Arnauld qui n'est pas mal tourné, car il s'agissait de ne pas nommer les masques par leur nom : « Comment a t-on pu prendre quelque fondement sur les belles paroles de cette vieille madame *des Arquins*, qui a toujours trompé tous ceux qui ont eu affaire à elle? Elle se joue de tous ses parents et les mène comme il lui plaît. C'est assurément une habile femme et bien fine : il seroit à souhaiter qu'elle fût meilleure; nos cousines (*les religieuses de Port-Royal*) s'en trouveroient mieux. »

nées de sa foiblesse, de son opiniâtreté et de son inapplication. Il m'en a coûté des choses considérables ; je n'ai pas profité de tous les avantages que je pouvois avoir, et tout cela par complaisance et bonté. Enfin il a fallu que je lui ordonnasse de se retirer, parce que tout ce qui passoit par lui perdoit de la grandeur et de la force qu'on doit avoir en exécutant les ordres d'un roi de France qui n'est pas malheureux. Si j'avois pris le parti de l'éloigner plus tôt, j'aurois évité les inconvénients qui me sont arrivés, et je ne me reprocherois pas que ma complaisance pour lui a pu nuire à l'État [1]. »

Louis XIV estimait que M. de Pomponne ne lui avait pas fait la part du lion assez forte dans la paix de Nimègue. Madame de Sévigné nous a dès longtemps intéressés à la chute de ce ministre, qui était un si aimable homme de société. Au point de vue intérieur de Port-Royal, et en faisant comme sa sœur la mère Angélique de Saint-Jean, nous devrions plutôt le féliciter que le plaindre d'un accident qui, en le retirant d'un poste élevé et d'un lieu de péril, le mettait à même de s'appliquer désormais à la méditation des seuls vrais biens ; mais M. de Pomponne, tout pieux qu'il était, pensait sans doute que c'était un peu trop tôt pour un si grand renoncement. Cette chute n'eut aucun rapport direct

1. Ce mot de Louis XIV répond aux assertions toutes gratuites de Saint-Simon, qui prend sur lui d'affirmer que *le roi était parfaitement content de la gestion de Pomponne*. Saint-Simon, quand il a tracé le portrait de ce personnage, était évidemment sous le charme de sa conversation qui lui avait appris beaucoup de choses. L'abbé de Choisy n'était pas dans la même disposition, et il semble avoir passé les bornes de la sévérité quand il a écrit : « Je voyois souvent M. de Pomponne qui avoit grande obligation à ma mère : elle avoit, un an durant, montré au roi de belles lettres qu'il lui écrivoit de Suède, et cela n'avoit pas peu contribué à le faire ministre. Il est vrai que ces belles lettres, il étoit trois mois à les faire ; et quand il fut en place, on s'aperçut bientôt que c'étoit un bon homme, d'un génie assez court. » L'abbé de Choisy, quand il tranche à ce point, est une autorité légère.

avec la persécution recommençante contre Port-Royal ; mais il était difficile que l'opinion publique n'y cherchât pas quelque liaison. C'était tout au moins une coïncidence fâcheuse, un signe de fatal augure : l'étoile des Arnauld en cour achevait de se voiler [1]. M. de Pomponne fut rappelé après douze ans de disgrâce, en 1691, et reprit place dans le Conseil en qualité de ministre d'État ; il guida les débuts de Torcy son gendre. Il n'eut, d'ailleurs, ni ne chercha à avoir aucune action ni influence quelconque sur les choses, alors si avancées, du Jansénisme : il craignait avant tout de s'y compromettre. Une fois, pendant le siége de Namur (1692), Arnauld se hasarda à lui envoyer son secrétaire et compagnon, M. Guelphe, pour obtenir une sauvegarde du roi en faveur d'un de ses amis du pays de Liége. M. de Pomponne fut consterné, et son premier mot fut : « Si le confesseur vous découvroit !... » Arnauld, obligé de se justifier de cette démarche comme d'une imprudence, écrivait à madame de Fontpertuis :

« Votre *ami* (M. de Pomponne) a eu grand soin de vous donner avis de la visite qu'on lui a faite. Je n'ai pas été surpris de la surprise qu'il en a eue : ce lui a dû être une espèce d'enchantement et de spectre, de voir le *petit frère* (M. Guelphe) dans sa tente au siége de Namur ; mais je le suis beaucoup de ce qu'il paroît, par la manière dont il vous en a écrit, que cette visite lui a fait de la peine, et qu'il a eu peur, si on venoit à le savoir, qu'on ne lui en fît une affaire. Je ne sais comment accorder une telle peur avec les

---

1. La place de M. de Pomponne fut donnée au frère de Colbert, M. de Croissi ; de telle sorte que, si le projet de réunion des deux monastères s'était accompli, la sœur de Colbert aurait pris la charge de la mère Angélique de Saint-Jean, dans le même temps que M. de Croissi prenait celle du frère. Mais les Colbert répareront bientôt, et amplement, ces torts en donnant au Jansénisme le *grand* évêque de Montpellier.

sentiments naturels de l'amitié, de la parenté, de la piété. Quand on aime quelqu'un, qu'il y a longtemps qu'on ne l'a vu, et qu'il s'est passé bien des choses qui ont dû donner de l'inquiétude à un vrai ami, on ressent une si grande joie de trouver une personne qui, venant d'auprès de lui, nous puisse apprendre de ses nouvelles certaines, comment il se porte, ce qu'il fait, de quoi il peut avoir besoin, et on en est si occupé, qu'on ne pense guère à autre chose, et encore moins à appréhender qu'il y ait des gens assez déraisonnables pour trouver mauvais qu'on ait reçu une si agréable visite.... Pour moi, j'ai bien meilleure opinion de notre grand Prince, et je me tiens assuré que si votre *ami* lui avoit conté sa surprise, en lui témoignant la joie qu'il avoit eue d'apprendre les aventures de son oncle, de la bouche d'une personne qui venoit d'auprès de lui, ç'auroit été la meilleure ouverture du monde pour parler en faveur de celui qui l'étoit venu visiter, et ensuite de son oncle, et que si on n'avoit rien obtenu, ce qu'on a de la peine à croire, on n'auroit au moins rien gâté. Car il y a bien de l'apparence que ce bon Prince lui auroit dit, comme nous savons qu'il fit à M. l'évêque d'Orléans qui lui parloit pour M. l'abbé de Pontchâteau : « Je vous sais bon gré de ce que vous me parlez pour votre oncle ; » mais on n'a garde de rien tenter, quand on tremble au seul nom du Père confesseur. Enfin je ne sais ce que c'est que la véritable piété, si on s'imagine qu'il suffit, pour être véritablement pieux, de parler bien de Dieu, et avec des sentiments bien tendres, en même temps que l'on se met peu en peine de satisfaire à ses principaux devoirs....»

L'année suivante (1693), Louis XIV, ayant su qu'Arnauld avait été malade, demanda de lui-même de ses nouvelles à M. de Pomponne et s'informa de son âge. Cette question fit bruit ; c'était une ouverture toute naturelle. M. de Pomponne paraît en avoir peu profité. En tout, ce n'était guère, à la fin, qu'un ministre honoraire, et aussi qu'un Arnauld honoraire.

II

Confesseurs donnés à Port-Royal. — M. Lemoine et son affaire de Pamiers. — Il sort du Paradis terrestre. — Réélection de la mère Angélique. — M. Le Tourneux confesseur. — Ses talents; sa vocation de sermonnaire. — Sa vie et ses écrits. — Son Carême de Saint-Benoît; vogue immense. — Moment d'éclaircie pour le monastère. — Apparition de M. de Saci aux Champs; joie muette. — Disgrâce de M. Le Tourneux; sa retraite. — Étude et austérités. — Réprimande de l'Archevêché ; belle réponse du juste. — Sa mort subite. — Son cœur à Port-Royal. — Acharnement contre ses écrits. — Considérations à ce sujet.

Parmi les confesseurs qu'on essaya dans ce temps à Port-Royal et qui n'y furent qu'un moment, il en est un à qui il arriva une grave mésaventure. Elle servira à nous prouver une fois de plus, combien le Jansénisme était subtil à s'insinuer et à entrer dans la place, même en vue de l'ennemi et sous son couvert.

Le confesseur précédemment donné, ce prêtre breton Poligné, s'étant conduit tout à fait grossièrement, sans décence et sans tact, et ayant démasqué sa nature de rustre, avait dû être éloigné; les religieuses n'avaient plus, pour les confesser, que le bon et honnête M. L'Hermite. M. Grenet s'adressait pour des sujets à toutes les paroisses de Paris. Sur l'excellent témoignage du curé de Saint-Louis-en-l'Ile, un prêtre nommé Lemoine fut agréé par l'archevêque et vint prendre ses ordres; c'est même devant ce prêtre et le curé de Saint-Benoît qu'eut lieu une de ces conversations à cœur ouvert, qu'il m'a paru curieux de rapporter. L'archevêque l'envoya donc avec confiance à Port-Royal, en s'en remettant à sa discrétion, et en lui disant pour dernier mot : *Mitte sapientem et nihil ei dicas.* Le prélat oublia cette fois, a dit un historien janséniste, qu'il était *bon chien de chasse*, comme il se vantait de l'être.

M. Lemoine, établi aux Champs à demeure le 30 octobre 1680, y était depuis trois mois, à la grande satisfaction de toutes les personnes du dehors et du dedans, lorsque le 14 février (1681) un commissaire, suivi d'un valet, arriva à cheval, demanda à parler à M. Lemoine qui venait de dire la messe conventuelle, et lui donna ordre de partir immédiatement pour Saint-Germain où était alors la Cour, s'efforçant d'ailleurs de le rassurer sur les suites par de bonnes paroles. M. Lemoine partit à cheval avec eux aussitôt après le dîner, et arrivé à Saint-Germain il fut interrogé très-rigoureusement par M. de Châteauneuf, secrétaire d'État. Voici le fait : ce M. Lemoine était un ancien directeur du séminaire d'Aleth, un disciple de M. Pavillon, et l'un de ceux qui approuvaient les deux évêques dans leur résistance à la Régale. Un an et demi auparavant, il avait écrit à l'un de ses amis et qui est des nôtres, M. Le Pelletier Des Touches (l'un des solitaires alors de l'abbaye de Saint-Cyran), qu'on lui avait dit que les pauvres de Pamiers souffraient beaucoup par suite de la saisie du temporel et que le Séminaire était sur le point de fermer. Il savait bien à qui il faisait cette confidence : après qu'on eut pris quelques informations à Pamiers, M. Des Touches avait fait payer à Paris six mille livres que M. Lemoine s'était chargé de faire passer à M. de Caulet. Cet évêque, ainsi secouru de bien des côtés par des charités secrètes, avait fini par être plus riche, dit-on, que quand il touchait ses revenus. M. de Pamiers était mort depuis, mais on avait su qu'une somme lui avait été envoyée par le canal de M. Lemoine. M. de Châteauneuf pressa celui-ci, durant une demi-heure, de lui dire le nom de l'ami qui l'en avait chargé, jusqu'à le menacer, sur son refus, de l'envoyer à la Bastille :

« Enfin il m'a dit que j'agissois mal pour moi et pour cet ami de ne point vouloir le nommer, qu'il le savoit d'ailleurs, et qu'il vouloit le savoir par moi ; qu'il me donnoit sa parole qu'il ne lui en arriveroit aucun mal non plus qu'à moi, si je le déclarois. Sur cela je lui ai dit que ce qui m'obligeoit au secret étoit la crainte de nuire à celui qui a fait une bonne œuvre, et que puisqu'il m'assuroit qu'il ne lui en arriveroit aucun mal, j'obéissois à l'ordre du roi, qu'il me signifioit, de lui déclarer cette personne, et je la lui ai nommée. »

M. Lemoine trouvait moyen, le soir même, d'écrire cela en toute hâte dans une lettre destinée à être lue à Port-Royal et à être communiquée à M. Des Touches, qui, prévenu en secret, devait avoir l'air de ne l'être pas [1].

Le lendemain, l'archevêque en arrivant à Saint-Germain vit M. Lemoine, lui reprocha de lui avoir dissimulé des antécédents, desquels tout le premier il n'avait pas eu l'idée de s'enquérir. Il sentait bien qu'avec toute sa finesse il y avait été pris, et qu'il avait lui-même fait entrer non pas le loup, mais le chien de berger dans la bergerie.

M. Lemoine, à qui le retour à Port-Royal était in-

---

1. M. Des Touches, à cette date de 1681, ne devait plus être à Saint-Cyran, mais il était retiré à Paris, près Saint-Magloire.

terdit, écrivit à l'abbesse une lettre d'adieu dans les termes du respect le plus tendre, et qui suffisent, malgré son peu de séjour au désert, pour le révéler et le qualifier à nos yeux dans son esprit intérieur. Bien qu'on le perde de vue dès lors et que les Nécrologes ne fassent point mention de lui, M. Lemoine est digne d'être mis au rang de nos Messieurs.

« Ce 17 février. (1681)

« Ma Révérende Mère,

« Cette lettre est pour vous dire adieu et à toute la Communauté de nos chères sœurs. Je le dis aussi à mademoiselle de Vertus et à tous nos amis ; car M. l'archevêque m'a ordonné de me retirer dans mon diocèse, et ne m'a pas même permis de retourner à Port-Royal pour ramasser mes hardes. Il ne m'a donné que huit jours pour demeurer à Paris. Je lui ai représenté que j'étois sorti de mon diocèse pour éviter les engagements aux emplois ecclésiastiques, et que je le suppliois de trouver bon que je me retirasse en quelque lieu de retraite, là où je le pourrois trouver. Il n'a pas tout à fait rejeté cela, mais il a exclu le diocèse de Paris, parce que le roi ne l'agréoit pas. Il m'a confirmé de nouveau qu'on ne poursuivroit pas plus loin l'affaire de la somme envoyée à Pamiers. Je vous écris le cœur serré et les larmes aux yeux d'être séparé d'un lieu qui étoit mon Paradis terrestre. Je m'en regarde exclu pour mes péchés, comme Adam le fut de celui où il étoit ; et je compare aussi mes regrets aux siens, qui ont été les plus grands qui aient jamais été, parce que jamais homme n'a fait de plus grande perte dans ce monde. Je ne prends encore aucune résolution pour ma retraite, car je ne sais quelle prendre, et je ne suis pas même en état de me déterminer à rien dans l'excès de la douleur que je sens. Je ne puis rien ajouter davantage, sinon que je suis avec autant de respect que de douleur, ma Révérende Mère,

« Tout à vous en Notre-Seigneur. »

Si, en quittant Port-Royal, il se disait qu'il perdait

le Paradis terrestre, les religieuses sentirent qu'elles perdaient en lui *un trésor.*

Il n'arriva point malheur à M. Des Touches, ainsi convaincu d'avoir envoyé les six mille livres. Comme il était question, à son sujet, d'une lettre de cachet et de quelque méchant ordre, Louis XIV s'y opposa et dit cette parole souvent citée : « Il ne sera pas dit que, sous mon règne, quelqu'un ait été mis à la Bastille pour avoir fait l'aumône. » Louis XIV manqua souvent à la justice, mais il ne crut pas qu'il y manquait ; son esprit laissé à lui-même avait de l'équité, tant naturelle que chrétienne.

Dans une autre occasion encore, M. de Harlai parut oublier qu'il était *bon chien de chasse,* et il l'oublia de son plein gré, en permettant l'entrée de Port-Royal à un ami, à l'un de ceux même sur qui il avait fait arrêt dans les premiers temps : il consentit, en octobre 1681, à ce que M. Le Tourneux devînt confesseur, au moins *par intérim,* du monastère.

L'un des mois précédents avait été signalé par une transe extrême, suivie d'une grande consolation. Les trois années de gouvernement de la mère Angélique expiraient ; on avait à procéder à une nouvelle élection. Un mot ambigu de l'archevêque à qui on en fit parler, et qui donna ordre de répondre de sa part qu'il demandait deux ou trois jours pour en délibérer, fit craindre qu'il n'autorisât point la Communauté à procéder à cet acte, qui était une question de vie ou de mort[1]. Là-

---

1. Il y a ici un point de droit. L'abbesse n'avait pas entendu demander à l'archevêque sa permission pour procéder à l'élection ; elle estimait être en droit de s'en passer, et que cette autorisation n'était point nécessaire. Elle avait seulement fait demander, par déférence, la bénédiction du prélat et la présence d'un secrétaire de l'Archevêché. Mais l'archevêque, qui n'y regardait pas de si près, avait compris qu'on lui demandait sa permission.

dessus grand effroi. La mère Abbesse reçut le vendredi 1er août la réponse à dix heures du soir. Jugeant qu'il n'y avait rien de bon à espérer de ce délai, elle crut ne devoir pas perdre un instant à invoquer le secours du Ciel. Elle fit assembler à deux heures du matin, en Chapitre, toutes les sœurs qui allaient à Matines ; elle leur apprit tout ce qui se passait, et qu'elle allait faire exposer les saintes Reliques pour commencer les prières de *Quarante heures* aussitôt que Matines seraient achevées : « Ce qui se fit, disent nos Relations, en la manière accoutumée, excepté que, ne voulant point faire d'éclat, on ne chanta point le petit *Veni Sancte* devant la grille, mais seulement l'antienne des Saints, *Salvator mundi*, dans la chapelle [1]. »

Le dimanche 3, la mère Abbesse eut la pensée de s'adresser particulièrement à la Vierge, dont la fête approchait (15 août) ; car Port-Royal, avec ses filles de

1. Ce que les Relations ne disent pas et ce que le bonhomme Guilbert, auteur des *Mémoires historiques*, etc., a un peu indiscrètement révélé, c'est que, dans la matinée du samedi 2, les religieuses du chœur, à l'instigation de la sœur Eustoquie de Bregy complotèrent entre elles de procéder à une élection au moment où M. Grenet viendrait au Chapitre lire la Carte de la visite qu'il terminait ce jour-là. Elles se munirent d'avance de billets à cet effet, et, quand les sœurs converses furent sorties, elles se hâtèrent de mettre à exécution leur projet, nommant par acclamation la mère Angélique, et ne laissant pas de vouloir donner leurs billets à leur digne supérieur, effrayé de l'irrégularité. Il voulut même sortir, en disant qu'on allait le perdre à la Cour ; mais on avait eu la précaution de fermer les portes. Il fut obligé d'assister à l'ouverture des billets que fit la mère Du Fargis, et qui donnèrent tous le nom de la mère Angélique pour abbesse. Cette élection, dont il fut dressé procès-verbal, fut tenue très-secrète : c'était un *en cas* dont on ne se serait servi qu'à la dernière extrémité, et dont on n'eut garde de se vanter, les choses ayant tourné plus doucement. Guilbert, le seul des trois historiens complets du monastère qui raconte le fait, ajoute qu'il n'oserait en garantir l'exactitude. A nos yeux la chose reste très-vraisemblable ; elle est dans la situation, et aussi dans l'habitude des personnages.

saint Bernard, n'était nullement indévot à la Vierge, comme l'en accusaient les ennemis. Je passe sur les divers articles et conditions de ce vœu, entre lesquels était un pèlerinage à Notre-Dame de Liesse qu'on fit faire par l'un des amis, le frère d'une des religieuses, qui se mit en route quatre jours après[1].

Le retard se prolongeait; on leur écrivait que M. de Paris demandait encore le reste de la semaine pour répondre. L'alarme était à son comble, quand, le mercredi 6, arriva un exprès dépêché par madame de Saint-Loup, la grande nouvelliste, avec une lettre de celle-ci pour mademoiselle de Vertus qui commençait par ces mots : « *Joie! joie! joie!* Vous ferez demain votre élection. » Il y avait eu un simple malentendu; l'archevêque n'avait eu aucun mauvais dessein dans le retard, et la mère Angélique ayant été réélue, et lui en ayant fait part le jour même en le remerciant, il fut le premier à l'en féliciter par une réponse fort polie.

Dans sa lettre de remercîment à l'archevêque, la mère Angélique avait glissé un mot sur ce qui lui tenait surtout à cœur et à toute la Communauté, cette défense de recevoir des novices, qui était pour le monastère un arrêt

1. Cet ami était M. Girard le jeune. On l'appelait ainsi pour le distinguer de M. Claude Girard, licencié de Sorbonne, dont le nom s'est rencontré précédemment ; c'était peut-être son frère cadet. La lettre qu'il écrivit, en partant pour ce pèlerinage, à sa sœur religieuse à Port-Royal, est un monument de sa piété : « Croyez-moi, s'il vous plaît, je vous parle sans feinte, j'ai une telle estime des grâces que Dieu vous a faites et du bien qu'il a établi dans votre maison, qu'il me semble que j'irois volontiers, non pas à trente ou quarante lieues, mais au bout du monde pour le conserver ; et je croirois même ma vie bien employée, s'il plaisoit à Notre-Seigneur de l'accepter en sacrifice, pourvu que cela servît à éloigner les desseins que les hommes peuvent avoir contre vous. Plût à Dieu que la colère du monde passât de vous à moi!... » Port-Royal était entouré d'une légion de ces humbles chevaliers invisibles prêts à dépenser leur vie à son service.

indirect de mort avec un terme indéfini : « Si l'humilité et la soumission, lui disait-elle, ont tant de mérite devant Dieu, cet état où nous demeurons depuis plus de deux ans en aura peut-être assez bientôt auprès de vous, Monseigneur, pour vous faire regarder avec compassion l'humilité de vos servantes et leur donner la même bénédiction que Dieu donna au commencement du monde et qui fait qu'il subsiste encore, en disant : *Crescite et multiplicamini!* » Sur cette corde-là, le prélat ne fit point semblant d'entendre. Le mot d'ordre secret, la malédiction diabolique proférée sur Port-Royal depuis 1679, était : « Diminuez petit à petit et dépeuplez-vous. »

On était toutefois, pour le moment, dirait un observateur médecin, dans une période de détente et de rémittence, et sans qu'il y eût à chanter victoire comme faisait madame de Saint-Loup, il y avait du mieux. Le duc de Roannez, autre agent officieux et grand nouvelliste lui-même à bonne fin, parla à l'archevêque de plusieurs confesseurs qu'on avait en vue, et de M. Le Tourneux, mais de celui-ci incidemment, car il était trop notoirement ami, pour qu'on espérât qu'il pût être accordé[1]. La mère Angélique l'avait de même nommé, à la fin d'une lettre écrite en dernier lieu à l'archevêque, mais comme osant à peine le proposer. Quelques jours après, le dimanche 19 octobre, M. Le Tourneux arriva à Port-Royal sur la fin de la grand'messe, avec permission de confesser pour la fête de la Toussaint. Ce fut un étonnement, mêlé aussitôt d'actions de grâces. Cette permission lui fut prolongée encore au delà. On retrou-

---

1. L'archevêque, la première fois que M. de Roannez lui parla de M. Le Tourneux, témoigna n'être pas content de lui, « parce qu'il avoit été à Port-Royal *en cachette.* » Ce fut le mot dont il se servit. M. de Roannez répondit qu'étant tombé malade près de Port-Royal, M. Le Tourneux y étai venu pour avoir plus de secours.

vait en lui, — nous retrouvons un successeur direct des Sainte-Marthe, des Singlin et des Saci[1].

M. Le Tourneux n'était pas seulement un parfait confesseur, c'était un grand sermonnaire et prédicateur; il était né tel, pour ainsi dire. A Rouen, sa ville natale, on prenait plaisir, au sortir du sermon, à le faire monter tout enfant sur un fauteuil, et à lui faire prêcher le sermon qu'on venait d'entendre; il le récitait dans les mêmes termes. Dès l'âge de huit à dix ans, il improvisait des prônes. Les bourgeois de Rouen se plaisaient à le faire prêcher à la porte de leurs maisons et lui donnaient un sou par sermon. Sa famille était des plus humbles. M. Thomas, le maître des comptes, père de Du Fossé, le distingua et le protégea. Usant d'une somme qui lui avait été léguée à cette fin d'élever quelque écolier pauvre, il envoya le jeune Nicolas Le Tourneux étudier à Paris, d'abord au Collége des Jésuites : l'enfant y eut tant de succès que, pour donner de l'émulation aux deux fils de M. Le Tellier (Louvois et le futur archevêque de Reims), on le mit près d'eux comme camarade et antagoniste; cette familiarité lui fut plus tard utile, et quand il fut devenu célèbre, la protection du Chancelier le soutint quelque temps sur l'eau malgré son jansénisme[2]. Il fit sa philosophie aux Grassins, sous M. Hersant. Ses études terminées, et

---

1. M. de Roannez, pour son intervention qui allait procurer M. Le Tourneux, méritait bien les pêches que la mère Angélique lui envoyait vers ce temps (septembre 1681). Ce cadeau de pêches me fait l'effet d'un triste et dernier sourire de Port-Royal, d'un dernier souvenir *à la d'Andilly*; après cela, il n'y a plus que des morts et des tristesses, un hiver sans plus de trêve.

2. Voisenon, bien peu digne de témoigner en faveur de M. Le Tourneux, a dit de lui : « Il fut placé auprès de M. Le Tellier, archevêque de Reims, encore abbé, pour lui rendre l'esprit liant et modéré; de tous ses ouvrages, ce fut le seul qu'il manqua. » Cela doit se rapporter aux années du collége.

après un intervalle de retraite à la campagne en Touraine auprès d'un ecclésiastique de mérite auquel il s'était attaché, il retourna à Rouen et entra à vingt-deux ans dans les Ordres avec dispense d'âge. Il fut placé comme vicaire à la paroisse de Saint-Étienne des Tonneliers : « Ce fut là, nous dit Du Fossé en ses Mémoires, qu'il commença à faire paroître de quoi il étoit capable. Il y fit connoître l'Évangile, qui étoit alors très-ignoré ; il y prêcha la pénitence à l'exemple de Jésus-Christ et d'une manière conforme au véritable esprit de l'Église. Il le faisoit avec une certaine simplicité qui excluoit de ses discours toute vaine affectation d'éloquence, qui les eût rendus indignes de l'auguste majesté de l'Évangile. » Sa réputation s'étendit bientôt, et on le réclamait pour prêcher dans les plus grandes paroisses. Lors de la Paix de l'Église, âgé de trente ans à peine (étant né en avril 1640), il quitta les fonctions actives du ministère et s'en vint de Rouen demeurer à Paris avec Du Fossé et M. de Tillemont dans leur maison rue Saint-Victor ; il entra par eux en liaison étroite avec Port-Royal. Son talent semble avoir hésité, durant ces années, entre l'étude austère, pénitente, silencieuse, et l'éloquence brillante. Il avait quitté la soutane et pris l'habit gris, et il s'interdisait l'autel par scrupule d'y être monté avant l'âge. M. de Saci, sous la conduite duquel il s'était mis, ne lui permit pas longtemps d'être inutile et d'enfouir ainsi son trésor. M. Le Tourneux publia en 1673, par manière d'essai, l'*Office de la Semaine Sainte* en latin et en français, avec une Préface et des remarques qui donnèrent idée de ce qu'il pourrait faire. Nommé chapelain au Collège des Grassins, il y recommença à parler et à distribuer ses instructions excellentes comme s'il eût été dans la chaire la plus entourée. M. Le Vayer, maître des requêtes, l'ayant entendu par hasard, fut si charmé de son éloquence forte, simple, évangélique, qu'il se lia étroitement avec lui, et voulut l'avoir logé dans sa maison. C'est chez lui que M. Le Tourneux composa son *Histoire de la Vie de Jésus-Christ* (1673), dont la Préface fut très-remarquée en ce qu'elle présente une exposition claire et abondante du système de la Chute et de la Rédemption. Il concourut peu après pour le prix d'Éloquence fondé à l'Académie française par Balzac. Il écrivit son discours en une seule journée, dit-on, la veille même du terme prescrit, et il remporta le prix avec grandes louanges en 1675[1]. Enhardi par ces succès et encouragé par Pellisson dont il était devenu l'ami, il donna son *Carême chrétien* (1682), tout composé des Épîtres, Évangiles et prières récitées dans l'Église en ce saint temps, avec des explications saines, instructives et populaires : c'est par là qu'il débuta dans son *Année chrétienne*, continuée depuis avec un succès croissant, et à laquelle est resté

1. Les discours académiques pour le prix d'Éloquence ne différaient pas alors des sermons. Le texte proposé était le verset : « *Marthe, Marthe, vous vous empressez et vous vous troublez dans le soin de beaucoup de choses ; cependant une seule chose est nécessaire.* » C'était le troisième texte proposé par Balzac. Le premier avait été sur *la louange et la gloire qui n'appartiennent en propriété qu'à Dieu*; le prix avait été décerné en 1671, et remporté par mademoiselle de Scudery. — Pour second sujet, *de la Science du salut*, Balzac avait indiqué ces paroles de l'Évangile : « *Vous avez caché ces choses aux sages, et vous les avez révélées aux petits.* » C'était l'abbé de Melun de Maupertuis qui avait remporté le prix, en 1673. — Dans chaque discours, *Monsieur de Balzac* est nommé et célébré comme grand homme. M. Le Tourneux en passe par là comme les autres. D'ailleurs son discours a noblesse, solidité, onction, mouvement et nombre. Le lieu commun est bien traité. — Je trouve encore, dans le *Recueil des pièces d'Éloquence présentées à l'Académie française*, un discours anonyme couronné en l'année 1677, *Sur la pureté de l'esprit et du corps, et, par occasion, de la vie innocente et juste des premiers Chrétiens*, et qui, dans une table générale insérée au tome XXXIX, est attribué à M. Le Tourneux. Aucun de ses biographes n'a parlé de ce second discours, qui est peu remarquable.

attaché son nom. Mais ce *Carême* imprimé, qui mettait M. Le Tourneux en grande estime auprès des bons juges, ne le mettait point encore en pleine lumière; il lui fallait, pour se produire tout entier, l'autre Carême que M. Le Vayer, marguillier de Saint-Benoît, l'engagea de prêcher à cette paroisse, précisément dans le même temps, en 1682. Il y remplaçait le père Quesnel qui avait dû s'éloigner. Il commença le jour de la Purification. Ce fut un événement dans le monde religieux. On peut dire que M. Le Tourneux entra à Saint-Benoît obscur, et en sortit célèbre. Sa mine chétive, sa figure qui au premier aspect paraissait basse, ne faisaient guère présager d'abord beaucoup de vogue ni un auditoire bien nombreux; les bedeaux, dit-on, et les loueuses de chaises en auguraient au plus mal; mais, dès qu'il eut fait son premier sermon, il y eut foule. « On se disoit communément que jamais homme n'avoit prêché l'Évangile comme celui-là; qu'il n'y avoit rien d'affecté dans ses discours, mais que tout y respiroit la vraie éloquence, celle qui naît de la force de la vérité et de l'onction du Saint-Esprit.... On vit des duchesses, touchées vivement de ce qu'il avoit dit contre le luxe et contre la dépense excessive des ameublements qui ôtoient le pain et le vêtement aux pauvres, vendre avant la fin du carême ce qu'elles avoient de plus précieux, et se reprocher à elles-mêmes la nudité de tant de misérables qu'elles sembloient dépouiller. » — « Quel est donc, demanda un jour Louis XIV à Boileau, un prédicateur qu'on nomme Le Tourneux? On dit que tout le monde y court. Est-il si habile? » — « Sire, reprit Boileau, Votre Majesté sait qu'on court toujours à la nouveauté; c'est un prédicateur qui prêche l'Évangile. » Et comme le roi insistait pour avoir son sentiment, il répondit : « Quand il monte en chaire, il fait si peur par sa laideur qu'on voudroit l'en voir sortir; et quand il a commencé à parler, on craint qu'il n'en sorte. » M. Le Tourneux dut pourtant en sortir presque aussitôt. Ce succès extraordinaire d'un homme qu'on savait si lié avec Port-Royal éveilla l'envie. M. Le Tourneux ressuscitait Des Mares ; il balançait Bourdaloue : on le fit taire ou du moins on ne lui permit pas de recommencer. On croit que c'est à M. Le Tourneux et au genre d'homélie qui lui était propre, que pensait expressément La Bruyère lorsque dans son chapitre *de la Chaire* il a écrit : « Jusqu'à ce qu'il revienne un homme qui, avec un style nourri des Saintes Écritures, explique au peuple la parole divine *uniment* et *familièrement,* les orateurs et les déclamateurs seront suivis. »

M. de Saci n'avait pas été sans se méfier de ce trop de succès; sachant ce que c'est que l'envie, il la craignait pour M. Le Tourneux, et lui conseillait de se moins produire dans la chaire et de se réserver pour le service des âmes en particulier. Il sentait de quelle utilité un tel homme pouvait être à Port-Royal, lui absent, et dans la disette spirituelle à laquelle étaient réduites ces pauvres isolées. M. Le Tourneux se le disait également, mais il dut céder à des considérations extérieures et à des instances qui allaient aussi, il faut le dire, dans le sens de son génie naturel.

Avant que le venin de la calomnie eût encore eu le temps d'opérer et pendant la durée de ce Carême florissant, il dut y avoir pour Port-Royal, pour les filles d'esprit qui le dirigeaient, une consolation secrète, et même un réveil assez légitime d'espérances. Leur confesseur se trouvait être (comme aux beaux jours d'autrefois) l'homme de Paris qui avait le plus de vogue, d'autorité actuelle, et auquel les gens de bien applaudissaient le plus; il était salué de tout le public chrétien, et semblait trouver grâce et accès auprès des puissances. De légers symptômes survenus paraissaient annoncer un adoucissement dans les volontés jusqu'alors inflexibles. Je me plais à m'attacher à ces dernières heures des moins mauvais jours, à indiquer ce vague rayon dans le nuage, comme se le montrèrent sans doute avec un reste d'espoir celles qui sentaient la nuit s'approcher.

Le troisième jeudi de carême, 26 février, mademoiselle de Vertus, qui était depuis quelque temps plus malade d'un point de côté, écrivit à l'archevêque pour lui demander que M. de Saci pût venir à Port-Royal et la confesser :

« Il y a très-longtemps, lui disait-elle, que ma conscience (*dans une autre copie*, ma confession) est entre ses mains ; il connoît les égarements de ma misérable vie ; je ne suis nullement en état d'en recommencer l'histoire à un autre, et vous savez, Monsieur, que la conduite de M. de Saci a toujours été si sainte, si sage et si éloignée de se mêler de quelque chose, que la calomnie même n'a rien trouvé à lui imputer. Ainsi, Monsieur, la grâce que je vous demande étant revêtue de tant de circonstances qui la rendent juste, vous l'êtes trop sans doute pour ne me la pas accorder. Vous trouverez peut-être à propos de la demander au roi pour moi, et j'y consens, Monsieur, pourvu que vous le fassiez avec la même bonté *que* vous lui avez déjà demandé que je demeurasse ici ; car je suis trop persuadée de la justice, de la piété et de l'humanité de Sa Majesté pour craindre qu'elle me refuse un secours dont j'ai tant de besoin, si vous voulez bien m'accorder votre protection pour l'obtenir. »

La lettre fut rendue à l'archevêque, le dimanche 1ᵉʳ mars, par le fidèle Hilaire, agent zélé de Port-Royal ; et comme M. de Harlai paraissait n'oser prendre sur lui de donner cette permission sans en avoir parlé au roi, Hilaire offrit de se rendre incontinent à Saint-Germain, et d'y porter un billet pour le roi avec la lettre de mademoiselle de Vertus. L'offre acceptée, il fit diligence et arriva au moment du dîner du roi, qui fit réponse une heure après par un mot d'écrit : il s'en remettait de tout à l'archevêque. M. de Harlai, en recevant cette réponse, témoigna que c'était avec bien de la joie et de l'affection qu'il accordait à mademoiselle de Vertus ce que le roi le laissait libre de faire. Hilaire, à l'instant, disposa tout pour qu'on pût aller, le lendemain de grand matin, quérir en calèche M. de Saci à Pomponne. M. de Saci, à son passage à Paris, vit, dès le matin du mercredi, l'archevêque, qui le reçut avec toute la civilité et l'affection possible. Comme M. de Saci lui demandait quel terme il lui fixait pour son séjour, il ne lui en voulut point marquer précisément, lui disant « que cela n'étoit point nécessaire à l'égard d'un homme sage comme lui, que cela dépendroit de mademoiselle de Vertus; qu'il pouvoit demeurer trois jours, quatre jours, selon qu'il le jugeroit à propos. » De plus, il lui donna le *jubilé* pour les malades, et lui mettant son Mandement entre les mains, avec la bulle ou le sceau appendu, il lui dit « qu'il étoit le premier à qui il le donnoit, » ce Mandement ne devant être publié que quinze jours après : en un mot, ce furent des bonnes grâces et de petits présents d'archevêque. « Là-dessus, dit la Relation manuscrite du monastère, M. de Saci se mit en chemin, et arriva ici sur les deux heures. Après avoir salué nos mères et s'être un peu reposé, il entra pour voir mademoiselle de Vertus, et en même temps donna sa bénédiction, à la porte des Sacrements, à toute la Communauté qui l'y attendoit avec bien de l'empressement et de la joie, Nones ayant été différées pour ce sujet. »

Le Journal manuscrit n'en dit pas davantage, mais ce que fut cette joie des cœurs, après trois années de séparation, on le peut imaginer : c'est ici le cas de lire dans l'entre-deux des lignes ce qu'on s'est abstenu d'écrire.

M. de Saci usa discrètement de cette permission inespérée. Arrivé le mercredi dans l'après-midi, il ne resta que jusqu'au dimanche inclusivement. Durant ce temps il confessa et communia mademoiselle de Vertus ; il donna les sacrements à une sœur malade, évitant d'ailleurs tout ce qui aurait paru une reprise de possession de la Communauté. Les entretiens qu'il eut avec l'abbesse, c'est à nous de les supposer. Le lundi 9, dès le matin, il partit pour s'en retourner à Paris et de là coucher à Pomponne, sans s'arrêter ni voir personne que pendant le temps qu'il fallut pour faire reposer les chevaux. M. de Luzanci et madame Hippolite (cette hôtesse habituelle de Pomponne), qui étaient venus avec lui, s'en retournèrent aussi avec lui.

Cependant, tout occupé qu'il était de son triomphant Carême de Saint-Benoît, M. Le Tourneux ne négligeait pas son troupeau des Champs. Nous l'y voyons présent dans la Semaine-Sainte, du lundi au jeudi, officiant, donnant la communion aux malades. Le jeudi, on avança l'office, parce qu'il devait s'en retourner à Paris pour y prêcher le lendemain. Il revint dans la quinzaine, le mardi 7 avril, amenant avec lui trois religieuses de Liesse qu'on avait désiré éloigner de leur monastère où la division s'était mise, et que l'archevêque lui avait permis de placer comme hôtesses à Port-Royal. C'était presque un gage qu'on ne voulait pas laisser la maison sans aucun ravitaillement d'âmes, et que toutes les avenues n'en étaient point à jamais fermées.

Le jour même de Pâques (29 mars), la mère Angélique, en datant expressément de ce saint jour, avait écrit une lettre à l'archevêque, et avec ce tact, ce tour ferme et juste qui est son cachet, elle lui demandait deux choses : l'une, toute simple et indiquée, que M. Le Tourneux devînt le confesseur régulier du monastère et autrement qu'à titre provisoire ; l'autre, en termes plus couverts, qu'on pût recommencer à recevoir des novices comme auparavant :

« Monseigneur,

« Tout ce qui a rapport au bien des âmes pour lesquelles Jésus-Christ, qui est notre Pâque, a été immolé, a rapport à cette grande fête, et je crois ne rien faire qui en viole la sainteté ni qui puisse vous importuner, Monseigneur, si j'ose encore vous faire souvenir de l'état où nous sommes; car de la manière dont M. Le Tourneux m'a parlé depuis peu, il ne se tient point encore chargé de votre part de notre conduite, et fait même état de s'éloigner dans peu de temps, et par conséquent nous demeurerons aussi destituées d'assistance spirituelle que nous le sommes depuis trois ans. Je ne puis me persuader, Monseigneur, que ce soit votre intention ; c'est pourquoi j'ai cru que je pouvois prendre la liberté de vous la demander, et vous supplier très-humblement de trouver bon qu'il continue à nous confesser. La Communauté y a déjà pris confiance, et l'honneur que vous lui faites de l'écouter le rend plus propre qu'un autre à entretenir ce rapport et cette dépendance que vous avez témoigné, Monseigneur, que vous désiriez que nous eussions à votre égard et que nous regardons comme un grand avantage aussi bien qu'un grand honneur.

« Oserois-je encore vous demander, Monseigneur, avec le respect que je dois, s'il n'est point permis d'espérer quelque indulgence plénière pour nous en ce temps de Jubilé et de rémission? si vous nous avez accordé celle de tous nos péchés pour trois jours de jeûne et de prière, trois années d'affliction n'auront-elles, Monseigneur, aucun mérite pour obtenir de votre bonté quelque protection?... »

Adresse et dignité, cette âme supérieure savait concilier les deux choses; mais ce fut inutilement. Les suppliques restèrent vaines, et l'on s'aperçut bientôt que rien n'était changé. Le prochain été qui fut des plus calamiteux; d'affreux orages, des inondations qui ressemblaient à un déluge, une espèce de tremblement de terre qui fut comme le prélude des ravages et qui ébranla tout le vallon (12 mai 1682)[1], parurent à ces âmes pieu-

---

1. « Ce tremblement de terre dont vous me parlez me feroit plus

ses des signes visibles que la colère d'en haut n'avait point cessé. J'ai voulu du moins donner idée de la consolation trop fugitive que M. Le Tourneux apporta à Port-Royal dans son court passage. Le moment approchait où lui-même ne pourrait se défendre contre les envieux que lui avaient faits ses talents et son succès. Il avait pourtant de puissants appuis et des amis en tous lieux. Le chancelier Le Tellier, qui faisait le plus grand cas de son *Carême* imprimé, était, avec Pellisson, celui qui l'encourageait le plus à continuer sur ce plan toute l'*Année chrétienne*. M. Le Tourneux s'était rendu utile à M. de Harlai par sa science ecclésiastique, et il avait fait partie de la Commission instituée pour la réforme du Bréviaire de Paris, dit Bréviaire de Harlai. Il était une des lumières dans cette réforme liturgique générale qui s'accomplissait alors; M. de Vert, trésorier de Cluny, le consultait sur le Bréviaire de l'Ordre et sur l'historique des cérémonies de l'Église; le poëte Santeul, qui faisait de lui son oracle, lui était redevable de la matière de ses plus belles Hymnes. Appelé à Versailles par des personnes pieuses de la Cour, M. Le Tourneux était recherché dans le royaume par de grands prélats. Chanoine de la Sainte-Chapelle, ayant encore un autre bénéfice qui se desservait à Saint-Michel dans le Palais, il avait été pourvu en dernier lieu par l'archevêque de Rouen, Colbert, du prieuré de Villers-sur-Fère en Picardie. Cette pluralité de bénéfices (car il en avait gardé au moins deux, et peut-être les trois) alarmait un peu sa conscience, et il y aurait mis ordre s'il avait vécu; mais il eût désiré ne se démettre de ce canonicat de la Sainte-Chapelle qu'en faveur de quelqu'un de digne : en atten-

---

de peur qu'une douzaine de comètes ; car je crains peu les présages, mais j'appréhende davantage les maux effectifs. On n'est pas loin d'être écrasé, quand la terre tremble. » (Lettre d'Arnauld à la mère Angélique de Saint-Jean, du 22 mai 1682.)

dant il se contentait d'en employer chrétiennement les revenus. C'est au milieu de cette condition déjà si établie de toutes parts, et de cette vogue croissante, que, vers la fin de l'année 1682, il se sentit arrêté par des influences ennemies qui finirent par dominer l'archevêque lui-même ; et, à la fois par prudence, et pour se mortifier de son trop de vogue et d'éclat, il jugea à propos de se dérober [1]. Il s'éclipsa comme il l'avait déjà fait à d'autres moments de sa vie : — d'abord, après ses études, un certain temps en Touraine ; — puis, après ses succès de chaire à Rouen, trois ans rue Saint-Victor à Paris ; — ici ce sera sa dernière retraite. A partir d'octobre 1682, on ne le retrouve plus à Port-Royal ; mais il ne le quitte que pour en mieux pratiquer l'esprit. Il se retire dans son prieuré de Villers pour s'y livrer sans partage à l'étude et à la pénitence.

« Nous l'y trouvâmes, écrit Du Fossé qui le visita en ces

1. Un accident qui, joint aux autres motifs, contribua certainement à sa retraite, fut une saisie de ballots de livres composés par M. Arnauld, et qu'on essayait de faire entrer en France : « Sur la fin de ce même été (1682), nous dit M. Guelphe, très-bien informé, on saisit des ballots à Saint-Denis par l'imprudence d'un batelier. Il n'y avoit dans ces ballots que de bons livres, comme *Apologies pour les Catholiques*, des livres contre M. Mallet, etc. On prit celui à qui ces ballots étoient adressés : on le mit à la Bastille, quoiqu'il fût malade à la mort, et qu'il eût été saigné quinze ou seize fois. On écrivit de la Cour à M. l'Intendant de Soissons de s'informer qui avoit fait venir ces ballots de Soissons : il fit réponse que c'étoit sa femme *et M. Le Tourneux*. On ne poussa pas la chose plus loin de côté-là. » Et on lit dans une lettre d'Arnauld, écrite de Bruxelles le 12 novembre 1682 : « Le Père du Breuil a été mis à la Bastille, madame Maubert et son fils unique ; *et on ne sait ce qui arrivera de M. Le Tourneux.* » Quand on voit l'excessive rigueur avec laquelle furent traitées toutes les personnes compromises dans cette affaire des *ballots*, on a lieu de conjecturer qu'il fallut à M. Le Tourneux tous les puissants appuis qu'il avait alors, pour que l'affaire ne fût pas poussée plus loin à son égard.

années, vivant comme un homme qui n'auroit point eu de corps à nourrir, et comme s'il eût voulu le faire mourir de faim. Il se levoit tous les jours de grand matin ; il chantoit son office dans son église avec quelques personnes qui l'accompagnoient [1] ; il travailloit tantôt à labourer et à cultiver son jardin, et tantôt à composer ces excellents livres de piété dont il a enrichi l'Église ; il ne mangeoit de tout le jour que sur les six heures du soir, et encore des légumes, au lieu de très-bon poisson dont on ne manquoit pas en ce lieu. Je fus effrayé de voir mener une telle vie à une personne qui étoit d'ailleurs d'une complexion assez infirme et sujet à très-grands maux de tête. Mais que ne peut point sur le cœur d'un homme fortifié de la Grâce, l'amour ardent des biens célestes ! »

Il employait ses revenus et le produit de ses livres à élever quelques jeunes gens qui partageaient sa retraite ; nous rencontrerons bientôt un des sujets distingués sortis de cette école. Il avançait dans la composition de son *Année chrétienne*, dont six volumes avaient paru (1682-1685). Mais la tracasserie, la haine du bien, toujours si prompte à s'attacher à tout ce qui était de Port-Royal, poursuivit M. Le Tourneux dans ses écrits comme elle avait déjà fait dans la chaire. Le nonce du Pape dit un jour au Père de La Chaise que Sa Sainteté demandait qu'on supprimât quelques livres, et entre autres l'*Année chrétienne*, « parce que la Messe y est traduite en françois. » Le Père de La Chaise en parla au roi, qui en dit un mot à M. de Paris : de là défense de l'archevêque au libraire Élie Josset de plus vendre dorénavant des *Années chrétiennes*. « Sa femme s'est allée jeter aux pieds de M. de Paris, écrit Arnauld dans une lettre à M. Du

---

1. Il y menait la vie religieuse dans toute son exactitude, se levant pour Matines à deux heures après minuit, et disant chaque office à l'heure marquée : *Septies diu noctuque Domino laudem dicens*, comme on le lit dans son Épitaphe.

Vaucel[1], pour lui représenter que c'étoit ruiner sa famille; mais il lui a répondu qu'on la dédommageroit. Et cela ne sera pas difficile; car on ne plaint pas l'argent en ces rencontres. Mais qui dédommagera les âmes? »

On a, d'un abbé de La Vau (ou Lavaux), de l'Archevêché, une lettre en forme d'avertissement, adressée à M. Le Tourneux, qui marque jusqu'où allait l'arrogance du ton et du procédé à l'égard de ce docte et pieux serviteur de Dieu :

« Monsieur Le Tourneux se peut souvenir que monseigneur l'archevêque de Paris lui donna une grande marque de confiance, lorsqu'il lui donna sa mission pour aller à Port-Royal, et que ce prélat n'eut pas sujet d'être content quand il y retourna secrètement.

« Quand M. Le Tourneux prêcha à Saint-Benoît, monseigneur l'archevêque de Paris ne fut point ébranlé, ni des rapports qu'on lui faisoit de ses sermons, ni du crédit de ceux qui faisoient ces rapports.

« M. Le Tourneux se souviendra bien aussi que, lorsqu'il fut obligé de se retirer, monseigneur l'archevêque lui permit de faire quelques sermons, de peur qu'il ne parût que la chaire lui eût été interdite.

« Il n'aura pas non plus oublié ce que lui conseilla mondit seigneur l'archevêque de Paris, quand il se retira à son prieuré; et s'il n'eût point prêché, comme il avoit promis de ne le point faire, il n'auroit point attiré les plaintes de monseigneur l'évêque de Soissons, ce qui ne contribua pas peu à lui faire ôter la pension de trois cents écus qu'il avoit du roi.

« Depuis ce temps-là, qu'il fasse réflexion sur les commerces qu'il a eus, qui ne sont point ignorés....

« Quand il est venu en dernier lieu à Paris, pourquoi, contre l'avis qui lui avoit été donné, s'est-il montré dans les lieux publics?

« On est bien aise d'avoir des ouvrages de lui, et jamais

---

1. 22 mars 1686.

ceux qui partiront de sa plume ne seront mieux reçus que lorsqu'il cessera d'y mêler de ces choses que l'Église n'approuve pas, et qu'on taxe de *nouveauté*. Qu'il donne ses livres à examiner à ceux qui sont préposés pour cela, et qu'il choisisse les matières qui conviennent au temps où nous sommes ; *qu'il y mêle la docilité de M. Nicole, homme dont les conseils sont bons à suivre*, et qu'il ne se laisse pas aller aux mouvements de ses amis, qui ne le peuvent louer sans accabler de brocards ceux qui lui paroissent contraires ou qui ne le louent pas excessivement.

« Il peut écrire à monseigneur l'archevêque : on lui montrera ses lettres, et on lui écrira précisément ce qu'il aura répondu. »

Voici l'humble et touchante réponse de M. Le Tourneux, datée de Villers, 19 mai 1686 :

« Monsieur,

« J'ai reçu hier un Mémoire que vous avez eu la bonté d'envoyer pour moi à M. Josset (le libraire). On ne peut vous être plus obligé que je le suis, de la charité avec laquelle vous voulez bien m'instruire de ce qu'il peut y avoir eu dans ma conduite, qui ait offensé monseigneur l'archevêque de Paris. Je voyois bien que j'avois le malheur de n'être plus dans ses bonnes grâces, sans savoir ce qui me les avoit fait perdre ; mais je ne pouvois remédier à un mal dont j'ignorois la cause. Vous me l'apprenez, Monsieur, et j'espère que si vous me faites la grâce d'être mon médiateur, je pourrai recouvrer par vous ce que j'ai perdu. Je sais que monseigneur l'archevêque est plus aise de trouver les personnes innocentes que coupables : or il me trouvera innocent, s'il veut bien écouter ce que je prends la liberté de répondre à tous les articles du Mémoire que vous m'avez fait tenir. Achevez donc, Monsieur, ce que vous avez si généreusement commencé ; et puisque Dieu, par une providence que je ne puis assez admirer, vous a inspiré de la bonne volonté pour moi, aidez-moi, je vous en conjure, à détromper sur mon sujet des personnes de qui je n'ai point l'honneur d'être connu, puisqu'on leur a donné de moi des idées si éloignées de la vérité.... »

Dans une réponse plus détaillée, jointe à la précédente, M. Le Tourneux reprenait de point en point chacun des faits qu'on lui imputait dans l'Avertissement si cavalier qu'il avait reçu, et il les réduisait à néant. Ces pièces seraient à reproduire en entier ; car rien ne saurait donner une plus juste idée et de la légèreté ou de la perfidie des adversaires, et de la moralité des accusés, de la gravité de leur habitude et du ton de leurs âmes. Il ne se peut voir en aucun temps de plus honorables persécutés que ceux-là, et de plus faits pour imprimer le respect :

« Je me souviens sans doute, disait donc M. Le Tourneux en entrant dans le détail de l'accusation, et j'espère de m'en souvenir toujours, que monseigneur l'archevêque de Paris me donna une grande marque de sa confiance, lorsqu'il me donna mission pour aller à Port-Royal ; je me souviens aussi qu'il m'a témoigné plusieurs fois être satisfait de ma conduite, et je me suis tenu obligé à la bonté qu'il a eue d'avoir pour agréable la manière dont je m'acquittois de la commission qu'il m'avoit fait l'honneur de me donner ; *je n'y suis point retourné depuis, ni en secret, ni autrement*, et je le prie de juger de là qu'on lui peut faire de faux rapports, et de se souvenir d'une parole que j'ai entendue de sa propre bouche, « que s'il est obligé, dans la place qu'il occupe, d'écouter tout, il n'est pas obligé de tout croire. »

« Quand je prêchai à Saint-Benoît, Monseigneur ne fut point ébranlé des rapports qu'on lui fit. Il me tint la parole qu'il avoit eu la bonté de me donner, (qui étoit) de m'avertir de tout ce qu'on lui diroit de moi. Il ne crut pas ce qu'on lui rapporta; il s'informa des choses, et il ne me trouva coupable de rien. Il a vu par lui-même que j'avois des ennemis, et qu'ils l'étoient gratuitement, puisque jamais je ne les avois offensés. Il a vu aussi que je savois profiter de ses avis, et il m'en a rendu un témoignage que je ne puis assez reconnoître. Que je serois heureux s'il me vouloit faire toujours la même grâce, de ne me point condamner sans m'entendre !...

« Monseigneur l'archevêque de Paris m'avoit permis de

prêcher dans Paris. Cependant je ne l'ai point fait depuis le Carême de Saint-Benoît : je refusai non-seulement des Avents et des Carêmes, mais encore des sermons particuliers, comme celui de saint Victor à Saint-Victor et de saint Louis à Saint-Louis-en-l'Ile ; et cela avant que je fusse obligé de me retirer. Je ne sache avoir fait qu'une exhortation dans la salle de madame la présidente Nicolaï, et je ne la fis qu'après en avoir parlé à monseigneur l'archevêque, qui eut la bonté de me marquer ce que je devois dire au commencement de mon discours ; à quoi j'obéis ponctuellement.

« Je sais que quand je pris congé de monseigneur l'archevêque pour me retirer à mon prieuré, il me conseilla de ne point prêcher pendant quelque temps, mais de m'occuper à faire de bons livres. J'ai été fidèle à suivre ce conseil ; *je n'ai préché nulle part*, quoique j'aie été sollicité plusieurs fois, et en divers lieux, de le faire. Feu monseigneur l'évêque de Soissons ne s'est pas plaint que j'eusse prêché, *mais de ce qu'on ne lui permettoit pas de me laisser prêcher.* C'est ainsi qu'il l'a dit à M. de Vert, qui a l'honneur d'être connu de monseigneur l'archevêque, et qui me l'a dit à moi-même.... *Il n'a donc pu se plaindre que j'eusse prêché, parce que cela n'étoit pas ;* de sorte que si c'est ce qui m'a fait perdre la pension que j'avois de la libéralité du roi, c'est sur une bien fausse accusation que j'ai eu le malheur d'encourir la disgrâce de Sa Majesté.

« Je n'ai point eu de commerces, que de nécessité et de charité. Je n'en ai point eu d'intrigue, et ne me suis mêlé de rien que de réparer mon prieuré et y servir Dieu comme je puis.

« Je ne me souviens point qu'en mon dernier voyage de Paris on m'ait donné avis de ne point aller dans les lieux publics. »

Après une longue explication sur ses livres et son *Année chrétienne* en particulier, pour l'approbation de laquelle il avait choisi des docteurs autorisés, il protestait de son esprit de soumission, non sans une plainte sourde et comme étouffée sur l'inutilité où l'on prétendait réduire chacun de ses talents, dont le principal était l'explication populaire de l'Évangile :

« Monseigneur l'archevêque peut se souvenir que je lui ai marqué une si grande soumission pour mes pasteurs, que j'étois prêt à aller catéchiser dans le dernier village de son diocèse s'il m'y envoyoit. S'il avoit été persuadé de ma disposition et qu'il m'eût cru capable de rendre service à l'Église, il m'auroit donné ma tâche, et il auroit vu comment je m'en serois acquitté. Ce n'est point à moi à m'ingérer, et je ne crois pas qu'on m'en accuse. *Je suis un serviteur inutile :* voilà tout ce que je dois penser de moi.... »

On lui avait proposé pour modèle M. Nicole : c'était un faux exemple. Nicole vieux, de retour à Paris et ne demandant qu'à y mourir en paix, avait fini sa carrière : M. Le Tourneux, dans la force de l'âge, commençait la sienne. Nicole d'ailleurs, le moins prédicateur des hommes, ne pouvait être raisonnablement proposé en modèle à M. Le Tourneux, né essentiellement prédicateur et destiné à la parole publique. Mais c'est un peu l'inconvénient de ces honnêtes ralliés, de ces repentis et réconciliés par douceur d'humeur et par fatigue, de ces Silvio Pellico de tous les temps, d'être proposés pour bons sujets imitables à des hommes qui ont une toute autre verdeur et une autre séve. Quoi qu'il en soit, M. Le Tourneux disait en s'abaissant :

« J'estime M. Nicole, et je suis prêt à suivre ses conseils ; je préférerai ses lumières aux miennes, sans scrupule et avec joie. Si j'ai des amis qui me louent, et qui, en me louant, en blâment d'autres, c'est à mon insu et sans mon aveu qu'ils le font : je ne sais point ici ce qu'on dit de moi ailleurs. Je n'approuverai point dans mes amis ce que je n'approuverois pas dans moi-même. On ne m'a pas ouï parler avec aigreur ni avec mépris de ceux qui me paroissent contraires, et si je savois quelqu'un qui en usât autrement que moi, je l'en empêcherois s'il m'étoit possible ; mais je me persuade qu'on ne m'imputera point ce qui ne dépend aucunement de moi, ce qu'on fait sans que je le veuille ni le sache, et en quoi je n'ai aucune part.

— « Voilà, Monsieur, ajoutait-il en concluant, ce que je puis vous dire en m'attachant précisément au Mémoire que j'ai reçu, et ce que je dis avec tout le respect que je dois à monseigneur l'archevêque et que je veux garder inviolablement. Si j'avois l'honneur de lui parler, je m'y étendrois davantage, et je me ferois connoître à lui mieux que je ne fais. Si vous daignez néanmoins lui montrer ces réponses, qui sont sincères et véritables, j'espère qu'il reprendra pour moi les anciens sentiments de cette affection dont il m'honoroit.... Les nuages se dissiperont peut-être, et la vérité sera connue. Vous y pouvez contribuer, Monsieur, et l'action n'est pas indigne de vous. Je prie Dieu de récompenser ce qu'il vous a inspiré de faire pour moi, qui suis, etc. »

La vérité ne triompha point : elle devrait y être accoutumée. M. Le Tourneux était venu à Paris pour cette affaire de l'*Année chrétienne*, quand il fut frappé soudainement d'apoplexie, le jeudi 28 novembre 1686, vers six heures du matin, à ce qu'on crut ; il était seul dans sa chambre et se portait bien la veille. On entra à sept heures et on le trouva comme mort ; on ne put que lui donner l'Extrême-Onction, ne lui jugeant pas assez de connaissance pour le Viatique ; il n'expira que l'après-midi sur les deux heures. La consternation fut grande parmi les amis, et la surprise ajouta à la douleur. La mort soudaine, qui a souvent paru la plus désirable aux yeux du philosophe, est la plus redoutable aux yeux du chrétien. On apprit à Port-Royal l'accident mortel dans la journée même du jeudi. Le lendemain matin, l'abbesse, la mère Du Fargis, envoya un exprès à Paris avec une lettre à madame de Fontpertuis pour la prier d'obtenir que le cœur de M. Le Tourneux fût apporté au monastère ; on n'osait pas demander davantage. Ce billet ne trouva point madame de Fontpertuis à Paris ; « mais Dieu, disent nos Relations fidèles, qui ne voulut pas priver cette maison de ce qui auroit été assurément dans l'intention du défunt s'il avoit été en état de s'en expliquer, inspira en son absence à des personnes amies ce que notre Mère avoit demandé, et sans que l'on le sût à Paris, le défunt étant déjà enseveli et dans la bière, le vicaire de Saint-Severin et madame Josset prirent résolution de faire prendre son cœur, et de nous l'apporter; ce qui réussit, mais non pas sans que l'on s'en aperçût. Comme l'on commençoit à en faire du bruit et quelques personnes y trouvant à redire, cela leur fit craindre, quoique assez sans apparence, que l'on ne s'opposât à leur dessein; et ce fut ce qui leur fit conclure de se mettre en chemin, pour nous l'apporter, entre quatre et cinq heures du soir. » On loua un carrosse à quatre chevaux, et l'on partit en toute hâte; mais on se perdit par les chemins, on fut plus de neuf heures en route; et ce ne fut pas sans une grande surprise que sur les deux heures après minuit, pendant qu'elles disaient les matines de Saint-André (30 novembre), les religieuses entendirent un carrosse entrer dans la cour du monastère. C'était le cœur de M. Le Tourneux qui s'en revenait reposer dans son chaste asile. Il alla rejoindre tant d'autres cœurs fidèles dans la chapelle des Reliques. Son corps avait été enterré en l'église de Saint-Landry.—M. Le Tourneux n'avait que de quarante-six à quarante-sept ans. — Il laissa par testament à Port-Royal une somme de 2000 livres (d'autres disent 4000), produit de ses ouvrages.

La mauvaise volonté des ennemis ne fut point désarmée par sa mort même; ils extorquèrent de l'Official de Paris une Sentence foudroyante du 10 avril 1688, et une Ordonnance de M. de Harlai du 3 mai suivant, confirmative de cette Sentence, contre une traduction qu'il avait faite du Bréviaire romain, comme si elle eût contenu plusieurs hérésies. « Jamais, dit Du Fossé, Ordonnance ne fit plus de bruit dans Paris; mais il est vrai aussi qu'on ne vit peut-être jamais un consentement plus général, pour rendre justice à l'innocence du traducteur et à la bonté du livre : en sorte que le prélat demeura lui-même convaincu que la passion de ses envieux avoit eu la plus grande part dans cette affaire, et il ne put refuser à son libraire la permission qu'il lui demanda de vendre ce livre [1]. »

On le voit, M. Le Tourneux, bien que venu tard, toujours contrarié et si vite emporté, est une des vraies figures de Port-Royal : il en a tous les caractères, y compris la persécution. En des jours plus réguliers il eût été avec M. de Tillemont, et sous une forme plus manifeste, un des remplaçants de M. de Saci qui s'était volontiers déchargé sur lui du soin de plusieurs âmes, et qui le consultait sur ses écrits avant la publication comme un maître dans la doctrine ecclésiastique. Il eût illustré toute chaire où il serait monté ; il avait un don. Le Carême qu'il avait prêché à Paris avait tant frappé dans tous les rangs, que M. Le Tourneux était resté connu même du peuple sous le nom de *Prédicateur de Saint-Benoît*. Il était cité partout comme ayant la réputation, par excellence, du prône, de l'explication des Évangiles. Madame de Caylus parlant d'une supérieure de Saint-Cyr (madame de Brinon) qui avait de l'esprit et une grande facilité de s'exprimer, et même de l'éloquence, disait : « Tous les dimanches après la messe, elle expliquoit l'Évangile *comme auroit pu faire M. Le Tourneux.* » C'était un nom courant et accepté

---

1. « Il faut en vérité que M. de Paris ait l'esprit de vertige, » écrivait, à propos de cette condamnation du Bréviaire, l'archevêque de Reims Le Tellier à Bossuet (26 avril 1688). — C'est dans ce Bréviaire que parurent pour la première fois les Hymnes traduites en vers par Racine.. Un jour que Louis XIV l'engageait à faire quelques vers de piété : « Sire, j'en ai voulu faire, répondit Racine, on les a condamnés. » — Arnauld a démontré jusqu'à l'excès d'évidence l'absurdité de cette condamnation du Bréviaire traduit, dans sa *Défense des Versions de l'Écriture Sainte* 1688).

que le sien. M. Le Tourneux n'avait eu qu'une saison, n'avait brillé qu'un Carême, mais il avait bien brillé. Ses livres posthumes prolongeaient sa réputation. Ce n'était pas seulement Fénelon qui, dans un résumé général des discussions sur *l'Amour pur*, s'appuyait de l'autorité de M. Le Tourneux, qui avait parlé à souhait de cet Amour dans son livre des *Principes et Règles de la Vie chrétienne*[1]; c'était madame de Sévigné qui lisait avec plaisir ces mêmes *Règles chrétiennes* (février 1689) : « Je n'avois fait que les envisager, dit-elle, sur la table de madame de Coulanges; elles sont à présent sur la mienne. » Tel on était en ce temps-là [2].

Cependant je n'ai pas tout dit : en étudiant cette figure, l'une des dernières et non des moins belles de notre cadre, en considérant cette vie si traversée, je n'ai pu me défendre de réflexions qui vont même au delà, qui portent sur l'ensemble de notre sujet, et qui y appartiennent essentiellement.

A l'acharnement avec lequel M. Le Tourneux fut persécuté de son vivant et qui ne cessa même pas après sa mort, on a senti qu'il se rattache à lui toute une grave question, et cette question s'est renouvelée, s'est continuée jusqu'à nos jours, où il a recommencé d'être calomnié dans un certain monde.

De bonne foi, quand on essaye de lire cette série de

1. Opusculi auctor, D. *Le Tourneux*, magni nominis est apud eos qui se Augustini discipulos nuncupant. » (*Dissertatio de Amore puro*.)

2. Parfois, dans une bibliothèque de campagne, dans quelque vieille gentilhommière dont les seigneurs, autrefois calvinistes, ne se convertirent que tard et après la révocation du fameux Édit, on trouve sur les rayons poudreux, en reliure sombre, ces suites d'excellents livres d'extraction janséniste, les *Instructions chrétiennes* de Singlin, l'*Année chrétienne* de Le Tourneux, la *Doctrine chrétienne* de Mésenguy : ces bons gentilshommes, convertis un peu à leur corps défendant, ne prenaient la voie catholique que par le sentier qui les côtoyait du moins de plus près.

livres qu'il a composés, il est difficile de comprendre que des choses aussi monotonement édifiantes aient paru dangereuses et aient jamais été défendues, qu'elles le soient peut-être encore : elles se défendent d'elles-mêmes, ce semble, par l'uniformité et, pour parler en profane, par l'ennui. Mais dépouillons nos lumières acquises, nos idées désormais ouvertes sur la nature, sur le vrai système du monde et sur l'histoire; sachons retourner en arrière, ne pas être plus difficile qu'un Caylus, une Coulanges ou une Sévigné; sachons lire jusque dans ces teintes grises et sombres, et voir l'action et la vie où elle a été.

Que voulait M. Le Tourneux? que voulaient ses amis, par l'ensemble de travaux qu'ils réclamaient de lui avec instance et auxquels il était si propre? Par ses traductions de l'Office de la *Semaine sainte*, puis par son *Carême* où il ne traduisait plus seulement, mais où il ajoutait un commentaire abrégé, une explication des Épitres et Évangiles que l'Église en ce saint temps donne toujours nouvelles pour chaque jour, puis dans son *Avent* et dans ce qu'il a fait des Dimanches d'après Pâques, M. Le Tourneux essayait, au sein d'une société encore chrétienne, de faire participer les fidèles, par l'intelligence comme par le cœur, à tous les actes de la vie chrétienne. Il les voulait mettre à même d'apporter le plus de raison et de réflexion possible dans l'usage des choses incompréhensibles. L'Église, tout en se réservant le latin comme langue sacrée dans le service public, n'interdisait pas aux fidèles en particulier de prier en leur langue et de goûter intelligemment la parole de Dieu. Donner cours à des publications pareilles, c'était faire le meilleur appel et opposer la plus excellente réponse aux Protestants, alors très-invités à se convertir et très-sollicités d'entrer; c'était leur montrer ce que c'est que la Messe, tant décriée et insultée par eux, et les forcer à la respecter.

Cela n'était propre qu'à faire honneur, comme disait Arnauld, à la religion catholique. Et au contraire ces mêmes Protestants tirèrent grand parti de la condamnation des livres de M. Le Tourneux, en s'écriant : « Vous voyez ces idolâtres! ils ne veulent pas qu'on puisse rien lire directement de l'Écriture, ni rien comprendre de ce que Jésus-Christ a apporté. *Cette lumière, de dessus laquelle on avoit tiré le voile, a blessé les yeux de ces oiseaux de ténèbres.* » Le fait est que, quand on a lu Le Tourneux, on se rend compte, si l'on est croyant, des motifs de sa foi et de son culte, des diverses formes et des appropriations de la prière, de la composition et de l'ordonnance que l'Église a données à l'Année chrétienne, et de l'appui qu'y trouve une âme chrétienne à chaque instant, — de la station qu'elle y peut faire à chaque degré; on s'en rend compte non point par un effort de goût comme on le fait pour comprendre la beauté du poëme de Dante ou d'une vieille cathédrale, mais par le sens moral et pratique, en restant Français et paroissien de son temps et du dix-septième siècle, si l'on était du dix-septième siècle. On est un chrétien instruit et estimable, même aux yeux de ceux qui ne le sont pas. Si M. Le Tourneux avait fait jusqu'au bout sa fonction, si lui et ses amis avaient pu développer leur œuvre et la faire accepter, il en serait résulté qu'en France on aurait lu un peu plus les Épîtres, l'Évangile, l'Écriture sainte qu'on lit si peu, et qu'on les aurait lus à la française, en s'en rendant compte jusqu'à un certain point, en comprenant ce qui va au bon sens et au droit jugement de tous et en moralisant à ce sujet : on aurait réalisé mieux qu'on ne l'a fait le *rationabile obsequium vestrum* de saint Paul. L'Ultramontanisme a craint ce demi-progrès; il a grondé. M. de Harlai, en s'associant par faiblesse à la censure, n'a pas vu que lui-même serait bientôt atteint dans son gallicanisme, dans sa réforme liturgique du Bréviaire de

Paris, et dénoncé à son heure pour sa fraction d'hérésie. Il faut voir dans l'ouvrage de Dom Guéranger [1] le curieux chapitre où tout ce travail de régularité et aussi de diffusion de la prière et de l'instruction chrétienne au dix-septième siècle est présenté comme le résultat d'une grande *conspiration qui se tramait contre la foi des fidèles,* et dont les principaux auteurs et promoteurs n'étaient autres que les traducteurs du Nouveau-Testament de Mons, M. Pavillon avec son Rituel d'Aleth, M. Le Tourneux avec l'ensemble de ses pieux et prudents écrits. Celui-ci est surtout l'objet d'attaques singulières. On est même allé (car la calomnie de ce côté est prompte, et la bêtise s'y mêle aisément) jusqu'à incriminer sa foi en la divinité de Jésus-Christ [2]. Mais le grand crime était de vouloir introduire une part de raison et de connaissance dans les livres jusqu'alors fermés du Sanctuaire, de diminuer, même en le révérant, mais en se l'expliquant dans une certaine mesure, le mystérieux et le merveilleux inhérent à la célébration du culte. On est revenu de nos jours à ce merveilleux tant qu'on a pu, par l'imagination, par la résurrection des choses du Moyen-Age, par un enthousiasme d'artiste, d'archéologue, de romantique encore plus que de chrétien. Nous avons vu commencer ce mouvement, nous le voyons finir et être même plus court qu'une vie d'homme. Au point de vue histori-

1. *Institutions liturgiques,* par le R. P. Dom Prosper Guéranger, abbé de Solesmes (1841), tome II, chap. xvii.
2. Des écrivains catholiques, sans aucune critique, ont reproduit une odieuse insinuation de Feller contre la sincérité de M. Le Tourneux : « La manière dont il a parlé de la prière de Jésus Christ dans le Jardin des Olives a répandu des doutes sur ses sentiments à l'égard de la divinité du Sauveur des hommes. » Voilà M. Le Tourneux accusé d'incliner au déisme. Mais y pense-t-on bien? un Janséniste, loin d'être un commencement de déiste, est un redoublement de chrétien. Bien loin de ne pas croire à la divinité de Jésus-Christ, il y croirait plutôt deux fois qu'une.

que, ç'a été peut-être une excursion heureuse, une brillante croisade du goût : au point de vue pratique et moral, qu'en est-il resté ?

Pour conclure sur M. Le Tourneux et le laisser tout à fait gravé dans nos esprits par sa marque distinctive : — il avait entrepris sur une grande échelle la divulgation *gallicane* et très-chrétienne de l'Évangile, des Épîtres, une explication de la Messe et de toute l'ordonnance du culte, un grand régime d'homélies. Il tendait à faire un peuple, un public chrétien à la française, relativement éclairé. Au lieu de l'y aider, on le condamne, on le prohibe, on l'accable sous la stupidité des accusations; on insulte à sa mémoire. Que gagne la vraie religion à ces guerres civiles ? Comme si l'ennemi commun, les philosophes, l'esprit du siècle, Voltaire en personne, n'approchaient pas. Oh! que le malin qui savait son Jansénisme à merveille, et qui en avait de bonnes informations dans sa famille, devait rire en voyant les livres de Le Tourneux à l'Index, et l'auteur traité comme un mécréant ! C'était autant de gagné pour lui.

III

Suite de l'histoire intérieure ; — baisse et dépérissement. — Ecclésiastiques du dedans : M. Eustace. — M. Bocquillot ; — ses fredaines et son repentir ; — brusque et honnête figure ; janséniste non mortifié. — Santeul, ou l'hôte jovial. — La Cuculle de saint Bernard. — Les années funèbres. — Morts sur morts. — M. de Pontchâteau : — sa jeunesse ; chute et rechute. — Pénitence violente ; — fureur d'humilité ; abjuration de grandeur. — Jardinier et vigneron. — Voyageur infatigable. — Il fait des miracles après sa mort. — Sage réserve de Nicole. — Les visites interdites à Port-Royal. — Fêtes des Rogations ; — du Saint-Sacrement. — Une procession en 1693 ; — belle description par M. Louail. — La mère Racine abbesse, et son neveu le poëte. — Mort subite de M. de Harlai ; — propos jansénistes. — M. de Noailles archevêque. — Lettre et conseil de Racine. — Extrême déclin.

Je continue l'histoire du monastère durant ce calme apparent et perfide où on le laisse peu à peu se détruire.

Le résumé, si l'on s'y bornait, serait court. L'histoire de Port-Royal, depuis 1679 jusqu'à la ruine dernière en 1711, est bien simple et tristement monotone : c'est celle d'une place assiégée, bloquée, qu'on veut anéantir (et on y procède à coup sûr) par disette, par inanition. On pratique un supplice d'un nouveau genre. Pour ne pas avoir l'odieux d'une violence ouverte, on coupe les vivres, puis les canaux, l'un après l'autre, à petit bruit. Il y a même des répits assez longs, des temps d'arrêt dans le travail de sape et d'investissement, comme pour mieux prolonger le plaisir. La garnison cependant dépérit de jour en jour, à vue d'œil. Depuis qu'on a retranché les novices et interdit le moyen de se recruter, le chiffre, d'abord si florissant, de 73 religieuses de chœur, diminue; on le voit sensiblement baisser de trois en trois ans, à chaque élection d'abbesse. Il était tombé de 73 à 61 lors de la réélection de la mère Angélique, au mois d'août 1681. Il remonte, et il se retrouve on ne sait trop comment (et sans doute à cause de quelques malades qui s'étaient abstenues à l'élection précédente) de 63 encore[1] en février 1684. Il baisse et retombe à 56, en février 1687; à 51, en février 1690; à 43, en février 1693; à 38 ou 39, en février 1696; à 34, en février 1699; à 26, en février 1702. Il n'est plus que de 25, en février 1705. On empêchera finalement d'élire une abbesse. Le couvent exténué, réduit, sous une prieure, à une quinzaine de religieuses, dont la plus jeune a cinquante ans, va finir et mourir de sa belle mort. Il ne faut plus qu'un peu de patience encore de la part des adversaires, mais ils n'en auront pas! au dernier moment, la rage l'emporte; l'assiégeant, qui s'était si longtemps contenu, devient comme forcené; il se jette sur ce qui allait naturellement mourir; il extermine et arrache de ses ongles ce nid d'hérésie; il déterre les morts. Ainsi il perd tout le profit de son hypocrite longanimité: après l'odieux de la cruauté lâche et sournoise, il a celui de la vengeance féroce.

Mais nous avons trop de circonstances honorables et

---

1. Le Journal manuscrit dit même 67; c'est probablement une faute.

touchantes à noter, trop de physionomies intéressantes, bien que secondaires, à reconnaître durant cette période d'obscurcissement et dans ces degrés de déclin, pour ne pas nous y arrêter, nous surtout qui savons combien l'état de gêne et d'oppression est conforme à l'esprit de Port-Royal, et qu'avec les personnages de cette sainte école il convient toujours d'appliquer ce mot d'un poëte,

Que l'aspect le plus vrai, c'est le plus recouvert. ˣ

Le premier confesseur proposé à l'archevêque et agréé par lui après le départ de M. Le Tourneux, fut M. Eustace, curé de Fresnes dans le diocèse de Rouen, ancien précepteur du fils de madame de Fontpertuis. C'était un ecclésiastique de piété et d'étude, assez instruit, qui se prit d'affection sincère pour Port-Royal, et y confessa pendant plus de vingt-deux ans (10 août 1683 — décembre 1705). Son nom est resté honorablement attaché aux années dernières de la persécution, bien qu'il y ait commis quelque imprudence. M. Eustace est un bon prêtre, de la catégorie spirituelle de M. Grenet, mais ce n'est pas proprement un de nos Messieurs.

C'en serait un plutôt, s'il était demeuré plus longtemps au monastère des Champs, que M. Bocquillot, qui y fut un ou deux ans confesseur, et qui me semble avoir marché sur les traces de M. Le Tourneux dans l'homélie. La défense qui était faite à Port-Royal de recevoir des solitaires et des hôtes à demeure, n'empêchait pas quelques ecclésiastiques d'y venir à certaines fêtes, d'y prendre part aux offices et processions, d'y célébrer la messe, ou d'y *faire diacre* ou *sous-diacre*. M. Bocquillot commence à paraître à ces divers titres, dans les Journaux manuscrits, sur la fin de l'été de 1684, et il eut permission de confesser en janvier 1685.

ˣ Vers assurément prosaïque ; il doit être de S. B.

Son histoire est assez curieuse et dénote une nature toute franche. Le profil de loin s'entrevoit : j'essayerai de le marquer.

Lazare-André Bocquillot était né à Avallon le 1ᵉʳ avril 1649, originaire par son père du diocèse de Tréguier en Basse-Bretagne. Le père s'était établi aubergiste à Avallon, à l'enseigne du *Pilier vert;* le fils se ressentit d'abord de cette profession un peu libre, plutôt que des conseils et de la vertu de sa mère. Il eut une jeunesse déréglée, errante, de véritable aventurier. Après avoir étudié les humanités chez les Jésuites de Dijon et avoir été de ce qu'on appelait la Congrégation des écoliers, il se débaucha et *hanta les vauriens.* Étant passé, pour son cours de philosophie, chez les Dominicains d'Auxerre, il y fit une grave maladie durant laquelle il prit de belles résolutions qui tinrent peu. Il voulut bientôt après se faire soldat et s'échappa de chez sa mère, en emportant tout ce qu'il pouvait. N'ayant pu être reçu à Paris cadet aux Gardes, il s'était jeté alors, par un coup de repentir, dans l'état ecclésiastique, avait pris les Ordres mineurs, et était entré au séminaire d'Autun. Revenu à Paris, il y avait été ressaisi par sa passion pour le métier des armes et par sa fougue de dissipation; il avait redonné à plein collier dans le désordre. Des contre-temps l'ayant encore arrêté au moment où il allait servir en Candie, et ensuite quand il cherchait à entrer dans les Gardes du corps, il avait trouvé moyen de faire le voyage de Constantinople à la suite de l'ambassadeur M. de Nointel. On nous le représente, à cet âge de 22 ans qu'il avait lors de cette caravane, « beau, bien fait, de grande taille et d'une physionomie qui prévenoit en sa faveur. » De retour en France, et après des études de droit à Bourges, il s'était fait recevoir avocat au Parlement de Dijon et, plus que jamais mondain, il avait rempli Avallon du bruit de ses plaidoiries et de l'éclat surtout de ses parties de plaisir. Enfin il fut sérieusement touché ; le cœur en lui était excellent, les excès ne venaient que de la chaleur du sang et de la fièvre de jeunesse. Il secoua cette *légion de Démons* qui n'étaient que des hôtes passagers. Il fit une confession générale à son frère, religieux minime, et se réforma pour ne plus se démentir. Il se remit aux études ecclésiastiques, rentra au séminaire et fut ordonné prêtre le 8 juin 1675. Pour s'instruire plus à fond, il se retira quelque temps dans une maison de l'Oratoire (Notre-Dame des Vertus, à Aubervilliers près Paris), et il y eut pour maître Du Guet. Il y puisa la doctrine qu'il a toujours gardée depuis, de la *Grâce efficace* et de la *Prédestination gratuite.* Il retourna ensuite dans sa province et eut la cure de Chastellux, de 1677 à 1683; mais des infirmités, et en particulier une surdité qui lui survint, le forcèrent de la quitter. Il alla à Paris et se rendit à Port-Royal pour consulter M. Hamon, qui le mit pendant huit mois au régime de Cornaro : c'était une entrée dans la pénitence. Par M. Hamon, M. Bocquillot s'attacha à Port-Royal, y fit des instructions, catéchisa les domestiques du dehors, et fut adjoint à M. Eustace pour confesser les religieuses en ces années de l'extrême disette des confesseurs. Il n'avait pourtant qu'une bonne oreille, et encore, à de certains jours, elle était dure. Son évêque (M. de Roquette) le rappela bientôt, en 1686 ou 1687, et le nomma chanoine de Montréal, puis d'Avallon. M. Bocquillot devint alors décidément un savant de province ; sans compter ses Homélies qu'il recueillit et publia, il donna des Dissertations sur la liturgie, principalement un *Traité historique de la Liturgie sacrée ou de la Messe* que loue Du Pin ; une Vie du chevalier Bayard, un Mémoire sur les tombeaux de Quarré, etc., etc. Il correspondait avec le *Journal des Savants.* Enfin il fut estimé de l'abbé Lebeuf, du président Bouhier [1]. Quand vint la bulle *Unigenitus,* il y fit face et tint bon dans son Appel et son Réappel. Il mourut le 22 septembre 1728, dans sa quatre-vingtième année. Homme qui, comme tant d'autres de sa province, sent son seizième siècle, *homme d'or* ainsi que l'appellent ceux qui l'ont connu, il était supérieur à ses écrits, et sa conversation, à ce qu'il paraît, avait gardé un grain de vieux sel jusque dans sa stricte piété et dans sa fidélité inviolable aux souvenirs de Port-Royal. Quand il causait familièrement avec ses amis, il appelait cela *bocquilloter.* Pourquoi ne le répéterai-je pas d'après son biographe? il prenait sa tasse de café et son petit verre d'eau-de-vie après les repas! Mais nous savons, à n'en pouvoir douter, s'empresse d'ajouter le même biographe, que c'était M. Nicole qui lui en avait fait prendre l'habitude, et le lui avait conseillé. — M. Bocquillot est pour nous un janséniste bourguignon [2].

---

1. Dans l'extrait d'un Voyage littéraire que l'abbé Papillon fit en Bourgogne pendant l'été de 1722, on lit : « A Avallon, j'eus l'avantage de m'entretenir assez longtemps avec M. Bocquillot, qui vous est connu par la justesse de sa critique.... C'est un bel homme, qui sait beaucoup, et qu'on écoute toujours avec plaisir. A l'âge de soixante-treize ans, il a encore une fraîcheur admirable, et malgré la grosseur de ses yeux, il lit sans le secours des lunettes. Il nous dit qu'il s'en étoit refusé l'usage sur les conseils de MM. Dodart et Dacquin, habiles médecins, qui prétendoient que vers la soixantième année la vue reprenoit sa première vigueur et, pour ainsi dire, une nouvelle sève, et qu'à cet égard, comme en beaucoup d'autres choses, il falloit avoir la patience d'attendre un certain période, une certaine révolution, après laquelle les choses revenoient à leur premier point.»

2. On a *Vie et Ouvrages de M. Lazare-André Bocquillot,* 1745, 1 vol. in-12. On apprend à y bien connaître ce docte et excellent homme dans sa brusquerie naïve, dans sa candeur sincère, et aussi dans ce qui me semble un peu son *bric-à-brac* d'érudition; casuiste, canoniste, antiquaire, ne sachant pas un mot de grec,

Je n'ai pas besoin de dire que ce n'était pas un confesseur que le poëte Santeul qu'on rencontre très-souvent en visite à Port-Royal en ces années (1682-1694) ; mais c'était un hôte, et des plus fidèles, des plus assidus. Il y était venu une première fois par hasard avec un autre religieux de Saint-Victor, pour y parler à M. Le Tourneux qui leur avait donné rendez-vous (10 août 1682). Mais M. Le Tourneux ayant été obligé de partir la veille pour Versailles, où le duc de Chevreuse l'avait appelé, les deux victorins ne trouvèrent que M. de Vert, religieux de Cluny. Ils ne laissèrent pas de demeurer ; on les reçut le mieux que l'on put dans les dehors de la maison : ils y couchèrent, et leurs chevaux ne furent point menés à l'hôtellerie. M. Le Tourneux, revenu de Versailles le lendemain, trouva Santeul déjà épris de Port-Royal, et si satisfait qu'il se promettait bien de recommencer une autre fois le voyage. « M. Le Tourneux lui témoigna alors, nous dit la Relation, que l'on n'aimoit point céans ces sortes de visites où il n'y avoit point de nécessité, mais que, s'il vouloit être le bien venu, il le seroit assurément s'il faisoit aux religieuses la grâce de leur faire voir la *Cuculle* de saint Bernard qu'ils avoient chez eux à leur

mais assez fort sur les parchemins du Moyen-Age, très-fort sur les rites et rubriques d'Église et les points de discipline, très-curieux amateur de l'ancienneté et de la variété dans les us et coutumes de chaque diocèse, et très-peu *romanesque*, c'est ainsi qu'il baptisait ceux qui suivaient le rit romain en liturgie. Il avait sa manière, à lui, de dire son office quand il était seul à la campagne. Respectable et beau vieillard, coloré de teint, à l'air grave et riant, ayant sauvé de ses anciens naufrages de jeunesse l'intégrité du fonds et une sorte d'innocence, *vir fingere nescius et prisci moris, totus candor, tota fides,* « ses liaisons particulières étoient avec tout ce qui avoit appartenu à Port-Royal, et il conserva cet attachement dans son cœur jusqu'au dernier soupir, en suivant toujours de vue les précieux restes de cette sainte maison. » C'est ainsi que parlent de lui nos historiens.

maison de Saint-Victor à Paris. M. de Santeul lui fit de grands remercîments de sa proposition et s'engagea sur l'heure d'apporter cette sainte relique, pour l'honorer le jour de la fête du saint, qui arrivoit dix jours après. » Saint-Victor et Port-Royal étaient en très-bon accord et comme en une sorte de parenté spirituelle[1]; on permit donc à la sainte relique de faire le voyage. La mère Angélique envoya à Paris le carrosse de la maison avec les quatre chevaux, pour amener la précieuse *Coule*[2] : le grand-prieur la voulut accompagner avec un autre chanoine régulier, et avec Santeul qui, pour rien au monde, n'en aurait cédé l'honneur à per-

---

1. Le vénérable Odon de Souillac, autrement dit Eudes de Sully, évêque de Paris et fondateur de Port-Royal, avait été, en son temps, chanoine de Saint-Victor et « notre confrère, *canonicus noster,* » comme se plaisaient à le répéter, d'après d'anciens Registres, les chanoines de cette maison. Il avait été enfant de Saint-Victor, avant d'être évêque et père de Port-Royal.

2. Le plus savant de nos Dictionnaires (Littré) définit incomplétement la *coule* ou *cuculle* et tend à l'identifier avec le capuchon ou avec le scapulaire. La *coule* (*cuculle*), selon saint Bernard, était le strict habit monacal opposé au *froc*, ce dernier genre d'habit étant considéré comme trop luxueux et relâché. Dans les monastères de Bernardins réformés au dix-septième siècle, la *coule* redevint l'uniforme de rigueur; ainsi, pour l'abbaye de Sept-Fonts : « Les religieux, est-il dit, sont vêtus, selon la règle, d'une tunique et d'une cuculle (ou coule) qui ont de grands capuces et sont d'une grosse étoffe blanche. Elles sont fort serrées. Les manches de la cuculle passent peu le bout des doigts, et elles ont à leur extrémité dix pouces seulement de largeur. — La cuculle descend jusqu'aux talons, ou à deux pouces de terre par derrière et à quatre en devant. La tunique est plus courte, afin qu'elle n'empêche pas de travailler, car on ne la retrousse jamais. — On ne quitte jamais ces deux habillements ni le jour ni la nuit, si ce n'est la cuculle pendant le travail, et alors on prend en place un large scapulaire d'une semblable étoffe. On quitte le scapulaire en reprenant la cuculle. » La *Coule* de saint Bernard nous est maintenant bien connue, et nous concevons qu'on l'ait tant honorée : c'était en quelque sorte la *redingote grise* du plus grand conquérant spirituel du Moyen-Age.

sonne. La fête fut grande pour la recevoir (19 août), et la dévotion extrême à l'aller baiser. La même châsse contenait également sous verre le cilice, les gants et le peigne de saint Thomas de Cantorbéry; on sortit le tout (moins le peigne), et pour qu'il n'y eût point de jalouses, le prieur tenant le cilice et les gants, et Santeul d'autre part tenant la cuculle, firent le tour du chœur des deux côtés. Après l'adoration ou l'*honoration* par toutes les sœurs, la bonne grâce du prieur victorin alla jusqu'à offrir à madame de Port-Royal de lui donner quelques petits morceaux de la relique si précieuse aux filles de saint Bernard : « elle l'en supplia très-humblement, et lui présenta un petit coffre pour les mettre. Il voulut qu'elle lui marquât l'endroit qu'elle souhaitoit qu'il coupât lui-même, et puis remit tout dans la châsse qu'il referma, et la laissa ensuite sur la crédence avec deux cierges allumés. » Et c'est ainsi que Santeul s'acquit le droit de revenir souvent à Port-Royal. — On a pris note de quelques conversations qu'il y tint, et qui nous le montrent aussi grand enfant et aussi facétieux convive en ce lieu-là que partout ailleurs. Santeul, quelque part qu'il allât, ne pouvait s'empêcher d'être tout entier lui-même, et d'y porter sa verve burlesque, son torrent de belle humeur [1].

1. Voici quelques-uns de ces propos de Santeul, tels que je les trouve fidèlement recueillis par un témoin respectable (M. Louail) :

« M. de Santeul, chanoine régulier de Saint-Victor de Paris et auteur de tant de belles Hymnes, se trouva à Port-Royal le jour de l'Octave du Saint-Sacrement (28 mai 1693). Il nous divertit de son mieux pendant et après le diner, et il nous dit mille choses les plus agréables du monde. J'en rapporterai ici ce que j'en ai retenu ; mais il s'en faudra bien qu'elles plaisent autant en ma Relation qu'elles plurent lorsque M. de Santeul les disoit, n'étant plus soutenues de ces manières inimitables, de ces gestes, de ce feu ou plutôt de cette fureur avec laquelle il conte les choses et feroit trouver beau ce qu'il y a de plus commun.

« Premièrement, il nous fit l'éloge de Port-Royal en cent manières diffé-

Nous ne sommes point à Port-Royal pour entendre les propos de table et les gaietés de réfectoire de Santeul : assez de graves et tristes sujets nous appellent et sont faits pour y occuper. L'année 1684 fut surtout une

rentes : il nous dit qu'on n'y pouvoit pas faire un pas sans marcher sur un saint ;

« Qu'il croyoit plus à l'Église à cause des filles de Port-Royal qu'à cause des quatre Conciles généraux ; que leur sainteté le persuadoit plus sensiblement de la vérité de notre Religion, que l'autorité de tous les Conciles ;

« Que leur exemple lui étoit toujours présent, et le soutenoit dans toutes les difficultés de la vie : Quand je me lève, disoit-il, pour aller à matines, quand on me fait boire de méchant vin, quand on me dit quelque injure, quand on me fait quelque affront, j'aurois de la peine à souffrir tout cela, mais je me dis à moi-même : Les religieuses de Port-Royal en souffrent et en ont bien souffert davantage; on leur a bien dit d'autres injures; elles en font bien plus que moi; elles mangent des carottes; elles font telles et telles choses. — Et joignant les mains : Ah ! saintes filles ! ô mes Anges !—

« Qu'il falloit amener à Port-Royal les persécuteurs de ces religieuses, pour leur faire confesser, comme on faisoit autrefois, la vérité sur le tombeau des martyrs ;

« Qu'on dispute du lieu où étoit le Paradis terrestre ; qu'il n'en sait rien, mais qu'il étoit assuré que ce seroit à Port-Royal que se tiendroit le Jugement dernier ; que c'étoit la Terre-Sainte ; qu'on condamneroit là, par l'exemple des solitaires qui y ont demeuré, les folies, les vanités, les grandeurs, les péchés du monde ;

« Qu'il ne manque point d'y venir deux fois l'an, à la fête du Saint-Sacrement et à la fête de saint Bernard ;

« Qu'il avoit fait, en la considération des religieuses de Port-Royal, les Hymnes de saint Bernard, et qu'il leur avoit obtenu de monseigneur l'archevêque de Paris permission de les chanter ; que, dans cette permission, l'archevêque les appeloit : Mes Filles, mes très-chères Filles, *melior portio gregis*. Grand éloge, ajouta-t-il, que j'ai procuré à ces saintes, et qui a été mis dans leurs archives.

« Secondement, il nous loua ses Hymnes et nous lut le témoignage que M. l'abbé de La Trappe porte de celles de saint Bernard dans une lettre qui vient d'être imprimée. Elles sont, dit cet abbé, les plus belles du monde ; elles sont nobles, expressives et dévotes tout ensemble.

« Il nous dit encore, au sujet de ces Hymnes, que s'il avoit voulu se faire Hérétique, Turc, Athée, il auroit pris les anciennes Hymnes de saint Bernard pour se dégoûter de notre Religion ; qu'on y dit à Dieu :

> Vous avez prédit par un petit chien roux
> Que saint Bernard seroit fort doux ;
> Qu'il seroit un grand docteur,
> O Jésus, notre Créateur !

qu'on dit dans une autre Hymne :

> Vestris orationibus
> Ferte nos in cœlestibus,

au lieu de dire : *Ferte nos in cœlestia*. Mais *bus, bus, orationibus, cœles-*

année funèbre. M. de Saci l'ouvrit en mourant à Pomponne le 4 janvier. J'ai dit ailleurs, j'ai emprunté à Fontaine le récit de ses belles et pénétrantes funérailles[1]. La mère Angélique mourut trois semaines après (29 janvier), percée de la douleur comme d'un glaive :

« Le lundi 24, dit la Relation toute simple, notre mère tomba malade. Il lui prit en allant à vêpres, et sur la fosse de M. de Saci où elle s'arrêta devant que d'entrer au chœur, un grand mal de côté avec la fièvre. Elle ne laissa pas d'assister à vêpres, et elle dit encore le *Pater* d'une voix fort coupée. Au sortir de vêpres, elle fut au parloir vers une personne qui la demandoit, où elle se contraignit assez pour lui pouvoir parler. Mais aussitôt qu'elle en fut revenue, elle se mit au lit avec de grandes douleurs, et croyant bien que cette maladie la pourroit conduire à la mort. »

Port-Royal perdit avec elle sa dernière grandeur; il n'en retrouvera plus désormais que tout à la fin, grâce à l'excès des persécutions.

La mère Du Fargis prieure fut élue abbesse en la

tibus, étoit doux à l'oreille monacale ; il a fallu conserver la rime et faire un solécisme.

« Que la plus belle de ses Hymnes étoit celle des Docteurs, etc., etc. »

Quand Santeul est une fois sur le chapitre de ses Hymnes et de ses propres louanges, il n'est pas près de finir, et le plus sûr est de l'y laisser. Il ajouta pourtant quelques autres propos :

« Il nous dit encore qu'un jésuite, en lui montrant, il n'y a que quelques jours, dans la rue de Saint-Antoine, la borne auprès de laquelle M. Hermant tomba en apoplexie (11 juillet 1690), lui avoit dit : Voilà la pierre où mourut cet hérétique ! — Quel flegme ne falloit-il pas avoir, ajouta-t-il, pour souffrir un tel outrage fait à la mémoire d'un si grand homme ! Je ne fus pas si patient lorsqu'un capucin, nommé le Père Poultier, méprisa en ma présence les sermons de M. Le Tourneux ; nous étions à table, je lui jetai à la barbe un plat d'œufs au miroir. »

Santeul, qui, tout en donnant ces scènes, et en se livrant à son débordement d'humeur comique, avait bien le sentiment du rôle et de la figure qu'il faisait, avait raison de dire ce jour-là même : « Je suis tel que vous me voyez, mais le Christianisme ne défend pas d'être fou. »

1. Voir précédemment au tome II, pages 370, 452.

place de la défunte. C'était la dernière personne dont le nom pût encore porter au dehors quelque respect et obtenir quelque ménagement du côté de la Cour. Elle désigna pour prieure la mère Agnès de Sainte-Thècle Racine, dont le neveu commençait à devenir si utile.

Trois religieuses moururent coup sur coup dans le mois de février suivant. M. de Luzanci, le cousin germain de M. de Saci, le frère de la mère Angélique, tombé malade cinq jours après la mort de sa sœur, mourait douze jours après elle (10 février) ; on apporta son corps de Pomponne à Port-Royal. En humble et fervent disciple qui n'avait jamais rien su ni rien voulu faire que par eux, il se hâtait de rejoindre les deux guides de toute sa vie. La sœur Eustoquie de Bregy, ce premier lieutenant si actif et si dévoué de la mère Angélique, ne lui survivait pas non plus et mourait le 1er avril, à l'âge de cinquante et un ans. M. Grenet, le bon et charitable supérieur du monastère, mourait également le 15 mai[1] ; il fut remplacé en qualité de supérieur par un prêtre chanoine régulier de Saint-Victor, M. Taconnet, « le plus doux des hommes, » qui mourut lui-même quatre mois après (2 octobre). Les supérieurs de Port-Royal perdent, au reste, de leur importance et n'ont plus qu'un rôle insignifiant ; l'archevêque qui les envoie ne leur demande que de ne pas faire parler d'eux ; la Communauté devient assez vieille pour qu'on n'ait plus qu'à la laisser aller et finir toute seule.—Quand on lit le Journal de Port-Royal en ces années, on n'y voit notés que des offices de morts, des convois ou des commémorations funèbres. Sans compter les religieuses qui y meu-

---

1. On fit circuler et l'on publia de lui une Lettre qu'il aurait écrite de son lit de mort à M. de Harlai en faveur des religieuses de Port-Royal, et pour rendre témoignage à la vérité. Cette Lettre me semble un peu forte pour lui. On la lui aura rédigée, et on la lui aura fait signer.

rent, maint fidèle et maint ami du dehors demande à y être enterré. On y porte des corps ou des cœurs ; cela ne cesse plus. Port-Royal n'est désormais que le vallon des tombeaux, une Nécropole sacrée.

Qu'est-ce par exemple que ce comte d'Hénin que, dans les bonnes Estampes de Port-Royal, on voit enterré sous le pavé du chœur de l'église, à côté des de Luines et des Conti? C'était un enfant de dix mois et vingt-deux jours que sa mère Charlotte-Victoire de Luines, pensionnaire sortie en 1679, et mariée trois ans après au prince de Bournonville, fit enterrer dans la sépulture de la première madame de Luines (mai 1684). Elle n'y envoyait pas seulement les entrailles de son enfant, elle y envoyait son petit cœur à cause de l'affection reconnaissante qu'elle avait pour cette maison : on enterra les entrailles, mais « on n'enterra point le cœur, nous apprend l'exact Journal, parce que ce n'est plus, à ce que l'on dit, la coutume : il est pendu dans le chœur au lambris de la grille. » Quand son second fils, un autre petit comte d'Hénin mourut encore (août 1687), cette mère pieuse apporta elle-même les entrailles dans une boîte de plomb. Ce que madame de Bournonville faisait là, tous les amis le voulaient faire. Reposer à Port-Royal, soi et les siens, c'était reposer en terre plus sainte, et comme en une terre plus voisine de la suprême vallée de Josaphat ; c'était attendre en lieu plus sûr l'heure redoutable de la Résurrection. Aussi les jours ne suffisaient plus aux messes des morts, aux bouts de l'an, aux trentains et aux *Libera*; l'enceinte du monastère ne suffisait plus aux enterrements.

Je n'ai point à énumérer ici et à rappeler toutes les morts successives des amis (M. Hamon, M. de Sainte-Marthe, etc.), que j'ai déjà indiquées quand j'ai parlé en détail de chacun d'eux. Un de ces amis fidèles et obscurs qui avait été comme oublié dans la dispersion des hôtes et des solitaires, à cause de son grand âge sans doute, et qu'on avait laissé à l'ombre du vallon, M. Thiboust, ancien chanoine de Saint-Thomas du Louvre, prêtre exemplaire, retiré à Port-Royal pendant les douze dernières années de sa vie, eut la consolation d'y mourir (3 mars 1688) à l'âge de quatre-vingt-onze ans accomplis ; M. de Pontchâteau, éloigné alors, en écrivait à M. Ruth d'Ans ces simples mots qui ont toute leur signification pour les Chrétiens : « On m'a mandé la mort de M. Thiboust : *c'étoit un fruit mûr*[1]. » Mais il est une de ces morts qui fut accompagnée de circonstances trop singulières et trop frappantes pour ne pas nous arrêter : je veux parler de celle de l'illustre et infatigable pénitent M. de Pontchâteau lui-même (27 juin 1690). M. de Pontchâteau n'a point composé d'ouvrages proprement dits[2], mais il n'a cessé d'écrire des Relations et mémoires, des journaux, des lettres, de correspondre, de voyager, de négocier. Lorsqu'on étudie à fond Port-Royal et que l'on recourt directement aux sources, il est un de ceux qu'on rencontre le plus souvent. Nous avons perpétuellement usé de son témoignage ; nous lui devons un dernier souvenir.

Ce petit-neveu à la mode de Bretagne du cardinal de Richelieu (sa grand'mère paternelle était une Richelieu), frère de la duchesse d'Épernon et de la comtesse d'Harcourt, oncle du duc de Coislin et du cardinal de ce nom, naquit en 1634. Il était le troisième et dernier fils de Charles du Cambout, marquis de Coislin, baron de Pontchâteau et de La Roche-Bernard, gouverneur de

---

[1]. Il passa ses dernières années à se redire et à méditer en tous sens ces paroles : un *Dieu*, un *moment*, une *Éternité!* (Voir le *Supplément au Nécrologe*, page 2.)

[2]. Ou du moins il n'en a fait que très-peu. On lui attribue la plus grande partie du tome premier de la *Morale pratique des Jésuites* (1669).

Brest et lieutenant-général pour le roi en Basse-Bretagne. Il fut chargé de bénéfices dès son enfance ; car son aîné immédiat, qui était le second fils de la maison, s'étant trouvé peu disposé à entrer dans l'état ecclésiastique, le père, qui ne voulait pas que les bénéfices sortissent de chez lui, demanda et obtint des bulles pour le cadet. C'est ainsi que le jeune messire Sébastien-Joseph du Cambout de Pontchâteau eut les trois abbayes de Saint-Gildas, de La Viéville et de Geneston. « Quand il fut en âge de juger un peu des choses, il eut une si grande horreur de la manière dont ses bulles avoient été obtenues, qu'il ne cessa point de désirer d'abandonner ses bénéfices. Il m'a fait voir, écrit la sœur Élisabeth de Sainte-Agnès Le Féron[1], la grande bulle de son abbaye par laquelle le Pape (Urbain VIII) lui mandoit qu'il lui conféroit son bénéfice, étant bien informé de sa prudhomie, de sa grande science et de ses bonnes mœurs. » Or, il n'avait alors que sept ans.

Il fut envoyé fort jeune à Paris pour y faire ses études. Il fit ses humanités au Collége des Jésuites, sa philosophie dans l'Université ; puis il s'appliqua à la

1. J'userai continuellement, dans ce Portrait de M. de Pontchâteau, d'un Mémoire dressé par la sœur Élisabeth de Sainte-Agnès Le Féron (Manuscrits de la Bibliothèque de l'Arsenal, Belles-lettres fr., 375 *bis* ou *ter*), en le contrôlant par un autre Mémoire imprimé dans le *Recueil de pièces pour servir à l'Histoire de Port-Royal* (Utrecht, 1740, pages 410-430). Quelque pures et sincères que soient ces sources, il a pu s'y mêler de légères inexactitudes et des interversions de dates, des ὕστερον πρότερον involontaires, pour parler comme M. de Pontchâteau lui-même, qui avait des restes de grec sous sa plume. « La vie de M. de Pontchâteau a été traversée de tant de différents événements, qu'il est difficile de les bien démêler. » C'est ce qu'écrivait la sœur Élisabeth Le Féron à mademoiselle Galier, comme pour s'excuser de ne pas mieux faire. — J'ai eu, depuis, le plaisir de retrouver une Vie complète et tout à fait exacte de M. de Pontchâteau qui m'a été communiquée par mes amis, les catholiques non romains d'Utrecht. (Voir à l'*Appendice*.)

théologie avec beaucoup de succès. C'était donc un homme instruit; mais qu'il me soit permis d'ajouter qu'on n'en vit jamais de moins éclairé : entendez-le dans le sens que vous voudrez, depuis le sens où l'entend Nicole jusqu'à celui où Bayle le prendrait.

Agréable, vif, enjoué, bien fait de sa personne, semblant destiné à être un aimable petit abbé de Cour, il fut partagé de bonne heure entre les fougues de la dissipation et les autres fougues, non moins emportées, de la pénitence. Une grande terreur des jugements de Dieu paraît l'avoir toujours dominé; il ne cessa jamais à aucun moment de croire, — de croire d'une foi dure et robuste, et de croire à tout. Vers l'âge de dix-sept ans, il eut l'occasion de connaître M. de Rebours, un de nos Messieurs, qui le mit en relation avec M. Singlin. Celui-ci appliqua d'abord sa méthode ordinaire de lenteur et de résistance, et qu'il employait surtout quand il avait affaire à des personnes de naissance et de qualité, qui lui semblaient affectées par là comme d'*un double péché originel*. Dans son premier feu, le jeune abbé songeait dès lors à se dépouiller de ses bénéfices et à tout quitter. M. Singlin s'y opposa; il lui conseilla de n'aller point si vite, et de prendre du temps pour consulter Dieu et voir si ce dessein venait de lui. Il fit bien et prudemment. Après une première visite à Port-Royal des Champs, et quand il semblait n'aspirer qu'à une plus grande retraite, le jeune abbé écouta la voix de l'*Enchanteur* qui lui parlait par la bouche de ses amis : il eut l'idée d'aller à Rome. M. Singlin pensa avec raison qu'en cela il exposait son innocence, et peut-être sa foi, à plus d'un danger. M. de Pontchâteau passa outre. Il n'alla point cette fois cependant en Italie; il s'arrêta à Lyon[2] où il demeura auprès de son

---

1. Besoigne, dans sa Vie de M. de Pontchâteau (au tome IV de

grand-oncle le cardinal archevêque, M. de Richelieu. Ce prélat le prit en grande amitié ; il lui confiait toutes ses affaires et faisait tout ce qu'il pouvait pour le charger de bénéfices : s'il en avait eu un grand nombre à sa disposition, il les lui aurait tous donnés. Sa mort (1653) délivra M. de Pontchâteau de ces voies d'ambition où le conseil de sa famille l'avait rengagé. Est-ce alors, n'est-ce que plus tard en 1659 (car on se perd un peu dans ces chutes et rechutes de M. de Pontchâteau, et la chronologie exacte n'en est pas bien établie), qu'il alla passer quelque temps en Bretagne, voyage qui lui fut très-funeste : « Il m'a dit, écrit la sœur Le Féron qui est du moins très-bien renseignée sur le fait, que ce fut en ce lieu qu'il *se détraqua* beaucoup par des compagnies qu'il fréquenta, les festins où il se trouva, et l'amusement de la vie dans lequel il se laissa aller. » Il eut aussi alors, ou plus tard, des idées de mariage. Toutefois il revint à résipiscence et se remit à la merci de M. Singlin. « Quoi, mon père! ce pauvre enfant, auriez-vous bien le courage de l'abandonner? » disait un jour la mère Angélique à M. Singlin en lui parlant du *petit abbé*. En ces années 1653-1656, M. de Pontchâteau venait souvent à Port-Royal[1] ; il en était l'un des amis les plus officieux ; il faisait présent de reliques aux mères (reliques de sainte Agnès, reliques de sainte Thérèse); il prêtait son carrosse et ses chevaux dans

son *Histoire de Port-Royal,* page 604), dit que, parti pour aller à Rome avec un docteur de sa connaissance, le jeune abbé resta en chemin et fut retenu, en passant à Lyon, par le cardinal archevêque. C'est juste. M. de Pontchâteau ne fit son premier voyage de Rome qu'en 1658. Mais Besoigne, à trois pages de là (p. 607), parle du voyage de 1658 comme d'un *second* séjour de l'abbé à Rome. Si nos graves auteurs ont de ces étourderies, qu'on veuille me passer (car je ne saurais y avoir échappé) quelques inadvertances.

1. On indique le 1er mars 1653 comme le jour de l'arrivée de M. de Pontchâteau à Port-Royal des Champs.

tous les besoins qu'on en pouvait avoir. On lui avait obligation de mille choses.

En 1655, en mars, il fit une retraite de quelques semaines aux Champs. On dit qu'il s'y ennuyait beaucoup, et M. Singlin avait donné charge à M. de Saint-Gilles (son ancien voisin du Bocage) de l'entretenir et de l'occuper. Il y était lors de la dispersion de 1656, et dut se retirer comme les autres. Il dut même quitter le faubourg Saint-Jacques, et il se logea au faubourg Saint-Marceau, rue des Postes, dans une petite maison qu'il loua, ayant avec lui M. Akakia Du Mont, l'un des confesseurs de Port-Royal. C'est à ce temps-là que se rapporte une nouvelle escapade de lui, à laquelle on était loin de s'attendre. S'étant lié avec de jeunes abbés à peu près de son âge et de sa qualité, ils le tentèrent si fort qu'enfin il succomba et résolut avec eux de faire ce voyage à Rome qui avait manqué une première fois. Il ne parla de ce dessein ni à M. Singlin ni à M. Du Mont, et se contenta, en partant, de laisser un billet à l'adresse de ce dernier, où il disait : « Je vous supplie qu'on ne se mette point en peine de moi ; je suis parti pour Rome. » — « Cela étonna fort M. Du Mont, qui vint à Port-Royal de Paris apprendre cette nouvelle, dont tout le monde fut affligé. »

Les années suivantes furent les plus pénibles et les plus orageuses dans les rechutes de M. de Pontchâteau ; il n'en parlait qu'en des termes d'horreur. Revenant longtemps après sur le passé et craignant (au retour d'un troisième voyage de Rome qu'il fit en 1680 pour les affaires de Port-Royal) qu'on ne voulût l'engager à la prêtrise, il écrivait à M. de Neercassel, en s'en déclarant incapable et peu digne :

« Je sais bien que la pénitence peut tenir lieu dans quelques-uns d'un second baptême, lorsqu'ils n'ont pas conservé l'innocence du premier ; mais il faut au moins qu'ils n'aient pas violé cette seconde alliance. Je ne suis pas dans cet état ; car non-seulement je n'ai pas conservé cette robe que j'ai reçue dans le baptême, l'ayant souillée par tant de crimes ; mais, après avoir embrassé la pénitence, je suis retombé dans plusieurs crimes plus grossiers ; j'y ai croupi, et, les ayant encore quittés une fois pour entrer dans la pénitence, j'y suis retombé de nouveau ; j'y ai persévéré plusieurs années, et, bien loin d'en avoir fait une pénitence à peu près proportionnée à ma vie criminelle, j'ai toujours vécu fort doucement, et je me suis trouvé engagé dans le monde et dans les affaires de l'Église, au lieu d'être dans le coin de quelque désert à pleurer mes péchés. » (6 janvier 1681.)

Pourtant, du sein de son égarement, il n'avait pas perdu le principe de la piété ; il se sentait hors de sa voie ; son regard et son vœu étaient toujours vers le port. Il écrivait à M. de Saint-Gilles : « Je soupire souvent après ma patrie : mais je me suis égaré *in regionem longinquam.* » Il lui écrivait encore « qu'il étoit à charge à lui-même, qu'il auroit eu besoin de trouver un lieu de repos pour se guérir et se consoler, mais qu'il avoit lu dans Fulbert de Chartres, que les Chrétiens ne trouvoient de repos que dans la solitude : *ubi requiescit anima afflicti Christiani.* » — « Sur cela, il se plaignoit fort de ce que la plupart de ces saints asiles sont fermés, et qu'on n'y trouvoit plus ni la piété ni l'assurance qui y étoit autrefois. — On ne pouvoit, dit la sœur Le Féron, voir ces lettres sans être touché de compassion et de désir d'obtenir de Dieu sa délivrance. Enfin il revint à Paris ; je ne sais si ce fut à la fin de 1661 ou au commencement de 1662 : ce que je sais d'assuré, c'est qu'il se retira chez madame d'Épernon sa sœur, qu'il aimoit avec une grande tendresse. »

Mais bientôt il se brouilla avec elle, sortit de sa maison et, ne sachant où donner de la tête, se logea chez l'abbé de Coislin son neveu, au cloître de Notre-Dame. Ce qui l'avait brouillé avec sa sœur, c'est qu'il voulait tout à fait quitter l'état ecclésiastique et se marier avec une demoiselle attachée à madame d'Épernon elle-même, et qui était de bon lieu, mais sans bien. « Cette demoiselle avoit un frère qui étoit encore fort jeune, et M. de Pontchâteau s'avisa, pour faciliter plus tôt l'affaire de son mariage, de donner à ce petit gentilhomme un de ses bénéfices ; ce qu'il fit encore sans avis de personne que de lui-même. Quand il eut fait ce dernier pas, il entra dans un très-grand scrupule, et, ne sachant à qui s'adresser pour réparer ce mal, il eut recours à M. Singlin à qui il manda sa misère, et qui lui répondit une lettre foudroyante.... On l'obligea du moins de marquer dans sa donation que ce bénéfice serviroit à instruire l'enfant et à le former dans l'état ecclésiastique. M. de Pontchâteau a pleuré toute sa vie cette faute, et il regrettoit, quelques années avant sa mort, de savoir que ce résignataire ne faisoit pas l'usage qu'il devoit du bénéfice qu'il lui avoit donné. »

Il ne savait comment sortir de l'engagement où il s'était mis avec la demoiselle en question, lorsqu'elle mourut presque subitement. Il considéra cette mort comme un coup de grâce pour lui[1]. Il n'avait pas cessé de correspondre avec M. Singlin, alors caché : ce sage directeur, éclairé désormais sur la fragilité aussi bien que sur la sincérité de son pénitent, lui donnait d'impérieux conseils de retraite absolue : « Le meilleur présentement pour vous, lui disait-il, seroit de quitter

---

1. M. de Pontchâteau avait une manière de dire crûment et même grossièrement des choses chrétiennes : « Dieu a tué deux hommes pour me sauver, » disait-il en parlant de la mort du cardinal de Richelieu et de celle du cardinal archevêque de Lyon, qui, tous deux, auraient voulu faire sa fortune ecclésiastique, et qui n'y eussent pas manqué s'ils eussent encore tant soit peu vécu. Dans le cas présent il put ajouter : « Dieu a tué cette femme par-dessus le marché, pour me sauver encore. »

entièrement le monde, et de vous enfermer dans un monastère. Vous avez besoin de quelque chose qui vous lie et qui vous soutienne, pour vous munir contre votre propre foiblesse et contre l'inconstance de l'esprit humain. » Enfin, un jour qu'il eut une entrevue avec lui, il lui dit ce mot décisif : « Vous ne voulez donc point quitter la vie que vous menez? » Et comme M. de Pontchâteau répondait qu'il le voulait bien, mais qu'il ne le pouvait point encore, M. Singlin reprit : « Ne dites point que vous ne le pouvez pas, mais dites que vous ne le voulez pas. » M. de Pontchâteau emporta cette parole comme un trait et rentra au cloître Notre-Dame où il habitait alors. Il retourna tout le soir le reproche de M. Singlin, y rêva toute la nuit, ne dormit guère, se leva à quatre heures du matin, prit sa résolution, écrivit quelques lettres et se retira ensuite dans un lieu inconnu à sa famille. Depuis ce temps il n'a plus vu messieurs ses parents [1].

« Ce fut alors, dit Fontaine qui brouille un peu les temps, mais dont le sentiment est si vif et la couleur si expressive, qu'il quitta ses appartements magnifiques du *petit Archevêché* comme on l'appeloit à Paris, où il logeoit avec M. de Coislin, depuis évêque d'Orléans, son neveu, et qu'il commença à se retirer dans un petit pavillon du faubourg Saint-Marceau, où j'ai eu l'honneur de l'aller voir assez souvent, et où il avoit un fort petit jardin où il commençoit à faire essai de ses forces pour la vie à laquelle Dieu le destinoit.... J'admirois, en lui rendant visite dans ce petit pavillon, comment insensiblement tous ses meubles si propres disparoissoient. Tous ses tableaux, toutes ses miniatures de prix ne se faisoient plus voir. Cette bibliothèque si curieuse, si nombreuse, si parée de tout, si riche, si bien dorée, diminuoit tous les jours, parce qu'il faisoit passer ses livres en celle de M. Arnauld qui en pouvoit faire usage. »

[1]. Recueil d'Utrecht, page 437.

M. de Pontchâteau était et resta toujours (quoi qu'il ait pu faire) très-curieux des livres, des collections; il avait du Coislin en ce sens [1].

Cette troisième conversion, qui fut la définitive, se rapporte au Jeudi-Saint de l'année 1663. Le 22 mars était resté pour lui, dans sa vie spirituelle, une date mémorable [2]. Il vécut dès lors pénitent et caché sous des noms divers : M. *de Monfrein*, M. *Du Vivier*, M. *Mercier*, M. *de Maupas*, M. *Michelin*, M. *Fleuri*, tout cela c'était toujours M. de Pontchâteau. Il voyageait sans cesse, sitôt qu'il en était besoin, pour les intérêts du monastère et de la cause. Il fit d'abord le voyage de Nordstrand en 1664. Avant de partir, il donna la démission de deux de ses bénéfices (Geneston et Saint-Gildas) et mit tout en règle autant qu'il le pouvait, ne se réservant que son patrimoine pour le partager avec les pauvres. Ce fut lui qui alla, en 1667, faire imprimer chez Elzevir à Amsterdam le Nouveau-Testament de Mons. N'ayant pu revenir demeurer aux Champs à cause des gardes qui y étaient en ce temps de captivité, il logeait au faubourg Saint-Antoine avec M. de Sainte-Marthe et M. de Saint-Gilles qui y mou-

---

1. On trouve le nom de M. de Pontchâteau compris dans le Dénombrement des amis de M. de Marolles, qu'on a réimprimé à la suite de ses Mémoires : « En m'honorant de son amitié qui m'a toujours été précieuse, dit cet abbé si amateur de belles collections, il m'a donné plusieurs livres curieux pour augmenter mes Estampes, dont j'ai fait un second Recueil aussi nombreux que le premier. » L'abbé de Pontchâteau, s'il était resté dans le monde, était homme à faire concurrence à l'abbé de Marolles.

2. Dans un petit livre de *Sentences tirées de l'Écriture Sainte et des Pères, appropriées aux fêtes des Saints pour chaque jour de l'année,* par M. de Saint-Cyran, dans un exemplaire qui a appartenu à M. de Pontchâteau (et que possède M. de Chennevières), je lis, à la date du 22 mars, ces mots écrits de sa main : « 22 mars 1663, Jeudi-Saint : *Misericordias Domini in æternum cantabo.* »

rut. Il en sortait toutes les fois qu'il y avait un service à rendre aux religieuses ou aux amis persécutés. « Il venoit quelquefois se promener aux Granges avec M. de Sainte-Marthe, et il regardoit de là la Communauté qui faisoit en ce temps-là, tous les jours, des processions dans le jardin en disant le Psautier : ce qui lui étoit une grande consolation, et un sujet de nous offrir toutes à Dieu avec bien de la charité. » C'est la sœur Le Féron qui parle ici de ce qu'elle a vu.

A la Paix de l'Église, il se mit au-dessus de tous les propos et de toutes les considérations du monde, et vint habiter et travailler à la maison des Champs sous le nom de M. *Mercier*[1]. Il y prit la qualité de jardinier des Granges, et ne se distinguait en rien des moindres serviteurs de la maison. Il employait ses journées au travail, couchait tout vêtu, et très-souvent sur une simple claie d'osier. Il veillait et priait selon que Dieu le lui mettait au cœur. « La messe sonne, je m'en *vas*. Il y a vraiment quatre heures que j'écris, et je n'ai pas vu d'autre feu aujourd'hui que celui de ma lampe. » Il écrivait cela en plein décembre (1678), de sa chambre sans feu. Il s'éveillait quelquefois avec ce mot de l'*Imitation* à la bouche : « *In omnibus requiem quæsivi, et nusquam inveni nisi in angulo cum libro*[2]. » Mais les

---

1. Il y vint dès le 1ᵉʳ mars 1669, jour anniversaire de son ancienne et toute première visite (1ᵉʳ mars 1653). Cinq jours après, le mercredi des Cendres, 6 mars, il s'établissait aux Granges. — Le nom de *Monfrein* ou *Monfrin* est un peu antérieur de date à celui de *Mercier* qu'il y prit. Il n'aimait point du tout à être relancé sous aucun de ces noms ; il écrivait un jour au confrère Brienne, alors à Saint-Magloire : « M. de Gomberville m'a qualifié sur son dernier billet de *M. de Monfrin* ; je vous ai accusé en moi-même, témérairement ou non, qu'il le savoit de vous. Cela m'incommode un peu qu'il sache ce nom, parce que cela lui pourroit donner entrée à savoir d'autres choses plus fâcheuses. Mais je n'y vois pas de remède. »

2. « J'ai cherché partout le repos, et je ne l'ai nulle part trouvé que dans un petit coin avec un livre. »

livres n'étaient pas son principal emploi ; il se piquait d'être un homme de peine. Quand il y avait quelque travail extraordinaire, il en prenait toujours sa part. La fièvre quarte qu'il eut pendant des années ne l'empêchait pas de se livrer aux plus rudes fatigues : « Elle me tourmente bien, disait-il un jour à Fontaine, mais je lui donne aussi bien de l'exercice. » Il bêchait, cultivait la vigne et le plant d'arbres, et portait la hotte pleine de légumes. « Nous l'avons vu souvent entrer dans le jardin, dit une des religieuses, tenant des paniers dans ses bras avec des galoches à ses pieds. » — « *Petit mercier, petit panier,* » dit-il agréablement un jour qu'il était rencontré à l'improviste un petit panier à la main, par quelqu'un de sa connaissance. Il s'étonnait presque quand mademoiselle de Vertus ou madame de Longueville daignaient lui parler, et disait : « *Je ne suis qu'un planteur de choux.* » Il évitait d'aller au parloir de mademoiselle de Vertus, quand madame de Longueville était au monastère des Champs[1]. — Il allait aux foires et aux marchés publics comme un domestique de la maison.

Il avait tellement retourné ses idées sur la noblesse, qu'il rougissait de ses parents quand on les lui rappelait, comme eût rougi un parvenu, homme de peu, qui aurait eu de la vanité. « La comtesse d'Harcourt sa sœur étant morte, M. Le Nain lui écrivit une lettre de consolation sur cette perte. Il me dit ensuite (c'est tou-

---

[1]. Arnauld, tout en aimant beaucoup M. de Pontchâteau, n'était pas sans trouver quelque excès à ces surcroîts et à ces raffinements d'humilité. Il le lui disait un jour, en lui écrivant (22 juin 1681) : « La simplicité chrétienne ne fait point tant de retours sur soi-même. Le vrai humble se contente d'être disposé à être humilié, sans tant rechercher à l'être, ou se plaindre qu'on ne l'est pas. L'amour-propre se peut glisser plus aisément dans ces recherches et dans ces plaintes, parce que l'humilité se découvre par là, ce qui la met en quelque danger de se perdre, au lieu qu'elle n'est jamais en un état plus assuré que lorsqu'elle s'ignore elle-même. »

jours la sœur Le Féron qui parle) qu'il avoit été tout mortifié de ce qu'en lui écrivant de cette mort, on disoit qu'il avoit perdu *madame sa sœur*. — Il eût voulu que son humiliation fût retombée sur toute sa famille, et il ne pouvoit souffrir qu'avec une extrême peine lorsqu'il apprenoit qu'elle croissoit dans la faveur du monde.... Il m'a dit qu'il avoit une grande dévotion à ces paroles de Job : *Putredini dixi : Pater meus et mater mea, et soror mea vermibus* (J'ai dit à la pourriture : Tu es mon père et ma mère ; et aux vers de la terre : Vous êtes mes sœurs), et que c'étoit véritablement la généalogie qui lui convenoit le mieux [1]. »

1. Nicole, très-bon juge et peu suspect en ce qui concerne M. de Pontchâteau, dont les excès lui agréaient peu, a très-bien parlé (lettre 80ᵉ, à madame de Bélisi), de cet étrange procédé du pénitent à l'égard de sa famille et de son *abandonnement total* de tous les siens. M. de Pontchâteau se déclara là-dessus dès l'abord, et se montra inexorable et inflexible jusqu'à la fin, jusqu'à son dernier soupir : il est à croire qu'il combattait en cela sa tentation la plus grande et la plus périlleuse, son démon d'orgueil caché. Ce fut aussi son trait distinctif et original entre tant d'autres pénitents de Port-Royal, et dont quelques-uns l'égalaient peut-être en violence de mortification : « Dieu l'avoit envoyé à Port-Royal, nous dit Nicole, pour y être un modèle de pénitence et d'humilité, et du mépris qu'on doit faire des grandeurs et des établissements du monde. C'étoit là proprement sa vocation et son don particulier, et on peut dire qu'il a été parfait et entièrement irrépréhensible dans les exercices essentiels de cette vocation.... Il suffit de connoître dans les Saints ce qui les a rendus Saints. Tout le reste de leurs qualités humaines..., et leurs défauts mêmes s'ils en ont eu..., tout cela est étouffé et anéanti par leur fidélité dans leur vocation principale. » — Pour nous encore aujourd'hui, nous définirions avec estime M. de Pontchâteau un homme de haute qualité passé tout entier et tête baissée du côté des gens de rien et des pauvres. — Sur un livre de piété qui lui a appartenu et qui lui était d'un usage habituel, je lis en tête ce *memento* écrit de sa main : « Se séparer : 1° des personnes du monde : par là on parvient à la solitude et au silence ; 2° des parents, des biens et des autres commodités : — à la pauvreté ; 3° des viandes délicates et des plaisirs : — à l'abstinence ; 4° des honneurs, des louanges et des bons traitements qui nous pourroient venir de la part des hommes : — à l'humilité. »

Ce fut pour lui plus qu'une mortification quand son neveu l'abbé de Coislin fut évêque d'Orléans et chargé de plusieurs bénéfices; il eut toujours une *plaie dans le cœur* de le voir engagé dans des fonctions si saintes, auxquelles il craignait qu'il ne satisfît pas entièrement par sa conduite. Tandis que chacun parlait de ce prélat comme de l'un des plus pieux évêques de France, M. de Pontchâteau en parlait comme d'un chrétien à demi mondain et trop peu mortifié : « Je ne suis pas trop surpris du silence de M. d'Orléans, écrivait-il à madame d'Épernon[1] ; que voulez-vous qu'il vous dise? car, dans le fond, il craint un peu Dieu; mais cela est étouffé par les affaires et les embarras[2]. »

J'ai déjà marqué en toute rencontre et je ne prétends point dissimuler les excès et les rudesses de M. de Pontchâteau; on en était frappé, même à Port-Royal[3]. Il supprimait tout ce qui est capable de plaire. Ce n'était point un jardinier riant : « On ne savoit là ce que c'étoit que de cueillir des fleurs, dit Fontaine; et d'un seul coup d'œil on remarquoit que c'étoient les jardins de personnes pénitentes, où il ne falloit point chercher d'autres

1. Madame d'Épernon était la seule de sa famille avec laquelle il fût resté en commerce, espérant l'entraîner tout à fait aux pieds de Jésus-Christ.

2. M. Le Camus, évêque de Grenoble, sans aller tout à fait aussi loin, répondait sur ce sujet à M. de Pontchâteau (10 juin 1676) : « Je plains notre ami M. d'Orléans sur ces nouveaux bénéfices, et je prie Dieu qu'il me délivre de toutes ces tentations délicates : *Facilius non habere quod spernas, quam spernere quod habeas.* Il mérite qu'on prie Dieu pour lui. »

3. Dans une lettre de lui, du 17 septembre 1676, on lit : « Ce pauvre garçon (M. d'Espinoy, fils de madame de Saint-Ange) est mort à Paris; mais on l'a apporté ici, et nous lui avons rendu les derniers devoirs qu'on nous rendra peut-être bientôt à nous-mêmes. *On me fait la guerre que j'aime bien que les gens meurent, et on m'accuse quelquefois d'être un peu trop dur : il est vrai que je ne saurois du tout plaindre ceux qui meurent;* car cette vie est si remplie de périls et de tentations, etc. »

fleurs que les vertus de ceux qui les cultivoient. » Il n'était pas homme à porter chaque matin un bouquet sur l'autel. Si l'on avait chanté à Port-Royal une musique un peu trop touchante, il ne l'eût point pardonné :

« Je ne sais, écrivait-il à sa sœur (4 décembre 1676), où l'on a été prendre, que l'on chantoit la musique à Port-Royal ; il y a pourtant quelque chose de vrai...; car la mère Abbesse, qui sait fort bien son chant, ne s'épargne pas plus qu'une autre et tient sa partie à l'église comme la moindre religieuse. On n'y chante que le plain-chant, mais assez bien parce qu'elles le savent ; car il n'y a pas de belles voix. La musique siéroit bien mal à des filles de saint Bernard, ce saint Père ne parlant que de gémissements de la tourterelle et de la colombe, et ne souhaitant autre chose sinon d'être excité à gémir et à pleurer. Et à propos de cela, il me souvient de quelques petits vers que fit autrefois M. de Gomberville quand je souhaitois avec tant d'ardeur de venir ici :

> Que ne puis-je imiter ces chastes tourterelles
> Qui pleurent dans ces bois la mort de leur époux !
> Mais pour suivre leur vol et pour gémir comme elles,
> Il faut avoir leur cœur, il faut avoir leurs ailes ;
> Et je ne puis, mon Dieu, les tenir que de vous[1] ! »

Nous le remercions, quoi qu'il en soit, de nous avoir conservé ces vers charmants et tout à fait lamartiniens, les plus jolis assurément qu'ait faits le bonhomme Gomberville[2].

1. Manuscrits de la Bibliothèque de Troyes. J'y ai beaucoup puisé pour cette Étude de M. de Pontchâteau. — Gomberville était en possession de faire de ces vers qui servaient comme de devise aux solitaires de Port-Royal, ou pour mettre au bas des portraits de saints qu'ils affectionnaient. Ainsi, dans une lettre à M. de Brienne, du 24 juin 1668, M. de Pontchâteau disait : « Je remercie M. de Gomberville du saint Arsène ; il est admirable. Un de nos amis y trouvoit seulement une chose à redire, c'est qu'il ne paroît pas par sa vie qu'il ait été si criminel. Les quatre derniers vers me ravissent, et si je pouvois mettre quelque autre chose en la place de l'éloquence qui ne me convient point du tout, je les prendrois pour ma devise. »

2. M. de Pontchâteau, le croirait-on ? fut chansonné et mis en

Le talent de Racine, même lorsque ce talent fut redevenu chrétien, était peu de chose aux yeux de M. de Pontchâteau. J'ai cité quelque part[1] un passage d'une lettre de lui à mademoiselle Galier (25 septembre 1685), dans lequel il disait : « Il faut que je devienne un peu bête et que je perde le goût des belles choses : car les vers de M. Racine ne m'ont point plu, et j'y ai trouvé quelque chose qui me semble assez profane. On y parle d'un Dieu qui a renvoyé la Discorde aux Enfers, et ce Dieu est le roi. Je vous assure que je ne me mets pas trop en vaudeville, du moins indirectement. Ce ne fut, il est vrai, que bien plus tard, dans le dix-huitième siècle, et à l'occasion d'une singulière aventure arrivée à M. de Montempuys, chanoine de Notre-Dame et grand janséniste. Ce brave homme, qui était de plus professeur de philosophie au Collége du Plessis, s'aperçut, à soixante ans, qu'il n'était jamais allé à la Comédie. L'envie lui en prit tout à coup, et pour plus de sûreté, sans rien dire à personne, il s'avisa de se déguiser en femme et de revêtir les habits de sa grand' mère qu'il avait conservés. Affublé de la sorte et une fois à la Comédie, il fut regardé pour l'extravagance de sa mise, reconnu pour homme, arrêté et conduit chez le lieutenant de police. L'affaire s'ébruita. C'était en décembre 1726; la Constitution était plus que jamais en cause ; les malins firent des couplets, et quelqu'un, qu'on soupçonna fort être le Père Du Cerceau, un spirituel jésuite et des plus espiègles, fit cette *chanson à danser* en trente-deux couplets :

> Voilà matière nouvelle
> Pour les docteurs de Paris,
> Dira-t-on : *Mademoiselle*
> Ou *Monsieur* de Montempuys?
> Et allons, ma tour lourirette
> Et allons, ma tour lourirou.

Il était dit dans un des couplets :

> Ce goût de métamorphoses
> Vous vient de vos devanciers ;
> Chez les nonnes les plus closes
> Ils entroient *en jardiniers*.
> Et allons, etc., etc....

Voilà M. de Pontchâteau bien marqué et désigné, — mais nullement déshonoré, non plus que les religieuses de Port-Royal, quoi qu'en dise Matthieu Marais.

1. Tome IV, page 6.

peine de n'aimer plus tout cela. Vanité des vanités, et tout n'est que vanité ! » M. de Pontchâteau estimait qu'il y avait trop de flatterie même dans le prologue d'*Esther*[1].

La grande habitude que, malgré tout, il avait gardée du monde, et sa grande aisance qui lui venait de bon lieu, un certain talent qu'il avait « pour s'insinuer dans les esprits et pour leur persuader une partie de ce qu'il vouloit, pour former et entretenir des liaisons, » faisaient qu'on l'employait plus volontiers que personne aux voyages et aux négociations. Il alla à Rome en 1677 pour les affaires de la Régale et le service de l'Église; il y retourna pour les affaires du monastère en 1679. Il écrivait de là à madame d'Épernon, le 21 novembre de cette année : « Priez Dieu, ma cher sœur, que je ne me gâte point en ce pays, car l'air en est contagieux. » S'il lui était resté de l'inquiétude d'esprit, il eut de quoi l'user en toutes ces années. C'était le plus austère des pénitents, mais aussi le plus mobile et le plus errant des ermites. Je le trouve (pour ne prendre qu'une année au hasard) à l'abbaye de Haute-Fontaine au printemps de 1683, puis à Paris, essayant s'il n'y aurait pas moyen de se faufiler et de se tapir à demeure dans la solitude de Port-Royal, puis à Bruxelles en visite auprès d'Arnauld pendant l'été et l'automne ; de là, après être passé par l'abbaye d'Orval, il s'en revient à Haute-Fontaine en décembre 1683.

Voici d'ailleurs un relevé rapide, et encore incomplet sans doute, de tous ses mouvements dans les années suivantes, de tous ses *va-et-vient* mystérieux.

---

1. Ce n'est pas que je prétende dire qu'en cet endroit il ait voulu parler du Prologue d'*Esther*, dans lequel il est bien question du roi et de la Discorde, mais où le roi n'est pas comparé à un Dieu. Il s'agit des vers de l'*Idylle sur la Paix* :

> Quel Dieu, sensible aux vœux de l'univers,
> A replongé la Discorde aux Enfers ?

M. de Pontchâteau est à Haute-Fontaine en janvier 1684, — aux Granges et à Paris au printemps ; — à Haute-Fontaine en juin ; — à Paris en automne. — Nous le retrouvons à Bruxelles en janvier 1685 ; — à Orval en février[1] ; — à Bruxelles en juillet ; — il est de retour, à la fin de l'été, à Orval. Il y reste jusqu'à la fin d'avril 1686 ; — il va au prieuré de M. Le Tourneux ; — à Port-Royal, fin de mai, juin et juillet ; — il repasse par le prieuré de M. Le Tourneux, et revient à Orval au mois d'août. Il y reste la fin de l'année. Il reparaît à Port-Royal en février 1687 ; — à Orval, en mars ; — à Bruxelles près de M. Arnauld, en avril ; — à Orval, en juin ; — à Aix-la-Chapelle, en septembre ; — à Orval, en octobre ; — à Paris, en novembre et décembre. Il est à Orval en mars 1688 ; — à Bruxelles, en juin ; — à Orval, au mois d'août ; — à Port-Royal, en décembre. On voit que, bien que censé absent, il se glisse à Port-Royal et y passe incognito plus souvent qu'on ne l'imaginerait à cette date et que ne le disent nos historiens[2]. De retour à Orval à la fin de janvier 1689, il n'a que le temps de repartir pour Bruxelles en février ; puis, après

---

1. Il y était encore le 27 mai de cette année 1685, et il écrivait à cette date à son ami M. Ruth d'Ans : « Recommandez-moi à façon à vos hôtes (M. Arnauld), à tous les amis et amies qui se souviennent de moi. Je me souviens, ce me semble, de tout le monde chacun à son rang, et je prends plaisir d'y penser quelquefois dans cette allée où nous fûmes ensemble, et quelquefois à une terrasse qui est plus élevée et plus agréable quand il n'y a point de soleil. Je suis en vérité trop à mon aise ici. Je n'ai rien à y souffrir, tout m'y accommode, cela va fort bien pour cette vie; mais il n'en est pas de même dans l'autre. »

2. Nous pouvons nous figurer quelqu'une de ces arrivées mystérieuses de M. de Pontchâteau, de M. *Fleury*, à Port-Royal. Il voyait certainement mademoiselle de Vertus, il voyait la mère Abbesse et tout au plus une ou deux des têtes dirigeantes. Il donnait des nouvelles de M. Arnauld et des amis éloignés entre lesquels il était un lien. Le tout était sous le plus grand secret ; le gros de la Communauté n'en savait rien. La sœur Le Féron, dans ce Mémoire

un nouveau séjour et de dix longs mois, à Orval, il revient encore une fois et à Port-Royal et à Paris, en janvier 1690.

C'est dans ce dernier voyage, au sortir d'une visite et d'un entretien chez Nicole, qu'il fut pris de la maladie (une pleurésie) dont il mourut après rechute, non sans avoir langui et traîné quelque temps. Sa mort, à laquelle Nicole assista, fut simple, « sans éclat, nous dit cet excellent témoin, sans spectacle, dans une parfaite paix, un recueillement entier et une application à Dieu non interrompue, comme une suite d'une vie qui, tendant

souvent cité, et qui fut écrit peu après la mort de M. Pontchâteau, raconte une anecdote qui doit se rapporter à l'année 1689 ou 1688 :

« Il fut obligé, il y a deux ou trois ans, de faire un voyage à Paris. Pendant ce temps-là quelques-uns de ses amis s'efforcèrent de persuader à madame d'Épernon, sa sœur, de parler au roi en faveur de monsieur son frère, afin qu'il eût la liberté de se retirer partout où il voudroit, et même ici, s'il l'eût souhaité. Madame d'Épernon ne put se résoudre de paroître devant le roi pour ce sujet ; mais elle engagea M. d'Armagnac, son neveu, de parler pour elle : ce qu'il fit de bon cœur. Il parla donc au roi, qui lui dit pour réponse qu'il falloit s'adresser à M. de Paris. Il le fut voir, et (M. de Harlai) lui parla de son oncle avec de grands témoignages d'estime et d'affection. Mais quand il fit la demande de le laisser vivre en paix où il voudroit, M. de Paris lui dit qu'il seroit aise de voir M. de Pontchâteau devant que rien conclure. M. d'Armagnac engagea donc M. de Pontchâteau d'aller voir M. l'archevêque. Il l'y mena lui-même. M. de Paris le reçut fort civilement, lui témoignant de l'estime et de l'amitié. Il l'assura de la part du roi qu'il n'étoit point banni, qu'il pouvoit se retirer dans quelque endroit du royaume qu'il lui plairoit, sans avoir rien à craindre. M. de Pontchâteau lui répondit qu'il ne souhaitoit que la liberté de se retirer à Port-Royal. M. de Paris lui demanda s'il n'y avoit pas déjà *dix* ans qu'il y étoit caché ? M. de Pontchâteau l'assura que non, qu'il n'y étoit point demeuré depuis l'ordre du roi (*demeuré*, non, mais *allé*, oui) ; qu'il désiroit fort qu'on lui accordât cette grâce. M. de Paris le refusa, lui disant que tous lieux lui seroient bons, mais qu'il ne lui conseilloit pas d'approcher d'ici. Ils se séparèrent sur cela, et M. de Pontchâteau se fixa tout à fait à demeurer à Orval. Cette entrevue, quoique fort secrète, ne laissa pas d'être sue, nous ne savons par qui ; mais on mit dans la *Gazette de Hollande* que l'abbé de Pontchâteau avoit abjuré l'hérésie du Jansénisme et s'étoit réconcilié avec M. de Paris. »

Sur le séjour fréquent, mais si coupé, de M. de Pontchâteau à l'abbaye d'Orval, il est dit dans le même Mémoire :

« M. de Pontchâteau avoit peine à sentir l'estime que l'abbé faisoit de

toute à la mort, n'avoit pas besoin d'être marquée par des circonstances particulières. » Nicole dit cela à dessein, et par opposition à l'éclat et au bruit qui se fit après la mort.

Le duc de Coislin, ayant su la maladie de son oncle, chercha à le voir et se rendit rue Saint-Antoine, dans la maison d'un marguillier de Saint-Gervais chez qui il logeait; mais il ne fut point reçu. Deux dames de sa famille, et peut-être le duc lui-même, vinrent le soir, la veille de sa mort, et virent l'agonisant par les fentes d'un rideau, sans être vus. Il expira le 27 juin (1690), à l'âge de cinquante-six ans et demi.

Le bruit se répandit bientôt dans le quartier qu'il venait d'y mourir un saint, et les scènes commencèrent. Il s'amassa tant de gens devant la maison que la rue était obstruée :

« On fut obligé, dit le Nécrologe, de mettre des gens aux portes que l'on vouloit forcer, et ne laisser entrer que six personnes à la fois, qui lui baisoient les pieds et lui faisoient toucher leurs maux. Il y eut, entre autres, une jeune fille de huit ans qui entra avec beaucoup de dévotion lui faire toucher des écrouelles qu'elle avoit au cou, et dont elle fut aussitôt guérie. Ce miracle fit beaucoup d'éclat dans Paris, parce que la fille étant encore entre les mains des médecins et des chirurgiens, ils reconnurent, par des attestations en forme qu'ils en donnèrent, que *cette guérison subite ne pouvoit être naturelle dans l'état où étoit le mal.* — Pour satisfaire à la dévotion du peuple, on fut obligé de laisser le mort découvert jusqu'au lendemain un peu avant midi, qu'on le porta à l'église pour y chanter la messe des défunts ; et quoiqu'il fît un furieux orage et une chaleur excessive, il est certain qu'il n'exhaloit pas la moindre infection. On lui trouva une chaîne de fer autour des reins, et un billet

lui, et je crois que c'est la seule peine qu'il a eue dans cette abbaye, où il croyoit qu'on l'estimoit trop et qu'on ne l'humilioit pas assez. Si j'osois dire ma pensée, je dirois que rien ne l'a tant empêché de se *stabiliser* en cette maison que la crainte qu'il avoit d'y être considéré. »

par lequel il déclaroit qu'il vouloit être porté à l'église de la paroisse comme un pauvre, par le convoi de la charité, et de là en notre monastère des Champs. »

On observa à peu près ses intentions pour la pauvreté du convoi : M. de Coislin se fit honneur de marcher à la tête, avec son cordon bleu.

« Après la messe (à Saint-Gervais), continue le Nécrologe, le peuple étant entré dans le chœur, et s'apercevant que le cercueil n'étoit pas bien soudé, enleva de force la lame de plomb qui le couvroit, la dessoudant avec des couteaux, et mit en pièces sa chemise et son linceul ; et, si l'on ne l'eût empêché, il étoit près de mettre son corps en morceaux pour en avoir des reliques. Les prêtres le portèrent dans une chapelle pour faire ressouder le cercueil ; mais, la porte en ayant été forcée, on fut contraint de le mettre promptement dans un carrosse et de le porter en ce monastère. »

J'en ai honte pour nos amis, mais un degré d'exaltation de plus, et les convulsions dès lors commençaient !

Cette populace qui voulait desceller le cercueil de M. de Pontchâteau était celle qui, quelques années auparavant, aurait voulu, dans une tout autre intention, saccager le cercueil de Molière.

O vertu ! ô folie ! — O grossièreté ! ô croyance ! — O foi ! ô intolérance ! — O vérité ! ô indifférence ! — Serait-ce donc là les litanies du sage [1] ?

Le corps de M. de Pontchâteau, conduit par le vicaire de Saint-Gervais, arriva au monastère des Champs le

---

1. Nicole, interrogé par une de nos dévotes et des plus intimes de notre monde (madame de Bélisi) sur les circonstances de la mort de M. de Pontchâteau et sur ce qu'il en pensait, lui répondit par une lettre qui est un chef-d'œuvre de prudence et de discrétion fine. Après avoir rendu témoignage en faveur de cette mort toute chrétienne, il ajoutait :

« Je vous avoue, au reste, que je ne fais pas un grand fond sur ce concours de peuple à son tombeau, ni sur les miracles qu'on lui attribue ; je

mercredi soir 28 juin, vers minuit. Le cœur, qui avait été retiré à l'avance et par précaution (au cas que l'on ne pût avoir le corps), resta quelques mois en dépôt et ne

ne sais pas bien même s'ils sont effectifs. Mais je sais seulement deux choses : l'une, qu'il n'y a point eu d'artifice ni de dessein à en semer le bruit ; l'autre, que, ne paroissant pas de la qualité de ceux où l'opération particulière de Dieu est incontestable, il eût été bon, ce me semble, de n'en pas faire de bruit. Une humeur s'est dissipée en un jour après l'attouchement de ses pieds : qui sait si elle ne fût pas dissipée d'elle-même ? car il y en a qui se dissipent, et cela arrive en un certain temps, qui peut être celui-là. Mais, comme l'on ne sauroit retenir ni les sentiments ni les mouvements du peuple, il n'est pas juste d'en imputer rien à personne. Ne m'en demandez pas, s'il vous plaît, davantage, Madame ; et si vous désirez un plus grand détail et de plus grandes louanges, adressez-vous à quelque personne qui ait l'imagination plus vive.... »

Le *Journal des Savants* (de novembre 1702) approuva fort ces paroles et cette circonspection de Nicole. Dom Clémencet dans son *Histoire littéraire* manuscrite de *Port-Royal* (article *Pontchâteau*), s'en montre, au contraire, peu satisfait et presque scandalisé :

« Pour nous, dit-il, quelque respect que nous ayons pour M. Nicole, quelque estime que nous ayons pour ses lumières et ses décisions, ce langage nous surprend, et surtout l'indifférence qu'il témoigne pour les miracles attribués à M. de Pontchâteau, ainsi que la raison qu'il donne pour les révoquer en doute. *Une humeur s'est dissipée en un jour après l'attouchement de ses pieds : qui sait si elle ne se fût pas dissipée d'elle-même ? car il y en a qui se dissipent, et cela arrive en un certain temps, qui peut être celui-là.* Un incrédule ne pourra-t-il pas faire le même raisonnement contre les miracles mêmes de Jésus-Christ, en particulier contre celui de la guérison de la belle-mère de saint Pierre ? Elle étoit au lit ayant la fièvre, et *Jésus lui ayant touché la main, la fièvre la quitta.* Sur cela l'incrédule ne pourra-t-il pas répondre : *Une fièvre s'est dissipée en un moment par l'attouchement de la main de Jésus-Christ : qui sait si elle ne se fût pas dissipée d'elle-même ? car il y en a qui se dissipent, et cela arrive en un certain temps, qui peut-être étoit celui-là.* M. Nicole dit qu'il ne sait pas même si les miracles sont *effectifs.* S'il ne le savoit pas, il ne falloit donc pas prononcer. Il faut bien que la guérison de la jeune fille ait été un miracle *effectif*, puisque les médecins et chirurgiens, entre les mains de qui elle étoit, reconnurent, par des attestations en forme passées par-devant notaires, que *cette guérison subite ne pouvoit être naturelle dans l'état où étoit le mal.* Mais enfin, quelles que fussent ces guérisons, il étoit nécessaire de les examiner, afin de rendre gloire à Dieu si elles étoient miraculeuses, ou de désabuser le peuple si elles ne l'étoient pas. »

Je laisse l'inconséquence de Nicole dans tout ce qu'elle a de sensé. Dom Clémencet assurément est plus logique : Nicole est plus raisonnable. — Si Nicole paraît douter de ces miracles, Arnauld, en revanche, paraît y croire (lettre du 12 juillet 1690).

fut enterré que le 14 octobre, en même temps que le corps de M. de Sainte-Marthe, et aux pieds de ce saint prêtre, dans un petit sépulcre à part que les religieuses eurent le loisir de disposer. Corps et cœur, ces saintes filles méritaient de tout posséder de lui ; M. de Pontchâteau leur était dû tout entier [1].

Nous reprenons l'histoire un peu languissante du monastère. — Si les morts, comme on le voit, étaient si pressés d'entrer à Port-Royal, les vivants, on peut le croire, n'étaient pas moins jaloux d'y avoir accès et d'y pénétrer. Ce n'étaient pas seulement d'anciennes élèves mariées comme madame de Bournonville, qui y revenaient faire de courtes apparitions, c'étaient des personnes dévotes, quantité de dames de distinction qui aspiraient à y venir aux jours de fête et de pénitence, et qui en obtenaient des permissions de l'archevêque. M. de Sainte-Marthe, tout absent qu'il était, dans une lettre adressée à la mère Du Fargis après la mort de M. Le Tourneux (1686), avait signalé le danger, l'infraction trop répétée à la règle de clôture et de silence ; il avait rappelé que cette première règle des monastères était toute conforme à l'esprit des Saints, qui ont mis leur dévotion à fuir les hommes : *Fuge homines :* « Et tout ce que je sais, disait-il, me porte à croire que, la cor-

1. La piété de M. de Pontchâteau avait fait des conquêtes dans sa famille : son neveu le chevalier de Coislin le suivait de loin avec admiration et envie de l'imiter. Il mourut le 13 février 1699, et le 19 M. Vuillart écrivait à M. de Préfontaine : « On porta hier à Port-Royal le corps du chevalier de Coislin qui avoit demandé à y être enterré près de son saint oncle M. de Pontchâteau. Quand le cardinal de Coislin en demanda permission à notre prélat (M. de Noailles), il lui dit qu'il lui donnoit tout son pouvoir pour cet effet. Et quand cette Éminence le fit agréer au roi, Sa Majesté l'accorda, dit-on, volontiers. » On s'efforçait, à cette date, de voir, dans toutes ces petites circonstances, des signes favorables pour l'avenir de Port-Royal.

ruption du monde étant aussi grande qu'elle étoit autrefois, il n'en est pas moins vrai qu'il le faut fuir, et le fuir même dans les personnes que l'on appelle *dévotes*, puisque les religieuses d'une même maison se doivent fuir les unes les autres, si elles veulent trouver Jésus-Christ, qui ne promet de leur parler et de leur faire des grâces que dans la solitude. » On dut en effet mettre ordre à ce relâchement, et la mère Racine, aidée de M. Eustace, prit là-dessus un parti qui fit crier bien des amis, mais que les abus avaient rendu nécessaire : « Plusieurs, écrivait M. Eustace, blâmeront la résolution de fermer les portes, on s'y attend bien ; mais un plus grand nombre encore auroit blâmé la liberté avec laquelle on les ouvroit, si on l'avoit permis plus longtemps, comme on le sait par tout ce qu'on en a dit dans le monde. » On s'arma, pour autoriser ce retour à la sévère discipline, de l'ancien exemple de la mère Angélique lorsqu'elle ferma la porte à son père même, dans la fameuse journée du Guichet. Les vrais amis, ceux « avec lesquels on n'étoit lié que par le nœud de la Vérité et de l'Éternité, » approuvèrent et admirèrent ces pauvres recluses dépérissantes, qui se refusaient la consolation trop humaine de parler de leurs ennuis et de leurs peines à d'autres qu'à Dieu.

Toutefois les ecclésiastiques amis n'étaient pas compris dans l'exclusion, et on voit que chaque année, dans les premiers mois d'été, en mai ou en juin, vers le temps des Rogations et de l'Octave du Saint-Sacrement, plusieurs venaient pour prendre part à l'édification que ces pieuses cérémonies portaient avec elles, surtout au sein de ce vallon béni, au cœur de cette saison florissante. M. de Beaupuis revenait exprès de Beauvais, M. Bocquillot revenait d'Avallon ; Santeul, plus fidèle qu'aucun, ne manquait jamais. Quelquefois il n'y avait pas moins de quatorze ou quinze ecclésiastiques tant de la

maison que du dehors, pour honorer de leur présence
et de leur ministère ces fêtes rurales et touchantes dont
la poésie secrète, de loin visible à nos yeux, n'était pour
eux tous que de la religion pratique et précise. Dans la
stérilité d'événements qui est le propre de ces années,
ces Processions annuelles occupent une grande place du
Journal : nous savons qui portait le dais, nous savons
qui portait les flambeaux, qui marchait en tête et qui encensait; il ne tient qu'à nous de suivre pas à pas le saint
cortége, et nous avons la vénération trop docile et, sinon
la foi, du moins la sensibilité trop chrétienne pour y
résister. Nous suivons donc la Procession chantante par
toutes les allées, en nous dirigeant tout droit à travers le
jardin vers *la Solitude*, dont nous connaissons la *Porte
rouge :* là nous tournons à droite vers les *Fraisiers*, nous
passons le pont proche du *Glacis* pour continuer de cheminer tout le long de l'allée de l'*Ormois* jusqu'à la *Porte
à barreaux*, par laquelle, rentrés dans le jardin, nous
faisons, malgré son vilain nom, toute l'allée des *Crapauds;* puis nous tournons pour gagner la porte rouge
de *Saint-Antoine*, d'où l'on passe dans le petit jardin de
Saint-Paulin, et de là dans le cloître. Mais je fais comme
la Procession, j'ai oublié des allées auxquelles on tient
et qu'on se propose de sanctifier un autre jour, celle de
l'*Espalier* dans *la Solitude*, celle des *Groseilliers;* on
s'arrangera pour que la bénédiction ne manque à aucune
et pour les faire toutes à diverses reprises, tant celles de
la Solitude que celles aussi du jardin.

On possède, sur ce qu'était Port-Royal au cœur et aux
yeux des amis, en ces années mélancoliques, un sincère
et précieux témoignage; c'est la Relation détaillée d'une
visite qu'y firent, dans l'été de 1693, quelques personnes
qui nous sont bien connues d'ailleurs, Rollin, M. Hersan; celui de leurs compagnons de voyage qui eut l'heureuse idée de raconter ce qu'il avait vu et surtout res-

senti, est un ancien élève de M. Le Tourneux dans son prieuré de Villers, M. Louail, qui n'est nullement étranger, comme on le va voir, au talent d'écrire. Il demeurait pour lors à Meudon chez madame de Louvois, et était attaché au jeune abbé son fils. Je le laisserai parler sans l'interrompre. On m'a quelquefois demandé de décrire le vallon de Port-Royal, tel que je l'ai vu ou tel que je le conçois; j'aime mieux que ce soit M. Louail qui nous le montre dans une image encore plus morale que pittoresque, mais où la perspective pourtant et la couleur des lieux n'est point absente[1] :

« Le mercredi (27 mai), dit-il, dans l'Octave de la Fête-Dieu, M. Hersan[2] alla à Port-Royal des Champs avec M. de

---

1. J'emprunte cette Relation à un manuscrit de la Bibliothèque de Bourges (n° 225 du nouveau Catalogue); j'en dois la communication à l'obligeance de M. de Girardot. — Il y a un double de la même pièce à Utrecht; j'ai profité de la collation sur deux ou trois points.
2. Il s'agit de M. Hersan, le célèbre professeur de l'Université, le maître de Rollin, et non d'un autre ami de Port-Royal. M. Hersant, l'ancien principal des Grassins et l'ancien maître de M. Le Tourneux, dont il a été question précédemment page 208, était mort à cette date. — Et puisque l'occasion s'en présente, je résumerai ce qui en est des trois Hersan ou Hersant, dont les noms se rencontrent dans ces volumes de Port-Royal et qu'il importe de ne point confondre. Le plus ancien, que nous avons vu intervenant dans les débats au sujet de *La Fréquente Communion*, Charles Hersan ou Hersent, était un prédicateur de profession, qui avait été de l'Oratoire et qui en était sorti; auteur, pendant le ministère de Richelieu, du libelle de l'*Optatus Gallus*; un discoureur, et, selon Richard Simon, un déclamateur, qui s'attira par ses témérités mainte mésaventure. Le Père Rapin essaie de le faire plus réellement janséniste et plus lié aux Jansénistes qu'il ne l'était. — Un autre Hersant (Jean), mort chanoine de Sens (celui-là, le principal des Grassins et le maître de M. Le Tourneux), était l'un de nos amis en effet, de nos saints et dignes personnages. — Enfin le troisième et plus jeune Hersan (Marc-Antoine) est celui même de ce pèlerinage, le célèbre professeur d'humanités et de rhétorique, prédécesseur et maître de Rollin, et qui avait quitté, depuis quelques années, sa chaire du Plessis pour être attaché à l'éducation du jeune abbé de Louvois.

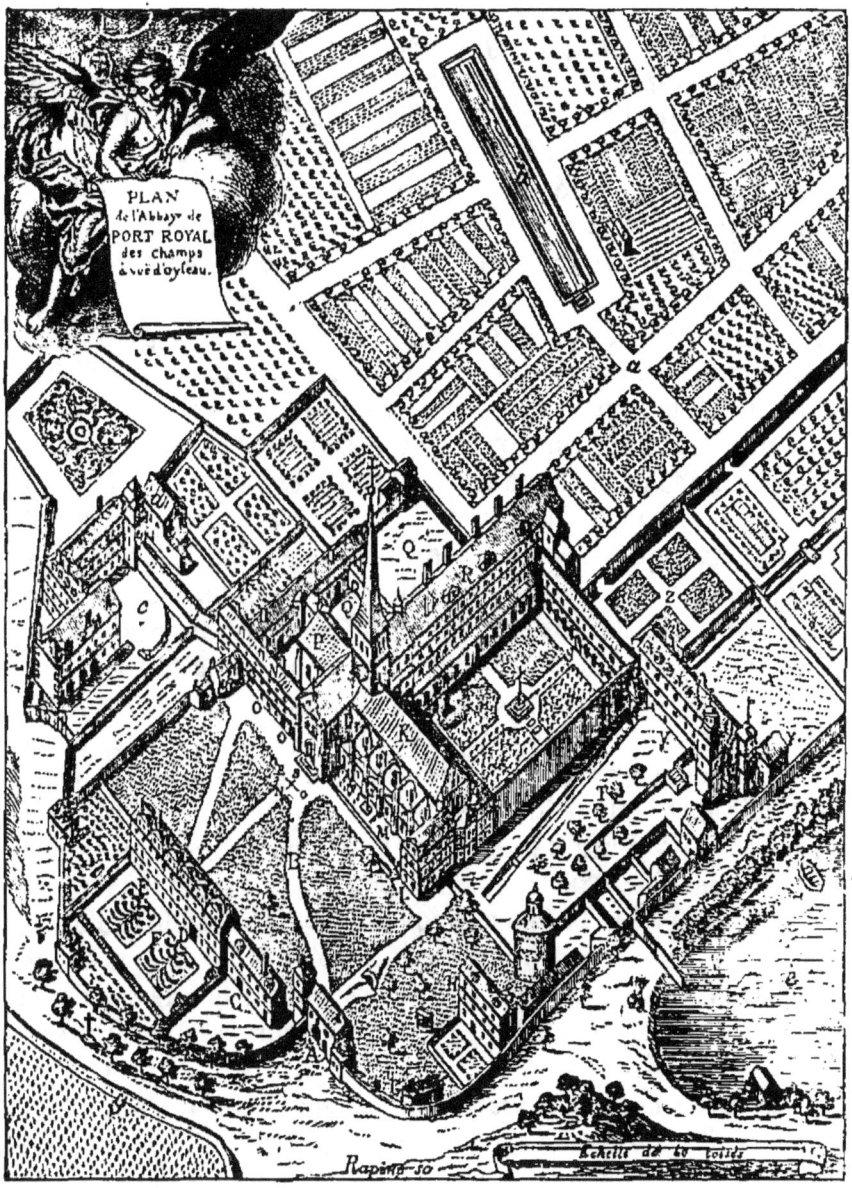

A Entrée de l'Abbaye.
B Grande cour du dehors.
C Écuries, forge, menuiserie.
D Logement des messieurs.
E Logement des dames.
F Jardin des messieurs.
G Chambre de saint Thibauld.
H Maison de M. de Sainte-Marthe.
I Grange.
K L'église, tournée à l'Orient, selon que l'indiquent les signes $\underset{N}{\overset{E}{\times}}\underset{O}{\overset{S}{}}$, placés devant le portail.
L Parloirs.
M Cimetière du dehors.
N Galerie de Mme de Longueville.
O Salles des hôtes.
P Tour, parloir de l'abbesse.
Q Cours du dedans de l'Abbaye.
R Dortoir des religieuses
S Cloître et cimetière.
T Basse-cour.
V Infirmerie.
X Cour de l'infirmerie.
Y Moulin.
Z Jardin des simples.
a Grand jardin.
b Canal.
c Hôtel de Longueville
d Bâtim. de Mlle de Vertus.
e Étang.
f Chaussée.
g Enclos des Granges; la ferme des Granges était sur la hauteur vers le Nord.

Targ.[1] et M. Rollin pour y assister le lendemain à la Procession du Saint-Sacrement, pour lequel vous savez que ces religieuses, qui l'adorent continuellement, ont une dévotion si particulière. Ils me firent l'honneur de me mener avec eux, et je fus si édifié de ce que je vis dans cette célèbre Abbaye que je veux bien, et pour vous obéir, et pour ma propre consolation, vous faire une relation de ce petit voyage.

« Nous allâmes d'ici (de Meudon) à Buc, et de là à Voisins. On trouve, à la sortie de ce village, une longue allée de pommiers et de poiriers qui conduit jusqu'au bord d'une profonde vallée, au fond de laquelle est Port-Royal.

« On le découvre tout entier en descendant de cette vallée. C'est un monastère d'une assez petite étendue, mais où il y a beaucoup de logement. La cour est étroite et longue, d'occident en orient ; l'église, les parloirs et les maisons des tourières et des hôtesses, en font un côté ; les écuries, les boutiques de différents ouvriers et les maisons des ecclésiastiques et des hôtes, font l'autre côté. Le cloître et les maisons des religieuses sont derrière l'église. Leur jardin s'étend surtout vers l'orient, et il est traversé d'un petit canal qui le coupe en deux. Il y a dans la partie du midi un petit bois fort couvert qu'on appelle *la Solitude*. Tout cela est entouré de murailles où il y a d'espace en espace des tours, bâties, à ce qu'on m'a dit, pendant les guerres de Paris pour défendre la maison contre les insultes des soldats.

« Entrés (que nous fûmes) dans la cour, la première chose que nous fîmes fut d'aller à l'église saluer le Maître de la maison. On commença bientôt après Complies, que nous en-

---

1. Les noms des voyageurs ne sont indiqués que par abrégé dans le manuscrit. J'ai pu, à l'aide des Journaux de Port-Royal, déterminer avec certitude les noms de Hersan et de Rollin, et m'assurer aussi que M. Louail est l'auteur de la Relation. J'ai eu un peu plus de peine à l'égard de M. de Targ., que j'avais lu d'abord M. de *Farg*. Mais j'ai eu enfin la satisfaction de retrouver M. Targni ou de Targni, docteur en théologie, attaché alors, comme M. Louail, à l'éducation de l'abbé de Louvois. Ce docteur, qui fut plus tard abbé de Saint-Lô et l'un des gardes de la Bibliothèque du roi, deviendra un adversaire déclaré du Jansénisme au dix-huitième siècle. On s'avisa seulement alors de remarquer que son nom lu au rebours donnait le mot *ingrat*. A la date de mai 1693, il était l'un des quatre pèlerins pieux et fidèles. (Voir l'*Appendice*.)

tendîmes. L'église est belle, voûtée et bâtie en croix. Elle étoit autrefois fort basse et on y descendoit ; mais on a relevé le pavé de treize pieds, et on y monte à présent par trois ou quatre marches. Le chœur en occupe plus de la moitié. Le grand autel est simple et très-beau : le Saint-Sacrement y est suspendu, et deux Anges à genoux l'adorent dans une posture qui inspire de la dévotion. Il y a au-dessus un grand tableau de M. Champagne qui représente la Cène de Notre-Seigneur, et deux images [1] de ce même peintre de chaque côté de ce tableau, mais si bien faites qu'on les prend d'abord pour des statues de marbre blanc : l'une représente la Sainte Vierge et l'autre saint Jean-Baptiste. L'église est presque toute pavée de tombes de personnes illustres par leur sainteté. Je lus autant que je pus de leurs épitaphes ; je lus encore celles qui sont dans le cimetière qu'on trouve à main gauche en sortant de l'église, et qui s'étend le long de la nef. Les épitaphes me parurent si belles que j'engageai un ecclésiastique à me promettre de me les faire copier et de me les envoyer.

« Je me suis peut-être trop arrêté à décrire une maison qui est si connue, et qu'il est aisé d'aller voir ; mais la vue de cette fameuse solitude fit une telle impression sur moi, que l'image en est restée profondément gravée dans mon âme. Ainsi, ne pouvant m'empêcher d'y penser souvent, le moyen d'en peu parler?

« Le jeudi au matin, nous assistâmes à Prime et à Tierce ; on dit ensuite la Grand'Messe fort solennellement. Elle fut chantée par M. de Beaupuis, chanoine de Beauvais. M. de Santeul, chanoine de Saint-Victor de Paris, y servit de sous-diacre, et nous fûmes acolytes, M. Rollin et moi. On commença la Procession immédiatement après la Messe. En voici tout l'ordre :

« Elle partit du grand autel. Le sous-diacre, le thuriféraire, le diacre et deux acolytes avec des flambeaux, marchoient devant. Le célébrant au milieu, sous le dais porté par quatre diacres, avoit à ses côtés deux prêtres assistants ; deux autres acolytes suivoient, portant aussi des flambeaux. Nous arrivâmes ainsi jusqu'à la grille du chœur, marchant toujours sur une bande de feuilles et de fleurs large de trois

1. Probablement des grisailles.

à quatre pieds, qui continuoit pendant tout le chemin que devoit faire la Procession.

« Nous détournâmes ensuite à gauche et nous entrâmes au dedans du monastère par la porte des Sacrements. Nous vîmes pour lors les religieuses dans une longue aile, rangées des deux côtés, leur voile baissé, un cierge allumé à la main. On s'arrêta pour leur donner le temps de venir deux à deux faire une profonde inclination au Saint-Sacrement et de défiler dans le chœur. Nous les suivîmes. Quelques religieuses de chœur, les sœurs converses et les postulantes, quelques dames du dehors et les domestiques filles, et non les hommes, dont aucun n'entra, marchoient encore après nous. Nous passâmes le chœur et l'avant-chœur.

« Nous descendîmes ensuite dans le cloître où on avoit fait deux reposoirs ; nous en fîmes le tour. Nous revînmes enfin à l'église par le chœur, passant au milieu des religieuses rangées des deux côtés, qui se mettoient à genoux à mesure que le Saint-Sacrement passoit devant elles. Rentrés dans l'église, nous nous approchâmes tous de l'autel ; on donna la bénédiction, et on se retira.

« Pour ne point interrompre la marche de la Procession, je n'ai rien dit de la grandeur, de la beauté et de la propreté du chœur et de l'avant-chœur, que je ne laissai pas de remarquer en passant. Le cloître n'est pas moins beau : il n'y a dans le parterre que des croix de bois plantées au cordeau, au milieu desquelles il y a des losanges d'ardoise où sont écrits les noms des religieuses qui y sont enterrées, ou plutôt qui y ont été mises comme une semence pour y ressusciter un jour dans un corps incorruptible, spirituel et glorieux. On a mis le long des murailles, d'espace en espace, des tableaux et des sentences écrites en grosses lettres qui, ayant rapport à tous les objets qui se présentent aux yeux, instruisent à chaque pas, remplissent l'âme de grandes vérités et lui inspirent les sentiments dont elle doit être pénétrée dans toutes ses actions. Je fus principalement touché d'un Christ au tombeau, au-dessus duquel on a écrit ces paroles de l'Apôtre : *Consepulti sumus cum illo per baptismum in mortem*[1], etc. Aussi ne peut-on mieux représen-

---

1. « Nous avons été ensevelis avec lui par le baptême dans une

ter que M. Champagne a fait dans ce tableau un homme mort de la manière dont le Sauveur a bien voulu mourir. Enfin, l'on avoit exposé dans le cloître, à cause de la fête, les portraits de plusieurs mères, de la mère Marie-Angélique, de la mère Agnès, de la mère Angélique de Saint-Jean et de quelques autres. La vue de ces portraits et le souvenir de ces grandes abbesses me donnèrent une joie merveilleuse.

« Je viens de décrire la Procession de Port-Royal ; mais que ne puis-je exprimer de même les sentiments que cette Procession produisit en moi ! Quelles réflexions je fis, quels desseins je formai, quelle consolation, quelle douleur, quelle joie, quelle indignation je ressentis tout à la fois ! Plût à Dieu qu'il me fût possible de faire connoître quels furent alors les mouvements de mon cœur ! Considérant ces saintes religieuses profondément inclinées et comme anéanties devant Jésus-Christ caché dans l'Eucharistie, et l'empressement qu'elles avoient de rendre leurs adorations à ce divin Époux, je l'adorois avec elles, je désirois être animé de la même foi, je rougissois, je me condamnois moi-même ; je déplorois l'aveuglement de leurs calomniateurs qui les ont appelées des Asacramentaires. *Jetant la vue sur cette procession de vierges consacrées à Dieu qui marchoient toutes le flambeau à la main, édifié par leur modestie, ébloui par la blancheur de leurs habits et le rouge de leurs croix, enlevé par la beauté de leur chant, que ne ressentois-je point !* J'admirois tout ce que je voyois : je croyois être parmi des Anges. Je me disois à moi-même : Dieu n'est mieux servi nulle part. Je le bénissois de faire éclater en de simples filles les merveilles de sa Grâce, de leur donner, dans la persécution qu'elles souffrent, une patience qui édifie plus l'Église que ne feroit tout l'éclat de leur maison, et qui peut-être lui est plus utile que tous les fruits de la paix.

« Je sortis enfin, après None, d'un lieu où j'eusse voulu être toute ma vie. J'en visitai, en m'en allant, tout le dehors. Je montai sur la montagne à main gauche pour voir

---

même mort, afin que, de même que le Christ est ressuscité d'entre les morts par la gloire de son Père, nous aussi nous marchions dans une nouvelle vie. » (Saint Paul aux Romains, VI, 4.)

les Granges (c'est le nom de la ferme); j'y vis les anciennes écoles de Port-Royal, la maison de M. d'Andilly et de M. Arnauld, et la solitude de M. de Pontchâteau. Je me promenai dans le bois qui est derrière les Granges, où Monseigneur vient quelquefois chasser. Je retournai vers l'orient, d'où je découvrois une grande étendue de pays ; je jetai la vue de tous côtés, et m'arrêtai quelque temps à considérer encore une fois l'Abbaye, l'hôtel de Longueville à présent uni aux maisons des religieuses, le château de Vaumurier (bâti par M. le duc de Luines, père de M. le duc de Chevreuse), et au delà toute la campagne qui a été cultivée par tant de pieux solitaires. Je dis enfin adieu à cette terre de bénédiction ; mais le souvenir que j'en conserve, et de la fête que j'y ai vue, me fait goûter la joie d'une fête continuelle : *Reliquiæ cogitationum diem festum agent...*[1]. Je suis, etc.

« A Meudon, ce 30 mai 1693. »

Certes, il ne se peut d'impression plus vive et plus tendre, rendue avec plus de simplicité et d'onction ; il ne se peut de tableau s'inspirant mieux de son objet et le respirant davantage, réfléchissant avec une plus sensible vérité ces toutes dernières saisons durant lesquelles Port-Royal subsiste encore, mais où déjà la tradition l'environne et l'agrandit, où tout son passé le couronne, à la veille du moment tout à fait prochain où la défaillance va se faire sentir, où l'excès d'affaiblissement se trahira, où les cérémonies elles-mêmes en souffriront, où, le pavé des tombes se peuplant de plus en plus, bien des stalles resteront vides. Ce M. Louail a trouvé là, par le cœur, des pages que n'eût point désavouées Racine pénitent[2].

---

1. Psaume LXXV, 11.
2. Ces hommes ascétiques ne laissaient pas d'être sensibles, on le voit, aux grâces et aux beautés de la nature champêtre ; mais ils l'étaient à leur manière, avec innocence et frugalité. Nous venons d'en suivre quelques-uns dans un de ces pèlerinages qu'ils faisaient à pied dans la belle saison, l'idée de Dieu toujours présente. C'est

La chasse royale, qui poussait de temps en temps jusqu'aux bois d'alentour et qui descendait jusqu'à la chaussée du monastère, amena en ces années quelques incidents, les seuls qui rompaient la monotonie du désert, — un cerf aux abois qui se jetait et se noyait dans l'étang, — un paysan qui se noyait pour le repêcher[1]. Mais

cette même jouissance pure que goûtaient les Tillemont, les Beaupuis, dans les voyages pédestres qu'ils entreprenaient chaque printemps. Je trouve chez l'un de leurs amis, dans une lettre familière, la peinture délicate de ce sentiment chrétien du *renouveau*; ce n'est plus de l'Horace, c'est du Racine déjà. M. Vuillart, un ami du grand poëte, un esprit lettré et un cœur fidèle, écrivait à M. de Préfontaine le 14 mars 1697, aux premières haleines du printemps, et l'âme tout émue d une légère allégresse : « Remettons-nous donc en bon train. Voilà la saison rigoureuse passée et le temps doux qui revient. Nous avons eu déjà de beaux jours, surtout de belles après-dînées ; et je me figure, Monsieur, que les prémices du printemps sont bien agréables dans votre solitude. J'y crois l'air de vos jardins bien parfumés de l'odeur de la violette ; et je me représente que vous voyez une grande diversité de préparatifs pour l'aimable renouvellement de la jeunesse de l'année. Rien ne réjouit tant la nature et ne lui fait mieux sentir la douceur et la tranquillité de la vie retirée. Mais il n'y a, après tout, que les vrais Chrétiens qui usent de ces choses sensibles dans l'esprit de Celui qui les a faites et qui les renouvelle par le pouvoir qui les fit la première fois ; de Celui qui vit, comme dit l'Écriture, qu'elles étoient *bonnes* et qui nous fit comprendre par cette approbation la fidélité que nous devions avoir à en faire un bon usage. Ah ! Monsieur, si le printemps passager de la terre est si charmant pour nos sens, quel doit être pour notre foi l'éternel printemps du Ciel ! Si nous trouvons un si merveilleux amas de différentes beautés dans le pays de notre exil, que n'aurons-nous point dans l'heureuse région de notre patrie ! *Si hæc in ergastulo*, selon le beau mot d'un grand saint, *quid habebimus in patria ?* » — N'est-ce pas tout un motif d'ode chrétienne qu'une telle page, le correctif (s'il en est) du chant éternel de Lucrèce : *It ver et Venus ?*

1. Un jour, le roi d'Angleterre arriva en chassant un cerf (1ᵉʳ septembre 1693). Il s'informa de ce que c'était que cette abbaye, descendit de cheval pour aller à l'église dont on lui ouvrit toutes les portes, et demanda au parloir l'abbesse (alors la mère Racine), à qui il parla avec beaucoup de bonté. On lui présenta du pain et du vin en collation.

bientôt, à l'occasion de ces chasses, une crainte sérieuse s'éleva : on fut averti que le roi avait l'idée d'enfermer dans son parc tous les bois de Chevreuse, toutes les terres de la maison, et l'Abbaye même. Il vint sur les lieux un arpenteur pour mesurer les terres et en faire un plan qu'on joindrait à la carte du pays, et qui devait être mis sous les yeux du roi. Les religieuses firent à ce sujet mainte prière et mainte procession en chantant les Psaumes, non sans invoquer leur père saint Bernard (juillet 1687). Le projet, bien qu'ajourné et n'ayant pas eu de suite, resta assez longtemps comme un danger et une menace ; on ne fut même délivré de toute crainte à cet égard qu'à la mort de l'archevêque, qui pouvait tirer parti, dans ses propres vues, de la convoitise du roi. Cette mort arriva en août 1695. Rien à cette date n'avait changé à Port-Royal : tout y avait gardé l'apparence d'une tranquillité stagnante, si ce n'est que les pertes s'y étaient succédé sans compensation. La sœur Briquet (1689), la mère Du Fargis (1691), mademoiselle de Vertus (1692), avaient disparu. C'était le cas de plus en plus de redire avec l'oracle du lieu[1] : « La maison de Dieu semble se détruire, mais elle se bâtit ailleurs. Les pierres se taillent ici, mais c'est pour être placées dans l'édifice céleste. » Du dehors aussi on avait apporté bien des cœurs fidèles, notamment celui d'Arnauld (1694). L'abbesse qui avait succédé à la mère Du Fargis dès 1690, et qui avait été continuée depuis, était la mère Racine. On lit dans une lettre d'Arnauld à M. Du Vaucel (24 février 1690) : « Les six ans de l'abbesse de Port-Royal des Champs étant passés, on a élu la prieure, qui est une très-bonne fille, qui a bien répandu des larmes, étant si humble qu'elle ne croyoit point du tout qu'on pensât à elle pour

---

1. Lettre d'Arnauld à madame de Fontpertuis sur la mort de la sœur Briquet (4 décembre 1689).

cette charge. » La bonne abbesse Racine pleurait aisément en Dieu comme son neveu le poëte. Cet illustre poëte était désormais l'agent le plus dévoué de la maison pour les affaires du dehors, et il ne se ménageait en aucune occasion auprès de l'archevêque. Comme il s'agissait de nommer un supérieur à la place de M. de La Grange démissionnaire, et que cette nomination traînait en longueur, l'archevêque dit à Racine qui le pressait un jour dans les appartements de Versailles : « Que n'en parlez-vous au roi? » Racine s'en défendit bien, et répondit que le roi lui demanderait : « Depuis quand donc, Racine, êtes-vous devenu directeur de religieuses? » Au moment de cette conversation de Racine et de l'archevêque, il y avait bien du monde dans la chambre et, entre autres, l'évêque de Soissons (M. de Sillery), lequel, voyant la chaleur qu'y mettait Racine, lui en demanda, un instant après, le sujet, et l'ayant su : « Ayez patience, lui dit-il, et ne vous pressez point. Voyez-vous pas bien la mort peinte sur son visage? » (Mars 1695.)

On a prêté à M. de Harlai, à cette veille de sa mort, de méchants desseins contre Port-Royal, et sur lesquels nous ne pouvons que recueillir les témoignages de nos auteurs. Sa sœur madame de Harlai, abbesse de La Virginité au diocèse du Mans, avait été nommée en 1685 abbesse de Port-Royal de Paris, à la mort de la mère Dorothée; elle n'avait accepté qu'après refus et résistance, et comme à son corps défendant. Cette sœur de l'archevêque, fille pieuse et infirme, qui était des moins propres à entrer dans des vues ambitieuses, mourut tout au commencement de 1695 et fut remplacée par une nièce du même nom, plus remuante et qui pouvait aider ou pousser aux déterminations de son oncle[1]. Ce-

---

1. L'état de gêne et de délabrement dans lequel était tombé Port-Royal de Paris devait suggérer à un prélat administrateur et

lui-ci en était revenu, dit-on, à l'ancien projet de réunir l'abbaye des Champs à celle de Paris et de disperser celles des religieuses des Champs qui résisteraient, en les plaçant dans diverses maisons moyennant de petites pensions viagères. Quoi qu'il en soit, la mort le prévint, et une mort qui parut aux intéressés *providentielle*, comme on dirait aujourd'hui. Le 8 août, vers midi, quelques personnes qui arrivaient de Paris aux Champs, pour assister au *bout de l'an* de M. Arnauld qui se devait faire le lendemain, donnèrent la nouvelle que l'archevêque était mort le samedi soir (6 du mois), en sa maison de Conflans,

à un oncle l'envie et le moyen d'y remédier. Nous sommes tenus très au courant des misères et des nécessités de cette maison de Paris par un de nos amis, M. Tronchai (le compagnon d'études de M. de Tillemont), qui y avait une sœur religieuse. On lit dans une lettre de lui, écrite à l'abbesse des Champs, le 1er février 1695 :

« En allant voir ma sœur à Port-Royal de Paris le jour de l'Épiphanie (6 janvier), je trouvai qu'on venoit d'enterrer l'abbesse. Je recommandai à ma sœur d'observer tout ce qui se passeroit et tout ce qu'on diroit qui pourroit vous regarder, et de me le mander. Elle m'écrivit, il y a huit ou dix jours, que la Communauté de Port-Royal de Paris remuoit, et parloit plus que jamais de demander aux puissances que vous leur cédassiez encore de votre bien ; de quoi la feue abbesse ne s'étoit point voulu mêler, parce que, comme on me l'a dit, elle n'avoit pas vu M. de Paris disposé à recevoir cette proposition et à agir en conséquence. Elles ont pour abbesse la nièce de la défunte, dont je ne sais point ce qu'on peut espérer ou craindre. Ce qui est certain, c'est que la maison est ruinée et ne subsiste que par les pensionnaires, qui ruinent de fond en comble le spirituel, en différant un peu la ruine entière du temporel. Les raisons sur lesquelles elles fondent leurs prétentions sont, comme ma sœur me le marque, que la part du bien qu'elles ont eue n'étoit pas si bien emplacée que la vôtre ; d'un revenu ni si bon, ni si durable ; qu'elles n'avoient presque que des maisons qui sont d'un grand entretien et de peu de revenu, qui diminue encore tous les jours ; qu'enfin votre Communauté est beaucoup diminuée, qu'il n'y a plus que peu de religieuses dans votre maison, et que, pour elles, elles sont en grand nombre présentement. De semblables raisons ne seront jamais reçues par qui que ce soit qui ait encore de l'équité. Et cependant je connois des personnes de considération qui croient que ces religieuses seront reçues à un nouveau partage : je ne puis me le persuader, et je prie Dieu que je ne sois pas trompé.... »

Il est assez vraisemblable que l'installation d'une nouvelle abbesse parut à l'archevêque une occasion favorable pour remettre les choses sur un meilleur pied.

privé de sacrements, sans prêtre, sans nulle autre assistance que de ses gens, de madame de Lesdiguières et de madame sa nièce que l'on avait été quérir lorsqu'on l'avait trouvé se mourant, et déjà sans connaissance et sans parole. Le premier sentiment de la Communauté à cette nouvelle fut l'étonnement et un grand effroi. Des avis arrivèrent ensuite de toutes parts concernant ses mauvais desseins. M. de Bontemps l'avait dit, à Versailles, à l'un des curés de Paris, qui le répéta, et le bruit s'en répandit à l'instant dans tout le monde janséniste. Il était grand temps que le prélat mourût, le dessein se devant exécuter, ajoutait-on, dans la semaine suivante[1].

1. On peut voir dans une lettre assez curieuse du même M. Tronchai, que nous citions tout à l'heure, et qui ne parle pas à la légère, à quel point ces bruits avaient pris de la consistance (on ne sait pas à qui cette lettre est adressée) :

« Je vous renvoyois à M. L. (Louail ?.) pour apprendre des particularités de la mort de feu M. de Paris; mais, ayant occasion de vous écrire, je vous les dirai, parce qu'il n'en sait pas quelques-unes que j'ai apprises depuis son départ. Il est mort le même jour (anniversaire) que la mère Angélique, qui sans doute l'a appelé au jugement de Dieu, lorsqu'il étoit près de détruire l'ouvrage qu'il avoit plu à Dieu de faire par le moyen de cette sainte abbesse. Il ne s'en falloit que de quatre jours que Port-Royal ne fût entièrement détruit. Le loup devoit aller disperser ces innocentes brebis et les chasser de la bergerie. Les carrosses étoient déjà loués pour mener de côté et d'autre celles qui ne voudroient pas rentrer en communauté et en la maison de Port-Royal de Paris, qui a pour abbesse la nièce du prélat, et où la ruine est moins grande par la dissipation de tout le bien temporel que par l'évacuation de la piété et la retraite de l'esprit de Dieu. Et après la dispersion ou la réunion de toutes les religieuses, on devoit raser Port-Royal des Champs et l'enfermer dans le parc de Versailles. Ces nouvelles paroissent bien fondées et tout le monde en tombe d'accord, parce qu'elles viennent de bonne part et d'un homme de la Cour (Bontemps) qui savoit le secret, et qui dit sur la mort de M. de Paris à des gens de bien : « Les religieuses de Port-Royal n'en doivent pas être fâchées, elles étoient à deux doigts de leur perte.... » On est confirmé dans la vérité de ce malheureux dessein, parce qu'on a su depuis que des Communautés des environs de Paris, écrivant au nouvel archevêque pour lui rendre leurs devoirs, le supplioient de ne leur point envoyer de religieuses etrangères, pour qui sans doute le mort avoit demandé et retenu place sans les donner à connoître. Néanmoins les saintes victimes apprenant la mort funeste et tragique de celui qui les devoit ainsi sacrifier à ses intérêts et à sa passion, ou plutôt à la passion de ceux dont il étoit l'es-

La mort, les obsèques, l'oraison funèbre de M. de Harlai, défrayèrent pendant quelque temps les entre-

clave, la plupart tombèrent par terre de défaillance; toutes se répandirent en pleurs et ne purent manger dans la journée. Quelle charité dans ces pauvres filles! quelle augmentation de condamnation au jugement de Dieu pour leur persécuteur! J'ai appelé sa mort funeste et tragique, et ce n'est pas encore la qualifier comme elle le mérite. Il est mort de la quinzième ou seizième attaque d'apoplexie, sans être secouru de personne, parce qu'il défendoit à ses domestiques de dire à personne qu'il fût sujet à ces sortes d'attaques; et c'étoit assez pour les faire chasser s'ils en avoient parlé. On le trouva donc dans une chambre sans jugement et sans paroles, lorsqu'on alloit le querir pour dîner. On dit qu'il tiroit la langue d'une manière effroyable, qu'il écumoit et qu'il suoit à grosses gouttes. Tout cela n'est point bien assuré; mais le secret que l'on garde sur toutes les circonstances de sa mort fait juger qu'elles ont été terribles. Ce qui est constant, c'est qu'il n'a point profané les sacrements de l'Église, parce qu'il n'en reçut aucun. On dit que le roi, apprenant qu'il n'avoit point été confessé, répondit que cela étoit terrible. Il en fut sans doute si frappé, que cela l'obligea à penser tout de bon à chercher un véritable évêque pour une Église qui en a grand besoin. Plaise au Seigneur qu'il l'ait exaucé dans un si pieux dessein! Le Pape a préconisé lui même le nouvel archevêque et lui donne ses bulles gratis : ce qui est un présent de 25 000 écus. C'est à la prière du roi, du Grand-Duc et du Grand-Maître de Malte, qui en ont écrit au Pape pour demander cette grâce. On dit qu'il est si aumônier que ce n'est pas pour lui, mais pour les pauvres de Paris, qu'on l'a obtenue. En voilà peut-être trop sur ce sujet. Vous savez l'usage que vous en devez faire, etc. » (8 octobre.)

Puisque j'en suis aux *on dit* des Jansénistes sur la mort de M. de Harlai, j'indiquerai encore les propos suivants qui sont tirés des *Anecdotes écrites à Rhynwick en Hollande*, et qui viennent de M. d'Étemare, d'ordinaire bien informé :

« M. de Harlai avoit une maîtresse connue pour telle de tout le monde, mademoiselle de Varenne. Il lui fit donner une pension de 6 000 livres de rente par le Clergé, et en 1695 qui est l'année qu'il mourut, dans l'Assemblée du Clergé où il présida, M. l'abbé de Bussy-Rabutin (fils du fameux Bussy et depuis évêque de Luçon) lisant à l'Assemblée, suivant la coutume, les registres du Clergé, commença, après avoir lu plusieurs articles, à en passer un légèrement et en marmottant entre ses dents M. de Harlai, qui étoit fier, le reprit sur-le-champ, lui dit de lire mieux. Alors cet abbé lut haut et distinctement l'article en question. L'archevêque alors dut être bien honteux; aussi y a-t-il des gens qui croient que ce fut ce grand affront qui le fit mourir.... Il mourut tout d'un coup dans l'avenue de Conflans, sans secours, comme un chien. »

Et si l'on se demande comment cet archevêque ennemi de Port-Royal mourut presque en tête-à-tête de la duchesse de Lesdiguières, cette même grande dame qui s'était signalée autrefois par son zèle pour les obsèques de M. de Saci (voir tome II, p. 369),

tiens de la Ville et la Cour; mais ce serait trop de curiosité à nous et d'une trop belle vengeance que de nous y étendre longuement ici[1].

Le successeur donné par le roi à M. de Harlai était bien différent. L'ancien évêque de Châlons, M. de Noailles, avait une piété sincère et douce, des mœurs pures, des vertus; mais, avec les manières d'un homme de sa naissance, il n'avait rien de l'adresse ni de la politique de son prédécesseur. Il voulait être juste, impartial, il mécontenta bientôt tout le monde et, à la fin, le roi lui-même. Un janséniste considérable du dix-

---

l'abbé Blache, un témoin peu honorable, mais qui paraît au fait, nous répondra, et nous donnera cette explication, assez en accord avec le sujet :

« On disoit hautement dans le monde que M. l'archevêque vouloit finir glorieusement ses jours, qu'il avoit honte de n'avoir eu part qu'aux bonnes grâces des grisettes, des soubrettes, et tout au plus de quelques bourgeoises du premier ordre ; mais qu'il avoit tant fait qu'une duchesse lui avoit ouvert sa porte, et qu'il se croyoit au comble de son bonheur, s'il mouroit entre ses bras. Il n'est que trop constant que son souhait lui est arrivé. Il me fit l'honneur de me dire qu'il avoit averti le roi qu'il étoit affligé de voir qu'une si grande duchesse fût entichée de jansénisme ; qu'elle ne voyoit qu'un personnage des plus infectés de cette hérésie ; qu'il falloit prévenir ce mal ; qu'elle avoit de grands biens, que si elle étoit entièrement gagnée, elle pourroit faire revivre cette dangereuse secte ; que dans ces vues il avoit pris le parti de voir régulièrement cette duchesse tous les jours, afin d'écarter ce janséniste. Je proteste qu'il me tint ce langage. Personne ne le crut et tout le monde en rit. » (*Revue rétrospective*, 1834, tome II, page 184.)

1. Un ami de Port-Royal, M. Vuillart, écrivait à M. de Préfontaine au sujet des funérailles de M. de Harlai (3 décembre 1695) :

« On dit que le Père Gaillard fut extrêmement moral dans l'Oraison funèbre de M. de Paris. La somptuosité des obsèques a été très-grande et l'on peut dire exorbitante. La tenture alloit jusqu'aux balustres de fer qui règnent autour du chœur près des voûtes. Un homme constitué en dignité, voyant le nombre innombrable de cierges allumés et qu'on finissoit la cérémonie par le *Lux perpetua luceat eis*, dit confidemment à un ami en jetant un profond soupir : « Hélas ! qu'il y a bien plus lieu de craindre pour le défunt les éternelles ténèbres, que d'espérer la lumière éternelle ! »

« Vous ai-je mandé qu'un prélat éloquent, à qui l'on avoit proposé de se charger de cette Oraison, avoit répondu que deux choses l'en empêchoient : la *vie* et la *mort* du personnage ? »

huitième siècle, l'abbé d'Étemare, dont on a recueilli plus d'un propos, estimait « que le cardinal de Noailles étoit un homme d'esprit, quoi qu'on en ait dit, et habile théologien, le plus habile de tous les évêques après M. Bossuet, si peut-être on en excepte encore M. de Mirepoix (M. de La Broue) ; que ce n'étoit point, comme bien du monde le croyoit, un homme foible, mais que c'étoit plutôt un homme opiniâtre, que c'étoit *un homme ferme dans un parti foible.* » Le malheur pour M. de Noailles, c'est qu'avec des qualités de détail il avait l'esprit court (c'est le jugement de Fénelon), l'esprit *court et confus*[1]. Placide, sûr de lui, fort de ses intentions, peu prévoyant, il ne sut point dès l'abord embrasser les difficultés de la situation générale, établir nettement sa propre situation à lui, et adopter une ligne de conduite qui tînt en respect les partis contraires. Il passa sa vie à donner aux Jansénistes des espérances vaines qui les perdirent, et aux Jésuites des satisfactions forcées qui ne les satisfaisaient pas. Loué ou accusé d'être janséniste sans l'être, tout occupé de prouver qu'il ne méritait ni cette accusation ni ces louanges, il finit par être plus sévère et plus dur qu'aucun de ses prédécesseurs contre des gens qu'il estimait. Sa nomination eut pour le parti l'inconvénient de le relever jusqu'à l'imprudence, et d'inspirer aux ardents des témérités qu'il fut le premier à réprimer[2]. Quant aux religieuses de Port-Royal, elles

---

1. Et Fénelon ajoute : « Il a le cœur foible et mou. » Ce qui ne s'accorde pas avec le jugement de l'abbé d'Étemare. — Le cardinal de Janson, bon juge des hommes, disait à l'archévêque d'Aix, depuis archevêque de Paris, M. de Vintimille, après une visite que venait de lui faire M. de Noailles : « Il sera un jour chef de parti, mais ce sera sans le vouloir, ni le savoir. »

2. Parlant de la nomination de M. de Noailles, Daguesseau a dit : « Les Jansénistes, grands docteurs, mais mauvais prophètes, s'approprièrent, en quelque manière, la joie d'un choix qu'ils regardèrent presque comme une victoire remportée sur le parti con-

se réjouirent humblement de sentir la houlette pastorale aux mains d'un prélat vertueux. Racine fut chargé, dès les premiers jours, d'aller complimenter en leur nom le nouvel archevêque ; il a rendu compte de sa visite dans une lettre adressée à l'abbesse, et qui exprime bien la disposition du prélat à son avénement :

« A Paris, le 30 août 1695.

« J'ai eu l'honneur, ma très-chère tante, de voir de votre part monseigneur l'archevêque de Paris et de l'assurer de vos très-humbles respects et de ceux de votre Maison ; je lui ai dit même toutes les actions de grâces que vous aviez rendues à Dieu pour avoir donné à son Église un prélat selon son cœur. Il a reçu tout cela avec une bonté extraordinaire et m'a chargé d'assurer votre Maison qu'il l'estimoit très-particulièrement, me répétant plusieurs fois qu'il espéroit de vous en donner des marques dans tout ce qui dépendroit de lui. Ensuite je lui ai rendu compte de toutes les démarches que vous aviez faites auprès de son prédécesseur pour obtenir de lui un supérieur ; je ne lui ai rien caché de tous les entretiens que j'avois eus avec lui sur ce sujet, et du dessein que vous aviez eu enfin de lui faire parler encore lorsqu'il mourut, pour lui demander M. le curé de Saint-Severin. Il me dit que ce choix étoit très-bon et que c'étoit un très-vertueux ecclésiastique. Je lui ai demandé là-dessus son conseil sur la conduite que vous aviez à tenir en cette occasion, et lui ai dit que, comme vous aviez une extrême confiance en sa justice et en sa bonté, vous pensiez ne devoir rien faire sans son avis ; que d'ailleurs, n'étant pas tout à fait pressées d'avoir un supérieur, vous aimeriez bien autant attendre qu'il eût ses bulles, s'il le jugeoit à propos, afin de vous adresser à lui-même. Il me répondit en souriant qu'il croyoit en effet que vous feriez bien de ne vous point presser, et de demeurer comme vous étiez, en attendant qu'il pût lui-même s'appliquer aux besoins de votre

traire ; mais les Jésuites leur firent sentir dans la suite qu'ils s'étoient trop hâtés de triompher. » (*Mémoire sur les Affaires de l'Église de France*, tome XIII des Œuvres in-4°.)

Maison. Je lui témoignai l'appréhension où vous étiez que des personnes séculières ne prissent ce temps-ci pour obtenir des permissions d'entrer chez vous. Il loua extrêmement votre sagesse dans cette occasion, et m'assura qu'il seconderoit de tout son pouvoir votre zèle pour la régularité, laquelle ne s'accordoit guère avec ces sortes de visites. Je lui demandai s'il ne trouveroit pas bon, au cas qu'on importunât messieurs les grands-vicaires pour de semblables permissions, que vous vous servissiez de son nom, et que vous fissiez entendre à ces messieurs que ce n'étoit point son intention qu'on en donnât à personne. Il répondit qu'il vouloit très-bien que vous fissiez connoître ses sentiments là-dessus, si vous jugiez qu'il en fût besoin. Je lui dis enfin que vous aviez eu dessein de lui envoyer M. Eustace votre confesseur. Il me dit que cela étoit inutile, qu'il étoit persuadé de tout ce que je lui avois dit de votre part. Il ajouta encore une fois, en me quittant, que votre Maison seroit contente de lui. Je crois en effet, ma très-chère tante, que vous avez tout lieu d'être en repos. Je sais même, par des personnes qui connoissent à fond ses sentiments, qu'il est très-résolu de vous rendre justice ; mais ces personnes vous conseillent de le laisser faire, et de ne point témoigner au public une joie et un empressement qui ne serviroient qu'à le mettre hors d'état d'exécuter ses bonnes intentions. Je sais qu'il n'est pas besoin de vous donner de pareils avis, et qu'on peut s'en reposer sur votre extrême modération ; mais on craint avec raison l'indiscrète joie de quelques-uns de vos amis et de vos amies, à qui on ne peut trop recommander de garder un profond silence sur toutes vos affaires.... »

Ce dernier conseil était le plus pressant; les zélés n'en tinrent compte. En publiant dès l'année suivante l'*Exposition de la Foi*, ouvrage posthume de M. de Barcos, et en rompant ainsi le silence qui avait été extérieurement observé depuis 1669, ils obligèrent l'archevêque à faire une Ordonnance (20 août 1696) qui frappait le livre, tout en établissant une doctrine augustinienne très-analogue : Ordonnance bizarre, qui sembla contradictoire, de laquelle on a dit qu'*il y souffloit le froid et le chaud*, et qui inaugura fâcheusement l'ambiguïté perpétuelle de son rôle.

Les religieuses ne se bornèrent pas à la démarche de Racine, elles envoyèrent au prélat M. Eustace; elles lui écrivirent de belles lettres, auxquelles il répondit avec bonté. Elles auraient bien voulu avoir, dès ces premiers temps, l'honneur de sa visite; il la leur fit espérer; mais, les affaires survenant, il oublia sa promesse ou du moins il ne songea que bien plus tard à la tenir, et, en attendant, il resta à leur égard dans les termes d'une affection polie en laquelle elles eurent toute confiance et qui ne s'altéra que quelques années après. Il sollicita du roi, vers 1697 ou 1698, la liberté de rétablir le noviciat à Port-Royal : c'est Fénelon qui nous l'apprend et qui l'en blâme.

Nous avons conduit le monastère aussi loin que nous l'avons pu dans sa période d'oppression paisible, et nous sommes arrivés à ce point d'exténuation graduelle, que, prévoyant une élection qui se devait faire dans trois ans, Racine se croyait obligé d'ajouter : «... Si pourtant on peut supposer que *cette pauvre Communauté, qui n'est plus à proprement parler qu'une infirmerie*, dure encore trois années. »

C'est le moment, on le voit, où Racine reparaît sans cesse et nous invite à le considérer du côté de Port-Royal, dont il est le serviteur laïque le plus fervent, le Joseph d'Arimathie. Mais, avant d'étudier en lui l'inspiration renaissante qui fut sa récompense, et ce rajeunissement chrétien de son génie, nous avons à revenir en arrière pour accompagner au dehors notre plus illustre fugitif, Arnauld, et pour raconter ses derniers combats, de loin retentissants.

IV

Arnauld à l'étranger. — Ses motifs de retraite. — Nobles lettres ; beau sentiment moral. — Son livre contre le docteur Mallet ; éloquente conclusion. — Voyage et séjour en Hollande. — Église d'Utrecht ; M. de Neercassel. — Son caractère apostolique. — Mœurs chrétiennes primitives. — Une visite à Utrecht en 1849 ; tradition retrouvée de Port-Royal. — Retour d'Arnauld à Bruxelles. — Sa doctrine déclarée dans les trois affaires : — 1° de la Régale ; — 2° des quatre Articles ; — 3° de la révocation de l'Edit de Nantes. — Inconséquence et conscience. — Il choque et froisse de tous les côtés. — Aux prises avec Jurieu. — Outré contre les Protestants. — Perquisitions de la police. — Affaire des ballots. — Arrestation du Père Du Breuil. — Son mérite ; son rang dans l'Oratoire. — Coup d'État dans cette Congrégation. — Lettres de Quesnel et de Du Guet au Père Du Breuil. — Les sept stations du prisonnier. — Clémence et douceur ; mort édifiante. — Arnauld fidèle à ses amis.

Arnauld, avant de quitter la France, avait été compromis comme Nicole dans la rédaction de la Lettre des évêques de Saint-Pons et d'Arras au Pape ; M. de Pomponne, encore secrétaire d'État à cette époque, lui avait écrit de la part du roi que Sa Majesté, qui avait été jusque-là satisfaite de sa conduite et de celle de M. Nicole, cessait de l'être. Mais il y avait autre chose en jeu que cette Lettre des deux évêques au Pape : c'était, je l'ai dit, l'affaire de la Régale où Louis XIV était vivement piqué. Le roi soupçonnait M. Arnauld de complicité et d'avoir la main dans les écrits qui entretenaient cette résistance. M. de Pomponne, qui savait la cause du grief, aurait voulu que M. Arnauld déclarât publiquement qu'il n'avait aucune part aux actes sur la Régale et qu'il ne s'était point mêlé de cette affaire, ce qui était vrai à cette date. Il fit entrer dans ses vues sa sœur, la mère Angélique de Saint-Jean, assez du moins pour qu'elle écrivît, un peu à contre-cœur, à son oncle sur ce désir de M. de Pomponne. Arnauld rougit à la seule pensée de ce qu'on lui proposait ; sa réponse est belle :

« Que j'aille de moi-même, s'écriait-il, faire une lâche déclaration que je n'ai point pris de part à ce qu'ont fait deux saints évêques dans la meilleure cause qui fut jamais, et où ils n'ont pu avoir en vue que la gloire de Dieu et la conservation des droits de leurs Églises..., que j'aille faire une déclaration qui donneroit du moins sujet de me croire neutre dans cette affaire ! c'est, en vérité, une chose si honteuse que je ne saurois comprendre comment on a osé me faire une telle proposition.... Car ceux qui croiroient cette déclaration sincère nous prendroient pour des lâches, et les autres pour des fourbes, et le roi même s'en moqueroit....

« Je sais bien que ceux qui donnent ce conseil ne le donneroient pas s'ils y avoient rien trouvé de contraire à la conscience ; mais c'est aussi ce qui m'étonne, et ce que je ne puis imputer qu'à un excès d'affection pour une Maison sainte dont ils appréhendent la ruine.... N'est-il pas vrai, disent-ils, que vous n'avez point agi dans cette affaire ? — Soit. — Vous pouvez donc le dire. — Oui, si on me le demandoit, et que je ne pusse me dispenser de répondre, et dans ce cas-là même, je pourrois bien être obligé d'ajouter que ce n'a pas été faute de bonne volonté, et que ç'a été seulement pour n'en avoir pas eu l'occasion. Mais c'est tout autre chose de l'aller dire sans qu'on me le demande ; car alors ce seroit au moins donner cette impression au roi, que cette affaire me paroît douteuse, et que je ne suis ni pour ni contre.... *Usque adeo-ne mori miserum est?* des maux temporels, quels qu'ils puissent être, sont-ils si à craindre qu'on ait seulement la pensée d'avoir recours à de tels moyens pour les prévenir ? »

Voilà Arnauld, tel qu'il se retrouvera coup sur coup et sans fléchir, jusqu'à la fin; admirable front dont, à chaque ride de plus, la rougeur et la candeur éclataient plus pures et plus vives!

Après son expédition du 17 mai (1679) à Port-Royal des Champs, l'archevêque fit dire à M. Arnauld qu'il voulût bien quitter pendant quelque temps son faubourg Saint-Jacques; que les assemblées qui s'y tenaient déplaisaient au roi; qu'on l'accusait d'être le bureau d'adresse de tous les ecclésiastiques mécontents. M. de Pomponne lui avait déjà dit la même chose dans une visite du 5 mai. Arnauld se retira d'abord à Fontenay-aux-Roses chez un ami. Pendant qu'il était à y réfléchir sur les différents moyens de se dérober à la vue des hommes, M. de Montausier le fit avertir de mauvais desseins qui se poursuivaient contre lui, de calomnies incessantes qui assiégeaient le roi à son sujet, et Arnauld n'hésita plus. Il eut un moment la pensée d'aller à Rome, qui, sous Innocent XI, lui eût été une retraite honorable et sûre; le cardinalat peut-être, s'il avait eu de l'ambition, était au bout. Mais de tels attraits, quand il les aurait entrevus, lui eussent plutôt donné de la répugnance, et le conflit animé entre la France et Rome le détourna. Il se décida pour la Flandre espagnole et partit de Paris le 17 juin, à six heures du soir, dans un carrosse à six chevaux, déguisé et accompagné de deux de ses amis. Il n'avait fait part de son dessein à personne autre qu'à la mère Angélique de Saint-Jean. Il était dans sa soixante-huitième année.

Après divers incidents de route qui ont peu d'intérêt, il arriva à Mons le 20, à six heures du soir. Il y fut accueilli et logé par M. Robert, président du Conseil souverain de Hainaut, et, sauf quelque petit voyage à Bruxelles, il y demeura pendant six mois. Je n'ai pas à revenir sur son différend avec Nicole qui, de son côté, s'était rendu à Bruxelles, mais qui n'aspirait qu'à rentrer en France : Arnauld, au contraire, n'aspirait qu'à la liberté dans la fuite et dans l'exil, mais une liberté toujours digne et non séditieuse. Son premier soin fut d'écrire à l'archevêque de Paris et au chancelier Le Tellier pour leur faire part de ses raisons de retraite. Il disait à ce dernier :

« Ne pouvant travailler à ma justification en la manière que je le souhaiterois, je me trouve obligé d'ôter, au moins en tout ce qui dépendra de moi, ce qui peut servir de matière à la calomnie ; et comme elle n'est fondée que sur des commerces innocents que l'on fait passer pour criminels, je me suis persuadé que Dieu demandoit de moi que je me réduisisse au même état où j'ai été durant tant de temps, afin qu'étant comme les morts qu'on oublie..., l'on ne puisse plus fonder, comme on a fait jusques ici, des accusations de cabale sur des visites que l'on me rendroit, ni sur des lettres que l'on m'écriroit.... *Latere liceat, nulla libertas minor a rege petitur.* Ce n'est pas que je n'aie bien prévu que l'état où je me réduis pour autant de temps qu'il plaira à Dieu, peut être pénible à un homme de mon âge; qu'on se trouve privé de beaucoup de secours et d'assistances dont la vieillesse peut avoir besoin ; et que la nature a de la peine à se soutenir, n'étant point appuyée sur la plus grande douceur qu'on ait en ce monde, qui est la compagnie de ses amis ; mais Dieu tient lieu de tout à qui sacrifie tout pour lui, et je crois faire pour Dieu ce que je fais pour ôter au roi l'inquiétude qu'on lui donne de mes prétendues cabales.... »

Toutefois, en paraissant promettre au Chancelier ainsi qu'à l'archevêque de *vivre sans bruit* et *sans atti-*

rer *du monde dans sa maison*, il s'engageait trop ; il ne tiendra que la moitié. Il ne sera pas libre de ne pas écrire et de ne pas faire du bruit de loin comme de près.

Quant à son neveu M. de Pomponne, Arnauld lui écrivit simplement pour s'excuser de ne l'avoir en rien prévenu : « Ce n'a été que pour ne vous point embarrasser dans nos misérables affaires, *secundum hominem dico* (humainement parlant). »

La disposition morale d'Arnauld à cette heure (et cette heure dura près de quinze années), son élévation, sa sérénité d'âme, son émotion pourtant si généreuse, et ce cœur qui bat sous l'armure, nous sont bien représentés dans les diverses lettres qu'il écrivait de tous les côtés à la fois. On a encore présentes plus d'une de ses paroles mémorables à Nicole : « C'est une grande entreprise, dites-vous, pour un homme de mon âge, de me réduire à une vie cachée pour le reste de mes jours. Au contraire : *fortem facit vicina libertas senem* (l'approche de sa liberté fortifie le vieillard). » Il lui disait encore :

« J'ai remarqué depuis peu deux versets dans le IV⁰ chapitre de l'*Ecclésiastique*, qui nous donnent, ce me semble, deux grandes règles, l'une générale, et l'autre qui en est une exception. La générale est : *Noli resistere contra faciem potentis, et ne coneris ire contra ictum fluvii* (Ne résistez pas en face au puissant, et ne vous efforcez point d'aller contre le courant du fleuve). Voilà à quoi la prudence humaine et chrétienne nous oblige ordinairement, de n'aller point contre le torrent, et de ne s'attirer point de fâcheuses affaires en choquant les personnes puissantes. Mais voici l'exception: *Pro justitia agonizare pro anima tua, et usque ad mortem certa pro justitia, et Deus expugnabit pro te inimicos tuos.* Comme si le Sage disoit : Quand il ne s'agira que de vos intérêts, cédez au plus puissant que vous, et ne vous attirez pas sa colère en lui résistant ;

mais, quand il s'agira de défendre la vérité, combattez jusqu'à la mort, et croyez qu'en cela vous agissez pour votre âme, et n'appréhendez point la haine de ceux qui la voudroient opprimer, parce que Dieu sera votre protecteur, en vous délivrant de vos ennemis. »

Ils se virent à Bruxelles : Arnauld parlait de pousser jusqu'en Hollande ; Nicole ne se sentait plus assez de nerf ni d'haleine : ils se séparèrent en s'embrassant, en s'aimant encore. Nicole nous a touchés ; mais il faut remarquer du moins que la conduite d'Arnauld est plus grande, et que, si celle de Nicole ne mérite pas d'être appelée pusillanime, le choix de l'autre est directement le contraire de la pusillanimité.

Diverses alertes, contre lesquelles il s'obstina tant qu'il put, forcèrent enfin Arnauld à quitter Mons et l'hospitalité de M. Robert, et à séjourner successivement à Tournai, à Courtrai, à Gand, et, entre l'une ou l'autre de ces villes, dans je ne sais quel village fort aquatique où l'humidité ne lui fit point de mal, « ce qui est, disait-il, une espèce de petit miracle [1]. » Il alla ensuite à Bruxelles où il avait dessein de se fixer, et où il s'établira en effet après quelques voyages et un assez long séjour en Hollande. Il menait le travail à travers tout, et il suivait un régime uniforme de prière et d'étude, vivant en chaque maison comme dans un petit monastère.

Sa première publication fut contre le docteur Mallet, chanoine et archidiacre de Rouen. Mallet avait écrit en 1676 contre le Nouveau-Testament de Mons et contre les traductions des Écritures en langue vulgaire :

---

1. Dans la période de la Paix de l'Église, Arnauld n'allait à Port-Royal des Champs que par intervalles et n'y séjournait jamais longtemps ; l'air humide lui en était malsain, à cause de son asthme. « Au bout de vingt-quatre heures il en perdoit la respiration, et il étoit obligé de revenir à Paris. »

il n'avait pas épargné la foi et les mœurs des derniers traducteurs. Arnauld, qui avait dès lors pensé à répondre et qui s'était mis à l'œuvre incontinent, avait été empêché de rien publier par les menaces de la Cour qui lui revinrent [1]. Un tome de sa réponse était terminé ; il écrivit le second dans sa retraite à Mons, et publia les deux tomes à peu d'intervalle l'un de l'autre, en 1680. La publication de ce livre souleva bien des contradictions de la part de quelques-uns des amis. Ces amis entrevoyaient la difficulté et le danger qu'il y aurait à le débiter et à le faire circuler en France, et en cela ils ne se trompaient pas. Arnauld, se méprenant un peu de date, estimait que le cas présent, la cause présente (la défense de l'Écriture sainte) était si favorable qu'il serait *inouï* que pour un tel ouvrage, auquel il ne manquerait que la formalité du Privilége, on pût inquiéter les gens, même les libraires ; mais coûte que coûte, et en mettant tout au pis, il était d'avis encore de passer outre : « Et après tout j'en reviens là : chacun n'a plus qu'à se reposer, si tout le monde est de cette humeur qu'on ne veuille plus rien risquer du tout ; et je ne vois pas, cela étant, pourquoi on criaille tant contre M. Nicole. C'est-à-dire que chacun veut bien craindre pour ce qu'il lui plaît, et en même temps se croit en droit de déclamer contre la crainte des autres. *Est-ce que quatre ans d'une fausse paix nous ont mis au même état que les Hollandois, qui, ayant été autrefois si braves, se trouvèrent si lâches au commencement de cette dernière guerre ?* » — Quelques amis auraient bien voulu que le livre parût, mais sans qu'Arnauld en fût directement responsable. On aurait fait dire au

---

1. « Le sieur Mallet étoit si bien à la Cour et auprès de M. de Paris, que l'on fit menacer M. Arnauld, de la part du roi, de l'exil ou de la Bastille, s'il répondoit à son livre. » (Lettre au prince Ernest de Hesse-Rhinfels, 21 septembre 1683.)

libraire que le manuscrit lui était tombé par hasard entre les mains : « Ce qui me paroît une si basse et si méchante finesse, ripostait Arnauld, que j'aimerois mieux laisser tout là que de m'en servir. M. Mallet vient de se déclarer pour auteur de l'Examen, dans la préface d'un livre imprimé sous son nom, et je ne publierois qu'en tremblant et n'osant avouer que c'est moi qui ai fait la réfutation d'un livre si monstrueux en toutes manières! je ne suis point capable de cette lâcheté! » Arnauld chef de parti était peu propre à tous ces manéges et ces mensonges utiles, à la Voltaire. On savait toujours sur quoi tabler avec lui [1]. — Parmi les amis il y en avait d'autres encore (M. de Tréville peut-être) qui jugeaient déjà Arnauld un peu *suranné* en quelques parties de son style : ils se contentaient de dire qu'il était *outré*, qu'il avait de gros mots et trop durs, qu'il n'accordait pas assez à la *délicatesse du siècle*. Arnauld cédait sur quelques points, laissait effacer et adoucir quelques endroits, mais il tenait en somme à maintenir et à pratiquer l'ancienne et forte manière de controverse, « c'est-à-dire à appeler *calomnie, mensonge, imposture, extravagance, impertinence,* ce qui est certainement tel. » On ne l'entamait pas là-

---

1. Arnauld toutefois n'était pas inhabile pour ce qui pouvait procurer du succès aux livres. Ses lettres mêmes, écrites en cette occasion, le prouvent. Il voulait qu'on en distribuât beaucoup d'exemplaires en cadeau : « Mes raisons sont que des livres donnés sont toujours bien reçus; que ceux à qui on les a donnés les font valoir; que comme ce sont pour la plupart des personnes de qualité, cela donne tout d'un coup une grande réputation à un livre. » Il voulait donc qu'on ne distribuât pas moins de trois cents exemplaires; le chiffre de cent lui paraissait insuffisant. « C'est s'exposer à se faire des ennemis, au lieu que dans ces temps fâcheux on ne sauroit trop se faire d'amis. » Mais même dans ses habiletés, il n'y met pas grand détour et il se déclare ingénument.

dessus, et sur ce chapitre de l'injure solide et véridique il ne marchandait pas.

Malgré tout, le livre parut et réussit dans son genre. Il *abîma* le pauvre M. Mallet, selon l'expression de Bayle, et le mot était vrai au pied de la lettre ; car dans l'intervalle de publication du premier et du second volume, Mallet mourut comme foudroyé (20 août 1680). Un des approbateurs de son livre et l'imprimeur moururent aussi vers le même temps, tous trois dans l'année. Ce sont les Jansénistes qui ont relevé ces coïncidences à titre de trophée pour Arnauld. L'excellent homme, du fond de son exil, ne pensait à tuer personne, mais seulement à venger la vérité et la parole de Dieu. Nous sommes peu capables de lire aujourd'hui ces gros volumes d'accablantes discussions. La conclusion seule s'en doit remarquer, comme ayant bien de l'éloquence et du sentiment. On rapporte que le chancelier Le Tellier ne pouvait se lasser de relire ces pages et de les faire lire à ses amis : son enthousiasme pourtant n'allait pas jusqu'à en rien citer au roi. Racine, dit-on, les relisait aussi avec une vivacité d'admiration dans laquelle je voudrais nous voir entrer encore, tant la beauté morale y est pour beaucoup ! Après la conclusion particulière relative au Nouveau-Testament de Mons, Arnauld donc ajoutait :

« Mais l'autre conclusion est bien plus importante : c'est qu'il faut qu'il y ait un étrange renversement dans les choses de ce monde, puisque nous voyons ceux que l'on peut dire certainement avoir rendu quelque service à l'Église, être persécutés, maltraités, calomniés, opprimés sous le faux nom d'une secte imaginaire, et osant à peine se défendre contre les plus injustes et les plus outrageuses accusations, et ceux au contraire qui déshonorent l'Église par leurs ignorances et par leurs emportements, comme a fait M. Mallet, être en honneur et en crédit, et non-seulement ne craindre pas d'être punis pour leurs excès, mais se faire craindre eux-mêmes....

« Après tout néanmoins, nous n'avons pas lieu de nous étonner si fort de cette conduite. Dieu la permet, Dieu l'ordonne pour le bien de ses élus.... Oui, mon Dieu, j'adore vos voies de miséricorde sur les uns et de justice sur les autres. J'adore l'infinie variété de vos ordres toujours justes, toujours saints dans le gouvernement de vos créatures et anciennes et nouvelles, c'est-à-dire du monde et de l'Église.

« Ce seroit avoir peu de foi dans vos promesses que d'être touché de ce qui se passe dans ces jours de nuages et d'obscurité, *in diebus nubis et caliginis,* comme vous appelez dans votre Écriture ces temps de troubles et de tempêtes, où il semble que vous abandonniez l'innocence à la fureur des méchants, et que vous preniez plaisir à laisser triompher le vice, l'injustice et la violence. Que peuvent-ils faire, après tout, à ceux qui ne mettent leur confiance qu'en vous, et qui n'ont d'amour que pour les biens éternels?

« Ils surprennent les princes et leur font prendre pour leurs ennemis leurs plus fidèles serviteurs. Mais le cœur des rois est entre vos mains, et vous pouvez en un moment le changer.... Que s'il ne vous plaît pas de dissiper encore ces nuages, ne doit-il pas suffire à vos serviteurs que le fond de leur cœur vous soit connu?...

« Cependant on les proscrira, on les bannira, on les privera de la liberté. Un chrétien, à qui toute la terre est un lieu d'exil et une prison, peut-il être fort en peine du changement de son cachot? On vous trouve partout, ô mon Dieu! au milieu des fers on est plus libre que les rois mêmes, quand on vous possède. Il n'y a de prison à craindre que celle d'une âme que ses vices et ses passions tiennent resserrée et empêchent de jouir de la liberté des enfants de Dieu....

« Mais *on* pourra bien mourir des fatigues et des travaux qui accompagnent une vie errante! l'évitera-t-*on* [1] quand on seroit le plus à son aise? un peu plus tôt ou un peu plus

---

[1]. Je ne sais si je m'abuse, mais cet *on* de Port-Royal me paraît avoir ici sa bien fière et modeste éloquence.

tard, qu'est-ce que cela quand on le compare à l'Éternité ? Vous avez compté nos jours : on n'est entré dans ce monde que quand vous l'avez voulu, et on n'en sort que quand il vous plaît. Les maux de ce monde effraient quand on les regarde de loin ; on s'y fait quand on y est, et votre Grâce rend tout supportable, outre qu'ils sont toujours moindres que ce que nous méritons pour nos péchés. Vous nous avez appris par votre Apôtre que tous ceux qui vous servent doivent être disposés à dire comme lui : *Je sais vivre pauvrement, je sais vivre dans l'abondance. Ayant éprouvé de tout, je suis fait à tout, au bon traitement et à la faim, à l'abondance et à l'indigence. Je puis tout en Celui qui me fortifie.*

« Mais combien est-on encore éloigné de l'état de ceux dont ce même Apôtre dit qu'*ils étoient abandonnés, affligés, persécutés, eux dont le monde n'étoit pas digne, errant dans les déserts et dans les montagnes, et se retirant dans les antres et dans les cavernes de la terre !*

« Nous n'avons donc, Seigneur, qu'à reconnoître votre bonté, qui avez la condescendance de traiter en foibles ceux que vous connoissez n'avoir pas encore beaucoup de force. Vous accomplissez en leur faveur les promesses de votre Évangile, et vous leur faites trouver, en la place de ce qu'ils ont pu quitter pour l'amour de vous, des pères, des mères, des frères, des sœurs, à qui vous inspirez une charité si tendre envers ceux qu'ils regardent comme souffrant quelque chose pour la vérité, et une si grande application à suppléer à tous leurs besoins, que, par une bonté toute singulière, vous changez les croix mêmes que vous leur imposez en douceur et en consolation. Mais ils espèrent de votre miséricorde que, si vous les préparez à de plus rudes épreuves, vous leur donnerez aussi plus de grâce et une plus grande abondance de votre esprit, pour les leur faire supporter en vrais Chrétiens.... Je suis donc prêt, mon Dieu, de vous suivre partout où il vous plaira de me mener ; et quand je marcherois parmi les ombres de la mort, je ne craindrai rien, tant que vous me tiendrez par la main. C'est dans cette espérance que je me reposerai.... »

Bien des hommes ont parlé de leurs infortunes, de leurs disgrâces imméritées, de leur pauvreté fière, et en ont même tiré parti pour se draper avec faste. Ce qui rend les paroles qu'on vient de lire vraiment mémorables, c'est qu'il n'y a pas une syllabe qui ne soit sincère, qu'Arnauld n'en dit pas plus qu'il ne sent et qu'il ne soit prêt à faire à l'instant même : le caractère de celui qui écrit confirme et achève l'éloquence. J'ai dû citer tout ce morceau autrefois célèbre : il est classique dans l'histoire d'Arnauld exilé.

En se louant avec une si vive reconnaissance des frères et des sœurs que Dieu lui envoyait, et dont les consolations lui adoucissaient l'exil, Arnauld avait en vue tout un petit monde nouveau sur lequel nous avons jour, ses amis de Mons, de Flandre, et d'autres encore. Après un premier voyage en Hollande (juin 1680) pour reconnaître le pays, il y retourna bientôt faire un plus long séjour qui ne dura pas moins de deux ans (octobre 1680 — octobre 1682). Il y demeura la plus grande partie du temps à Delft. Il y était attiré par l'amitié de M. de Neercassel, vicaire apostolique en ces contrées, sous le nom d'évêque de Castorie, et en réalité archevêque d'Utrecht, saint et savant prélat, fort considéré de Bossuet, et qui, dans un traité intitulé *Amor pœnitens* que Bossuet appelle très-suave et délectable (*suavissimum lucubrationem, suavissimum argumentum*), se préparait à soutenir la nécessité de l'amour divin dans la pénitence. M. de Neercassel est la plus importante figure d'alors dans l'histoire de ce Jansénisme d'Utrecht et de Hollande, frère jumeau (ou du moins issu de germain) de celui de Port-Royal, et qui né de son côté et de son propre fonds, émanant de Baïus, d'Estius, de Jansénius, de l'école de Louvain, comme l'autre est sorti de Saint-Cyran, a eu meilleure chance et, dans son schisme moins bruyant que protège l'hérésie environnante, a survécu ininterrompu, bien que très-diminué, jusqu'à nos jours.

Et je dirai ici ce qu'en avançant dans ce travail j'ai plus d'une fois ressenti, non sans quelque regret, obligé que je suis, par le temps qui me presse, de me retrancher bien des digressions rêvées :

> Atque equidem, extremo ni jam sub fine laborum
> Vela traham, et terris festinem advertere proram
> Forsitan et pingues hortos . . . .

L'Église d'Utrecht n'est pas le royaume de Flore, mais j'aurais eu bonheur à m'en occuper avec quelque détail et à en faire un des repos et une des stations de cette histoire, comme ce pays-là même a été un abri et un asile sûr pour nos amis :

> « Nous avons fait bien des voyages depuis votre départ, écrivait Arnauld alors tout près de Leyde et de Harlem; nous sommes présentement dans les Iles Fortunées. Je m'étois figuré ce pays-là, selon ce qu'on m'en avoit parlé, comme des marécages dont on auroit de la peine à se tirer, ou des amas de fange et de boue, comme étoit le village dont je vous écrivis si piteusement il y a dix-huit mois. Ce n'est rien moins que cela : ce sont tout petits canaux fort propres, qui donnent moyen d'aller partout en barque quand on veut : mais on y va aussi à pied par des rues aussi nettes et aussi sèches que des allées de jardin; car on y apporte tous les ans de nouveau sable, et, si on y manquoit, on seroit mis à l'amende. Ce sont au reste les meilleures gens du monde, presque tous catholiques, et regardés comme les plus dévots de toute cette Église de Hollande.... Je vous y regrette bien (c'est à M. de Pontchâteau qu'il parle), car nous aurons un jardin où vous pourriez travailler tant qu'il vous plairoit.... Nous y vivrions comme dans un petit monastère et prierions Dieu à toutes les heures en commun. »

La persécution qui avait longtemps comprimé les Catholiques de Hollande, et dont les ambassadeurs de nos rois, y compris l'illustre négociateur Jeannin, n'avaient pu qu'à peine tempérer les rigueurs, s'était peu à peu adoucie : l'exercice public du culte catholique n'était plus totalement interdit ; il suffisait d'y apporter quelques précautions de prudence. Cette prudence de tous les jours et dans l'ordinaire de la vie n'était pas nouvelle pour Arnauld. Le demi-mystère dont l'habitude lui coûtait peu, et qui pour lui n'allait pas ici comme à Bruxelles jusqu'à une claustration rigoureuse, devenait plutôt un charme, et rappelait par une sorte de suavité intérieure la vie et les mœurs des premiers Chrétiens. M. de Neercassel, ancien Père de l'Oratoire, était un prélat respectable et doux, qui ne rappelait pas moins fidèlement les évêques des premiers âges :

« Que l'Église seroit florissante, s'écriait Arnauld qui venait de passer quelques jours dans son entretien, si elle avoit beaucoup de tels pasteurs ! Il semble que l'on soit au temps de ces anciens évêques, qui ne se discernoient que par le zèle et la charité avec laquelle ils conduisoient leurs troupeaux, et en qui il ne paroissoit rien du siècle. Il n'a pour train que son aumônier, qui lui sert de secrétaire, et un valet de chambre ; mais Dieu lui donne des Timothées, des Phœbés et des Thècles [1] avec lesquels il vit presque toujours dans une sainte retraite qui a quelque chose de si doux et de si édifiant, que tout respire la piété dans cette Église domestique. M. Guelphe, qui vous doit aller voir bientôt (*la lettre est écrite à la mère Angélique de Saint-Jean*), vous entretiendra de tout cela. Il vous dira aussi comme va tout notre petit ménage. Il est vrai que d'abord nous n'osions presque aller dans notre jardin, parce qu'on y est vu ; mais on nous a dit qu'il n'importoit pas, n'y ayant que de bonnes personnes à l'entour de nous, et ainsi nous y allons après dîner quand il fait beau. »

En juillet de cette même année (1681), la mère Angé-

---

[1]. Ce sont des disciples de saint Paul qu'Arnauld se plaisait à retrouver auprès de M. de Neercassel dans la personne de M. Van Heussen et de mesdemoiselles ses sœurs.

lique avait reçu en présent de ce pieux évêque plusieurs reliques de son diocèse, « très-avérées, et qu'il avoit lui même tirées de leurs châsses. » Il y en avait de saint Boniface, l'ancien apôtre et l'évangéliste de ces contrées du Nord, et dont M. de Neercassel était jusqu'à un certain point le successeur; et lui même, à quelques années de là, il devait mourir dans une tournée lointaine à Zwol en Over-Issel[1], victime des fatigues excessives de l'apostolat (1686). Deux fois les affaires de son Église avaient amené M. de Neercassel en France : il était allé en visite à Port-Royal des Champs, y avait dit la messe, y avait donné aux religieuses sa bénédiction pastorale, « après un petit discours fort édifiant qu'il leur avoit fait à la grille. » Enfin c'était un ami avec qui l'on était en parfaite union.

Il y avait eu dans la vie épiscopale de M. de Neercassel un grand et critique moment : c'était quand Louis XIV fit cette rapide conquête de Hollande, en 1672. L'exercice public et officiel de la religion catholique avait été rétabli à Utrecht, où commanda M. de Luxembourg; la grande église, le Dôme, avait été réconciliée et rendue aux catholiques[2]. M. de Neercassel,

1. Et non en *Transilvanie*, comme le disent le grand et le petit Nécrologe. L'Épitaphe latine disait : *Swollæ in Transisalaniâ*. Ce *Transisalaniâ* (ou *Transisaland*) mal copié est devenu *Transilvania* et a été traduit par *Transilvanie*.

2. Pellisson, témoin de cette courte et fastueuse conquête, nous apprend (*Lettres historiques*, tome I) qu'au quartier-général de l'armée française, durant la marche, on racontait qu'une religieuse de Bruxelles, qui était en odeur de sainteté, avait prédit, il y avait deux ans, que la messe se dirait publiquement cette année 1672 dans Utrecht. Le propos réel ou supposé se vérifia. Les Catholiques de la ville n'attendirent même pas pour cela l'arrivée du roi; car comme des députés d'Utrecht étaient allés vers Louis XIV, campé près d'Arnheim, pour lui demander sa protection en faveur de leur cité, et avaient été accompagnés d'un officier français, Rosamel, avec quelques gardes pour escorte, les Catholiques, « s'écriant qu'ils étoient en liberté, puisqu'ils voyoient

tiré de son obscurité, y exerça publiquement les fonctions épiscopales, et « il eut, dit-on, la consolation de

les gens du roi de France, firent dire la messe dans une place publique où ils donnèrent à Rosamel, malgré qu'il en eût, un carreau et un tapis de pied, lui faisant, et à tous ceux qui le suivoient, mille honneurs et mille caresses. » Dans les premiers jours de juillet, le roi étant campé à Zeist, à deux lieues d'Utrecht, la plupart des courtisans allèrent visiter la ville. Pellisson, qui était des curieux, y entendit la messe dans une des humbles chapelles catholiques tolérées, qu'il nous représente avec intérêt : « Je fus, dit-il, touché de la dévotion de ce pauvre petit peuple, plus fervent que le nôtre sans comparaison, comme on l'est d'ordinaire dans l'oppression. C'étoit une attention, une humilité, un silence qu'on ne peut vous représenter, sans autre interruption que celle des gémissements tendres et involontaires qui leur échappoient de temps en temps. Le prêtre, que j'entretins, me témoigna lui-même être extrêmement satisfait de son troupeau, et me dit sagement qu'il appréhendoit que la prospérité, si Dieu la leur envoyoit, ne les corrompît, et qu'en augmentant leur nombre elle ne diminuât leur dévotion. A cela près, il me témoigna un très-ardent désir, et pour lui, et pour tous les Catholiques, que leur ville demeurât au roi. Ce qui augmente ce désir, ajoute Pellisson, c'est qu'ils l'ont déjà témoigné un peu plus ouvertement qu'il ne falloit peut-être, et qu'ils savent qu'à Amsterdam on les appelle publiquement *traîtres à la patrie*, mais sans sujet ; car assurément il étoit difficile à cette ville, toute considérable qu'elle est, d'en user autrement qu'elle n'a fait en se donnant au roi, abandonnée comme elle étoit et dépourvue de toute sorte de secours. » — Le 5 juillet, « le Saint-Sacrement fut porté publiquement et solennellement dans Utrecht à un de nos soldats malades à l'hôpital, ce qu'on n'avoit point vu il y a cent ans. M. de La Feuillade (qui commandoit la troupe françoise dans la ville) l'accompagnoit le cierge à la main, avec tous les officiers des gardes. Il avoit pris auparavant ses mesures avec les magistrats, en sorte que les protestants même n'y trouvèrent rien à redire, quoique les Catholiques en fussent fort consolés. » — Le dimanche 10 juillet, le cardinal de Bouillon, sur un ordre du roi déclaré la veille, « fit la cérémonie de rebénir la grande église d'Utrecht, qui fut rendue aux Catholiques. Cela se fit de sa part avec beaucoup de dignité. Le Clergé, assez nombreux et extrêmement propre, le fut prendre en son logis, qui étoit la maison du pape Adrien (né à Utrecht) ; il alla à pied en procession jusques à l'église, précédé par ce Clergé qui chantoit des versets des psaumes, et suivi de quelques François du nombre desquels

voir accourir à sa parole un nombre prodigieux d'auditeurs. » Homme sage et modéré, il dut bien plutôt avoir de la crainte, sentant que de tels triomphes de l'étranger ne dureraient pas, et que lui, le toléré de la veille, il aurait à se faire pardonner, le lendemain, d'avoir été avec les victorieux d'un jour. Il semble que M. de Neercassel eut le bon esprit, en effet, de n'user de cette fortune soudaine et précaire qu'avec discrétion ; il n'écrasa personne ; il rendit des services. On lui en sut gré à Amsterdam et à La Haye, quand l'occupation fut passée. Son rôle en ces années fut très-honorable. L'estime universelle qu'il s'était acquise donna même occasion aux principaux seigneurs de la province de le député à Louis XIV pour en obtenir quelque soulagement : il se

---

je fus, et d'une grande foule de peuple catholique ; il fit la bénédiction de deux cimetières, puis celle de l'église en la forme ordinaire ; enfin il y célébra la messe pontificalement, qui fut même chantée en musique assez bien et avec des orgues par ce même Clergé. Cette église, la plus grande que je connoisse après Notre-Dame, étoit pleine de Catholiques d'un bout à l'autre, qui laissoient à peine un passage pour la procession, et n'en auroient point laissé du tout si leur respect et leur dévotion n'eussent encore surpassé leur curiosité ; jamais on n'a vu tant de gens pleurer de joie à la fois : il étoit difficile de n'en être pas attendri. Quantité de personnes de la ville communièrent de la main du cardinal, et il s'en présenta beaucoup d'autres qui ne purent, parce qu'il ne s'y étoit pas attendu. M. de Strasbourg (le prince de Furstenberg), aussitôt après, y dit une messe basse dans l'une des chapelles. Le cardinal lui donna à dîner ensuite et à tous les François, avec M. l'évêque de Castorie *in partibus*, vicaire apostolique à Utrecht, qui est, à ce que l'on m'en a dit, fort savant et fort pieux : le peu d'entretien que j'eus avec lui ne m'en donna pas une autre opinion. Le roi n'a pas seulement fait une action de justice et de piété en rendant cette belle église aux Catholiques, mais une action de bon politique, et même qui lui attache fortement la moitié des habitants, au lieu qu'il n'auroit jamais pu gagner entièrement l'autre moitié, quelque complaisance qu'il eût voulu avoir pour eux. » — Ainsi parlait Pellisson, tout confit en Louis XIV, zélé en religion comme un converti de la veille, et qui n'a garde de se permettre une prévoyance ou une réflexion.

rendit alors à Paris[1] ; mais l'abandon que les Français durent faire de leur conquête cette année même, rendit son voyage inutile. Cependant il eut soin de ne pas retourner immédiatement à Utrecht, ou de n'y pas demeurer, pour éviter le premier choc de la réaction, et il passa quelques années à distance. Tout cela était calmé lorsque Arnauld alla le visiter dans ses paisibles cantons, dans l'humble et riant enclos des béguinages, et jouir de son hospitalité de frère en Jésus-Christ.

Et moi aussi, en des temps d'exil volontaire[2], j'ai voulu connaître ces lieux et me donner, par la vue exacte du cadre, le sentiment vivant de ces existences dont les livres m'avaient tant parlé. Je suis allé à Utrecht; j'ai été conduit par un guide respectable et qui me servait de caution[3], dans le quartier janséniste, aux *Trois coins Sainte-Marie*, dans l'espèce de petit cloître appartenant aux *anciens Catholiques romains*, comme on les appelle dans le pays quand on ne veut pas dire les Jansénistes. Nous fûmes reçus par le bon curé[4] dans une salle basse

---

1. On peut voir au tome I, page 443, de l'*Histoire de Louvois* par M. Camille Rousset quelques particularités qui se rapportent à ce voyage de l'évêque (archevêque) d'Utrecht à Paris dans l'hiver de 1672-1673. Il s'était commis de grandes exactions à Utrecht : elles étaient telles que plus d'un les blâmait et s'en indignait, même à Saint-Germain et à la Cour de Louis XIV. Quelques gentilshommes étaient venus trouver M. de Neercassel dans son hôtellerie, *à l'Image de Notre-Dame*, et s'étaient apitoyés avec lui sur les misères de sa province, détestant les violences dont elle était victime ; l'un d'eux même s'était si fort abandonné « à dire le diable contre la France, » que le bon évêque, de retour en Hollande, disait tout naïvement à M. de Luxembourg : « L'on parle librement en France, et chacun dit son avis. » Louvois aurait bien voulu savoir qui étaient ces gens-là, et Luxembourg aussi. Honnêteté et prudence, M. de Neercassel ne voulut pas révéler les noms.

2. 1848-1849.

3. M. Ackersdyck, professeur d'économie politique à l'Université d'Utrecht.

4. M. Van Werckhoven, chanoine de l'Église d'Utrecht, curé de Sainte-Gertrude.

où sont les portraits de Jansénius, des évêques Sasbold et Rovenius, et de leur successeur M. de Neercassel, celui-ci attirant aussitôt le regard par une physionomie noble et distinguée qui rappelle les personnages du règne de Louis XIV. Puis, au premier étage, le bon curé nous introduisit dans une galerie remplie de livres jansénistes et théologiques; un petit cabinet à part est réservé aux Pères de l'Église. A l'extrémité de la galerie, dans une petite chambre, sont les archives et manuscrits : c'est là que j'ai été mis à même de feuilleter pendant plusieurs jours, seul et sans distraction aucune, les volumes contenant la Correspondance de M. de Neercassel, je veux dire la série des lettres à lui adressées par des personnages de toutes conditions, princes, cardinaux, prélats, au nombre desquels Bossuet, et surtout quantité de lettres de nos amis.

Je suis allé de là à la petite ville d'Amersfoort visiter M. C. Karsten, professeur au Séminaire catholique où l'Église d'Utrecht forme des sujets et se recrute depuis plus d'un siècle. Ce séminaire est tout près d'une maison où a demeuré Du Guet quand il était à Amersfoort; on me l'a montrée avec intérêt. Reçu cordialement par M. Karsten et ses amis, admis à partager leur frugal dîner de onze heures, j'ai pu causer de Port-Royal avec des hommes en qui un reste de tradition directe s'est conservé, et qui possèdent un trésor de pièces et témoignages où le souvenir sans cesse se renouvelle. A qui aurait eu des loisirs, il y avait là d'heureux et d'innocents jours à passer dans l'intimité de tant de pieux personnages que déjà nous connaissons, M. de Pontchâteau, Nicole, la mère Agnès, etc. [1].

1. Ces messieurs de Hollande possèdent en manuscrits les Journaux et relations de M. de Pontchâteau, contenant ses divers voyages de Rome, et même son ancien voyage de 1658 ; nombre de lettres de lui; la Vie de Nicole par Beaubrun; le Recueil complet des

M. Karsten, dont l'esprit élevé ne se borne point à des particularités curieuses, insistait, en me parlant, sur ce que les relations de Messieurs de Port-Royal et de l'Église d'Utrecht n'ont pu tenir à un simple accident, tel qu'était l'affaire de Nordstrand, mais qu'elles dérivèrent de causes plus essentielles et comme nécessaires, de la conformité de situation et de doctrine. Saint-Cyran en effet, dans *Aurelius*, ne défendait pas moins la cause des évêques de Hollande que celle des évêques d'Angleterre contre les entreprises des moines et des Jésuites. Ceux-ci, ennemis de la hiérarchie et de l'organisation des Chapitres, poussaient leurs menées et étendaient leur crédit sous prétexte de faire plus directement les affaires de Rome; ils prétendaient réduire à néant les droits et les prérogatives de l'épiscopat aussi bien que l'autorité des curés et pasteurs du second ordre. Tirant argument de la persécution même et de l'oppression que subissaient les Catholiques, ils auraient voulu obtenir que tout ce pays de Hollande fût considéré comme un simple *pays de mission* où il n'existait ni Clergé, ni corps d'Église; le vicaire apostolique, tenant tout du Saint-Siège, eût été tout entier dans la main du Pape. Sasbold, Rovenius, et les autres prédécesseurs de M. de Neercassel, avaient donc eu à lutter déjà contre les mêmes adversaires que Port-Royal, de son côté, rencontra en France. Les doctrines sur la pénitence et sur la Grâce les rapprochaient également. Cette liaison se noua d'une ma-

---

Lettres de la mère Agnès, etc., etc. La plupart de ces papiers et manuscrits proviennent de Rhynwick, petite résidence voisine, où l'abbé d'Étemare demeurait dans le dix-huitième siècle, et où il avait institué une espèce d'école pour former quelques jeunes gens à la doctrine et à la bonne tradition. M. Le Roi de Saint-Charles, acolyte d'Utrecht, a laissé par écrit des Souvenirs de Rhynwick qui sont à la Bibliothèque de Troyes. Cette école instituée par M. d'Étemare cessa vers 1770.

nière étroite sous M. de Neercassel, sorti de l'Oratoire, de cet Oratoire qu'on essayait d'opposer à la milice des Jésuites; et comme tel, le nouveau prélat avait dès l'abord toutes sortes de relations indiquées avec Messieurs de Port-Royal. A défaut de Nordstrand, quelque autre incident eût bientôt amené l'union et l'alliance.

M. de Neercassel a été le véritable grand évêque de l'Église d'Utrecht; il nous en paraît de loin le seul en vue, jouissant auprès des puissances politiques d'une considération personnelle et d'un crédit tout particulier qui témoigne de ses qualités d'homme et de prélat, ferme et conciliant, entendu aux affaires et chrétien intérieur, tempérant la gravité par l'onction, agréé à La Haye et fort bien à la Cour de Rome, estimé de Bossuet. Revoyant là son portrait plus en grand qu'à Utrecht, sa physionomie me résumait tout son caractère. La main du prélat qui porte l'anneau est belle, élégante, et d'une grande finesse.

De cette matinée passée à Amersfoort, de ces journées employées à Utrecht, j'ai emporté une sensation de sobre jouissance, toute une odeur de Port-Royal que je n'aurais jamais crue si vivante encore nulle part à cette date du siècle. Le dernier esprit de Port-Royal s'est réfugié en ce petit coin du monde, et il s'y fait sentir sans trop d'accent étranger, surtout dans la bouche de M. Karsten.

Je ne me suis point écarté d'Arnauld en donnant un souvenir aux descendants et aux héritiers de ses amis. Ce séjour d'Arnauld en Hollande et les relations particulières qui s'ensuivirent entre lui et M. Van Erkel, M. Codde, M. Van Heussen et autres membres du Clergé hollandais, relations qu'il transmit à son disciple et lieutenant Quesnel, eurent leurs conséquences et devinrent un des principaux motifs qui rendirent suspects à Rome ces ecclésiastiques poussés insensiblement au schisme. Ce schisme, dont il n'y avait pas trace sous M. de Neercassel [1], se prépara et sembla imminent sous M. Codde, son successeur. « Je crois, écrivait Richard Simon en 1692, que de tous les ecclésiastiques qui sont dans la Hollande, où il y en a un grand nombre, il n'y en a pas un qui ne soit janséniste, si vous en exceptez les Jésuites qui ont une maison à Rotterdam connue de toute la ville. » Le pape Clément XI, au même moment où il se flattait d'extirper le Jansénisme en France, crut qu'il suffirait pour le ruiner en Hollande, de suspendre par un simple bref, en 1702, M. Codde, dont il avait précédemment soumis les actes à une Congrégation particulière de trois cardinaux. Le Clergé d'Utrecht ne reconnut pas un tel décret qui allait à traiter l'archevêque d'une importante Église comme un simple délégué amovible du Saint-Siége, sous prétexte que le vicariat apostolique était, dans ce cas, réuni à la dignité épiscopale. Mais ce ne fut que depuis la mort de M. Codde (1710) que le schisme proprement dit se consomma. Le Clergé hiérarchique, le Chapitre d'Utrecht nomma lui-même dorénavant son évêque, proposant pour la forme chaque nomination nouvelle à la confirmation du Pape, et, à chaque refus, passant outre, moyennant appel au futur Concile général [2]. En France il aurait bien pu s'essayer quelque

---

1. M. de Neercassel, je le répète, était fort bien avec Rome. Les tracasseries qu'on voulut lui faire à l'occasion de son *Amor pœnitens* échouèrent, et l'espèce de censure provisoire du livre (*donec corrigatur*), émanée des inquisiteurs, ne fut point publiée tant que vécut Innocent XI, qui n'y donna point son approbation. Je lis dans une lettre du Père Quesnel au Père Du Breuil, d'octobre 1686 : «Vous aurez su la promotion des cardinaux, au nombre de vingt-sept. Les trois meilleurs sujets sont de M. de Grenoble (Le Camus), le Père Colloredo de l'Oratoire romain, et M. Sluze. Peut-être M. l'évêque de Castorie auroit-il été du nombre, mais vous savez que Dieu lui a donné quelque chose de meilleur en le retirant à lui.»

2. Rien n'est plus odieux à Rome ; une hérésie franche y déplai-

chose de pareil dans quelques diocèses, et, le principe épiscopal une fois admis dans la rigueur où l'entendaient Saint-Cyran et Pavillon, on aurait pu, à de certaines heures, en venir à une rupture extérieure de communion, si le bras séculier n'y avait tout d'abord mis ordre. Ce n'est certes pas un regret que j'exprime. Quelle anarchie n'en serait-il pas résulté dans ce beau royaume qu'on a dit fondé par les évêques ! A ne parler que politique, chaque contrée a son génie, chaque peuple a sa fonction plus ou moins appropriée. La Hollande est le pays des sectes et des refuges, la France est un pays d'unité et de centralisation. Chez nous, sauf quelques brouilles de passage, César a toujours servi saint Pierre, et le glaive de l'un a maintenu hautement les clefs de l'autre.

Dans ces lieux faits tout exprès pour y trouver un nid propice et où tout l'invitait à se tenir coi, Arnauld n'était tranquille que de corps ; l'esprit et la plume allaient toujours. Mais, ardent et généreux, il n'était pas toujours adroit dans le choix des sujets. Il y avait alors trois questions flagrantes, trois grandes affaires qui passionnaient le monde et sur lesquelles l'impatient docteur avait à prendre garde ; il est curieux de voir comme il vint presque irrésistiblement s'y brûler :

1° L'affaire de la Régale. — Il s'était abstenu jusque-là d'y prendre une part directe par des écrits. Saura-t-il continuer de s'abstenir, et observer une neutralité qui

---

rait moins. Aussi, quoique Utrecht ait produit un pape (Adrien VI, le précepteur de Charles-Quint), aucun nom ne sonne aussi mal sous les coupoles de la Ville éternelle.

Mori, ed in Utrecht sol gli disser' messe;

« Il mourut, et on ne dit de messe pour lui qu'à Utrecht ; » c'est le trait final et sanglant d'un sonnet satirique qu'on fit courir dans le temps de la mort de Clément XIV, pour le punir d'avoir supprimé les Jésuites. Pasquin n'a pas su imaginer pour un Pape de plus grand affront.

importait si fort aux intérêts et à la tranquillité de ses amis de France?

2° La résistance du Clergé gallican aux prétentions romaines, et les quatre Articles célèbres de l'Assemblée de 1682, qui établissent, comme on sait, l'indépendance absolue des rois, leur affranchissement de toute puissance ecclésiastique dans l'ordre temporel, et qui impliquent la supériorité du Concile général sur le Pape. — En se prononçant pour les quatre Articles, il pouvait donner une légère satisfaction au roi, d'ailleurs si aliéné de lui; mais il aliénait certainement le Pape qui, pour le moment, lui était assez favorable ainsi qu'à ses amis.

3° Enfin, il y avait les mesures artificieuses ou violentes employées contre les Protestants de France et qui menaient à la révocation de l'Édit de Nantes, mesures dont le contre-coup inévitable était d'exciter les cris et les représailles des Protestants du dehors. Arnauld, pendant son séjour en Hollande, vivait au milieu d'eux. Irait-il les choquer en prenant plus ou moins parti pour les convertisseurs catholiques de France, et en viendrait-il, par son zèle, jusqu'à compromettre l'hospitalité que lui donnait M. de Neercassel, obligé à bien des ménagements?

Ces fautes en sens divers, ces imprudences, Arnauld s'arrangea si bien qu'il les fit toutes ou à peu près toutes, et les cumula en quelque sorte, tout en s'étant dit peut-être qu'il les éviterait. Dans une lettre au Père Quesnel en octobre 1682, au sujet d'un écrit polémique de ce Père, il disait : « Voulez-vous bien que je vous dise ma pensée? vous faites trop d'honneur à la Congrégation de l'*Index* en vous défendant avec tant d'émotion de ce qu'ils ont fait contre vous; et de plus, quoique vous ne parliez pas de la Déclaration des Évêques, vous insinuez assez que ce qu'ils ont fait vous est favorable, et ainsi, prenant leur parti, vous vous brouillez irréconciliablement avec

Rome ; ce que je ne crois pas qu'il soit à propos de faire :
car je pense que le meilleur parti que nous puissions
prendre dans cette querelle est de demeurer neutres, ni
les uns ni les autres ne méritant pas que l'on s'intéresse
pour eux. » — Il n'a pas suivi lui-même, dans des cas
analogues, ce conseil qu'il donnait à Quesnel, il n'est
pas resté *neutre ;* il ne l'était plus, à la date même où il
écrivait cela.

Dès les premiers temps de sa retraite, il avait publié
plusieurs écrits sur la Régale (*Lettre d'un Chanoine à
un Évêque,* 1680 ; *Considérations sur les Affaires de l'É-
glise,* 1681), dans lesquels il soutenait intrépidement,
mais avec une vigueur qu'il est difficile de ne pas trouver
disproportionnée à son objet, le droit de quelques évêchés (et incidemment de Rome) contre le roi et contre
les prétentions de la Couronne, qui, en ceci, lui paraissaient un abus voisin du sacrilége. Il avait par là blessé
le roi bien plus sûrement qu'il n'avait contenté Rome,
laquelle, somme toute, tenait médiocrement aux priviléges de quelques évêchés en France[1]. Ces traités de la
Régale furent alors son plus grand crime politique. Mais
Arnauld se souciait peu de contenter ou de heurter les
puissances, et il n'était sorti du royaume que pour ex-
haler ses pensées et parler haut selon son cœur. La vraie

---

1. Il jugeait fort bien lui-même de l'effet diversement répulsif
qu'avait dû produire cet écrit des *Considérations sur les affaires
de l'Église,* quand il écrivait à M. Du Vaucel (29 avril 1683) : « Si
j'y ai dit (dans ce livre) des choses que je jugeois bien qui ne
plairoient pas à la Cour de Rome, j'en ai dit d'autres sur la Régale, que je pouvois bien croire qui ne plairoient pas à la Cour de
France. Chacun a ses maximes : les miennes sont de ne parler jamais contre ma conscience, de ne croire utile que ce qui est
honnête, et de ne pas croire qu'il soit honnête de faire entrer des
considérations humaines de complaisance ou d'intérêt dans le choix
de ses sentiments. Si on me veut bien ainsi, à la bonne heure :
sinon, je tâcherai de trouver en Dieu seul ce qu'on cherche en
vain dans le monde. »

fuite selon lui, la fuite indigne des docteurs et des évêques, c'était de se taire : *Fugisti quia tacuisti.*

Sur l'affaire des quatre Articles il se contint assez, en ce sens qu'il n'écrivit pas d'ouvrage *ad hoc* où il en fût directement question ; il se bornait à en approuver la doctrine, et il ne s'en cachait pas. Écrivant à M. Du Vaucel, chargé des affaires du parti à Rome, il ne pouvait s'empêcher de lui dire « que ce seroit un mauvais conseil que l'on donneroit à Sa Sainteté, si on la portoit à condamner d'erreur les quatre Articles du Clergé touchant la puissance de déposer les rois, l'infaillibilité, la supériorité du Concile général. Quand les gens de bien, ajoutait-il, seroient dans la dernière oppression, et qu'ils auroient tout à espérer de la Cour de Rome pour en être délivrés, ils ne croiroient pas pouvoir acheter cette liberté en s'engageant d'appuyer toutes ses prétentions bien ou mal fondées. » Il laissait à d'autres de dire : « *Pereat orbis, modo maneat auctoritas Papæ.* » Je me plais à marquer cette disposition si honorable d'Arnauld, et qui fait le fond de sa grandeur morale. Cependant il avait entrepris, dans sa naïveté, de rédiger tout un livre de *Remontrances* au roi, dans lequel, ne chargeant que le seul M. de Harlai, il s'attachait à détromper peut-être le monarque, et du moins le public, sur toutes les fausses accusations dont on avait grossi le *fantôme* du Jansénisme depuis des années, et il s'y était naturellement prévalu, plus encore qu'il n'eût fait ailleurs, des résistances de ses amis aux prétentions de Rome, de leur zèle, en toute occasion, à maintenir ces libertés de l'Église gallicane dont le roi se montrait si jaloux. Comptant bientôt publier cet ouvrage, il s'en excusait à l'avance auprès du Saint-Siége ; il espérait qu'on y entrerait assez dans ses difficultés de situation pour ne pas lui en vouloir, et il écrivait à M. Du Vaucel (12 février 1683) ces paroles qui expriment bien son incurable et généreuse inconséquence : « Quoique je ne sois pas dans les sentiments qui s'enseignent communément à Rome, sur les matières dont il est parlé dans la Déclaration du Clergé, cela n'empêche pas que je n'aie une passion très-sincère de maintenir *jusqu'à l'effusion de mon sang* les véritables et solides prééminences du Saint-Siége, et que je ne sois prêt de m'exposer, comme j'ai déjà fait, à être persécuté pour soutenir ce qui se feroit à Rome pour l'édification de l'Église et pour le soutien de l'innocence injustement opprimée. C'est ma véritable disposition; s'en accommode qui voudra! je n'en changerai pas par complaisance pour qui que ce soit. » Ses amis obtinrent de lui à grand'peine qu'il supprimerait ces *Remontrances* qui devaient déplaire et faire éclat de tant de côtés, et qui pouvaient attirer un coup de tonnerre sur Port-Royal. « Rien ne seroit plus terrible que l'effet de cet Écrit, répondait un ami de Cour consulté à ce sujet et qui doit être M. de Pomponne, non-seulement pour l'auteur, mais encore pour l'Église dans la conjoncture présente, et pour une Maison qui en fait une des plus saines et des plus saintes parties [1]. »

1. Le manuscrit même de cet ouvrage, saisi plus tard avec les papiers de Quesnel en 1703, s'est perdu; on n'en a que des fragments. Mais on a, très au net, l'opinion d'Arnauld tant sur la Régale que sur les quatre Articles, exprimée en maint endroit de sa Correspondance et notamment dans une lettre, du 12 octobre 1691, à Dodart qui, en sa qualité de médecin, avait l'oreille du roi : « Il faudroit lui faire comprendre, disait Arnauld, qu'il (le roi) a quatre affaires sur les bras à l'égard de l'Église : la Régale, les quatre Articles du Clergé, etc., etc., et lui faire bien remarquer en quoi, sur chacune de ces choses, sa gloire et sa conscience peuvent être engagées : qu'elles sont engagées à l'égard de la première, en ce que, dans le fond, il n'avoit pas de droit à étendre la Régale, et en ce qu'on lui a fait faire de très-grandes injustices dans le diocèse de Pamiers; que cela le devroit porter à n'être pas difficile sur cet article...; que c'est tout le contraire à l'égard des quatre Articles; qu'il doit demeurer ferme à n'en rien relâcher, et ôter aux Romains toute espérance qu'il en rabatte rien; qu'il

A l'égard des Protestants, au milieu desquels il se trouvait en Hollande, Arnauld ne reçut pas d'aussi bons conseils et ne sut point se retenir : il les malmena d'étrange manière. Le moment n'était pas bien choisi ; les rigueurs qu'on déployait en France pour les conversions en masse soulevaient à l'étranger des invectives violentes et des récriminations vengeresses ; le Calvinisme provoqué ravivait ses haines : l'injustice appelle l'injustice. Si Arnauld s'était borné à défendre contre les colères du dehors les Catholiques indistinctement accusés, à se faire l'avocat de ceux qui ne persécutaient personne, mais qui étaient persécutés ; s'il avait désapprouvé dans sa patrie des rigueurs qui offensaient cruellement l'humanité et la conscience, il n'y aurait eu qu'à l'applaudir; mais ce rôle idéal qu'on imagine à distance ne pouvait être le sien : car cet esprit puissant, et qui n'était clairvoyant que dans le détail, restait plus qu'à demi plongé dans les préventions générales et les zones d'illusion régnantes à son époque ; ses horizons

n'est point maître de la doctrine de l'Église gallicane, et que ce n'est point une affaire qu'il puisse mettre en compromis. Il falloit témoigner sur cela une fermeté inflexible, et au contraire beaucoup de facilité sur la Régale : si on avoit pris cette voie, l'accommodement seroit peut-être fait présentement. Mais tant que les Romains espéreront de pouvoir donner quelque atteinte aux quatre Articles, on y trouvera toujours des difficultés insurmontables ; on cherchera des équivoques pour sauver la chèvre et les choux, et il se passera des temps infinis à chicaner sur cela ; au lieu que, si on ne leur offroit rien du tout, ils seroient obligés de se contenter de ce qu'on leur accorderoit sur la Régale. Et toute la satisfaction qu'on auroit à donner au Pape, à l'égard de l'Assemblée de 1682, seroit de ce qu'elle auroit terminé (contre son droit) l'affaire de la Régale, qui étoit dévolue au Saint-Siège par un appel légitime. » On ne saurait être plus net ; mais le ton est un peu différent de celui de la lettre à M. Du Vaucel ; et il n'y avait pas moyen, en effet, de se ménager entre des puissances si contraires, d'être tantôt si Romain, tantôt si gallican, et toujours avec une égale chaleur, *jusqu'à l'effusion de son sang!*

étaient bornés de toutes parts, et il n'en sortait pas. Aussi, en entreprenant contre Jurieu (1681) l'*Apologie des Catholiques* et notamment de ceux d'Angleterre, en les justifiant de la conjuration dite de Titus Oates, en démontrant l'innocence des victimes [1], n'a-t-il fait que se mettre en train, en humeur d'attaque, et n'a-t-il pu s'empêcher de se jeter aussitôt après dans la controverse des doctrines, et de rouvrir le champ des disputes théologiques avec tout son arsenal habituel d'injures. Il a donné par là occasion à son antagoniste d'écrire ce livre, qui n'est qu'à moitié injuste, de *l'Esprit de M. Arnauld* (1684), resté sans réponse :

« Nous n'avons *rien* contribué, disait assez sensément Jurieu, aux disgrâces de M. Arnauld, et nous ne devions pas en souffrir : cependant il se trouve que nous en pâtissons. Ce prétendu persécuté, pour se dérober aux yeux d'une Cour qui le voyoit avec chagrin, s'est allé cacher dans les Pays-Bas hollandois ; et c'est là où il a composé contre nous ce libelle furieux qu'il appelle l'*Apologie pour les Catholiques*. Les extraits des Gazettes flamandes d'Utrecht et de Harlem qui reviennent si souvent, et cent petites particularités des villes de Hollande, qu'il ne peut avoir apprises ailleurs, font voir qu'il a composé ses derniers ouvrages dans les Provinces-Unies. *Cela s'appelle aller faire la guerre aux gens jusque chez eux.* C'est harceler de gaieté de cœur des personnes qui ne lui faisoient point de mal, et qui même lui fournissoient un asile contre ceux qu'il appelle ses persécuteurs. Partout

---

1. L'abbé Maury, dans son *Essai sur l'Éloquence de la Chaire*, s'est livré à un accès d'enthousiasme et a chanté tout un hymne de louanges sur cette partie de l'*Apologie des Catholiques* : « Lisez cette éloquente discussion : que de larmes Arnauld vous fera répandre sur la mort du vertueux vicomte de Stafford ! Orateur sans chercher à l'être, etc., etc. » En lisant cette discussion, on ne répand pas du tout de larmes, on n'est pas le moins du monde ému, et l'on ne peut que s'étonner de l'échauffement de l'abbé Maury pour si peu. C'est un factum bien fait, mais bien long ; pas autre chose.

où passe cet esprit violent et immodéré, il faut qu'il y laisse de tristes marques de son passage. »

Jurieu disait encore à l'occasion de l'*Apologie*, et par une image qu'Arnauld, qui ne se voyait pas, jugeait fausse, mais qui nous paraît à nous d'une énergique justesse :

« On y reconnoit aisément le caractère et le génie de ce vieux solitaire, qui, se tenant caché depuis quelques années, ressemble à ces vieux lions qui, du fond de leur tanière, jettent des rugissements effroyables, et qui ne se font sentir que par là. »

Je n'entrerai pas dans la discussion, qui serait fastidieuse, de plus d'un écrit d'Arnauld en ces années ; je résumerai seulement l'esprit général de sa polémique et, je dirai presque, de sa politique envers et contre le Protestantisme : instinct ou calcul, peu importe, la ligne de conduite se dessine à nos yeux évidemment.

Dans ses controverses avec les Protestants, Arnauld est bien moins occupé à les persuader et à les convertir, qu'à s'en séparer; en écrivant, il songe plus aux Catholiques qu'aux Protestants mêmes. Signalé comme le chef d'un *tiers parti*, accusé par plusieurs d'incliner au Calvinisme à l'endroit de la Grâce, serré et comme refoulé sur un étroit terrain du côté de Genève, il essaie d'élever une barrière d'autant plus haute, de creuser un fossé d'autant plus profond entre lui et ceux dont on le voudrait faire auxiliaire, et qui eux-mêmes le tirent à eux le plus qu'ils peuvent. On peut dire que là où ils lui tendent de plus près la main, il les repousse, lui, à *coups de poing* d'autant plus forts : je ne sais pas d'expression plus exacte. Il leur prête, pour s'en distinguer, des dogmes plus violents qu'il n'est besoin, et que d'autres catholiques d'une position plus indépendante n'ont cru devoir leur en reconnaître. C'est ainsi que dans son *Renversement de la Morale par les Calvinistes,* dans son *Impiété de la Morale* des Calvinistes, dans son *Calvinisme convaincu de nouveau de dogmes impies,* il imputait et prêtait à la totalité des Réformés certains principes insoutenables qu'eux-mêmes désavouent, particulièrement sur ce qu'on appelle l'*inamissibilité* de la Grâce. Car il s'ensuivrait, selon Arnauld, que l'ensemble des Protestants admet comme dogme fondamental qu'un élu, un juste prédestiné ne perd jamais la Grâce, même après les crimes qu'il peut commettre; que David, par exemple, après son adultère, est encore au fond en état de Grâce : une telle énormité révolta non-seulement les docteurs protestants, mais aussi quelques catholiques, et M. Le Fèvre, docteur en théologie de la Faculté de Paris, essaya de réfuter M. Arnauld, en montrant que la majorité des Protestants n'est pas si au rebours que cela du sens catholique et du sens commun. Entre M. Le Fèvre et M. Arnauld, une dispute s'engagea (1683) : « La chose est assez curieuse et assez singulière, écrit Jurieu, qui s'en frotte les mains de plaisir : un docteur de Sorbonne écrivant contre un autre docteur de Sorbonne en faveur de gens que l'un et l'autre regardent comme de très-méchants hérétiques ; cela est assez singulier pour que le siècle en prenne connoissance. » M. Le Fèvre s'attache donc à démontrer contre Arnauld que l'ensemble des Réformés n'est pas si absurde et si anti-catholique sur l'article de la prétendue *inamissibilité;* il s'appuie sur la Confession d'Augsbourg, sur des témoignages même tirés du Synode de Dordrecht; il demande à M. Arnauld ce qu'il aura gagné à vouloir convaincre logiquement ses adversaires d'immoralité pure, de folie, d'impiété, et si c'est une manière de les convertir : lui, il croit mieux faire en leur montrant que sur ces points ils ne sont pas nécessairement si éloignés de l'Église qu'ils ont quittée. M. Arnauld, au contraire, veut par position se séparer d'eux à toute force, et il les condamne à l'absurde par une sorte de *contrainte logique* qui est sa méthode ordinaire, si peu conforme à l'esprit des faits. Il a peur de passer pour l'écuyer du *Goliath* Pierre Jurieu [1].

Quant à la révocation de l'Édit de Nantes et aux rigueurs qui suivirent et précédèrent, Arnauld, sans tout approuver, est en somme pour la politique du roi ; il est catholique et royaliste plus que chrétien. Il a de ces duretés et de ces aveuglements du sens moral qu'on a peine à se figurer et à comprendre chez un si noble persécuté. Sur le baptême des enfants, par exemple : les Protestants, dans quelques-unes des Provinces-Unies, forçaient les parents catholiques de porter leurs nouveau-nés au prêche; Arnauld s'en indigne, mais en même temps il approuve Louis XIV d'avoir imposé aux mères protestantes des sages-femmes catholiques ; il s'obstine à ne pas voir que l'un de ces procédés vaut l'autre; il plaide en avocat pour établir la différence et l'inégalité : « Les plaintes des prétendus Réformés, écrit-il en 1682, sont fondées sur une Ordonnance que le roi a faite, qu'ils ne se serviroient plus que de sages-femmes catholiques, afin que, si leurs enfants venoient

---

[1]. Tous les amis d'Arnauld ne l'approuvaient pas dans les combats à outrance qu'il livrait de ce côté : témoin Saint-Amour, si l'on en croit l'évêque anglican Burnet, qui eut occasion de le connaître dans son voyage de France en 1683, c'est-à-dire dans le temps même où se réveillait cette malencontreuse polémique: « Je vis aussi à Paris Saint-Amour, l'auteur du Journal de ce qui se passa à Rome lors de la condamnation des cinq Propositions de Jansénius. Je trouvai en lui un homme droit et honnête, qui avoit plus de bon sens que de pénétration et de savoir. Il me dit que toute sa vie n'avoit été qu'une campagne contre les Jésuites, dont il me parla comme de la peste de l'Église. Il déploroit l'aigreur et la violence avec lesquelles Arnauld avoit écrit contre les Protestants, et il m'assura qu'il en avoit été blâmé par tous ses amis. »

au monde étant près d'expirer, ils pussent être baptisés par ces sages-femmes avant que de mourir, comme il se pratique parmi les Luthériens, aussi bien que parmi les Catholiques. Voilà ce qui les a fait horriblement crier, comme si on leur avoit fait la plus grande injustice du monde. » Il trouve singulier que les Protestants se plaignent, et il soutient sans rire que, quand ils y auront bien pensé, ils devront savoir bon gré au roi d'une si chrétienne attention [1].

1. On n'a que trop, d'ailleurs, l'opinion générale d'Arnauld sur la révocation de l'Édit de Nantes et sur les suites. A M. du Vaucel (20 octobre 1685) il écrit : « Vous aurez su sans doute la grande nouvelle de la Déclaration du roi, par laquelle il casse l'Édit de Nantes, et ôte tout exercice public ou particulier de toute autre religion que de la catholique romaine, ne donne que neuf mois aux ministres pour prendre parti ou de se convertir, ou d'être bannis pour toujours du royaume ; mais on assure à ceux qui se convertiront une pension plus forte du tiers que celle qu'ils avoient étant ministres, et qui passera à leurs veuves.... » A madame de Fontpertuis (27 octobre 1685) : « On a été bien surpris ici de la Déclaration : comme on y est bon catholique, on s'y en réjouit fort ; mais apparemment ceux de Hollande en seront bien alarmés. On sera bien aise de savoir ce qui en sera arrivé, et s'il y aura eu bien des gens à qui elle aura fait ouvrir les yeux, comme saint Augustin remarque que les édits des Empereurs, qui avoient ordonné de grosses amendes contre les Donatistes, furent cause que plusieurs d'entre eux retournèrent à l'Église. » C'est pousser un peu loin l'autorité de saint Augustin que de la tenir même en pareille matière. Arnauld ne pense pourtant pas en ceci différemment de saint François de Sales à Thonon. Il conseille de faire lire à ce sujet son livre de l'*Apologie des Catholiques* (deuxième partie, chap. XI), où ce point des Donatistes est traité. Il voudrait aussi qu'on fît lire aux nouveaux convertis l'*Année chrétienne* de M. Le Tourneux, laquelle justement allait être condamnée par Rome. Il revient (lettre à M. Du Vaucel, 28 décembre 1685) sur cet exemple des Donatistes qui peut autoriser ce qu'on a fait en France contre les Huguenots, en ce qui est des pertes temporelles qu'on leur fait souffrir par les logements de guerre et le bannissement des ministres. Il lui écrivait toutefois (le 13 décembre) : « Je pense qu'on n'a pas mal fait de ne point faire de réjouissance publique (à Rome) pour la révocation de l'Édit de Nantes et la conversion de tant d'hérétiques ; car comme on y a employé des voies *un peu violentes, quoique*

J'ai dit les endroits désagréables. Nous n'avons pas affaire avec Arnauld à un sage qui pratique philosophiquement le *Bene vixit, bene qui latuit :* nous avons affaire à un théologien, à un controversiste, à l'un de ceux à qui l'on a rappelé en manière d'avertissement le mot de saint Jérôme : « *Incongruum est latere corpore, et lingua per totum orbem vagari :* Il est malséant de se tenir caché de sa personne, et de laisser courir sa langue à bride abattue par toute la terre. » Cette langue toutefois, cette plume dont on est tenté si souvent de se plaindre, a aussi de belles paroles, et qui révèlent à tout moment l'homme de cœur et de conscience : « Je veux bien souffrir les incommodités de ma retraite, qu'on ne m'en envie pas les avantages. Le plus grand que j'y trouve est de n'être point obligé de faire la cour à personne, et de ne point parler par politique contre

---

je ne les croie pas injustes, il est mieux de n'en pas triompher. » Il tâche de ne pas trop croire aux dragonnades dont parlent les Gazettes de Hollande : « (A M. Du Vaucel, 1ᵉʳ février 1686.) Il s'imprime tous les mois à Paris un livre sous ce titre : *le Mercure galant ;* ce titre est bien sot, mais il ne laisse pas d'y avoir de fort bonnes choses. Nous avons vu les deux derniers mois de novembre et de décembre il y a des relations fort particulières des conversions des hérétiques dans les provinces où il y en avoit le plus, par lesquelles il paroît qu'il y en a un fort grand nombre qui sont convertis de fort bonne foi, et après des conférences fort raisonnables. Je ne saurois croire que ces relations soient fausses, si ce n'est par omission. Je m'explique : c'est qu'apparemment on y dissimule la manière dont on a traité ceux qui sont demeurés opiniâtres après la conversion du plus grand nombre. Et ainsi ce que disent les Gazettes de Hollande de ces mauvais traitements peut être vrai, au moins en partie, sans que ce qui est dans *le Mercure galant* soit faux.... Or, on peut juger aisément, en comparant ensemble *le Mercure* et les Gazettes, que le nombre de ceux dont parlent les Gazettes n'est presque rien en comparaison de ceux dont parle *le Mercure ;* et ainsi, comme dans les choses morales *denominatio debet sumi a potiori parte*, on peut dire que le roi a eu le bonheur d'éteindre l'hérésie dans son royaume, et que ces Gazetiers protestants sont de grands menteurs.... » O misère de l'esprit humain !

ce que j'ai dans le cœur. » C'est ainsi qu'il répondait à ceux de ses amis de France qui s'inquiétaient toujours des moyens de l'y faire rentrer. M. de Choiseul, l'ancien évêque de Comminges, et maintenant évêque de Tournai, homme de conciliation décidément incorrigible, essaya de traiter pour Arnauld, qui n'y consentait guère, près de l'archevêque de Paris qui faisait semblant de vouloir. L'archevêque, homme politique, eut de ces semblants à plus d'une reprise : « Que l'on se rapproche et puis on verra, » disait-il [1]. Arnauld n'était pas tenté de se rapprocher de la *caverne du lion*. A Nicole qui se mêlait aussi de ces projets d'accommodement, il demandait ce qu'on espérait par là : « Est-ce simplement que je pourrai retourner et jouir du même repos dont vous jouissez présentement? Je ne crois pas que cela fût impossible, et au regard de ce point je ne pense pas en effet que l'on fût inexorable. » Mais ce qui suffisait à Nicole eût été le supplice d'Arnauld : « Je suis persuadé (parlant toujours à Nicole) que vous ne gâterez rien dans les visites que vous rendrez à M. de Paris, et qu'au contraire vous y pourrez servir les amis en de petites choses…. Ce n'est pas néanmoins de quoi il est question : il s'agit de l'Église, et non d'un tel et d'un tel. » Composer et publier, fût-on caché dans un trou, cela lui semblait infiniment préférable à rentrer et à jouir d'une paix à la Nicole, à avoir, comme celui-ci, *la liberté du pavé de Paris*, à charge de rester muet; bel avantage ! « Car le moyen ordinaire de détromper les hommes et de leur ôter de l'esprit de fausses opinions, c'est *la parole*. » Dans le temps où il composait cette Remontrance au roi (qui ne parut point), il ne comptait nullement sur le succès par rapport à lui et

---

1. Voir à l'*Appendice* sur ces semblants ou ces velléités de rapprochement.

n'avait pas en vue le retour : « Grâces à Dieu, je me trouve presque aussi bien dans une petite maison dont je ne suis point sorti depuis près de quatre mois que j'y suis entré, que si j'étois en liberté au milieu de Paris...; car, pour le temps qui me reste à vivre, il ne m'est pas de grande importance de le passer dans la retraite ou dans une plus grande liberté. »

Quand il parlait de la sorte, Arnauld n'était plus en Hollande. Se voyant trop connu à Delft, il avait dû revenir, en octobre 1682, à Bruxelles ; il y prit dans un faubourg une pauvre petite maison où il se tenait confiné. Il n'était pas seul du moins ; il avait quelques amis dont les uns le visitaient, dont les autres restaient à demeure. Il eut pendant quelque temps, soit à Delft, soit à Bruxelles, M. de Sainte-Marthe, M. Du Vaucel : M. de Pontchâteau, nous le savons, faisait pour le voir de fréquents voyages ; M. de Tillemont en fit un. Madame de Fontpertuis elle-même ne put se refuser la consolation de ce pèlerinage, et elle se l'accorda. Arnauld avait constamment avec lui M. Guelphe, de Beauvais, qui lui servait de secrétaire, lui tenait lieu de valet de chambre, et ne le quittait jamais que pour certaines commissions toutes confidentielles : il l'appelait *le Petit frère*. Il eut aussi près de lui, dans les dernières années, M. Ernest Ruth d'Ans, ecclésiastique du pays de Liége, qui avait demeuré autrefois à Port-Royal et qui avait été attaché à M. de Tillemont. C'est lui qui, avec M. Guelphe, rapportera à Port-Royal le cœur d'Arnauld[1].

---

1. Sur M. Ruth d'Ans un mot de plus : il le mérite pour la part qu'il a eue dans cette familiarité illustre. C'était un des grands fidèles de M. Arnauld que Ruth d'Ans, *M. Ernest* comme on l'appelait tout court. On a nombre de lettres à lui adressées par M. de Pontchâteau ; on y voit de quel secours essentiel il était et pouvait être au vénérable réfugié. M. de Pontchâteau lui écrivait, le 27 mai 1685 : « Il me semble un petit fâcheux que vous quittiez pour longtemps M. *Davy* (M. Arnauld), quoiqu'il ait compa-

De retour à peine à Bruxelles, Arnauld dut se tenir plus que jamais sur ses gardes à cause des perquisitions qu'on faisait pour le découvrir. Ses derniers écrits avaient donné l'éveil. M. de Harlai aurait dit (ce qui lui ressemble assez peu) : « J'ai 50 000 livres à employer pour le faire prendre, et il faut que lui ou moi périsse. » On disait que le fameux exempt Des Grès était parti à sa recherche, et qu'il répondait de le trouver, pourvu qu'on ne le laissât pas manquer d'argent. Arnauld, conservant son calme et sa gaieté, racontait lui-même tous ces bruits qui le concernaient à M. Du Vaucel qui était à Rome (1er janvier 1683) : « Les Gazettes disent toujours qu'on cherche M. Arnauld, et qu'on l'a pensé attraper à Paris chez une demoiselle janséniste. Mais les nouvelles de Paris disent sur cela que ce bruit s'étant répandu, et d'autres semblables, touchant les perquisitions que l'on faisoit de ce docteur, M. Despréaux avoit dit, d'une manière très-agréable et très-fine : « *Le roi est trop heureux pour trouver M. Arnauld.* » — Mot charmant comme tant d'autres sortis de la même bouche, et qui fait honneur à la probité spirituelle de Despréaux!

Sur ces entrefaites il était survenu à quelques-uns de ses amis en France, et en partie par sa faute, de graves affaires, d'atroces mésaventures, et qui prouvaient que ceux du dedans n'avaient pas si tort quand ils recommandaient la prudence. Dans le courant de l'été de 1682, on intercepta en France un paquet de lettres d'Arnauld, ce qui donna lieu à des perquisitions. On arrêta M. Chertemps, chanoine de Saint-Thomas du Louvre, qu'on mit à la Bastille parce qu'on le soup-

gnie, parce qu'il y a de certaines choses que vous feriez mieux que d'autres. Dieu le garde d'être malade! mais vous seriez fâché d'en être éloigné. *Se questo arrivasse, ne vorrei esser'avisato, e v'anderei subito.* »

çonna d'être l'intermédiaire de cette correspondance. Il en sortit et sans exil, grâce uniquement à sa parenté avec madame Colbert. Sur la fin du même été, on saisit quatre ballots de livres à Saint-Denis, par l'imprudence d'un batelier. Il y avait dedans des *Apologies pour les Catholiques*, des livres *contre M. Mallet*. On arrêta un très-bon prêtre, chapelain de l'hôpital de Saint-Denis, nommé Dubois, à qui ces ballots étaient adressés; on le mit à la Bastille, quoiqu'il fût à peine convalescent d'une très-grande maladie qui l'avait réduit à l'extrémité. On interrogea les gens de sa maison pour avoir le signalement de ceux qui le visitaient. Comme ces ballots venaient de Soissons, on écrivit à l'intendant de s'informer par quelles mains ils avaient passé; M. Le Tourneux faillit être compromis dans cette affaire. Le pauvre prêtre de Saint-Denis fut, peu après, jugé par une Commission et condamné aux galères. Vers le même temps on découvrit, toujours au moyen de lettres interceptées, que d'autres ballots arrivaient par Rouen, et qu'on les faisait venir de là à Paris avec les effets de M. Le Blanc, intendant. On en fit la saisie : il y avait douze cents *Apologies*, des *Mallets*, des *Morales pratiques* (le tome II). Le Père Du Breuil, prêtre de l'Oratoire et curé de Sainte-Croix, fut arrêté, ainsi que la femme d'un épicier de Rouen. Le Père Du Breuil fut mis à la Bastille; l'intendant, mandé à Fontainebleau, et produisant une lettre du Père Du Breuil qui prenait tout sur lui, fut néanmoins révoqué; son secrétaire mis en prison; la plupart des officiers de la douane inquiétés, et la douane fermée durant quelques jours. On visita tous les vaisseaux qui venaient de Hollande avec une exactitude extraordinaire; on fit la même chose à Dieppe[1]. Il y eut jusqu'à onze personnes *dans les chaînes*

---

1. Je me suis laissé guider dans ce qui précède par la *Relation de la retraite de M. Arnauld dans les Pays-Bas* (1733), dont l'auteur,

au sujet de ces ballots. On rapporte qu'Arnauld dans le premier moment de la nouvelle, et n'apprenant d'abord que la saisie, s'en consolait comme d'une simple perte matérielle, bien que c'en fût une assez rude pour lui, ces livres étant imprimés à ses frais et faisant une de ses

M. Guelphe, le secrétaire et l'acolyte d'Arnauld, devait être très-bien informé. On lit cependant, au tome XIII (page 431) de l'*Abrégé de l'Histoire ecclésiastique* par l'abbé Racine, un récit des mêmes faits, qui offre quelques différences et variantes : d'après ce récit le prêtre de Saint-Denis, M. Dubois, mourut à la Bastille, sans aller aux galères. La saisie des ballots, qui compromit le Père Du Breuil, se fit à Saint-Denis encore, et c'est sur une lettre adressée par quelque affidé de la police au digne curé de Sainte-Croix qu'on soupçonnait de les avoir expédiés, que celui-ci donna dans le piége et se trahit par sa réponse. L'intendant de Rouen, M. Le Blanc, ne fut que menacé d'être révoqué, etc., etc. Ces différences (en les admettant) ne changent rien au fond des choses. Voici, au reste, un passage d'une lettre écrite à M. de Neercassel par M. Ruth d'Ans, qui était alors auprès de M. Arnauld. On y verra que l'affaire de celui-ci se compliquait d'une autre fort grave, de celle de M. Le Noir, ancien théologal de Séez, auteur de libelles violents contre l'épiscopat et contre M. de Paris. C'était l'extrême gauche du parti, et qu'Arnauld désavouait (voir sa lettre au landgrave de Hesse-Rhinfels, du 28 juin 1683); mais l'association n'en subsistait pas moins dans l'esprit des accusateurs, et il y avait de la liaison en réalité. On n'en saurait douter d'après ce qui suit :

« Nos dernières lettres de Paris, écrivait M. Ruth d'Ans à M. de Neercassel (30 mai 1683), contenoient un bien triste sujet d'affliction; c'étoit la condamnation de deux ecclésiastiques, M. Bourdin et M. Dubois, aux galères, le premier perpétuelles, et l'autre de dix années seulement. M. Bourdin est ce prêtre qui fut pris à Paris dans la chambre de M. Van Bort (ou Van Bont ?), où la Providence voulut que je le visse entre les mains des archers. Il étoit ami et compagnon de M. Le Noir. Il n'a point nié qu'il n'eût part aux libelles qui ont été faits contre M. de Paris; il s'offrit même de prouver tout ce qu'on avoit avancé contre lui dans ces libelles; mais il a toujours demandé des juges ecclésiastiques et compétents, et n'a jamais voulu se soumettre à ceux qu'on lui a donnés.

« M. Dubois est un ecclésiastique très-homme de bien, qui a toujours été très-hostile sur lui-même, très-attaché à la vérité et aux offices de charité envers le prochain. Peu de personnes le connoissoient, et de ses bons amis même ne savoient pas où il demeuroit. *Il nous rendoit service depuis deux ans avec beaucoup d'affection et d'adresse.* Il y a près de huit mois qu'il fut découvert à Saint-Denis et emmené à la Bastille, tout malade qu'il étoit

ressources; mais quand une seconde lettre lui apprit l'emprisonnement du Père Du Breuil, il en fut pénétré de douleur, et « se laissant tomber à genoux, il s'abaissa et adora Dieu dans un profond silence, et le garda toujours dans la suite sur cet événement, n'ayant jamais dit une seule parole pour s'en justifier, malgré les reproches. »

Quoi qu'il en soit, sa Correspondance publique, et imprimée dans ses Œuvres, si l'on n'avait rien de plus, ne nous donnerait pas pleine satisfaction sur cette affaire, bien qu'il y revienne assez souvent. Arnauld écrivit deux fois [1] à l'archevêque de Reims Le Tellier, qui lui avait toujours témoigné de la bienveillance, et qui était d'ailleurs en Cour une sorte d'adversaire de l'archevêque de Paris; il lui disait pour sa propre justification, pour celle de son livre et, par conséquent, des personnes compromises à cette occasion, bien des choses qui étaient faites évidemment pour être redites au roi, si M. de Reims en avait eu la bonne volonté et le courage. Arnauld aurait aussi voulu que Bossuet parlât, et il s'étonnait de son silence au sujet d'un livre (l'*Apologie pour les Catholiques*) si avantageux à la reli-

---

pour lors. Il y a quinze jours qu'on nous avoit mandé que le roi avoit donné ordre qu'on vidât les prisons, et qu'on fît le procès à ceux qui y étoient détenus. Il nomma douze juges du Châtelet avec M. de La Reynie et M. Robert, procureur du roi. On en espéroit bien, surtout pour M. Dubois : cependant on ne pouvoit guère pis ; et on dit même qu'il y a eu quatre voix à mort pour M. Bourdin.

« Quoique M. Dubois ait été arrêté à l'occasion de nos *ballots*, il y a sujet de croire que ce n'est pas pour ces ballots qu'il a été condamné aux galères, mais plutôt à cause de l'union qu'on a trouvé qu'il avoit avec M. Le Noir. Mais le sort de l'un et de l'autre ne laisse pas de nous affliger beaucoup. C'étoit une chose digne de compassion de voir amener ces pieux ecclésiastiques de la Bastille au Châtelet. Comme ils avoient les mêmes hardes avec lesquelles on les avoit arrêtés, on peut juger en quel état elles pouvoient être.... Ce sera une chose bien plus digne de compassion encore de les voir mettre à la chaîne.... »

1. Le 19 octobre 1682 et le 17 janvier 1683.

gion et à la monarchie, si à l'honneur de la France en particulier : « Mais sur cela, écrivait-il au médecin Dodart¹, vous me permettrez de vous dire que je ne suis pas trop satisfait de votre ami (*M. de Meaux*), à qui vous l'avez montré. Ce n'auroit pas été un grand effort de générosité de se rendre garant qu'on ne feroit rien contre un tel livre : il a assez d'accès auprès du roi pour lui faire entendre raison sur cela, s'il avoit tant soit peu de zèle pour la vérité. Mais la grande maxime de ce temps est de ne se point faire d'affaires. » Ce que nous devons dire pourtant des lettres d'Arnauld où il traite de ce sujet pénible, c'est qu'il semble mener un peu trop de front et presque *ex æquo* le soin de ses ballots et l'inquiétude pour les personnes ; il se plaint du séquestre des uns autant que de l'emprisonnement des autres. Cela fait un peu sourire². Ce n'était pas indifférence de sa part, ce n'était que bonhomie. Il ne cessa d'être tendrement préoccupé du Père Du Breuil, et on

---

1. Le 6 mars 1683.
2. Jurieu (dans son *Esprit d'Arnauld*, tome I, p. 26) n'est pas juste quand il représente Arnauld comme n'étant sensible qu'à ses propres disgrâces ; il n'est qu'à demi injuste, lorsque, rappelant les malheurs de tant de gens compromis à cause de lui, révoqués, emprisonnés, condamnés aux galères, il ajoute, d'après les apparences : « Voilà la disgrâce dont M. Arnauld se plaint, quand il dit qu'*on a fait souffrir des traitements assez rudes à tant de personnes*, etc. Mais, comme on voit, il s'en plaint fort modestement ; il n'y touche que très-légèrement et n'y revient plus que par un autre petit mot. La perte d'une intendance à un très-honnête homme, et celle de la liberté à deux fort honnêtes gens, ne lui font rien, quoiqu'ils soient ses victimes et qu'ils souffrent pour lui : mais il ne peut souffrir qu'on supprime des ouvrages dont il croit qu'il lui doit revenir une grande gloire. C'est pourquoi, après avoir dit quelques mots en faveur de ses amis qui souffrent, il s'occupe tout entier à intercéder pour l'élargissement de ses livres.... Il est idolâtre de ses productions, et l'on ne sauroit le châtier par un endroit plus sensible. » Ce dernier point n'est pas mal touché. Le reste porte à faux.

ne saurait en douter, quand on n'en aurait pour preuve que ces mots d'une lettre à madame de Fontpertuis, écrite neuf ou dix ans après l'arrestation (février 1692) : « Ce que vous mandez du Père Du Breuil (on venait de le transférer pour la sixième fois d'un lieu d'exil à un autre) me perce le cœur. Mais est-il possible qu'on ne puisse trouver personne qui représente au roi le misérable état où il est, pour obtenir au moins qu'on traite avec autant d'indulgence un si homme de bien, qu'on en a pour un aussi méchant prêtre qu'est celui qui est présentement si à son aise dans l'officialité de Paris? Ne pourroit-on point engager quelqu'un des ministres à en parler à Sa Majesté, ou, à leur défaut, madame de Guise, ou madame la princesse de Conti, ou madame de Maintenon? Enfin, il faudroit tenter toutes choses, et ne se point rebuter quand on n'auroit pas réussi par l'une. » Mais *tout était muet ou assujetti au dominant*, c'est-à-dire à M. de Paris : « La vérité, écrivait le sagace et clairvoyant Du Guet, est qu'on ne trouve personne qui ose parler, ou qui le puisse faire avec succès. Les uns ne veulent pas, les autres craignent, et d'autres nuiroient au lieu de servir.... *Non habemus hominem.* »

Allons plus avant : dans le Jansénisme il ne faut s'arrêter ni à la première ni à la seconde écorce; il y a presque toujours des doubles et triples fonds. On a mieux, au sujet du Père Du Breuil, que quelques passages des lettres imprimées d'Arnauld, on a la Correspondance secrète que l'exilé du dehors trouva moyen de nouer et d'entretenir indirectement avec le prisonnier du dedans. Cette affaire du Père Du Breuil est une de celles qui caractérisent le mieux tout ce qu'il y eut d'inexorable et d'odieux dans la persécution exercée en ces années sur le Jansénisme, et qui nous expliquent par suite l'irritation et la révolte de tant d'âmes. C'est un exemple qui nous en représente bien d'autres moins connus. Il y faut insister.

Le Père Du Breuil, que j'ai eu plus d'une occasion de nommer précédemment [1], était un des hommes les plus distingués dans la Congrégation de l'Oratoire. Il avait de la réputation comme prédicateur; on le recherchait également pour les directions. Dans le temps où les directeurs de Port-Royal étaient obligés de se cacher, madame de Longueville écrivait de lui à madame de Sablé :

« ... Pour le Père Du Breuil, c'est assurément un saint homme et un fort bel esprit, très-savant, et tout entier du bon côté; mais il est le plus sec du monde et le plus discret, c'est-à-dire, de ces gens qu'il faut poursuivre pour les attirer. Je le prierai de vous aller faire une visite, car il s'en retourne à la fin de la semaine, et le prierai de plus de ne vous laisser pas faire tout le chemin. Vous verrez comme vous vous en accommoderez. Il s'en va prêcher l'Avent à Chartres, ainsi il ne sera guère à Paris ; mais il faut pourtant voir s'il vous sera bon.... »

Cette *sécheresse* du Père Du Breuil était une marque de plus qu'il était tout du *bon côté*, et qu'il se dérobait plus volontiers qu'il ne se proposait à ces directions du beau monde si convoitées par d'autres. Tous les témoignages s'accordent, d'ailleurs, à montrer le Père Du Breuil comme n'étant nullement *sec* dans le sens où nous l'entendons, mais au contraire fort doux, fort aimable, d'une conversation charmante et faisant les délices de l'Oratoire. A la mort du Père Senault, général, la Congrégation était disposée à nommer le Père Du Breuil pour lui succéder ; M. de Harlai lui fit donner en toute hâte l'exclusion par la Cour: il y gagna peu, et ce fut non point le Père De Saillant désiré par lui, mais le Père de Sainte-Marthe qui fut élu. Nommé

---

1. Tome III, page 256, et tome IV, page 70.

curé de la paroisse Sainte-Croix-Saint-Ouen à Rouen, le Père Du Breuil y jouissait de l'estime et de l'affection universelle, lorsque cette malheureuse imprudence commise par d'autres, et dont il fut l'innocente victime, vint l'enlever à son troupeau. Depuis son arrestation, le vénérable vieillard (il avait déjà près de soixante-dix ans) ne fit plus qu'être ballotté de prison en prison, d'exil en exil, des cachots de Rouen à la Bastille d'abord, puis à Saint-Malo, à Brest, à la citadelle d'Oleron; puis dans le fort de Brescou sur la Méditerranée, et enfin à la citadelle d'Alais où il mourut le 4 septembre 1696, âgé de quatre-vingt-quatre ans.

Or, en l'année 1685, Arnauld, qui ne pouvait revenir embrasser ses amis de France, voyait arriver à Bruxelles quelques amis chassés eux-mêmes par des tracasseries obstinées; il eut pour compagnons nouveaux de sa retraite les Pères Quesnel et Du Guet, qui désertaient enfin l'Oratoire, où l'on avait interdit toute liberté de doctrine. En empêchant le Père Du Breuil d'être élu général, l'archevêque de Paris n'avait pas obtenu tout ce qu'il voulait : le général élu, avons-nous dit, le Père Abel-Louis de Sainte-Marthe, parent du nôtre et l'un des auteurs du *Gallia christiana*, n'était pas à sa dévotion, et M. de Harlai dut travailler avant tout à l'évincer ou à l'annuler, lorsqu'en 1678 il entreprit de purger de jansénisme la Congrégation et de la gouverner sous main [1]. Avec son habileté ordi-

---

[1] M. de Pontchâteau nous indique un des principaux ressorts et des mobiles déterminants, un de ceux qui tiennent à l'esprit de corps, et dont l'archevêque ne manqua pas de tirer parti pour ses fins : « Cette Congrégation, au moins dans ceux qui la gouvernent, est assez satisfaite de sa dernière Assemblée, et un des sujets de sa joie est qu'elle espère que, s'étant bien mise avec les Jésuites, elle obtiendra plus facilement la canonisation de M. le cardinal de Bérulle, son fondateur. Elle l'achètera bien cher, si elle l'obtient à ce prix. » (Lettre à M. de Neercassel, du 8 mars 1679, Archives

naire, il y introduisit et y ménagea petit à petit des influences qui en altérèrent l'esprit et le dénaturèrent pour un temps ; la plus grande preuve qu'il y avait réussi, c'est que le Père Du Breuil était à peine enfermé à la Bastille, que les Pères de l'Oratoire lui faisaient signifier qu'ils l'avaient exclu de leur Congrégation, sans même attendre qu'il y eût un jugement contre lui : « Cela est digne, écrivait Arnauld, du renversement que M. de Paris a fait dans cette Congrégation, en dépouillant le Général de ses fonctions, et le reléguant dans un ermitage qui lui est donné pour prison, en faisant exiler les plus honnêtes gens ou les privant de tous leurs emplois, et en mettant toute l'autorité entre les mains de cinq ou six esclaves de toutes

d'Utrecht.) — Dès l'assemblée de 1678, la révolution qui se consomma dans l'Oratoire en 1684 était préparée. L'archevêque, homme fin, se servit, pour ce revirement de doctrine et ce changement de front théologique, d'un très-savant homme qui donna dans ses vues à l'aveugle et avec passion. Je lis dans le Journal de M. de Pontchâteau :

« Le Père Thomassin, auteur des *Mémoires sur la Grâce*, est le premier auteur de ce qu'il y a dans l'écrit de l'Assemblée générale de l'Oratoire du mois de septembre 1678 pour la Théologie, et il a été le promoteur de tout ce qui s'y est passé. Cet homme a été autrefois très-attaché à la doctrine de saint Augustin ; il l'a enseignée à Saumur aux étudiants de la Congrégation, et il y a sujet de croire qu'il seroit toujours demeuré dans les mêmes sentiments, s'il eût été en pleine liberté. Mais, depuis qu'il est venu enseigner à Saint-Magloire dans les temps où on étoit le plus échauffé sur les matières de la Grâce et où ceux qui étoient dans les sentiments de saint Augustin étoient décriés et persécutés sous le nom de Jansénistes, la crainte d'être persécuté et d'être obligé de quitter le séjour de Paris et ses livres, et surtout les menaces du nonce du Pape qui étoit alors, lui donnèrent la pensée de changer de sentiment. Et comme on le décrioit sur tout, il changea aussi à l'égard de tout, c'est-à-dire aussi bien sur la discipline que sur la Grâce. Comme il a un esprit versatile et qui s'impose facilement à lui-même, il se forma un plan à sa fantaisie, et ensuite il le chercha dans saint Augustin, dans les autres Pères et dans les Scolastiques, où il ne manqua pas de le trouver : car il ne les lisoit que pour cela. »

Tâchons de saisir de côté et d'apercevoir, même dans un sujet qui ne nous est que voisin, les ressorts et les instruments.

ses volontés. » Le Chapitre tenu en 1684 avait ordonné l'adoption d'un Formulaire d'études contraire aux saines et récentes méthodes, et qui entravait l'enseignement : « L'Assemblée, y disait-on, a toujours été et veut demeurer en liberté de pouvoir tenir toute bonne et saine doctrine, et elle ne défend d'enseigner que celles qui sont condamnées par l'Église, ou *qui pourroient être suspectes des sentiments de Jansénius et de Baïus pour la théologie, et des opinions de Descartes pour la philosophie.* » Dans la physique, on ne devait plus s'éloigner des principes d'Aristote, communément reçus dans les colléges. La doctrine nouvelle de Descartes « *que le roi avoit défendu qu'on enseignât, pour de bonnes raisons,* » et l'antique doctrine de saint Augustin étaient proscrites du même coup, par un singulier assemblage, mais en vertu d'un même principe de servilité[1]. Bien des esprits aussi indépendants que religieux sortirent à ce moment de l'Oratoire. Quesnel et Du Guet, qui

---

1. Un Père Le Porc d'Imbretun (que M. Daunou m'a dit être de Boulogne-sur-Mer ou du Boulonnais), disciple du Père Thomassin, publia en 1682 un livre intitulé : *Les Sentiments de saint Augustin sur la Grâce, opposés à ceux de Jansénius.* Ce livre devenait la règle de doctrine dans l'Oratoire. Le Père Le Porc, qui mourut seulement en 1722, professa pendant près de quarante ans la théologie à Saumur. Arnauld ne fut content que lorsqu'il eut dit un mot en réponse à la *petite et laide bête* : ainsi le désigne-t-il dans ses Lettres. — La vérité m'oblige à faire remarquer que ce même Père Le Porc est traité en des termes bien différents et tout particulièrement honorables par ceux des derniers Oratoriens qui ont recueilli les mémoires de la Congrégation : « Il s'est rendu recommandable, écrivait Adry, par son savoir, par une piété exemplaire, une régularité constante, un travail assidu et continué jusques à l'extrémité d'une longue vie, et par un grand désintéressement. » (Bibliothèque manuscrite des Écrivains de l'Oratoire, Archives de l'Empire.) C'est qu'on pouvait avoir toutes ces qualités sans être augustinien au sens janséniste. La doctrine du Père Le Porc fut une sorte de bouclier et d'abri derrière lequel vécurent tous les confrères prudents et un peu timides.

furent de ce nombre, vinrent trouver Arnauld à Bruxelles. Ce fut pour ce dernier une grande douceur que cette recrue inespérée : mais Du Guet, dont la poitrine délicate ne se trouvait pas bien du climat, dut bientôt partir et rentrer en France; Quesnel resta seul avec Arnauld. Tous deux, Quesnel et Du Guet, avaient connu le Père Du Breuil, leur ancien dans l'Oratoire; tous deux l'aimaient, et ils établirent avec lui une communication par lettres, discrète et rare, mais qui dura sans interruption jusqu'à la mort de celui qu'ils avaient pris à tâche de consoler. Cette double Correspondance de Du Guet et de Quesnel avec le Père Du Breuil éclaire d'un jour particulier les exils et les captivités de ce digne prêtre, de ce *martyr de M. de Paris,* comme on l'appelait.

Les lettres de Quesnel [1], qui ont leur portion édifiante, offrent plus de gaieté toutefois et de variété que celles de Du Guet; elles traitent de sujets parfois littéraires ou mondains, assaisonnés à propos d'une morale chrétienne. Il y a toutes sortes de petites précautions, non pas seulement dans la suscription des lettres [2], mais dans leur rédaction même, de légères allégories ou paraboles qui ne sont pas difficiles à interpréter. Le prisonnier est comparé à un religieux qui s'est consacré à Dieu dans un âge avancé, et qui est entré dans un *monastère étroit :* « Et plus ce monastère est étroit et la cellule resserrée, plus ils ressemblent au tombeau du Sauveur, et plus ceux qui les habitent ont de conformité à Jésus enseveli. » Le Père Quesnel s'excuse de ne pas écrire plus souvent : « La seule raison (qui

---

1. Manuscrits de la Bibliothèque impériale, résidu de Saint-Germain, n° 270.

2. « Pour M. *Rufin.* C'est une lettre du *petit A.* pour M. *de La Croix.* » — Le Père Du Breuil est désigné ailleurs sous le nom de M. *Baptiste,* de M. *l'Insule.*

m'a retenu), dit-il, a été la crainte que vos incommodités ordinaires ne vous laissassent pas la liberté de lire, et que vos *médecins* n'empêchassent qu'on vous donnât des lettres de vos amis. » Dans une lettre du 17 mars 1688, il est question d'Arnauld sous un voile des plus transparents :

« *Notre révérend Père Abbé* est, Dieu merci! dans une parfaite santé, et ses religieux pareillement. Il est âgé, et quoique l'on voie bien qu'il l'est, on ne voit point néanmoins que sa vieillesse le charge et l'appesantisse. Il n'a ni cornet à l'oreille, ni lunettes sur le nez, ni bâton à la main, ni goutte aux pieds. Il a bon appétit, il dort fort bien, il a du feu et de l'ardeur plus que beaucoup de jeunes gens. Il a toujours l'esprit aussi bon et plus solide que jamais. Il vous honore comme vous savez, et quant à M. *Baptiste*[1], il lui donneroit de ses nouvelles par lui-même, s'il ne craignoit que cela lui pourroit être plus fâcheux par quelque rencontre que consolant : car vous ne pouvez douter qu'il ne porte dans son cœur vivement enraciné le souvenir de l'occasion qui a causé la maladie à cet honnête homme, et qu'il n'en gémisse quand il y pense. »

Et il ajoute aussitôt après, pour le faire sourire :

« Il y a plus de deux ou trois ans que je n'ai reçu des lettres de M. Arnauld. Vous jugez bien, par la situation où nous sommes l'un et l'autre, qu'on ne s'écrit pas souvent.... »

Je le crois bien, ils vivaient ensemble. — Cette allégorie d'*abbé* et d'*abbaye* revient perpétuellement[2]. Quesnel parle quelquefois de lui-même Quesnel, tout

1. Le Père Du Breuil.
2. Dans une lettre de 1692 : « Notre *Abbé* vous honore toujours, et sa Communauté comme lui vous porte dans le cœur bien avant. Nous sommes fort retirés, et la guerre rompt quasi tout le commerce qu'il y avoit de notre abbaye avec le voisinage. On ne sort guère au dehors, et il y a près de dix-huit mois que je ne suis sorti de l'abbaye. Je ne m'en ennuie pas.... » Et dans une autre

hardiment, à la troisième personne, comme pour dérouter les curieux s'il y en avait : « (9 juillet 1692.) Le Père Quesnel est toujours je ne sais où ; mais quelque part qu'il soit, je suis assuré qu'il vous honore toujours et plus que jamais.... »

Je trouve de très-agréables choses dans ces lettres, des pensées et des vues qui sentent l'auteur des *Réflexions morales sur l'Écriture sainte*, nombre de faits intéressants, de particularités sur les hommes[1], sur les livres nouveaux. Le Père Du Breuil avait été un bel-esprit, très-cultivé, au courant de toute littérature sérieuse, et par ce côté délicat de lui-même il devait se trouver bien sevré. Le Père Quesnel lui fait arriver à tout hasard quelques nouvelles de la république des Lettres, et qui ne sont pas uniquement théologiques :

« (1689.) On n'aura pas manqué de vous envoyer la tragédie d'*Esther*, qui vous aura beaucoup plu. Je l'ai lue avec grand plaisir. Tous les sentiments de la piété chrétienne et les maximes d'un cœur vraiment royal y sont si heureusement exprimés, qu'on ne peut qu'on n'en soit touché. Si

lettre, qui se rapporte à ces mêmes années de guerre : « Le bon *Abbé* dont vous me demandez des nouvelles n'est pas exempt tout à fait d'instabilité, et il a fait depuis quatre mois des voyages et des visites à quoi sa charge ne l'obligeoit pas. Le frère de *Fresne* qui est avec lui mande qu'il écrit au bruit des tambours, des coups de mousquet et du canon même, que le voisinage des troupes oblige de faire entendre. Il a même été obligé de changer de refuge plusieurs fois ; mais il dit qu'il y en a de plus à plaindre que lui, et que les maux de ses amis lui font oublier ses petites traverses. Il est toujours appliqué aux affaires de sa charge, quoiqu'il ait été obligé de les interrompre par une maladie de cinq ou six semaines, qui étoit une grosse fluxion.... » Je veux donner une idée du ménage d'Arnauld et de ses amis, et du ton de ses Correspondances ; je ne me pique pas de tout expliquer ni de tout entendre. (Le dernier passage cité paraît devoir se rapporter à l'année 1690, dans laquelle Arnauld fit ses derniers voyages.)

1. Sur la mort du grand Condé, dans une lettre du 15 janvier 1687.

l'on s'étoit contenté de la mettre sur le papier, j'en serois encore plus content. »

L'austérité se retrouve par ce dernier mot. Quesnel, émule de Nicole, ne veut pas même du théâtre à Saint-Cyr.

On était fort dur pour le Père Du Breuil, et d'une dureté calculée : M. de Harlai (et cette affaire est, à mes yeux, un de ses plus grands crimes [1]) avait l'attention maligne de ne pas le laisser trop longtemps là où il commençait à s'accoutumer et à se concilier les cœurs, ce qui arrivait bientôt. A mesure que l'on voyait sa réputation s'établir et se répandre dans l'endroit où il demeurait, on avait soin de le faire passer ailleurs, et on le promena ainsi pendant des années en différents lieux plus incommodes les uns que les autres ; il supportait tout avec une douceur angélique. Dans une de ces stations il était entouré de soldats, de gardiens bruyants et blasphémateurs qui ne lui permettaient pas une minute de recueillement. Le Père Quesnel,

1. L'inhumanité n'est jamais permise ; mais elle se conçoit encore chez un croyant absolu ; chez un fanatique de vérité, chez un Calvin : elle a ses excuses. Elle n'en a aucune chez un homme sans foi intérieure, chez un Talleyrand, chez un Harlai. « Ce n'est pas que j'aie jamais regardé M. l'archevêque comme un ennemi irréconciliable, écrivait un jour Arnauld : peut-être ne m'a-t-il jamais haï ; car *j'ai ouï dire que les habiles gens ne haïssent personne.* » Or, quand on est de ces habiles et qu'on ne hait personne, il ne faut être cruel envers personne, et encore moins envers des gens de bien, envers des innocents. Un autre archevêque à la place de Harlai, purement politique comme lui, sans plus de foi qu'il n'en avait, sans même assez de mœurs, mais sage en administration, tolérant et surtout sincèrement humain, se ferait pardonner bien des choses. — Il y a une remarque bien juste de M. Saint-Marc Girardin et qui trouve toute son application ici : « Les libertins sont tenus d'être bons : sans cela, ils déplaisent, comme le plaisir coupable et effronté en face de la douleur innocente. »

dans les consolations qu'il lui adressait alors, le comparait à Jésus-Christ regardant du haut de sa Croix les bourreaux qui l'insultaient, et les soldats qui jouaient ses habits. « C'est ainsi, disait-il encore, que le grand saint Ignace regardoit ces bêtes féroces avec qui il fit le voyage de Syrie à Rome, ces dix léopards avec qui il étoit lié jour et nuit, sur la terre et sur la mer, et qui ne faisoient que s'irriter du bien qu'on leur faisoit. *Iniquitas autem eorum, mea doctrina est.* Quelle école ! quels maîtres ! quelles leçons pour un homme apostolique et un martyr de Jésus-Christ ! » Quand le Père Du Breuil se plaignait d'être sur un rocher affreux et privé de toute conversation avec les humains, il lui citait les Honorat, les Hilaire, les Eucher, qui allaient chercher la solitude chrétienne en des îles désertes. Il lui rappelait le rocher de saint Jean à Patmos, et surtout l'île de Lérins, toute petite, mais heureuse entre les îles, puisqu'elle rendait si grands ceux qu'elle avait reçus tout petits, qu'elle produisait prêtres et pasteurs de l'Église ceux qu'elle avait nourris ermites et solitaires : *Et sic quos accipit filios, reddit patres; et quos nutrit parvulos, reddit magnos; et quos velut tirones accipit, reges facit.* Et retournant, parodiant agréablement ces paroles de Césaire, il présentait au Père Du Breuil son île comme douée d'un autre privilége et bien heureuse en sens inverse, puisque ceux qu'elle avait reçus pères déjà et pasteurs, elle les rendait enfants et en faisait de simples brebis[1] : *Quos accipit patres, reddit filios; et quos nutrit magnos, reddit parvulos.* Entre les deux îles, laquelle donc est la plus souhaitable aux yeux du Chrétien ? « Quel parti prendriez-vous, mon très-cher Père, si vous aviez à choisir de ces deux grâces, et laquelle

---

1. L'image était surtout exacte en ce que le Père Du Breuil, après de longues hésitations et bien des scrupules, venait de se démettre de sa cure.

croiriez-vous plus estimable et plus digne de la préférence? »

Tout à la fin, l'exil du Père Du Breuil s'était un peu adouci : il venait d'être changé pour la septième fois et transféré à Alais dans les Cévennes ; le Père Quesnel commence ainsi sa lettre du 9 juillet 1692 : « Puisque vous voilà, mon très-cher Père, à votre septième station, vous avez droit à l'indulgence plénière. Celle que vous avez gagnée à Rome ne vous a jamais tant coûté.... »

Il n'y a rien de moins morose que ces consolations chrétiennes adressées par un exilé à un captif. Il ne cherche dans les afflictions envoyées par Dieu qu'une source de joie, selon le grand précepte : *lætandi mœrores, flendæ lætitiæ*. Ce sont les joies du monde qu'il faut pleurer. Ce monde où l'on s'égorge, où l'on se querelle, est toujours le même, dit-il sans cesse au Père Du Breuil, pour le cas où celui-ci serait tenté de le regretter. Il lui en montre de loin les images bizarres. J'ai cité autrefois[1] un long fragment de cette lettre du 9 juillet 1692, où il est parlé de la dispute de l'abbé de Rancé et du Père Mabillon. C'est un récit spirituel et presque philosophique de tour; mais le Père Quesnel n'est pas philosophe longtemps, et il ramène tout au point de vue du Chrétien.

Une des lettres les plus curieuses et les mieux senties est celle dans laquelle il fait part à son vénérable ami de la mort d'Arnauld : nous nous en souviendrons en avançant.

Dans une lettre postérieure à cette mort (30 mai 1695), il lui dit, avec cette ingénieuse subtilité chrétienne qu'il manie aussi dextrement que personne :

« Je ne sais, mon très-cher Père, à quoi vous en êtes,

---

1. Au tome IV, page 70.

et si vous êtes en quelque manière rétabli de votre dernière infirmité. Qu'est-ce que ce corps, sinon une prison, que le prisonnier qu'il renferme est lui-même obligé de garder et d'en faire les réparations de temps en temps, de peur que le prisonnier ne s'échappe et ne se donne la liberté? Comment accorder le désir de cette liberté avec le soin de fermer sa prison avec tant de vigilance? L'un et l'autre vient de Dieu sans doute : et Celui qui nous commande de désirer de sortir de cette prison, nous défend d'en ouvrir les portes pour en sortir. C'est Dieu, auteur de la vie, qui nous ordonne de vivre, et c'est Dieu, auteur d'une meilleure vie, qui nous presse de courir vers cette vie qu'on ne peut acquérir sans perdre la première. Faites donc l'un et l'autre, mon très-cher Père, puisque Dieu le veut ainsi : arrêtez tant que vous pourrez cette vie fugitive qui court à tout moment vers sa fin ; courez après cette vie permanente qui consiste dans un moment qui ne finira jamais: *Expectantes et properantes in adventum diei Domini....* »

Tout cela est aussi agréable que chrétien ; le genre et le goût de saint Augustin une fois admis, c'est parfait. Je me sens presque raccommodé avec le Père Quesnel, qui a eu le malheur de faire naître tant de querelles et d'y attacher son nom, mais qui valait mieux que cette destinée.

Les lettres de Du Guet au Père Du Breuil sont d'un caractère un peu différent. Du Guet est de quinze ans plus jeune que le Père Quesnel, il est moins familier avec le Père Du Breuil ; se considérant comme un jeune homme par rapport à lui, il le vénère, non pas seulement comme un modèle de vertu et de souffrance en Jésus-Christ, mais comme l'un des plus anciens de ses maîtres et de ses pères ; il a des effusions plus tendres, et sans mélange d'aucune distraction littéraire et curieuse. Les consolations, les exhortations qu'il lui adresse sont d'un ordre aussi chrétien que celles du Père Quesnel, mais d'un tour plus onctueux, plus lent, plus étudié, si l'on peut regarder le tour en ces matières. Il lui dira :

« La paix d'un homme de bien est infinie quand il est convaincu qu'il est où Dieu l'a mis, et que son inclination n'y a point de part: ce qu'il souffre alors est ce qu'il doit souffrir ; mais le cœur est content, parce qu'il aime et qu'il espère.... »

« Jésus-Christ nous impose lui-même la Croix qu'il nous ordonne de porter ; lui-même enfonce les clous; lui-même empêche qu'on ne les arrache et qu'on ne nous fasse descendre avant le temps ; lui-même, pour s'assurer de notre mort, nous perce le cœur d'une lance... : mais le médecin du cœur sait jusqu'où doit aller l'ouverture. »

« Depuis l'abaissement de Jésus-Christ, la prison de Joseph a quelque chose de plus glorieux que son élévation. »

« Quand on aime sa patrie, on aime aussi le chemin qui y conduit. »

« L'on n'espère jamais en vain, quand on espère en souffrant. »

Après une grande maladie, le Père Du Breuil éprouvait un extrême épuisement, et se plaignait de ne plus sentir l'ardeur, la liberté d'esprit qui lui était ordinaire. A quoi Du Guet, pour le rassurer sur sa disposition, répondait : « On ne demande point qu'une victime pense, il suffit qu'elle souffre. »

Il ne cesse de lui dire qu'il ne le sépare pas de Jésus-Christ; il le lui dit avec les images mystiques qui leur sont familières, mais en les rajeunissant par des expressions fines :

« Je sais que c'est à Lui que vous êtes immédiatement attaché, et qu'il est entre vous et sa Croix. Il la porte, et vous aussi. Son amour vous console de vos peines. Son cœur échauffe le vôtre. Il vous y fait entrer, il vous y unit étroitement, il vous y cache. Hélas! dans un tel asile, que peut-on craindre? »

Il lui montre le terme glorieux déjà visible dans un

lointain rapproché ; il le console par la perspective de
« cette *grande fête des Justes, qui commence le soir,
mais qui n'en aura jamais.* » Il y a de touchants endroits,
comme lorsqu'il exprime le vœu et l'ardent désir qu'il
aurait de se substituer dans les liens à sa place ; et il
en parle si simplement qu'on sent qu'il le ferait comme
il le dit :

« Je me reproche à moi-même de n'avoir que des paroles
et des désirs à l'égard de la personne du monde que j'aimerois le mieux servir d'une autre manière. Il vous sera permis, Monsieur, de prendre pour une exagération ce que je
vas dire, et je ne le dis pas aussi pour m'en faire honneur :
mais il me semble que je serois trop heureux si je pouvois
changer de place avec vous et mériter votre captivité, en
vous cédant la liberté dont je jouis. Toute autre consolation
me paroît peu touchante, et je rougis quand il m'arrive
d'oser vous consoler.... »

Nous connaissons maintenant dans toutes ses variétés
cette race mortifiée et contrite. Le Père Du Breuil avait
aussi sa physionomie à lui. Affligé d'être éloigné de son
troupeau, et pour un sujet si étranger aux intérêts de ce
troupeau, il se dédommageait en édifiant autant qu'il
pouvait ceux qui vivaient autour de lui, et il ne considérait pas son exil comme le dispensant de la cure des
âmes ; il se créait des ouailles partout où il en pouvait
recueillir. Il prêchait surtout d'exemple, et inspirait l'amour de la religion par sa mansuétude à supporter ses
maux. La vénération l'accompagnait en tous ses lieux
d'épreuve. Lorsqu'il sortit du fort de Brescou, M. Fouquet, évêque d'Agde, qui avait pour lui une estime singulière[1], lui envoya son carrosse au bord de la mer, le

---

1. Cette estime se marque bien dans une lettre ou plutôt un Mémoire de cet évêque à M. de Pomponne, du 22 septembre 1691.
Après avoir exposé l'état de la province et montré les dangers où
l'on serait en cas d'une attaque par mer de la part des flottes d'Espagne ou d'Italie : «Qu'y auroit-il donc à faire? dit-il. Le voici, à

fit conduire chez lui, et le força de donner sa bénédiction aux jeunes séminaristes qu'il avait fait assembler. Quand les espérances que ses amis concevaient de temps en temps pour son retour venaient à manquer, le Père Du Breuil répondait que Dieu avait ses voies et ses vues différentes de celles des hommes : « Et peut-être, disait-il, il fera réussir l'affaire en permettant que les hommes la fassent échouer. » On a de lui un simple fragment de lettre, mais qui se sent de la plénitude du cœur; au lieu d'une plainte c'est une action de grâces, un soupir de remercîment vers le Ciel, en arrivant à Alais, son dernier lieu d'exil (juin 1692) :

« ... Mais, Monsieur, ne jugez-vous pas que ma sortie du milieu des mers est aussi une petite merveille, après y avoir résidé dix ans? Aidez-moi à en louer Dieu, et demandez-lui la grâce que je fasse un meilleur usage de mon état que je n'ai fait en mer. Me voici transplanté dans un lieu beaucoup plus commode, où je dois me mettre en garde pour empêcher que le bon accueil que j'y reçois, le bon logement que j'y trouve, le bel aspect des riantes campagnes, et autres choses semblables qui font l'agrément des sens, ne fassent pas celui de l'esprit et du cœur, qui doivent uniquement se plaire en Celui qui est la source et la plénitude de cette joie pure, spirituelle et divine, qui compatit ici-bas avec l'esprit de pénitence, mais qui dans l'Éternité fera la félicité des Bienheureux. »

Pauvre innocent vieillard! de ce qu'il est un peu moins mal et moins désagréablement, il a peur de se corrompre dans Capoue[1].

L'archevêque de Paris, son grand persécuteur, mou-

---

mon sens : fortifier et munir de tout Brescou, place qu'on peut rendre imprenable. J'y plains le Père Du Breuil : mais sa piété et sa fidélité sont pour le présent les meilleures fortifications de la place. »

[1]. Voir à l'*Appendice* un complément d'information sur le Père Du Breuil.

rut avant lui. Jamais le Père Du Breuil n'avait manqué, en priant chaque jour pour le roi, de prier aussi pour l'archevêque, pour le Père de La Chaise, et pour tous ses ennemis : c'était un des articles de ses prières du matin, durant toutes ses années de détention. Le jour où son neveu lui apprit la mort de M. de Paris, à l'instant même il se mit à genoux, et pria pour le repos de son âme pendant plus d'une demi-heure, obligeant son neveu d'en faire autant; et comme celui-ci, plus charnel, résistait et lâchait quelques paroles vives selon la nature, il le trouva fort mauvais et en éprouva de la peine. Il avait l'âme belle et parfaitement exempte de fiel. Il était si chaste, que sur son lit de mort, malade et presque moribond, il ne voulait pas qu'une femme le touchât pour l'aider à se retourner. L'esprit de piété tendre, que les souffrances n'avaient fait que nourrir, présida aux derniers actes de sa vie. Il rendit l'âme en prononçant le nom de Jésus, et mourut comme un enfant qui s'endort (6 septembre 1696). Tout le clergé de l'Église cathédrale, et les Communautés religieuses de la ville, lui rendirent les derniers devoirs et vinrent lever le corps dans la chapelle du château ; ce qu'il y avait de plus honorable parmi les habitants accompagna le convoi. L'évêque d'Agde, en apprenant sa fin, dit de lui que, puisque l'injustice des hommes l'avait réduit en cette captivité, il était mieux qu'il y fût demeuré jusqu'au bout: « Il falloit que ce fût Dieu seul qui l'en tirât, les hommes n'en étoient pas dignes. C'est un saint qui priera pour nous. Il est mort dans le lit d'honneur. »

Pour un janséniste persécuté qui expire ainsi en pardonnant et sans colère, combien un jour, par une conséquence et une revanche presque légitimes, combien de jansénistes ulcérés et violents !

Mais n'admirons-nous pas comme cet homme de bien, martyr de sa liaison avec Arnauld, s'en vient mourir à son septième exil au sein des Cévennes, et n'est-il pas là comme pour témoigner de l'injustice d'Arnauld lui-même envers les Protestants des Cévennes, aussi martyrs ! Il vient comme pour en payer la peine et pour expier. — O vous tous qui croyez, soyez-vous cléments du moins dans vos douleurs !

Arnauld n'eut donc à se reprocher à l'égard du Père Du Breuil que le premier fait d'imprudence ; il remplit d'ailleurs en conscience tous les devoirs de cœur et d'honneur que lui imposait l'infortune attirée par lui sur un ami. L'idée du Père Du Breuil ne cessa de lui être présente dans toutes les tentatives de rentrée et dans les négociations que renouaient de temps en temps ses amis de France. Sous la protection du marquis de Grana, gouverneur des Pays-Bas espagnols, il tenait bon dans sa cachette et fermait l'oreille aux divers appels dont il se méfiait ; mais, l'accommodement même eût-il été possible, il n'aurait pu se prêter un instant à la pensée d'abandonner les amis compromis dans la même cause : « Peut-être que ce que l'on propose seroit sûr, écrivait-il à madame de Fontpertuis (28 janvier 1684), mais il ne seroit pas honnête ; car c'est une espèce d'infidélité de traiter séparément avec un banqueroutier qui a beaucoup de créanciers, et de ne pas faire un accommodement général, en courant la même fortune que les autres. » Et au duc de Roannez, dans le même moment (29 janvier) :

« ... Quand on pourroit oublier des choses qui me paroissent si incompatibles (d'être reconnu innocent, les autres étant maintenus coupables), et que M. l'archevêque m'auroit donné toutes les asssurances nécessaires pour oser paroître en France, il me semble qu'il n'y a point d'homme d'honneur qui pût me conseiller de sortir de ma retraite, tandis que des personnes qui souffrent pour moi seront retenues prisonnières ou réduites à se cacher. Permettez-moi, Monsieur, de vous dire tout ce que je pense : il me seroit bien doux de revoir mes autres amis ; mais de quel front oserois-je être à mon aise et en liberté, tandis que ces personnes souffriront, ou par la fuite, ou dans les prisons ? et comment, pour ménager quelque repos et quelque sûreté dans le peu de temps qui me reste à vivre, pourrois-je me résoudre à paroître à soixante-et-treize ans, traînant une vieillesse inutile et honteuse, au milieu de mes amis souffrants et abandonnés, et de mes ennemis triomphants ? »

Ainsi parlait cet homme généreux, et c'est par là, c'est par le cœur qu'il demeure encore pour nous le *grand* Arnauld.

Dans une visite que M. de Pontchâteau fit à M. de Harlai en compagnie de son neveu M. d'Armagnac, Grand-Écuyer de France, M. de Harlai dit qu'il n'avait tenu qu'à M. Arnauld de rentrer, mais qu'il n'avait voulu entendre à aucun accommodement qu'on n'eût rappelé le Père Du Breuil. Sur quoi M. le Grand ne put s'empêcher de laisser échapper ce mot : « Ma foi ! je l'en estime plus. C'est agir en honnête homme. »

Mais déjà, quand il recevait, pour partager et animer sa retraite, les deux fugitifs de l'Oratoire, Du Guet et Quesnel (celui-ci destiné à devenir, après lui, la figure la plus importante de janséniste réfugié), déjà Arnauld était en guerre ouverte avec un autre membre bien illustre de la même Congrégation, avec Malebranche. De tous ses combats d'alors, c'est même le seul qui lui fasse encore honneur aujourd'hui et dont la postérité aime à se souvenir : donnons-nous-en le spectacle, comme d'un beau tournoi.

V

Arnauld tout à la vérité. — Guerre à Malebranche. — Cartésianisme et Jansénisme : inconséquence.—Malebranche né de Descartes ; sa vocation métaphysique.— *Recherche de la Vérité.* — Application de la philosophie à la religion. — *Traité de la Nature et de la Grâce.* — Innovations théologiques : justification du Père aux dépens du Fils. — Le moins de miracles possible.— Colère et lettre éloquente de Bossuet. — Railleries de madame de Sévigné. — Entrée en campagne d'Arnauld. — L'ami devenu adversaire. — Examen des écrits. — Caractère et mérite de la *Recherche de la Vérité.* — Des erreurs de l'imagination. — Portrait du métaphysicien qui *voit tout en Dieu.*

Arnauld avait connu autrefois Malebranche ; il était resté, depuis sa sortie de France, et par Quesnel même, en relation indirecte avec lui ; il le considérait comme un ami ; mais qu'importe ? Arnauld ne nous dit-il pas : « Je n'ai point d'ami contre qui je ne sois prêt d'écrire, si, venant à changer, il se déclaroit contre quelque vérité importante à la religion : je n'ai point d'ennemi personnel dont je ne sois prêt à entreprendre la défense, si j'y vois de la justice. » Arnauld, c'est le docteur jaloux du trésor de vérité. Il m'apparaît volontiers vigilant et rôdant autour de l'enclos, moins encore comme un pasteur (il n'a pas le calme des pasteurs) qu'à la manière et de l'espèce, si j'ose usurper une image antique,

Des molosses gardiens de leurs troupeaux bêlants.

Après la vérité, il n'y a pas pour lui de plus chère douceur en ce monde, il nous l'a dit, que la compagnie des amis; mais la vérité, la vérité, c'est là, avant tout, son plus grand faible; il ne peut se tenir qu'il ne la dise, qu'il ne dise et ne crie sur les toits ce qu'il prend pour elle.

Ici il nous semble dans le vrai, — dans un vrai relatif, bien entendu : car la première condition pour entrer comme il faut dans ces débats métaphysiques rétrospectifs, lorsqu'on est du dix-neuvième siècle, qu'on a tout son bon sens et qu'on a l'esprit fait aux méthodes et aux connaissances positives, c'est de ne pas s'effaroucher de certaines conventions exorbitantes, de certaines hypothèses énormes que posent tout d'abord et admettent de part et d'autre les combattants : ce sont, pour ainsi dire, les règles du jeu, sans quoi il n'y aurait pas de jeu. Supprimez un instant ces bornes qu'ils se donnent dès l'entrée et qu'ils respectent, le lieu même du débat n'existerait plus.

Arnauld n'aimait pas seulement la controverse, il aimait la philosophie en elle-même, dès qu'elle n'était pas en désaccord avec la religion; il aimait qu'on allât dans l'examen des vérités naturelles à l'aide de la raison, aussi loin que l'on pouvait s'y porter. Tout d'abord il avait été pour Descartes, et il lui était resté fidèle [1].

---

1. « Vous prétendez que ce que je dis en faveur de M. Descartes ne sera goûté que de ceux qui sont attachés à la doctrine de ce philosophe; et moi, je crois qu'il sera goûté par tous ceux qui sont persuadés (comme il me semble que tout le monde le doit

Descartes, qui avait déjà publié son Discours de la *Méthode* en 1637, avait envoyé vers 1641 une copie manuscrite des *Méditations* au Père Mersenne à Paris, pour que ce Père consultât des philosophes et des théologiens et lui fît part de leurs réflexions et objections. Arnauld, âgé seulement de vingt-huit ans et licencié en Sorbonne, eut communication du manuscrit par le Père Mersenne, et lui adressa quelques remarques pour l'auteur : ce sont les *quatrièmes* objections qu'on lit à la suite de l'ouvrage imprimé. Les objections d'Arnauld, si on peut leur donner ce titre, sont bien différentes, on peut le croire, de celles de Hobbes et de Gassendi; elles ne le sont pas moins de celles qu'on peut supposer qu'aurait élevées Saint-Cyran si on l'avait consulté à cette époque, ou Pascal plus tard. Arnauld se déclare heureux de trouver un accord si exact entre les arguments du nouveau philosophe et ceux qu'avait autrefois produits saint Augustin; il revendique pour celui-ci le *Cogito, ergo sum*. Après quelques objections secondaires et qui témoignent d'une grande exactitude logique, il se montre surtout préoccupé de concilier en théologien la définition de la substance selon Descartes avec le dogme de la Présence réelle. Quant à la clef même de la nouvelle doctrine et de la nouvelle méthode, au *doute méthodique,* il dit bien qu'il craint que quelques-uns ne s'offensent de cette libre façon de philosopher, par laquelle toutes choses sont révoquées en doute; mais, pour obvier à cet inconvénient et au danger que pourrait avoir ce procédé auprès des faibles esprits, il croit qu'il suffirait de quelque préface *dans laquelle le*

être) qu'il est très-important de pouvoir prouver par des raisons naturelles l'immortalité de l'âme. Car il faut de deux choses l'une : ou désespérer de la pouvoir prouver par raison, ou convenir que M. Descartes l'a mieux prouvée que personne. » (Lettre à M. Du Vaucel, du 13 novembre 1692.)

lecteur fût averti que ce n'est pas sérieusement et tout de bon que l'on doute de ces choses : « Et au lieu de ces paroles : *Ne connoissant pas l'Auteur de mon origine,* je penserois qu'il vaudroit mieux mettre : *Feignant de ne pas connoître.* » Descartes tint compte, dans l'imprimé, du conseil d'Arnauld ; il fut, somme toute, enchanté de cette nature d'objections qui étaient bien plutôt une confirmation raisonnée. Il traite Arnauld, dans sa réponse, tout autrement et sur un tout autre ton que Hobbes ou Gassendi. Arnauld, en effet, comprend Descartes plus qu'il ne le combat ; admirable esprit logique, il ne sera pas inventeur en philosophie, et, moyennant que sa théologie soit satisfaite, il adhérera volontiers au nouveau maître [1].

Quand Descartes vint à Paris en 1644, il ne put voir Arnauld, nouvellement célèbre lui-même par son livre de *la Fréquente Communion*, mais alors obligé de se cacher. Celui-ci pourtant lui envoya son élève (depuis le principal maître des Écoles de Port-Royal), M. Walon de Beaupuis.

En 1648, pendant son dernier séjour à Paris, Descartes reçut d'un anonyme une lettre où on lui proposait plusieurs difficultés à résoudre : — sur la nature de l'âme, au sujet de laquelle il avait avancé qu'*elle*

---

1. « Je crois que M. Descartes régloit sa manière de traiter les gens honnêtement ou fièrement, selon les maximes d'une certaine politique : il insultoit à MM. Fermat, Hobbes et Gassendi, quoiqu'ils eussent usé de beaucoup de civilité à son égard, parce que leur manière de philosopher faisoit outrage à la sienne ; mais il traita M. Arnauld avec beaucoup d'honnêteté, *parce qu'il voyoit bien qu'il n'y auroit pas de concours entre eux* et qu'ils avoient en quelque façon les mêmes intérêts contre les docteurs vulgaires de l'École, et surtout contre les Jésuites avec lesquels M. Descartes méditoit d'entrer en guerre. » (Remarques de Leibniz sur la Vie de Descartes par Baillet, dans les *Nouvelles Lettres et Opuscules inédits* de Leibniz, publiés par M. Foucher de Careil, 1857.)

pense toujours, même dans le ventre de la mère; — sur les preuves données par lui de l'existence de Dieu, dont une seule n'était pas aussi exacte qu'on l'aurait voulu; — sur le plein, sur le vide; — sur la manière dont Jésus-Christ est dans l'Eucharistie. Cet anonyme qui se déclarait adhérent à tous autres égards, ce curieux plein de candeur n'était autre qu'Arnauld, alors retiré à Port-Royal des Champs.

Dans les années qui suivirent, on a vu [1] qu'en ce saint désert, grâce encore à Arnauld, grâce au voisinage du duc de Luines, traducteur français des *Méditations*, il y avait eu essai d'inoculation et petite fièvre passagère de Cartésianisme. Il n'y était question dans un temps que de cette philosophie et de cette physique qui renversait et renouvelait toutes les idées des choses. L'idée d'*automates* surtout, appliquée aux bêtes, réussissait et faisait fureur; elle accommodait la théologie du temps et n'en contrariait pas trop la physiologie. Elle n'avait contre elle que le bon sens de quelques gens du monde (comme M. de Liancourt) qui avaient été chasseurs, cavaliers, et qui savaient à quoi s'en tenir sur ce machinisme des bêtes.

A l'article de la Transsubstantiation, Arnauld et Nicole s'efforcèrent toujours de faire concorder le dogme de la Présence réelle avec l'explication cartésienne du témoignage des sens, ou du moins de montrer qu'il n'y avait point opposition : les ministres protestants en tiraient parti contre eux pour mettre leur bonne foi en doute, et Jurieu les accusait d'être en cela tout autant cartésiens que catholiques. Arnauld et Nicole étaient les seuls de Port-Royal à se préoccuper de cet accord. Plusieurs des amis et de ces autres Messieurs, M. de Sainte-Marthe, M. de Saci, M. Du Vaucel, trouvaient

---

1. Tome II, page 316.

quelques inconvénients à ce Cartésianisme trop mêlé en apparence aux choses de la Foi; mais aucun n'élevait les raisons radicales et décisives. Arnauld répondait même assez judicieusement à M. Du Vaucel, en se plaçant à un point de vue extérieur et *politique*, qu'il était bon de laisser les Cartésiens déclarer publiquement que leur philosophie et leur définition de la substance n'étaient pas contraires à ce que l'Église enseignait touchant l'Eucharistie ; il sentait le progrès de cette philosophie devenue l'une des puissances dominantes, et il ne croyait pas utile à la religion « qu'on s'entêtât à prétendre qu'on ne pouvoit être à la fois catholique et cartésien. » Il craignait qu'en le faisant, « on ne mît obstacle à la conversion de beaucoup de Sacramentaires (Calvinistes) qui étoient persuadés que la philosophie de Descartes étoit la plus raisonnable de toutes. »

Mais la question capitale était plus haut, et Arnauld ne s'en doutait pas assez. Ce que dit Descartes de la distinction à faire entre l'âme et le corps, est dans saint Augustin; donc jusque-là on peut être tranquille : ainsi raisonnait Arnauld. Ce que dit Descartes de l'essence d'un corps qu'il semble faire consister surtout en son étendue, n'est pas si absolu qu'on ne puisse considérer cette étendue ou superficie apparente comme une simple condition sensible, et n'est point par conséquent contradictoire à ce que peut opérer la toute-puissance de Dieu dans le mystère de la Transsubstantiation; donc on peut encore se reposer et se croire en sûreté jusque-là. — Pascal, lui, ne sentait pas ainsi, et était plus prompt à prévoir et à s'émouvoir.

Arnauld et Bossuet ont cela de commun de se tenir sans crainte au Cartésianisme, et de l'approcher même de l'explication des mystères sans pressentir avec effroi les conséquences, comme le fait Pascal. Bossuet, Arnauld commencent à s'effrayer quand ils voient Malebranche et le développement exagéré qu'il donne à la doctrine de Descartes dans le sens de l'idéalisme; ils jettent un cri d'alarme. Bossuet pousse Arnauld à réfuter. C'est bien. Mais il s'agit dès longtemps d'autre chose. Ce n'est point surtout par le côté de Malebranche, par cette extension purement métaphysique du système de Descartes, que le catholicisme de Bossuet et d'Arnauld périclite; c'est de la méthode même de Descartes, une fois mise au monde et à la mode, que venait le danger : « Et en effet, dit fort bien Fontenelle dans sa petite *Digression sur les Anciens et les Modernes*, ce qu'il y a de principal dans la philosophie et ce qui de là se répand sur tout, je veux dire la manière de raisonner, s'est extrêmement perfectionné dans ce siècle.... Avant M. Descartes, on raisonnoit plus commodément; les siècles passés sont bien heureux de n'avoir pas eu cet homme-là. C'est lui, à ce qu'il me semble, qui a amené cette nouvelle manière de raisonner, beaucoup plus estimable que sa philosophie même, dont une bonne partie se trouve fausse ou incertaine, selon les propres règles qu'il nous a apprises. » Descartes a contribué plus que personne à faire de l'esprit humain un *instrument de précision*, et cela mène loin.

Comment Arnauld, qui se paie d'un point de ressemblance et d'une rencontre de Descartes et de saint Augustin, n'a-t-il pas vu la différence ou plutôt la contradiction de méthode de ces deux grands esprits : l'un appliquant dans toute sa largeur et sa subtilité le procédé mystique qui se traduit par aperçus, par emblèmes, par figures, par antithèses de mots, et qui tient tant de compte de l'imagination et du sentiment; l'autre instituant le strict procédé rationnel? Comment lui, l'auteur de la fameuse *Logique*, n'a-t-il pas vu qu'il y avait, qu'il y aurait bientôt deux chapitres à y ajouter: « *De l'influence de Descartes sur la manière de raisonner;—De l'influence de saint Augustin sur la manière de raisonner?*

Ce que dit Arnauld des limites que n'a point passées Descartes, et qu'on ne passe point en l'admettant, est bon à dire : mais ces compartiments n'existent que dans un esprit qui les respecte; au moindre mouvement en avant d'un esprit moins respectueux, ils tombent, — comme un simple paravent.

Toute philosophie, quelle qu'elle soit au premier degré et dans son premier chef et parent, devient anti-chrétienne ou du moins hérétique à la seconde génération : c'est la loi, et il faut bien savoir cela[1].

Est-il possible de l'empêcher? est-ce une raison de

---

1. Arnauld le niait positivement. Dans un curieux écrit composé en 1680, en Hollande (et avant de prévoir qu'il s'en prendra bientôt à Malebranche, de qui il s'appuie encore), il réfute un M. Le Moine qui avait attaqué Descartes. L'ouvrage d'Arnauld est intitulé : *Examen d'un Écrit qui a pour titre : Traité de l'Essence des Corps*. Arnauld débute en ces termes : « L'auteur commence par un lieu commun contre la philosophie : *Il y a longtemps*, dit-il, *qu'un Père de l'Église a remarqué qu'il y a une grande liaison et une parenté très-proche entre la philosophie humaine et les hérésies. En effet, la philosophie humaine est la mère des hérésies, ou la philosophie et les hérésies sont les filles d'une même mère, savoir de la raison humaine....* Mais tout cela, ajoute Arnauld, n'est qu'une déclamation très-mal fondée dont on ne sauroit rien conclure contre la philosophie de M. Descartes que par un sophisme très-grossier, en argumentant de l'espèce au genre, comme qui diroit que l'eau est une fort méchante boisson parce que l'eau de mer est fort méchante à boire; ou d'une espèce à une autre, comme qui prétendroit que les couleuvres sont venimeuses parce que les vipères le sont.

« Car tout ce que dit cet auteur, pour montrer que *la philosophie humaine est la mère et la sœur de l'hérésie*, n'est vrai que d'une fausse philosophie qu'on emploieroit pour combattre les vérités de la foi; telle que pourroit être la philosophie d'Épicure...; mais on ne le sauroit appliquer que très-déraisonnablement à une philosophie solide, enseignée par un philosophe chrétien, qui reçoit et révère tous les mystères de la Foi, et qui ne traite que des choses qui se peuvent traiter par les lumières de la raison.... (Et citant

ne pas admettre la philosophie, tant qu'elle est encore compatible et concordante avec la Foi dans son premier chef? C'est ici une autre question ; mais il est mieux, quoi qu'on adopte; d'en savoir les conséquences.

Or, en adoptant le Cartésianisme, du moins pour une bonne part, Arnauld garde son intrépidité, Bossuet sa stabilité, Daguesseau sa placidité. Cela revient peut-être à dire que chacun porte jusque dans sa foi et dans ses doctrines son caractère et son humeur.

Pascal y porta un pressentiment d'alarme, une sublime inquiétude de regard, que l'avenir a justifiée.

Au reste, dans tout ceci et dans ce qui va suivre, je

---

la profession de foi qui termine le premier livre des *Principes* de Descartes, il ajoute :) Comment pourroit-on appeler mère ou sœur de l'hérésie une philosophie qui a pour *principe* de croire aveuglément tout ce qui est révélé de Dieu.... etc.? » Arnauld ne voit pas que le *principe* de la philosophie de Descartes est proprement sa méthode, et que cette méthode est une clef qui dans ses mains n'ouvre qu'une porte, mais qui, tombée de sa poche et ramassée par d'autres, ouvrira toutes sortes de portes. La spiritualité, qui caractérise et revêt la philosophie de Descartes, l'absout à ses yeux; il ne craint pas de trop pencher du côté de l'esprit, dût-on aller jusqu'à Platon. Dans cet écrit, Arnauld est amené à défendre nettement et vivement la prééminence des Modernes sur les Anciens en matière de philosophie naturelle et de science. Il y a de belles pages. On voit qu'il ne considérait pas à beaucoup près la raison humaine comme aussi infirme et aussi malade de ce côté intellectuel que du côté moral ; il s'y confiait. Il est pour les progrès et pour la légitimité de la philosophie et de la raison contre Huet, contre les sceptiques et Académiques, non moins résolûment que pour l'esprit, pour la spiritualité de l'âme contre Gassendi et les Épicuriens ou athées. Tout cela est très-bien, mais mène très-loin. Cela le mènerait de nos jours à se trouver nez à nez en face de la philosophie de M. Jouffroy, qui n'est que celle de M. Cousin, plus franche, plus démasquée à l'égard du Christianisme, et qui le dédaigne ou qui le respecte (c'est affaire de convenance), mais qui s'en passe. Je le répète, Arnauld cartésien, en tant que janséniste et chrétien rigoureux, est imprévoyant et inconséquent : il ne sent pas l'ennemi à deux pas, derrière un premier rideau.

veux moins entrer dans la *fouille* des doctrines elles-mêmes que bien indiquer les pentes diverses et tracer les versants des opinions, avec la physionomie des hommes qui, de loin, s'y distinguent et y figurent.

Donc, tandis que la méthode de Descartes, qui valait mieux et qui devait plus triompher en définitive que sa philosophie, s'appliquait ou allait s'appliquer à toutes les branches de pensée et d'étude; qu'Arnauld et Nicole la portaient dans la grammaire générale et dans la logique; Domat, dans les lois civiles; Perrault tout à l'heure, et Fontenelle et Terrasson, dans la critique des arts et des lettres, en attendant que d'autres le fissent en religion et en politique, Malebranche ne prenait que la métaphysique et la poussait plus loin que son maître.

Nicolas Malebranche est, selon l'expression de Voltaire, un des *plus profonds méditatifs* qui aient existé. Fontenelle a bien ingénieusement raconté sa vie [1]. Né en 1638 [2], le dernier de dix enfants, d'une complexion débile et maladive, d'une conformation irrégulière, ou pour mieux dire, contrefaite, il s'était de bonne heure destiné à l'état ecclésiastique, où *la Nature et la Grâce l'appelaient également;* « et pour s'y attacher encore davantage, en conservant néanmoins une liberté qui ne

---

1. Dans cet Éloge fait au nom de l'Académie des Sciences, quelques mois après la mort de son confrère, Fontenelle (nous en sommes avertis par Trublet) disait un peu plus de bien de Malebranche qu'il n'en pensait; mais cette indulgence de bienséance et de bon goût, et qu'il assaisonnait d'ailleurs de tant de finesse, répond tout à fait à ce que la Postérité aime à trouver dans la bouche d'un esprit supérieur jugeant un autre esprit et talent supérieur, même quand ils ne sont pas du tout de la même famille.

2. On a remarqué que Malebranche était né à Paris le 6 août 1638, un mois moins un jour avant Louis XIV, et qu'il mourut le 13 octobre 1715, un mois et treize jours après ce prince, en sa soixante-dix-huitième année. (On sait maintenant, car que ne sait-on pas? que Malebranche était né, non le 6 août, mais le 5, vers les deux heures du matin, sur la paroisse Saint-Merry.)

lui étoit pas fort nécessaire, il entra dans la Congrégation de l'Oratoire à Paris, en 1660. » On essaya d'abord de l'appliquer à l'histoire ecclésiastique ; puis le célèbre Richard Simon, alors de l'Oratoire et le prochain introducteur du rationalisme dans l'Exégèse, le voulut attirer à la critique sacrée. Mais ces dates, ces faits nombreux ou ces textes à comparer, lui allaient mal. Un jour, vers 1664, passant chez un libraire de la rue Saint-Jacques, il ouvrit le livre de *l'Homme* de Descartes ; il ne connaissait jusque-là ce grand philosophe que par des objections et par des cahiers :

« Il se mit à feuilleter le livre, et fut frappé comme d'une lumière qui en sortit toute nouvelle à ses yeux. Il entrevit une science dont il n'avoit point d'idée et sentit qu'elle lui convenoit. La philosophie scolastique, qu'il avoit eu tout le loisir de connoître, ne lui avoit point fait, en faveur de la philosophie en général, l'effet de la simple vue d'un volume de Descartes.... Il acheta le livre, le lut avec empressement, et ce qu'on aura peut-être peine à croire, avec un tel transport qu'il lui en prenoit des battements de cœur qui l'obligeoient quelquefois d'interrompre sa lecture [1]. L'invisible et

---

[1]. Qu'on me passe un rapprochement qui ferait froncer le sourcil aux philosophes à longue robe, s'il y en avait encore, mais qui ferait sourire Montaigne. Malebranche trouva un jour son talent métaphysique en lisant le livre de *l'Homme* de Descartes, tout comme Garat le chanteur découvrit un jour sa voix, tout enfant, en sortant de la représentation de *l'Armide* de Gluck. Celui-ci, le chanteur, disparut durant plus d'un jour : sa famille le cherchait, son père inquiet faisait battre en tous sens les rues de la ville. Un de ses frères, allant au bout du jardin, trouva ouverte une salle où l'on mettait des ustensiles, de vieux meubles, d'ordinaire inhabitée et fermée. Il entre et y trouve, à son grand étonnement, le jeune Garat : « Qu'est-ce ? que fais-tu ici ? » — « Silence ! dit le jeune homme ; chut ! assieds-toi et écoute. » Et il se met à lui chanter l'opéra d'*Armide* qu'il savait par cœur sans l'avoir appris, et qu'il ne cessait de répéter en rossignol depuis vingt-quatre heures. — Divin chanteur, ou presque divin métaphysicien, vos thèmes et vos muses diffèrent, c'est de la nature que vous procédez également.

inutile vérité[1] n'est pas accoutumée à trouver tant de sensibilité parmi les hommes, et les objets les plus ordinaires de leurs passions se tiendroient heureux d'y en trouver autant.

« Il abandonna donc absolument toute autre étude pour la philosophie de Descartes. Quand ses confrères et ses amis, les critiques ou les historiens, à qui tout cela paroissoit bien creux, lui en faisoient des reproches, il leur demandoit si Adam n'avoit pas eu la science parfaite; et comme ils en convenoient selon l'opinion commune des théologiens, il leur disoit que la science parfaite n'étoit donc pas la critique ou l'histoire, et qu'il ne vouloit savoir que ce qu'Adam avoit su. »

Ce qu'Adam avait su, rien que cela! c'est-à-dire, refaire le monde en idée à sa manière et raconter la Création de première main. C'est la chimère en effet, le vœu de tout grand esprit méditatif, amoureux de conceptions primitives; refaire à sa manière le récit d'Adam selon le dessein premier de l'Éternel, tandis qu'Ève (cette jeunesse des disciples sortis de nous-même), bouche béante, écoute, admire et croit.

Le premier volume de *la Recherche de la Vérité* courut quelque temps manuscrit. L'auteur avait eu peine d'abord à trouver un approbateur qui se sentît compétent sur des matières aussi nouvelles. L'abbé de Saint-Jacques, fils du chancelier d'Aligre, et qui n'était sorti de son abbaye, où il vivait en pénitent à Provins, que pour soulager la vieillesse de son père [2], lut lui-même, dit-on,

---

1. *L'invisible et inutile* vérité, voilà de ces mots à la Fontenelle qui font plus en France pour l'émancipation des esprits que tout un système à la Malebranche.
2. On peut voir sur M. d'Aligre fils, qui est considéré comme un ami de Port-Royal, sans qu'on dise par quelle relation il y tenait, le Supplément in-4° au Nécrologe (pages 265 et 335). L'abbé de Saint-Jacques est à joindre à ces illustres pénitents, Rancé, Le Camus, etc.

le manuscrit du Père Malebranche et en expédia le Privilége *gratis* avec empressement (1674).

Le second volume suivit de près (1675) :

« Ce livre, dit Fontenelle, fit beaucoup de bruit ; et quoique fondé sur des principes déjà connus, il parut original. L'auteur étoit cartésien, mais comme Descartes ; il ne paroissoit pas l'avoir suivi, mais rencontré. Il règne en cet ouvrage un grand art de mettre des idées abstraites dans leur jour, de les lier ensemble, de les fortifier par leur liaison. Il s'y trouve même un mélange adroit de quantité de choses moins abstraites, qui, étant facilement entendues, encouragent le lecteur à s'appliquer aux autres, le flattent de pouvoir tout entendre, et peut-être lui persuadent qu'il entend tout à peu près. La diction, outre qu'elle est pure et châtiée, a toute la dignité que les matières demandent, et toute la grâce qu'elles peuvent souffrir. Ce n'est pas qu'il eût apporté aucun soin à cultiver les talents de l'imagination ; au contraire, il s'est toujours fort attaché à les décrier : mais il en avoit naturellement une fort noble et fort vive, qui travailloit pour un ingrat malgré lui-même, et qui ornoit la raison en se cachant d'elle. »

Ainsi s'exprime Fontenelle en ce style exquis de ses Éloges, qui à un fonds toujours excellent de langue du dix-septième siècle, ajoute une précision neuve, tout à fait propre au dix-huitième, et que n'auraient guère eue à ce degré, dans le précédent, que La Rochefoucauld et La Bruyère.

Il y eut des critiques [1] ; mais les suffrages les plus

---

1. Il parut dès 1675 un petit livret, la *Critique de la Recherche de la Vérité*, par Simon Foucher, chanoine de Dijon. On trouve de bonnes choses dans ce petit écrit ; l'auteur y fait bien voir la confusion, que Malebranche s'y est permise dès le principe, des recherches de la philosophie et des mystères de la foi : « Nous ne saurions satisfaire en même temps à la raison et à la foi, parce que la raison nous oblige d'ouvrir les yeux, et la foi nous commande de les fermer. Et cependant, dit Foucher, je trouve qu'il a tellement attaché ses principales propositions avec ce que la religion veut que nous croyions, qu'il semble plutôt parler en théologien qu'en philo-

illustres et les plus pieux furent à l'auteur. Son idée, que *nous ne voyons rien qu'en Dieu*, n'apparaissait que vers le milieu de l'ouvrage[1], et encore ce ne fut que dans les Éclaircissements postérieurs (1678) qu'il la développa davantage et que peut-être il acheva de la former.

Arnauld, qui devait plus tard le réfuter sur ce point désormais fondamental, s'en tenant pour *la Recherche de la Vérité* à l'ensemble d'une première impression et ne s'appliquant pas alors à un examen particulier du livre, en marquait grande estime et se liait avec l'auteur.

Mais bientôt, quand l'auteur enhardi par le succès, pressé par le développement intérieur de ses idées et sollicité par les questions, par les conseils de quelques amis, essaya d'appliquer plus directement aux matières de religion ses éclaircissements philosophiques, oh! c'est alors que, de tous côtés, des voix illustres et graves s'accordèrent pour crier : *Holà!*

Il tentait déjà cette explication de la religion par sa philosophie dans des *Conversations chrétiennes*, entreprises à la sollicitation du duc de Chevreuse (1676). C'étaient des dialogues entre trois personnages, Théodore, Aristarque et Éraste : Théodore qui est lui-même, c'est-à-dire celui qui a raison; Aristarque destiné à avoir tort, mais qui finit pourtant par se convertir au système de Théodore; et Éraste, jeune homme avide, disciple ingénu, et qui pousse sa conversion au système jusqu'à entrer dans un monastère.

Fontenelle remarque malicieusement que par cette conclusion dévote de sa philosophie abstraite, et par des

---

sophe. » Le critique, d'ailleurs, se plaçait dans sa réfutation au point de vue des Académiciens, de cette école surannée de La Mothe-Le-Vayer, et son style était aussi d'un autre âge. Ce n'était pas là un adversaire à redouter pour le brillant oratorien.

1. Dans le courant du livre III, vers la fin du premier volume.

considérations pieuses et des élévations à Dieu ajoutées dans une édition suivante de ces mêmes *Conversations chrétiennes*, Malebranche semblait vouloir répondre à ceux qui opposaient à ses idées spéculatives de n'être pas faites pour entretenir une pratique affectueuse et fervente. « Il y a cependant assez d'apparence, ajoute le fin panégyriste, qu'à cet égard les idées métaphysiques seront toujours pour la plupart du monde comme la flamme de l'esprit-de-vin, qui est trop subtile pour brûler le bois. »

Malebranche continua de vouloir éclairer et divulguer cette union de sa philosophie avec la religion, par des *Méditations chrétiennes et métaphysiques* (1683), qui ne sont rien moins qu'un dialogue entre le Verbe et lui, une sorte de colloque auguste de Moïse chrétien avec le divin Éclair fendant le nuage, ou, pour parler tout à fait exactement, un cours de haute philosophie dans la bouche de Jésus se professant lui-même à un disciple fidèle; et encore par de plus humbles *Entretiens sur la Métaphysique et la Religion* (1688), où ne figurent du moins que Théodore, Ariste et Théotime[1].

Mais déjà auparavant, et malgré son souci de nouer et de renouer ce qui se défaisait si aisément, la tentative de conciliation avait rompu avec éclat dans le *Traité de la Nature et de la Grâce* (1680).

---

1. *Conversations, Méditations, Entretiens;* il aimait et excellait à reproduire ainsi ses doctrines sous forme d'exposition toujours nouvelle et toujours plus étendue. Il était faible dans la riposte directe aux arguments et dans la lutte logique; il n'aimait pas le champ clos. Mais, après des objections, il reprenait à nouveaux frais son sytème, et avait le don de le reproduire plus large en tenant compte des difficultés opposées. Cette faculté de reproduction inépuisable est merveilleuse chez Malebranche : *primo avulso, non deficit alter aureus.* A chaque membre coupé au système, il renaît un autre membre divin et ambroisien, l'épaule d'ivoire de Pélops.

Bossuet vigilant comme évêque, Arnauld vigilant comme docteur, avaient été également émus et s'étaient donné le signe d'alarme[1].

Pour concilier la bonté et la justice de Dieu avec la prédestination, pour concilier le mal existant, soit dans l'ordre de la Nature, soit dans celui de la Grâce, avec sa toute-puissance, Malebranche suppose que rien sans doute ne se fait, ne se meut, n'agit que par Dieu et en Dieu, mais selon les volontés générales de Dieu, c'est-à-dire selon des lois générales, et que, pour qu'aucun mal n'arrivât, il faudrait à tout moment que ces lois, ces volontés générales se pliassent en des volontés particulières peu dignes de lui. Demander à Dieu un autre ordre, ce serait lui demander qu'il renonçât à ses attributs. Il a fait tout ce qui est possible, puisqu'entre les mondes possibles il a choisi celui qui se pouvait produire et conserver par les voies les plus simples. Les maux qui nous affligent sont l'effet des mêmes lois que les biens qui nous consolent : la bonté de Dieu nous a préparé les uns, et sa sagesse les fait naître par des lois qui amènent les autres, sans qu'il ait voulu ceux-ci par aucune volonté particulière. Nous entrons par Male-

---

[1]. Dans l'*Étude sur Malebranche* par l'abbé Blampignon (1861), on trouve des pièces intéressantes qui ajoutent à ce qu'on savait des relations d'Arnauld et de Malebranche, antérieurement à leur rupture. On y voit notamment le récit d'une conférence qui avait eu lieu en mai 1679, chez le marquis de Roucy, avant le départ d'Arnauld, et à laquelle assistaient M. de Tréville, le Père Quesnel, le Père le Vassor. Arnauld et Malebranche n'avaient pu s'entendre, Malebranche ayant besoin qu'on le laissât parler sans interruption pour pouvoir développer ses idées, et Arnauld étant de sa nature trop impatient pour écouter sans interrompre dès qu'il était choqué et pour contenir ses ripostes. On s'était séparé bons amis, et en convenant qu'on s'expliquerait mieux par écrit que de vive voix. L'abbé Blampignon me paraît, d'ailleurs, faire la part trop large aux petits motifs dans la déclaration de guerre d'Arnauld.

branche dans le système de Leibniz[1]. Si l'Écriture sainte semble nous donner une idée plus singulièrement actuelle et particulière de Dieu, on retrouve le vrai sens en levant le voile de ces expressions anthropologiques[2]. Malebranche ouvrait là une exégèse qui rejoignait plus qu'il ne croyait celle de Richard Simon.

Quant à l'ordre de la Grâce, si le salut n'a pas lieu pour tous, c'est que Jésus-Christ est nécessaire comme médiateur entre la volonté générale qui voudrait tout sauver, et l'homme. Or, les pensées et les désirs de l'âme de Jésus-Christ étant les causes occasionnelles des grâces distribuées, comme il ne pense pas en même temps à toutes choses et que ses connaissances sont bornées par rapport aux choses contingentes, en tant qu'il n'est plus le Verbe absolu, mais le Verbe incarné et fait homme, il arrive que plusieurs ne sont pas atteints de la Grâce, ne se trouvant pas, ne se mettant pas d'eux-mêmes sur le chemin de Jésus-Christ. Jésus-Christ, sans être sollicité, fait sans doute bien des avances et choisit, à chaque moment, en vue du temple mystique qu'il édifie et qu'il veut le plus beau possible, l'espèce et le nombre de pierres spirituelles, c'est-à-dire d'*élus*, qui y conviennent le mieux; mais hors de là, hormis ce qui est indispensable à son dessein principal,

---

1. Leibniz a reconnu ce rapprochement et cette parenté des deux systèmes en ce point (*Essais de Théodicée*, partie II, 203, 208, dans les Œuvres philosophiques, éditées par Erdmann, 1840). — Il accepte même ailleurs, sauf interprétation, la fameuse phrase et formule, *que nous voyons les choses en Dieu* (Lettre à M. Remond), et il écrit encore (à ce même M. Remond) : « Le passage des *Causes occasionnelles* à l'*Harmonie préétablie* ne paroît pas fort difficile. »

2. *Expressions anthropologiques* ou *anthropologies*, c'est-à-dire expressions à l'usage et à la portée des hommes : Malebranche emploie le mot. Fénelon, dans sa réfutation du *Traité de la Nature et de la Grâce*, se sert du mot *tropologiques*; des expressions *tropologiques*, c'est-à-dire figurées, ce qui revient au même.

auquel tel ou tel individu (pourvu qu'il réunisse certaines conditions) peut convenir indifféremment, il faut, quand on n'est pas sous la main de Jésus-Christ, qu'on se présente à lui, qu'on fasse penser à soi, qu'on sollicite en un mot cette âme divine, mais qui n'a pas une capacité *actuelle* infinie, pour y déterminer un de ces saints désirs qui sauvent immanquablement. On voit que Malebranche n'éloignait de Dieu les objections que pour les faire retomber en quelque sorte sur Christ, pour les amasser sur sa tête. Il magnifiait le Père, un peu aux dépens du Fils.

Sur ce premier aperçu, on conçoit l'éclat parmi les théologiens. Pourtant Malebranche faisait école; la beauté de son génie, la lumière de son langage, la modestie de son caractère, la sincérité de sa piété et la candeur de ses mœurs, une physionomie singulièrement expressive et qui laissait transpirer l'esprit, tout attirait et attachait les jeunes imaginations; il y avait des *Malebranchistes* fervents. On a une lettre très-belle et vigoureuse de Bossuet à l'un d'eux (21 mai 1687) :

« Je n'ai pu trouver que depuis deux jours le loisir de lire le discours que vous m'avez envoyé.... Je suis bien aise de peser ces choses avec une liberté tout entière, et sans être distrait par d'autres pensées ; et si jamais j'ai apporté du soin à la compréhension d'un ouvrage, c'est de celui-là. Car comme vous autres messieurs, lorsqu'on vous presse, n'avez rien tant à la bouche que cette réponse : *On ne nous entend pas*, j'ai fait le dernier effort pour voir si enfin je pourrai venir à bout de vous entendre [1]. Je suis donc très-persuadé que je vous entends autant que vous êtes intelligible ; et je vous dirai ingénument que je n'ai pas trouvé dans votre dis-

---

1. Malebranche parlait un jour de la querelle que lui faisait Arnauld sur les *Idées*, et prétendait que l'illustre critique ne l'avait pas entendu. — « Et qui donc, répondit Boileau, voulez-vous qui vous entende, mon Père, si M. Arnauld ne vous entend pas ? »

cours ce que vous nous promettiez autrefois à Monceaux et à Germigny, c'est-à-dire un dénoûment aux difficultés qu'on vous faisoit. Vous nous dîtes alors des choses que vous vous engagiez de faire avouer à *votre docteur;* et moi je vous donnai parole aussi que, s'il en convenoit, je serois content de lui. Mais il n'y a rien de tout cela dans votre discours; ce n'est au contraire qu'une répétition, pompeuse à la vérité et éblouissante, mais enfin une pure répétition de toutes les choses que j'ai toujours rejetées dans ce nouveau système; en sorte que *plus je me souviens d'être chrétien, plus je me sens éloigné des idées qu'il nous présente.*

« Et afin de ne vous rien cacher, puisque je vous aime trop pour ne vous pas dire tout ce que je pense, je ne remarque en vous autre chose qu'un attachement, tous les jours de plus en plus aveugle, pour *votre patriarche* : car toutes les propositions que je vous ai vu rejeter cent fois, quand je vous en ai découvert l'absurdité, je vois que, par un seul mot de cet infaillible docteur, vous les rétablissez en honneur. Tout vous plaît de cet homme, jusqu'à son explication de la manière dont Dieu est auteur de l'action du libre arbitre comme de tous les autres modes, quoique je ne me souvienne pas d'avoir jamais lu aucun exemple d'un plus parfait galimatias. Pour l'amour de votre maître, vous donnez tout au travers du beau dénoûment qu'il a trouvé aux miracles dans la volonté des Anges; et vous n'en voulez pas seulement apercevoir le ridicule. Enfin vous recevez à bras ouverts toutes ses nouvelles inventions. »

Bossuet fait voir que la manière dont Malebranche se pique d'expliquer naturellement le Déluge, et qui peut s'étendre aussi bien à tout autre événement extraordinaire, tend à ruiner le miracle proprement dit, c'est-à-dire la dérogation aux lois générales. Malebranche, en effet (et c'est même là son seul pas en avant), essaie de rester chrétien avec le moins de miracles possible. Or, les miracles autant que les prophéties sont une des grandes preuves de la divinité du Christianisme. Cette lettre, d'une rude et belle franchise, nous montre Bossuet dans toute son attitude militante, et, pour ainsi dire, la veille d'un combat. Il s'arme, il est prêt à s'armer ; il demande une dernière fois ou plutôt il offre la paix, et par là il entend la soumission de l'adversaire à la vérité. Une ou plusieurs conférences, qui ne permettraient ni ambiguïté ni faux-fuyants dans les questions et dans les réponses, lui paraissent le moyen le plus sûr ; ce n'est point par lettres qu'on traite de ces choses, dit-il, c'est de vive voix :

« Pour entrer en preuve sur cela, il faudroit faire un volume ; c'est pourquoi en deux mots, je vous dirai que si vous voulez travailler utilement à réconcilier mes sentiments avec ceux du Père Malebranche, il me paroît nécessaire de procurer quelques entrevues, aussi sincères de sa part qu'elles le seront de la mienne, où nous puissions voir, une bonne fois, si nous nous entendons les uns les autres. S'il veut du secret dans cet entretien, je le promets : s'il y veut des témoins, j'y consens ; et je souhaite que vous en soyez un. S'il se défie de ne pouvoir pas satisfaire d'abord à mes doutes, il pourra prendre tout le loisir qu'il voudra : et comme je ne cherche qu'un véritable éclaircissement qui me persuade qu'il a plus de raison que je n'ai pensé, et qu'il ne s'écarte pas autant que je l'ai cru de la saine théologie, j'aiderai moi-même à ce dessein. Cela est de la dernière conséquence ; car, pour ne vous rien dissimuler, je vois non-seulement en ce point de la Nature et de la Grâce, mais encore en beaucoup d'autres articles très-importants de la religion, un grand combat se préparer contre l'Église, sous le nom de la philosophie cartésienne. Je vois naître de son sein et de ses principes, à mon avis mal entendus, plus d'une hérésie ; et je prévois que les conséquences qu'on en tire contre les dogmes que nos pères ont tenus, la vont rendre odieuse, et feront perdre à l'Église tout le fruit qu'elle en pouvoit espérer pour établir dans l'esprit des philosophes la divinité et l'immortalité de l'âme.... »

Il commence à s'apercevoir de l'inconvénient pour la

religion et du danger que renfermait le principe de Descartes et le premier point de sa méthode :

« De ces mêmes principes mal entendus, un autre inconvénient terrible gagne sensiblement les esprits : car, sous prétexte qu'*il ne faut admettre que ce qu'on entend clairement* (ce qui, réduit à certaines bornes, est très-véritable), chacun se donne la liberté de dire : *J'entends ceci, et je n'entends pas cela* ; et, sur ce seul fondement, on approuve et on rejette tout ce qu'on veut, sans songer qu'outre nos idées claires et distinctes, il y en a de confuses et de générales qui ne laissent pas d'enfermer des vérités si essentielles, qu'on renverseroit tout en les niant. Il s'introduit sous ce prétexte une liberté de juger, qui fait que, sans égard à la tradition, on avance témérairement tout ce qu'on pense ; et jamais cet excès n'a paru, à mon avis, davantage que dans le nouveau système : car j'y trouve à la fois les inconvénients de toutes les sectes, et en particulier ceux du Pélagianisme.... »

Il insiste pour une explication prompte avec un admirable sentiment où l'autorité et la charité se confondent, et avec un geste de cordialité impérieuse :

« Je ne demande pas que vous m'en croyiez sur ma parole ; mais, si vous aimez la paix de l'Église, procurez l'explication de vive voix que je vous propose, et menez-la à sa fin. Tant que le Père Malebranche n'écoutera que des flatteurs, ou des gens qui, faute d'avoir pénétré le fond de la théologie, n'auront que des adorations pour ses belles expressions, il n'y aura point de remède au mal que je prévois, et je ne serai point en repos contre l'hérésie que je vois naître par votre système. Ces mots vous étonneront ; mais je ne les dis pas en l'air : je parle sous les yeux de Dieu, et dans la vue de son jugement redoutable, comme un évêque qui doit veiller à la conservation de la Foi. Le mal gagne ; à la vérité je ne m'aperçois pas que les théologiens se déclarent en votre faveur ; au contraire, ils s'élèvent tous contre vous : mais vous apprenez aux laïques à les mépriser ; un grand nombre de jeunes gens se laissent flatter à vos nouveautés. En un mot, ou je me trompe bien fort, ou je vois un grand parti se former contre l'Église ; et il éclatera en son temps, si de bonne heure on ne cherche à s'entendre, avant qu'on s'engage tout à fait.... »

Tout cela est beau de sentiment, de ton et de vérité (le cadre orthodoxe catholique étant donné et devant être maintenu). M. de Bausset a fort relevé la perspicacité et et la prévoyance de Bossuet écrivant ces choses en 1687 : pour moi, j'y admire surtout la puissance et la grandeur; car, pour la perspicacité, Bossuet ne l'avait pas eue autant que d'autres. Pascal, qui n'était que de quatre ans plus âgé que lui, pressentait ces conséquences de la philosophie cartésienne dès 1658. De plus, Bossuet s'exagère un peu le danger quand il croit que l'ennemi va entrer dans l'Église du côté de Malebranche et par les hauteurs métaphysiques, de même qu'il se trompait quand il croyait de grande importance et utilité qu'on eût chassé de France quelque Sociniens cachés parmi la foule des Protestants. L'invasion du Socinianisme et de ce qui s'ensuit allait se faire plus simplement et tout au dedans, à la française, par les *Lettres Persanes*, par Fontenelle (au moment même où il louait et critiquait si indifféremment Malebranche), — par Voltaire, par le Régent, par tout le monde.

Toutefois, dans cette éloquente lettre, on voit le théologien en Bossuet ou mieux encore le Père de l'Église qui se redresse de toute sa hauteur sacrée.—Louis XIV et Bossuet ! le dernier grand roi non parvenu qui trône, le dernier grand théologien reconnu et qui fasse oracle !

Et maintenant, à côté et un peu au-dessous de l'évêque, voulons-nous le docteur ? Arnauld va nous l'offrir dans une égale et pleine souveraineté. Leibniz lui ayant envoyé, vers ce même temps, quelques-unes de ses spéculations métaphysiques [1], Arnauld répond

1. Un Sommaire ou extrait d'un *Discours métaphysique* plus con-

au prince Ernest qui les lui avait fait tenir (13 mars 1686) :

« J'ai reçu, Monseigneur, ce que Votre Altesse Sérénissime m'a envoyé des Pensées métaphysiques de M. Leibniz, comme un témoignage de son affection et de son estime, dont je lui suis très-obligé. Mais je me suis trouvé si occupé depuis ce temps-là, que je n'ai pu lire son écrit que depuis trois jours ; et je suis présentement si enrhumé, que tout ce que je puis faire est de dire en deux mots à Votre Altesse que je trouve dans ces Pensées tant de choses qui m'effraient, et que presque tous les hommes, si je ne me trompe, trouveront si choquantes, que je ne vois pas de quelle utilité pourroit être un écrit qui apparemment sera rejeté de tout le monde. Je n'en donnerai pour exemple que ce qu'il dit en l'article 13 : *que la notion individuelle de chaque personne enferme une fois pour toutes ce qui lui arrivera à jamais*, etc. Si cela est, Dieu a été libre de créer ou de ne pas créer Adam ; mais, supposant qu'il l'ait voulu créer, tout ce qui est depuis arrivé au genre humain, et qui lui arrivera à jamais, a dû et doit arriver par une nécessité plus que fatale : car la notion individuelle d'Adam a enfermé qu'il auroit tant d'enfants, et la notion individuelle de chacun de ces enfants, tout ce qu'ils feroient, et tous les enfants qu'ils auroient ; et ainsi de suite.... Je ne suis point en état d'étendre cela davantage : mais M. Leibniz m'entendra bien, et peut-être qu'il ne trouve pas d'inconvénient à la conséquence que je tire. Mais, s'il n'en trouve pas, il a sujet de craindre qu'il ne soit seul de son sentiment ; et si je me trompois en cela, je le plaindrois encore davantage. Mais je ne puis m'empêcher de témoigner à Votre Altesse ma douleur, de ce qu'il semble que c'est l'attache qu'il a à ces opinions-là, qu'il a bien cru qu'on auroit peine à souffrir dans l'Église catholique, qui l'empêche d'y entrer, quoique, si je m'en souviens bien, Votre Altesse l'eût obligé de reconnoître qu'on ne peut douter raisonnablement que ce ne soit la vé-

sidérable. (Voir la *Correspondance* entre Leibniz, Arnauld et le landgrave Ernest de Hesse-Rheinfels, publiée par M. Grotefend : Hanovre, 1846 ; et les *Nouvelles Lettres et Opuscules inédits* de Leibniz, publiés par M. Foucher de Careil, 1857.)

ritable Église. Ne vaudroit-il pas mieux qu'il laissât là ces spéculations métaphysiques, qui ne peuvent être d'aucune utilité ni à lui ni aux autres, pour s'appliquer sérieusement à la plus grande affaire qu'il puisse jamais avoir, qui est d'assurer son salut en rentrant dans l'Église, dont les nouvelles sectes n'ont pu sortir qu'en se rendant schismatiques ? Je lus hier, par rencontre, une lettre de saint Augustin où il résout diverses questions qu'avoit proposées un païen qui témoignoit se vouloir faire chrétien, mais qui différoit toujours de le faire ; et il dit à la fin ce qu'on pourroit appliquer à notre ami : *Sunt innumerabiles quæstiones quæ non sunt finiendæ ante fidem, ne finiatur vita sine fide* (il y a un nombre infini de questions qu'il ne faut pas se flatter de résoudre avant d'arriver à croire, de peur que la vie ne se résolve elle-même avant qu'on ait cru). »

Malebranche et Leibniz ont beaucoup de ressemblance par le sens de leur théodicée et la direction de leurs conjectures : ce qu'Arnauld disait là à Leibniz, il l'avait déjà dit et redit publiquement à Malebranche[1].

Plusieurs des plaisanteries (du moins celles qui sont de bon goût) que Voltaire fait à chaque instant contre ce système du meilleur des mondes possibles selon Leibniz et selon Pope, on les retrouve d'avance chez madame de Sévigné écrivant à sa fille cartésienne et lui reprochant, par son adoption de Malebranche, de s'écarter des grandes lignes de son père Descartes[2] :

« Je voudrois bien me plaindre au Père Malebranche des souris qui mangent tout ici : cela est-il dans l'ordre ? quoi ! de bon sucre, du fruit, des compotes ! Et l'année passée, étoit-il dans l'ordre que de vilaines chenilles dévorassent toutes les feuilles de notre forêt (*de Livry*) et de nos jardins,

---

1. « Je ne m'étonne pas maintenant s'il s'est brouillé si aisément avec le Père Malebranche.... Le Père Malebranche avoit publié des écrits, que M. Arnauld a traités d'extravagants à peu près comme il fait à mon égard. » (Lettre de Leibniz au Prince Ernest, en retour de la précédente.)
2. Lettre des Rochers, du 4 août 1680.

et tous les fruits de la terre? Et le Père Païen qui s'en revient paisiblement, à qui l'on casse la tête [1], est-il dans la règle? Oui, mon Père, tout cela est bon, Dieu sait en tirer sa gloire ; nous ne voyons pas comment, mais cela est vrai ; et si vous ne mettez la volonté de Dieu pour toute règle et pour tout ordre, vous tomberez dans de grands inconvénients. Je supplie M. de Grignan d'excuser cette apostrophe au bon Père, que je suis persuadée qui se moque de nous quand il dit ces choses-là, d'autant plus qu'il y a plusieurs endroits dans ses livres où il dit précisément le contraire.... »

Ailleurs [2], un peu moins moqueuse, elle avait déjà fait la même objection :

« Ce n'est point le livre de *la Recherche de la Vérité* que je lis ; bon Dieu ! je ne l'entendrois pas ; ce sont de petites *Conversations* qui en sont tirées, et qui sont très-bien expliquées. Je suis toujours choquée de cette impulsion que nous arrêtons tout court : mais si le Père Malebranche a besoin de cette liberté de choix qu'il nous donne, comme à Adam, pour justifier la justice de Dieu envers les adultes, que fera-t-il pour les petits enfants ? il faudra revenir à l'*Altitudo*. J'aimerois autant m'en servir pour tout, comme saint Thomas, qui ne marchande point.... »

Rien ne manquait donc à Malebranche en fait d'adversaires, Bossuet, Arnauld, madame de Sévigné railleuse. Vers le temps où parut ce *Traité de la Nature et de la Grâce*, il eut aussi contre lui Fénelon qui alors âgé de trente ans, et encore sous l'influence de Bossuet, avait écrit une Réfutation qui est peut-être son meilleur ouvrage philosophique [3].

On conçoit cette émulation contre Malebranche : il

---

1. Le bon Père avait été attaqué par des voleurs dans la forêt, et était mort des suites de ses blessures.
2. Lettre du 7 juillet 1680.
3. Cette Réfutation a été publiée seulement de nos jours (1820). On a sur la copie manuscrite les corrections et observations de Bossuet. Lancer ainsi Fénelon contre Malebranche, c'était, de la

devait en effet avoir contre lui, en se développant tout entier, les esprits surtout logiques comme Arnauld et moralistes comme Nicole, ou irrésistiblement badins comme madame de Sévigné, ou d'autorité comme Bossuet, ou de mysticité affectueuse comme Fénelon. Cela revient à dire que Malebranche est proprement un *méditatif*.

Au reste, Malebranche n'était pas seul contre tous, bien qu'il le répétât souvent dans ses réponses; il avait un parti nombreux, des disciples enthousiastes, des lecteurs empressés, ce qui est déjà un beau succès pour un métaphysicien, même des femmes comme madame de Grignan. Excellent écrivain, facile, harmonieux, lumineux, spécieux, spacieux, il tenait, autant qu'aucun des plus illustres, sa place dans le siècle; c'est un de ces génies, si j'ose dire, qui décorent le mieux les fonds et le ciel d'un siècle; — c'est une grande image. Le succès littéraire et mondain que n'avait pas eu Descartes[1], c'est Malebranche qui l'a eu. Des chrétiens même assez sévères, qui avaient pu être effarouchés d'abord de ses hardiesses, ont été bientôt flattés qu'on dît de lui qu'il est le Platon du Christianisme[2].

part de Bossuet, un coup de maître : deux beaux-esprits, deux chimériques ensemble, l'un corrigeant l'autre et le réprimant. — « Bossuet a fait faire à Fénelon son plus beau livre philosophique. On n'a pas assez dit combien Fénelon devait à Bossuet. M. de Bausset a manqué cela. Quand Fénelon n'eut plus Bossuet pour le retenir, il se perdit, dans le neuvième ciel il est vrai, mais il se perdit. » Ainsi parle M. Cousin. (Et je recueille ici ses paroles vives.)

1. Car il ne l'a pas eu, et ce n'est que par une fiction rétrospective, par une pure construction de leur esprit, que d'habiles critiques de nos jours lui ont prêté une réputation autre que philosophique, et ont fait du *Discours de la Méthode* une des époques de notre langue. Jamais Descartes, de son vivant, n'a eu d'influence comme écrivain. Ce n'est qu'un témoin de la langue de son temps ; il la parlait bien et l'écrivait naturellement, mais on ne peut dire qu'il l'ait fait avancer : réservons cet honneur entier à Pascal.

2. Et depuis Fontenelle jusqu'à d'Alembert et au delà, des phi-

Mais c'est par Arnauld qu'il nous le faut aborder de plus près. — Arnauld en 1680, un peu avant qu'eût paru le *Traité de la Nature et de la Grâce*, était encore favorable à Malebranche. Dans cette réfutation de l'attaque de M. Le Moine contre Descartes, Arnauld s'appuie au long d'un passage de *la Recherche de la Vérité*. Il est vrai que Malebranche allait déroger aux propres principes qu'il y posait. Il s'agissait de faire concorder la définition cartésienne de l'essence de l'être, de la substance, avec le mystère de la transsubstantiation : Malebranche, cité par Arnauld, disait :

« On auroit tort de demander aux philosophes qu'ils donnassent des explications claires et faciles de la manière dont le corps de Jésus-Christ est dans l'Eucharistie; car ce seroit leur demander qu'ils dissent des nouveautés en théologie, et si les philosophes répondoient imprudemment à cette demande, il semble qu'ils ne pourroient éviter la condamnation ou de leur philosophie ou de leur théologie : car, *si leurs explications étoient obscures, on mépriseroit avec raison les principes de leur philosophie ; et, si leur réponse étoit claire ou facile, on appréhenderoit peut-être encore la nouveauté de leur théologie*, quoique conforme au dogme de la transsubstantiation.

« Puis donc que la nouveauté en matière de théologie porte le caractère de l'erreur, et qu'on a droit de mépriser

losophes même de l'école expérimentale et positive, qui ne sauraient reconnaître en lui un grand philosophe, le saluent du moins comme un grand écrivain philosophique. M. Daunou, se souvenant qu'il avait été, lui aussi, de l'Oratoire, et oubliant cette fois qu'il était de l'extrême dix-huitième siècle, s'est montré des plus admirateurs pour Malebranche : « Malebranche, en creusant le Cartésianisme, y retrouva la philosophie platonicienne, et y rallia la théologie des premiers siècles chrétiens. Son génie concentra les doctrines de Platon, de l'Évangile et de Descartes, n'en fit qu'un seul système, et le présenta plus brillant et plus cohérent qu'il n'avait jamais pu l'être. De tous les métaphysiciens modernes, il est le meilleur écrivain, *sans faire aucun effort pour l'être:* son art, son talent, son savoir, ne sont que son enthousiasme. » (*Cours d'Études historiques*, tome VI, page 465.)

des opinions pour cela seul qu'elles sont nouvelles et sans fondement dans la tradition, on ne doit pas, sans de pressantes raisons, entreprendre de donner des explications faciles et intelligibles des choses que les Pères et les Conciles n'ont point entièrement expliquées, et il suffit de tenir le dogme de la transsubstantiation, sans en vouloir expliquer la manière ; car autrement ce seroit jeter des semences nouvelles de disputes et de querelles, dont il n'y a déjà que trop, et les ennemis de la vérité ne manqueroient pas de s'en servir malicieusement pour opprimer leurs adversaires.

« Les disputes en matière d'explications de théologie semblent être des plus inutiles et des plus dangereuses ; et elles sont d'autant plus à craindre que les personnes mêmes de piété s'imaginent souvent qu'ils ont droit de rompre la charité avec ceux qui n'entrent point dans leurs sentiments. On n'en a que trop d'expériences, et la cause n'en est pas fort cachée. Ainsi, *c'est toujours le meilleur et le plus sûr de ne point se presser de parler des choses dont on n'a point d'évidence, et que les autres ne sont pas disposés à concevoir.* »

Or, Malebranche, en voulant expliquer philosophiquement le mystère de la Nature et de la Grâce, allait faire précisément le contraire de ce qu'il disait là, et il allait donner droit contre l'écueil si bien signalé par lui. Que voulez-vous ? il avait sa passion aussi à satisfaire, son génie spéculatif qui avait besoin de matière et d'exercice, son ambition qui le poussait, chétif et déshérité qu'il était du côté du corps, à se dédommager dans l'ordre de l'esprit et à conquérir, s'il se pouvait, toute l'étendue intelligible, comme d'autres l'univers.

Arnauld, consulté sur le manuscrit de ce traité, avait été d'avis de ne pas publier, Bossuet également : Malebranche passa outre, et Arnauld se décida à le réfuter. Il y fut directement engagé par Bossuet lui-même, qui était alors en commerce de lettres avec M. de Neercassel. Bossuet entrait dans une grande impatience, principalement dès qu'on abordait ces matières de Grâce, ténèbres et abîme selon lui. Il secouait sa tête impérieuse, il faisait taire, il aimait qu'on se tînt tranquille. Ici il vit bien que ce serait d'une excellente tactique d'opposer Arnauld comme adversaire à Malebranche, de l'occuper sur un terrain où, d'embarrassant qu'il était, il deviendrait tout d'un coup utile, et ferait la police de l'Église, bien loin de l'inquiéter : c'était double profit. Arnauld, du reste, n'avait guère eu besoin d'être excité [1].

On a dans ses lettres tout le progrès et la marche de ses dispositions à l'égard de Malebranche. Arnauld avait été informé, par le Père Quesnel, qui était encore en France, de ce que Malebranche préparait. En janvier 1680, il lui fait faire, par le même canal, ses recommandations, et lui propose une difficulté qu'il trouvait à son explication de l'âme. Il avait lu le nouvel ouvrage manuscrit, et avait été d'avis qu'on ne l'imprimât point. Quand il vit le fâcheux effet que produisait le système, il fut tenté aussitôt de travailler à le réfuter (janvier 1681); mais il était alors occupé à une Défense des versions de l'Écriture en langue vulgaire, qui était une suite de sa Réfutation de Mallet. Quoi qu'il fasse d'ailleurs, il s'empresse de rassurer par lettres le marquis de Roucy, grand ami de Malebranche (et devenu par alliance cousin d'Arnauld), et lui dit que, même en cas de réfutation, il ne se brouillera pas avec l'auteur :

« Je connois particulièrement le docteur (*c'est lui-même Arnauld*) que vous avez peur qui ne se brouille avec notre

---

1. Arnauld n'entrait guère volontiers dans des sujets d'ouvrage que par la contradiction et la polémique. Dans un temps, l'évêque de Grenoble, Le Camus, aurait voulu le voir composer quelque traité de l'*Amour de Dieu:* « Je lui ai écrit déjà pour l'exhorter à travailler sur l'*Amour de Dieu* ; mais il me dit qu'il avoit tant d'autres affaires qu'il ne pouvoit s'y appliquer. *Pour l'y déterminer, il faudroit lui donner quelque livre à réfuter sur cette matière : cela l'animeroit davantage.* » (Lettre de M. Le Camus à M. de Pontchâteau, du 18 août 1676.) C'était connaître son homme.

ami sur le sujet de son nouveau système de la Nature et de la Grâce, et ainsi, Monsieur, vous n'avez rien à craindre de ce côté-là : car n'estimant pas moins que moi l'auteur du système et pour son esprit et pour sa piété, et sachant d'ailleurs le cas que je fais et que je ferai toujours de son amitié, je vous assure que, quoi qu'*il* fasse, ce sera toujours avec tant d'honnêteté et tant de modération, que notre ami n'aura pas sujet de s'en tenir offensé. Il sait trop bien, ce que vous marquez dans votre lettre, que ç'a toujours été une règle entre les honnêtes gens, de pouvoir être de différent avis, sans que l'amitié en soit blessée, et que cela est vrai principalement au regard des vérités chrétiennes, que chacun est obligé de défendre selon les lumières que Dieu lui donne, sans aucun respect humain.... »

Et là-dessus Arnauld exprime son jugement sur l'ouvrage, et témoigne son étonnement « qu'un si grand esprit et si ennemi des simples probabilités » ait pu tellement se laisser éblouir par ses nouvelles lumières, qu'il ait pris pour des démonstrations convaincantes les preuves qu'il donne et qui n'en sont pas. Mais quoique ce soit là son jugement, il n'a pas encore de dessein arrêté d'écrire contre le livre (mai 1681). Il réitère, en plus d'une lettre, cette assurance que le dissentiment d'opinion, et la franchise à dire ce qu'on pense, ne doivent point produire de brouille entre amis chrétiens :

« Je les renouvelle encore ici (ces protestations), que ce que je ne puis approuver dans son ouvrage ne diminue en aucune sorte l'affection que j'ai et que j'aurai toujours pour lui. Je vous avoue sincèrement que je ne l'ai lu qu'une fois, mais avec tant d'application que je l'ai encore présent à l'esprit, et que j'y ai souvent rêvé depuis. Mais plus j'y songe, et moins je trouve de solidité à tout ce qu'il croit avoir démontré. Je ne m'étonne pas de ce que vous dites qu'il porte à Dieu ; car *il a un certain air grand et magnifique qui enlève et qui éblouit.* Mais vous m'avouerez que ce livre n'en seroit que plus dangereux, si l'idée qu'il donne de Dieu n'étoit pas conforme aux vérités de la foi. »

Étant enfin débarrassé de ses autres occupations, il prend son parti et se met à relire ce *Traité de la Nature et de la Grâce* en vue d'une réfutation expresse (janvier 1682). Pour ne rien hasarder, il lit ensuite les Éclaircissements de *la Recherche de la Vérité* auxquels l'auteur renvoie ceux qui veulent le bien entendre et avoir la clef de son dernier traité. Les témoignages d'estime se retrouvent sous la plume d'Arnauld, lors même qu'il marque de plus en plus son regret et sa douleur que quelques amis imprudents se soient tant pressés de tirer des mains de l'auteur et de publier un écrit si plein de *choses nouvelles et surprenantes :*

« Mais cela n'empêche pas que je n'aie toujours une grande estime de son esprit, de sa vertu et de sa piété. *Il écrit d'une manière si noble et si vive*, qu'il est à craindre que, contre ses propres règles, il ne surprenne souvent le lecteur par les agréments de son discours, lorsqu'il prétend ne l'emporter que par la force de ses raisons. Il paroît qu'il n'est attaché qu'à la vérité, et que, s'il ne la trouve pas toujours, ce n'est pas qu'il ne la cherche toujours de bonne foi ; mais c'est que tout homme est homme…. »

Arnauld admet volontiers ce que Malebranche assure, qu'il n'a entrepris d'écrire ce dernier traité que pour faire entrer *quelques esprits plus philosophes que chrétiens* dans les véritables sentiments de la religion et dans la reconnaissance des obligations qu'on doit avoir à Jésus-Christ :

« Mais vous dirai-je, Monsieur (c'est toujours au marquis de Roucy qu'il s'adresse), que c'est cela même qui peut l'avoir ébloui, et lui avoir fait prendre des preuves foibles pour de véritables démonstrations ? On s'imagine aisément que les choses sont telles que l'on désire qu'elles soient, quand on le désire fortement : *Qui amant ipsi sibi somnia fingunt….* »

Avant qu'Arnauld eût rien publié ni même commencé d'écrire de ses réfutations, son jugement transpirait ; ses amis de Paris étaient aux écoutes de son opinion sur toute production nouvelle : Malebranche attribuait à son influence la contradiction que le livre rencontrait en plus d'un endroit. Arnauld s'en excuse (avril 1682); il se croit sans doute plus discret qu'il ne l'a été, et dit que, « n'ayant rien gâté, il n'a rien à raccommoder. » Mais il s'apprête à gâter bien des choses.

Avant d'attaquer directement le point théologique, il voulut, par manière de prélude, remonter au principe purement philosophique et métaphysique de l'auteur sur les *Idées* et sur ce que *nous voyons tout en Dieu*; de là son traité *des Vraies et des Fausses Idées* : « Ce n'est qu'une bagatelle, écrivait-il à M. Du Vaucel (18 juin 1683), mais qui peut servir pour apprendre à l'auteur du nouveau système touchant la Grâce, qu'il ne doit pas avoir tant de confiance en ses méditations » Nous verrons quelle vigoureuse *bagatelle* (puisque bagatelle il y a) ce petit traité est devenu aux mains d'Arnauld :

Tel Hercule filant rompait tous les fuseaux.

Arnauld ne prétendait aucunement fâcher Malebranche par ce premier coup; c'était un avertissement amical de prendre garde : en pointant de la sorte pour commencer, et en frappant à la tête son idole favorite au sommet de sa métaphysique, il ne voulait que lui donner une leçon et lui prouver qu'il avait eu tort de se risquer dans le domaine théologique, où l'on tirerait sur lui encore plus à coup sûr.

Le traité *des Vraies et des Fausses Idées* est adressé sous forme de lettre à cet ami commun, le marquis de Roucy; les premières réponses de Malebranche lui sont adressées également : « D'abord, remarque malicieusement Fontenelle, les deux adversaires, en lui parlant l'un de l'autre, disoient souvent *notre ami*. Mais cette expression vient à disparoître dans la suite; il lui succède des reproches assaisonnés de tout ce que la charité chrétienne y pouvoit mettre de restrictions et de tours qui ne nuisissent guère au fond. » Nulle part, en effet, on ne voit mieux la façon dont une amitié s'en va périssant peu à peu dans une dissidence d'idées, et la prise à partie qui s'anime, et l'athlète bientôt piqué à ce jeu qui devient une guerre.

On a d'avance la représentation de ce qui aura lieu quelques années plus tard entre Bossuet et Fénelon : Arnauld également génie guerrier et souverain [1], Malebranche génie pacifique.

Moralement, c'est là une remarque à tirer de cette dispute, et qui n'intéresse pas moins que les résultats métaphysiques et logiques : on se flatte de ménager l'amitié en maintenant la vérité; on se promet de garder les mesures, on espère décharger son opinion sans offenser l'affection d'autrui. On est presque sûr de convaincre *l'autre*, on est sûr du moins d'être pardonné; et soi-même, à la première riposte, on ne pardonne pas, et toute la personne s'engage.

« Que si, contre mon intention, il m'échappoit quelque terme qui fût trop dur, je lui en demande pardon par avance. » Arnauld était encore dans ces dispositions au mois d'avril 1682. — Il travailla d'abord à ce livre préliminaire sur la nature des *Idées*, qu'il détacha et qui parut en 1683. Après quoi il passa à ses *Réflexions philosophiques et théologiques* sur le *Traité de la Nature et de la Grâce*. L'application et le travail opéraient en lui; à mesure qu'il avançait, sa plume ardente et forte ne se tenait plus et, bon gré mal gré, en venait aux grands coups. Il écrivait à Nicole, le 31 décembre 1683 :

« Je suis bien aise de vous entretenir de ce qui m'occupe

---

1. Arnauld esprit raisonneur toutefois plus que souverain, et Bossuet esprit monarque encore plus que guerrier.

présentement. Je continue toujours à travailler contre l'auteur du système. Outre le livre des *Idées*, j'ai achevé aujourd'hui le second livre des *Réflexions philosophiques et théologiques*; et je ne sais si je pourrai mettre dans le troisième tout ce que j'ai encore à dire contre le système. Car, outre la Grâce et la liberté par où je finirai, j'ai encore à traiter tout ce qui regarde l'âme de Jésus-Christ, comme cause occasionnelle de la Grâce, que je n'ai pu faire entrer dans le second livre, parce qu'il auroit été trop gros. J'ai augmenté le premier livre, depuis qu'il a été vu (des amis), de près de la moitié ; de sorte qu'il est assurément beaucoup plus fort et plus beau qu'il n'étoit auparavant. Et néanmoins je ne sais si je me flatte, le second livre me paroît encore tout autre chose. Mais quoiqu'il n'y ait rien d'injurieux, j'ai peur qu'en quelques endroits on ne le trouve pas assez proportionné à la délicatesse du siècle. J'attends à y mettre la dernière main et à le radoucir un peu, si cela est nécessaire, que j'aie vu la Réponse aux *Idées*: car elle pourroit être telle que l'on n'exigeroit pas de moi un si grand ménagement. Depuis le temps qu'on dit qu'elle est faite et donnée à imprimer, elle devroit être publique.... »

Arnauld ne serait vraiment pas fâché que Malebranche passât les bornes en répondant, pour n'avoir plus à les garder lui-même, et pour pouvoir livrer sa bataille rangée en toute conscience :

« Ne vous étonnez pas (toujours à Nicole) si, malgré la résolution que j'avois prise d'être fort doux, je ne puis m'empêcher quelquefois d'être un peu fort, non dans les termes, car je ne pense pas qu'il y en ait dont on se puisse plaindre, mais dans la manière de réfuter, un peu vive. C'est qu'en vérité *plus j'avance dans ce travail, plus je suis touché des renversements que ces imaginations métaphysiques font dans la religion.* Cependant il a des disciples, et sa manière d'écrire a quelque chose qui peut éblouir bien des gens, quoique, à vous dire le vrai, je ne trouve guère moins à redire à sa rhétorique qu'à sa logique, surtout dans ses *Méditations*: car *il y est si guindé, et il affecte si fort de ne rien dire simplement, qu'il est lassant,* et que, s'il se fait estimer par là à ceux qui aiment une éloquence pompeuse, il donne plutôt du dégoût que du plaisir à ceux qui approuvent davantage celle qui est plus naturelle. Ce n'est pas néanmoins à quoi je m'arrête ; je ne lui ferai jamais de procès làdessus, et j'avoue qu'à cela près qui se pourra corriger avec l'âge [1], il écrit fort bien. Mais ce que j'ai de la peine à souffrir, est qu'il garde si peu le caractère qu'il s'attribue à lui-même, *de parler clairement et par ordre, et de répandre la lumière dans les esprits attentifs* : car je trouve au contraire peu d'ordre dans ce qu'il traite, peu de clarté dans les choses qu'il devoit avoir eu plus de soin de bien faire entendre parce qu'elles lui sont particulières, peu d'exactitude à donner aux principaux termes de la matière de son traité une notion fixe et arrêtée, afin d'éviter les contradictions où l'on tombe en les prenant en divers sens, et surtout peu de justesse dans les raisonnements et dans les preuves, pour ne pas dire qu'il est difficile de s'en imaginer de plus pitoyables dans un homme qui se vante de ne rien avancer qu'il ne démontre, surtout ce qui lui est particulier. Si c'est là ce qu'on appelle *répandre la lumière dans les esprits attentifs*, je ne sais ce qu'il faudroit faire pour y répandre les ténèbres : car, dans la vérité, c'est de quoi il remplit ceux qui le lisent, et qui se laissent prévenir de ces nouvelles opinions ; quoiqu'outre cela, je sois assuré qu'il y en a beaucoup de ceux-là qui ne savent ce qu'ils approuvent quand ils approuvent ses sentiments, tant il est difficile de les bien comprendre dans le fond et dans les suites, à moins qu'on n'y ait une application tout à fait extraordinaire. Et c'est à quoi j'ai pris le plus de peine, de bien démêler tout ce que sa doctrine a de particulier, et de le mettre dans un grand jour, m'étant persuadé qu'on en pouvoit dire ce que saint Jérôme disoit aux Pélagiens: « *Sententias vestras prodidisse, superasse est* (Avoir mis vos pensées dans tout leur jour, c'est les avoir réfutées) [2]. »

1. Malebranche avait alors quarante-cinq ans : Arnauld parle de lui comme d'un jeune homme qui n'est pas encore formé.
2. A aucun moment de la dispute, et même lorsqu'elle fut le plus animée, Arnauld (il faut lui rendre cette justice) n'eut l'idée de reprocher à Malebranche ses variations d'opinion en matière de Grâce, variations dont il avait la preuve dans sa Rétractation de

Nicole, dont le système était, en beaucoup de choses, qu'*il valait mieux laisser étouffer les sentiments peu à peu que d'y appliquer l'esprit en les faisant l'objet d'une contestation réglée*, écrivait à Arnauld (5 mai 1684) : « Vous ne concevrez jamais assez les effets que font les duretés des écrits sur l'esprit du monde, et principalement des amis.... Quelque chose de dur et d'aigre, dans les personnes que l'on aime, met les gens au désespoir, et cause des afflictions plus sensibles que je ne vous le saurois exprimer.... » Mais déjà les réponses de Malebranche sur l'humeur *chagrine* de M. Arnauld avaient mis celui-ci à l'aise ; la douceur et les ménagements n'étaient plus de saison : il n'y avait plus lieu à des conseils là-dessus. Nicole lui-même accorda tout et passa condamnation sur la forme. Les amis de l'un et de l'autre adversaire n'eurent plus qu'à prendre parti, à se ranger dans l'un des deux camps, et à juger de la justesse et de la vigueur des coups, sans plus d'égard au procédé courtois qui était bien loin et qui avait volé en éclats avec la première lance.

Tâchons donc aussi de juger un peu, à notre tour, du poids et de la force des coups.

Pour simplifier, nous ne prendrons que les écrits principaux : chez Malebranche, *la Recherche de la Vérité*; et chez Arnauld, le traité *des Vraies et des Fausses Idées*, qui en est la réfutation pour la partie essentielle et

---

la signature du Formulaire, envoyée autrefois et conservée depuis à Port-Royal : « J'ai bien songé, écrivait-il au Père Quesnel (15 février 1684), au papier qu'il a donné il y a dix ou douze ans ; mais j'aimerois mieux qu'on m'eût coupé la main que de lui en faire aucun reproche; rien ne seroit plus malhonnête que d'abuser de cette confiance. Mais sachant cela, comment ose-t-il dire dans un livre imprimé qu'il n'a jamais été dans nos sentiments touchant la Grâce? C'est sur quoi aussi je ne le pousse point : car il m'est fort indifférent qu'il en ait été, ou qu'il n'en ait pas été. »

théorique ; — chez Malebranche, le *Traité de la Nature et de la Grâce*; et chez Arnauld, les *Réflexions philosophiques et théologiques* qui le réfutent.

Le livre de *la Recherche de la Vérité*, le premier ouvrage de Malebranche et qui est resté le plus célèbre et le plus lu, n'offre pas tout le développement de son système. Ce n'en est pas moins le plus beau, ce n'en est que plus aisément (à cause de cet incomplet même) le plus accessible et le plus persuasif de ses livres [1].

Le dessein de Malebranche, qui va paraître si ambitieux quand on l'aura dans son ensemble, y est introduit d'une façon modeste. Que veut l'auteur? ramener un peu l'homme chez soi, dans sa pensée, dans cette portion la plus excellente de lui-même par laquelle il est uni avec la suprême Vérité, mais dont il s'écarte et se laisse distraire trop communément par tant de nécessités vulgaires, par tant de recherches curieuses, de vaines sciences, et qui sont tout au plus des divertissements d'honnêtes gens : « Étant toujours hors de chez eux, ils ne s'aperçoivent point des désordres qui s'y passent. Ils pensent qu'ils se portent bien, parce qu'ils ne se sentent point. Ils trouvent même à redire que ceux qui connoissent leur propre maladie se mettent dans les remèdes ; et ils disent qu'ils se font malades, parce qu'ils tâchent de se guérir. »

C'est encore plus comme *moraliste*, ce semble, que comme *méditatif* que se présente l'auteur ; c'est le mélange de ces deux qualités ensemble qui fait tout d'abord l'insinuation.

L'erreur est la cause de la misère des hommes ; elle est le mauvais principe qui a mis le mal au monde et qui l'entretient : quoi de plus légitime que de faire

---

[1]. Comme système toutefois, les *Méditations* et le *Traité de la Nature et de la Grâce* ont bien de la beauté.

effort pour s'en délivrer soi et ses semblables ? Certainement cet effort ne sera point tout à fait inutile et sans récompense, même si on ne réussit pas autant qu'on l'aurait souhaité. Si les hommes ne deviennent pas infaillibles, ils se tromperont beaucoup moins ; s'ils ne se délivrent pas de tous leurs maux, ils en éviteront au moins quelques-uns. « En un mot, comme on désire avec ardeur un bonheur sans l'espérer, on doit tendre avec effort à l'infaillibilité sans y prétendre. »

C'est de ce ton que l'auteur débute, affectueux, bienveillant, modeste, espérant. Il a en lui une source de facilité, de bon espoir, d'optimisme, qu'il vous communique : « Il ne faut pas s'imaginer qu'il y ait beaucoup à souffrir dans la recherche de la vérité, il ne faut que se rendre attentif aux idées claires que chacun trouve en soi-même et suivre exactement quelques règles.... L'exactitude de l'esprit n'a presque rien de pénible : ce n'est point une servitude comme l'imagination la représente ; et si nous y trouvons d'abord quelque difficulté, nous en recevons bientôt des satisfactions qui nous récompensent abondamment de nos peines.... » Ainsi, dès le premier pas, Malebranche aplanit l'aspect ; il nous promet des routes non escarpées, et il tient sa promesse. Il saura nous élever sans secousse, sans effroi, sans vertige. Ce n'est pas encore ce *certain air grand et magnifique* (dont parle Arnauld) qui enlève et qui éblouit, c'est un certain air serein et pacifique qui appelle et qui attire.

Dès l'abord, l'idée qu'il nous donne du mal et de la Chute n'a rien qui nous terrifie, de cette terreur que nous avons ressentie avec Jansénius, d'après saint Augustin : rien de tel ; les choses sont plus simples et plus larges : l'idée de la perversion y est bien moins accusée. On a évidemment affaire à un peintre qui n'a pas eu grand'peine à se démêler de la glu des sens :

tout le coloris du tableau s'en ressent. Le premier homme avant la Chute, l'Adam primitif était naturellement porté à l'amour de Dieu et aux choses de son devoir par la connaissance qu'il avait de Dieu comme de son bien ; et de plus il avait les mêmes sens que nous, par lesquels il était averti, sans être détourné de Dieu, de ce qu'il devait faire pour son corps :

« Il sentoit comme nous des plaisirs, et même des douleurs ou des dégoûts prévenants et indélibérés ; mais ces plaisirs et ces douleurs ne pouvoient le rendre esclave ni malheureux comme nous, parce qu'étant maître absolu des mouvements qui s'excitoient dans son corps, il les arrêtoit incontinent après qu'ils l'avoient averti, s'il le souhaitoit ainsi : et sans doute il le souhaitoit toujours à l'égard de la douleur. Heureux, et nous aussi, s'il eût fait la même chose à l'égard du plaisir, et s'il ne se fût point distrait volontairement de la présence de son Dieu, en laissant remplir la capacité de son esprit de la beauté et de la douceur espérée du fruit défendu[1] (ou peut-être d'une joie présomptueuse excitée dans son âme à la vue de ses perfections naturelles, ou enfin d'une tendresse naturelle pour sa femme, et d'une crainte déréglée de la contrister ; car apparemment tout cela a contribué à sa désobéissance)!

« Mais après qu'il eut péché, ces plaisirs qui ne faisoient que l'avertir avec respect, et ces douleurs qui, sans troubler sa félicité, lui faisoient seulement connoître qu'il pouvoit la perdre et devenir malheureux, n'eurent plus pour lui les mêmes égards : ses sens et ses passions se révoltèrent contre lui ; ils n'obéirent plus à ses ordres, et ils le rendirent, comme nous, esclave de toutes les choses sensibles.

« Ainsi les sens et les passions ne tirent point leur naissance du péché, mais seulement cette puissance qu'ils ont de tyranniser les pécheurs ; et cette puissance n'est pas tant un désordre du côté des sens que de celui de l'esprit et de la volonté des hommes, qui, ayant perdu le pouvoir qu'ils

---

1. Ce qui suit entre parenthèses a été ajouté par Malebranche en manière d'interprétation du *fruit*, et ne se trouvait pas dans les premières éditions.

avoient sur leurs corps, et n'étant plus si étroitement unis à Dieu, ne reçoivent plus de lui cette lumière et cette force, par laquelle ils conservoient leur liberté et leur bonheur. »

Il résulte de cette théorie simple de la Chute, que le mal est bien moins l'introduction de quelque chose de nouveau dans l'homme que la suppression, par le fait de l'homme, d'une portion de ressort qui avait été laissée à son choix.

« Quoique, dans l'état où nous sommes, il y ait obligation de combattre continuellement contre nos sens, on n'en doit pas conclure qu'ils soient absolument corrompus et mal réglés.... Car si l'on considère qu'ils nous sont donnés pour la conservation de notre corps, on trouvera qu'ils s'acquittent admirablement bien de leur devoir; et qu'ils nous conduisent d'une manière si juste et si fidèle à leur fin qu'il semble que c'est à tort qu'on les accuse de corruption et de déréglement.... Nos sens ne sont pas si corrompus qu'on s'imagine ; mais c'est le plus intérieur de notre âme, c'est notre liberté qui est corrompue. »

Malebranche aime les lois générales, les volontés générales de Dieu, une fois établies; il n'aime pas que Dieu y revienne à deux fois ni à mille. Il n'estime pas qu'il soit digne de la majesté ni de la simplicité du plan divin primitif, même après qu'il a été gâté par le péché, d'exiger un raccommodement trop imprévu, trop dispendieux. Il veut que le suprême Horloger (il emploie quelque part la comparaison) ait fait du premier coup la montre du monde pour aller toute seule ou presque toute seule[1],

---

1. C'est dans ce *presque* qu'est la difficulté pour Malebranche. Il n'est pas purement philosophe, il est théologien. La Chute et la réparation lui incombent; tout son effort est pour les expliquer. Il veut que l'Horloger suprême ait eu à se déranger le moins possible pour retoucher à l'harmonie du monde, une fois réglée. — « Mais pourquoi, lui opposeront les philosophes naturistes, en s'emparant de son dire, pourquoi, alors, ne pas admettre qu'il n'ait pas eu à se déranger du tout, et que les choses soient de toute éternité dans

en prévision de toutes les secousses et de tous les accidents. Dieu, dès l'abord, avait établi un ordre dans lequel la liberté de l'homme entrait ; cette liberté ayant usé en un certain sens d'elle-même et s'étant dispensée d'un poids naturel qui la portait vers Dieu, le reste est devenu mauvais par cette seule suppression et par simple manque d'équilibre ; car la Chute ici n'est plus qu'un manque d'équilibre. Ce qui est à faire, c'est donc de demander à Dieu le poids de sa Grâce et cette *délectation prévenante* que Jésus-Christ nous a particulièrement méritée, pour faire contre-poids aux sens, qui nous tirent trop exclusivement aux choses corporelles.

Ce qui est encore à faire de nous-mêmes, c'est de tâcher de rejeter avec soin toutes les idées confuses que nous avons par la dépendance où nous sommes tombés du corps, et d'en revenir autant qu'il se peut aux idées claires et évidentes que reçoit l'esprit par sa communication avec la Vérité éternelle.

La seule cause (efficiente) de l'erreur dans nos jugements comme dans nos actions, à l'égard du vrai comme à l'égard du bien, est le mauvais usage que nous faisons de notre liberté ; mais il y a plusieurs causes *occasionnelles* d'erreur dans nos autres facultés, c'est-à-dire : 1º dans nos sens ; 2º dans notre imagination ; 3º dans notre entendement pur ; 4º dans nos inclinations ; 5º dans nos passions. L'ouvrage de Malebranche n'est que la recherche des causes d'erreurs dans ces divers ordres ; et il finit par une méthode et l'exposé de quelques règles générales pour les éviter. C'est cette méthode qui est

---

un train régulier inévitable ? » A cela Malebranche, pur philosophe et réduit à son principe, serait assez embarrassé de répondre ; Malebranche, chrétien et oratorien, oppose l'Écriture, la Révélation, saint Augustin, le sentiment moral, et, pour parer à l'inconvénient, il se met en frais d'inventions et d'explications métaphysiques encore plus étranges qu'ingénieuses.

proprement le but et la conclusion de l'ouvrage ; son livre n'est qu'une reprise du Discours sur la Méthode de Descartes, plus développée, plus éclaircie par des exemples. Il y en a d'assez rares et où il fait preuve de ses connaissances en optique. Là où les exemples semblent moins neufs, Malebranche s'en excuse humblement :
« Je ne prétends pas instruire tout le monde ; j'instruis les ignorants et j'avertis seulement les autres, ou plutôt je tâche ici de m'instruire et de m'avertir moi-même. »

Il est vrai que chez Malebranche l'étendue et le détail des exemples est ce qui charme et attache le plus, et c'est le chemin qu'il prend, plutôt que le but, qui donne à son livre son caractère ; il le sent bien, et lui-même nous le dit avec une ingénuité dégagée :

« Je suis bien aise que l'on sache que mon dessein principal, dans tout ce que j'ai écrit jusqu'ici de la Recherche de la Vérité, a été de faire sentir aux hommes leur foiblesse et leur ignorance, et que nous sommes tous sujets à l'erreur et au péché. Je l'ai dit et je le dis encore, peut-être qu'on s'en souviendra : *je n'ai jamais eu dessein de traiter à fond de la nature de l'esprit* [1] ; mais j'ai été obligé d'en dire quelque chose pour expliquer les erreurs dans leur principe, pour les expliquer avec ordre, en un mot pour me rendre intelligible : et si j'ai passé les bornes que je me suis proposées, c'est que j'avois, ce me sembloit, des choses nouvelles à dire, qui me paroissoient de conséquence, et que je croyois même qu'on pourroit lire avec plaisir. Peut-être me suis-je trompé ; mais je devois avoir cette présomption, pour avoir le courage de les écrire : car le moyen de parler, lorsqu'on n'espère pas d'être écouté ? Il est vrai que j'ai dit beaucoup de choses qui ne paroissent point tant appartenir au sujet que je traite... ; je l'avoue : mais je ne prétends point m'obliger à rien, lorsque je me fais un ordre. Je me fais un

---

[1]. Et en même temps il a pu dire dans sa Préface : « Le sujet de cet ouvrage est l'esprit de l'homme tout entier. » Il en discourt librement et va à travers dans tous les sens.

ordre pour me conduire, mais je prétends qu'il m'est permis de tourner la tête lorsque je marche, si je trouve quelque chose qui mérite d'être considéré. Je prétends même qu'il m'est permis de me reposer en quelques lieux à l'écart, pourvu que je ne perde point de vue le chemin que je dois suivre. Ceux qui ne veulent point se délasser avec moi peuvent passer outre ; il leur est permis, ils n'ont qu'à tourner la page ; mais, s'ils se fâchent, qu'ils sachent qu'il y a bien des gens qui trouvent que ces lieux que je choisis pour me reposer leur font trouver le chemin plus doux et plus agréable. »

La plus subsistante partie de ce livre de *la Recherche de la Vérité* est la critique des erreurs ; c'est celle qui en demeure la plus vraie. Dans ce que l'auteur dit des erreurs des sens, sa physiologie lui fait par endroits défaut; mais dans le démêlé des erreurs de l'imagination (et toujours physiologie à part), il est plus à l'aise, il est plein lui-même de son sujet, et en parle en homme mieux informé encore qu'il ne croit. On l'y trouve moraliste à tout instant, comme Nicole, comme Pascal. Il a mérité d'être appelé par le jésuite Bouhours le *copiste de Pascal;* mais il en est véritablement l'émule original et libre dans cette partie de son livre. Sa plume, moins ferme et moins pénétrante que celle de l'auteur des *Pensées*, a plus de lumière et de largeur que celle de l'auteur des *Essais de Morale*. Il fait des portraits; Tertullien, Sénèque et Montaigne sont saisis par lui, et caractérisés dans leur goût d'images et de traits aigus. Il les condamne comme accordant tout à l'éclat sensible, surtout ce dernier, Montaigne, qui lui devait être si antipathique en effet par sa curiosité répandue au dehors, sa moralité conteuse tout assaisonnée d'histoire et d'érudition, son absence de système développé et pleinement déduit, par ce continuel demi-sourire enfin, qui vous déjoue. Mais dans cette description des auteurs éminents que leur imagination séduit et qui se prennent à l'éblouissant, Malebranche n'oublie-t-il personne? lui qui a si bien su railler, au chapitre des *Passions*, l'Antiquaire, le Commentateur, l'homme d'Université, le sectateur entiché d'Aristote et des Anciens [1], pourquoi ne nous a-t-il pas aussi fait poser le Métaphysicien? à côté de Tertullien, pourquoi pas Origène ou Porphyre? En parlant des écrivains qui ont l'imagination contagieuse et forte, pourquoi s'en tient-il à citer des traits directement pittoresques et un peu grossement matériels? pourquoi ne parle-t-il point de cette autre façon de céder à une imagination pénétrante et subtile, de laquelle s'exhalent comme des odeurs et des vapeurs insaisissables à la vue, ou des émanations finement lumineuses? On en est enveloppé, on les respire, on en vit, et on croit être bien loin des sens, alors qu'on ne fait qu'alléger et que transporter plus haut ses idoles. Et tout d'abord lui-même

---

1. « Les peintres et les sculpteurs ne représentent jamais les philosophes de l'Antiquité comme d'autres hommes : ils leur font la tête grosse, le front large et élevé, et la barbe ample et magnifique. C'est une bonne preuve que le commun des hommes s'en forme naturellement une semblable idée; car les peintres peignent les choses comme on se les figure; ils suivent les mouvements naturels de l'imagination. » — « J'ai vu Descartes, disait un de ces savants qui n'admirent que l'Antiquité, je l'ai connu, je l'ai entretenu plusieurs fois; c'étoit un honnête homme, il ne manquoit pas d'esprit, mais il n'avoit rien d'extraordinaire. — Il s'étoit fait une idée basse de la philosophie de Descartes, parce qu'il en avoit entretenu l'auteur quelques moments, et qu'il n'avoit rien reconnu en lui de cet air grand et extraordinaire qui échauffe l'imagination. Il prétendoit même répondre suffisamment aux raisons de ce philosophe, lesquelles l'embarrassoient un peu, en disant fièrement qu'il l'avoit connu autrefois. Qu'il seroit à souhaiter que ces sortes de gens pussent voir Aristote autrement qu'en peinture, et avoir une heure de conversation avec lui, pourvu qu'il ne leur parlât point en grec, mais en françois, et sans se faire connoître qu'après qu'ils en auroient porté leur jugement! » C'est un peu la pensée de Pascal : « On ne s'imagine d'ordinaire Platon et Aristote qu'avec de grandes robes, etc.... »

qu'a-t-il fait dès le premier chapitre de son livre, en voulant nous définir les facultés de l'esprit, que de recourir à des analogies avec la matière et que de parler à l'imagination? Il avertit bien en effet que ces rapports ne sont pas entièrement justes, que ce ne sont que des à-peu-près, mais, en attendant, il s'en sert toujours :

« De même que l'Auteur de la nature est la cause universelle de tous les *mouvements* qui se trouvent dans la matière, c'est aussi lui qui est la cause générale de toutes les *inclinations* naturelles qui se trouvent dans les esprits : et de même que tous les mouvements se font en ligne droite, s'ils ne trouvent quelques causes étrangères et particulières qui les déterminent, et qui les changent en des lignes courbes par leurs oppositions, ainsi toutes les inclinations que nous avons de Dieu sont droites, et elles ne pourroient avoir d'autre fin que la possession du bien et de la vérité, s'il n'y avoit une cause étrangère qui déterminât et qui détournât l'impression de la nature vers de mauvaises fins. »

Je ne voudrais ni parodier Malebranche ni l'insulter; mais après avoir lu ce qu'il a dit de Montaigne et de Sénèque, de ces deux grands esprits encore plus que grands écrivains, ne serait-on pas en droit de lui dire, à lui :

« Le Métaphysicien qui *voit tout en Dieu* a une ima-
« gination singulière, et qui, pour différer de celles qui
« sont plus en saillie et plus en couleur, n'en est pas
« moins à signaler. Si c'est là une maladie de l'esprit,
« il en est atteint plus noblement qu'un autre, mais au-
« tant et plus qu'un autre. Il se flatte de ne rien dire
« que de clair et d'évident, que de démontré; et tout
« d'abord il admet les choses les plus considérables, et
« qui ne devraient être que le terme dernier de toutes
« les démonstrations réunies. Il sait, pour commencer,
« ce qu'est Dieu, ce qu'est l'âme; il en raisonne absolu-
« ment, et il ne descend au corps et à la matière qu'en

« vertu de considérations tout idéales, toutes ration-
« nelles. S'il parle de l'homme, il commence par savoir
« ce qu'a été Adam avant sa chute, et par quelle se-
« crète inclination il est tombé : le premier homme lui a
« raconté à l'oreille ses sensations intimes plus confi-
« demment qu'à Milton, plus savamment qu'à Buffon.
« Pour le rassurer dans ses conclusions les plus étran-
« ges et dans ses explications les plus extraordinaires
« des mystères de la nature, il suffit à ce philosophe,
« qui se pique de n'aller qu'à la clarté de l'évidence, de
« rencontrer un texte de saint Paul ou de saint Au-
« gustin, qui cadre tant bien que mal avec sa vision et
« qu'il cite en marge : le voilà deux fois illuminé. Il
« écrit « qu'il est ridicule de philosopher contre l'expé-
« rience, » et il ne fait pas autre chose depuis le pre-
« mier pas jusqu'au dernier. Il néglige les faits : les
« méditatifs croient en avoir le droit. Il n'y a rien de
« plus méprisable qu'un fait, a dit l'un d'eux. Oui, mais
« il n'y a rien de plus respectable qu'une série de faits.
« Malebranche n'en tient nul compte; il a, chemin fai-
« sant, des manières d'éclairer sa pensée, il se laisse
« amuser à des exemples qui, seuls, devraient l'avertir
« que les idées qui peuplent son imagination ne sont pas
« saines, comme on juge par un soldat qui s'échappe
« d'une place assiégée, que la garnison est malade. Il
« dira sérieusement en un endroit : « Il est même plus
« difficile de produire un Ange d'une pierre que de le
« produire de rien, parce que pour faire un Ange d'une
« pierre, autant que cela se peut faire, il faut anéantir
« la pierre et ensuite créer l'Ange, et pour créer sim-
« plement un Ange, il ne faut rien anéantir. » Ce n'est
« là qu'une manière d'éclaircissement qu'il apporte à sa
« pensée ; mais on peut juger de la pensée fondamentale
« par celle qui est chargée de l'éclaircir. Le bon sens
« crie sans cesse en le lisant, et l'auteur ne s'en doute

« pas. Il suit, en toute sa marche, un procédé singu-
« lier, l'inverse du naturel. Au lieu d'aller, comme les
« disciples de Bacon, du connu à l'inconnu, il descend
« du révélé au naturel. Il commence par ce qui ne se
« voit pas, par l'incompréhensible, par le miracle, au
« rebours de l'observation et de l'induction. De ce qui
« pourrait être tout au plus la perspective idéale et finale
« des choses, il fait le point de départ et le fondement.
« Veut-il expliquer les effets de ce qu'il appelle une
« *imagination contagieuse*, cette faculté qu'a l'homme
« de recevoir des impressions par contre-coup, par imi-
« tation et par sympathie, la faculté de vibrer et de son-
« ner à l'unisson,

Ut ridentibus arrident, ita flentibus adflent :

« la méthode naturelle et philosophique serait d'obser-
« ver que cela a lieu entre des êtres parce qu'ils sont
« semblables, et d'autant qu'ils sont plus semblables,
« entre des êtres organisés ayant la même forme, le
« même fond, les mêmes délinéaments externes et in-
« ternes, et ces mêmes interprètes sensibles, le visage,
« le regard, la voix, écho et miroir du dedans. Même en
« étant tels, les hommes peuvent bien être en guerre,
« mais ils ont surtout moyen d'être en paix, de vivre en
« harmonie, et cela est mieux. C'est l'effet et le but de
« la civilisation, de faire prévaloir la douceur et les bons
« sentiments sur les appétits sauvages. L'union morale
« est le triomphe de cette culture ; c'en est le produit le
« plus désirable, et le plus beau fruit.

« Mais Malebranche ne procède pas de la sorte. Il
« est monté, il s'est assis tout d'abord au point de vue
« le plus élevé, il se met au lieu et place de Dieu, il est
« au fait des raisons et des déductions divines. En créant
« l'homme, Dieu, dit-il, sait que l'homme est destiné à

« former un ou plusieurs corps de famille et de société,
« dont toutes les parties doivent être unies entre elles
« par des liens. Pour y entretenir cette union, Dieu a
« commandé aux hommes d'avoir de la charité les uns
« pour les autres : « Mais parce que l'amour-propre
« pouvoit peu à peu éteindre la charité et rompre ainsi
« le nœud de la société civile, il a été à propos, pour
« la conserver, que Dieu unît encore les hommes par
« des *liens naturels*, qui subsistassent au défaut de la
« charité, et qui intéressassent l'amour-propre. Ces
« liens naturels, qui nous sont communs avec les bêtes,
« consistent (selon son explication) dans une certaine
« disposition du cerveau qu'ont tous les hommes, pour
« imiter quelques-uns de ceux avec lesquels ils conver-
« sent, pour former les mêmes jugements qu'ils font,
« et pour entrer dans les mêmes passions dont ils sont
« agités. » Ainsi c'est en partant de son ordre divin de
« charité qu'il en vient, par condescendance et sous
« forme de grossier supplément, à accorder ces rap-
« ports naturels de ressemblance et de sympathie phy-
« sique, ces cordes à l'unisson qui, pour d'autres, pour
« les vrais observateurs, sont au contraire le point de
« départ et la base indispensable sur laquelle s'édifie,
« non pas la charité chrétienne (vrai miracle), mais la
« charité sociale, mais la philanthropie et l'humanité.
« Entre Malebranche et les philosophes d'expérience, il
« y a donc divorce absolu, procédé inverse et totale-
« ment contraire. De quel côté est l'emploi de l'imagi-
« nation ? — A l'égard des animaux qui se rapprochent
« le plus de l'homme par des degrés d'intelligence, d'af-
« fection, et par le lien de la domesticité, il méconnaît si
« bien tout rapport qu'il donne un coup de pied à la
« chienne du logis qui est pleine et qui vient le cares-
« ser, et comme elle pousse un cri, il s'excuse en disant :
« *Cela ne sent pas.* »—Disgracié de corps et intéressé à

« s'en passer, n'ayant rien vu du monde réel, n'étant ja-
« mais sorti de la maison de la rue Saint-Honoré que
« pour aller rêver aux champs près de Pontoise, dans
« quelque autre maison de l'Oratoire[1], Malebranche
« réinvente le monde selon le vœu et la vision d'une in-
« telligence très-noble, très-étendue, mais chimérique,
« et qui offre un composé suprême de platonisme, de géo-
« métrie et de christianisme. Un grand et bien spirituel
« historien[2] disait d'un philosophe de nos jours : « Mon
« ami N.[3] dit bien des folies : il ferme les yeux, et il
« s'imagine qu'il voit des statues. » Que Malebranche
« ouvre ou ferme les yeux, il ne voit que son monde
« intelligible et à la fois révélé; il habite en Dieu, il
« converse avec la Raison universelle, il crée avec elle
« la nature; il croit n'être que l'explicateur, et il est
« l'architecte du temple. »

Je n'ai point la prétention d'avoir représenté tout
Malebranche en ce portrait ébauché, mais je suis bien
sûr de ne l'avoir pas plus défiguré que lui-même n'a
fait Sénèque et Montaigne en les dépeignant.

---

1. L'abbé Blampignon, dans son *Étude* déjà citée *sur Malebranche*, me fait dire que je *veux* qu'on cherche les traces du séjour
habituel du célèbre oratorien à la maison de Juilly. Je ne sais où
cet aimable ecclésiastique a pris cela : si c'est dans un article
La Mennais de mes anciens *Portraits contemporains* qu'il a cru
trouver cette opinion, il s'est souvenu inexactement ; car j'ai seulement dit qu'on avait gardé à Juilly la tradition du passage de
Malebranche, ce qui est incontestable. M. Blampignon, en cet endroit, a fait légèrement preuve d'imagination, à l'exemple des
grands philosophes qu'il préfère. Il pouvait, s'il tenait à me réfuter, me prendre à partie sur d'autres points : car les présents chapitres sur Malebranche sont antérieurs de publication à sa thèse.

2. M. Thiers.

3. M. Cousin.

VI

Traité d'Arnauld *des Vraies et des fausses Idées.* — Ce qu'entend Malebranche par *tout voir en Dieu.* — Ce qu'y oppose Arnauld. — La parabole du sculpteur. — Caractère de la dispute : — duel de l'Ange et du Centurion. — Beauté d'imagination : architecture mystique. — Le temple de la Nature et de la Grâce. — Lois générales naturelles ; économie de miracles. — Le Verbe selon Malebranche ; Création et Chute en vue du Christ. — Nouveauté de doctrine. — Éloignement et rélégation de Dieu le Père. — Que devient le *Pater* et le Sermon sur la montagne ? — Rabaissement du Fils, du Verbe incarné. — Un Christ borné qui ne pense pas à tout. — Altération du Christianisme. — Malebranche innocent malgré tout et invulnérable. — Son palais dans les nuages. — Bayle, témoin et railleur. — Leibniz et Arnauld ; le vrai de leurs relations. — Arnauld non philosophe.

Lui qui voit tout en Dieu n'y voit pas qu'il est fou !

C'est un vers de Faydit qui semble être de Voltaire. Arnauld, pour décréditer Malebranche, l'entame par ce point le plus vulnérable de sa théorie, par l'aspect le plus choquant pour le bon sens et le plus impopulaire. Mais ce que le satirique a dit en deux mots qui font rire, Arnauld mettra un volume à l'échafauder et à le démontrer en bonnes formes. A cet âge de soixante-dix ans et plus, il n'a rien perdu de sa force, ni de cette *manière de développer les sujets, qu'on a toujours admirée en lui*[1].

Il commence par poser quelques règles nécessaires pour la recherche de la vérité ; ce sont les mêmes règles par lesquelles conclut Malebranche dans la *Méthode* qui constitue son sixième livre : nous ne devons raisonner que sur des *idées claires;* commencer par *les choses les plus simples et les plus faciles,* et autres prescriptions de cette force, qui, depuis Descartes, sont devenues l'indispensable préambule de toute psychologie vraie ou fausse. A force de les mettre en avant et de les préconiser, il arrive quelquefois qu'on les observe.

Arnauld a pourtant un procédé plus à lui, qu'il indique dans une lettre au marquis de Roucy : *Mettre les arguments de son adversaire en forme, en prenant bien garde si les majeures sont générales et nécessaires; et si les mineures en sont bien certaines.* Il appliquera volontiers cet ordre de bataille dans sa puissante réfutation.

Il remarque d'abord que l'auteur de *la Recherche de la Vérité* n'a pas parlé des *idées* de la même façon dans le cours de son ouvrage. Malebranche en effet, dans tout le premier volume, ne parle des *idées des objets* ou des *perceptions des objets* que comme d'une même chose, comme d'une modification de l'âme; *idées* et *pensées* sont synonymes pour lui durant cette portion de l'ouvrage. Mais en arrivant, dans son troisième livre, à traiter de la *nature des idées,* il commence à varier, et il se met à parler des *idées* comme de certains *êtres représentatifs des objets,* différents des *perceptions* qu'on en a ; il parle de ces *êtres représentatifs* comme *existant réellement* et comme *étant nécessaires pour apercevoir tous les objets matériels.*

---

1. C'est le jugement de Bayle.

Voilà l'émanation qui peu à peu s'élève et l'imagination qui joue.

Arnauld réfute en toutes sortes de manières l'existence des *idées* prises en ce sens comme une sorte de simulacre volatil et de fantôme des objets. Il montre que ce n'est qu'un reste de préjugé de l'enfance, de comparaison sensible empruntée à la réflexion des objets dans un miroir ou dans l'eau. Malebranche, pourtant, entre intrépidement en matière par l'adoption de ces fantômes :

« Je crois, dit-il, que *tout le monde tombe d'accord* que nous n'apercevons point les objets qui sont hors de nous par eux-mêmes. Nous voyons le soleil, les étoiles, et une infinité d'objets hors de nous ; et il n'est pas vraisemblable que l'âme sorte du corps, et qu'elle aille, pour ainsi dire, se promener dans les Cieux, pour y contempler tous ces objets. Elle ne les voit donc point par eux-mêmes, et l'objet immédiat de notre esprit, lorsqu'il voit le soleil par exemple, n'est pas le soleil, mais quelque chose qui est intimement uni à notre âme, et c'est ce que j'appelle *idée*. Ainsi, par ce mot *idée*, je n'entends ici autre chose que ce qui est l'objet immédiat ou le plus proche de l'esprit, quand il aperçoit quelque chose. Il faut bien remarquer qu'afin que l'esprit aperçoive quelque objet, il est absolument nécessaire que l'idée de cet objet lui soit actuellement présente : il n'est pas possible d'en douter. » —

« Voilà, Monsieur, reprend Arnauld (s'adressant au marquis de Roucy), comme il entre en matière : il n'examine pas si ce qu'il suppose comme indubitable, parce qu'on le croit ainsi d'ordinaire, doit être reçu sans examen ; il n'en doute point : il le prend pour un de ces premiers principes qu'il ne faut qu'envisager avec un peu d'attention pour n'en point douter. Il ne se met donc point en peine de nous le persuader par aucune preuve ; il lui suffit de nous dire qu'*il croit que tout le monde en tombe d'accord*. »

« Cependant vous voyez qu'après nous avoir fait entendre, dans le premier chapitre de tout son ouvrage, que *l'idée d'un objet* était la même chose que la *perception de cet objet*, il nous en donne ici toute une autre notion : car ce n'est plus la *perception des corps* qu'il en appelle l'*idée*, mais c'est un certain *être représentatif* des corps, qu'il prétend être nécessaire pour suppléer à l'absence des corps qui ne se peuvent unir intimement à l'âme comme cet *être représentatif*, lequel pour cette raison est *l'objet immédiat et le plus proche de l'esprit* quand il aperçoit quelque chose. Il ne dit pas qu'il est dans l'esprit, et qu'il en est une modification, comme il devoit dire, s'il n'avoit entendu par là que la perception de l'objet, mais seulement qu'il est *le plus proche de l'esprit*, parce qu'il regarde cet *être représentatif* comme réellement distingué de notre esprit aussi bien que de l'objet. »

Arnauld, pour pulvériser ces idées-fantômes, emploie, dans un chapitre à part, la méthode géométrique ; dans un autre chapitre, il explique ces façons de parler ordinaires : « *Nous ne voyons pas immédiatement les choses ; ce sont leurs idées qui sont l'objet immédiat de notre pensée ;* » et : « *C'est dans l'idée de chaque chose que nous en voyons les propriétés.* » Cela n'est vrai qu'en un sens ; c'est que notre pensée ou perception est essentiellement réfléchissante d'elle-même (*sui conscia*), qu'elle est capable d'une réflexion non-seulement instinctive et *virtuelle*, mais encore *expresse* et forte d'attention. Ainsi, quand on dit que nous faisons des idées l'objet de notre pensée, cela doit s'entendre de la réalité objective [1] de la chose dans l'esprit, et non d'un certain *être représentatif* de la chose, qui serait médiateur, partie au dehors et partie au dedans, entre cette chose et mon esprit [2].

---

1. *Objectif*, dans le langage d'Arnauld, a le même sens que plus tard *subjectif* ; et ce que la psychologie gallo-germanique appelle *objectif*, il l'appelle *formel*.

2. « L'Écossais Reid qui a fait de la réfutation de la théorie des idées, considérées comme images intermédiaires, sa grande découverte et son grand cheval de bataille, en accusant tous les philosophes d'avoir donné dans cette erreur (qu'il exagère beaucoup), en excepte le seul Arnauld, qui se trouverait par là même, à ses yeux, un philosophe du premier rang. On se figure aisément avec

Après une quantité de démonstrations de plus en plus pressantes et victorieuses, Arnauld continue toujours, poussant pied à pied l'auteur de *la Recherche de la Vérité* sur les *Éclaircissements* qu'il avait ajoutés à cet ouvrage ; car le système de Malebranche ne s'était formé que successivement, bien que sans secousse. Malebranche a, avant tout, la liaison, l'enchaînement, l'extension. On lui oppose une difficulté, on lui retranche une proposition ; il répond, il substitue, il développe : cela n'a pas l'air d'être en contradiction, bien que cela se modifie beaucoup ; mais une sorte d'*atmosphère intelligible* circule entre les parties successives du système et les lie. Il y a dans son procédé quelque chose d'évolutif, de reproductif avec aisance et variation, sans choc, sans que rien crie : il y a de l'espace. Chaque bouture recompose tout l'arbre. Toutes ces *allonges* inégales de son système sont vivantes et comme animées. A moins de faire comme Fontenelle, comme Voltaire, comme les esprits vifs et sensés qui avec lui se refusent à tout à première vue, il faut, si on lui accorde quelque grand principe et pour peu que l'on consente à entrer dans sa sphère d'idées, il faut faire comme Arnauld, ne pas se laisser prendre à la lumière qui joue et au souffle qui soulève, à ces beaux mots, répétés avec bonheur et largeur, d'*évidence*, de *clarté*, de sentiment *vif et unique*, de sentiment *net et fixe*, mais, comme lui, démonter les pièces, les rapprocher en ordre logique, ranger les arguments en bataille, pour s'apercevoir que tout n'est pas accord et suite, sous cet air d'un ensemble parfait et harmo-

---

quelle allégresse triomphante M. Royer-Collard, en commentan Reid dans son Cours, faisait valoir cette glorieuse exception. On peut voir tout cela dans le *Reid* de Jouffroy. » — Je tire cette note d'une lettre de M. de Rémusat, à moi adressée, sur ces matières où lui-même il est maître.

nieux. — Aussi Malebranche n'aime pas du tout ce *pied à pied*, et demande toujours de l'espace.

Si je tenais devant moi mon lecteur, même le lecteur le moins enclin à ces sortes de considérations, pour lui donner une idée plus précise de la manière d'Arnauld, et de son surcroît de raison à outrance en fait d'escrime logique, je lui lirais quelques-unes des pages de ce Traité, et par l'accent, par quelques remarques interjetées à propos, et en sautant sur ce qui n'est qu'accessoire, je lui ferais toucher au doigt et à l'œil les muscles et les nœuds, les articulations de la méthode : on aurait la figure de l'athlète.

Malebranche n'avait pris tant de soin d'établir la théorie des *idées*, des *êtres représentatifs* distingués des *perceptions*, que pour les projeter en Dieu, qui seul peut faire, à l'égard des esprits, la fonction de cet être représentatif universel des corps. De là le fameux dogme malebranchiste : *Que nous voyons toutes choses en Dieu.*

Il ne faut pas s'imaginer que les métaphysiciens (et je parle surtout de ceux qui, comme Malebranche, sont plus écrivains et poëtes que philosophes) en sachent beaucoup plus que nous sur ces questions d'au delà. Ils prennent leurs premiers aperçus pour des vérités, et s'y affectionnent en les développant. Malebranche ne comprenait pas ces choses dont il discourait si bien, beaucoup plus distinctement que nous ne les comprenons nous-mêmes en le lisant avec quelque attention. Il a beaucoup tâtonné. Un jour qu'il cherchait à s'expliquer comment l'esprit, *qui n'est fait pour apercevoir que les idées qui lui sont présentes*, peut voir et connaître les objets corporels, ces objets qu'il ne peut connaître en eux-mêmes, qu'ils soient prochains ou à distance, il lui passa par la tête un expédient qui lui parut merveilleux pour tourner la difficulté. L'esprit de l'homme lui semblait naturellement en rapport avec l'Esprit universel et créateur, avec la Sagesse éternelle, *qui préside à tous les esprits et qui les éclaire immédiatement, sans l'entremise d'aucune créature:* saint Augustin l'a dit, et Malebranche le croyait. Saint Augustin a dit, de plus, que c'est dans cette Sagesse éternelle que l'homme découvre, dès cette vie, certaines vérités et lois éternelles de géométrie ou de morale. Si donc on pouvait encore faire passer en Dieu, y faire subsister tous les objets de cet univers visible, il devenait naturel et possible, selon Malebranche, que l'âme qui devait être fort en peine de les apercevoir et de les *appréhender* directement, les pût voir du moins dans ce grand miroir réflecteur. Or, Malebranche finit bientôt par découvrir que tous ces objets matériels y sont, qu'ils habitent au sein de Dieu : ils y sont de la seule manière dont ils peuvent y être, non pas matériellement et dans leurs circonstances muables, ce serait faire un Dieu-Univers, mais spirituellement, en tant qu'ayant été une fois compris, voulus, projetés par l'Intelligence créatrice. Dieu a fait les corps, et il les connaissait même avant qu'il y eût rien de fait. Ainsi les corps sont en lui par leurs *essences* ou leurs *idées*. Il y a un lieu immense, intelligible, où s'est fait dès avant la naissance du temps, et où se conserve et se perpétue un grand *rendez-vous* des corps traduits en quelque sorte en esprit, à l'état d'essence, et c'est là que l'esprit de l'homme les peut voir. On ne peut pas dire pour cela qu'on voit Dieu : ce n'est pas voir son essence que de voir en lui les essences des créatures, *comme ce n'est pas voir un miroir que d'y voir seulement les objets qu'il représente.*

Moyennant ce crochet du miroir universel, Malebranche crut avoir paré à tout, et avoir sauvé les difficultés qu'un peu moins de spiritualisme lui eût épargnées.

Mais ces difficultés (en laissant même les plus fortes et les fins absolues de non recevoir) renaissaient en foule jusque dans l'explication qu'on essayait, et elles sortaient de toutes parts : car de ce qu'on verrait en Dieu les essences et les projets primitifs des corps, leurs exemplaires déposés dans ces sortes d'archives éternelles, il ne s'ensuivrait pas qu'on verrait les mouvements, les variations et les mille accidents de ces corps perpétuellement en jeu et en révolution dans la nature : il fallait en outre une révélation continuelle de Dieu à chaque accident nouveau.

En présence d'un tel système, Arnauld n'avait que le choix des objections ; il pressait le vague et très-peu ferme Malebranche, et sur les restrictions qu'il apportait aux idées que nous voyons en Dieu (car il semblait, par endroits, admettre qu'il en est que nous avons en nous-mêmes), et sur ses variations dans la manière d'expliquer celles qu'on y voit. Car de dire qu'on voit en Dieu l'*essence* des corps, c'était beaucoup trop s'avancer ; et Malebranche, qui était entré par cette voie dans son explication merveilleuse, était obligé, l'instant d'après, de reculer. On ne peut ni raisonnablement ni chrétiennement soutenir que nous voyons, dès cette vie, en Dieu la vraie et divine idée de chaque chose, c'est-à-dire l'idée selon laquelle Dieu a fait chaque chose : cette grâce est la condition réservée aux Bienheureux à qui l'essence de Dieu se révèle. Malebranche, dans une première explication, était donc conduit à dire que c'était moins cette idée de chaque chose qu'on voyait en Dieu, que les choses mêmes particulières, à la faveur et comme à l'ombre de ces divines idées. Sur quoi Arnauld remarquait spirituellement que c'était une singulière imagination que de supposer qu'une idée essentielle qui serait en Dieu, et qui y serait trop parfaite et trop haute pour être discernée de nous, pût nous servir à connaître l'objet que cette idée représente: « C'est comme qui diroit que le portrait d'un homme que je ne connoîtrois que de réputation étant mis si loin de mes yeux que je ne le pourrois voir, ne laisseroit pas de me pouvoir servir à connoître le visage de cet homme. »

Mais Malebranche en vint bientôt et se tint à une seconde explication de la manière de tout voir en Dieu. Dans cette seconde explication, il supprime un point qu'on avait pu croire d'abord qu'il supposait, à savoir que Dieu nous découvre *chacune* des idées particulières; il recule même devant la supposition qu'il y ait, à chaque objet du monde matériel, un type précisément correspondant dans le monde intelligible, c'est-à-dire au sein de Dieu: ce qu'Arnauld le blâme de ne pas admettre (car Arnauld a le malheur d'avoir un avis en pareille matière). Comment donc dans cette seconde manière, qui n'est ni la vue des types généraux ni l'aperception de chaque idée particulière, parvient-on à voir les choses en Dieu, selon Malebranche? « *Par l'application que Dieu fait à notre esprit de l'étendue intelligible infinie en mille manières différentes.* »

Qu'est-ce, maintenant, que cette *étendue intelligible infinie* que Dieu a particulièrement à son service comme faisant partie de lui-même et n'étant autre que lui-même, et avec quoi, moyennant je ne sais quelle ouverture et quel mode de communication partielle, il procure à l'âme des figures d'idées sur lesquelles l'âme, pour achever, répand ses sensations? Je m'arrête devant un effroyable galimatias (il faut appeler les choses par leur nom), et je me contente de renvoyer à Arnauld qui s'écrie, après une longue citation de Malebranche sur ce sujet:

« Je ne sais, Monsieur, que vous dire d'un tel discours, j'en suis effrayé : car je trouve qu'il enferme tant de brouilleries et de contradictions, que toute ma peine sera d'en démêler les équivoques et d'en découvrir les paralogismes. »

Il n'appartient qu'à Arnauld, en effet, de se mettre à la besogne. Il s'y met résolûment et porte la cognée à la racine. Il ne prétend rien moins que ruiner le fondement de tout cet échafaudage, qui est que *Dieu renferme en lui une étendue intelligible infinie,* et qui repose sur cette seule preuve que *Dieu connaît l'étendue puisqu'il l'a faite, et qu'il ne la peut connaître qu'en lui-même,* comme si Dieu ne connaissait que ce qui est en lui. Les logiciens et raffinés en ces questions, les juges du camp, pourront apprécier le détail admirablement net et lucide, et poussé à bout en tous sens, de la réfutation victorieuse d'Arnauld. Quant à nous qui n'y entrons pas si avant, et qui restons un peu stupéfaits de cette singulière explication de voir en Dieu chaque être particulier par je ne sais quelle *découpure* et *enluminure* arbitraire que nous ferions d'un quartier de l'*étendue intelligible infinie,* nous nous bornerons à un assez agréable éclaircissement qu'Arnauld va nous fournir :

« Vous me permettrez, Monsieur (dit Arnauld à M. de Roucy), de rendre cela plus sensible par le conte suivant que vous prendrez, comme il vous plaira, pour une histoire ou pour une parabole.

« Un excellent peintre, qui avoit autrefois bien étudié, et qui était aussi habile en sculpture, avoit un si grand amour pour saint Augustin, que, s'entretenant un jour avec un de ses amis, il lui témoigna qu'une des choses qu'il souhaiteroit plus ardemment seroit de savoir au vrai, si cela se pouvoit, comment étoit fait ce grand saint. Car vous savez, lui dit-il, que nous autres peintres désirons passionnément d'avoir les visages au naturel des personnes que nous aimons. — Cet ami trouva comme lui cette curiosité fort louable, et il lui promit de chercher quelque moyen de le contenter sur cela ; et, soit que ce fût pour se divertir, ou qu'il eût eu quelque autre dessein, il fit apporter le lendemain chez le peintre un grand bloc de marbre, une grosse masse de fort belle cire, et une toile pour peindre (car pour une palette chargée de couleurs et de pinceaux, il s'attendit bien qu'il y en trouveroit). Le peintre étonné lui demande à quel dessein il a fait apporter tout cela chez lui. — C'est, lui dit-il, pour vous contenter dans le désir que vous avez de savoir comment étoit fait saint Augustin ; car je vous donne par là le moyen de le savoir. — Et comment cela ? repartit le peintre. — C'est, lui dit son ami, que le véritable visage de ce saint est certainement dans ce bloc de marbre, aussi bien que dans ce morceau de cire ; vous n'avez seulement qu'à en ôter le superflu, ce qui restera vous donnera une tête de saint Augustin tout à fait au naturel, et il vous sera aussi bien aisé de la mettre sur votre toile en y appliquant les couleurs qu'il faut. — Vous vous moquez de moi, dit le peintre ; car je demeure d'accord que le vrai visage de saint Augustin est dans ce bloc de marbre et dans ce morceau de cire : mais il n'y est pas d'une autre manière que cent mille autres. Comment voulez-vous donc qu'en taillant ce marbre pour en faire le visage d'un homme, et travaillant sur cette cire dans ce même dessein, le visage que j'aurai fait au hasard soit plutôt celui de ce saint que quelqu'un de ces cent mille, qui sont aussi bien que lui dans ce marbre et dans cette cire ? Mais quand par hasard je le rencontrerois, ce qui est un cas moralement impossible, je n'en serois pas plus avancé ; car, ne sachant point du tout comment étoit fait saint Augustin, il seroit impossible que je susse si j'aurois bien rencontré ou non : et il en est de même du visage que vous voudriez que je misse sur cette toile. Le moyen que vous me donnez pour savoir au vrai comment étoit fait saint Augustin est donc tout à fait plaisant ; car c'est un moyen qui suppose que je le sais, et qui ne me peut servir de rien si je ne le sais. —

« Il sembloit que l'ami n'eût rien à répliquer à cela ; mais comme ce peintre est fort curieux, il lui demanda s'il n'avoit point le livre de *la Recherche de la Vérité*. Il l'avoit, il l'alla querir, et le mit entre les mains de son ami qui, l'ayant ouvert à la page 547, reprit le discours en ces termes : Vous vous étonnez de l'invention que je vous ai donnée pour vous faire avoir le visage de saint Augustin au naturel : je n'ai fait en cela que ce qu'a fait l'auteur de ce livre pour nous faire avoir la connoissance des choses matérielles, qu'il prétend que nous ne pouvons connoître par elles-mêmes, mais seulement en Dieu ; et la manière dont il dit que nous les connoissons en Dieu est par le moyen d'une *étendue intelligible infinie* que Dieu renferme. Or je ne vois point que le moyen qu'il me donne pour voir dans cette étendue une figure que j'aurois seulement ouï nommer, et que je ne connoîtrois point, soit différent de celui que je vous avois proposé pour vous faire avoir le visage de saint Augustin au naturel. Il dit que, comme mon esprit peut apercevoir une partie de cette étendue intelligible que Dieu renferme, il peut apercevoir en Dieu toutes les figures, parce que, etc.... »

Arnauld continue à démontrer, un peu longuement selon son usage, l'exactitude de sa parabole; nous nous en rapportons à lui.

Cette substance *intelligible* (ou plutôt *inintelligible*) *étendue* de Malebranche importune à toutes sortes d'égards Arnauld. Il est en peine de deviner au juste ce que l'inventeur a voulu faire entendre par là : « Car il en dit des choses si contradictoires qu'il me seroit aussi difficile de m'en former une notion distincte sur ce qu'il en dit, que de comprendre une montagne sans vallée. C'est une créature, et ce n'est pas une créature. Elle est Dieu, et elle n'est pas Dieu. Elle est divisible, et elle n'est pas divisible. Elle n'est pas seulement *éminemment* en Dieu, mais elle y est *formellement;* et elle n'y est qu'*éminemment* et non pas *formellement*. » On voit, par une lettre d'Arnauld à Nicole (17 avril 1684), combien cette étendue *intelligible infinie* lui était suspecte d'être, dans la pensée de l'auteur, une étendue *formelle* et réelle au sens physique[1]. C'est l'endroit par où l'idéalisme de Malebranche confine au Spinosisme. Mais la sincère et pieuse intention de Malebranche ne croyait pas à un si proche voisinage, qui n'était imputable qu'à la pente

---

1. Au sens des Gassendistes ou Épicuriens, qui parlent de l'immensité de l'espace par delà le monde, en disant aussi qu'elle n'est pas matérielle.

des conséquences et à la subtilité extensible du système.

De plus, rien d'ultérieur n'est sorti en ce sens de l'école de Malebranche. Son école même ne lui a pas survécu. Il n'eut pas de disciples puissants, et qui firent marcher après lui le système, mais seulement des disciples caudataires ou amateurs. Sa philosophie excita de violents amours, mais comme une belle femme, et l'enthousiasme pour elle ne se transmit pas hors d'un très-petit cercle de quelques-uns des derniers contemporains. Le danger d'invasion philosophique, signalé et combattu par Bossuet, par Arnauld, devait se renouveler et se réaliser par d'autres endroits, mais non à cette hauteur métaphysique ni dans cette idéale région. Malebranche demeure isolé, unique dans son éloignement. Il demeure présent, à titre surtout littéraire, comme une simple preuve, toujours régnante, qu'on peut faire en français de grands systèmes philosophiques sans recourir à une phraséologie barbare, et sans se départir de la plus excellente langue. Sa gloire est là, et non ailleurs.

Quant au traité d'Arnauld sur les *idées* et qu'il appelait une *bagatelle*, entre tant de réfutations et de *factums* de ce grand controversiste, c'est, je le crois, son plus durable livre, son chef-d'œuvre logique (la *Logique* de Port-Royal n'étant pas de lui seul). C'est la seule pièce qui se détache d'entre tant d'énormes volumes, et que l'on continuera de lire tant qu'on lira Malebranche. Il en est inséparable comme le brûlot cramponné aux flancs du noble navire. Mais n'est-ce pas un grand dédommagement pour Malebranche et presque une manière de victoire dans sa défaite, qu'on ne lise la Réfutation victorieuse qu'à cause de lui, et grâce à lui qui en est le sujet ?

Même pour de simples curieux et qui n'ont garde de

vouloir être autre chose, c'est un singulier spectacle et bien digne d'intérêt, que cette lutte d'Arnauld contre Malebranche. Vieil Entelle aux bras noueux, armé du ceste et de toutes ses lanières pesantes, il étreint, il ramasse, il déchire le nuage lumineux contre lequel il combat et qui prétend se continuer avec le Ciel. Il le pulvérise autant qu'on peut pulvériser un nuage lumineux; celui-ci, dissipé et déchiré par places, se raccommode comme il peut, et, en vertu d'une certaine élasticité, se reforme à la faveur de quelque éclaircissement.

Ou encore, c'est le duel du centurion romain à courte épée, contre le plus beau et le plus angélique des *Éons* nés de Porphyre.

Quel contraste dans l'arène! D'une part, le plus brillant et le plus glissant des corps métaphysiques, des corps incorporels; — et de l'autre, le plus ferme, le plus musculeux et le plus chenu de ceux que Perse appelle *varicosos centuriones*.—Je cherche, en ces diverses images, à rendre l'impression qui m'est restée de tout l'ensemble du duel.

Ce qu'Arnauld ne reconnaît pas assez en combattant son adversaire, et ce qu'un témoin impartial doit proclamer, c'est le sentiment vraiment métaphysique et intuitif de Malebranche, tout opposé aux raisons de l'autre, fortement logiques, déduites et rangées; il y avait, en cela seul, de quoi faire dire fréquemment à Malebranche qu'on ne l'entendait pas :

« Tout ce qui est dans l'homme, remarquait-il, est si fort dépendant l'un de l'autre, qu'on se trouve souvent comme accablé sous le nombre des choses qu'il faut dire dans le même temps, pour expliquer à fond ce que l'on conçoit. On se trouve quelquefois obligé de ne point séparer les choses qui sont jointes par la nature les unes avec les autres, et d'aller contre l'ordre qu'on s'est prescrit, lorsque cet ordre n'apporte que de la confusion, comme il arrive nécessairement en quelques rencontres. Cependant, avec tout cela, il n'est jamais possible de faire sentir aux autres tout ce qu'on pense. Ce que l'on doit prétendre pour l'ordinaire, c'est de mettre les lecteurs en état de découvrir tout seuls, avec plaisir et facilité, ce que l'on a découvert soi-même avec beaucoup de peine et de fatigue. »

C'est à faire à Malebranche de parler de fatigue : il n'en montre jamais. De la façon dont il raconte son embarras à tout exprimer devant ceux qui évitent de le contredire, comme on sent bien qu'il n'en a pas et comme il donne envie de l'imiter !

Arnauld contradicteur a quelques-uns des défauts de son rôle ; toujours en vertu de son habitude logique, et comme il arrive à peu près inévitablement dans l'attaque, il a pu être avec raison accusé par son adversaire d'avoir souvent supprimé, dans l'extrait qu'il donnait des pensées contestables, bien de petites circonstances accessoires, bien des conditions atténuantes que l'auteur y avait attachées, et que, pour plus de commodité ou de rigueur, le réfutateur néglige. Malebranche a relevé, dans ses réponses, plus d'une de ces petites *éclipses*, comme il les appelle, qu'Arnauld, en citant, avait fait subir sans scrupule au texte incriminé. Il est bien vrai que lui-même Malebranche avait recours à ces mêmes petites *éclipses* lorsqu'après avoir exprimé sa proposition d'abord dans des termes acceptables, et accompagnés de restrictions plausibles, il avait besoin de l'en dégager pour la pousser insensiblement à la limite systématique. Ce sont là de ces petits tours de *passe-passe*, il faut le dire, comme les plus honnêtes en ont (et sans cesser de se croire de bonne foi) dans tous les systèmes prolongés ou dans les disputes.

Quoi qu'il en soit, la méthode d'Arnauld demeure

celle de la réfutation puissante ; ce livre *des Vraies et des Fausses Idées* en est un beau modèle, et tout système métaphysique qui ne sera pas de force à soutenir un assaut de ce genre méritera de crouler, même sans assaut.

Malebranche répondit aigrement et faiblement à ce traité d'Arnauld. Il se plaignit qu'on eût porté l'attaque sur un point tout métaphysique qui n'était pas nécessairement lié à la question de la Grâce à laquelle on en voulait venir, et prétendit que cette diversion première, qui ne disposait pas les esprits à son avantage, n'était pas de bonne et loyale guerre. Il appelait Arnauld un esprit *chagrin*, un *vieux docteur ;* il l'accusait de *dogmatiser*. A propos de la jolie parabole du bloc de marbre contenant la figure de saint Augustin, piqué au vif, il répliquait : « Voulez-vous que je vous le dise en ami? vous raillez si mal à propos que vous vous rendez ridicule. » D'amitiés en amitiés de cette sorte, Arnauld, dégagé de toute considération, passa à la réfutation du *Traité de la Nature et de la Grâce*.

Mais le *raccourci*, comme dit Fontenelle, n'est pas favorable à Malebranche, dont la puissance et la beauté consistent surtout dans le développement. Tâchons donc de le laisser exposer et déployer un peu devant nous son système de concorde entre la Nature et la Grâce. C'est à des philosophes surtout qu'il s'adresse, à des raisonneurs comme il n'en manquait pas dès lors, et qu'il s'agissait de ramener à des idées plus religieuses touchant la bonté de Dieu, touchant les mérites et la médiation de Jésus-Christ. En s'appliquant à donner *des preuves nouvelles de vérités anciennes*, il voulait, en quelque sorte, élargir le Christianisme, et retenir par là dans l'Église bien des esprits tout gros d'objections et qui étaient en voie de s'échapper. L'œuvre qu'il tente est celle d'un esprit bienveillant, vaste et magnifique, qui veut montrer Dieu manifestement aimable et adorable aux hommes.

Le *Traité de la Nature et de la Grâce* est divisé en trois discours : le premier, qui traite de la nécessité des lois générales de la Nature et de la Grâce; le second, qui traite des lois de la Grâce en particulier, et des causes occasionnelles qui les règlent et en déterminent l'effet. Le troisième a pour objet d'expliquer la manière dont la Grâce, les différentes sortes de Grâces, agissent au dedans de nous.

Chaque discours, qui a lui-même deux portions, se compose de paragraphes plus ou moins longs, proportionnés toutefois, espèces d'aphorismes, d'oracles métaphysiques, qui marchent plus ou moins comme des strophes, comme des octaves. Ou, si vous voulez, tout ce livre a la beauté d'un temple.

Dans les éditions suivantes, l'auteur a fait suivre chaque paragraphe d'additions ou commentaires qui rompent la première beauté; aussi, pour en jouir, faut-il ne lire que la série des *stances* du texte primitif. On conçoit l'ennui de Malebranche obligé de déranger ainsi toute la beauté de son ordonnance architecturale pour appuyer la solidité. C'est comme un architecte qui, entre chaque ornement d'un temple bâti par lui et chaque colonne, serait obligé par ses critiques à intercaler des supports de bois sur lesquels seraient affichées les objections géométriques qui y ont donné lieu.

Dans la première partie du premier discours, Malebranche pose la nécessité des lois générales dans l'ordre de la nature. Mais il ne procède point par gradations et peu à peu; il entre tout d'abord et nous fait entrer avec lui dans l'oracle :

I.

« Dieu ne pouvant agir que pour sa gloire, et ne la pouvant trouver qu'en lui-même, n'a pu aussi avoir d'autre dessein dans la création du Monde que l'établissement de son Église.

II.

« Jésus-Christ, qui en est le Chef, est le commencement des voies du Seigneur : c'est le Premier-né des créatures, et quoiqu'il naisse parmi les hommes dans la plénitude des temps, c'est lui qui est leur modèle dans les desseins éternels de son Père. C'est à son image que tous les hommes ont été formés, ceux qui ont précédé sa naissance temporelle aussi bien que nous. En un mot, c'est lui en qui tout subsiste ; car il n'y a que lui qui puisse rendre l'Ouvrage de Dieu parfaitement digne de son Auteur. »

Cette idée que *Dieu ne peut agir au dehors que pour se procurer un honneur digne de lui*, qui se trouve au sommet, à la haute source du système de Malebranche, est contestée par Arnauld au nom de saint Thomas et d'autres grands théologiens, comme plus intéressée qu'il ne convient à l'Être souverainement parfait et bon, et qui, *regorgeant, pour ainsi dire, de ses propres biens*, n'a garde de n'avoir voulu agir au dehors que pour s'en procurer de nouveaux. Ce Dieu essentiellement bon a créé le monde pour communiquer sa bonté aux êtres qui ne pouvaient y avoir part avant d'exister. Voilà l'idée plus chrétienne du Dieu créateur, tandis que, dans le but que lui suppose Malebranche, il y a germe de panthéisme, comme on dirait aujourd'hui.

Cela posé toutefois, Malebranche tâche de découvrir quelque chose de la conduite de Dieu pour l'exécution de son grand dessein :

VII.

« Si je n'étois persuadé que tous les hommes ne sont raisonnables que parce qu'ils sont éclairés de la Sagesse éternelle, je serois sans doute bien téméraire de parler des desseins de Dieu, et de vouloir découvrir quelques-unes de ses voies dans la production de son Ouvrage. Mais comme il est certain que le Verbe éternel est la Raison universelle des esprits, et que, par la lumière qu'il répand en nous sans cesse, nous pouvons tous avoir quelque commerce avec Dieu, on ne doit point trouver à redire que je consulte cette Raison, laquelle, quoique consubstantielle à Dieu même, ne laisse pas de répondre à tous ceux qui savent l'interroger par une attention sérieuse. »

C'est ce qui a fait dire à Voltaire dans sa pièce si ingénieuse et si irrévérente des *Systèmes,* ce chef-d'œuvre de raillerie intelligente et de sens commun, que Goethe récitait encore à 80 ans, la sachant par cœur depuis sa jeunesse :

> D'un air persuadé, Malebranche assura
> Qu'il faut parler au Verbe et qu'il nous répondra.

Je continue de choisir les principaux points du traité, j'allais dire les strophes du poëme qui mettent le mieux en saillie la pensée originale :

IX.

« Le commun des hommes se lasse bientôt dans la prière naturelle que l'esprit, par son attention, doit faire à la Vérité intérieure, afin qu'il en reçoive la lumière et l'intelligence ; et, fatigués qu'ils sont de cet exercice pénible, ils en parlent avec mépris ; ils se découragent les uns les autres, et mettent à couvert leur foiblesse et leur ignorance sous les apparences trompeuses d'une fausse humilité. »

Ainsi, pour Malebranche, l'attention métaphysique est une prière. Il y a de l'antique majestueux dans ce novateur philosophe ; il y a du Pythagore. Mais la vraie prière chrétienne en vue de chaque besoin particulier, la prière du *Pater* n'y perd-elle pas ? — Arnauld fait remarquer qu'il ne s'agit là, en effet, que d'une *prière métaphorique,* tout au plus d'un simple désir. Un païen, un incrédule qui s'applique par curiosité à découvrir des vérités de géométrie, prie donc sans le savoir !

XI.

« Lorsqu'on prétend parler de Dieu avec quelque exactitude, il ne faut pas se consulter soi-même, ni parler comme le commun des hommes : il faut s'élever en esprit au-dessus de toutes les créatures, et consulter, avec beaucoup d'attention et de respect, l'idée vaste et immense de l'Être infiniment parfait ; et comme cette idée nous représente le vrai Dieu bien différent de celui que se figurent la plupart des hommes, on ne doit point en parler selon le langage populaire. Il est permis à tout le monde de dire avec l'Écriture que Dieu s'est *repenti* d'avoir créé l'homme, qu'il s'est mis *en colère* contre son peuple, qu'il a délivré Israël de captivité par la force de *son bras;* mais ces expressions, ou de semblables, ne sont point permises aux théologiens, lorsqu'ils doivent parler exactement. Ainsi, lorsqu'on remarquera dans la suite que mes expressions ne sont pas ordinaires, il ne faudra point en être surpris : il faudra plutôt observer avec soin si elles sont claires, et si elles s'accordent parfaitement avec l'idée qu'ont tous les hommes de l'Être infiniment parfait. »

XIII.

« Un excellent ouvrier doit proportionner son action à son ouvrage ; il ne fait point par des voies fort composées ce qu'il peut exécuter par de plus simples ; il n'agit point sans fin, et ne fait jamais d'efforts inutiles. Il faut conclure de là que Dieu, découvrant dans les trésors infinis de sa Sagesse une infinité de mondes possibles, comme des suites nécessaires des lois des mouvements qu'il pouvoit établir, s'est déterminé à créer celui qui auroit pu se produire et se conserver par les lois les plus simples, ou qui devoit être le plus parfait, par rapport à la simplicité des voies nécessaires à sa production, ou à sa conservation. »

XIV.

« Dieu pouvoit sans doute faire un monde plus parfait que celui que nous habitons : il pouvoit, par exemple, faire en sorte que la pluie [1], qui sert à rendre la terre féconde, tombât plus régulièrement sur les terres labourées que dans la mer, où elle n'est pas nécessaire. Mais, pour faire ce monde plus parfait, il auroit fallu qu'il eût changé la simplicité de ses voies, et qu'il eût multiplié les lois de la communication des mouvements, par lesquels notre monde subsiste ; et alors il n'y auroit plus eu, entre l'action de Dieu et son ouvrage, cette proportion qui est nécessaire pour déterminer un Être infiniment sage à agir, ou du moins il n'y auroit point eu la même proportion entre l'action de Dieu et ce monde si parfait, qu'entre les lois de la nature et le monde que nous habitons : car notre monde, quelque imparfait qu'on le veuille imaginer, est fondé sur des lois de mouvement si simples et si naturelles, qu'il est parfaitement digne de la Sagesse infinie de son auteur. »

En essayant d'expliquer le monde par deux simples lois de mouvement qu'il indique, Malebranche se trompe à la suite de Descartes : Newton, qui sans doute lui-même ne dit pas tout, n'était pas encore venu (1687). Mais on peut dire que, philosophiquement parlant et dans son dessein de maintenir la généralité des lois naturelles, Malebranche ne se trompe pas. Il a de hautes et hardies prévisions; il croit que les monstres eux-mêmes ne sont qu'un certain effet produit par une certaine combinaison des lois générales sans une infraction particulière : « Si la pluie tombe sur certaines terres, et si le soleil en brûle d'autres; si un temps favorable aux moissons est suivi d'une grêle, qui les ravage; si *un enfant vient au monde avec une tête informe et inutile*, qui s'élève de dessus sa poitrine et le rende malheureux, ce n'est point que Dieu ait voulu produire ces effets par des volontés particulières ; mais c'est qu'il a établi des lois de la communication des mouvements, dont ces effets sont des suites nécessaires. »

1. Cette image de la pluie est prise à dessein et comme figure de ce qu'est la Grâce dans l'ordre chrétien.

Chrétiennement, il omet trop pourtant une chose essentielle dans toute cette partie de son système. Qu'on me permette de lui faire l'objection chrétienne telle que je la conçois et que je l'entends : c'est qu'à la fois rien n'arrive qu'en vertu des lois générales voulues de Dieu, et aussi qu'en vertu d'une intention présente de sa part, toujours vigilante, toujours renouvelée et appropriée : *là est le mystère ;* mais le chrétien qui sait le mieux les lois générales de la nature et de l'histoire comme M. Hamon ou Du Guet par exemple, ou de nos jours un Hallé, un Cauchy, n'hésite pas à sentir, à chaque point de chaque ressort général ou particulier, à chaque point de chaque fil de l'immense tapisserie, le divin doigt présent, mobile, invisible à qui n'y croit pas : de sorte que le physicien, le physiologiste, qui saurait le mieux les lois générales sans croire à Dieu, serait dans le vrai, mais dans un vrai relativement inférieur, obscur et superficiel, et qu'un chrétien aussi particulier, aussi rigoureux, aussi selon saint Paul que l'on voudra, pourra croire à ces mêmes lois générales, être physiologiste et physicien comme l'autre savant, et sans y voir de contradiction le moins du monde avec le renouvellement providentiel continu. Seulement il saura un ordre de plus, devinant à chaque pas l'ordre supérieur dans l'inférieur, et voyant ici-bas toutes choses *tanquam in speculo.*

Je ne fais, en parlant de la sorte, que balbutier ce que dit et redit en mainte page saint Augustin, le grand fondateur et organisateur du raisonnement chrétien, le théologien artiste par excellence, qui a le mieux réussi, par des prodiges de parole, à traduire l'inexprimable, à concilier l'incompatible, à figurer dans le cercle de la foi l'harmonie et le symbolisme de l'univers sous la conduite de la Sagesse incompréhensible.

Malebranche, si on lui posait le cas en ces termes, ne

dirait certes pas non ; mais il va peu à peu l'oublier et pencher vers les lois générales, de manière à retrancher beaucoup de cette communication perpétuelle et singulière du chrétien avec son Dieu, de ce *doigt de Dieu* partout sensible, de ce miracle continuel qui est l'ordinaire de la vie de tout croyant.

Quant aux miracles à proprement parler, Malebranche, chrétien comme il l'est, ne peut les nier ; mais il les réduit autant que possible. S'il arrive des miracles, ce n'est pas que Dieu change les lois naturelles et se corrige ; c'est que les lois générales de la Grâce, de l'ordre de Grâce, auquel celui de la nature doit obéir et servir, le demandent en quelques rencontres. Et encore il cherchera à expliquer ces miracles dans tous les cas le plus naturellement et avec le moins de frais.

Dans la seconde partie du premier discours, il parle de la nécessité des lois générales de la Grâce. Il ne commence pas moins magnifiquement ni avec moins de *grandiloquence* ici avec le Verbe qu'il n'a fait précédemment avec Dieu le Père, et Jésus-Christ, qu'il rabaissera plus tard, apparaît d'abord dans toute la plénitude de sa divinité :

XXIV.

« Dieu s'aimant par la nécessité de son être, et se voulant procurer une gloire infinie, un honneur parfaitement digne de lui, consulte sa Sagesse sur l'accomplissement de ses désirs [1]. Cette divine Sagesse, remplie d'amour pour Celui dont elle reçoit l'être par une génération éternelle et ineffable,

---

1. Malebranche, qui cherche à se mettre au-dessus des *anthropologies* en parlant de Dieu, ne s'aperçoit pas qu'il en fait lui-même ; seulement il les a plus quintessenciées. « Il n'est pas plus permis à un auteur qui se pique de *parler exactement de Dieu*, observe Arnauld, de le faire *consulter avec sa Sagesse sur l'accomplissement de ses désirs*, que de dire avec l'Écriture qu'*il est en colère* ou qu'*il se repent.* »

ne voyant rien dans toutes les créatures possibles dont elle renferme les idées intelligibles, qui soit digne de la majesté de son Père, s'offre elle-même[1] pour établir en son honneur un culte éternel et, comme Souverain Prêtre, lui offrir une victime qui, par la dignité de sa personne, soit capable de le contenter. Elle lui représente une infinité de desseins pour le Temple qu'elle veut élever à sa gloire, et en même temps toutes les manières possibles de les exécuter[2]. D'abord le dessein qui paraît le plus grand et le plus magnifique, le plus juste et le mieux entendu, est celui dont toutes les parties ont plus de rapport à la personne qui en fait toute la gloire et toute la sainteté ; et la manière la plus sage d'exécuter ce dessein, c'est d'établir certaines lois très-simples et très-fécondes pour le conduire à sa perfection. Voilà ce que la Raison semble répondre à tous ceux qui la consultent avec attention, et suivant les principes que la foi nous enseigne. Examinons les circonstances de ce grand dessein, et nous tâcherons ensuite de découvrir les voies de l'exécuter. »

Dieu n'a fait le monde que pour son Église, c'est-à-dire pour Jésus-Christ ; l'homme lui-même n'a été créé qu'à l'image de Jésus-Christ, et pour servir, aux mains de Jésus-Christ, de matériaux et d'ornement au Temple :

XXX.

« Ce qui fait la beauté du Temple[3], c'est l'ordre et la variété des ornements qui s'y rencontrent. Ainsi, pour rendre

---

1. Arnauld fait remarquer qu'ici Malebranche suppose que le dessein de l'Incarnation est venu du Fils et non du Père, contre ce que Jésus-Christ dit lui-même dans l'Évangile : « *Sic Deus dilexit mundum ut Filium suum unigenitum daret.* »

2. Arnauld fait encore remarquer que c'est là renverser l'ordre des *processions* divines : « Car c'est donner une idée du Père, comme apprenant du Fils ce qu'il n'auroit pas su auparavant, au lieu que le Fils n'a rien qu'il n'ait reçu du Père, comme Jésus-Christ le dit si souvent dans l'Évangile. »

3. Dans la première édition (1680) il y a : d'*un* temple. On n'est pas sûr que toutes les variantes du dernier texte soient des corrections de Malebranche, qui soignait assez peu ses éditions.

le Temple vivant do la Majesté de Dieu digne de celui qui doit l'habiter, et proportionné à la sagesse et à l'amour infini de son Auteur, il n'y a point de beautés qui ne doivent s'y trouver. Mais il n'en est pas de même de la gloire et de la magnificence de ce Temple spirituel comme des ornements grossiers et sensibles des temples matériels: ce qui fait la beauté de l'édifice spirituel de l'Église, c'est la diversité infinie des grâces que celui qui en est le Chef répand sur toutes les parties qui la composent ; c'est l'ordre et les rapports admirables qu'il met entre elles ; ce sont les divers degrés de gloire qui éclatent de tous côtés. »

Mais prenez garde aux conséquences qu'il en va tirer :

XXXI.

« Il s'ensuit de ce principe que, pour établir cette variété de récompenses, qui fait la beauté de la céleste Jérusalem, il falloit que les hommes fussent sujets sur la terre non-seulement aux afflictions qui les purifient, mais encore aux mouvements de la concupiscence qui leur font remporter tant de victoires, en leur livrant un si grand nombre de divers combats. »

D'où Malebranche va à dire que « le péché du premier homme, qui a fait entrer dans le monde les maux qui accompagnent la vie, et la mort qui la suit, étoit *nécessaire*, afin que les hommes, après avoir été éprouvés sur la terre, fussent légitimement comblés de cette gloire, dont la variété et l'ordre feront la beauté du monde futur. » Et encore : « Nul moyen de faire mériter aux hommes la gloire qu'ils posséderont un jour, n'étoit comparable à celui de les laisser tous envelopper dans le péché, pour leur faire à tous miséricorde en Jésus-Christ: car la gloire que les Élus acquièrent par la Grâce de Jésus-Christ, en résistant à leur concupiscence, sera plus grande et même *plus digne de Dieu* que toute autre. »

Selon la doctrine chrétienne ordinaire, non métaphysique, du sein de l'insondable mystère du commencement il ressort cette vérité, cet article de foi : l'homme créé libre tombe, et le Christ se fait homme pour réparer. Chez Malebranche, au contraire, l'homme doit tomber pour que le Christ ait lieu de dignifier et d'ennoblir l'ouvrage de son Père en se faisant homme. Le Christ (idée sublime de miséricorde) ne vient plus en vue de l'homme tombé, c'est l'homme qui tombe en vue du Christ qui doit venir, et qui, tombant, sert de marchepied à l'autel du Christ, et qui ainsi est comme immolé à la gloire de l'Agneau. Cette gloire immole la miséricorde. L'humanité est sacrifiée pour le Christ, non plus le Christ par et pour l'humanité. Malebranche imaginait pourtant ce système pour rendre Dieu plus aimable et adorable ; mais on peut remarquer qu'à son insu, il ne met si hors d'atteinte Dieu le Père, je l'ai dit déjà, que pour accumuler les difficultés sur le Fils.

« Il étoit à propos que Dieu laissât envelopper tous les hommes dans le péché pour leur faire à tous miséricorde par Jésus-Christ. » Telle est sa pensée.

Aux yeux de ces gens *qui ne sont pas trop crédules* et pour qui il dit qu'il a fait cet ouvrage, il n'a dû réussir, en voulant justifier le Père, qu'à rendre (j'en demande pardon) le Fils presque haïssable d'avoir ainsi causé la chute de l'homme (c'est-à-dire d'avoir causé le choix du monde possible, dans lequel la chute devait arriver), par cet excès de dilection que le Père avait pour lui et qui faisait choisir au Père ce qui pouvait le plus signaler la miséricorde du Fils : — et le tout, notez-le bien, pour qu'en définitive plus d'honneur lui en revînt à lui-même, le Père.

Que Malebranche me passe cette comparaison *anthropologique :* « Un Roi a une expédition à ordonner ; son Fils en sera le chef. Il peut choisir une certaine quantité de moyens d'exécution ; parmi ces moyens il en est un qui compromet le salut de l'armée, mais qui doit faire ressortir le dévouement et l'héroïsme de son Fils. Il n'hésite pas ; c'est celui-là qu'il ordonne. Le Fils en effet se signale et se couvre de gloire par son humanité à sauver les siens et à les tirer du mauvais pas ; ce qui n'empêche point que les trois quarts n'y restent. N'importe ! la présence du Fils a rendu l'entreprise plus royale et plus digne du Père, qui s'attribue le tout dans son repos et sa complaisance. » Est-ce là, je le demande, une explication propre à faire taire les difficultés sur la bonté et sur la justice divine ? Heureusement quand Voltaire a raillé Malebranche, il n'avait pas lu son Traité jusque-là.

Arnauld réfute par toutes sortes de raisons et de textes cette idée de la chute en vue du Christ. Pour les textes, il déclare s'en rapporter au Père Thomassin, à ce docte confrère de Malebranche, qui, dans son ouvrage de *l'Incarnation du Verbe*, venait de montrer tous les Pères d'accord à soutenir que, *si Adam n'eût point péché, le Verbe divin ne se serait point fait homme* : car Malebranche a l'air de dire quelque part que le Verbe se serait incarné, même quand le péché n'aurait pas eu lieu. Mais alors on ne voit pas pour quelle fin. Ce Christ non souffrant et impassible n'eût été qu'une sorte de luxe de la nature humaine et un ornement. N'ayant rien à racheter, il n'aurait eu, littéralement, qu'un caractère honorifique.

Quoi qu'il en soit de ce point, la chute a eu lieu, l'homme est perdu, le Christ s'offre et vient pour réparer.

Malebranche croit que « Dieu veut véritablement que tous les hommes généralement soient sauvés. » Pourtant, tous les hommes ne sont pas sauvés : comment concilier cela avec la divine puissance ?

Il applique ici les mêmes principes que pour la nature : « Plus les machines sont simples et leurs effets différents, plus elles sont spirituelles et dignes d'être estimées…. Ces lois (dans l'ordre de la Grâce), à cause de leur simplicité, ont nécessairement des suites fâcheuses à notre égard ; mais ces suites ne méritent pas que Dieu change ces lois en de plus composées…. Il est vrai que Dieu pourroit remédier à ces suites fâcheuses par un nombre infini de volontés particulières ; mais sa Sagesse qu'il aime plus que son ouvrage, l'ordre immuable et nécessaire qui est la règle de ses volontés, ne le permet pas. L'effet qui arriveroit de chacune de ces volontés ne vaudroit pas l'action qui le produiroit. »

Malebranche oublie trop que cet effet est le salut d'une âme, et qu'une seule âme vaut des mondes[1].

Il suit sa comparaison de la pluie et l'applique à la Grâce :

XLIV.

« Ainsi, comme l'on n'a pas le droit de se fâcher de ce que la pluie tombe dans la mer où elle est inutile, et de ce qu'elle ne tombe pas sur les terres ensemencées où elle est nécessaire, parce que les lois de la communication des mouvements sont très-simples, très-fécondes, et parfaitement dignes de la sagesse de leur Auteur, et que, selon ces lois, il n'est pas possible que la pluie se répande plutôt sur les terres que sur les mers, on ne doit pas aussi se plaindre de l'irrégularité apparente selon laquelle la Grâce est donnée aux hommes…. Si donc la Grâce tombe inutilement, ce n'est point que Dieu agisse sans dessein ; c'est encore moins que Dieu agisse dans le dessein de rendre les hommes plus cou-

---

1. Arnauld, sans être précisément ce qu'on appelle un chrétien *intérieur*, a dit un mot que Malebranche, tout méditatif qu'il était, n'aurait pas trouvé, un mot qui sent bien son Port-Royal moral et pratique : « Pour moi, la sanctification de la personne du monde la plus pauvre et la plus vile me paroît quelque chose de plus grand que les établissements ou les renversements des Empires. »

pables par l'abus de ses faveurs : c'est que la simplicité des lois générales ne permet pas que cette Grâce, inefficace à l'égard de ce cœur corrompu, tombe dans un autre cœur où elle seroit efficace. Cette Grâce n'étant point donnée par une volonté particulière, mais en conséquence de l'immutabilité de l'ordre général de la Grâce, il suffit que cet ordre produise un ouvrage proportionné à la simplicité de ses lois, afin qu'il soit digne de la sagesse de son Auteur : car enfin, l'ordre de la Grâce seroit moins parfait, moins admirable, moins aimable, s'il étoit plus composé. »

Dieu sans doute est présenté sous un autre aspect en divers endroits de l'Écriture, mais il ne faut pas s'en tenir à la lettre ; il faut lever le premier voile pour concilier ensemble la Raison et l'Écriture :

LVIII.

« Ceux-qui prétendent que Dieu a des desseins et des volontés particulières pour tous les effets particuliers qui se produisent en conséquence des lois générales, se servent ordinairement de l'autorité de l'Écriture pour appuyer leur sentiment. Or, comme l'Écriture est faite pour tout le monde, pour les simples aussi bien que pour les savants, elle est pleine d'*anthropologies*. Non-seulement elle donne à Dieu un corps, un trône, un chariot, un équipage, les passions de joie, de tristesse, de colère, de repentir, et les autres mouvements de l'âme ; elle lui attribue encore les manières d'agir ordinaires aux hommes, afin de parler aux simples d'une manière plus sensible. Si Jésus-Christ s'est fait homme, c'est en partie pour satisfaire à l'inclination des hommes, qui aiment ce qui leur ressemble et s'appliquent à ce qui les touche ; c'est pour leur persuader, par cette espèce d'*Anthropologie* véritable et réelle, des vérités qu'ils n'auroient pu comprendre d'une autre manière. Ainsi, saint Paul, pour s'accommoder à tout le monde, parle de la sanctification et de la prédestination des Saints, comme si Dieu agissoit sans cesse en eux par des volontés particulières ; et même Jésus-Christ parle de son Père, comme s'il s'appliquoit avec de semblables volontés à *orner les lis*, et à *con-*

server jusqu'à un cheveu de la tête de ses disciples, parce que, dans le fond, la bonté de Dieu pour ses créatures étant extrême, ces expressions en donnent une grande idée, et rendent Dieu aimable aux esprits même les plus grossiers, et qui ont le plus d'amour-propre. Cependant, comme par l'idée qu'on a de Dieu, et par les passages de l'Écriture qui sont conformes à cette idée, l'on corrige le sens de quelques autres passages qui attribuent à Dieu des membres, ou des passions semblables aux nôtres, aussi, lorsqu'on veut parler avec exactitude de la manière dont Dieu agit dans l'ordre de la Grâce ou de la Nature, on doit expliquer les passages qui le font agir comme un homme, ou comme une cause particulière, par l'idée qu'on a de sa sagesse et de sa bonté, et par les autres passages de l'Écriture qui sont conformes à cette idée. Car enfin, si l'on peut dire, ou plutôt si l'on est obligé de dire, à cause de l'idée qu'on a de Dieu, qu'il ne fait point tomber chaque goutte de pluie par des volontés particulières, quoique le sens naturel de quelques passages de l'Écriture autorise ce sentiment, il y a la même nécessité de penser, nonobstant certaines autorités de la même Écriture, que Dieu ne donne point à quelques pécheurs par des volontés particulières tous ces bons mouvements qui leur sont inutiles, et qui seroient utiles à plusieurs autres, parce que sans cela il ne me paroît pas possible de bien accorder l'Écriture sainte ni avec la Raison, ni avec elle-même, ainsi que je pense l'avoir prouvé. »

Il y avait dans une telle interprétation, on le sent, de quoi faire dresser les oreilles aux *simples pieux*, comme dit Bossuet en sourcillant ; il n'était pas besoin d'être le Père Hardouin, ce chrétien encore hébraïque, pour se révolter contre. A la lecture de cette page, les objections chrétiennes, même à nous encore aujourd'hui, à nous tous qui savons notre Catéchisme, nous viennent de toutes parts. « Dieu en est sans doute plus croyable que personne, répondait Arnauld, et c'est lui-même qui nous assure par son Prophète qu'il ne tombe pas un grain de grêle que pour exécuter ses ordres et ses volontés : *Ignis, grando, nix, glacies, spiritus procellarum, quæ faciunt verbum ejus* (Feu de l'air, grêle, neige et exhalaisons, vents impétueux et tourbillons, qui exécutent ses ordres). » Essayez de supprimer dans le Christianisme cette foi particulière et cette espérance, et vous retranchez tous les motifs de *Rogations*, vous refroidissez insensiblement toutes les prières. Il n'y a plus à prier, mais seulement à se résigner. Vous n'avez plus qu'une Cause universelle qui n'agit point par des volontés particulières. Vous êtes tout près d'avoir un Dieu à la Bolingbroke, qui a créé peut-être autrefois le monde, mais qui se repose sur des lois une fois faites, un Dieu « que sa sagesse rend impuissant. » Que devient le Père céleste dont il est dit *que rien n'arrive sur la terre sans sa volonté :* « Considérez les oiseaux du ciel, ils ne sèment point, ils ne moissonnent point, et ils n'amassent rien dans des greniers ; mais votre Père céleste les nourrit. N'êtes-vous pas plus excellents qu'eux? » On est conduit à ne plus voir qu'une suite de métaphores et une vaine déclamation dans les divines promesses du Sermon sur la montagne. — Arnauld disait une bonne partie de ces choses, et démontrait à Malebranche qu'il ouvrait d'étranges voies.

Le second discours de Malebranche est pour expliquer les lois de la Grâce en particulier ; il la distingue en deux espèces : 1° la Grâce de Jésus-Christ (première partie du discours) ; 2° la Grâce du Créateur (seconde partie).

Dieu seul est la cause *véritable* de la Grâce dans les esprits ; mais, en conséquence de la chute et du péché originel, il n'y a que Jésus-Christ qui puisse être actuellement cause *méritoire* de la Grâce pour l'homme, et qui en soit en même temps la cause seconde, particulière, naturelle, *occasionnelle* (notez cette distinction de la cause première à la cause seconde, qu'il s'accoutume à faire entre Dieu et Jésus-Christ).

Et l'auteur démontre comment cette cause *occasionnelle* de la Grâce[1], ne devant pas être cherchée autre part que dans notre âme ou dans l'âme de Jésus-Christ, qui sont les termes à unir, et ne se trouvant pas dans notre âme qui désire souvent la Grâce en vain ou qui même quelquefois l'obtient sans la demander, ne saurait résider qu'en l'âme de Jésus-Christ :

« Nous sommes donc réduits à dire que comme il n'y a que Jésus-Christ qui nous puisse mériter la Grâce, il n'y a aussi que lui qui puisse fournir les occasions des lois générales selon lesquelles elle est donnée aux hommes.

« Or l'Écriture sainte ne dit pas seulement que Jésus-Christ est le Chef de l'Église, elle nous apprend encore qu'il l'engendre, qu'il la forme, qu'il lui donne l'accroissement, qu'il souffre en elle, qu'il mérite en elle, qu'il agit et qu'il influe sans cesse en elle. Le zèle qu'a Jésus-Christ pour la gloire de son Père, et l'amour qu'il porte à son Église, lui inspirent sans cesse le désir de la faire la plus ample, la plus magnifique, et la plus parfaite qui se puisse. Ainsi, comme l'âme de Jésus n'a point une capacité infinie, et qu'il veut mettre dans le corps de l'Église une infinité de beautés et d'ornements, on a tout sujet de penser qu'il y a dans cette âme sainte une suite continuelle de pensées et de désirs, par rapport au Corps mystique qu'elle forme sans cesse. »

Pour ne pas fausser et paraître surfaire la pensée de Malebranche en cet endroit périlleux, il faut le laisser dire lui-même (écoutez! écoutez!) :

« Et comme ses désirs sont causes occasionnelles, ses

---

1. C'est-à-dire la cause qui détermine infailliblement l'effet et l'application des lois générales en telle matière. Sur les *Causes occasionnelles* et le rôle qu'elles jouent dans la philosophie cartésienne, il faut lire un petit écrit de Fontenelle, publié en 1686 : *Doutes sur le Système physique des Causes occasionnelles*. Fontenelle, jeune alors, et sans se nommer, intervint poliment dans la discussion, et combattit Malebranche en s'accommodant pour la forme à son dire et en se plaçant sur le terrain de sa théologie.

prières sont toujours exaucées ; son Père ne lui refuse rien, comme nous l'apprend l'Écriture. Cependant il faut qu'il prie et qu'il désire pour obtenir, parce que les causes occasionnelles, physiques, naturelles (car ces trois termes signifient ici la même chose), n'ont point par elles-mêmes la puissance de rien faire, et que toutes les créatures, Jésus-Christ même, considéré comme homme, ne sont d'elles-mêmes que foiblesse et qu'impuissance. »

XIII.

« Jésus-Christ ayant donc successivement diverses pensées, par rapport aux diverses dispositions dont les âmes en général, sont capables, ces diverses pensées sont accompagnées de certains désirs par rapport à la sanctification des âmes. Or ces désirs étant causes occasionnelles de la Grâce, elles doivent la répandre sur les personnes en particulier, dont les dispositions sont semblables à celle à laquelle l'âme de Jésus pense actuellement, et cette grâce doit être d'autant plus forte et plus abondante que ces désirs de Jésus sont plus grands et plus durables. »

XVI.

« Les divers mouvements de l'âme de Jésus étant causes occasionnelles de la Grâce, on ne doit pas être surpris si elle est quelquefois donnée à de grands pécheurs, ou à des personnes qui n'en font aucun usage : car l'âme de Jésus, pensant à élever un Temple d'une vaste étendue et d'une beauté infinie, peut souhaiter que la Grâce soit donnée aux plus grands pécheurs ; et si dans ce moment Jésus-Christ pense actuellement aux avares par exemple, les avares recevront la Grâce. Ou bien Jésus-Christ ayant besoin pour la construction de son Église d'esprits d'un certain mérite, qui ne s'acquiert d'ordinaire que par ceux qui souffrent certaines persécutions. dont les passions des hommes sont les principes naturels[1] ; en un mot, Jésus-Christ ayant besoin d'esprits de

---

1. Il veut parler apparemment des *martyrs*. La périphrase est obscure, et la phrase semble inachevée. Malebranche a une belle langue, facile et pleine d'ampleur, mais qui n'est pas strictement correcte.

certains caractères, pour faire dans son Église certains effets, il peut en général s'appliquer à eux, et par cette application répandre en eux la Grâce qui les sanctifie, de même que l'esprit d'un architecte pense en général aux pierres carrées par exemple, lorsque ces sortes de pierres sont actuellement nécessaires à son bâtiment. »

Ainsi Jésus-Christ, pour l'édification de son Temple spirituel, a-t-il besoin de quelques avares convertis qui feraient un *bel effet* à un certain endroit, à un certain pli de la rosace mystique qu'il sculpte dans le moment, son désir détermine aussitôt une espèce de grand courant de Grâce, qui va solliciter sur la terre les âmes de tous les avares, qu'ils l'aient désirée ou non, qu'ils soient disposés à en bien user ou à n'en user pas! — On se demande si de pareilles explications ne sont pas de nouvelles énigmes plus difficiles que la difficulté première qu'elles veulent dénouer.

Il n'est question, dans ce qui précède, que de désirs généraux qui embrassent toute une classe et une catégorie de caractères : Malebranche fait toutefois quelque chose pour les intentions particulières et personnelles que formerait, en certains cas, l'âme de Jésus-Christ. Il les distingue et s'en rend compte en ces termes :

XVII.

« Mais comme l'âme de Jésus-Christ n'est point une cause générale, on a raison de penser qu'elle a souvent des désirs particuliers à l'égard de certaines personnes en particulier. Lorsque nous prétendons parler de Dieu, il ne faut point nous consulter nous-mêmes et le faire agir comme nous ; il faut consulter l'idée de l'Être infiniment parfait, et faire agir Dieu conformément à cette idée ; mais lorsque nous parlons de l'action de l'âme de Jésus, nous pouvons nous consulter nous-mêmes ; nous devons le faire agir comme agiroient les causes particulières (qui seroient toutefois unies à la Sagesse éternelle [1]). Nous avons, par exemple, sujet de croire que la vocation de saint Paul a été l'effet de l'efficace d'un désir particulier de Jésus-Christ. Nous devons même regarder les désirs de l'âme de Jésus, qui ont généralement rapport à des esprits d'un certain caractère, comme des désirs particuliers, quoiqu'ils embrassent plusieurs personnes, parce que ces désirs changent à tous moments, comme ceux des causes particulières. Mais les lois générales par lesquelles Dieu agit sont toujours les mêmes, parce que les volontés de Dieu doivent être fermes et constantes, à cause que sa sagesse est infinie, ainsi que j'ai fait voir dans le premier discours. »

Je ne fais qu'ouvrir les avenues de Malebranche, mais elles sont larges : on voit où elles mènent.

Ainsi Jésus-Christ devient d'après Malebranche quelque chose de très-distinct du Père et de Dieu, et si distinct qu'on ne sait plus comment le nommer; c'est un être intermédiaire entre Dieu et l'homme, une sorte de *Verbe déchu*, et qui reste déchu, même depuis sa résurrection. Quand on interroge le Verbe, c'est-à-dire la Raison, il répond toujours selon Malebranche; mais quand on désire consulter Jésus-Christ, il n'est pas sûr qu'il réponde ni qu'il entende. Si nous ne sommes pas sauvés, si, malgré la préparation momentanée d'un bon labour, la pluie de la Grâce ne tombe pas à point, et si nous nous décourageons, qu'y faire? ce n'est pas la faute de Dieu, c'est le défaut de l'âme de Jésus-Christ. Malebranche le dit expressément : « Il faut rejeter sur Jésus-Christ comme homme toutes les difficultés qui

---

1. Ce qu'on lit entre parenthèses n'était pas dans la première édition; il y avait tout simplement : « Nous devons le faire agir comme *agissent* les causes particulières. » L'addition, moyennant *toutefois* qui change du tout au tout l'état de la question, marque bien le défaut de la cuirasse. Ce ne saurait être une circonstance purement accessoire à Jésus considéré comme homme, d'être uni à la Sagesse éternelle. De tels correctifs sont en contradiction avec le principal qu'on veut établir.

se trouvent dans la distribution de la Grâce. » Nous sommes voluptueux, nous voulions guérir, nous tâchions déjà ; mais quoi ? dans ce moment-là même où nous étions presque prêts, Jésus-Christ était absent, il ne pensait pas aux voluptueux, mais aux avares ; que voulez-vous ? on ne pense pas toujours à tout ; et Jésus-Christ, comme tout homme, ne pense qu'au fur et à mesure. Nous ne nous sommes pas trouvés juste à temps dans la direction du rayon visuel de l'âme bornée de Jésus-Christ ; tant pis pour nous ! heureux ceux qui se rencontrent sur son chemin, et qui sont déjà à demi disposés.

Mais que devient dans tout cela le divin Consolateur ?

Malebranche, je le sais, recule devant ces conséquences et les désavoue. Quand on les lui oppose, il rectifie à l'instant ses prémisses, il les modifie ; il se plaint qu'on abuse de quelques-unes de ses paroles incomplètes et qu'on en force le sens. Et pourtant son système vu en plein soulève les objections par milliers.

C'en est assez et trop, je pense ; je ne suivrai pas Malebranche dans le dédale d'explications étranges où il s'enfonce et se perd de plus en plus. Ce qui est clair, c'est que lui qui voulait parer au *fatalisme* de la Grâce augustinienne et janséniste, il fonde là une autre sorte de fatalisme bien autrement révoltant à la raison. Il a beau vouloir compenser cela ensuite, lorsqu'il explique dans la seconde partie de son second discours, et dans son troisième, l'action de la Grâce dans une âme, et qu'il cherche à distinguer de la Grâce de Jésus-Christ *délectante* et toute de sentiment la Grâce de lumière et de pure raison, celle du Dieu créateur et père, laquelle laisse agir le libre arbitre en pleine connaissance de cause, tandis que la Grâce *délectante* de Jésus-Christ n'a fait préalablement que corriger par un attrait contraire le mauvais attrait de la concupiscence, et alléger le poids charnel, pour aider aussi par là indirectement à l'action rétablie du libre arbitre; Malebranche a beau faire par toutes ces distinctions ingénieuses et par toute cette fine théologie *semi-pélagienne,* la fatalité qu'il pose est antérieure et supérieure à ce démêlé au sein d'une âme entre le libre arbitre et la Grâce; car puisque, d'une part, Dieu n'a pas dû songer en particulier à moi, chétif, dans ses desseins éternels, si, d'autre part, Jésus le médiateur n'a pas *pensé à penser* à moi, si je ne me suis pas trouvé une fois ou l'autre, par vigilance ou par hasard, dans le courant direct de ses pensées, je n'ai jamais eu rien à démêler avec la Grâce. Cette fatalité-là est bien autrement transcendante et encore plus choquante au sens commun que celle des Augustiniens, et Arnauld ne manquait pas de la relever. Il l'aurait même pu faire plus vivement, s'il n'avait lui-même amorti ses coups et entravé sa marche par le gros bagage et les *impedimenta* de sa logique.

Je veux encore une fois résumer les arguments d'Arnauld à son avantage :

Dieu a un dessein général de sauver tous les hommes; mais ce dessein indéterminé ne saurait se réaliser que par les causes occasionnelles. Une image rendra mieux la pensée : Supposez un orgue d'église; la volonté générale de Dieu, c'est le vent poussé dans les tuyaux, c'est l'air qui y circule indifféremment; mais il est besoin d'un organiste pour déterminer tel ou tel son. Cet organiste, dans le cas présent, c'est Jésus. Mais si on le fait borné de conception et de science, tout à fait inégal à son Père, s'il ne connaît pas le fond des cœurs humains, si lui-même préoccupé de faire un plus bel ouvrage et plus difficile, *plus merveilleux,* il s'abstient de désirer savoir tout ce que son Père est prêt à lui révéler, qu'arrivet-il ? Il pourrait peut-être sauver tous les hommes ou du moins un bien plus grand nombre, et il ne le fait pas; il en néglige forcément une quantité. Bien qu'il aime les hommes, il aime encore mieux la difficulté à vaincre et l'artifice merveilleux de son ouvrage; il aime mieux ne pas y employer un moyen trop naturel et trop facile, et qui en diminuerait le prix; et cette sorte de dilettantisme d'architecte fait que bien des pierres qui auraient pu être taillées aussi bien que d'autres, sont exclues. — Supposez un médecin fort homme de bien et fort sage, qui aurait un remède infaillible pour guérir tous les malades qui ne seraient pas radicalement incurables; serait-il admis à dire : « J'ai un désir sincère de guérir tous les malades qui se mettent entre mes mains, j'aime mieux néanmoins que de cent il ne s'en guérisse que trente ou quarante, que de les guérir tous par le remède qui m'est particulier, parce que ce ne serait pas une grande merveille que ce remède étant si souverain et si aisé, et ne me coûtant presque rien, je les guérisse tous par là, ou presque tous : au lieu que c'est une plus grande merveille que ne me servant que des remèdes communs, qui sont si peu sûrs, il se trouve que de cent il y en ait trente ou quarante qui soient guéris? » Du moins dans la doctrine augustinienne si terrible et si sévère, l'homme se sent entre les mains de Dieu, le Père tout-puissant et tout sage, lequel arrête de sauver ou de laisser perdre certaines âmes en vertu de décrets insondables; on n'a pas à l'interroger sur ses motifs, mais il y a songé, et le fidèle, tout en tremblant, se sent en de bonnes mains. Ici, sous prétexte d'exonérer Dieu le Père, on dit : « Dieu n'a pas dû s'occuper de ces particularités dans sa sagesse, et Jésus-Christ qui s'en est chargé, mais qui n'a pas tout su ni voulu tout savoir, a donné la Grâce à tel ou tel, selon la convenance principale et la direction du moment. » En un mot, il y a du hasard. Pour pourvoir à tout, le Père est trop loin, le Fils est trop près.

Ce n'est pas tout à fait ainsi que parle Arnauld, réfutant Malebranche. Je l'abrége, je l'accommode, mais sans rien lui prêter. Les spirituelles images de l'organiste et du médecin sont de lui.

Dans ce système de Malebranche, ce qui me frappe surtout, c'est encore moins le détail si étrange et si choquant des points par où il cherche à rattacher, à raccorder son système avec l'orthodoxie alors régnante et à laquelle lui-même il tenait sincèrement[1], que le sens même de l'ensemble et la pente des idées.

Il y a deux façons en effet d'entendre le Christianisme. Il y a l'antique façon, la directe, l'orthodoxe jusqu'ici (et je dis orthodoxe indépendamment des sectes), celle selon laquelle on voit dans le Christianisme la ruine de

1. Par exemple, les miracles qu'il est forcé d'admettre depuis la venue du Christ, Malebranche les explique, à la rigueur, par des désirs particuliers de l'âme de Jésus-Christ; mais les miracles de l'Ancien Testament, qu'il ne peut expliquer par le concours des causes purement naturelles, et où il admet une exception aux lois générales, comme la Manne, la défaite de Sennachérib, etc., il les explique par des désirs particuliers de l'Ange préposé au gouvernement du peuple juif, de l'Ange *prince des Juifs*, l'archange Michel, dont les pensées deviennent, en ce cas, des causes occasionnelles quasi naturelles!! Arnauld lui faisait remarquer qu'il changeait ainsi, de son autorité privée, la *Théocratie* des Hébreux en *Angélocratie*; c'était aux Anges et non plus au seul Dieu vivant qu'après chaque miracle et chaque coup du Ciel le peuple juif aurait dû adresser ses actions de grâces. Il était même ridicule (si l'on peut employer ce mot en telle matière) de prétendre que Dieu avait choisi entre tous l'archange Michel comme plus en état qu'un autre de lui épargner une quantité de volontés particulières. On voit dans Bayle que la plaisanterie fut faite en ce temps-là : entre tous les systèmes de conduite des Anges, Dieu ayant reconnu que celui de saint Michel était le plus simple et que cet Archange serait le plus ménager en matière de miracles, il le choisit de préférence : c'était une adjudication *au rabais.* (*Nouvelles de la République des Lettres,* août 1685.)

la nature ou, si l'on veut, sa réparation, la conversion entière de l'être, le triomphe de la Grâce. Il y a une autre façon d'interpréter le Christianisme, selon laquelle il ne serait plus l'opposé de la nature, mais une manière, une forme, une phase de la nature; il aurait l'air d'y être opposé, mais il ne le serait pas; il ne s'agirait que de s'expliquer et de s'entendre, de savoir ce que parler veut dire. Dans cette seconde méthode explicative, le miracle se réduit peu à peu à la nature, la religion à la philosophie. Malebranche y ouvre la porte déjà, et très-large. Nonobstant ses nœuds assez mal noués de raccord avec l'orthodoxie, son sens chrétien est déjà inverse de celui de saint Paul, de saint Augustin, de Pascal, de Du Guet, — de ce Du Guet qui, en l'admirable lettre que je citais récemment, au Père Du Breuil, disait (si l'on s'en souvient), sans jamais distinguer Jésus-Christ de Dieu : « Il nous impose lui-même la Croix qu'il nous ordonne de porter; lui-même enfonce les clous; lui-même empêche qu'on ne les arrache;... lui-même, pour s'assurer de notre mort, nous perce le cœur d'une lance;... mais *le médecin du cœur sait jusqu'où doit aller l'ouverture.* »

Malebranche dépouille Jésus-Christ de son plus précieux attribut et de son titre le plus rassurant pour l'homme, qui est d'être le *scrutateur* souverain et tendre, le maître des cœurs.

Sur ce Christ dont on a par lui comme un premier aperçu, laissez faire le temps : une fois le degré baissé et l'âme de Jésus considérée indépendante du Verbe éternel, tout ce qu'il y a d'essentiellement personnel et singulier dans le Christianisme (et que peut-il y avoir de plus singulier que le salut d'une âme?) ira s'effaçant et dépérissant dans la théorie gagnante de l'humanité. Les lois générales se subordonneront le reste de plus en plus. Le niveau atteindra le Calvaire et bientôt dépassera la Croix. Jésus-Christ lui-même, qui n'est plus tout à fait Dieu dans Malebranche, cessera d'être même un homme, tant le sens philosophique triomphera de l'anthropologique! Du plus haut de cette construction métaphysique de Malebranche, j'entrevois déjà tout au bout Hégel et son cortége.

Je me hâte d'ajouter : il n'y a pas de route directe de communication entre eux; ce n'est qu'une vue de lointain; on la perd presque aussitôt, pour peu que l'on continue de marcher avec Malebranche. On l'a eue pourtant, et du haut de ce Sinaï on a entrevu tout autre chose que la Terre promise.

Le Christianisme du sens commun, — du sens commun chrétien, — est, dès Malebranche, en voie d'être bouleversé.

On conçoit le soulèvement de Bossuet; on a les motifs de la réfutation d'Arnauld. Y entrerai-je maintenant plus que je n'ai fait? le suivrai-je dans ces trois livres de *Réflexions philosophiques et théologiques* (1685-1686), où il arrête son auteur à chaque pas et, par le raisonnement et par l'Écriture, le convainc de nouveauté, de témérité, d'hérésie? L'enceinte catholique étant donnée, on ne saurait imaginer de coups plus justes, plus vigoureux, mieux assenés, plus nombreux, que ceux que faisait ainsi pleuvoir sur son magnifique adversaire ce formidable lutteur de 74 ans.

Malebranche n'avait pas craint de dire, en défendant ses pensées : « Nouvelles ou non, je les crois solides, je les crois chrétiennes, je les crois seules dignes de la sagesse et de la bonté de Dieu. » Un évêque[1], à qui l'on avait fait lire le *Traité de la Nature et de la Grâce* pour en savoir son sentiment, avait écrit sur un billet, pour toute réponse, ces mots de saint Augustin : « *Nova sunt*

---

1. N'est-ce pas M. de Neercassel ?

quæ dicitis, mira sunt quæ dicitis, falsa sunt quæ dicitis. »
Le livre d'Arnauld n'est qu'un commentaire de ces paroles, et il conclut en s'armant encore d'un mot de saint Augustin contre ces chercheurs de raisons trop subtiles :
« *Quæris tu rationem, ego expavesco altitudinem. Tu ratiocinare, ego miror. Tu disputa, ego credam. Altitudinem video, ad profundum non pervenio* (Tu cherches des raisons, moi je m'épouvante devant le mystère. Je te laisse disserter, moi j'admire. Tu peux disputer, je me contente de croire. Je vois l'abîme, je n'en atteins pas le fond.) »

Malebranche répondait aigrement quand ses réponses à Arnauld étaient directes; quand il se contentait de répondre en général, il avait des plaintes naïves, celle-ci par exemple : « Qu'il est fâcheux de ne pouvoir expliquer ses pensées que par des paroles que l'usage du peuple a introduites, et que chacun interprète selon ses préjugés et ses dispositions; et surtout d'avoir pour juges des personnes promptes et vives, qui manquent souvent d'équité ou de pénétration d'esprit! » Comme s'il avait dit : Qu'il est fâcheux d'avoir pour juges d'autres raisons que la sienne, et de ne pouvoir se parler entre soi comme *les yeux aux yeux!* — Ce qui perce le plus dans les réponses de Malebranche, à travers ses aigreurs, c'est l'importunité dont lui est le *terre à terre* d'Arnauld; c'est son éloignement étonné pour tout cet appareil solide d'arguments pesants que l'autre déroule un à un et fait sonner :

Ante omnes stupet ipse Dares longeque recusat.

Notre Darès n'aime ni le *terre à terre* ni le *pied à pied.* Malebranche est le contraire d'Antée; il a besoin, pour ne pas être vaincu, de ne pas toucher terre; battu, dispersé sur un point, il s'éloigne rapidement, prend de l'espace, et recompose un édifice plus large et comme une façade enchantée, qui reparaît tout d'un coup quand on a détruit la première. C'est ainsi que les *Entretiens sur la Métaphysique et la Religion* (1688) recomposèrent tout un ensemble majestueux, harmonieux, facile, éclairé, et qui ne se ressentait aucunement en apparence de toutes les précédentes atteintes. A qui n'aurait lu que ce livre de Malebranche, il serait impossible de comprendre les objections qui ont été faites précédemment et d'en reconnaître la justesse ; il n'en est aucune à laquelle il ne réponde sans en avoir l'air, et qui ne lui fournisse un motif de correction heureuse. « Il ne suffit pas, dit-il, d'avoir entrevu des principes, il faut les avoir compris. » — « Ah ! Théodore, que vos principes sont bien liés ? » se fait-il dire par un des interlocuteurs. Il parle, on l'écoute. « Suivez-moi, je vous prie, sans me prévenir. — Suivez-moi, » répète-t-il sans cesse. Il n'y a plus trace de contradiction ni d'aigreur ; il n'y a plus apparence de blessures. Le bel ange a réparé toutes ses plaies, il a retrouvé toute son agilité céleste [1].

1. C'est après avoir lu ce livre des *Entretiens* ou celui des *Méditations*, que l'enthousiasme des jeunes disciples s'exaltait et ne se contenait plus, pour un maître si persuasif et si éloquent dans l'exposé des choses divines. Et même de nos jours, dans le Recueil de Pensées d'un jeune homme intéressant et pur, mort à la fleur de l'âge, je lis cet aveu d'une admiration suave : « Malebranche, — admirable dans sa vie, dans sa pensée, et dans sa parole. Idéal ravissant où se retrouve harmonieusement fondu tout ce que la nature morale garde de précieux dans ses trésors. Austérité, doctrine, enthousiasme, amour, simplicité, pureté, le prêtre, le philosophe, le poëte, la femme et l'enfant. Qui est plus grand, plus beau et plus doux que Malebranche ? » (Pensées de Jules Bruneau, Angers, 1838.) Ce jeune homme était un *Éraste* venu trop tard. — Des personnes qui avaient entendu Malebranche se montraient cependant moins ravies de son éloquence *parlée*. M. D'Étemare, un janséniste, il est vrai, mais homme d'esprit, disait « que le Père Malebranche n'avoit pas la conversation ce qui s'appelle agréable. Il répétoit beaucoup, ne disant rien de nouveau et ne vous disant rien

Ainsi, après bien des incidents dont j'ai fait grâce, ainsi finit cette dispute. « M. Arnauld, nous dit Fontenelle, fut vainqueur dans son parti, et le Père Malebranche dans le sien. Son système put souffrir des difficultés; mais tout système purement philosophique est destiné à en souffrir, à plus forte raison un système philosophique et théologique tout ensemble. Celui-ci ressemble à l'univers tel qu'il est conçu par le Père Malebranche même; ses défectuosités sont réparées par la grandeur, la noblesse, l'ordre, l'universalité des vues. » Il y eut pourtant un dernier ricochet encore.

Arnauld étant mort en 1694, on vit, cinq ans après, paraître deux Lettres de l'illustre docteur sur *les Idées et les Plaisirs*. Malebranche y répondit et joignit à sa réponse un petit traité contre la *Prévention*, tant la rancune des doux est vivace et amère!

Dans ce petit traité, qui n'est pas ce que le titre indiquerait, il commençait par convenir qu'il aurait peut-être mieux fait pour son repos de se taire, de ne jamais répondre à M. Arnauld, « par une raison, dit-il, pareille à celle que le philosophe Favorin rendit à ses amis qui étoient surpris de son acquiescement à la mauvaise critique de l'Empereur : *Et quomodo ego illum doctiorem omnibus non crederem, cui triginta sunt legiones* (Et comment ne pas croire plus savant que tout le monde un homme qui commande à trente légions)? » Trente légions ! c'est beaucoup. Arnauld pourtant n'avait-il pas aussi son armée de partisans qu'il avait levée pendant cinquante ans de luttes, qui s'était recrutée à chaque génération, et qui prenait fait et cause contre quiconque le contredisait? Maintenant qu'il n'était plus, Male-

---

de plus que ce qui est dans ses livres auxquels il renvoyoit toujours. Il avoit des dévotes qu'il dirigeoit et qu'il tâchoit de rendre métaphysiciennes : c'est pour elles qu'il composa les *Méditations chrétiennes*. »

branche s'enhardissait à démontrer ironiquement la thèse suivante : Supposé que M. Arnauld a parlé de bonne foi quand il a protesté devant Dieu « qu'il a toujours eu un vrai désir de bien prendre les sentiments de ceux qu'il combattoit, et qu'il s'est toujours senti fort éloigné d'employer des adresses et des artifices pour donner de fausses idées de ces auteurs et de leurs livres, » supposé cela, on peut démontrer que M. Arnauld n'est l'auteur d'aucun des livres qui ont paru sous son nom contre le Père Malebranche. « Des passages de ce Père manifestement tronqués, des sens mal rendus avec un dessein visible, des artifices trop marqués pour être involontaires, démontrent que celui qui a fait le serment n'a pas fait les livres. » La démonstration du paradoxe est présentée sous forme géométrique, et cette forme est en même temps une parodie de la méthode familière à Arnauld : lui mort, Malebranche s'amuse à revêtir son armure [1].

Témoin de la dispute dès l'origine, Bayle avait eu à rendre compte des écrits des deux adversaires dans ses *Nouvelles de la République des Lettres*, et, à travers ce pour et ce contre, son scepticisme se faufilait ; il y cherchait à sa manière son butin, il y prenait son plaisir. « Assurément ce seroit dommage, dit-il au début, que deux aussi grands philosophes que M. Arnauld et l'auteur de *la Recherche de la Vérité* se quittassent après la première escarmouche. » La suite de ces articles est encore agréa-

---

1. Je n'ai donné, malgré mes longueurs, et je n'ai dû donner qu'un Malebranche pris surtout du point de vue d'Arnauld. Pour un exposé complet de cette querelle philosophique et des idées entières de Malebranche, il faudrait voir le tome second de l'*Histoire de la Philosophie cartésienne*, par M. Francisque Bouillier (2 vol., 1854) ; le savant et bien méritant critique, si estimable à tous égards, n'a d'autre tort que de ne pas remettre assez à leur place des questions vaines, et d'y prendre trop parti comme s'il s'agissait encore, à quelque degré, de ces combats dans des nuages.

ble à parcourir à ceux « qui aiment mieux savoir l'histoire des livres que les livres mêmes. » Il faillit à un moment être compromis dans le démêlé. Au sujet d'une idée sur les plaisirs *qui rendent heureux celui qui en jouit et pour le temps qu'il en jouit*, Bayle avait estimé Malebranche très-raisonnable, et avait dit ou insinué qu'on pouvait croire qu'Arnaud n'avait fait chicane sur ce point à son adversaire que pour *le rendre suspect du côté de la morale*. Arnauld, qui n'entendait pas raillerie en fait de sincérité et de droiture, répliqua à Bayle (10 octobre 1685) par un *Avis*, au nom de la *vérité* et de la *justice*, puis par une plus longue *Dissertation* fondamentale qui réfutait une réponse de Bayle à l'*Avis*, et qui était décidément formidable pour les plaisirs. Mais le prudent Bayle ne jugea pas à propos de s'engager plus avant dans la légion romaine à triple ligne des arguments d'Arnauld : il appréhendait trop, écrivait-il, qu'on ne le crût *en quelque façon intéressé à faire l'apologie du plaisir des sens*. Le loyal Arnauld eut l'honnêteté de le rassurer comme si ce n'eût pas été d'un moqueur. Il est évident pour nous que Bayle, en rendant compte des écrits de Malebranche, et sans se piquer de tout entendre, selon le petit mot de Martial :

> Non omnibus datum est habere nasum,

ménageait à dessein le métaphysicien transcendant; sentant bien que de ce côté se faisait aux fondements de l'édifice plus d'une lézarde et d'une ouverture. Les idéalistes comme Malebranche font les affaires des sceptiques comme Bayle.

Je paraîtrais omettre une branche importante de mon sujet, si je ne disais un mot des relations d'Arnauld et de Leibniz. Il ne faut pas se les exagérer : elles furent considérables, si l'on regarde du côté de Leibniz, par les lumières très-directes qu'elles nous donnent sur les idées et desseins de ce grand esprit[1] ; elles sont peu de chose, vues du côté d'Arnauld. Leibniz jeune, venu à Paris dans les années 1672-1675, avide de toutes les belles connaissances et curieux de tous les hommes illustres, rechercha Arnauld à qui il avait déjà adressé, en 1671, une lettre à propos du livre de *la Perpétuité de la Foi.* Il le visitait souvent dans sa rue Saint-Jacques, l'entretenait de toutes sortes de matières, de M. Pascal, de la machine arithmétique qu'il perfectionnait, de ses vues métaphysiques sur la cause du mal et sur la justice de Dieu. Arnauld se prêtait à cette conversation d'un jeune homme qui semblait venu là tout exprès pour répondre à la question de ce freluquet de Bouhours, qui demandait si un Allemand pouvait avoir de l'esprit[2]? il put s'étonner quelquefois de la nouveauté des ouvertures qui lui étaient proposées, il ne s'en effarouchait pas trop.

Il se passa pourtant, l'une des premières fois que Leibniz le visita, une petite scène assez plaisante. Arnauld avait réuni chez lui cinq ou six personnes, des principaux de ses amis, pour leur montrer le jeune étranger; Nicole et Saint-Amour en étaient. Dans le cours de l'entretien, Leibniz fut amené à parler d'une Prière qu'il avait composée, à peu près de la longueur du *Pater,* dans laquelle étaient contenus selon lui tous les points essentiels par rapport à Dieu et à la créature, et qui était telle que non-seulement un Chrétien, mais encore un Juif et un Mahométan, la pouvaient réciter; c'était une formule de Prière universelle :

---

1. La Correspondance complète de Leibniz et d'Arnauld, et les lettres du landgrave Ernest de Hesse-Rheinfels qui s'y rapportent, ont été publiées par M. Grotefend (Hanovre, 1846).
2. Le livre des *Entretiens d'Ariste et d'Eugène,* où il est dit quelque chose de pareil (4° Entretien), parut en 1671, et Leibniz vint à Paris en 1672.

« O Dieu unique, éternel, tout-puissant, qui sais tout, qui
« es partout, le seul vrai Dieu, régnant sans limites, moi, ta
« pauvre créature, je crois et j'espère en toi, je te rends
« grâces, je m'abandonne à toi. Pardonne-moi mes péchés,
« et donne-moi, ainsi qu'à tous les hommes, tout ce qui est
« utile, d'après ta volonté d'aujourd'hui, pour notre bien
« temporel ainsi qu'éternel, et garde-nous de tout mal.
« *Amen.* »

Arnauld avait à peine entendu, qu'il ne se contint pas et s'écria en se levant (tous les autres restant assis en cercle) : « Cela ne vaut rien, parce que dans cette Prière il n'y a pas de commémoration de Jésus-Christ. » —

« Dans le premier moment, raconte Leibniz [1], je fus un peu déconcerté d'une censure aussi prompte et aussi rude ; malgré cela, je ne perdis guère ma présence d'esprit, et je lui répondis tout de suite : « Ainsi, par cette raison, l'Oraison
« dominicale et de même tant de prières qui se trouvent
« dans les *Actes* des Apôtres et dans leurs lettres, et surtout
« celle qu'ils font en commun avant de tirer au sort le suc-
« cesseur de Judas dans le premier chapitre des *Actes*, ne
« vaudront rien ; car dans ces prières il n'est fait mention
« ni du Christ, ni de la Trinité. » — Sur cela, continue Lebniz, *mon bonhomme* fut troublé, et nous nous en allâmes, un moment après, prendre l'air. »

Quoi qu'il en soit, Leibniz avait emporté une haute idée du mérite d'Arnauld, et Arnauld avait gardé bonne idée de Leibniz : « Je connois M. Leibniz, écrivait-il quelques années après au landgrave de Hesse-Rheinfels ; il me venoit voir souvent à Paris. C'est un fort bel esprit, et très-savant dans les mathématiques. Je voudrois bien savoir s'il a fait exécuter deux belles machines, l'une d'arithmétique, et l'autre une montre portative, qu'il prétendoit qui seroit dans la dernière justesse. Je serois

---

1. Dans une lettre confidentielle, écrite quinze ans après (1686) au landgrave de Hesse-Rheinfels. J'en dois connaissance à mon ami et confrère en Port-Royal le docteur Reuchlin.

bien aise qu'il eût vu la première *Apologie pour les Catholiques....* » Dans les dix dernières années de la vie d'Arnauld, Leibniz essaya de renouer commerce avec lui par le canal de ce landgrave, et il lui soumit un aperçu de ses vues métaphysiques : nous avons vu [1] comment Arnauld y répondit, en lui conseillant de ne pas tant se soucier de spéculations inutiles, et de se hâter, bien plutôt, de se convertir. Il est vrai que, sur l'étonnement que Leibniz témoigna d'une telle réponse [2], Arnauld s'excusa et parut revenir; mais ce retour n'était que de politesse et pour la forme. Leibniz dans cette Correspondance qu'il prolongea autant que possible, et où il mit une complaisance évidente à se communiquer, à s'exposer lui-même, me paraît s'être un peu abusé s'il a cru qu'Arnauld apporta jamais à l'examen de ses spéculations plus de soin et d'attention qu'il n'en a réellement prêté Arnauld, surchargé de travaux et de polémique, n'y entra jamais véritablement. Il était comme les hommes âgés et qui ont, en fonds de doctrine, tout ce qu'ils en peuvent tenir : il ne recevait plus volontiers d'idées nouvelles. Et de plus il y avait une différence radicale, essentielle, presque une opposition de nature entre un esprit aussi étendu en tous sens que celui de Leibniz, et un esprit aussi muré par de certains côtés que l'était celui d'Arnauld.

« Je ne sais s'il faut que je renvoie à Votre Altesse les papiers de M. Leibniz, écrivait Arnauld au landgrave (30 septembre 1683); j'y entrevois de fort belles choses, mais

---

1. Précédemment, à la page 370.
2. «...Aussi étoit-ce une des raisons que j'ai eues de faire communiquer ces choses à M. Arnauld, à savoir pour le sonder un peu et pour voir comment il se comporteroit : mais *tange montes et fumigabunt* : aussitôt qu'on s'écarte tant soit peu du sentiment de quelques docteurs, ils éclatent en foudres et en tonnerres. » (Lettre de Leibniz au landgrave.)

il faudroit trop me rompre la tête et y employer trop de temps pour le comprendre tout à fait. » —

« Je vous proteste, écrivait-il à Leibniz après sa grande rebuffade du 13 mars 1686, je vous proteste devant Dieu que la faute que j'ai pu faire en cela n'a point été par aucune prévention contre vous...; ni que, par un trop grand attachement à mes propres pensées, j'àie été choqué de voir que vous en aviez de contraires, vous pouvant assurer que *j'ai si peu médité sur ces sortes de matières, que je puis dire que je n'ai point sur cela de sentiment arrêté.* »

Et au landgrave, ce même jour 13 mai :

« C'est aussi tout de bon que je la prie (Votre Altesse) de faire ma paix, et de me réconcilier avec un ancien ami, dont je serois très-fâché d'avoir fait un ennemi par mon imprudence ; mais *je serai bien aise que cela en demeure là, et que je ne sois plus obligé de lui dire ce que je pense de ses sentiments ;* car je suis si accablé de tant d'autres occupations que j'aurois de la peine à le satisfaire, ces matières abstraites demandant beaucoup d'application, et ne se pouvant pas faire que cela ne me prît beaucoup de temps. »

Toutes ses lettres à Leibniz commencent par des excuses de n'avoir pu répondre plus tôt, sous prétexte de ses autres occupations et aussi à cause de l'abstrait des matières. Quand il s'agissait de géométrie, on le conçoit, et de mécanique, Arnauld, qui n'était qu'un géomètre élémentaire, ne pouvait même entrevoir les difficultés et les solutions dont Leibniz eût voulu l'entretenir : « Car je ne me suis jamais appliqué à ces choses-là que par occasion et à des heures perdues, et il y a plus de vingt ans que je n'ai vu aucun de ces livres-là. » (28 septembre 1686.) — « Je vous avoue, Monsieur, que je n'ai pas d'idées assez nettes et assez claires touchant les règles du mouvement pour bien juger de la difficulté que vous avez proposée aux Cartésiens. » (4 mars 1687.) — Mais dans la métaphysique même, qui était un champ plus ouvert, il se refuse évidemment à un examen approfondi; il ne fait que quelques objections préalables et de première vue, auxquelles Leibniz s'applique à répondre en détail, sans réussir à l'intéresser sérieusement et à l'embarquer : « Comme il faudroit que je rêvasse trop pour bien faire entendre ce que je pense sur cela..., ou plutôt ce que je trouve à redire dans les pensées des autres, parce qu'elles ne me paroissent pas dignes de Dieu, vous trouverez bon, Monsieur, que je ne vous en dise rien. » (28 septembre 1686.)

La conclusion favorite d'Arnauld, c'est que Leibniz se convertisse à la religion catholique : « Car il n'y a rien à quoi un homme sage doive travailler avec plus de soin et moins de retardement qu'à ce qui regarde son salut. » Tandis que Leibniz visait sans cesse à l'accroissement et au perfectionnement de l'être intellectuel en nous, Arnauld n'avait en vue et ne considérait finalement dans l'homme déchu que la réparation du péché : comment n'y aurait-il pas eu de malentendu entre eux? Il n'est pas moins singulier que ce docteur catholique, honni et presque poussé dehors par les zélés catholiques, mette tant de prix à ramener dans le giron catholique un grand philosophe, d'ailleurs religieux :

« M. Leibniz, écrivait encore Arnauld à ce même landgrave, n'est point un homme sans religion.... J'ai vu une lettre de M. Leibniz, par laquelle il témoignoit n'avoir pas d'éloignement de se faire catholique. Il faudroit ménager ce commencement de bonnes dispositions : il y a peut-être plus à espérer que vous ne pensez ; mais vous ne dites point ce qui l'a amené à Rome. » (6 octobre 1689.)

Ce qui avait amené Leibniz à Rome et en Italie, c'était l'étude, la curiosité encore, l'espérance de recueillir des pièces utiles à sa collection pour l'histoire de la maison de Brunswick, et l'ardeur qu'il mettait à s'enrichir de tout trésor de savoir, de toute belle connaissance puisée à sa source.

Curieux de tout en effet, d'histoire, de droit, de linguistique, de scolastique même, de chimie et d'alchimie, de physique, de géométrie, de mécanique, d'analyse, de particularités d'érudition; philosophe par-dessus tout cela (ce qui en fait un tout autre philosophe que Malebranche); ayant appris de lui-même presque toutes choses; merveilleux dès l'enfance comme Pascal, au point de scandaliser ses maîtres par sa prodigieuse précocité; propre à faire avancer tout ce qu'il examinait; s'intéressant à tout, ne se confinant à rien ; avide et capable de chaque branche d'étude comme s'il avait un instinct spécial, avide encore plus d'unité par la compréhensive amplexion de son intelligence; génie large, étendu, conciliant, le plus naturellement universel des génies humains (bonheur qu'il partage avec Aristote), comment un tel homme se serait-il entendu, autrement que par de courtes rencontres, avec Arnauld qui ne fait jamais un pas, même en philosophie, sans en demander l'autorisation à son oracle saint Augustin; Arnauld, très-bon esprit dans la chambre où il était domicilié et enfermé à clef, mais n'en sortant pas : Leibniz, au contraire, le plus voyageur et le plus navigateur des esprits, fécond en projets, en essors (*hints*) autant que Bacon, et hardi à présager en toute direction les conquêtes de l'avenir? Je n'ai aucun intérêt à diminuer l'homme respectable dont je traite; mais, puisqu'il s'agit de philosophie, et de la portée de chacun, je ne puis celer ceci :

En 1683, en ces années où il renvoyait sans les examiner les papiers de Leibniz, et où il s'adonnait à réfuter Malebranche, Arnauld écrivait à M. Du Vaucel, alors à Rome :

« Il y a une dame bien chrétienne, qui auroit un grand désir d'avoir un enfant, et elle a sur cela des vues bien saintes. Elle a eu pensée de le demander à Dieu, par l'intercession du Bienheureux François de Pamiers (*c'est-à-dire de cet entêté M. de Caulet*), et elle veut commencer à faire quelques aumônes à ceux qui sont persécutés pour son sujet; mais, si Dieu l'exauçoit, elle donneroit pour cela une somme considérable. Faites, s'il vous plaît, que le bon Prieur joigne ses prières aux siennes, afin que si c'est la volonté de Dieu, elle puisse, par l'intercession de son serviteur, avoir le fruit de son mariage » (16 avril 1683.)

Et quelques mois après (26 août) :

« La dame qui s'étoit recommandée à feu M. de Pamiers, dans la même vue que la mère de Samuel, croit avoir obtenu depuis trois mois l'effet de son désir. Mais elle vous prie que l'on continue les prières que l'on avoit commencé de faire pour elle, afin que Dieu lui en donne un entier accomplissement. »

Et quelques jours après (10 septembre) :

« Je crois vous avoir mandé que la dame qui s'étoit recommandée aux prières de M. de Pamiers a obtenu l'effet de son vœu. »

Allons! on peut faire d'Arnauld un grand logicien, on en peut faire un cartésien disciple, et le premier entre les disciples : on n'en fera jamais un philosophe[1].

---

1. Pour ne pas finir trop au désavantage d'Arnauld un chapitre commencé en son honneur, je veux citer une très-belle page, sa plus belle peut-être dans cet ordre logique et démonstratif où il excelle. Il s'agit du reproche qu'on lui adressait si souvent, et que Malebranche lui avait fait aussi, d'être *trop long et prolixe*. Arnauld, dans cette page qui offre son idéal de méthode logique en matière de réfutation, se dépeint, Malebranche et lui, et il ne se donne pas le dessous dans le parallèle :

« Je ne sais, mon Père, si vous croyez que ce soit avoir le jugement bien fin, que de compter les pages des livres pour mépriser les uns comme trop longs, et estimer les autres comme étant d'une juste étendue. Il y a, ce me semble, des règles du bon sens qui font reconnoître qu'un livre peut avoir beaucoup de pages et n'être pas long, qu'un autre peut n'en avoir guère et être trop long, et qu'il y en a qui ont tout ensemble ces deux défauts, d'être trop longs et trop courts.

« Cela me fait souvenir de ce qu'un poëte répondit à un critique qui le blâmoit de faire de trop longues épigrammes :

> Non sunt longa quibus nihil est quod demere possis :
> Sed tu , Cosconi, disticha longa facis.

En effet , lorsqu'un auteur (*c'est Arnauld*) ne sort point de son sujet, qu'il le traite avec ordre, qu'il ne s'étend en quelques endroits que pour se rendre intelligible à tout le monde, autant que sa matière le peut permettre, qu'il s'attache à rapporter les propres paroles de son adversaire , pour lui ôter tout lieu de se plaindre qu'on lui impose ; qu'il prouve bien tout ce qu'il avance , soit par autorité ou par raison , et qu'il ne réfute rien qu'il ne renverse par de bons principes et par des conséquences justes, vous m'avouerez, mon Père, qu'un livre fait de cette sorte ne mériteroit pas d'être rejeté comme étant trop long , quelque nombre de pages qu'il pût contenir.

« Mais si, au contraire, un auteur (*voici Malebranche*) grossissoit son livre en y semant partout des reproches personnels très-mal fondés; s'il en employoit le premier tiers en de vaines déclamations, dont il reconnoîtroit lui-même l'inutilité ; si le tiers suivant n'étoit qu'une répétition de ce qu'il auroit plusieurs fois dit dans d'autres ouvrages, en le redisant de nouveau, presque dans les mêmes termes et sans aucune nouvelle lumière; si, de dix-sept chapitres, en ayant consumé onze dans ces superfluités, il ne commençoit qu'au douzième à examiner le premier chapitre du livre de son adversaire ; s'il ne prenoit aucun soin de bien faire entendre ce que prétend celui qu'il réfute, et à quoi tendent ses preuves; s'il en supprimoit les plus convaincantes, s'il répondoit aux autres d'une manière peu satisfaisante par des discours généraux qu'il n'appliqueroit point aux difficultés, et qu'il apportât pour raison de ce qu'il ne répond pas plus solidement que c'est (ce qu'il sent bien) que ses lecteurs se lassent, parce qu'il se lasse lui-même, et qu'il n'abrége que pour ménager leur temps et le sien : que pensez-vous, mon Père, que jugeroient d'un tel livre les personnes judicieuses ? Ne seroit-il point à craindre qu'*ils* ne le trouvassent trop long et trop court ; que ce qu'il auroit de trop long ne les ennuyât, et que ce qu'il auroit de trop abrégé ne leur fût un autre sujet de dégoût ?

« Je laisse à tous les gens d'esprit et à vous-même, mon Père, à faire l'application de ces deux exemples. »

Les deux exemples sont parfaits en tant qu'ils s'appliquent aux deux adversaires dans les limites du champ clos, mais pas au delà.

VII

Derniers factums d'Arnauld. — Les Filles de l'Enfance. — Arnauld anti-Orangiste. — Le *Péché philosophique*. — Le *faux Arnauld*. — Retour en France entrevu et fermé. — Dernière demeure à Bruxelles. — Préparation à la mort. — Fin paisible. — Sépulture cachée. — Éclat posthume. — Un mot sur Quesnel. — Boileau ami d'Arnauld et de Port-Royal. — Son rôle satirique au début, à côté de Molière. — Première rencontre de Boileau et d'Arnauld. — *Arrêt burlesque.* — Épître IIIᵉ. — Le *Lutrin*. — La Satire des *Femmes* approuvée d'Arnauld. — L'*Amour de Dieu*; du jansénisme poétique de Boileau. — La Satire de l'*Équivoque*. — Découragement final et mort de Boileau. — Mort de Domat.

Après ce dernier grand exploit d'Arnauld, nous n'avons plus, ce semble, qu'à le voir mourir.

Nous nous lasserions à énumérer tous les écrits polémiques qui remplissent les dernières années de sa vie ; la liste seule de ces factums théologiques rebuterait, et ferait un fagot d'épines. Il ne profitait guère, il ne pouvait profiter, étant ce qu'il était, des pacifiques conseils que Nicole adressait auprès de lui et pour lui au Père Quesnel, qui lui-même en profita encore moins. C'était vers la fin de la controverse avec Malebranche (février 1685) ; Nicole était d'avis qu'Arnauld,

« On réfute tout bien ou mal, écrivait-il au Père Quesnel, vous en voyez un terrible exemple dans le faiseur de systèmes (*le Père Mallebranche*) ; les convictions ne servent de rien pour le faire taire. Cependant qui se taira jamais, s'il ne se tait ? On a bien fait de terminer les petites Réponses (*les Lettres au Père Malebranche*) : la mesure de la patience des gens est merveilleusement bornée, et ils se lassent en moins de rien. Quand le reste des Réflexions sera achevé, il faut laisser là cette querelle : on aura donné à l'Église ce qu'on lui devoit, et l'utilité en sera encore plus grande un jour qu'à présent. Il me semble qu'on ne devroit plus avoir en vue que la postérité : elle fera justice aux gens, et il lui faut faire la justice de ne permettre pas qu'elle soit trompée. Cela n'oblige point à imprimer dans le temps présent ce qui est sujet à mille inconvénients. J'ai toujours bien de l'inclination pour la mort civile ; rien n'est plus capable de mettre à bout les ennemis :

> Ventus ut amittit vires, nisi robore densæ
> Obsistant silvæ. . . . .

Que faire à des gens qui ne paroissent point, qui ne se renouvellent dans la mémoire des hommes par aucun endroit, et qui se réservent à plaider leur cause devant Dieu et devant les hommes futurs, si le cas y échoit ? »

Nisi robore densæ obsistant silvæ…. mais Arnauld, à lui seul, faisait une antique et drue forêt de chênes, qui n'était pas d'humeur à se coucher d'elle-même à terre pour laisser courir la tempête [1].

[1]. Il y a un mot dont Arnauld, s'il l'avait connu, n'eût jamais senti la valeur : c'est au XV⁰ livre de l'*Iliade*, lorsque la messagère Iris s'efforce de persuader à Neptune de ne pas s'opiniâtrer à résister en face au courroux de Jupiter : « Ne te laisseras-tu pas fléchir un peu ? car l'esprit des bons n'est pas inflexible (Στρεπταὶ μέν τε φρένες ἐσθλῶν). » C'est souvent une marque de force et de grandeur que de changer. Le cœur, l'esprit des hommes de bien, des hommes sensés, est susceptible de se modifier, de se rendre aux

Au nombre des écrits qui sortirent de sa plume en ces années, on distingue un énergique plaidoyer en faveur des *Filles de l'Enfance*. Cet Institut célèbre dans le midi de la France, et que nous ne comparons d'ailleurs que de loin à Port-Royal, avait eu M. de Ciron pour son M. de Saint-Cyran, et il possédait dans la supérieure, madame de Mondonville, très-capable et très-habile femme, une Angélique non cloîtrée, plus ambitieuse et bien moins austère [1]. Malgré des dénonciations qui s'étaient renouvelées plus d'une fois, la Congrégation était en pleine prospérité quand elle fut brusquement cassée par un Arrêt du Conseil, le 12 mai 1686. Les griefs contre l'Institut étaient de diverses sortes. On accusait surtout la supérieure et sa maison de Toulouse d'avoir donné asile à des ecclésiastiques poursuivis dans l'affaire de la Régale, et d'avoir une imprimerie clandestine au service de cette rébellion théologique. Il s'y mêlait de vagues imputations de doctrine. Somme toute, Louis XIV ne faisait qu'appliquer ici, dans un cas signalé, sa maxime politique dès longtemps conçue et arrêtée *in petto*, qui était de dissiper les Communautés suspectes de nouveauté et de jansénisme. A ce moment de la suppression, la maison de Toulouse, qui avait des ramifications dans la province, renfermait plus de deux cents filles tant maîtresses que postulantes et pensionnaires, et servantes. Parmi les premières se trouvaient beaucoup de demoiselles de qualité, mesdemoiselles Daguesseau,

---

bonnes raisons. Ce n'est pas toujours une supériorité d'être et de rester tout d'une pièce, d'être *inentamable, irramenable*. Entêtement n'est pas constance. Enfin, on a pu dire plus sérieusement qu'il ne semble : « *L'homme absurde est celui qui ne change jamais.* »—J'essaie, par tout ce commentaire, de faire faire encore une fois à mon lecteur le tour de ce rocher d'Arnauld.

1. Voir l'*Appendice* à la fin du volume.

de Chaulnes, de Fieubet, de Catelan. Privées de leur supérieure qui, au premier bruit du danger, courut à Paris et n'en put revenir, ayant été reléguée à Coutances, les Filles de l'Enfance à Toulouse se montrèrent dignes d'elle et fidèles à son esprit : elles subirent l'exécution de leur Arrêt, et soutinrent les derniers assauts avec une constance exemplaire et une vigueur de résistance passive qui amena des scènes lamentables, et qui excita un intérêt tout dramatique [1]. Cette des-

1. « On a, ai-je dit ailleurs, une Relation de ces moments suprêmes, écrite par l'une d'elles, et où respire un vif sentiment de l'innocence opprimée par l'injustice. Un tel accent, qui ne se feint pas, est la meilleure réponse à bien des accusations des ennemis. La dispersion exigeait des formalités de procédure, d'inventaire. L'archevêque de Toulouse (M. de Montpezat), en rendant son Ordonnance conformément à l'Arrêt du Conseil, aurait voulu adoucir l'exécution dans la forme, surtout en ce qui concernait les demoiselles de qualité, mesdemoiselles de Chaulnes, Daguesseau et autres ; il leur ecrivait ou leur faisait faire des compliments de condoléance sur la nécessité rigoureuse où il était de les frapper : mais el'es eurent la générosité de se refuser à tout adoucissement, et tinrent à honneur d'être traitées comme la dernière de leurs compagnes. On vint régulièrement, et en toute cérémonie, *profaner* la chapelle ; on enleva les hosties et les vases sacrés : les Filles de la Congrégation ne continuèrent pas moins de s'y rassembler dans leurs exercices de piété. On envoya des maçons alors pour la détruire et n'en pas laisser pierre sur pierre : elles continuèrent de se rassembler pour prier sur les décombres. Quand on envoya des soldats pour enlever d'abord quarante filles, puis une trentaine qui restaient, ce fut dans les masures de la chapelle, comme dans un fort, qu'elles allèrent se réfugier, protestant jusqu'à la fin contre la violation de leurs vœux. On avait tout employé pour les disperser, jusqu'à défendre à l'économe de leur fournir de la nourriture, et à vouloir les réduire par la famine, comme des assiégées ; mais rien n'y fit : elles ne se rendirent pas ; il fallut la violence et les dragons de M. de Bâville pour consommer l'œuvre du Père de La Chaise. L'émotion que causèrent ces dernières scènes fut vive dans le public, et il en est resté sur cet Institut de l'Enfance une impression du genre de celles qui s'attachent aux touchantes et tragiques infortunes. A la Cour, ce fut toujours une note fâcheuse contre M. Daguesseau d'avoir eu une de ses filles à

truction violente des Filles de l'Enfance, considérée du point de vue de Port-Royal, était à la fois une conséquence et un avertissement, — une conséquence de 1679 et un prélude de 1709. On y fit d'un seul coup ce qu'on mit ailleurs trente ans à consommer : il n'y eut pas d'intervalle entre l'instant où l'on paralysa l'œuvre et celui où l'on écrasa la maison. Arnauld sentit le coup, non-seulement comme un incendie du voisin, comme un présage menaçant pour ses chères sœurs du vallon, mais il le sentit en chrétien animé de charité, et qui saigne directement à la vue de toute injustice. Il se récria, il s'indigna, il discuta le fait et le droit, la forme et le fond ; il en appela de Louis XIV, — d'*Assuérus*, disait-il, conseillé par Aman, au même *Assuérus* éclairé par Mardochée. C'étaient des *orphelines* (ainsi qu'il les nommé dans ses lettres) que ces Filles de l'Enfance, et n'était-il pas l'avocat des orphelins ?

Une parole qui a semblé prophétique lui est venue dans cette discussion ; elle ne lui est pas échappée (la plume d'Arnauld n'a pas de ces étincelles qui échappent), elle est sortie par la force même de la déduction logique. Remarquant avec quelle brièveté et dans quelle forme sommaire une Congrégation régulièrement autorisée, légalement approuvée par les deux Puissances, avait été cassée, sans apparence de procédure, sur un simple Arrêt du Conseil, et un Arrêt si peu explicatif qu'il était difficile d'y voir autre chose qu'un coup d'autorité :

« C'est une règle de la jurisprudence, ajoutait-il, que

l'Enfance, et on crut que, sans cette circonstance qui lui donnait une couleur aux yeux de certaines gens, il aurait été Chancelier, comme son fils le devint depuis. » (*Causeries du Lundi*, tome II, à propos de *la Religieuse de Toulouse*, roman de M. Janin ; car, aux mains de ces gens d'esprit, où le roman ne va-t-il pas s'accrocher ?)

nous n'avons pas sujet de nous plaindre qu'on use envers nous du même droit dont nous avons voulu qu'on usât envers les autres. Cela devroit faire peur aux Jésuites : car qu'auroient-ils à dire, s'il prenoit un jour envie à quelque roi de les traiter comme ils ont fait traiter la Congrégation de l'Enfance ; qu'il se fît représenter le Jugement de la Sorbonne sur leur Institut, de l'an 1554 ; l'Arrêt du Parlement de Paris, de 1595, qui les avoit bannis du royaume ; les Lettres patentes du roi Henri IV, de 1604, qui les y a rétablis pour les raisons qu'en rapporte M. de Sully dans ses Mémoires ; les Remontrances du Parlement de Paris pour ne les point enregistrer ; quelques Avis de docteurs sur plusieurs points de leur doctrine ; et que l'Arrêt portât ensuite sans dire autre chose : *Sa Majesté, étant en son Conseil, a révoqué et révoque les dites Lettres patentes de 1604 ; et en conséquence Sa Majesté a déclaré et déclare que toutes les maisons des Jésuites, établies dans le royaume, demeureront supprimées?* On demande aux Jésuites ce qu'ils auroient à dire contre un tel Arrêt, s'ils prétendent que les Filles de l'Enfance n'ont rien à dire contre celui qu'ils ont fait donner contre elles ? »

Arnauld est moins intéressant dans la défense soudaine, qu'il entreprit, du roi Jacques II détrôné par le prince d'Orange. En s'ingérant dans la politique et dans celle du jour, il se mêlait de ce qu'il entendait le moins. Aussi insulte-t-il, sans le comprendre, un grand caractère de chef courageux et prudent, fait pour être un fauteur de ligue contre les superbes et un pilote de nations à l'heure des dangers ; il ne voit en lui que le *héros de Jurieu*, et il préconise, au contraire, un triste roi, de la race de ceux qui ne sont propres qu'aux parties de chasse, aux sacristies et aux exils. En qualifiant le prince d'Orange de tous les noms les plus odieux qu'il put ramasser dans les anciennes ou les modernes histoires et qui donnent à ce pamphlet d'Arnauld un faux air de Père Garasse [1], il s'inquiétait peu

---

1. *Le véritable Portrait de Guillaume-Henri de Nassau, nou-*

pour lui-même du voisinage où il était de ce prince et de l'asile qu'il pouvait avoir à chaque instant à réclamer en Hollande. Mais dès qu'Arnauld voyait un opprimé, et partout où il croyait saisir la violation d'un droit, que ce fût Jacques II le jésuite ou l'Institut de l'Enfance détruit par les Jésuites, il s'enflammait et se jetait en travers. Vieillard innocent!

.. Autour de lui et jusque dans son parti, quelques-uns n'étaient pas sans apprécier plus justement les choses. M. Du Vaucel lui écrivait de Rome que, même dans cette capitale du monde catholique, on pesait à un tout autre poids les mérites du roi Jacques et ceux du prince d'Orange. Arnauld s'en montrait scandalisé, et n'admettait aucune contradiction là-dessus; il était pour le droit divin des rois; il repoussait de toutes ses forces une doctrine qu'un de ses amis[1] avait avancée à l'occasion de Henri IV, « que, s'il ne se fût point converti, on auroit pu élire un autre Roi *en vertu d'un pouvoir qui réside radicalement dans le corps de l'État et qu'il n'emprunte point d'ailleurs.* — C'est le fondement des Cromwellistes, s'écriait-il, et celui des Parlementaires qui ont détrôné Jacques II et mis le prince d'Orange en sa place. » Il était donc pour la pure légitimité et pour la fidélité aux rois, malgré l'exil dont le payaient les rois; il restait le plus Français des hommes à l'étranger; il soutenait, dans son patriotisme, que, telle qu'elle était en ce moment, la France valait mieux encore que les autres nations : « Car que l'on jette les yeux sur toutes les nations chrétiennes, je ne sais si on ne sera point obligé d'avouer qu'il n'y en a point qui fasse plus d'honneur à la religion de Jésus-

---

vel Absalon, nouvel Hérode, nouveau Cromwell, nouveau Néron (1689).

1. M. Du Vaucel lui-même.

Christ, et où il se soit conservé plus de piété, plus de science, plus de discipline. Ce n'est pas qu'il n'y ait de grands maux, et qui donnent beaucoup de sujet de gémir : mais je soutiens que, dans ce mélange de bien et de mal, l'état où est la France vaut encore mieux que celui de tout autre pays chrétien d'une pareille étendue [1]. Et ce qui est bien considérable, est que le changement d'une seule personne pourroit faire cesser ces maux et augmenter beaucoup le bien, au lieu que les maux des autres pays paroissent presque incurables. » Que Louis XIV s'adoucît un peu sur l'article du Jansénisme, Arnauld était satisfait [2]; en attendant, tous ses vœux, toutes ses prières étaient pour les succès de son roi dans la guerre qui se rallumait.

Louis XIV, informé du livre d'Arnauld contre le

1. M. de La Mennais, au plus fort des malédictions pessimistes dont il était coutumier, a dit quelque chose de tout semblable sur la France : « Chère France! elle est encore, à tout prendre, ce qu'il y a de mieux dans cette Europe si corrompue. Sans doute elle renferme beaucoup de mal, mais le mal y est moins mauvais qu'ailleurs, et c'est beaucoup. » (Lettre au comte de Senfft, 9 juillet 1827.) — « C'est encore, à tout prendre, le pays où il y a le plus de vie. » (Lettre au comte de Beaufort, 25 mars 1833.)

2. Il prend même assez aisément son parti de l'incendie du Palatinat : « On se plaint, et avec raison, écrivait-il (21 juillet 1689), que le roi ait détruit entièrement quatre ou cinq villes, sans épargner les églises. Charles-Quint en fit autant à Térouanne, ancienne ville épiscopale, où il ne laissa pas pierre sur pierre. Cela n'en vaut pas mieux. Mais je soutiens que c'est là un moindre mal que d'appuyer un hérétique qui éteint, autant qu'il est en lui, une succession de rois catholiques dans trois royaumes, et qui y fait établir, pour loi fondamentale, qu'il n'y en ait jamais de catholiques. Mais voilà comme les hommes sont faits : l'extinction ou au moins l'oppression de la religion véritable dans trois royaumes, les touche moins que l'embrasement d'une douzaine d'églises. » En lisant ce passage d'Arnauld, on se prend à répéter avec lui, mais dans un sens opposé au sien : *Et voilà comme les hommes sont faits!*

prince d'Orange, en autorisa l'impression et en fit distribuer des exemplaires en Europe ; mais il ne rouvrit point à son fidèle et récalcitrant sujet l'entrée de la France.

Arnauld avait vécu tranquille à Bruxelles sous la protection du gouverneur des Pays-Bas, M. de Grana; il y resta ensuite, également protégé par M. Agurto, son successeur, puis par M. de Castañaga. Ce pamphlet contre le prince d'Orange et la guerre recommençante entre la France et l'Espagne ne changèrent rien d'abord à cet état de sécurité [1]. Mais, en 1690, une dispute qui s'émut dans l'Université de Louvain, je ne sais quelle intrigue souterraine, obligea le gouverneur, sur les or-

---

1. Je trouve, dans les papiers de M. de Pontchâteau conservés à Utrecht, la petite note suivante qui marque bien cependant les incertitudes et les anxiétés des amis aux approches de cette crise et qui nous initie à leurs consultations, à leurs délibérations secrètes : elle porte la date de 1689 :

« Quoique nous ayons fort discuté toutes choses, M. *Ernest* (Ruth d'Ans) et moi, je dirai encore un mot.

« Je vois bien des inconvénients pour Paris, et en grand nombre, et presque pas de moyen d'y remédier.

« Pour une autre retraite en France, je ne sais pas quelle facilité on auroit pour la trouver : c'est pourquoi je n'en saurois rien dire.

« Il seroit très-fâcheux de se trouver enfermé dans une ville assiégée (Bruxelles).

« N'y a-t-il point de péril, la maison étant si connue ? Et ne seroit-ce pas une bonne chose de se dépayser, au moins pour quelque temps, afin d'y rentrer, si on le vouloit, en fermant la porte à tous ceux qui la font trop connoître ?

« Le pourroit-on faire en allant en un autre quartier de la ville ? ou dans une autre ville du pays ? ou à Liége ?

« Difficulté de transmigration en France, parce que ce seroit sans retour et qu'on a plusieurs choses.

« A Liége, n'y porter que ce qu'on auroit besoin pour travailler présentement. Mettre à part ce qu'on jugeroit pouvoir être nécessaire dans la suite, si l'on y demeuroit plus longtemps, et le faire venir.

« Ne seroit-il pas bon d'ôter les meilleurs papiers et les mettre en sûreté chez M..., les y portant les uns après les autres sans que cela parût ?

« On voit mieux de près les choses que de loin.

« Il y a de la différence entre la sûreté présente et celle du temps passé, ce me semble. »

dres qu'il avait reçus, de le faire avertir qu'il eût à se retirer ailleurs. Cet éloignement de Bruxelles, et la vie errante qu'il se vit réduit à mener dans ces contrées où recommençait la guerre, ne furent que de quelques mois (avril-septembre).

Il alla d'abord en Hollande par Malines, Anvers, Moerdyk et Rotterdam. M. de Neercassel ne vivait plus. Il fit diverses stations près de Leyde, à Delft, sur le lac de Harlem, chez d'anciens amis MM. Van Heussen, Van Erkel, des ecclésiastiques du pays qu'il craignait de compromettre, eux et la *Mission*[1], s'il était découvert. Voilà le résultat de sa levée de boucliers anti-orangiste; mais il ne s'en repent pas. Il n'est pas seul dans sa fuite; il a d'ordinaire avec lui quelques-uns de ses fidèles compagnons de Bruxelles, le Père Quesnel, M. Guelphe, M. Ruth d'Ans, une fille dévote, la bonne *Jupine*, qui les sert. Que fera-t-il? que deviendra-t-il? S'il n'était que seul ou lui deuxième, il se hasarderait peut-être à retourner à Bruxelles, dans le nid qu'il lui a fallu quitter; mais, avec sa petite colonie, il n'y a pas moyen. « Faudra-t-il penser à Maestricht? mais quand on y seroit sûrement, seroit-ce chez quelque ami? y en a-t-il qui pense nous rendre ce bon office? — dans une maison que nous aurions louée? il faudroit la meubler, et ce seroit une terrible dépense : *angustiæ undique.* »

---

1. On appelait *Mission* l'Église catholique d'Utrecht, qui était *in partibus infidelium*. — C'était encore moins Arnauld qui craignait pour ses hôtes, que ceux-ci qui avaient des appréhensions, selon lui, exagérées : « Notre hôte (M. Van Heussen) nous témoigne toute sorte de bonté et d'affection; mais il a une étrange peur que, si on vient à découvrir que nous sommes chez lui, cela ne fasse tort à la Mission et à M. de Sébaste (M. Codde, successeur de M. de Neercassel sous le titre d'archevêque de Sébaste), qui nous doit venir voir dans huit ou dix jours. Je ne crois pas cette peur trop bien fondée; mais que faire? c'est une maladie dont il n'est pas facile de guérir les gens. »

C'est ce qu'il écrit à M. Ruth d'Ans qui s'était séparé de lui un moment, et à qui l'on voit qu'il avait demandé, pour les distribuer autour de lui, quelques exemplaires d'*Esther*. Ne nous figurons pas cependant un Arnauld à notre guise, faisant des lectures ou s'employant à des occupations qui nous agréent. Dès qu'il est deux ou trois jours de suite dans un même lieu, il se remet à travailler à son ordinaire; mais à quoi? En même temps qu'il veut relire et faire lire à d'autres *Esther*, qui est « une fort belle pièce et bien chrétienne, » il s'inquiète encore dans ses diverses stations, et tout fugitif qu'il est, de poursuivre à outrance, de pousser l'épée dans les reins le *Péché philosophique*. Or qu'est-ce que le Péché philosophique auquel il en veut tant, et qu'il impute aux Jésuites comme une noirceur et un crime? Quelque chose qui, tant soit peu expliqué, nous scandaliserait bien moins que lui assurément. Un jésuite de Dijon avait soutenu, dans une thèse, qu'un homme qui commettrait un grave péché, mais sans connaître l'existence de Dieu, du vrai Dieu, ne serait point coupable d'un péché mortel, ne mériterait pas les peines éternelles: en un mot, dans le style d'école, il ne commettrait point un péché *théologique*, contre Dieu qu'il ne connaîtrait pas, mais seulement un péché *philosophique*, contre la raison, chose moins grave et non digne du feu. — Quoi! s'écriait Arnauld, de ce qu'en péchant grièvement on ne se serait pas rendu compte nettement de sa faute, de ce qu'on aurait fait le mal sans avoir toute la conscience de sa malice, on ne mériterait point une peine éternelle! Mais c'est là une maxime *horrible*, et qui sauverait l'Enfer aux trois quarts des méchants. Et il dénonçait à quatre et cinq reprises cette hérésie nouvelle, cette doctrine pernicieuse, relâchée, déjà flétrie par Pascal dans la quatrième *Provinciale*, et à laquelle cependant il faudrait changer si peu de chose pour la rendre agréable au sens commun. Le Père Bouhours, pour en avoir pris timidement la défense, eut à se repentir de s'être mêlé cette fois de théologie [1].

Et c'est ce même homme, si acharné à dénoncer le Péché philosophique, qui se refusait dans le même temps à solliciter la condamnation du Père Malebranche à Rome ! M. Du Vaucel avait proposé à Arnauld d'écrire au cardinal de Bouillon pour que cette Éminence n'empêchât point la condamnation des livres du Père Malebranche, qu'examinait en ce moment le Saint-Office : « C'est ce que je ne ferois pas pour tout l'or du monde, écrit Arnauld ; qu'ils en fassent ce qu'ils voudront, mais ce ne sera pas à mon instigation. Cela seroit très-mal reçu par tous les honnêtes gens, et avec raison [2]. »

1. Le Père Bouhours ne passait, en effet, que pour un religieux dameret, et Nicole dans un de ses *Essais* (tome III, page 156) avait fait de lui, sans le nommer, un portrait des plus reconnaissables : « Selon les règles même de l'honnêteté du monde, disait-il, c'est un fort méchant caractère, et que tout homme de bon sens doit éviter, que celui d'un Ecclésiastique qui affecteroit l'air, les mots et les manières de la Cour ; qui paroîtroit rempli d'estime pour les bagatelles et les vanités du monde ; qui témoigneroit de l'inclination pour la conversation des dames ; qui se piqueroit de politesse, de délicatesse et de bel-esprit ; qui feroit voir, par ses discours ou par ses écrits, qu'il lit ce qu'il ne devroit point lire, qu'il sait ce qu'il ne devroit point savoir, et qu'il aime ce qu'il ne devroit point aimer. Il ne faut pas s'imaginer que le monde, qui est souvent si peu équitable à l'égard de ceux qui ne lui donnent point de prise, soit d'humeur à souffrir ceux qui prétendent se distinguer des autres par des voies qui donnent tant de moyens de les rabaisser. Aussi ne les épargne-t-il pas ; chacun devient spirituel à leurs dépens, et il n'y a personne qui ne fasse mille réflexions sur la disproportion de cet esprit tout profane et tout séculier qu'ils font paroître, avec la sainteté de leur état. » On peut juger de la figure que fit Bouhours, dans cette querelle du *Péché théologique*, en face du robuste Arnauld : au premier coup de lance, sa frêle armure vola en éclats. — Au reste, ceux qui voudraient avoir une idée nette du point précis de la question, n'auraient qu'à lire la lettre d'Arnauld à Pellisson, du 9 août 1691.

2. Je me trouve ici en désaccord avec l'abbé Blampignon, qui

C'est ce côté d'honnête homme et de parfait généreux dans le chrétien, qu'au milieu de ce qui nous semble ses aheurtements et ses inconséquences, on ne se lasse point d'admirer chez Arnauld : si peu de chrétiens en son temps, et de tout temps, l'eurent à ce degré. Bossuet par exemple, quel plus grand nom! quel plus beau talent! quel plus respectable caractère! et pourtant Arnauld, dans cette même année, n'avait-il pas raison d'écrire de lui, en lui décernant maint éloge :

« Je ne sais quel jugement on fait à Rome de l'*Histoire des Variations* de M. de Meaux ; mais c'est assurément un fort beau livre, très-solide et très-bien écrit. Le roi se seroit fait plus d'honneur s'il l'avoit nommé au cardinalat. Il y a néanmoins un *verumtamen* dont j'appréhende qu'il n'ait un grand compte à rendre à Dieu ; c'est qu'il n'a pas le courage de rien représenter au roi. C'est le génie du temps, à l'égard de ceux mêmes qui ont d'ailleurs de fort grandes qualités, beaucoup de lumière et peu de générosité. Mais cela ne doit pas empêcher qu'on n'estime ce qu'ils ont d'estimable. »

Le *verumtamen* de Bossuet à l'égard d'Arnauld, nous le savons d'autre part ; il l'a laissé échapper dans l'intimité [1]. Nous avons ici le *verumtamen* d'Arnauld sur

---

fait d'Arnauld un dénonciateur de Malebranche auprès des théologiens romains. L'abbé Blampignon parle de ses documents inédits : je doute qu'il en puisse faire sortir rien de malhonnête pour Arnauld. Cet aimable abbé me paraît être trop à la merci des documents sur lesquels il met la main : j'aimerais mieux un esprit de critique exact et sévère. Arnauld, pensant comme il faisait, devait estimer que les livres de Malebranche étaient fort dignes de condamnation ; mais il se serait reproché toute démarche sentant l'intrigue pour les faire condamner.

1. Lorsque l'abbé Le Dieu fit lecture à Bossuet (en février 1703) d'une lettre de feu l'abbé de Rancé sur l'esprit et la conduite des

Bossuet, dans toute sa simplicité, et il est caractéristique de tous deux[1].

De Hollande, Arnauld avait passé à Maestricht, et de là il était allé à Liége où il resta quelques mois, y trouvant protection et un excellent accueil. Ce fut pendant ce séjour qu'il acheva le *Péché philosophique*. Mais bientôt les ennemis qui avaient l'œil à toutes ses démarches, l'ayant deviné et commençant à faire du bruit de sa présence, il jugea plus sûr de revenir à Bruxelles (septembre), et une fois rentré dans son ancienne cachette, il n'en sortit plus.

En cette même année 1690, s'ourdit la machination célèbre dans l'histoire janséniste de ce temps sous le nom de la *fourberie de Douai* ou du *faux Arnauld*. Des ennemis inconnus, en qui les Jansénistes n'hésitent pas à reconnaître et à nommer des Jésuites [2], voulant perdre

---

Jansénistes : « Tout cela est vrai, et ce qui regarde aussi M. Arnauld, disait Bossuet; il vouloit tout décider dans l'Église; mais je n'ai jamais voulu rien dire ni m'expliquer sur son sujet : cela ne sert de rien. » Il ajoutait « que M. Arnauld, avec ses grands talents (M. Arnauld *un si grand homme*, disait-il encore), étoit inexcusable d'avoir tourné toutes ses études, au fond, pour persuader le monde que la doctrine de Jansénius n'avoit pas été condamnée. » — Bossuet trop déférent aux grandeurs et aux pouvoirs établis, et un peu tendre aux considérations du monde : — Arnauld trop entêté de ce qu'il croyait une fois la vérité, fût-il seul à le croire envers et contre tous!

1. Un autre mot, qui n'est pas moins caractéristique, est celui qui échappa à M. de Tréville. Le fond de la pensée des Jansénistes sur Bossuet, c'est qu'il manquait d'énergie. Un jour que le prélat, alors évêque de Condom, demandait à l'un de ses amis les moyens de faire réussir une affaire dont il avait envie, cet ami lui dit qu'il fallait qu'il s'adressât à M. de Tréville, qui y pouvait quelque chose. « C'est un homme tout d'une pièce, répondit Bossuet; il n'a point de jointures. » Tréville, à qui l'on redit le propos, ne put s'empêcher de faire à son tour cette riposte : « Et lui, il n'a point d'os. »

2. Et ils n'avaient pas tort. Dans la *Vie* de Grosley, écrite par lui-même, on lit qu'étant venu jeune à Paris, il y vit beaucoup le

des théologiens de l'Université de Douai, contrefirent, fabriquèrent des lettres d'Arnauld, les adressèrent à un jeune professeur et à quelques-uns de ses amis, et entretinrent durant un assez long temps cette correspondance de faussaires. Les professeurs, auxquels il aurait suffi, pour ne pas être dupes, de savoir distinguer le français wallon qu'on leur adressait, de l'excellent français d'Arnauld, donnèrent dans le piége, répondirent à de captieuses questions sur la Grâce, et d'incidents en incidents en vinrent à signer (et avec des signatures légalisées par-devant notaire) une thèse composée de sept propositions ultrà-augustiniennes, susceptibles de fort mauvais sens. Il y eut quatre de ces Messieurs qui par suite se virent expulsés de la Faculté, et en butte à toutes sortes de persécutions. Cette ténébreuse affaire dans le dédale de laquelle je ne m'engagerai pas, et qui éclata avec le scandale qu'on peut imaginer, donna lieu à des plaintes réitérées et à de publiques indignations d'Arnauld.

Le rappel de M. de Pomponne à la Cour, sa rentrée

Père Tournemine, qui ne mourut qu'en 1739, savant et aimable homme dont il fait un grand éloge : « Sa chambre (à la maison de la rue Saint-Antoine) étoit le rendez-vous, dit-il, de tout ce que Paris avoit alors de plus distingué dans les lettres et dans les beaux-arts : j'y ai vu ensemble Voltaire, Piron, Le Franc, Bouchardon, etc. Il étoit le confident et le pacificateur des rixes fréquentes dans les deux empires.... Il avoit été en correspondance avec le fameux Bayle.... Droit, franc et sérieux, il n'étoit ni la dupe ni le champion des manœuvres de ses confrères.... J'ai vu dans sa chambre le Père Lallemand, cassé de vieillesse, sourd, la tête tombant sur ses genoux, raconter avec jubilation tous les détails de la fameuse *fourberie de Douai* qu'il avoit imaginée, filée et conduite à la fin qu'il se proposoit. Pendant ce récit, le Père Tournemine, le regardant d'un air de pitié mêlé d'indignation, disoit tout haut : *Le vieux renard! le vieux coquin!* » (C'est du manuscrit même de Grosley que je tire l'anecdote, qui avait été, à l'impression, retranchée par la Censure.)

dans les Conseils du roi (1691) fut, on l'a déjà dit, une dernière et bien naturelle occasion pour les amis de M. Arnauld, de songer à son retour en France. Le bruit même se répandit jusqu'à Rome que M. Arnauld avait permission de revenir dans sa patrie, tant la chose paraissait simple et suivre de soi, après le tour de roue qui remettait en place M. de Pomponne. On vit pourtant bientôt qu'il ne fallait pas trop se hâter d'espérer. Un des grands obstacles était qu'Arnauld, à aucun prix, ne voulait avoir affaire à l'archevêque M. de Harlai, avec qui il avait rompu depuis tant d'années, le jugeant astucieux et perfide : « Et comment le voir, après tout ce qui s'est passé? Je suis l'homme du monde qui se peut le moins contraindre, et dire de bouche ce que je n'ai point dans le cœur. » Arnauld prétendait ne vouloir être redevable qu'au roi de ce qu'on ferait pour lui. Il aurait donc fallu que la grâce vînt du roi seul, et qu'elle eût son plein effet sans intermédiaire, sans intervention ou consultation de l'archevêque ni du confesseur ; il y avait à ce procédé une difficulté extrême, et M. de Pomponne n'était pas homme à l'aborder franchement et hardiment. Il aurait bien encore parlé au roi pour son oncle, s'il avait cru pouvoir répondre de lui et être en mesure de proposer que M. Arnauld rentrant n'eût d'autre asile que sa propre maison, soit à Paris, soit à Pomponne ; mais une telle condition, d'être comme gardé à vue, choquait le délicat vieillard : « Ce seroit, disait-il, d'une part une espèce d'honnête prison, et de l'autre une reconnoissance que n'ayant rien fait qui vaille par le passé, on ne me l'avoit pardonné, à cause de mon grand âge, qu'à condition que je n'y retournerois plus. » Arnauld ne concevait rien à ces ménagements et à ces craintes de M. de Pomponne ; il aurait voulu qu'en plus d'une rencontre il osât parler seul à seul au maître, moins encore pour lui son oncle, que pour la vérité, et pour tant d'innocents persécutés à cause d'elle (le Père Du Breuil, les chanoines de Pamiers, les Filles de l'Enfance, etc.); qu'il eût fait usage de ce que les Saints Pères ont appelé *talentum familiaritatis*, le don de libre accès : « C'est un talent que d'avoir du crédit auprès des Grands, dont Dieu fera rendre un grand compte, et c'est enfouir ce talent que de n'en pas faire l'usage qu'on doit. » Un jour (décembre 1693), le roi parut lui-même vouloir rompre la glace : ayant su qu'Arnauld avait été malade, il s'avança jusqu'à adresser une question à M. de Pomponne sur l'état de santé de son oncle et sur l'âge qu'il avait : c'était une ouverture. Si M. de Pomponne en avait profité pour dire à l'instant au roi que la santé de son oncle se trouverait mieux assurément du climat et du soleil de la France, et surtout de se sentir plus près du soleil de grâce de son roi, Louis XIV très-probablement lui aurait répondu : « Mandez-lui qu'il rentre et qu'il n'écrive plus. » Mais s'engager à *ne plus écrire !* c'était là (tous les amis le savaient bien), c'était le point délicat, le point chatouilleux à toucher avec Arnauld. Il avait pour maxime « qu'un homme de bien est obligé de conserver sa réputation sans tache aussi bien que sa conscience; » et il ne voulait pas se déshonorer, pour un peu de repos, « par une promesse de ne plus écrire, semblable à celle qu'on fait faire aux mauvais plaideurs de ne plus plaider. » Dans ces termes de libre contenance, M. de Pomponne n'osa jamais prendre sur lui de faire la demande au roi. Arnauld, qui, dès le premier avis qu'il avait reçu de l'attention auguste, s'était senti comme *rajeuni de dix ans*, et avait repris à l'espérance de revoir ses anciens amis (car il avait un faible et un tendre de ce côté), s'aperçut bientôt qu'il avait trop présumé de la résolution de son neveu, et il se refroidit lui-même, peu à peu, sur l'idée de retour. Il demeura reconnaissant au roi de sa velléité bienveillante, et, à chaque iniquité ecclésiastique nouvelle, il se contenta de dire, comme le plus féal des fidèles sujets : *Si le roi le savait!* « Il a naturellement, disait-il, tant de bonté et le sens si droit, qu'il seroit impossible qu'il ne se rendît à la raison, si des personnes d'un caractère à faire considérer ce qu'ils diront, vouloient bien lui en parler.... » Ce peu de volonté et d'énergie des hommes le faisait souvenir d'une des maximes de La Rochefoucauld, « que ce qui fait que tant de choses nous paroissent impossibles, c'est que nous les voulons foiblement, n'y ayant presque rien d'impossible de ce qu'on veut fortement [1]. » Il se contenta donc de rester le meilleur des royalistes français en pays ennemi, et de faire voir jusqu'au bout la vérité de cette parole : « Depuis tant d'années que je suis sorti du royaume, j'ai rencontré partout beaucoup d'amis qui m'ont toujours témoigné être fort contents de moi, hors un seul point, qui est que j'étois, à ce qu'il leur sembloit, trop passionné pour mon roi. » — Peu de temps avant sa fin, jetant un regard de tendresse et de regret vers la France, il disait à ceux qui l'entouraient : « Il faut mourir ici [2]. »

---

1. Voici la pensée même de La Rochefoucauld : « Nous avons plus de force que de volonté; et c'est souvent pour nous excuser à nous-mêmes, que nous nous imaginons que les choses sont impossibles. »

2. Arnauld justifia jusqu'au bout un mot, un pronostic, qu'un mondain, homme de beaucoup d'esprit, avait trouvé autrefois sous sa plume, en songeant certainement à lui. Au commencement de la reprise des hostilités théologiques et à l'occasion de la Lettre des évêques d'Arras et de Saint-Pons au Pape, Bouhours avait écrit à Bussy-Rabutin (1677) : « Vous savez sans doute combien le roi est en colère contre les Jansénistes : ces Messieurs se sont avisés de faire une Lettre latine pour représenter au Pape que la corruption est générale dans le royaume, depuis la tête jusqu'aux pieds. Ces derniers mots n'ont pas plu à Sa Majesté. » Sur quoi Bussy avait

Le dernier écrit d'Arnauld, et qu'il composa presque à la veille de sa mort, est une longue lettre à M. Du Bois de l'Académie française, sur l'*Éloquence des Prédicateurs*. Ce M. Du Bois que nous avons déjà rencontré à l'occasion de l'édition des *Pensées* de Pascal, et sur le pied d'ami, était un personnage assez prétentieux et très-calculé dans les petites choses [1]. Anciennement lié avec Messieurs de Port-Royal, il avait pris garde de ne jamais trop afficher cette union, et même au besoin il avait affecté, par son procédé, de la démentir, en paraissant ne tenir aucun compte des traductions que ces Messieurs avaient déjà faites de différents ouvrages, et en les recommençant derechef avec une industrie de paroles plus compassée. Le seul Nicole avait été sensible à ce manége et en avait souffert pour ses amis; il en avait dit son mot à l'occasion. Or, en tête d'une traduction des Sermons de saint Augustin, l'académicien de fraîche date [2], affectant de prendre le contre-pied de l'académique, avait professé cette singulière doctrine, que, quand on prêche, on est dispensé d'être éloquent : il appuyait cela de l'exemple de saint Augustin qu'il

---

répondu au léger et spirituel jésuite : « Les Jansénistes ont un grand zèle; je le trouve même un peu indiscret : cependant *les plus grands rois sont quelquefois embarrassés avec les gens qui n'espèrent rien de la fortune, et qui ne craignent pas la mort.* »

1. Il logeait à l'hôtel de Guise, ayant été d'abord maître à danser, puis précepteur et gouverneur du duc de Guise, et on l'appelait, pour le distinguer, M. Du Bois *de l'hôtel de Guise*, de même qu'on disait de l'abbé Boileau, M. Boileau *de l'hôtel de Luines*. Lorsque, à la mort de mademoiselle de Guise, M. Du Bois fut obligé de quitter l'hôtel où il avait passé de longues années, il était comme une âme en peine et avait l'air tout hagard. La spirituelle madame Cornuel disait en le voyant : « Ne trouvez-vous pas qu'il ressemble à Adam chassé du Paradis terrestre? »

2. M. Du Bois avait été reçu à l'Académie en novembre 1693; il ne jouit que bien peu de temps de cet honneur, étant mort le 1er juillet 1694.

jugeait peu éloquent dans ses Sermons, apparemment parce qu'il les avait traduits. Arnauld qui en matière d'éloquence n'était pas si désintéressé que M. Du Bois, Arnauld qui aimait les Belles-Lettres, qui possédait ses poëtes latins, qui goûtait les vers de Boileau, qui lisait *Esther*, qui admirait M. Le Tourneux, et qui, j'en suis sûr, eût applaudi, s'il l'avait entendu, à Bourdaloue, crut devoir démontrer par toutes sortes de raisons et d'autorités à son ami, que l'éloquence, même en chaire, ne nuit pas. Il ne lui fit grâce d'aucun de ses défauts de raisonnement et de justesse, et cela le plus sérieusement et de la meilleure foi du monde, sans avoir le soupçon qu'en lui disant des vérités il lui serait désagréable. M. Du Bois mourut juste à temps pour ne pas recevoir cette Réfutation, dont aussi bien il serait mort s'il l'avait lue, disaient les railleurs; car il était extraordinairement sensible et avait l'orgueil d'un pédant sous ses airs polis.

Ce sont là autant de traits qui achèvent Arnauld et qui le caractérisent au sein de Port-Royal. Homme de bien, il tenait à la bonne renommée sans tache comme à la conscience. Écrivain, il ne répudiait pas l'éloquence au service de la vérité. Chrétien, il ne se refusait pas les premiers mouvements de l'honnête homme, et les impulsions d'un honneur généreux.

Arnauld, depuis son dernier retour à Bruxelles, vivait plus caché que jamais dans sa petite maison obscure et humide, où tout était réglé comme en un petit monastère, ne mettant le pied hors des chambres que pour se promener quelquefois dans un petit jardin entre murs, et sur lequel on tendait alors des toiles pour dérober le vieillard à la vue des voisins : image bien exacte de cette longue vie sans soleil [1]! Chaque

---

1. Dans le discours qu'il m'a fait l'honneur de m'adresser comme

hiver, sa poitrine se prenait d'un rhume opiniâtre. Sa vue s'affaiblissant lui faisait craindre de ne plus pouvoir lire les Psaumes, et, par précaution, il se mit à apprendre par cœur ceux qu'il ne savait pas. Sa reconnaissance pour Dieu était grande, d'avoir été soutenu par lui dans tant de traverses, et il avait pris pour devise ces paroles du Psaume LXXII : « *Tenuisti manum dexteram meam, et in voluntate tua deduxisti me, et cum gloria suscepisti me* (Vous avez tenu ma main droite, et vous m'avez conduit selon votre volonté, et vous m'avez élevé dans vos bras avec gloire). » Chaque jour après Prime, il disait la messe dans sa petite chapelle domestique, et en se revêtant pour ce saint ministère, il priait avec ferveur, surtout quand il prenait le manipule et qu'il disait : « *Merear, Domine, portare manipulum fletus et doloris, ut cum exultatione recipiam mercedem laboris* (Que je mérite, Seigneur, de porter ce manipule de pleur et d'affliction, afin que je reçoive un jour avec allégresse la récompense de ma peine)! » Il prononçait ces paroles et baisait la croix du manipule avec un redoublement d'application et de dévotion, qui en donnait, est-il dit, à ceux qui le lui présentaient. C'était le vieux guerrier, le chevalier croisé qui se re-

---

directeur, le jour de ma réception à l'Académie, M. Victor Hugo, parlant des hommes de Port-Royal et les traitant avec la magnificence de couleurs qui lui est propre, les a peints, « ces rêveurs, ces solitaires, cherchant dans la création la glorification du Créateur, et l'œil fixé uniquement sur Dieu, méditant les livres sacrés et la nature éternelle, la Bible ouverte dans l'Église et *le soleil épanoui dans les cieux!* » Mais il est évident que l'illustre auteur de tant de poésies radieuses et splendides, l'auteur de la pièce, *Dieu est toujours là!* a prêté de son soleil aux Jansénistes, qui, tout au contraire, ne cherchaient que l'ombre. Arnauld, dans son petit jardin de Bruxelles, se promenant sous des toiles tendues exprès, voilà l'image fidèle et l'emblème du Janséniste vrai.

vêt chaque matin de ses brassarts et de sa cuirasse sainte, — de sa cuirasse marquée d'une croix qu'il baise.

Le dimanche 1er août 1694, il fut attaqué d'un rhume plus violent, qui devint vite une fluxion de poitrine. Il mourut le dimanche 8, un peu après minuit, presque sans fièvre, et dans la plus tranquille agonie, entouré de ses amis d'exil et assisté par le curé de Sainte-Catherine de Bruxelles. Une lettre du Père Quesnel au Père Du Breuil, alors exilé, nous permet d'assister en esprit à cette sainte mort :

« ... Oui, mon cher Père, notre très-cher et très-aimable *Abbé* est allé à Dieu ; il a trouvé, après tant de traverses et d'agitations, un repos que les hommes ne lui pouvoient donner et que ses ennemis ne lui sauroient ôter.... Il est dans le sein de la Vérité qu'il a uniquement aimée. Il puise dans sa source éternelle la Grâce qu'il a si fidèlement défendue.... Nous l'avons perdu en peu de jours : car quoiqu'il eût commencé, dès le dimanche 1er d'août et fête de saint Pierre-aux-Liens, à se sentir d'une espèce de rhume ou fluxion, à quoi il étoit sujet, nous ne nous en alarmions pas, parce qu'il nous paroissoit avoir encore beaucoup de force et de vigueur, et que nous espérions qu'il s'en tireroit comme il avoit fait tant d'autres fois. Il dit la messe encore le lundi et le mardi, de sorte que ç'a été en la fête du premier défenseur et premier martyr de la vérité de la Grâce chrétienne [1] qu'il a offert pour la dernière fois la Victime que nous adorons et par laquelle nous adorons. La poitrine ne s'étant point dégagée, nous vîmes bien le samedi que la nature n'avoit plus de forces. Il reçut les sacrements tout au soir avec sa piété ordinaire, et il rendit son âme à Dieu au commencement du dimanche, le 8 d'août, à minuit et un quart environ, avec une paix et une tranquillité admirables, sans aucun effort, et comme un enfant de la Résurrection qui s'endort au Seigneur, pour attendre en repos le jour où il viendra refor-

---

1. Saint Étienne.

mer son corps corruptible et le rendre conforme à son corps glorieux et immortel.

« Voilà comme a achevé sa course de quatre-vingt-deux ans six mois et un jour celui que Dieu avoit donné à son Église, par une singulière miséricorde, pour contribuer plus que personne à rétablir les mœurs chrétiennes par un plus saint usage des deux sacrements d'où dépend la sanctification des pécheurs ; à relever l'honneur et la puissance de la Grâce de Jésus-Christ ; à combattre les ennemis de l'Église et de la sainte Eucharistie ; à donner des coups mortels à la morale relâchée ; à défendre l'innocence et la justice, et à s'opposer comme un mur d'airain à tous les efforts de l'ennemi du salut pour la maison de Dieu. Il a tout sacrifié pour être fidèle à une vocation si sainte, et cinquante années de persécution, de calomnies et de toutes sortes de traverses, ne lui ont rien coûté pour remplir son ministère, et pour suivre Celui à qui seul il faisoit profession d'être attaché : « *Mihi autem adhærere Deo bonum est* (Mais, pour moi, mon bien est de rester attaché à Dieu). » C'étoit sa devise qu'on a trouvée écrite au devant de son petit Psautier ; et le Psaume LXXII, d'où ces paroles sont tirées, étoit marqué avec le ruban qui servoit de signet à ce Psautier. Quand ces circonstances ne nous apprendroient pas qu'il avoit cette maxime bien avant dans le cœur, toute sa vie et sa conduite nous disent assez qu'il ne connoissoit point d'autre bien que celui de s'attacher à Dieu, et que c'étoit sur ce principe que rouloient toutes ses actions et qu'il fondoit toutes ses résolutions. Il a donc sujet de louer Dieu, en disant avec le prophète : « *In velamento alarum tuarum exultabo, adhæsit anima mea post te; me suscepit dextera tua. Ipsi vero in vanum quæsierunt animam meam* (Ils ont en vain cherché ma vie : votre droite m'a soulevé ; mon âme s'est attachée à vous ; je tressaillerai de joie à l'abri de vos ailes).... »

« Il s'est préparé à la mort sans savoir qu'elle fût si proche, par une espèce de petite retraite qu'il fit environ quinze jours avant sa dernière maladie ; il en avoit fait autant l'année dernière. On juge bien qu'il n'avoit pas de grands sujets de dissipation dans sa retraite ordinaire, qui a été telle depuis quatre ans, qu'il n'a pas mis une seule fois le pied hors de la maison, et que rarement même il se promenoit dans le jardin ; mais il appeloit retraite une plus grande assiduité à la prière et une application particulière qu'il avoit alors aux vérités du siècle à venir et au *bonheur de la mort chrétienne*, en lisant et en méditant un petit livre qui porte ce titre[1]. Il respectoit et honoroit extrêmement les prisonniers de Jésus-Christ(*ceci est pour le Père Du Breuil*), et il portoit leurs liens avec eux. Dieu a voulu qu'il eût l'honneur de mourir dans son exil volontaire pour sa cause.... » (Lettre du 15 août.)

Le corps d'Arnauld fut inhumé dans l'église Sainte-Catherine, par les soins du digne curé M. Van den Nesle ; et de peur des ennemis, de peur des *loups*, on tint longtemps cachée cette sépulture. On répandit le bruit que M. Arnauld était mort dans un village au pays de Liége[2]. Son cœur fut rapporté à Port-Royal des Champs et

---

1. Ce petit livre, intitulé *le Bonheur de la mort chrétienne*, n'était pas d'un autre que du Père Quesnel lui-même.

2. On lit dans le *Journal* de Brossette, à la date du dimanche 22 octobre 1702 : « Avant que de sortir de chez M. Despréaux (à qui Brossette était allé faire visite), nous avons parlé de M. Arnauld. Je lui ai demandé s'il étoit vrai, comme on le disoit, que M. Arnauld soit mort dans un village à deux ou trois lieues de Liége ? — M. Despréaux m'a dit que les amis de M. Arnauld avoient exprès répandu ce bruit, afin d'ôter aux Jésuites, ennemis de M. Arnauld et de sa mémoire, la connoissance du lieu où il reposoit, de peur qu'ils n'eussent le crédit de le faire déterrer, comme ils ont fait à Jansénius. — M. Arnauld, m'a dit M. Despréaux, est mort dans un faubourg de Bruxelles, et il a été enterré dans l'église de ce faubourg, secrètement et pauvrement, sous les degrés de l'autel. — Il n'y a que très-peu de gens qui le sachent ; et M. Despréaux ne me l'a dit que parce qu'il compte bien que je ne divulguerai pas cette particularité. » Vingt-quatre ans après (juin 1728), le curieux Brossette interrogeait Jean-Baptiste Rousseau, alors réfugié à Bruxelles, sur les circonstances et le lieu précis de la sépulture d'Arnauld, mais il ne put rien apprendre ; on en faisait encore mystère. — Les amis d'Arnauld, qui se plaisaient à le comparer à Moïse tant pour sa force redoutable que pour sa douceur (car Moïse, malgré ses exécutions terribles, était appelé *le plus doux de tous les hommes*), les comparaient encore « en ce que l'un et l'autre étoient morts hors de la patrie, et que le tombeau de l'un et de l'autre est ignoré. »

présenté par M. Ruth d'Ans, qui fit une harangue;
M. Eustace répondit. On demanda une épitaphe à Santeul, qui la fit belle et digne du sujet : il y disait que la
terre étrangère avait beau se sentir heureuse et fière de
posséder ses os, que c'était là, à Port-Royal, que l'A-
mour divin avait transporté son cœur sur des ailes de
feu, ce cœur que rien n'avait jamais pu arracher ni séparer d'un asile si cher :

> Illius ossa memor sibi vindicet extera tellus :
> Huc cœlestis Amor rapidis cor transtulit alis,
> Cor nunquam avulsum, nec amatis sedibus absens.

Cette Épitaphe où il y avait d'autres choses encore, et
plus sujettes à contradiction; où on lisait qu'Arnauld
rentrait de l'exil en vainqueur, *exul hoste triumphato;*
— qu'il était le défenseur de la vérité et l'oracle du
juste, *veri defensor et arbiter æqui;* — fit grand vacarme
et eut des suites trop burlesques pour que je m'y arrête
ici[1]. On sait l'Épitaphe en vers français, par Boileau,
si ferme et si belle de tout point; mais il la garda
après l'avoir faite, et eut la prudence de ne la point
divulguer[2]. Racine fit aussi quelques vers, mais plus

---

1. Voir l'*Appendice* à la fin du volume.
2. Brossette, à la même date de son *Journal* (22 octobre 1702)
et à la suite du passage qu'on vient de lire, ajoutait: « M. Despréaux m'a dit, avec plus de mystère encore, qu'il avoit fait une
Épitaphe pour M. Arnauld, mais qu'elle étoit si forte et si marquée,
qu'il ne vouloit point qu'elle parût avant sa mort, de peur que les
Jésuites ne lui fissent des affaires fâcheuses à ce sujet. » Il faut
pourtant la donner ici en entier ; elle est de toute beauté et de
toute grandeur :

> Au pied de cet autel de structure grossière,
> Gît sans pompe, enfermé dans une vile bière,
> Le plus savant mortel qui jamais ait écrit;
> Arnauld, qui sur la Grâce instruit par Jesus-Christ,
> Combattant pour l'Église, a, dans l'Église même,

élégants et justes que forts; Boileau disait qu'il avait *molli*.

Le testament d'Arnauld contient la distribution de son peu de bien à ses amis et à quelques personnes pauvres; on remarque, parmi les legs à la marquise de Roucy sa cousine (précédemment madame Angran), et à madame de Fontpertuis, le don d'un grand crucifix peint par Philippe de Champagne, et d'un saint Charles par le même, qu'il leur avait laissés à garder en quittant Paris. Champagne, pour la gravité et la teinte, est bien le peintre ami d'Arnauld, et le seul que tous ces Messieurs semblent connaître. Il avait fait du grand docteur un ou plusieurs Portraits[1].

> Souffert plus d'un outrage et plus d'un anathème.
> Plein du feu qu'en son cœur souffla l'esprit divin,
> Il terrassa Pélage, il foudroya Calvin,
> De tous les faux docteurs confondit la morale :
> Mais, pour fruit de son zèle, on l'a vu rebuté,
> En cent lieux opprimé par leur noire cabale,
> Errant, pauvre, banni, proscrit, persécuté ;
> Et même par sa mort leur fureur mal éteinte
> N'auroit jamais laissé ses cendres en repos,
> Si Dieu lui-même, ici, de son ouaille sainte
> A ces loups dévorants n'avoit caché les os.

Telle est l'Épitaphe du grand docteur honnête homme, par un poëte honnête homme également. Il la faut montrer aux ennemis comme une tête de Méduse : qu'en dites-vous, mes Révérends Pères?

1. Mais les Portraits d'Arnauld les plus connus sont ceux qu'a faits son neveu J.-B. Champagne et qui ont été reproduits par la gravure. J'en ai un sous les yeux, gravé par Edelinck, et fort beau, qui exprime et rassemble les trois principaux traits de cette physionomie, intelligence, force et bonté, — beaucoup de bonté ; c'est ce qui frappe d'abord. Un autre portrait d'Arnauld, du même Jean-Baptiste Champagne, et gravé par Drevet, nous le représente à un autre moment, plus en action, et tel qu'il devait être dans l'habitude de la lutte : « Arnauld est assis devant sa table de travail, il écrit ou va écrire, il est au moment de tremper sa plume dans son écritoire; son papier est appuyé sur deux ou trois volumes ; sa tête se détache sur une draperie ; au fond, dans une perspective qui n'est pas très-bien ménagée, une muraille avec des lambris.

Cette mort eut du retentissement dans toute la Catholicité. L'abbé de Pomponne, petit-neveu d'Arnauld, était à Rome quand on en reçut la nouvelle, et il put juger des regrets qu'excitait cette perte. Les cardinaux d'Aguirre et Casanata louèrent magnifiquement le défunt en plein Consistoire, et le cardinal d'Aguirre fit prier Dieu pour lui dans les principales églises. On se rappela qu'il s'en était fallu de peu qu'Arnauld n'eût été cardinal, du fait d'Innocent XI[1]. Dans une lettre écrite de

L'air de la physionomie est assez difficile à déterminer ; on dirait qu'Arnaud cherche un argument; il paraît un peu dur et tout entier à son affaire, à sa lutte. La droiture, l'honnêteté, l'énergie de sa nature, sont bien marquées, bien reconnaissables ; mais le caractère de théologien l'emporte sur celui d'homme. Arnauld est plus adouci, plus détendu dans le portrait gravé par Edelinck. Tous les deux doivent être vrais, mais celui que Drevet a gravé donne plus absolument Arnauld, Arnauld batailleur et polémiste. » Aussi les personnes qui le connaissaient le mieux se montraient-elles plus satisfaites de cette gravure par Drevet. On lit dans une lettre d'une religieuse: « Il y a deux images de M. Arnauld qui réparent les horribles qui étoient faites : celle d'Edelinck est très-belle pour le burin, mais mal pour la posture. Mais la dernière qui est de Drevet est parfaitement ressemblante. » — (Je dois ces indications précises sur les Portraits d'Arnauld à un jeune écrivain, M. Jules Levallois, qui unit le goût vif des arts au sentiment des Lettres, et qu'il est juste que je nomme dans cet ouvrage de *Port-Royal*, puisqu'il m'a fort assisté, pour les derniers volumes, et de ses recherches et de son esprit.) — Je lis dans une lettre de M. de Pontchâteau à M. Ruth d'Ans, du 19 mai 1683, c'est-à-dire dans un temps où Arnauld vivait encore : « Voici des vers qu'on a faits pour mettre sous son portrait :

> Abditus in tenebris, toto qui notus in orbe,
> Hostibus innumeris pariter qui sufficit unus,
> Sæpe triumphatus, victus nunquam ; aspicis? Ille est
> Arnaldus ; victor victis in partibus, ille est.

On dit qu'ils sont de M. Ménage. » — Arnauld, ce Caton du Christianisme, a bien inspiré, en général, les poëtes qui ont parlé de lui.

1. « J'ai vu dans une lettre du 5 octobre qu'un grand cardinal avoit dit à celui qui l'écrit de Rome, que l'Église avoit perdu le plus grand théologien qu'elle eût, qu'il le regardoit comme un Père de l'Église, et qu'il auroit été fait cardinal par Innocent XI sans

Rome, à la date du 7 septembre 1694, à M. de Pomponne, au sujet de la mort de son oncle, on lit cette belle parole : « On a pu dire de lui ce qu'un évêque d'Espagne a dit de la Vérité : *Fatigari potest, vinci non potest.* »

En France, j'ai déjà indiqué [1] la rumeur que causa la lettre de l'abbé de La Trappe, adressée à l'abbé Nicaise, et indiscrètement publiée par celui-ci ; il y paraît plus de foi que de charité : « Enfin voilà M. Arnauld mort ! Après avoir poussé sa carrière le plus loin qu'il a pu, il a fallu qu'elle se soit terminée. Quoi qu'on en dise, voilà bien des questions finies : son érudition et son autorité étoient d'un grand poids pour le parti. Heureux qui n'en a point d'autre que celui de Jésus-Christ !... » L'oraison funèbre était peu tendre. Ce premier cri naturel *Enfin !* ce soupir de délivrance répondait, d'ailleurs, au sentiment et au vœu secret de bien des gens. Tout homme célèbre qui vit trop longtemps appelle un *Enfin;* le jour où il disparaît, il soulage bien des amours-propres ; et, dans ce cas particulier, il y avait mille raisons pour que le vivant fût à charge. La manière dont les conséquences de cette mort sont appréciées en trois mots par Rancé, reste juste : Arnauld enterré, bien des choses l'étaient avec lui. Son grand nom disparaissant de la lutte, la dignité de la persécution elle-même baissa d'un degré.

Les ennemis d'Arnauld n'étaient pas de ceux qui pardonnent à la mort. On les vit s'acharner contre sa mémoire. « Il semble, remarquait à ce propos un contemporain, que chaque juste louange qu'on lui donne soit

---

ce qu'il avoit dit pour les articles du Clergé de France dans l'*Apologie* des Catholiques d'Angleterre. *Oh ! qu'il est bien plus honoré par sa candeur qu'il ne l'eût été par la pourpre !* » (Lettre de M. Vuillart à M. de Préfontaine, du 5 novembre 1694.)

1. Tome IV, page 76.

un coup de poignard pour les bons Pères. » Charles Perrault, préparant son recueil des *Hommes illustres* du dix-septième siècle, y avait mis à leur rang Arnauld et Pascal. On fut averti avant la publication, et on obtint défense de laisser paraître ces deux Éloges. Le public appliqua aux deux absents le fameux passage de Tacite : *Præfulgebant Cassius et Brutus eo ipso quod eorum effigies non visebantur*[1]. Les deux Éloges et Portraits furent rétablis peu d'années après.

Un exilé de France, un disgracié qui était à peu près de l'âge d'Arnauld et qui mourut de quelques années plus vieux, Saint-Évremond montra aussi de la constance sous couleur d'indolence : il avait fini aussi par se faire à la terre étrangère, et par la préférer même comme séjour à la patrie. Il sut refuser, dans un âge avancé, de rentrer en France ; il éluda poliment le pardon tardif que lui faisait offrir Louis XIV, et qu'il aurait accepté

---

1. Je trouve cette anecdote racontée d'original dans les lettres manuscrites de M. Vuillart à M. de Préfontaine, et avec des circonstances qui la relèvent : « Perrault de l'Académie françoise a fait un recueil in-folio de cent Portraits et cent Éloges d'hommes illustres dans les arts et les sciences, tous françois. Il n'avoit pas manqué d'y mettre M. Arnauld et M. Pascal. Les Jésuites l'ont su. Ils lui ont député le Père Bouhours pour lui démontrer qu'il s'alloit brouiller avec la Société où il avoit des amis. Perrault tint ferme d'abord, puis mollit dès qu'on lui fit entrevoir que les Jésuites lui feroient perdre sa pension. C'en fût assez pour l'abattre. Il a ôté les deux Portraits et les deux Éloges, et en a substitué deux autres. Le livre se débite, et l'on ne parle dans le monde que des deux illustres qui en sont absents, sans songer à tous ceux qui y sont présents : comme Tacite fait remarquer (à la fin du 3e livre de ses *Annales*) qu'aux funérailles de Junie, on ne parloit que de Brutus, son frère, et de Cassius, son époux, que la faction dominante avoit fait ôter du nombre des illustres de cette maison dont on portoit les portraits à cette cérémonie.... *Sed præfulgebant*.... Cette application si noble et si juste a été faite, dit-on, par le comte de Tréville. » (Lettre du 20 janvier 1697.) — Quand le public trouve une de ces heureuses applications, soyez sûr qu'il y a toujours un homme d'esprit qui la lui souffle

s'il l'eût obtenu trente ans plus tôt. Mais quelle impression différente on reçoit de la conduite de Saint-Évremond et de la constance d'Arnauld! Quand celui-ci dit : *Il faut mourir ici,* comme il le dit d'un accent plus pénétré et qui fait songer au guerrier mourant loin d'Argos! « Il se souvient toujours, disait un de ses compagnons de retraite, des personnes dont il est aimé. *Je ne l'ai jamais vu tenté que par l'amitié.* La solitude lui seroit indifférente, s'il pouvoit le devenir (indifférent) pour ses amis. Je vous avoue que ce défaut me paroît une grande vertu ; cette foiblesse m'attendrit, et je le trouverois moins grand s'il étoit moins sensible et moins tendre. » Saint-Évremond est l'homme du monde et l'homme sage, bienséant, tempéré d'humeur, sans tourment, sans lutte, calculant les inconvénients et les avantages, restant volontiers chez les Anglais parce qu'*ils sont accoutumés à sa loupe.* — « D'ailleurs, écrivait-il au marquis de Canaples (un des amis qui le pressaient de revenir), que ferois-je à Paris, que me cacher, ou me présenter avec différentes horreurs, souvent malade, toujours caduc, décrépit? On pourroit dire de moi ce que disoit madame Cornuel d'une dame : *Je voudrois bien savoir le cimetière où elle va renouveler de carcasse.* Voilà de bonnes raisons pour ne pas quitter l'Angleterre. » Il en donne d'autres encore. Il mourut donc où il était, avec dignité et indépendance. Mais Arnauld martyr de l'ardeur des convictions, Arnauld ayant gardé avec l'innocence du baptême la jeunesse du cœur ; tenté par l'amitié, mais résistant à la tentation ; Arnauld tendre, mais inébranlable! il nous émeut jusqu'au bout, il nous arrache une larme. Saint-Évremond s'inquiète avant tout de son estomac et de bien digérer le plus longtemps possible : le cœur d'Arnauld saigne à quatre-vingts ans comme le premier jour.

Un homme qui avait gardé dans son allure provinciale la doctrine et les sentiments du seizième siècle, un compatriote et, par son cœur, un contemporain des Pithou et des Passerat, Grosley de Troyes, l'ennemi constant de la Société de Jésus, dans son bizarre et touchant testament (1785), après différents legs qui dénotent son *humeur*, sa sensibilité et son indépendance, ajoute :

« Je lègue 600 livres pour contribution de ma part au Monument à ériger au célèbre Antoine Arnauld, soit à Paris, soit à Bruxelles. L'étude suivie que j'ai faite de ses écrits m'a offert un homme, au milieu d'une persécution continue, supérieur aux deux grands mobiles des déterminations humaines, la crainte et l'espérance, un homme détaché, comme le plus parfait anachorète, de toutes vues d'intérêts, d'ambition, de bien-être, de sensualité, qui, dans tous les temps, ont formé les recrues de tous les partis. Ses écrits sont l'expression de l'éloquence du cœur, qui n'appartient qu'aux âmes fortes et libres. Il n'a pas joui de son triomphe. Clément XIV lui en eût procuré les honneurs en faisant déposer sur son tombeau les clefs du *Gran-Giesu*, comme celles de Châteauneuf-de-Randon furent déposées sur le cercueil de Du Guesclin.... »

Les variations et les retours des destinées sont bizarres. Si l'on avait rempli le vœu de Grosley, ces clefs de la citadelle des Jésuites, après avoir été quelque temps déposées sur le tombeau du vieil adversaire, auraient été bientôt reprises et rendues à l'ennemi. Le triomphe posthume d'Arnauld reste indécis comme au lendemain de sa mort, et s'il doit vaincre décidément un jour, il court risque de ne le faire qu'avec des renforts qui seraient capables de l'effrayer, et avec des alliés qui sont à la fois de mortels ennemis de sa cause[1].

---

1. Pour relever tous les éloges d'Arnauld qu'on vient de lire, mettons ici au bas une petite insulte qui est d'hier; il n'y a de vraie gloire et de parfait honneur qu'à ce prix. M. Léon Aubineau, qui a donné les *Mémoires* du Père Rapin, homme instruit, mais

•Ce serait ici le lieu de parler du Père Quesnel, si je traitais de tous les compagnons d'Arnauld. Depuis quelque temps Quesnel revient assez souvent sur notre chemin, et nous le rencontrons chaque fois à son avantage dans des lettres que nous trouvons spirituelles, assez piquantes, et mêlées d'onction. Nous aurions, en l'étudiant, à démêler l'homme vrai d'avec le sombre fantôme que s'en sont fait les partis, à regarder cependant et à tâcher de voir clair dans les intrigues qu'on lui attribue si généralement et qui ne sauraient être toutes imaginaires. Les Jésuites ont fait bruit d'un mot du Père Quesnel à un sien neveu, qui lui avait demandé à quoi s'en tenir sur toutes les disputes soulevées à son sujet : Quesnel lui aurait répondu « de *se tenir attaché au gros de l'arbre de l'Église*, et qu'il n'y avoit que les manières outrageantes des Jésuites qui l'avoient contraint à s'avancer au point où il étoit aujourd'hui. » Si cela veut dire que Quesnel regrettait par moments de se voir embarqué comme malgré lui et engagé si avant, sans espoir de retour, dans une vie de disputes, de fuites et refuites,

---

esprit étroit et chez qui l'étroitesse produit la haine, a écrit en parlant du Jansénisme et du docteur Arnauld : « Le roi (Louis XIV) était jaloux de contenter le Pape ; il détestait le Jansénisme. Sa pieuse mère, la grande et généreuse Anne d'Autriche, lui en avait inspiré l'horreur. Il eût désiré en purger son royaume. Il y travailla avec zèle ; mais cette hérésie misérable, fomentée par quelques prélats tarés, n'ayant d'autre pivot qu'*un impertinent docteur de mine chétive et de triste lumière*, mit en échec toute la puissance royale. » C'est ce même M. Aubineau qui regrette la dévotion du peuple de Paris « si ardente au temps de la Ligue, » et qui voue à l'*exécration* ceux qui essayèrent au dix-septième siècle de faire prévaloir une religion moins espagnole et moins exclusivement romaine ! Admirez l'équité de ces gentils messieurs: M. Pavillon, évêque d'Aleth, M. Vialart, évêque de Châlons, M. de Buzanval, évêque de Beauvais, étaient des prélats *tarés* ; le docteur Arnauld est un *impertinent!* On a beau s'attendre à tout, il y a toujours lieu à des surprises.

et de pratiques souterraines, il n'y a rien là que de naturel et d'avouable. Mais Quesnel sort de notre cadre. Ce compagnon fidèle d'Arnauld dans ses dernières années, qui reçut son dernier soupir, qui n'eut pas ses imposantes qualités et poussa plus loin ses défauts, en y joignant pourtant beaucoup des mêmes vertus, a un malheur irréparable aux yeux de celui qui n'est pas un railleur ni un sectaire, et qui ne veut être que peintre : il a fourni matière, par ses écrits, à la bulle *Unigenitus* et à ce qui s'ensuit. La saisie de ses papiers en 1703, en donnant les moyens ou les prétextes de persécutions sans nombre, fut le point de départ et le signal d'une recrudescence de fanatisme dans tous les sens[1]. Sa vie n'est que la préface indispensable et l'ouverture de ce Jansénisme du dix-huitième siècle où, pour tout l'or du monde et toutes les promesses du Ciel, on ne nous ferait pas faire un pas. Nous aimons mieux, en dédommagement, nous occuper d'un confrère plus doux de Quesnel et qui fut aussi quelque temps compagnon d'Arnauld, d'un homme dont la vie moralement fructifiante se rattache mieux à Port-Royal, au moins par l'ensemble de sa direction, et dont les écrits n'ont pas été une graine de zizanies nouvelles : je veux parler de Du Guet. Ce ne sera pourtant que lorsque nous aurons placé à côté d'Arnauld le poëte honnête homme qui lui fit son immortelle Épitaphe, celui qui, pour nous, personnifie entre tous, par excellence, *l'ami littéraire* de Port-Royal, — Despréaux.

1. On lit dans une lettre de madame de Maintenon à madame de Caylus, du 5 avril 1717 : « Je crois que les Jésuites ont les papiers qui furent pris autrefois au Père Quesnel, et envoyés ici par l'archevêque de Malines ; c'étoient eux qui les donnoient par cahiers au roi, et j'ai passé dix ans à les lire tous les soirs. On y voit les intrigues et les commencements de tout ce que nous voyons aujourd'hui : toute cette iniquité a été préparée de loin. »

S'il y a eu des temps où il a été délicat de parler de Despréaux et difficile de le bien comprendre tout entier avec ses qualités propres et dans son juste rôle, ce n'est point assurément aujourd'hui ; il n'y a plus que du plaisir sans nul embarras. On a fait le tour des opinions sur son compte, on a épuisé le cercle, et sa figure est restée debout, intacte, de plus en plus honorable et honorée. On a vu des hommes de qui, certes, on n'aurait jamais attendu un pareil appel ni une semblable préoccupation, mais dégoûtés qu'ils étaient du mélange et de la corruption qu'engendrent les littératures trop longtemps livrées à elles-mêmes et sans aucun contrôle, invoquer tardivement un Despréaux, c'est-à-dire le bon sens pratique armé et incorruptible : *Exoriare aliquis!*... C'est qu'après de trop belles espérances et de grandes promesses littéraires, en partie tenues, en partie déçues, on est également arrivé aujourd'hui (avec les différences qui nous sont particulières) à une fin d'école; à l'un de ces intervalles incertains et encombrés où il serait besoin de deux ou trois génies pour balayer ce qui est usé et pour instaurer à nouveaux frais ce qui doit vivre. Or, Boileau, qui n'avait pas le génie d'un Molière, lui vint de bonne heure en aide dans ce rôle public de raillerie et de correction courageuse et franche. A la sévérité et à l'agrément dans le goût, à la droiture dans le jugement, il unit l'autorité dans le caractère, jusqu'à devenir bientôt le meilleur conseiller, et le plus écouté, de Molière lui-même.

Un des derniers éditeurs de Boileau, et qui est un esprit de plus de labeur que de vues[1], a parlé en termes excessifs de l'*état*, selon lui, *déplorable de la littérature française* en 1660, et des *circonstances affligeantes* dans lesquelles Boileau prit la plume. C'est beaucoup trop

---

1. M. Berriat-Saint-Prix.

oublier ce qu'il y avait avant lui, autour de lui, et au-dessus : les *Provinciales* produites ; à la Cour et dans les hauts rangs de la société, bien des personnages du goût et de l'esprit le plus fin, les Saint-Évremond, les La Rochefoucauld, les Bussy, les Retz, madame de Sévigné, sachant manier la parole et la plume, et user avec une liberté presque encore entière d'un langage déjà poli. Mais rappelons-nous que ce qui est manifeste aujourd'hui et pleinement sorti à nos yeux, était alors assez embrouillé pour les contemporains, et à demi caché dans la mêlée, non encore dégagé et distinct.

Ce qu'il y avait à côté et au travers de ce fonds si riche, si généreux, ce qui faisait obstruction et gêne à l'avénement d'une belle et nette époque, au lever d'une belle et radieuse journée (et il était déjà huit ou neuf heures du matin), c'étaient comme des fumées infectes, comme de sales brouillards de la veille, barbouillant par places l'horizon ; les restes d'une époque gâtée, — restes d'affectation et de bel esprit, — de faux romanesque, — de burlesque et de bas. C'est à quoi Molière plus finement et plus gaiement, et avec plus de génie inventif, Boileau plus directement et avec non moins de justesse, s'attaquèrent d'abord, tranchant dans le vif comme gens qui veulent en finir.

Énumérons ce qu'ils chassèrent ainsi devant eux ; redisons-nous où l'on en était en fait de goût public, dans les huit ou dix dernières années qui précédèrent la venue de Boileau.

Si les puristes comme Vaugelas et les précieuses formées autour de l'hôtel de Rambouillet avaient été utiles, cette utilité dès longtemps avait eu son effet, et l'excès seul se faisait désormais sentir. Molière, le premier, voyant que les prétentions de tous ces grammairiens et instituteurs du beau langage se prolongeaient outre mesure et quand le résultat était déjà plus qu'obtenu, s'impatienta et tira sur eux à poudre et à sel. Il mit en déroute l'arrière-garde des précieux et précieuses, et nettoya le terrain. Dans toute sa carrière, des *Précieuses ridicules* aux *Femmes savantes*, il ne cessa de les harceler, de les poursuivre comme un fléau. Encore une fois, l'utile de ce côté était conquis et gagné, il ne restait que le traînant et le faux; il y donna le coup de balai par la main de ses servantes, de ses Martines, en même temps qu'il faisait parler la raison par la bouche de ses Henriettes.

Mademoiselle de Scudéry n'était plus, malgré son mérite, que la personnification de ce faux genre. Elle avait donné des règles pour bien écrire, des principes pour bien causer, avait dit sur tout cela des choses assez justes, assez sensées, fines, mais trop méthodiques : elle avait et elle portait un peu partout le ton de magister ou de prédicateur, comme l'ont observé les plus malins d'entre les contemporains. Elle avait fadement loué, dessiné, tiré en portrait toutes les personnes de haut ton qu'elle avait connues, et de qui elle dépendait un peu. Mais, si utile que soit l'éducation, il y a un moment et un âge où il faut qu'elle finisse; on ne peut garder toujours auprès de soi son précepteur ni sa gouvernante, si obséquieuse qu'elle soit jusque dans sa roideur. Mademoiselle de Scudéry l'éprouva. Molière, Boileau, sentirent surtout très-vivement cette heure, ce moment où elle était de trop, elle et son genre, et ils en avertirent brusquement et gaiement la société émancipée, qui ne se le fit pas dire deux fois. Ils balayèrent (j'aime le mot) la queue des mauvais romans. La comédie des *Précieuses ridicules* tua le genre (1659) : Boileau survenant l'acheva par les coups précis et bien dirigés dont il atteignit les fuyards.

Pascal avait commencé. Pascal et *les Précieuses ridicules*, ce sont les deux grands précédents modernes et les modèles de Despréaux. Pascal avait flétri le mauvais goût dans le sacré : Molière le frappait dans le profane. Dénoncées par eux, les distinctions moelleuses et subtiles des casuistes, comme les expressions quintessenciées des précieuses, furent mises à leur place, décriées presque au même titre, et parurent à l'instant surannées. Les romans de mademoiselle de Scudéry et de ses imitateurs ne s'en relevèrent pas plus que les œuvres d'Abély ou de Bauny ; un libraire qui venait d'acheter ce fonds de romans en fut ruiné. Les casuistes de la galanterie furent traités comme l'avaient été les autres : Pascal n'avait été que le devancier de Molière.

Vers le temps où paraissaient les *Provinciales*, deux beaux-esprits et d'un bon sens délicat, Chapelle et Bachaumont, s'étaient agréablement moqués, dans leur fameux *Voyage*, des précieuses de *campagne*, de celles de Montpellier, et les avaient montrées dans leur cercle en séance et avec toutes leurs grimaces : mais ce n'étaient que de timides et légères escarmouches. Molière seul attacha résolûment le grelot et se mit, avec bonhomme Gorgibus, à dauber sur les Madelon et les Cathos, et à les battre à tour de bras. Les premières Satires de Boileau, vues à leur date (1660-1665), reprirent en détail, et sur le dos des mauvais auteurs, cette œuvre de correction et de fustigation (Scudéry, l'abbé Cotin, Quinault dans le tragique, l'abbé de Pure, etc., etc.).

Et le burlesque, autre fléau, le burlesque, cette lèpre des années de la Fronde et qui y survivait, Boileau en fit son affaire comme personnelle et n'en voulut rien laisser subsister. Qu'on n'essaie pas de distinguer après coup entre le bon et le mauvais burlesque, entre le burlesque de Scarron et celui de d'Assoucy, comme entre les bonnes précieuses et les précieuses ridicules : Scarron ou d'Assoucy, c'était tout un pour Boileau, et il les confondait dans son dégoût. Genre bas, vil, dégradant, détestable, et pour lequel il n'y aurait eu qu'une excuse à donner : c'est qu'il faisait une sorte de contre-poids au genre précieux; il y fut une manière d'antidote. Ces deux maladies se contrarièrent. Mais Boileau ne voulait pas plus de l'une que de l'autre, et n'admettait qu'un régime sain pour la santé de l'esprit. Sur ce chapitre du burlesque particulièrement, Boileau ne se contenait pas. Il avait été témoin de cette sotte mode; il l'avait vue envahir et infester par accès jusqu'aux meilleurs esprits. C'était un des thèmes qui prêtait le plus à sa colère et qui la renouvelait le plus aisément. Quoi! mettre en balance un seul instant Scarron et Molière? préférer à Molière les comédies et bouffonneries italiennes par curiosité d'érudition? son goût actuel et vif ne supportait pas ces manières neutres de sentir. Il embrassa tout Molière au début; ses premiers vers imprimés, Stances vraiment charmantes et légères [1], et où respire une fraîcheur d'admiration qui sent sa jeunesse, furent pour lui. Il lui vint en aide tant qu'il put, sous forme de satirique et de critique.

Le Boileau de la première époque, de ces premières Satires, qui ne nous plaisent plus guère et nous paraissent un peu petites par leurs allusions de voisinage et de quartier, et par cette quantité de noms propres logés *dans leurs niches*, eut donc le mérite du courage et du jugement avec un parfait à-propos. Il remit bon ordre dans les admirations du public; il replaça les auteurs à leur rang; il dit sur les Chapelain et consorts, sur les graves ennuyeux, ce que plusieurs pensaient

---

1. Les Stances à M. Molière sur sa comédie de *l'École des Femmes* (1683) :

    En vain mille jaloux esprits
    Molière, osent avec mépris
    Censurer ton plus bel ouvrage, etc.

sans oser le dire à personne ni se l'avouer à eux-mêmes.
Il les chassa de l'estime des Colbert, et ne leur laissa
pour refuge et pour appui que l'autorité surannée et
chagrine des Montausier. Il fit de la place dans les
esprits encombrés de sottes idoles littéraires et de sots
noms, pour que bientôt s'y pussent loger en pleine lumière les grands et beaux noms légitimes qui allaient
venir ou dont quelques-uns même étaient déjà produits, mais confondus encore au hasard et en compagnie trop mêlée. Voilà l'honneur du Boileau primitif,
agressif, avant son installation à la Cour et quand il
n'est encore que le poëte le plus vif de la place Dauphine et du quartier du Palais. Il fit d'abord la police
dans la Galerie et chez les libraires. L'utile et le piquant, aujourd'hui évaporés, de ses premières Satires,
doivent s'entendre et se recomposer ainsi.

Nous distinguons, nous n'avons pas à étudier Boileau
dans cette première forme [1]; nous ne le cherchons ici
que tout produit, et au moment où commencent ses relations avec Arnauld chez M. de Lamoignon, car ce fut ce
grand magistrat qui les rapprocha l'un de l'autre. Un
jour, dit-on, peu après la Paix de l'Église, le Premier
Président se fit une fête d'inviter M. Arnauld, M. Nicole, M. Despréaux et quelques autres personnes de
choix, à venir dîner à Auteuil dans l'appartement qu'il
avait chez les Chanoines réguliers de Sainte-Geneviève.
Boileau était déjà, on peut le dire, du parti et du bord
d'Arnauld avant de le connaître : il avait quelques-uns
des mêmes ennemis, les Des Maretz de Saint-Sorlin,
les extravagants et visionnaires en littérature; il se moquait volontiers des mêmes docteurs à *mâchoire d'âne* (le

---

1. On peut voir une Étude sur Boileau, assez complète en quelques pages, au tome VI des *Causeries du Lundi :* elle se lie bien
et se rejoint au présent chapitre.

docteur Morel). Il avait détourné Racine de publier sa seconde Lettre ou Réponse à Barbier d'Aucour et à M. Du Bois : « Cette Réponse fera honneur à votre esprit, lui avait-il dit, et point à votre cœur ; vous attaquez des hommes estimés, vous affligerez d'honnêtes gens à qui vous avez des obligations particulières, et M. Nicole à qui vous en avez plus qu'à aucun. » Il n'y eut donc rien d'étonnant si M. Arnauld et Boileau, du premier moment qu'ils se virent, se sentirent de l'inclination l'un pour l'autre et s'aimèrent. La candeur, la vérité et la probité firent le lien. Boileau était singulièrement porté vers Arnauld par l'admiration et le respect qu'il avait dès longtemps conçus pour le chrétien indépendant et pur, pour le mâle et solide écrivain, pour l'adversaire du faux goût en théologie, pour l'auteur de *la Fréquente Communion*, de la *Grammaire*, de la *Logique*, le promoteur des saines méthodes, l'ami de la raison, mais d'une raison toujours surveillée par la Foi : c'était précisément sa mesure à lui-même. Arnauld était attiré vers Despréaux autant qu'il pouvait l'être vers un poëte ; il trouvait dans ses écrits comme dans son entretien, sur un fonds moral raisonnable et solide, autant d'agrément (et pas plus!) qu'il en pouvait désirer : rien de tendre ni d'efféminé ; un bon sens allié du sien jusque dans son mordant, et qui mettait du feu à l'expression de certaines vérités ; une imagination toujours réglée par l'honnête. Il ne concevait guère de plus juste emploi de la poésie. On trouve Boileau assez souvent cité dans sa Correspondance. Enfin, à vingt-cinq ans de distance par l'âge, et dans des genres si divers, ils avaient l'un et l'autre tout ce qu'il fallait pour s'entendre, et ils s'entendirent par l'esprit et par le cœur.

Le fameux *Arrêt burlesque* dut être un des premiers fruits de cette liaison. On sait qu'en ce temps-là (1671) l'Université, ou du moins la Faculté de théologie dont le docteur Morel était alors doyen, sollicitait le Premier Président pour le renouvellement et la confirmation d'un vieil Arrêt qui interdisait dans l'Université toute introduction d'enseignement contraire aux auteurs anciens et approuvés : l'intention avouée était de proscrire absolument la philosophie nouvelle de Descartes et de maintenir Aristote dans son infaillibilité. Le Premier Président n'était pas fâché sans doute qu'on lui épargnât, à lui et au Parlement, un ennui et un ridicule. Il en parla devant Arnauld et devant Boileau, et chacun fit réponse à sa manière.

Arnauld (car c'est bien lui [1]) dressa un Mémoire sérieux dans lequel il présenta cette sollicitation comme un symptôme de mauvais vouloir et un prétexte pour renouveler les contestations récemment assoupies ; car Jansénisme et Cartésianisme s'associaient alors aisément dans les esprits, bien qu'il y eût absurdité dans cette idée d'étroite alliance. Arnauld montrait par des faits l'inconvénient en même temps que l'inutilité de prétendre régler les opinions en matière de physique ou de métaphysique : « Les esprits, disait-il, ne sont pas si flexibles en des choses où chacun croit avoir la liberté de penser ce qu'il lui plaît, n'y ayant que dans les choses de la Foi où l'on croit être obligé de soumettre son jugement

---

1. Saint-Marc, qui a publié ce Mémoire dans son édition des Œuvres de Boileau (tome III, page 117), dit qu'il est certainement l'ouvrage de *quelqu'un de Port-Royal*. Or ce *quelqu'un* ne pouvait être qu'Arnauld ou Nicole, les seuls cartésiens ou semi-cartésiens à cette date entre tous ces Messieurs de Port-Royal, et la fermeté de la plume déclare suffisamment le premier. M. Cousin s'est assuré depuis du nom d'Arnauld, qui se lit positivement dans un manuscrit de la Bibliothèque du Roi. Ce même manuscrit assigne à la pièce une date postérieure, celle de 1679. On dut, en effet, recourir plus d'une fois à ce Mémoire, et notamment à l'occasion du Décret pour les Études prescrit dans l'Assemblée de l'Oratoire de l'an 1678, et qui fit sortir de la Congrégation tant de bons sujets.

à l'autorité. Il semble au contraire que plus on veut asservir les hommes à certaines opinions dans les choses que Dieu n'a point déterminées par sa parole, plus ils se révoltent contre cette contrainte, et se portent avec plus d'ardeur à ce qu'on leur défend. » L'expérience du passé prouvait par assez d'exemples qu'à entreprendre de donner aux hommes des prescriptions rigoureuses pour philosopher de telle manière et non de telle autre, on ne faisait que commettre l'autorité de l'Église et des magistrats. Après avoir justifié la philosophie de Descartes de certaines conséquences anti-eucharistiques qu'on lui imputait, il concluait par une dernière raison, et qui était peut-être, disait-il, la plus convaincante : « c'est qu'il n'y avoit nul inconvénient à laisser les choses comme elles étoient depuis tant d'années sans qu'on eût sujet de s'en plaindre, et qu'il y en avoit davantage à remuer les sujets de contestation et de disputes, et à donner occasion à ceux qui vouloient brouiller. » Tel fut le plaidoyer tout sérieux d'Arnauld.

Boileau le prit plus gaiement et en satirique. Sur la première confidence que lui en fit M. de Lamoignon, il dut dire avec son agréable brusquerie : « Laissez-moi faire, monsieur le Premier Président, je vous délivrerai de ces importuns. » Il dressa donc en style de greffier (c'était pour lui un grimoire de famille) ce modèle d'Arrêt, parodie excellente où le ridicule et l'absurde ressortent à chaque ligne. En présence d'un tel Arrêt burlesque qu'on ne manqua pas de faire circuler dans le quartier Latin, il n'y avait plus espoir pour la Faculté que d'en obtenir un, un peu moins burlesque, mais qui ferait toujours ressouvenir de l'autre [1]. Le docteur Morel

---

1. « Arrêt burlesque, donné en la Grand'Chambre du Parnasse en faveur des maîtres-ès-arts, médecins et professeurs de l'Université de Stagire, etc., etc.

« Vu par la Cour, la Requête présentée par les Régents, maîtres-

et ses collègues se sentirent déconcertés et déboutés à l'avance du côté du Parlement, et ils se tournèrent ailleurs. On a de cet Arrêt burlesque des versions un peu diverses et qui trahissent plus d'une main. C'est une de ces pièces, en effet, dont le canevas est élastique et où chacun peut ajouter son mot. Je me représente Boileau lui-même le lisant avec ces tons et ce jeu de scène où il excellait, dans le salon du Premier Président, et, au milieu des éclats de rire, ses auditeurs proposant des additions ou des variantes dont parfois, en bon et fidèle greffier, il tient note et qu'il enregistre.

En ces années, le livre de *la Perpétuité de la Foi* était en train de paraître, et Boileau en prit occasion d'adresser à Arnauld sa troisième Épître. C'est celle sur *la mauvaise Honte*; elle porte la date de 1673 et, par conséquent, est postérieure de quelques années à la première rencontre d'Arnauld et de Boileau. Les Jésuites qui ont houspillé Boileau à la fin de sa vie, et qui ont fait saigner à coups d'épingle le vieux lion désarmé, allaient jusqu'à raconter sous main que cette troisième Épître était destinée d'abord à leur Père Ferrier, confesseur du Roi, homme d'esprit et que Boileau voyait souvent, mais que, le Père Ferrier étant mort avant l'impression, la dédicace passa à Arnauld. En ce cas, Boileau aurait refait sa pièce, car elle est, pour les trois quarts, appropriée au seul Arnauld. L'historiette est

---

ès-arts, docteurs et professeurs de l'Université, tant en leurs noms que comme tuteurs et défenseurs de la doctrine de maître (nom de baptême en blanc) Aristote, ancien professeur royal en grec dans le collége du Lycée, et précepteur du feu roi de querelleuse mémoire Alexandre dit le Grand, acquéreur de l'Asie, Europe, Afrique et autres lieux; contenant que depuis quelques années *une inconnue*, *nommée la Raison*, auroit entrepris d'entrer par force dans les écoles de ladite Université, et pour cet effet, à l'aide de certains quidams factieux prenant les surnoms de Gassendistes, Cartésiens, etc., etc. »

peu probable[1]. Cette Épître, quelque bonne volonté que nous y mettions, ne peut nous paraître forte de philosophie et de pensée, mais elle reste marquée de beaux vers. Elle n'est pas des meilleures de Boileau, elle n'est pas des pires. Le poëte y veut soutenir que la *mauvaise honte* est la cause de tous les maux, de tous les vices, de tous les crimes : à la bonne heure ! C'est ainsi que, plus tard, il s'en prit à l'*équivoque* comme à la peste universelle. Mais on ne doit considérer l'idée que comme un thème propre à enchâsser et encadrer deux ou trois petits tableaux, un moyen de faire passer devant le poëte quelques images et développements qui prêtent aux beaux vers : souvent l'idée générale n'est pas autre chose chez Boileau. Molière et La Fontaine prennent l'homme et la nature humaine par des ouvertures bien autrement larges et franches, véritablement par le flanc et par les entrailles : non point Boileau. Ainsi, moyennant cette idée, telle quelle, de la mauvaise honte, il va commencer par un éloge d'Arnauld et de *la Perpétuité* aux dépens de Claude :

> Oui, sans peine, au travers des sophismes de Claude,
> Arnauld, des novateurs tu découvres la fraude
> Et romps de leurs erreurs les filets captieux.
> Mais que sert que ta main leur dessille les yeux,
> Si toujours dans leur âme une pudeur rebelle,
> Près d'embrasser l'Église, au prêche les rappelle ?
> Non, ne crois pas que Claude, habile à se tromper,

---

1. Ce qui est probable, c'est tout simplement que Boileau avait exprimé le désir de dédier une de ses Épîtres au Père Ferrier, qui lui faisait beaucoup d'accueil et « qui joignoit les mains d'aise toutes les fois qu'il le voyoit. » Boileau, droit et adroit, ne haïssait pas d'être bien avec le Confesseur. Il fut très-bien depuis avec le Père de La Chaise, et dans une lettre à Arnauld il trouve moyen de marquer son sentiment de respect pour ce Père, de même qu'il maintenait son franc-parler en faveur d'Arnauld devant les Jésuites. Boileau, c'est l'ami indépendant.

Soit insensible aux traits dont tu le sais frapper ;
Mais un démon l'arrête, et, quand ta voix l'attire,
Lui dit: Si tu te rends, sais-tu ce qu'on va dire ?...

Claude avait plus d'esprit et de conscience qu'on ne lui en suppose là. Ce livre de *la Perpétuité* était moins convaincant et plus choquant pour lui et pour les siens que Boileau ne se l'imagine. Le poëte continue d'invectiver la mauvaise honte :

Des superbes mortels le plus affreux lien,
N'en doutons point, Arnauld, c'est la honte du bien,
. . . .
C'est là de tous nos maux le fatal fondement.

Tout cela est assez pauvre de philosophie et de raison, il en faut convenir : cette mauvaise honte, cet *affreux lien* des mortels, n'est aux mains de Boileau qu'un fil très-fragile et assez court avec lequel il tâche de cheminer jusqu'au bout de son Épitre de quatre-vingt-dix-huit vers, et d'en nouer tant bien que mal, et plus subtilement que solidement, les trois ou quatre morceaux. Car Boileau procède volontiers par morceaux, par couplets; cela est sensible à la lecture. Il est un poëte de verve, mais d'une verve courte et saccadée, non continue. On distingue les pauses. Les transitions lui coûtaient beaucoup. Il ne rejoint pas toujours très-exactement ces morceaux successifs ni par d'assez habiles soudures. — Mais voici de beaux vers, ce qu'il cherchait avant tout :

Misérables jouets de notre vanité,
Faisons au moins l'aveu de notre infirmité.
A quoi bon, quand la fièvre en nos artères brûle,
Faire de notre mal un secret ridicule ?
Le feu sort de vos yeux pétillants et troublés,
Votre pouls inégal marche à pas redoublés:

> Quelle fausse pudeur à feindre vous oblige ?
> Qu'avez-vous ? — Je n'ai rien. — Mais.... — Je n'ai rien, vous dis
> Répondra ce malade à se taire obstiné.
> Mais, cependant voilà tout son corps gangrené ;
> Et la fièvre, demain, se rendant la plus forte,
> Un bénitier aux pieds, va l'étendre à la porte.
> Prévenons sagement un si juste malheur :
> Le jour fatal est proche, et vient comme un voleur ;
> Avant qu'à nos erreurs le Ciel nous abandonne,
> Profitons de l'instant que de grâce il nous donne.
> Hâtons-nous ; le temps fuit, et nous traîne avec soi :
> Le moment où je parle est déjà loin de moi.

L'auteur, qui se levait fort tard, très-peu janséniste en ce point, était au lit quand il récita pour la première fois son Épître à Arnauld qui l'était venu voir un peu matin. Il disait à merveille, et quand il en fut à ce vers : *Le moment où je parle...*, il le récita d'un ton si léger et si rapide, qu'Arnauld transporté, et assez neuf à l'effet des beaux vers français, se leva brusquement de son siége, et fit deux ou trois tours de chambre comme pour suivre ce moment qui fuyait.

Le but principal de l'Épître, c'est quinze ou vingt vers comme ceux-là ; la *mauvaise honte*, encore une fois, n'est que la machine.

Il y revient pour retrouver une nouvelle occasion, et un nouveau train de beaux vers :

> Mais quoi ! toujours la honte en esclaves nous lie.
> Oui, c'est toi qui nous perds, ridicule folie :
> C'est toi qui fis tomber le premier malheureux,
> Le jour que, d'un faux bien sottement amoureux,
> Et n'osant soupçonner sa femme d'imposture,
> Au démon, par pudeur, il vendit la nature.

(C'est cependant pousser bien loin le respect humain que de le voir jusque dans la complaisance d'Adam pour sa femme, au sein de ce Paradis terrestre où ils étaient sans témoins.)

> Hélas ! avant ce jour qui perdit ses neveux,
> Tous les plaisirs couroient au-devant de ses vœux.
> La faim aux animaux ne faisoit point la guerre ;
> Le blé, pour se donner, sans peine ouvrant la terre,
> N'attendoit point qu'un bœuf, pressé de l'aiguillon,
> Traçât à pas tardifs un pénible sillon....

Voilà la contre-partie du vers léger de tout à l'heure. On ne nous dit pas si, à ce traînant passage, Arnauld comme surchargé se renfonça dans son fauteuil, ou s'il battit lentement la mesure. Ces deux vers une fois emportés (qui sont les deux points extrêmes du tableau, le point clair et le point sombre), Boileau tenait son affaire, il avait touché son but; il ne s'agissait plus que de finir décemment et sans trop de chute. La fin, qui s'applique à lui-même, est assez ingénieuse, et d'une humilité d'homme du monde qui se confesse devant Arnauld :

> Moi-même, Arnauld, ici, qui te prêche en ces rimes,
> Plus qu'aucun des mortels par la honte abattu,
> En vain j'arme contre elle une foible vertu.
> Ainsi toujours douteux, chancelant et volage,
> A peine du limon où le vice m'engage
> J'arrache un pied timide et sors en m'agitant,
> Que l'autre m'y reporte et s'embourbe à l'instant....

Et sors en m'agitant, ce dernier hémistiche était, à ce qu'il paraît, difficile à trouver. *J'arrache un pied timide;...* il fallait finir, faire tomber ce pied d'accord avec la rime. Boileau consulta Racine qui n'en vint pas à bout; mais, quand Racine revint le lendemain, Boileau lui cria du plus loin qu'il l'aperçut : *Et sors en m'agitant*; il s'était tiré du mauvais pas poétique, du limon prosaïque qui ne l'embarrassait certes pas moins que l'autre limon. Nous tenons par cette seule Épître bien des secrets du métier.

Boileau, pourtant, avait fait mieux quelquefois. Il avait donné, l'année précédente, son admirable Épître au Roi sur le passage du Rhin. L'adresse, l'agrément, l'esprit, la poésie, concourent dans cette pièce. Il devait donner peu après la riante Épître à M. de Lamoignon, et surtout son Épître à Racine au lendemain de *Phèdre*, dans laquelle il s'élève à toute l'émotion et à toute l'éloquence dont est capable la poésie du critique.

Les premiers chants du *Lutrin*, qui datent de ces années, sont tout égayés des souvenirs de Pascal et de Port-Royal.

L'influence de Pascal sur Boileau, on l'a déjà indiqué, fut grande, plus grande qu'on ne saurait l'exprimer. Voltaire a dit : « Pascal, le premier des satiriques français, car Despréaux ne fut que le second. » Despréaux n'a cessé de se conduire comme s'il reconnaissait de tout point cette vérité. C'est Pascal surtout qu'il a en vue pour son idéal de perfection. Il n'est personne qui ait senti plus que lui les *Provinciales*, ni qui y fût peut-être plus préparé par la nature et par l'éducation : chrétien gallican, un peu janséniste mais pas trop sombre, voisin de la Sainte-Chapelle, ami d'Arnauld et de Lamoignon, homme de ces quartiers au propre et au moral, il était, en les lisant et les relisant sans cesse, dans toutes les conditions pour tout en goûter, tout en admirer. Ce n'est pas seulement au sens littéraire qu'il procède de Pascal, c'est encore pour l'ensemble des maximes et pour les idées. Sans tremper au dogme théologique jamais bien avant (et il ne laissa pas d'y entrer à quelque degré), Boileau est en plein dans le même courant moral. On peut dire qu'il est né, moralement aussi, des *Provinciales*. C'est un chrétien de cette roche. Ce fonds de jugement, d'indignation, de plaisanterie des *Petites Lettres*, va composer insensiblement toute une part essentielle et croissante de son propre fonds à lui. Dans les œuvres de sa belle maturité, cela se dissimule encore; il y a plus de variété, de richesse, une fertilité qui se recouvre et s'orne par d'autres acquisitions. Pourtant déjà dans *le Lutrin*, indépendamment de tous ces noms anti-jansénistes (Bauny, Abély, Raconis) qu'il y enchâsse et à qui il s'en prend désormais autant et plus qu'aux méchants poëtes, combien on retrouve à chaque pas la raillerie du relâchement, de l'accommodement en dévotion, du casuisme! Nous nous souvenons d'Alain[1]. Boileau, dans *le Lutrin*, n'a pas fait plus souvent d'allusion directe à la querelle janséniste et aux combats livrés pour et contre les cinq Propositions, de peur de paraître rompre la Paix de l'Église; mais il y songeait à coup sûr autant qu'à aucun autre exploit de la discorde. Le *Beaucoup de bruit pour rien*, qui conclut les *Provinciales*, aurait pu servir d'épigraphe à son poëme; et l'histoire du *Lutrin* devait marcher de front, dans son esprit, à côté de celle du capuchon et du pain des Cordeliers que raconte si bien la première *Imaginaire*.

Non que je veuille faire de ce joli et gai poëme du *Lutrin*, qui a cinq chants tout entiers délicieux, une œuvre plus janséniste qu'elle ne l'est. Je n'ai garde d'oublier l'occasion première qui le fit naître, et comment l'inspiration badine a soudainement jailli d'un mot jeté presque au hasard. Racontant un jour le singulier arbitrage qui lui avait été déféré par ses voisins de la Sainte-Chapelle, le premier président Lamoignon avait dit en riant à Boileau : « Voilà un sujet de poëme. »
— « Il ne faut jamais défier un fou, » avait répondu celui-ci, et il se mit en devoir de tenir la gageure. Comme poëte, il s'y est complu et surpassé. Il eut soin

---

1. Tome III, page 112.

de travestir les masques. On a pu toutefois y relever nombre de malices à l'adresse de gens d'Église plus ou moins connus, et qui n'étaient pas des amis de ses amis. Évidemment la palette morale est empruntée au ton des plus légères des *Provinciales.* Ce sont des scènes de la dévotion aisée en comédie et en action[1].

Mais c'est surtout dans ses dernières productions que l'influence morale de Port-Royal sur Boileau se déclare, je dirai même, se démasque de plus en plus. Son fonds d'idées et de plaisanteries, qui n'est pas inépuisable et qui ne s'est pas renouvelé, se montre à nu, n'étant plus recouvert par aucune fleur d'enjouement accessoire.

Ses derniers ouvrages sont la Satire X contre les *Femmes* (1693), ses trois Épîtres X, XI et XII, à ses *Vers*, à *Antoine* et sur l'*Amour de Dieu* (1695), la Satire XI à Valincour sur l'*Honneur* (1698), la Satire XII sur l'*Équivoque* (1705).

Sa Xe Satire, composée vers le temps de l'Ode sur Namur, et par laquelle, après quelques années d'interruption et de silence, il fit sa rentrée en poésie, cette Satire que plus de la moitié du monde trouve à bon

---

1. Les Jésuites de Trévoux n'ont pas été les derniers de leur Société à faire à Boileau la guerre pour ses partialités envers Port-Royal : j'ai sous les yeux une dissertation curieuse, intitulée *le Lutrin*, par le Père Arsène Cahours (1857) ; c'est tout un travail sur les héros et sur le plan du *Lutrin*, du point de vue de la Sainte-Chapelle. L'érudit et studieux jésuite a pris à tâche de dévoiler toutes les ruses, toutes les malices de Boileau, tous les endroits où *le jansénisme du poëte montre le bout de l'oreille.* Mais il ne faudrait point aller jusqu'à supposer qu'il y eut, de sa part, ni un plan de vengeance concertée, ni des rancunes. Boileau était, avant tout, un poëte, non pas un homme de parti, et le Père Cahours, qui s'est montré si indulgent pour nous-même et qui est de la famille de Bourdaloue, ne saurait avoir oublié que c'est de Bourdaloue que Boileau a dit en des vers si honorables pour tous deux :

Ma franchise surtout gagna sa bienveillance.
Enfin, après Arnauld, ce fut l'illustre en France
Que j'admirai le plus et qui m'aima le mieux.

droit désagréable, mais qui nous paraît tout étincelante encore de talent, fut une des joies suprêmes d'Arnauld, qui la reçut dans les derniers mois de sa vie. L'éloge du prédicateur Des Mares, l'éclatant hommage rendu à l'éducation de Port-Royal :

> L'épouse que tu prends, sans tache en sa conduite,
> Aux vertus, m'a-t-on dit, dans Port-Royal instruite,
> Aux lois de son devoir règle tous ses désirs [1] ;

l'anathème lancé contre l'Opéra et contre les romans, allèrent au cœur de l'intègre vieillard, et le transportèrent ; il y voyait presque un modèle de satire chrétienne. Bayle aussi l'estimait le *chef-d'œuvre* de Boileau ; mais Bayle pense et parle un peu des femmes comme Jansénius en écrivait à Saint-Cyran, comme l'antiquaire de Walter Scott pense de l'espèce-femme (*Womankind*). Sans en revenir jusqu'au fade Demoustier en adoration et idolâtrie pour les femmes, sans aller jusqu'à s'écrier avec le dithyrambique Diderot que, pour écrire sur elles, il faut tremper sa plume dans les couleurs de l'arc-en-ciel et jeter sur son papier la poussière des ailes du papillon, on peut dire que la Satire des *Femmes* de Boileau est bien l'œuvre d'un célibataire valétudinaire, orphelin en naissant, à qui jamais sa mère n'avait souri et que personne n'avait dédommagé, depuis, de ces tendresses absentes d'une mère. Cette Satire trouva des désapprobateurs même parmi les chrétiens, et Bossuet l'estimait beaucoup moins irréprochable et moins édi-

---

1. N'oublions pas que Saint-Cyr et la patronne de Saint-Cyr sont loués tout à côté :

> Mais eût-elle sucé la raison dans Saint-Cyr....
> J'en sais une, chérie et du monde et de Dieu....

Boileau est plein de ces doubles hommages ; c'est encore moins une précaution qu'il prend qu'une justice qu'il rend : c'est adresse et justice.

fiante que ne le faisait Arnauld[1]. Elle déplut par plus d'une raison aussi à Perrault, excellent père de famille, et qui s'y voyait d'ailleurs maltraité pour son poëme de *Saint Paulin* et pour ses opinions sur les Anciens; il y fit une réponse en vers avec préface. Il envoya son ouvrage à Arnauld, qui lui répondit par une longue Lettre toute en faveur de Boileau et de sa Satire. C'est cette Lettre d'Arnauld qui courut, et que Boileau appelait avec orgueil son *Apologie*. Arnauld jugeait des femmes comme Boileau, et moins finement que nous ne l'avons vu faire à Nicole : Du Guet certes, tout aussi chrétien, eût été d'un plus délicat avis. La Lettre d'Arnauld est lourde, assommante; il écrase les romans, l'Opéra, la Comédie, que Perrault ne condamnait pas à son gré; ce qu'on peut dire, c'est que cette Dissertation critique, où rien n'est omis, marque une grande vigueur dans un homme de 82 ans. Les dernières lettres écrites par Arnauld sont toutes pleines de cette affaire de Boileau et de Perrault, et du désir qu'il avait de les réconcilier. Le médecin Dodart lui écrivait de Paris, à la date du 6 août (1694) : « M. Racine me dit avant-hier qu'il avoit fait la paix entre nos deux amis. Dieu soit loué! Je tâcherai d'en témoigner ma joie à M. Perrault aujourd'hui. » Deux jours après, Arnauld était mort, avant de recevoir cette nouvelle qui l'aurait satisfait dans un de ses derniers désirs.

---

1. « Les poëtes et les beaux-esprits chrétiens prennent le même esprit (que les Païens) : la religion n'entre non plus dans le dessein et dans la composition de leurs ouvrages que dans ceux des Païens. Celui-là s'est mis dans l'esprit de blâmer les *femmes*; il ne se met point en peine s'il condamne le mariage, et s'il en éloigne ceux à qui il a été donné comme un remède; pourvu qu'avec de beaux vers il sacrifie la pudeur des femmes à son humeur satirique, et qu'il fasse de belles peintures d'actions bien souvent très-laides, il est content. » (Bossuet, *Traité de la Concupiscence*, chap. XVIII.)

On conçoit maintenant toute la joie de Boileau de se sentir épaulé, au moment où il s'y attendait le moins, par un si puissant et illustre auxiliaire, et il a exprimé cette joie en vers et en prose. Il remercia tout d'abord Arnauld de son intervention amicale par une très-spirituelle lettre, où la verve et l'humeur de l'homme éclatent vivement (juin 1694) :

« Je ne saurois, Monsieur, assez vous témoigner ma reconnoissance de la bonté que vous avez eue de vouloir bien permettre qu'on me montrât la lettre que vous avez écrite à M. Perrault sur ma dernière Satire. Je n'ai jamais rien lu qui m'ait fait un si grand plaisir ; et, quelques injures que ce galant homme m'ait dites, je ne saurois plus lui en vouloir de mal, puisqu'elles m'ont attiré une si honorable Apologie. Jamais cause ne fut si bien défendue que la mienne. Tout m'a charmé, ravi, édifié dans votre lettre ; mais ce qui m'y a touché davantage, c'est cette confiance si bien fondée avec laquelle vous y déclarez que vous me croyez sincèrement votre ami. N'en doutez point, Monsieur, je le suis ; et c'est une qualité dont je me glorifie tous les jours en présence de vos plus grands ennemis. Il y a des jésuites qui me font l'honneur de m'estimer, et que j'estime et honore aussi beaucoup : ils me viennent voir dans ma solitude d'Auteuil, et ils y séjournent même quelquefois ; je les reçois du mieux que je puis ; mais la première convention que je fais avec eux, c'est qu'il me sera permis dans nos entretiens de vous louer à outrance. J'abuse souvent de cette permission, et l'écho des murailles de mon jardin a retenti plus d'une fois de nos contestations sur votre sujet. La vérité est pourtant qu'ils tombent sans peine d'accord de la grandeur de votre génie et de l'étendue de vos connoissances ; mais je leur soutiens moi, que ce sont là vos moindres qualités, et que ce qu'il y a de plus estimable en vous, c'est la droiture de votre esprit, la candeur de votre âme et la pureté de vos intentions. C'est alors que se font les grands cris ; car je ne démords point sur cet article, non plus que sur celui des *Lettres au Provincial*, que, *sans examiner qui des deux partis au fond a droit ou tort*, je leur vante toujours comme le plus parfait ouvrage de prose qui soit en notre langue. Nous en venons quelquefois à des paroles assez aigres. A la fin, néanmoins, tout se tourne en plaisanterie : *Ridendo dicere verum quid vetat ?* ou quand je les vois trop fâchés, je me jette sur les louanges du Révérend Père de La Chaise, que je révère de bonne foi, et à qui j'ai en effet tout récemment encore une très-grande obligation, etc. [1]. »

Dans son Épître X qui est de l'année suivante, parlant à ses *Vers*, et comme étalant leur suprême triomphe, Boileau s'écriait :

> Mais des heureux regards de mon astre étonnant
> Marquez bien cet effet encor plus surprenant,
> Qui dans mon souvenir aura toujours sa place :
> Que *de tant d'écrivains de l'école d'Ignace*
> *Étant, comme je suis, ami si déclaré* [2],
> Ce Docteur toutefois, si craint, si révéré,
> Qui contre eux de sa plume épuisa l'énergie,
> Arnauld, le grand Arnauld, fit mon Apologie.
> Sur mon tombeau futur, mes Vers, pour l'énoncer,
> Courez, en lettres d'or, de ce pas vous placer....

Les infirmités de Boileau ne lui permettaient plus de paraître que rarement à la Cour. Ce fut Racine qui lut au roi les trois dernières Épîtres de son ami : son fils nous raconte que quand il en fut à ce vers, *Arnauld, le grand Arnauld*, etc., le doux lecteur marqua courageusement le ton et que Louis XIV le prit bien.

Boileau était encore tout plein de sa reconnaissance, quand il composa cette vigoureuse Épitaphe pour le corps d'Arnauld obscurément enterré à Bruxelles dans l'église

---

1. On remarquera, au milieu des louanges *à outrance* pour Arnauld, le très-habile mélange de jésuites qui y interviennent, et la neutralité qui y est professée sur le fond des matières des *Provinciales*. Boileau se fait plus neutre qu'il ne l'est; mais sa lettre peut courir, et il est prudent.

2. Toujours un mélange de jésuites, par manière de correctif à son jansénisme.

d'un faubourg, tandis que Santeul célébrait son cœur revenu à Port-Royal des Champs :

> Au pied de cet autel de structure grossière,
> Gît sans pompe, enfermé dans une vile bière,
> Le plus savant mortel qui jamais ait écrit ; etc. [1]

Un sentiment, un souffle de poursuite acharnée et de fatigue invincible respire (*anhelat*) dans les derniers vers. L'Épitaphe d'ailleurs pouvait être d'autant plus vigoureuse et hardie que Boileau la tint secrète.

Dans cette Épître X, il dit de lui-même :

> Ami de la vertu plutôt que vertueux.

C'est tout à fait son rôle près de Port-Royal et des Jansénistes ; il est par excellence *l'Ami*[2].

Les trois Épîtres X, XI et XII, sont, quoi qu'on en ait dit, tout à fait dignes de Boileau ; la XIe, à son *Jardinier*, charmante de détails, renferme quelques-uns des vers les plus artistement frappés du poëte, et qui lui ont valu le suffrage de Le Brun, l'ami d'André Chénier. Mais la XIIe Épître à l'abbé Renaudot sur l'*Amour de Dieu* est une dépendance directe de la Xe *Provinciale* et nous intéresse particulièrement. Cet amour de Dieu était une des sources sincères et vraies de l'inspiration de Despréaux. Au chant VIe du *Lutrin*, il avait mis ces vers dans la bouche de la Piété qui se plaint à Thémis du relâchement des derniers siècles :

> Une servile peur tint lieu de charité ;
> Le besoin d'aimer Dieu passa pour nouveauté....

C'était un article sur lequel il n'entendait pas raillerie, même en conversation. On sait la brusque et amusante

---

1. Voir précédemment, page 475.
2. « Il faut aussi que vous sachiez que, parmi les gens du monde, nous n'avons point de meilleurs amis que lui et son compagnon M. Racine. » (Lettre de M. Arnauld à M. Du Vaucel, 19 mars 1694.)

scène du dîner chez M. de Lamoignon, racontée à ravir par madame de Sévigné; si connue qu'elle soit, il n'est pas possible de l'omettre dans un chapitre sur le jansénisme de Boileau. Le soir approche, les ombres descendent; donnons-nous cette lumière :

« A propos de Corbinelli, il m'écrivit l'autre jour un fort joli billet ; il me rendoit compte d'une conversation et d'un dîner chez M. de Lamoignon : les acteurs étoient les maîtres du logis, M. de Troyes, M. de Toulon, le Père Bourdaloue, son compagnon, Despréaux et Corbinelli. On parla des ouvrages des Anciens et des Modernes ; Despréaux soutint les Anciens à la réserve d'un seul moderne[1], qui surpassoit, à son goût, et les vieux et les nouveaux. Le compagnon du Bourdaloue, qui faisoit l'entendu et qui s'étoit attaché à Despréaux et à Corbinelli, lui demanda quel étoit donc ce livre si distingué dans son esprit? Il ne voulut pas le nommer ; Corbinelli lui dit : « Monsieur, je vous conjure de me le dire, afin que je le lise toute la nuit. » Despréaux lui répondit en riant : « Ah ! Monsieur, vous l'avez lu plus d'une fois, j'en suis assuré. » Le jésuite reprend et presse Despréaux de nommer cet auteur si merveilleux, avec un air dédaigneux, *un cotal riso amaro*. Despréaux lui dit : « Mon Père, ne me pressez point. » Le Père continue. Enfin, Despréaux le prend par le bras, et, le serrant bien fort, lui dit : « Mon Père, vous le voulez ; eh bien ! c'est Pascal, morbleu ! » — « Pascal, dit le Père tout rouge, tout étonné, Pascal est beau autant que le faux peut l'être. » — « Le faux, dit Despréaux, le faux ! sachez qu'il est aussi vrai qu'il est inimitable ; on vient de le traduire en trois langues. » Le Père répond : « Il n'en est pas plus vrai. » Despréaux s'échauffe, et criant comme un fou : « Quoi, mon Père, direz-vous qu'un des vôtres n'ait pas fait imprimer dans un de ses livres qu'*un chrétien n'est pas obligé d'aimer Dieu !* Osez-vous dire que cela est faux ? » — « Monsieur, dit le Père en fureur, il faut distinguer. » — « Distinguer, dit Despréaux, distinguer, morbleu ! distinguer,

---

1. Voilà Boileau tout à fait d'accord avec Perrault sur un point de la fameuse dispute : Pascal faisait ce miracle avant qu'Arnauld les réconciliât.

distinguer si nous sommes obligés d'aimer Dieu ! » et, prenant Corbinelli par le bras, s'enfuit au bout de la chambre ; puis, revenant et courant comme un forcené, il ne voulut jamais se rapprocher du Père, s'en alla rejoindre la compagnie qui étoit demeurée dans la salle où l'on mange. Ici finit l'histoire, le rideau tombe : Corbinelli me promet le reste dans une conversation ; mais moi qui suis persuadée que vous trouverez cette scène aussi plaisante que je l'ai trouvée, je vous l'écris, et je crois que si vous la lisez avec vos bons tons, vous la trouverez assez bonne [1]. »

L'adorable plume que madame de Sévigné, et que la voilà bien, la rieuse, la railleuse, la naturelle et la divine ! Je sais quelqu'un qui n'appelle jamais madame de Sévigné que *la divine railleuse*, et La Fontaine que *le divin négligent*. La Fontaine et madame de Sévigné, au dix-septième siècle, sont les deux écrivains qui ont au plus haut degré et qui communiquent le plus aisément ces deux choses involontaires, la joie et le charme. — Mais, puisque nous sommes tenus de raisonner là-dessus au lieu simplement d'en jouir et d'en sourire, tirons de la scène du dîner cette remarque, que s'il goûtait si au vif les *Provinciales* par le côté plaisant, satirique, et si son enjouement dans *le Lutrin* n'en est bien souvent qu'un souvenir, Boileau ne les sentait pas moins par le côté élevé, profond, par la foi fervente et sérieuse du chrétien. L'Épître XIIe se rapporte à merveille à la scène racontée par madame de Sévigné, et n'en est qu'une traduction infiniment moins badine, moins variée, mais non pas moins vive, ni à certains égards moins frappante. Qu'on se rappelle le morceau final, la prosopopée du Jugement dernier, qui semble inspirée directement de l'éloquente péroraison de la Xe *Provinciale*; qu'on relise cette parole ironique et impossible que le poëte ose placer par supposition dans la bouche de Dieu, — Dieu

[1]. Lettre à madame de Grignan, du 15 janvier 1690.

damnant et repoussant de lui ceux qui ont voulu qu'on l'aimât, mais au contraire ouvrant les bras à ceux qui ont délivré l'homme de l'importun fardeau d'aimer son Créateur: Venez, mes *bien-aimés*, leur dira-t-il,

> Entrez au Ciel, venez, comblés de mes louanges,
> Du besoin d'aimer Dieu désabuser les Anges [1].

On conçoit, en se plaçant au cœur du dogme, que cette Épître XIIe enlevât Bossuet, qui avait trouvé à redire à la Satire contre les *Femmes*. Il y a un billet de lui à l'abbé Renaudot (1695), où on lit : « Si je me fusse trouvé ici, Monsieur, quand vous m'avez honoré de votre visite, je vous aurois proposé le pèlerinage d'Auteuil avec M. l'abbé Boileau, pour aller entendre de la bouche inspirée de M. Despréaux *l'hymne céleste de l'Amour divin.* »

---

1. Il paraît bien que l'idée de la Prosopopée était venue à Boileau dans une conversation fort animée qu'il avait eue avec le Père Cheminais, et que c'était de ce qu'il y avait dit en prose que le poëte s'était inspiré dans ses vers. Malheureusement, nous n'avons pas eu une madame de Sévigné pour nous raconter cette seconde scène; on n'en a qu'un crayon en raccourci, très-imparfait, qui permet toutefois d'en juger. La dispute s'était échauffée sur l'*Attrition* et la *Contrition;* outré à la fin, poussé à bout par le Père Cheminais qui soutenait non-seulement que l'attrition sans l'amour de Dieu suffit pour ouvrir le Paradis, mais que professer le contraire, c'était être hérétique, Boileau, à ce mot, se serait écrié : « C'en est donc fait, mon Révérend Père, me voilà hérétique, et par conséquent réprouvé! mais attendons le Jugement l'un et l'autre. Jésus-Christ me dira, selon vous : Allez, maudit de mon Père, vous qui avez soutenu que l'homme étoit obligé de l'aimer, allez prêcher une si pernicieuse morale aux Démons, vos compagnons de supplice. Quant à vous, il vous dira : Venez, mon bien-aimé, qui avez dégagé l'homme d'un joug aussi injuste que celui d'aimer son Créateur, venez désabuser les Anges et les Saints de l'erreur où ils ont été jusqu'ici. » Voilà l'éloquente boutade assez au naturel, et telle qu'elle jaillit à sa source : cela ressemble bien au Boileau que madame de Sévigné nous a montré si vivant et en action. On ajoute que le Père Cheminais, qui jusqu'à cet instant de la dispute avait été intarissable de bonnes ou de mauvaises raisons et n'avait pas songé à ménager sa poitrine qu'il avait fort délicate, resta étourdi du coup et sans un mot de réplique.

Despréaux, l'abbé Renaudot, l'abbé Boileau (de l'Archevêché) dont il s'agit ici, voilà bien un groupe de Jansénistes honnêtes gens, de la fin, — entre Bossuet et M. de Noailles.

Une lettre de Boileau à Racine montre quel bruit faisait alors cette Épître, encore inédite, avec quelle diversité d'opinions on en parlait, et comment cette théologie, alors si vivante, portait fort bien la poésie qui la relevait en beaux vers, mais qu'aujourd'hui morte, ou à peu près, elle écrase. Il s'agit d'une visite au Père de La Chaise, qui joue dans cette affaire un rôle de conciliation et de bon goût. Boileau, accompagné de son frère le docteur de Sorbonne, va donc lire sa pièce au confesseur du roi, qui les reçoit avec beaucoup d'agrément et de politesse. Le Père de La Chaise s'assied tout près du poëte pour ne rien perdre de son débit, et, un peu prévenu qu'il est, il commence par quelques discours généraux sur la difficulté et la délicatesse qu'il y avait à traiter un tel sujet; il s'y étend avec quelque complaisance, en homme qui a autrefois enseigné la théologie. Boileau convient de tout, et l'assure qu'il n'a fait autre chose que mettre en vers la doctrine que le Révérend Père vient d'exposer :

« Enfin, lorsqu'il a cessé de parlé, je lui ai dit que j'avois été fort surpris qu'on m'eût prêté des charités auprès de lui, et qu'on lui eût donné à entendre que j'avois fait un ouvrage contre les Jésuites ; ajoutant que ce seroit une chose bien étrange, si soutenir qu'on doit aimer Dieu s'appeloit écrire contre les Jésuites; que mon frère avoit apporté avec lui vingt passages de dix ou douze de leurs plus fameux écrivains, qui soutenoient en termes beaucoup plus forts que ceux de mon Épître, que, pour être justifié, il faut indispensablement aimer Dieu ; qu'enfin j'avois si peu songé à écrire contre les Jésuites, que les premiers à qui j'avois lu mon ouvrage, c'étoit six Jésuites des plus célèbres.... J'ai ajouté ensuite que depuis peu j'avois eu l'honneur de réciter mon ouvrage à monseigneur l'Archevêque de Paris (M. de

Noailles) et à monseigneur l'Évêque de Meaux (Bossuet), qui en avoient tous deux paru, pour ainsi dire, transportés ; qu'avec tout cela néanmoins, si Sa Révérence croyoit mon ouvrage périlleux, je venois présentement pour le lui lire, afin qu'il m'instruisît de mes fautes. Enfin, je lui ai fait le même compliment que je fis à monseigneur l'Archevêque lorsque j'eus l'honneur de le lui réciter, qui étoit que je ne venois pas pour être loué, mais pour être jugé.... »

Sur cela, il se met à réciter et si bien, si agréablement, avec tant d'art et de feu, qu'il ravit son auditeur. A un endroit il a eu soin, dit-il, d'insérer huit vers que Racine n'approuvait pas, lesquels vers contredisent un peu ou du moins atténuent le dogme augustinien, et parlent de Dieu comme voulant sûrement nous sauver tous :

Marchez, courez à lui ; qui le cherche le trouve [1] !

Le Père de La Chaise, naturellement, est ravi de ces vers, et les lui fait redire jusqu'à trois fois: « Mais je ne saurois vous exprimer avec quelle joie, quels éclats de rire, il a entendu la Prosopopée de la fin. » Boileau gagne donc sa cause, il sort victorieusement de l'épreuve, et il n'eut jamais plus à se féliciter qu'en cette occasion d'être un parfait récitateur.

Même quand Boileau ne la récite plus, et pourvu que l'on consente à se reporter comme nous le faisons au foyer de ces questions et de ces querelles, l'Épître a encore de la flamme.

De près elle avait plus d'un à-propos, et Boileau s'était piqué d'honneur, même à l'égard de quelques-uns de ses amis, en la composant. Quelques jansénistes un

---

1. Cette addition servait de passe-port au reste, en même temps qu'elle était bien dans l'esprit de Boileau. Tout à fait d'accord avec ses amis sur la morale où il prenait feu, il mordait peu au dogme, à l'idée de la Prédestination absolue, et son bon sens, sa part de *rationalisme* y devait trouver en effet de la difficulté.

peu outrés, en effet, parmi lesquels on cite le médecin Dodart, avaient paru croire, et n'avaient pas été sans se dire entre eux qu'Arnauld, l'année précédente, avait fait déroger la théologie, en la commettant ainsi dans une querelle de poëtes. Là-dessus Boileau s'était mis à faire ses vers sur l'*Amour de Dieu*, pour prouver à ces messieurs que la poésie qu'ils dénigraient était capable des plus grands sujets et des plus saints.

On sait quantité d'anecdotes qui ont trait à cet *Amour de Dieu*, et qui en attestent le succès dans le monde grave où vivait l'auteur. Ce n'est pas dans le moment même, ce n'est qu'après quelques années que le sujet parut ingrat. Boileau ne dut jamais se douter qu'il s'était trompé comme poëte, à voir le mouvement que la théologique Épître excita autour de lui : il semblait que sa vogue des plus beaux jours se renouvelât.

« M. Daguesseau, avocat-général, est prodigieux en tout, racontait Boileau ; il m'est venu voir, je lui ai récité mes vers sur l'*Amour de Dieu :* il en a retenu cinquante tout de suite, et est retourné chez lui les copier. Je l'ai su, et cela m'a obligé d'en changer quelques-uns.... » —

« M. Racine demanda à mon jardinier s'il venoit toujours bien du monde chez moi? — « Oui, Monsieur, « lui dit-il, c'est cet *Amour de Dieu* qui lui amène tout « cela. » — Racine était très-occupé de cette foule que recevait Despréaux à sa maison ou plutôt à son *hôtellerie* d'Auteuil, et il ne se serait pas senti en état de tenir tête à tant de gens tout le long du jour.

Le Père Bouhours félicitait Antoine, le jardinier, sur ce que son maître lui avait adressé une Épître en vers : « N'est-il pas vrai, maître Antoine, lui dit le Père d'un air riant et moqueur, que vous faites plus de cas de cette pièce que de toutes les autres de votre maître ? » — « Nenni-dà, mon Père, répondit le jardinier : m'est avis que c'est l'*Amour de Dieu* qui est la meilleure ;

celle-là passe toutes les autres. » Le mot était piquant,
dit à un jésuite. Bouhours en eut pour son argent [1].

1. M. Vuillart fut de ceux qui firent la *partie* d'Auteuil pour
aller entendre la fameuse Épître; il écrivait à M. de Préfontaine,
à la date du 17 novembre 1696 : « Le célèbre M. Despréaux a
composé un Discours en vers sur ce sujet important (*l'Amour
de Dieu*), qui est d'une si grande beauté et d'une si grande
force, qu'on le regarde comme son chef-d'œuvre. Il y joint toute
l'exactitude de l'École avec tous les agréments de la poésie,
comme parlent les connoisseurs. J'ai eu deux occasions très-
favorables de le voir à sa maison de campagne cet automne, et
il a eu la complaisance de me le réciter deux fois. J'en fus charmé
et transporté. Il l'a lu à notre archevêque qui en a été si content,
qu'il l'a invité à le faire imprimer. M. de Meaux en a aussi ouï
la récitation, et il le presse de le donner. Il a quelques raisons de
délai qu'il confie à ses amis; il dit aux autres qu'il attend une
nouvelle édition de ses Œuvres. On espère cependant qu'il le
donnera à part. Il m'en est demeuré quelques endroits dans la
mémoire, que je rappellerai pour les mettre dans la première lettre
que j'aurai, Monsieur, l'honneur de vous écrire. » Et, en effet,
dans une lettre du 1er décembre suivant, M. Vuillart envoie à son
ami une analyse et quelques citations de « l'excellent poëme » de
M. Despréaux : « Il y a deux choses, dit-il, sur lesquelles M. Despréaux s'est toujours généreusement déclaré dans les occasions,
sur son amitié pour M. Arnauld, et sur l'obligation qu'a la créature
raisonnable d'aimer son Créateur. » Et, l'analyse donnée, il
ajoute : « Plusieurs de ceux qui ont ouï réciter cette pièce pressent
l'auteur de la rendre publique, entre autres M. l'évêque de Meaux
et M. l'archevêque de Paris, soutenant que tous les sermons du
monde et toutes les dissertations théologiques ne pourroient jamais
produire l'effet qu'elle produira, principalement par cet apologue
(la Prosopopée) qui jette un ridicule achevé sur le sentiment des
attritionnaires. » Enfin, après avoir mis en goût son correspondant,
il lui promet toute satisfaction dans une lettre du 24 décembre
où il lui dit : « Vous ne perdrez que quelques mois d'attente pour
le poëme de M. Despréaux; car si Dieu veut bien nous conserver
jusques au temps que vous comptiez de vous rendre ici, Monsieur,
c'est-à-dire bien plus tôt après Pâques en 1697 que vous n'aviez
fait en 96, il ne tiendra qu'à vous que nous l'allions voir à sa
jolie maison d'Auteuil, où il passe toute la belle saison. Il n'y a
que huit ou dix jours que je lui menai trois de mes amis, qui
furent charmés de la pièce après en avoir ouï quelques endroits
qui leur avoient beaucoup plu. » Il semble, à lire toutes ces particularités, qu'on fasse soi-même partie de ce même monde. C'est

Ce fut, jusqu'à la fin, une distraction et une fête pour les honnêtes gens d'humeur sobre[1], de dîner chez Boileau à Auteuil; et M. Daguesseau raconte comment, en mai 1703, à un retour de Versailles avec M. de Fleury, un jour qu'ils y étaient allés pour affaires du Parlement, et qu'ils avaient été mal reçus de Louis XIV, ils essayèrent d'oublier pendant quelques heures, à la table du poëte, le chagrin que leur donnait un voyage si peu favorable[2].

Ces trois Épîtres X, XI et XII paraissent en 1698 et réveillent les ennemis de Boileau. Cependant il vieillit de plus en plus, il s'attriste; Racine meurt. Boileau paraît pour la dernière fois à la Cour. Il avait toujours été régulier plutôt que dévot; la dévotion le prend, il se retire plus que jamais[3]. Il devient aussi janséniste que possible. Eh! sans doute, il ne devient jamais un janséniste à la Pontchâteau; sans doute, Boileau ne

---

une des douceurs de l'étude que d'étendre la vie et de se figurer ainsi le passé.

1. Je dis *d'humeur sobre*; mais il ne faudrait pas s'exagérer cette sobriété en aucun sens. Boileau, en son bon temps, ne haïssait pas la table, le vin, la bonne chère. Évidemment il aimait le monde, la conversation, à recevoir, à avoir groupe autour de lui. Il trouvait souvent, il donnait à l'improviste des scènes de comédie dans la conversation. Des quatre immortels amis, c'était, on peut le conjecturer, celui qui causait le plus, — le plus à cœur joie, — plus que Racine qui s'observait davantage, — que Molière qui *contemplait*, — que La Fontaine qui *dormait* quelquefois. Je ne parle pas de Chapelle, qui buvait et se noyait toujours.

2. Plus tard, lire du Boileau, c'était encore la seule gaieté littéraire que les Jansénistes permettaient ou même conseillaient aux leurs : « Vous n'avez jamais lu Boileau, disait M. D'Étemare à M. Le Roy de Saint-Charles (9 février 1760), vous devriez le lire. Cela forme le goût, et d'ailleurs il est bon de faire ainsi quelque lecture qui égaie. »

3. On trouvera sur Boileau, vers cette date de 1700, et avant l'extrême tristesse, d'agréables détails dûs encore à la plume de M. Vuillart, *Appendice* du tome VI, dans mes articles sur les *derniers mois* de Racine.

tombera jamais d'accord avec le strict Port-Royal sur
Molière, sur la comédie; il pourra dire jusqu'au bout
qu'il n'est jamais entré dans les querelles sur la Grâce ;
il pourra le redire surtout à Brossette, qui travaillait
fort vainement à le réconcilier avec les Jésuites de
Trévoux : on sait, et j'ai déjà cité les phrases assez
agréables où il s'avoue tout au plus un *molino-janséniste*. Et pourtant, tout cela réservé et entendu, il ne
me paraît pas douteux que Boileau finissant ne soit de
plus en plus janséniste, sinon de dogme, du moins de
goût, de mœurs, d'humeur, de culte, de souvenir. Dans
sa tristesse finale et morose, la ruine de Port-Royal se
confondant avec le triomphe des Jésuites dut entrer
pour beaucoup. Tout tombait, Louis XIV et Port-Royal,
et le bon goût au gré de Boileau; et la poésie : autant de
douleurs.

Ses derniers écrits sont de plus en plus empreints des
pensées et des railleries familières à un chrétien janséniste; mais la XIIe Satire est tout entière dans cette
teinte, et je dirai, dans cette ombre. Il la composa en
1705. Un jour, se promenant dans son jardin d'Auteuil
qu'il possédait encore et qu'il allait bientôt vendre, il
essayait quelque satire contre les méchants critiques; un
mot l'arrêta, qui faisait équivoque ; il le voulut changer,
il ne le put. De là un dépit de poëte; et, laissant son
premier sujet, il se jeta sur l'*Équivoque* même, pour lui
faire la guerre.

On raconte encore (et ces versions différentes n'ont
rien d'absolument contradictoire) que vers la fin de sa
vie, harcelé et piqué par les journalistes de Trévoux, il
avait envie de ramasser tout ce qu'on pouvait dire contre
les Jésuites et d'imiter le style de Pascal pour faire une
lettre à la manière des *Lettres Provinciales*. On s'y attendait déjà, on était sur le *qui-vive?* au Collége Louis-
le-Grand. Mais, s'il avait autrefois réussi à faire parler

Balzac et Voiture qui ont des styles maniérés, il sentit bientôt qu'il perdait sa peine à jouer le personnage de Pascal et à vouloir lui prendre son masque; car Pascal n'a pas de masque, il a une physionomie. Ce fut, dit-on, pendant cette tentative laborieuse d'imitation, que la pensée lui vint de faire une Satire sur l'Équivoque. N'ayant pu faire une bonne lettre, il fit une mauvaise satire.

L'Équivoque devient, par l'acception qu'il lui donne, toute ambiguïté et toute fraude, le mal universel. Le premier effet fatal de l'Équivoque est la chute de l'homme; les paroles du tentateur entrèrent au cœur de la femme par leur ambiguïté. — L'Équivoque se sauva au Déluge et entra dans l'Arche sous forme de serpent. — Depuis lors, toutes les idolâtries, toutes les hérésies en sont nées. — Arrivé assez péniblement aux âges modernes, le poëte septuagénaire, ou peu s'en faut, frappe à coups redoublés sur ses adversaires favoris, les casuistes : et, pour n'être plus d'un Achille, ses coups ne sentent pas trop encore le vieux Priam. Je renvoie aux vers que je ne veux pourtant pas citer, et que je ne conseille de relire qu'à ceux (et il y en a [1]) qui aiment tout de Boileau :

Ces fureurs jusqu'ici du vain peuple admirées, etc.;

et toute la tirade. C'est une pure et entière récapitulation des *Provinciales*; vers la fin, c'est presque une table de chapitres des *Provinciales*, assez élégamment résumée et rimée : je ne vois pas d'autre éloge à y donner aujour-

---

1. En tête de ceux qui aiment tout de Boileau, il faut compter maintenant l'avocat Matthieu Marais, dont on a publié le *Journal* et les *Mémoires* (1864). Marais admire l'*Équivoque* autant que d'autres que nous avons vus admiraient l'*Amour de Dieu*, et il déclare que « c'est un chef-d'œuvre non-seulement de la poésie, mais de l'esprit humain. » Les poëtes sont heureux de trouver jusqu'à leur dernier jour de ces relais d'admirateurs : quand les uns se lassent et se rebutent, il en est d'autres qui recommencent. J'ai extrait au tome IX des *Nouveaux Lundis*, pages 5 et suiv., ce que Matthieu Marais a dit de mieux et de plus neuf sur Despréaux.

d'hui. Le dernier trait, qui trahit l'auteur blessé, est contre les journalistes de Trévoux[1].

1. Le père Tournemine a raconté à Brossette, qui nous l'a transmis, tout le détail de la querelle de Boileau et des Jésuites de Trévoux. Il lui dit que le Père Buffier était l'auteur de l'article, de septembre 1703, sur l'édition de Hollande de Despréaux : *inde iræ.* C'est ce qui amena le poëte à composer sa Satire de l'*Équivoque*. « Il employa *onze mois* à composer cette Satire, et *trois ans* à la corriger. C'est ce que M. Boivin m'a dit : il voyoit alors M. Despréaux presque tous les jours. » (Manuscrits de Brossette.)— Voici les passages les plus malicieux, les plus perfides, de cet article du Père Buffier, qui a un faux air d'éloge :

« Cette nouvelle Édition des Œuvres de M. Despréaux, qui nous est tombée depuis peu entre les mains, nous a paru assez singulière pour en parler. On voit au bas des pages les vers des poëtes latins qu'il a fait passer dans ses ouvrages. On peut apprendre par ce moyen, à l'exemple de ce grand poëte, le premier satirique de notre temps, à imiter les plus beaux endroits des Anciens et à en profiter pour se faire à soi-même du mérite et de la réputation ; sans parler du plaisir qu'il y a de conférer ainsi les endroits empruntés avec ceux d'où on les a tirés, et de découvrir toujours quelque chose de plus piquant d'un côté que de l'autre.

« Cette Édition fait encore honneur à M. Despréaux d'une autre manière : elle justifie hautement le parti qu'il a soutenu en faveur des Anciens, qu'il a toujours regardés comme les plus excellents modèles. En effet, en parcourant ce volume, on trouve que les pages sont plus ou moins chargées de vers latins imités, selon que certaines pièces de M. Despréaux ont été communément plus ou moins estimées. Dans son *Art Poétique*, par exemple, qui lui a tant fait d'honneur, surtout par rapport aux règles générales de la poésie, on trouve ici imprimé un grand quart de l'Art poétique d'Horace sur le même sujet. J'ai vu néanmoins une préface des éditions de M. Despréaux, où il assuroit qu'il n'avoit pris que quarante vers d'Horace : mais c'est qu'à force de goûter les autres par une ancienne habitude, ils étoient devenus insensiblement ses propres pensées, et sans qu'il s'en aperçût lui-même.

« Plusieurs pages sont encore fort chargées de vers latins dans la huitième Satire *de l'Homme*, dans la neuvième où l'auteur parle à son *Esprit*, et dans la cinquième sur la vraie *Noblesse*, où l'on voit une longue suite des vers de Juvénal traduits presque mot à mot, et néanmoins si heureusement et avec tant de génie, qu'il n'y a pas assurément de plus beaux endroits dans le reste des ouvrages de M. Despréaux.

« On ne trouve point de vers latins imités dans la dixième Satire contre les *Femmes*, et on n'en trouve que deux ou trois dans son Épitre sur l'*Amour de Dieu*. D'ailleurs on pouvoit faire ce recueil de citations, quelque utile qu'il soit déjà, beaucoup plus ample et plus exact qu'il n'est. »

L'article continue, et le critique en vient à quelques chicanes de détail; mais on a le plus piquant. — Le frère du poëte, le docteur Boileau, avait été très-turlupiné lui-même, dans le numéro

Pour couvrir sa Satire d'une approbation officielle et vénérable, Boileau la lut à son archevêque M. de Noailles, qui en fut enchanté, et qui n'y trouva à redire qu'un vers, que Boileau corrigea et rendit plus expressément augustinien. Il ne s'en fit pas moins, comme il dit, *une méchante affaire* par cette Satire. Elle fut le cauchemar de ses dernières années. On faisait courir sous son nom d'infâmes pièces contre les Jésuites ; il crut qu'il n'y aurait rien de mieux, pour se disculper, que de publier la Satire véritable. Mais, quand il se préparait à l'ajouter dans l'édition de ses Œuvres en 1710, les Jésuites obtinrent, à la face de l'archevêque, un ordre du roi pour empêcher l'insertion : et Boileau renonça avec douleur à cette édition dernière qu'il retouchait avec soin. Il se reprochait au bord du tombeau de s'occuper encore si complaisamment de ce vieux péché de rimes ; mais le rimeur tenait bon dans le chrétien. La même influence ennemie ne permit pas que cette Satire pût être insérée dans l'édition posthume de 1713. On n'avait plus affaire alors au Père de La Chaise fin, doux, accessible et poli, mais au sombre, violent et grossier Père Tellier.

Le même confesseur fanatique, qui s'opposait à la publication de la dernière Satire de Boileau, ruinait de fond en comble le monastère de Port-Royal des Champs, le saccageait comme une ville prise d'assaut. On allait arracher les morts des tombes. Boileau eut le temps de savoir tout cela. Il ne prévoyait pas ces odieux excès quand,

---

de juin 1703, pour son *Histoire des Flagellants*. On raconte que ce fut lui qui apporta à son frère l'article du Père Buffier, en lui disant : « Je savois bien que les Jésuites vous revaudroient le déplaisir que vous leur aviez fait. » Ce docteur, de plus d'humeur que de goût, ne cessait d'exciter son frère à la riposte, comme on le voit dans un livret assez curieux qui courut alors sur ces démêlés : *Boileau aux prises avec les Jésuites*, 1706.

bien des années auparavant, il répondait avec son franc-parler ordinaire, sur ce que le roi, disait-on, menaçait de nouvelles rigueurs nos religieuses : « Et comment fera-t-il pour les traiter plus durement qu'elles ne se traitent elles-mêmes ? »

Boileau n'avait plus Auteuil, il n'avait plus son mail et son jeu de quilles ; il n'avait plus son berceau à midi ; il n'avait plus dans sa vie un rayon de soleil. Il s'était logé au cloître Notre-Dame chez son confesseur même, le chanoine Le Noir. Ce digne chanoine, frère d'un M. Le Noir de Saint-Claude, agent et avocat intrépide de Port-Royal, qui fut mis à la Bastille en 1707 et qui n'en sortit qu'à la mort de Louis XIV, avait eu, lui moins héroïque, une affaire qui fit bruit dans le temps ; il avait signé le Formulaire vers 1697, en prenant possession de son canonicat : de là une grande agitation et un partage entre les amis. M. de Tillemont et M. Walon de Beaupuis l'avaient pourtant excusé. Boileau mourut, le 17 mars 1711, chez ce vertueux prêtre et chanoine janséniste, mais (notons-le) un janséniste qui avait signé : c'est bien là sa mesure. Il mourut le plus ami des Jansénistes, le plus janséniste de ceux qui ne l'étaient pas.

Il a mérité à juste titre, d'ailleurs, d'avoir place dans le Supplément au Nécrologe de Port-Royal, parmi les amis et défenseurs de la *Vérité* : « Il passa, y est-il dit à la fin du judicieux et assez habile article, ses dernières années soit à Auteuil, soit à Paris, *dans une espèce de solitude*. » Boileau devient insensiblement un de nos solitaires[1].

Boileau mourut découragé littérairement et sans laisser de postérité poétique immédiate. Les Pradons, disait-il, dont il s'était moqué dans sa jeunesse, lui semblaient

---

1. Lefebvre de Saint-Marc, éditeur du Supplément au Nécrologe, est aussi éditeur de Boileau.

des soleils en comparaison de ce qui naissait. On a traité d'illusion cette impression dernière de Boileau, et le plus docte comme le plus ingénieux de ses panégyristes a dit :

« Consumé d'infirmités et d'ennuis, Boileau, durant ses douze dernières années, s'apercevait à peine de son influence et de sa gloire. Une tragédie barbare dont il lisait quelques scènes suffisait pour lui persuader que le théâtre et le siècle allaient redescendre plus bas que Pradon et que Chapelain. Ce progrès général du goût que l'on devait à sa critique, à ses leçons, à ses exemples, il s'efforçait de le méconnaître, et fermait en quelque sorte les yeux à la lumière qu'il avait répandue lui-même. Il sentait moins qu'un autre combien il avait rendu le public sévère ; les auteurs, circonspects ; les talents, laborieux ; et la médiocrité, honteuse. Tandis qu'il déplorait la décadence des Lettres, on écrivait dans tous les genres avec clarté, correction, élégance ; et si en effet Corneille, Molière, La Fontaine, Racine et Despréaux lui-même, n'avaient point d'émules parmi leurs successeurs, ils avaient du moins un disciple habile dans Jean-Baptiste Rousseau ; ils allaient en avoir un plus illustre dans Voltaire ; et les rangs qui se remplissaient au-dessous du premier devenaient de plus en plus honorables [1]. »

Boileau vieilli était chagrin et sans doute injuste. Il n'estimait ni Crébillon (il n'avait pas tort), ni Regnard, ni Le Sage (et il avait grand tort), ni La Fare, Chaulieu et Sainte-Aulaire, le groupe des poëtes négligés (et le mal à cela n'était pas grand). Il n'avait plus guère de conversations sur les matières de Belles-Lettres qu'avec des esprits secs, austères, un peu tristes comme l'était devenu le sien, avec les d'Olivet, les Gibert [2]. Le plus

---

1. Daunou, Discours préliminaire de son édition de Boileau.
2. D'Olivet a conservé le souvenir d'une de ces conversations qu'il avait eues avec Boileau, et des paroles qu'il avait recueillies de ses lèvres avec une ardeur de jeune homme (*Histoire de l'Académie*, article de *Gilles Boileau*). — Gibert, en un endroit de son

aimable de ses visiteurs est encore Rollin. Montesquieu avait vingt et un ans quand Boileau mourut, Voltaire en avait dix-sept. Les idées de Boileau, ses vues et pronostics sur l'avenir du siècle auraient-ils changé s'il avait vécu quelques années de plus, s'il avait pu causer avec ces jeunes et bientôt illustres téméraires qu'inspirait un génie nouveau? Montesquieu et lui auraient toujours eu peu à se dire; mais Voltaire, le vif et pétulant poëte, qu'en aurait-il dit, qu'en aurait-il pensé? eût-il été plus consolé dans son bon goût qu'effrayé dans son christianisme, en le devinant?

La fin de la vie est toujours triste. Est-ce une tristesse de plus, n'est-ce pas plutôt une consolation, de sentir que l'on s'en va avec tout un ordre de choses, et que ce qu'on affectionnait le plus dans la vie, ce qui nous y rattachait le plus étroitement, nous a précédé ou nous accompagne dans la mort? Le fait est qu'en tout genre Boileau estimait son siècle fini et très-fini quand il mourut. Ce n'était plus ce qui s'appelle le siècle ni le temps qui l'occupait : il pensait à l'Éternité.

Véritable chrétien, honnête homme exemplaire, il était trop essentiellement poëte selon Port-Royal et selon Arnauld, pour n'être pas traité ici comme l'un des nôtres, pour n'avoir pas une place exacte dans cette étude du déclin.

Si j'avais écrit il y a quelques années, j'y aurais donné aussi une place à Domat, un des amis, un de ceux qu'on pourrait qualifier les *associés libres* de Port-Royal, et qui mourut deux ans après Arnauld (1696). Mais cela nous engagerait dans des lectures qui sont peu de notre

---

ouvrage : *Jugements des Savants sur les auteurs qui ont traité de la Rhétorique* (tome I, page 236), a parlé de Boileau qu'il avait connu et de sa mort récente avec une sorte d'attendrissement.

ressort, et Domat d'ailleurs a été le sujet de publications et de discussions assez récentes. Né à Clermont en Auvergne (en 1625), il avait noué liaison intime avec Port-Royal par les Pascal et les Périer, et il avait été initié à toutes les assemblées et consultations sur le Formulaire. Il se trouvait à Paris durant la dernière maladie de Pascal, et il reçut ses derniers soupirs. Son amitié avec la famille Périer s'altéra gravement en 1676, par suite de rapports faux ou indiscrets : l'évêque d'Aleth, Pavillon, contribua à une réconciliation entière et chrétienne. Domat était vif, et s'était cru, peut-être à tort, offensé [1]. C'est à la plume de mademoiselle Périer qu'on doit les plus beaux traits de son éloge. Longtemps avocat du Roi à Clermont, magistrat gallican plein de vigilance et de zèle, intègre, désintéressé, homme considérable dans sa province où il était l'arbitre de toutes les grandes affaires, très-distingué et apprécié par les chefs de la magistrature de Paris qui y avaient tenu les Grands-Jours, il vint dans la capitale vers 1681, s'y établit sur l'invitation du roi, et s'appliqua uniquement, dès lors, à son grand ouvrage qu'il n'avait entrepris d'abord que pour son usage particulier et celui de ses enfants, mais qu'on jugea devoir être d'une haute utilité publique : *les Lois civiles dans leur Ordre naturel.* Boileau l'appelait un homme admirable et *le restaurateur de la Raison dans la Jurisprudence.* Arnaud de même : « Je lis présentement le livre de M. Domat, écrivait-il à M. Du Vaucel (25 novembre 1689) ; il y a à la tête un Traité des Lois

---

1. Dans une lettre de madame Périer à M. Vallant, du 5 août 1676, on lit : « Vous avez une si parfaite connoissance des sentiments que nous avons eus pour M. Domat, qu'il vous sera aisé de comprendre quel effet peut produire en nous sa manière d'agir. Je puis vous dire avec vérité que, depuis quatre mois que cela dure, j'en ai été si occupée que j'ai quelquefois oublié la maladie de mon fils, quoique assurément elle me tienne fort au cœur. »

que j'ai presque achevé : j'en suis extrêmement satisfait, car il y a beaucoup de piété et beaucoup de lumière. » Du Guet consulté à plusieurs reprises sur l'ouvrage, probablement par le canal de M. Daguesseau le père, présentait quelques critiques secondaires au milieu de beaucoup d'éloges. L'auteur lui-même, Domat, homme vif, original, d'humeur prompte et brusque, ne pouvait s'empêcher, dit-on, d'applaudir à son ouvrage, et de marquer l'estime qu'il en faisait. Un jour qu'il s'était échappé de la sorte devant un ami, il ajouta tout de suite comme pour réparer : « Je suis surpris que Dieu se soit servi d'un petit homme, d'un homme de néant comme moi, pour faire un si bel ouvrage, pendant qu'il y a à Paris des personnes d'un si grand mérite. »

On a publié des *Pensées* de Domat tirées des papiers de mademoiselle Périer. Elles sont assez singulières, rarement belles [1], plutôt hardies [2] ou bizarres [3]. On cite de lui des paroles énergiques et qui éclairent sur sa nature morale. Il était infatigable au travail, ennemi de toute distraction et de tout relâche : « Travaillons, disait-il; nous nous reposerons dans le Paradis. » Chrétien fervent et sincère, il ne s'interdisait pas l'indignation contre les abus; on l'entendit s'écrier un jour : « N'aurai-je jamais la consolation de voir un Pape chrétien sur

---

1. « L'éloquence de l'avocat consiste à faire connoître la justice par la vérité. »

2. « Cinq ou six *pendards* partagent la meilleure partie du monde et la plus riche. C'en est assez pour nous faire juger quel bien c'est devant Dieu que les richesses. »

3. « Les belles toussent, éternuent, etc., mais il n'y en a point qui crachent, et elles ne font qu'écumer ou baver. Pourquoi ne pas cracher comme font les hommes? C'est que cracher est une action de penser, etc. » Nous ne citons ces bizarreries que parce que d'autres ont jugé à propos de les imprimer : on imprime tout indistinctement; on a pour système de ne plus apporter à ces choses du passé aucun choix.

la chaire de saint Pierre ! » Il disait, en définissant sa disposition habituelle dans le commerce de la vie : « Je ne serois ni de l'humeur de Démocrite, ni de celle d'Héraclite ; je prendrois un tiers parti pour mon naturel, d'être tous les jours en colère contre tout le monde. » Malade de la pierre, il disait, pour se consoler, aux approches du terme : « Ce n'est pas une petite consolation pour quitter ce monde, que de sortir de la foule du grand nombre des sots et des méchants dont on y est environné [1]. » Son style écrit n'a pas et ne devait pas avoir, eu égard aux matières qu'il traitait, la vivacité de sa parole [2].

1. Il mourut le 14 mars 1696, disent nos Nécrologes ; la lettre suivante, qui paraît inexacte sur ce point, est d'une rigoureuse ponctualité sur tout le reste : « On perdit le dernier jour *un* M. Domat, auteur des trois beaux volumes des *Loix civiles mises dans leur ordre naturel*, qui lui avoient acquis tant de réputation. Ce sont trois in-4° très-bien écrits et où règnent une méthode, un démêlement, un ordre, une netteté admirables. On regarde cet ouvrage comme un chef-d'œuvre. — On l'a ouvert ; on lui a trouvé trente-six pierres et une *excrescence* de chair assez grosse à l'entrée du col de la vessie. Les pierres étoient comme des pois depuis les plus petits jusqu'aux plus gros, et toutes orangées pour la couleur. » (Lettre de M. Vuillart à M. de Préfontaine, du 17 mars 1696.) — Les particularités sont curieuses ; le *un* M. Domat, appliqué à un homme qu'on reconnaît être célèbre, paraîtra singulier.

2. Une discussion eut lieu, il y a quelques années, à l'Académie des Sciences morales sur Domat, à l'occasion d'un Mémoire de M. Cousin. Un des académiciens, M. Berriat-Saint-Prix, lui opposait et préférait Pothier. M. Portalis soutint Domat, comme restaurateur de la raison dans la jurisprudence. «Qu'y a-t-il sous Louis XIV en jurisprudence française? les *Arrêtés* du premier président Lamoignon, Domat et Daguesseau. Mais les *Arrêtés* du président Lamoignon sont pratiques. Domat est le premier qui institue les généralités. Au Palais on préfère ce qu'on appelle les *espèces*. » (Ces paroles sont de M. Portalis et recueillies par moi de sa bouche.) Daguesseau définissait Domat le *jurisconsulte des magistrats* : « Quiconque posséderoit bien son ouvrage ne seroit peut-être pas le plus profond des jurisconsultes, mais il seroit le plus solide et le plus sûr de tous les juges. » — Comment Domat, si d'accord avec Daguesseau, se serait-il accordé avec Pascal qui, dans sa

Mais Du Guet, si souvent cité et rencontré par nous, toujours en passant, Du Guet le directeur des consciences délicates dans ces années de dispersion, et de qui l'on aimait à obtenir des consolations secrètes, nous appelle à lui; c'est l'heure, ou jamais, de nous arrêter à le considérer.

théorie de la politique et de la justice, ne paraît pas admettre le droit dans l'ordre naturel, et qui donnerait plutôt la main à Hobbes et à Machiavel? Comment, tout à côté de Pascal, Domat, son ami intime, trouve-t-il moyen de fonder le droit naturel sur une base à la fois chrétienne et philosophique? Aucun janséniste ne lui fit l'objection, que sans doute Pascal lui aurait faite s'il avait vécu. Du Guet, comme Arnauld, admettait de certaines règles, de certaines lumières naturelles, de certains premiers devoirs (relatifs au moins à l'ordre extérieur et au maintien de la société publique) dont on ne peut supposer une entière ignorance sans éteindre l'humanité : « Ces principes, disait-il, sont connus de tous les hommes jusqu'à un certain degré. » Pascal eût-il accordé cela? J'en doute.

FIN DU CINQUIÈME VOLUME.

APPENDICE.

SUR

LES DISPOSITIONS FINALES DU CARDINAL DE RETZ.

(Se rapporte à la page 15.)

Je vais tenir bien plus que je ne promets. Je suis en mesure, en effet, de donner le Mémoire complet de M. de Chantelauze que j'avais annoncé dans ma Préface et qui aurait pu trouver sa place naturelle à la page 606 du tome III, s'il n'avait été trop étendu pour entrer dans l'économie de ce volume ; l'impression du tome III était déjà avancée quand j'ai reçu le précieux cadeau. C'est un Retz étudié à fond par tout le côté ecclésiastique ; ce qui était connu va s'y rejoindre à ce qui est tout nouveau, et la figure et l'âme s'en trouveront éclairées autant que pareil sujet peut l'être. Livré à moi-même, je restais, s'il faut l'avouer, dans une véritable perplexité ; car, d'un côté, il ne convient pas de faire le fin outre mesure ni de paraître douter du bien par bel air, et d'autre part on n'aime pas à être dupe. Le problème moral et biographique, posé dans ses vrais termes, était celui-ci : Quels furent, à cette date de 1674 et dans les années suivantes, les sentiments réels et véritables du cardinal de Retz ? en eut-il de tout à fait sincères, de sérieusement chrétiens et religieux ? ou bien tout n'était-il que simagrées ou, si l'on aime mieux, que démonstrations d'homme comme il faut, qui tient à réparer aux yeux de tous et à se faire honneur à ses propres yeux ? Les contemporains eux-mêmes étaient très-partagés. Pour moi, j'étais resté sur l'impression de ce qui était arrivé à M. de Pontchâteau. Averti de plusieurs côtés que le cardinal, en humeur de pénitence, avait témoigné le désir de renvoyer à Rome le chapeau, M. de Pontchâteàu fit le voyage de Commercy tout exprès pour le confirmer, s'il y avait lieu, dans son bon dessein : mais il n'eut qu'à le voir pour s'assurer que ce beau mouvement s'était déjà évanoui. M. de Chantelauze m'a donc délivré d'un vrai poids en voulant bien aborder et embrasser dans son ensemble ce sujet du Retz ecclésiastique, et en y procédant de cette marche impartiale, tranquille, assurée, fondée à chaque pas sur des textes. Son écrit, qui laisse à chacun la parfaite liberté de juger, offre dans tous les sens les éléments les plus complets sur la question : c'est un écrit qui brille par la bonne foi.

LE CARDINAL DE RETZ ET LES JANSÉNISTES [1].

« Il est presque impossible, a dit La Rochefoucauld au début de ses Mémoires, d'écrire une relation bien juste des mouvements passés (de la Fronde), parce que ceux qui les ont causés ayant agi par de mauvais principes, ont pris soin d'en dérober la connoissance, de peur que la postérité ne leur imputât d'avoir dévoué à leurs intérêts la félicité de leur patrie. » Ce jugement me semble vrai surtout à l'égard du cardinal de Retz. Lorsque, sur tant de fautes et de scandales, il fait des aveux si compromettants qu'il semble impossible d'aller plus loin, Retz ne se propose qu'un but, c'est de gagner la confiance du lecteur par une apparente franchise et de l'empêcher ainsi d'aller plus avant de peur de lui découvrir le fond de certaines choses qu'il tient à voiler à tout prix. Doué des qualités les plus éminentes dans la vie privée, plein de générosité, de bonté, de désintéressement, de dévouement pour ses amis, de grandeur d'âme, Retz, lorsqu'il s'agit des affaires de l'État ou de celles de la religion, devient au fond complétement insoucieux du bien et du mal, du vice et de la vertu qui, à ces deux points de vue, ne sont pour lui que des conventions sociales au-dessus desquelles planent toujours son intérêt et son amour-propre. L'essentiel pour lui, c'est de réussir, et, s'il échoue, de ne pas être pris pour dupe. Il tient beaucoup plus à paraître homme d'esprit, homme d'un grand esprit, qu'homme de bien.

C'est ainsi qu'avec un art inimitable, et sous une forme légère et enjouée, à l'exemple de son héros favori le comte de Fiesque, il a su couvrir les plus secrets desseins de son ambition déçue et les profondes blessures de son orgueil. En se posant comme un

---

[1]. La reproduction de ce Mémoire de M. de Chantelauze est interdite en dehors du *Port-Royal* de M. Sainte-Beuve.

conspirateur sans but déterminé, qui n'aimait la faction que pour son plaisir, que pour exercer son génie inquiet et turbulent, il a si bien donné le change que les plus habiles s'y sont parfois laissé prendre, La Rochefoucauld tout le premier, lui le plus pénétrant, après Retz, des hommes de la Fronde. Qui ne serait tenté de croire aussi à sa complète sincérité, lorsqu'il dévoile avec un abandon et une sorte de complaisance qui semblent si naturels tant d'actions coupables de sa vie de prêtre, tant de spirituelles licences de langage qui frisent de si près l'incrédulité? Il semble assurément que ce soit tout, qu'il est impossible d'aller plus loin, qu'il a fait sa confession générale. Le lecteur est cependant bien loin encore de la vérité. Retz n'ignorait pas la mauvaise opinion qu'avaient de lui la plupart de ses contemporains; il a voulu faire la part du feu et donner à croire qu'il valait mieux que sa réputation. Il a fait l'aveu de certaines fautes, de certains vices, de certains crimes même, avec tant de sincérité apparente, de grâce et de séduction, qu'il a su, par la magie du talent, charmer la plupart de ses lecteurs, obscurcir le débat et gagner sa cause contre Mazarin, en imprimant à sa mémoire un ridicule immortel. Mais Retz, en homme d'infiniment d'esprit et de tact, s'est précisément arrêté, dans ses aveux, à cette limite où il eût cessé d'avoir pour lui les rieurs et où l'eût atteint la réprobation.

Je ne veux pas essayer aujourd'hui d'examiner quel fut, en matière politique, l'idéal secret du célèbre chef de la Fronde, quels buts divers il se proposa et par quels moyens il s'efforça de les atteindre. Je ne me propose d'étudier que les côtés du personnage qui peuvent entrer dans le cadre de ce livre, l'homme d'Église dans toute la nudité de sa pensée et de ses opinions, le politique dans ses rapports avec les solitaires de Port-Royal et avec les hommes d'action du Jansénisme. Sur ces derniers points intéressants, mais obscurs ou incomplets, les historiens, faute de preuves, n'ont guère pu se livrer qu'à des conjectures, et, lorsqu'ils affirment ou qu'ils nient l'existence de ces mystérieuses relations, de ce concert secret, ils ne peuvent rien préciser d'essentiel et ils sont obligés de s'arrêter à la surface. Il ne sera donc pas sans intérêt peut-être d'étudier cette question d'après des documents nouveaux qui permettront à la fois de porter un jugement plus approfondi sur les opinions du cardinal de Retz en matière religieuse, et sur le genre des relations qu'il eut avec les Jansénistes au point de vue doctrinal comme au point de vue politique.

I

Débuts théologiques de Retz. — Parti pris d'hypocrisie. — Ses succès dans la chaire. — Ses premières relations avec Port-Royal. — L'ambition du chapeau. — Ses intrigues à Rome et sa Correspondance avec l'abbé Charrier.—Lettre d'apparat : hauteur simulée. — Retz cardinal. — Prisonnier à Vincennes : sa faiblesse morale.

Rappelons d'abord que Retz, « avec l'âme, suivant son aveu, la moins ecclésiastique qui fût dans l'univers, » avait été contraint par l'aveugle piété et les vues ambitieuses de son père, d'entrer malgré lui dans les Ordres. Jusque-là, les saintes vertus de sa mère et les austères exemples de Vincent de Paul qui, pendant ses premières années, avait été son précepteur, n'avaient eu aucune prise sur cette âme ardente et impétueuse, née pour les intrigues, l'action et la lutte, et dénuée de tout ce qu'il faut pour embrasser la vie religieuse. L'arrêt prononcé, le jeune Gondi ne négligea rien pour se soustraire au joug détesté, pour rendre impossible pour lui cette carrière ; il courut avec emportement au-devant des duels, des aventures galantes, il fit scandale, mais son père fut inflexible, et, bon gré mal gré, il lui fallut garder la soutane pour suivre sa voie au siége épiscopal de Paris, occupé déjà tour à tour par trois membres de sa famille. Telle était alors la misérable condition des cadets qui, trop souvent et sans vocation, dans les hautes familles aristocratiques, étaient voués à la vie religieuse, et telle fut la principale cause des tristes désordres qui éclatèrent plus d'une fois sous l'ancien régime dans les rangs de l'épiscopat. Au milieu de ce Clergé du dix-septième siècle, si digne de respect pour ses vertus et d'admiration pour ses talents, que de membres gangrenés ! A côté des Bérulle, des Vincent de Paul, des Fénelon, des Bossuet, des pieux solitaires de Port-Royal, que de Harlai de Champvallon, que de Gondi, que de prélats qui n'avaient aspiré à leurs siéges que par pure ambition, et qui ne les durent qu'à leur nom et à la faveur! L'Assemblée constituante, en abolissant les vœux religieux, a frappé du même coup les vocations forcées des cadets. Un cardinal de Retz serait aujourd'hui impossible. C'est en ne perdant jamais de vue ce point essentiel qu'il convient d'étudier et de juger Paul de Gondi. C'est aux mauvaises institutions de son temps qu'il faut attribuer une grande partie de ses vices et de ses fautes, et c'est pour cela qu'il serait injuste d'en faire peser sur lui toute la responsabilité.

Né à une époque où le libre examen et l'incrédulité commençaient à pénétrer dans les hautes classes, et marchaient déjà la tête haute, le jeune abbé dut, jusqu'à un certain point, subir l'influence des *libertins*, des esprits forts de son temps. S'il ne se montra pas ouvertement sceptique, il est cependant permis de croire, après une lecture attentive de ses Mémoires et des documents inédits qui sont entre nos mains, que pendant une grande partie de sa vie, à ses débuts, durant ses études théologiques, comme pendant sa carrière de cardinal et d'archevêque, il fut pour le moins tout à fait indifférent aux questions religieuses. Tallemant va même jusqu'à prétendre que dans le Conseil de conscience dont il fit partie dès qu'il devint coadjuteur de son oncle, l'archevêque de Paris, il soutint de tous ses efforts l'abbé de Lavardin à qui Vincent de Paul voulait faire refuser l'épiscopat, parce qu'il avait été accusé d'être athée.

Le jeune Gondi, après avoir fait de solides études classiques au collége de Clermont, chez les Jésuites, s'appliqua avec ardeur à la théologie : il eut d'éclatants succès en Sorbonne et y conquit le bonnet de docteur. Mais il ne s'attacha qu'à étudier la lettre morte du Christianisme sans être le moins du monde pénétré de son esprit. Pendant de longues années, la religion ne fut pour lui qu'un manteau dont il couvrit la licence de ses mœurs et qu'un levier pour bouleverser l'État.

On sait de quel ton dégagé il nous raconte ses premiers pas dans la vie ecclésiastique. Il commence par y jouer de son mieux le rôle de dévot ; il fréquente les conférences de Saint-Lazare, il rompt ses liaisons un peu trop ébruitées avec mesdames de Guemené et de La Meilleraye ; il devient plus réglé, au moins en apparence, vit fort retiré, paraît s'adonner tout entier à sa profession, ménage les chanoines et les curés, et témoigne beaucoup d'estime aux dévots, « ce qui à leur égard, dit-il, est un des plus grands points de la piété. » Forcé enfin de prendre les ordres, il fait une retraite à Saint-Lazare, où il donne « à l'extérieur toutes les apparences ordinaires, » tout en se ménageant, c'est lui qui l'avoue, une secrète liaison avec une femme « jeune et coquette, » madame de Pomereu. « L'occupation de mon intérieur, dit-il en nous livrant ainsi la clef pour pénétrer plus avant dans sa vie religieuse, fut une grande e profonde réflexion sur la manière que je devois prendre pour ma conduite. Elle étoit très-difficile ; je trouvois l'archevêché de Paris dégradé à l'égard du monde par les bassesses de mon oncle et désolé à l'égard de Dieu, par sa négligence et son incapacité. Je prévoyois les oppositions infinies à son rétablissement, et je n'étois pas si aveuglé que je ne connusse que la plus grande et la plus insurmontable étoit dans moi-même. Je n'ignorois pas de quelle nécessité est la règle des mœurs à un évêque ; je sentois que le désordre scandaleux de celles de mon oncle me l'imposoit encore plus étroite et plus indispensable qu'aux autres, et je sentois, en même temps, que je n'en étois pas capable et que tous les obstacles de conscience et de gloire que j'opposerois au déréglement ne seroient que des digues fort mal assurées. Je pris, après six jours de réflexion, le parti de faire le mal par dessein, ce qui est sans comparaison le plus criminel devant Dieu, mais ce qui est sans doute le plus sage devant le monde, et parce que, en le faisant ainsi, on y met toujours les préalables qui en couvrent une partie, et parce que l'on évite par ce moyen le plus dangereux ridicule qui se puisse rencontrer dans notre profession, qui est celui de mêler à contre-temps le péché dans la dévotion. Voilà la sainte disposition avec laquelle je sortis de Saint-Lazare. Elle ne fut pourtant pas de tout point mauvaise, car je pris une ferme résolution de remplir exactement tous les devoirs de ma profession et d'être aussi homme de bien pour le salut des autres que je pouvois être méchant pour moi-même. »

Cependant, quelque soin qu'il prît de jouer avec des précautions infinies ce triste rôle, il lui arrivait parfois, devant ses plus intimes amis, de laisser percer sa complète indifférence, pour ne pas dire plus, sur le dogme et sur les sacrements. Un jour même, s'il fallait en croire son plus mortel ennemi, se trouvant dans le carrosse de mesdames de Chevreuse, et un de leurs laquais ayant été à moitié écrasé par les roues, le coadjuteur qui venait d'entendre sa confession se serait émancipé au point de la divulguer devant ces dames, en faisant des railleries fort indécentes sur les péchés de jeunesse de ce pauvre diable [1].

Devenu coadjuteur de son oncle, François de Gondi, premier archevêque de Paris (1643), et destiné à lui succéder, il donna pleine carrière à son extrême ambition et résolut de se pousser par tous les moyens possibles. Deux membres de sa famille, l'un et l'autre évêques de Paris, avaient obtenu le chapeau de cardinal. La pourpre avait alors dans l'esprit des peuples un bien plus haut prestige que de nos jours; elle donnait le pas à ceux qui en étaient revêtus, même sur les princes du sang, et, depuis Richelieu, elle semblait en quelque sorte indispensable pour être premier ministre. Paul de Gondi ne négligea rien pour l'obtenir, non qu'elle fût le but suprême de ses désirs, mais comme un marchepied pour s'élever à la plus haute fortune.

Pour flatter la crédule piété de la Reine qui venait de lui ouvrir le conseil de conscience, il s'attacha de plus en plus à remplir avec un zèle apparent les devoirs extérieurs de son ministère, et en même temps il sut conquérir les sympathies du Clergé en défendant plus d'une fois avec autant d'habileté que de fermeté ses intérêts et ses privilèges. En un mot, il joua si bien son rôle que le pieux Vincent de Paul, l'ancien instituteur de sa jeunesse, y fut trompé lui-même et déclara que son élève « n'étoit pas trop éloigné du royaume de Dieu. »

---

[1] *Lettres du cardinal Mazarin à la Reine*, etc., publiées par M. Ravenel : page 4, lettre du 10 avril 1651.

Retz fit éclat dans Paris par ses sermons. Il prit à tâche, comme s'il eût fait une gageure, d'aborder précisément les sujets qui eussent fait le plus affligeant contraste avec sa vie relâchée, si elle eût été plus connue, mais qui devaient le mieux lui servir de déguisement. Rien ne permet de l'étudier plus au vif que la nature même de ses sermons. Incrédule ou tout au moins indifférent, il prêchait sur la sainteté et célébrait les vertus de Charles Borromée dans un langage parfois plein de grandeur, et en quelque sorte précurseur de celui de Bossuet; dévoré d'ambition, il faisait un sermon sur le néant de l'homme : « Le temps, disait-il, couvrira notre nom d'oubli, et c'est inutilement que nous nous efforcerons de le rendre immortel par nos veilles et nos travaux..., car, après tout, c'est une ombre qui passe que notre vie. » Enfin, qui pourrait le croire? afin de mieux se masquer, il tonnait du haut de la chaire contre les hypocrites. Nous avons ici, devant nous, osons dire le mot, un Tartufe taillé sur d'autres proportions que celui de Molière dans le génie italien du seizième siècle, qui eût tenté la plume de Shakspeare et qui, pour atteindre son but, ira, s'il le faut, jusqu'au schisme. « L'hypocrite, disait le coadjuteur, dans une langue pleine de finesse et de précision, dans une langue trouvée huit ou dix ans avant celle du Pascal des *Provinciales*, l'hypocrite altère la pureté de toutes les vertus; son humilité n'est qu'une douce et honnête piperie; il fait de la dévotion et de la piété des appâts subtils et des piéges invisibles pour attraper les plus fins, d'autant plus méchant qu'il joue le meilleur personnage, et que, se cachant dans son vice, il s'y enfonce plus avant. *Est qui nequiter humiliat se, et interiora ejus plena sunt dolo* : Il y en a qui s'humilient malicieusement et dont l'intérieur est plein de trahison et de perfidie.... Ils méprisent les honneurs du monde, mais c'est par vanité; ils foulent aux pieds les richesses, mais c'est pour marcher sur la tête des riches et prendre les avantages qu'ils ne pourroient se promettre ni de leur naissance, ni de leur fortune.... La corruption ayant passé de leur volonté jusques à leur esprit, ils croient qu'il leur est permis de trafiquer de la piété, de faire servir à leurs intérêts celle qui devoit commander à leur raison même, etc., de vendre ce qui se doit acheter au prix de leur vie. *Existimantes quæstum esse pietatem.* Pour cet effet, renonçant à la véritable dévotion, ils n'en retirent que l'apparence, *habentes quidem speciem pietatis, virtutem autem ejus abnegantes*; au lieu d'instruire leur entendement, ils instruisent leurs mains; ils ne s'étudient point à régler leurs mœurs, mais leurs pas seulement et leur contenance; ils tâchent plus à s'adoucir leurs yeux que l'esprit, et, pourvu qu'ils se fassent le visage mauvais, ils ne se soucient point que leur conscience soit bonne : *Exterminant facies suas.* Enfin, ils ne s'excitent point à être véritablement pénitents, mais ils font ce qu'ils peuvent pour paroître tristes, se persuadant faussement que la tristesse est la livrée de la dévotion et de la probité. Et c'est ce que Notre-Seigneur défend aujourd'hui dans notre Évangile : *Cum jejunatis, nolite fieri, sicut hypocritæ, tristes*, etc. Quand vous jeûnez, n'affectez point cette farouche austérité des hypocrites. »

Puis, opposant plus loin la vraie dévotion à la fausse, il ajoutait avec cet accent pénétré qui trompait si bien son monde : « Les contentements et les satisfactions d'une bonne conscience remplissent l'esprit et comblent le cœur. Il en rejaillit (quelque chose) au dehors et la parfaite tranquillité de l'âme produit cette sérénité de visage que nous admirons dans les cloîtres, parmi les haires, les cilices et les abstinences.... Leur dévotion n'est point triste et chagrine, tremblante ni effrayée ; elle n'offense point la bonté divine.... A parler sainement, il n'y a rien de comparable aux inquiétudes d'un homme qui va toujours masqué et travesti, et qui est obligé d'être toujours sur ses gardes, de peur qu'on ne le découvre, et à qui sa conscience livre une guerre continuelle. Il souffre ce que la pénitence a de plus douloureux, les haires, les jeûnes, les disciplines, et ne sent pas ces douceurs célestes qui ne sont faites que pour les justes; et, après tout cela, *amen dico vobis, quia receperunt mercedem suam :* je vous dis, en vérité, qu'ils ont reçu leur récompense. Ils ont voulu qu'on les regardât, on les a regardés ; ils ont souhaité qu'on parlât d'eux, on en a parlé ; ils ont travaillé pour le monde, et le monde les a payés.... Les imitateurs et enfants de Jésus-Christ crucifient leur chair avec leurs vices et concupiscences, c'est-à-dire qu'ils jeûnent, qu'ils se mortifient, qu'ils domptent, qu'ils surmontent leurs passions, mais que de toutes ces victoires ils n'en érigent point de trophées en leurs âmes : *qui sunt Christi, carnem suam crucifixerunt cum vitiis et concupiscentiis;* ils les attachent à la croix, ils les mettent aux pieds de Jésus-Christ ; ils ne font et ne souffrent rien que pour la gloire de Celui duquel ils attendent la leur, non pas pour être vus, *ut videantur ab hominibus*, mais pour mériter de le voir là-haut. »

Mazarin, qui ne négligeait rien de tout ce qui pouvait le perdre dans l'esprit de la Régente, l'accusait, à tort ou à raison, non-seulement de divulguer les confessions, mais de ne jamais se confesser lui-même avant de dire la messe, « ce qu'on ne sait pas, écrit-il à la Reine, qu'*il ait jamais fait.* » Puis il ajoute : « Ce ne seroit jamais fait, si on vouloit conter en détail les impiétés, débauches et méchancetés qu'il a fait (*sic*), sues de tout le monde depuis trois ans. » (10 avril 1651.)

Quelques années avant cette époque, dans son *Discours devant l'Assemblée du Clergé,* le coadjuteur, malgré sa complète indifférence pour les questions de dogme, s'éleva avec force contre les Protestants et appela sur leur tête les rigueurs du pouvoir (1645) ; et, plus tard, en 1648, dans son *Panégyrique de saint Louis*, il fit contre eux un nouvel appel au bras séculier. En même temps, il réclamait contre les impies et les blasphémateurs le rétablissement des terribles Ordonnances de saint Louis. « Saint Louis, disait-il avec véhémence, a fait percer la langue aux blasphémateurs, peut-être et sans doute moins coupables que ceux de notre siècle. » — « Ce n'est pas sans sujet, ajoutait-il en se tournant vers le roi enfant, qui assistait avec la Reine sa mère à cet étrange et éloquent panégyrique, que Dieu vous a confié l'épée de sa justice, c'est pour venger sa cause et pour punir les crimes que l'on commet contre sa divine majesté ; la clémence est la vertu des rois et sans elle les princes les plus légitimes ne sont point distingués des tyrans : mais elle perd son lustre et son mérite quand elle est employée pour tirer des mains de la justice ces noirs et ces infâmes criminels qui se sont directement attaqués à leur Créateur. »

Dans ce même discours, et afin de caresser le Clergé par un endroit sensible, il réclamait en sa faveur une exemption des subsides demandés par Mazarin, avec une impétuosité et une audace de langage qui sentaient déjà la Fronde. « L'Église, s'écriait-il, n'est point tributaire ; sa seule volonté doit être la règle de ses présents, ses immunités sont aussi anciennes que le Christianisme, ses priviléges ont percé tous les siècles qui les ont respectés.... Depuis le martyre de saint Thomas de Cantorbéry, mort et canonisé pour la conservation des biens temporels de l'Église, c'est une impiété qui n'a point de prétexte que de ne pas les mettre au rang des choses sacrées. » Retz transformait ainsi la chaire en tribune politique et ses sermons en pamphlets. Tout l'auditoire savait à qui s'adressait le trait final. Ce discours eut un succès éclatant.

Le lendemain (26 août 1648), Paris se couvrait de barricades. Le coadjuteur qui avait de longue main travaillé à la sédition, courut offrir ses services à la Reine pour la calmer. Reçu avec hauteur et mépris par la Régente et son favori, il saisit ce prétexte, leva le masque et s'enfonça dans la révolte. On sait comment, pendant plus de deux ans, il fut « *maître du pavé de Paris.* » Tout en cabalant et en conspirant, en courant la nuit les aventures, comme don Juan, sous une cape espagnole et l'épée au côté, il vaquait en apparence à ses devoirs religieux. On le voyait, le jeudi saint (1ᵉʳ avril 1649), présider en grande pompe à la cérémonie des saintes huiles: et comme il arrivait un peu tard ce jour-là, à la grand'chambre, le Premier Président disait plaisamment en le voyant entrer : « Il vient de faire des huiles qui ne sont pas sans salpêtre. »

Dès le début de sa carrière, il mit tout en œuvre pour se faire bien venir des pieux solitaires de Port-Royal et pour gagner leur amitié et leur estime. Ce n'était pas alors un mince mérite que d'être jugé digne d'une telle faveur, et c'était en même temps une voie sûre pour être bien vu dans le monde. Ce n'est pas que Retz eût le moindre penchant pour la manière dont Port-Royal interprêtait la Grâce, car il se souciait aussi peu de la *grâce efficace* que de la *grâce suffisante*. S'il avait jamais disserté sur ces matières ardues de la théologie, ce n'avait été pour lui, à coup sûr, qu'un jeu d'esprit, et non un désir de savoir à quoi s'en tenir sur la destinée de l'homme. C'est à tort, disait une mauvaise langue du temps, qu'on accuse monsieur le coadjuteur de pencher pour le Jansénisme. « Pour être janséniste, il faut auparavant être chrétien. » « Dans le fond, dit son confident Joly, il ne fut ni janséniste ni moliniste, et il s'embarrassoit fort peu des disputes du temps. »

Le Père Rapin, dans ses curieux Mémoires que vient d'éditer avec soin un homme de mérite, M. Aubineau, prétend que ce fut en haine des Jésuites avec lesquels il aurait eu des démêlés pendant qu'il était leur élève et qui depuis auraient parlé peu révérencieusement de ses sermons, que le coadjuteur leur tourna le dos pour se ranger du côté des Jansénistes. Ce motif, qui peut avoir existé, ne nous paraît pas avoir été le seul, ni même le motif déterminant. Il est bien plus vraisemblable que Retz ne se rapprocha des Jansénistes que pour se donner un masque de vertu, que pour se faire prôner par ces austères chrétiens, et pour s'en servir comme d'auxiliaires politiques. Le Père Rapin assure de plus, ce qui pour nous n'est pas douteux, que, vers 1650, il était fort lié avec eux. Il le fait même assister, ce qui nous paraît hasardé, à des délibérations de Port-Royal, à des conférences secrètes, dans les moments qu'il pouvait dérober à ses affaires. Il prétend même que le coadjuteur était entièrement gouverné par eux, ce qui nous semble tout à fait dénué de vraisemblance. Mazarin, qui l'avait étudié avec toute la perspicacité d'un ennemi, loin de penser qu'il se laissât diriger par les Jansénistes, disait au contraire, avec raison, qu'il essayait de devenir leur chef secret, afin d'avoir un levier de plus pour ébranler l'État. « Les plus intimes du coadjuteur (écrivait-il à la Reine du fond de sa retraite de Brühl, le 10 avril 1651), qui le connoissent dans le fond tombent d'accord qu'il n'a aucune religion, et que, s'il a affecté de paroître partial et de favoriser l'opinion de Jansénius, ç'a été parce qu'il aideroit par ce moyen à former un grand parti dans le royaume qui, lié par les liens de la religion, se tiendroit plus ferme et plus uni, et que lui, par le caractère d'archevêque, seroit considéré comme le chef et auroit tout le pouvoir. » Nous aurons bientôt la preuve que Mazarin voyait juste, et que si le coadjuteur n'eût pas obtenu le chapeau de cardinal, il n'eût point hésité à jouer le rôle que lui prêtait son rival.

Le Père Rapin ajoute que les visites que rendait alors à Port-Royal le coadjuteur, étaient un peu intéressées, « car, dit-il, dans l'abondance qui s'y trouva en ce temps-là, par les contributions des dames de qualité, qui furent prises dans les rets de la nouvelle opinion, on eut de quoi fournir à la grande dépense que le coadjuteur fut obligé de faire pour soutenir l'éclat de son entreprise, conformément à son génie qui aimoit le faste et la munificence. » Voilà une de ces assertions dont le Père Rapin est assez prodigue, mais dont il ne fournit presque jamais la preuve. Plus loin, d'ailleurs, il avoue que ce qu'il vient d'avancer ne repose que sur une vague rumeur : « Les Jansénistes, dit-il, qui le considèrent alors comme leur chef (1650), lui font fort la cour ; *et le bruit étoit* qu'il tiroit d'eux de grands secours dans les vastes desseins que lui inspiroit son ambition. » Puis, après avoir mis ces mots dans la bouche de Retz (en réponse à quelques observations de l'évêque de Coutances qui lui reprochait sa liaison avec Port-Royal) : « *que Messieurs de Port-Royal avoient leurs raisons qu'on trouveroit bonnes quand on les examineroit:* » le Père Rapin poursuit : « Il n'en étoit pas tout à fait persuadé, mais *on prétend qu'il étoit payé* pour parler de la sorte. » Comme on le voit, l'insinuant historien n'a rien pu préciser sur ce point, et pour cette époque où Retz n'était que coadjuteur. Retz, il est vrai, comme nous en donnerons plus loin la preuve, reçut d'importantes sommes d'argent des Jansénistes, mais non de Port-Royal (ce qu'il ne faut pas tout à fait confondre) et ce fut d'ailleurs à une époque où il était archevêque de Paris, archevêque persécuté, en prison ou fugitif. Dès lors l'accusation, pour les Jansénistes, devient plutôt une louange.

Ce fut vers 1650, que le coadjuteur entama ses premières négociations avec la Cour, par l'entremise de son amie, madame de Chevreuse, pour obtenir le chapeau de cardinal. « J'ai su, écrivait Michel Le Tellier à Mazarin au fond de sa retraite, d'une personne à laquelle le coadjuteur a la dernière confiance, que tout son travail, son chagrin et ses inquiétudes n'aboutissent qu'à être cardinal et qu'il ne fait que dire : « Quoi ! faut-il que je sois toujours carabin ! » qu'il désireroit passionnément d'être archevêque de Paris, afin de se pouvoir passer de la Cour et de confirmer son pouvoir dans le peuple, ayant par la dépouille de son oncle de quoi subsister sans le secours de la Reine (18 août 1650). » Le coadjuteur espérait que le chapeau non-seulement le mettrait à couvert du ressentiment de M. le Prince qui n'avait été emprisonné que par ses conseils, mais que par lui il arriverait à être « *maître du bal,* » suivant le mot de Mazarin dont il avait rendu la présence impossible dans Paris. Il s'assura d'abord secrètement des bonnes dispositions du cardinal Panzirolo, premier ministre du Pape, et de celles d'Innocent X qui ne pardonnait pas à Mazarin de s'être opposé par tous les moyens à son exaltation. Dès qu'il fut assuré de cet appui, il eut l'extrême habileté, malgré l'attitude hostile qu'il avait prise vis-à-vis de la Cour, de se réconcilier avec la Reine, dans une entrevue, et de lui ravir la promesse de sa nomination au cardinalat. Mais bientôt la princesse, effrayée par son favori d'un tel accroissement de puissance entre les mains du chef de la Fronde, retira sa parole. Le coadjuteur résolut alors de brusquer les choses et d'emporter le chapeau de vive force. Il laissa entrevoir à sa confidente madame de Chevreuse, pour qu'elle le répétât à la Cour, à quelles extrémités pourrait le pousser un tel refus. « Je lui dis familièrement, écrit-il dans ses Mémoires, et en bonne amitié, que j'étois bien fâché que l'on m'eût réduit, malgré moi, dans une condition où je ne pouvois plus être que chef de parti ou cardinal, que c'étoit à M. Mazarin à opter…. Le cardinal, ajoute-t-il, ne fut pas plus sage dans l'apparat qu'il donna au refus de ma nomination, que je ne l'avois été dans ma déclaration au Tellier. » Bientôt Mazarin, qui passait souvent de la plus confiante hauteur à la plus humble attitude, commença à être inquiet des funestes résultats que pouvait entraîner son refus; il fit offrir au coadjuteur par madame de Chevreuse deux riches abbayes, le payement de ses dettes et la charge de grand aumônier. Mais Retz n'accueillit ces offres qu'avec mépris et se prépara à la guerre. On sait comment, pour se venger de Mazarin et pour préparer son exil, il décida le duc d'Orléans à demander la liberté des princes, enlevant ainsi au ministre le mérite de l'initiative de leur délivrance, et lui laissant tout l'odieux de leur arrestation.

La Reine, qui se rendait compte de la formidable puissance qu'avait alors le coadjuteur dans Paris, disait à cette occasion : « que c'étoit un dangereux esprit, qui donnoit de pernicieux conseils à Monsieur ; qu'il avoit voulu perdre l'État, parce qu'on lui avoit refusé le chapeau ; qu'il s'étoit vanté publiquement qu'il mettroit le feu aux quatre coins du royaume, et qu'il se tiendroit auprès avec cent mille hommes, qui étoient engagés avec lui, pour casser la tête à ceux qui se présenteroient pour l'éteindre. »

C'est bien là le Retz qu'ont entrevu Mazarin, la duchesse de Nemours et Bossuet, le Retz dans tous les éclats de sa colère, le conspirateur dans toute sa fougue, qui n'eût peut-être reculé devant rien, pas même devant les assassinats, s'il eût été secondé, le Retz enfin que nous allons saisir sur le fait et en flagrant délit dans une de ses correspondances secrètes. Bon gré mal gré, Mazarin fut réduit à capituler. En attendant l'heure où il pourrait se venger du coadjuteur, il lui fit espérer de nouveau le chapeau de cardinal par madame de Chevreuse et par cette charmante princesse Palatine, Anne de Gonzague, la femme la plus remarquable de la Fronde, comme diplomate, et que Retz et Bossuet ont si justement rendue immortelle Cette piquante et curieuse intrigue a été révélée par la correspondance chiffrée de Mazarin avec la Reine, publiée par M. Ravenel. Tous les personnages dont parle Mazarin y sont désignés ou par un signe, ou par un chiffre, ou par un surnom. Anne d'Autriche s'y nomme *le Séraphin*, le coadjuteur *le Muet* (à cause du rôle de muet qu'il jouait alors en public), et la Palatine *l'Ange Gabriel*. On ne peut s'empêcher de sourire de ce dernier surnom, lorsqu'on sait le genre des relations qui existaient alors entre la Princesse et le coadjuteur, un peu las, à cette date, de l'insignifiante beauté de mademoiselle de Chevreuse. Grâce à l'habile manége de *l'Ange Gabriel*, l'ombrageux ministre fut endormi, et la Reine promit de nouveau la pourpre au coadjuteur, à condition qu'il ferait tous ses efforts pour faire rentrer en France son favori et pour rallier les Frondeurs à la Cour [1]. Après cet engagement pris, Retz reçut (le 21 septembre) l'acte authentique de sa désignation au cardinalat. La Reine et Mazarin espéraient « se servir de lui pour empêcher une révolution générale qui seroit infailliblement arrivée si ce prélat eût changé de parti [2]. » Mais Retz, en possession de sa nomination, et craignant qu'elle ne fût brusquement révoquée par l'influence de Mazarin, qui n'avait consenti à la lui accorder que parce qu'elle était révocable, et pour le compromettre sans retour dans l'opinion, Retz dressa sur-le-champ ses batteries, composa un chiffre des plus compliqués pour correspondre avec l'abbé Charrier, lui donna ses instructions et l'envoya sur-le-champ à Rome pour y hâter sa promotion par tous les moyens. L'abbé, que l'on nomme encore aujourd'hui dans sa famille Charrier *le Diable*, justifiait bien ce nom-là : c'était un homme d'esprit, de ressource, peu scrupuleux, rompu aux intrigues, l'âme damnée du coadjuteur, comme l'abbé Fouquet était l'âme damnée de Mazarin. Cet abbé Fouquet, à l'occasion, était capable de tout. Suivant Guy Joly, ce fut précisément à cette époque qu'il offrit au ministre exilé d'assassiner le coadjuteur, de le couper en morceaux, de le saler et de le lui expédier dans une caisse. Mazarin réprima le zèle trop vif et trop compromettant de son *bravo*, mais il lui garda toute sa confiance et continua de correspondre avec lui de sa main.

Innocent X, qui détestait Mazarin de longue date et qui avait une extrême envie de fortifier contre lui le coadjuteur, accueillit avec une grande joie la nouvelle de sa nomination. Mais comme il préparait d'autres promotions de cardinaux (qui ne pouvaient avoir lieu que le même jour et dans un délai assez éloigné), il fut contraint, bien malgré lui, d'ajourner aussi celle du coadjuteur.

De là d'assez longs retards qui irritèrent la bouillante impatience de Retz et qui le portèrent, en paroles du moins, aux plus fâcheuses extrémités. Pendant ce temps-là, Mazarin, du fond de sa retraite, adressait lettres sur lettres à la Reine et à la princesse Palatine pour leur demander avec instance d'obtenir de Retz une entrevue avec lui sur la frontière. Il ne cessait de lui envoyer ses plus douces caresses, de le confirmer dans l'espoir « *qu'il rou-*

---

1. Traité des Frondeurs. — Août 1651.
2. *Mémoires* de Guy Joly.

giroit bientôt » (qu'il obtiendrait la pourpre), et il allait jusqu'à lui promettre le partage du ministère. Mais le coadjuteur, qui connaissait le personnage, et qui craignait, non sans raison, que son adroit rival ne le fît tomber dans un piége en fournissant la preuve de leur concert secret et ne le ruinât ainsi sans retour dans l'opinion publique, ne cessa de lui promettre et d'éluder cette entrevue. Il savait qu'avec cet Italien, il fallait être Italien et demi. Il lui donnait parole sur parole de « le servir bien, » de hâter son retour, et il faisait toujours la sourde oreille. Grâce à ce jeu, et à l'extrême finesse de *l'Ange Gabriel*, il parvint à amuser le Mazarin pendant quelques semaines. En même temps il faisait jouer « *de secrets et puissants ressorts,* » pour tâcher de mettre un terme aux lenteurs de la Cour de Rome. Solidement appuyé par le duc d'Orléans, le grand duc de Toscane, et même par les Espagnols, qui, d'après le bailli de Valençay, ambassadeur de France auprès du Saint-Siége, dépensèrent 70 000 pistoles pour favoriser sa promotion, Retz, dans le même but, et bien qu'il ait affirmé le contraire [1], s'était procuré de son côté des sommes considérables, en puisant dans la bourse de quelques-uns de ses amis intimes, tels que MM. Daurat, Le Fèvre de Caumartin, de La Barre et Pinon du Martrai. Guy Joly, qui était alors secrétaire du coadjuteur, désigne expressément ces personnes comme lui ayant, à cette occasion, prêté plus de 300 000 livres. Il faut donc écarter et tenir pour inexacte l'insinuation du Père Rapin qui prétend, sans preuves, dans ses Mémoires, que ce fut Port-Royal qui lui avança ces importantes sommes. Muni de ces ressources, le coadjuteur envoya sur-le-champ à l'abbé Charrier courriers sur courriers extraordinaires pour lui porter, avec de nouvelles instructions, de nombreuses lettres de change, avec ordre, à un moment donné et contre de bonnes promesses étayées sur des garanties solides, de semer l'or à pleines mains. Retz connaissait à merveille le milieu dans lequel il devait agir. Il faut constater avec peine, pour rendre hommage à la vérité, que la plupart des cardinaux de cette époque, ainsi que le prouvent les histoires du temps et la correspondance de l'ambassadeur de Louis XIV à Rome, étaient pensionnaires de la France et de l'Espagne, et que, suivant leur intérêt, ils passaient tour à tour d'une faction à l'autre pour faire pencher la balance dans les consistoires et les conclaves.

Retz expédiait en même temps à l'abbé une grande quantité de bijoux, de montres, de bagues enrichies de pierres précieuses, de coffrets, de rubans, d'éventails, de gants d'Angleterre « et autres galanteries, » suivant son expression, le tout destiné à la princesse de Rossano, nièce du Pape, et à d'autres dames romaines qu'il

---

1. *Mémoires* du cardinal de Retz, publiés par M. A. Champollion, chapitre XXXIV, tome III, p. 336, de l'édition Charpentier.

supposait en grand crédit. Il savait d'ailleurs tout ce qu'il pouvait espérer des intrigues et de la faveur du sous-dataire Mascambruni, qui, depuis des années (depuis sept ans), en fabriquant de fausses bulles et en trafiquant des dignités ecclésiastiques, à l'instigation de la signora Olimpia Maldachini, belle-sœur d'Innocent X, avait enrichi de plusieurs millions le trésor de cette femme aussi avide qu'éhontée. Hâtons-nous de dire que ces malversations criminelles ne parvinrent que fort tard à la connaissance du Pape qui, depuis longtemps, atteint d'hydropisie, impotent et condamné à garder presque constamment le lit, ne pouvait exercer qu'une surveillance insuffisante sur les actes de son pontificat. Dès que ces turpitudes lui furent révélées, Innocent, malgré les plus fortes considérations de famille, n'hésita pas à y mettre un terme. Il écarta de sa personne la signora Olimpia, qui, jusque-là, avait joui, auprès de lui, d'une toute puissante faveur ; il fit arrêter, le 22 janvier 1652, le sousdataire coupable et le livra sans pitié à une Cour ecclésiastique qui le condamna à avoir la tête tranchée. La sentence fut exécutée le 15 avril suivant (1652). Les détails les plus circonstanciés sur cette triste affaire sont racontés longuement dans la correspondance du bailli de Valençay, ambassadeur de Louis XIV à Rome, et le Père Rapin, dans ses Mémoires, en dit quelques mots puisés à cette source. Ces circonstances expliquent suffisamment les tentatives de corruption essayées par le coadjuteur. Disons, toutefois, que Retz, suivant le témoignage véridique de Guy Joly, alors son secrétaire et son confident, ne dépensa, sur toutes les sommes expédiées par lettres de change à l'abbé Charrier, que ce qui fut nécessaire aux voyages de cet abbé et à l'achat de quelques bijoux et présents pour la princesse de Rossano et quelques autres personnes. Dans son impatience fiévreuse de recevoir la pourpre, afin de continuer la lutte avec plus d'avantage, et dans la crainte que sa nomination ne fût révoquée par le retour de plus en plus imminent de Mazarin, le coadjuteur passait les jours et les nuits à combiner de nouveaux plans, de nouvelles ruses pour vaincre les lenteurs de Rome et pour hâter sa promotion. A l'abri du chiffre très-compliqué qu'il avait composé, il découvrait à l'abbé Charrier ses plus secrètes pensées, et il s'abandonnait sans crainte à son génie audacieux et machiavélique. « Il ne faut rien épargner, lui écrivait-il, quand ce ne seroit que pour gagner un moment.... » Et ailleurs : « N'épargnez rien, quand ce ne seroit que pour gagner l'affaire d'un quart d'heure. » En même temps, par une de ces perfides insinuations qui trahissent si bien son origine italienne, il disait à son confident : « Faites donner avis adroitement, et sans qu'il paroisse que cela vient de vous, que les Jansénistes appréhendent fort que le coadjuteur ne soit cardinal parce qu'ils savent bien que cette qualité l'attachera inséparablement aux intérêts de la Cour de Rome, et qu'ils attendent avec impatience la rupture de cette affaire, croyant que le coadjuteur, étant aigri du refus et obligé par la nécessité de s'élever d'une autre manière, se jettera tout à fait dans leur cabale qui est très-puissante en France et qui seroit merveilleusement fortifiée par l'intelligence qu'ils espèrent qu'il auroit en ce cas avec eux. » (26 octobre 1651.) — Dans une autre lettre, il faisait un pas de plus et passait des insinuations à des menaces déguisées, mais en prenant les plus grandes précautions : « Ne manquez pas, s'il vous plaît, de faire représenter, s'il se peut, par des personnes affidées, sans affectation, que l'on est sur le point de tenir les États généraux pour lesquels les députés commencent à marcher à Tours ; qu'il se forme une grande cabale parmi les ecclésiastiques pour faire déclarer la chambre ecclésiastique concile national; que, dans la chambre du tiers État, on se prépare à remuer la question qui fut combattue par le cardinal Du Perron, et qu'il est très-important que je sois cardinal en ce même temps pour soutenir les intérêts de Rome (10 novembre 1651). » — « Je crois, ajoutait-il dans une autre lettre, que sur ce point vous devez représenter les services que j'y puis rendre (dans les États), d'une manière qui marque sans menace et avec respect *que j'aurois (moyen) de faire le contraire*, et que l'obligation que le Pape acquerra sur moi ne sera pas perdue ni en cette occasion ni en plusieurs autres. Vous lui marquerez en même temps qu'il est difficile que, sans la dignité de cardinal, je puisse juger à propos pour moi de me brouiller, en l'état où je suis et au personnage que je joue dans les affaires de France, avec la chambre du tiers État qui, indubitablement, attaquera Rome par les propositions qui ont déjà été faites aux autres États. Je crois qu'en présence du Pape, vous ne pourrez pas aller plus loin, mais il me semble qu'il ne seroit pas mal à propos de lui faire insinuer par les intelligences que vous avez à Rome, qu'en l'état où sont les affaires de France, et dans la considération que je m'y suis acquise jusque-là, je ne puis pas demeurer indifférent et ne pas déchoir ; *il est juste que je me soutienne en faisant du bien ou du mal*, ce qui dépend du traitement que je recevrai. » — « Sur ces dernières lignes, ajoutait l'astucieux prélat, vous devez plutôt vous laisser entendre que vous expliquer. Comme vous avez été toujours un très-grand fourbe, disait-il à l'abbé Charrier par manière de compliment, je ne fais point de doute que vous ne démêliez fort bien cette commission. Vous vous souviendrez, sur ce même article, de montrer le Jansénisme comme une chose à laquelle le ressentiment me peut engager, quoique je n'y aie pris encore aucune part.... Je ne puis m'empêcher de vous prier encore de faire sentir à Rome, si vous le jugez à propos, et fort adroitement, que je ne suis pas homme à traiter comme l'abbé de La Rivière[1] et que si les longueurs de la Cour de Rome m'empê-

---

1. L'ancien favori de Gaston duc d'Orléans, à qui la reine avait accordé une nomination au cardinalat, presque aussitôt révoquée.

choient d'être cardinal par quelque changement qui pourroit arriver en celle de France, je serois obligé de me relever aux dépens du cardinalat, ce qui n'est pas difficile à un archevêque de mon humeur. »

Non content d'avoir donné à l'abbé Charrier ces insidieuses instructions, il avait trouvé moyen de faire insinuer aussi au nonce du Pape à Paris que, suivant la décision de la Cour de Rome à son égard, il serait pour ou contre le Saint-Siége, dans les États généraux (dont la convocation avait été fixée à Tours, mais qui n'eurent pas lieu). « M. le nonce, mandait-il à l'abbé, écrira par cet ordinaire sur les États généraux *et sur le mal ou le bien que je puis faire pour l'intérêt de Rome*, et fera voir comme il est assez difficile que je me puisse résoudre, sans être cardinal, à me brouiller avec la chambre de l'Église ni même avec celle du tiers État, les affaires de France et celles de ma fortune étant présentement à tel point qu'à moins que de vouloir déchoir, ce que je ne puis me conseiller à moi-même, il faut que je sois cardinal ou chef de parti, et vous pouvez croire que cette dernière qualité oblige ceux qui sont dans les États à ne se brouiller avec personne. Il faut traiter cela fort délicatement, parce que si cela, d'un côté, peut faire peur à Rome, de l'autre, il peut faire espérer que je soutiendrai toujours, si je n'étois pas cardinal, une faction dans le royaume qui peut-être ne déplairoit pas à beaucoup de gens au pays où vous êtes. Vous y mettrez le tempérament nécessaire, je m'en remets bien à vous. »

Ainsi, le moyen dont le coadjuteur se servait pour hâter sa promotion, ne manquait certes pas d'habileté (toute question de morale mise à part). Il se défendait d'être janséniste, mais il faisait insinuer, sans que le Pape pût savoir que cela venait de lui, que, de l'humeur dont il était, il ne serait pas prudent de lui faire essuyer un refus. On a tout le secret de son jeu.

Peu s'en fallut que cette question du Jansénisme ne lui devînt fatale à Rome. Le prince de Condé, alors implacable ennemi du coadjuteur, et qui ne pouvait lui pardonner sa prison dont il avait été la principale cause, n'eut pas de peine à faire partager ses ressentiments à deux de ses familiers, les Pères de Lingendes et Boucher de la Compagnie de Jésus. Ces Pères qui partaient pour Rome, où les appelait une affaire de leur ordre, ne trouvèrent rien de mieux pour entraver la promotion du coadjuteur que de semer le bruit qu'il était janséniste [1]. Mgr Chigi, récemment nonce du Saint-Siége à Cologne et que le Pape venait de rappeler pour lui confier le poste de secrétaire d'État, était fort ami des Jésuites [2]. Il prit feu sur ce soupçon et courut en prévenir Innocent X. Jusque-là ma-

---

1. Lettre du bailli de Valençay, ambassadeur de Louis XIV à Rome, du 29 janvier 1652.
2. Mgr Chigi, promu cardinal en même temps que Retz, devint Pape après la mort d'Innocent X, sous le nom d'Alexandre VII.

lade et hors d'état de s'occuper d'affaires, le Pape ne s'était guère mêlé de cette querelle du Jansénisme, mais averti par son ministre il lui permit d'exprimer à l'abbé Charrier ses craintes à ce sujet, et de lui exposer les difficultés d'une promotion en un tel état de choses. L'abbé effrayé avertit sur-le-champ le coadjuteur de cette complication, mais celui-ci lui répondit sans paraître s'en émouvoir : « Pour ce qui est du Jansénisme, je doute fort que ce soit là le fond (de la pensée) de la Cour de Rome. Vous savez comme il faut parler sur ce sujet dans le public, mais, en particulier, vous pourrez témoigner que le moyen de m'engager dans cette affaire seroit le refus que l'on me fait, et que ce m'est une occasion assez avantageuse pour témoigner mes ressentiments. »

En même temps et par un nouveau subterfuge bien digne de lui, il annonçait à l'abbé Charrier qu'on lui avait donné avis que son oncle l'archevêque de Paris (avec qui il était alors au plus mal), consentirait à se dessaisir de son siége en sa faveur, en échange de sa renonciation au cardinalat, la désignation de la Reine passant du neveu à l'oncle, et il engageait l'abbé (bien qu'il ne fût pas resolu, disait-il, à accepter cette proposition), à en faire courir secrètement le bruit dans Rome. Il espérait ainsi vaincre les résistances, « dans l'appréhension, disait-il, que peut avoir le Pape qu'étant en cette dignité, mon ressentiment ne me porte à des choses qui lui seroient désavantageuses. »

Puis, par une de ces évolutions qui montrent l'extrême souplesse de cet esprit aussi délié que peu scrupuleux, il disait en terminant sa lettre : « Si on vous presse encore sur le Jansénisme, dites que vous croyez qu'il m'est si injurieux que l'on témoigne seulement le moindre doute sur mon sujet, que vous n'avez pas osé m'en écrire de peur de m'aigrir trop l'esprit, en me faisant voir que l'on joint au mépris que l'on a pour moi des doutes ridicules. »

Le coadjuteur avait donné à l'abbé Charrier, avant son départ pour Rome, des blancs-seings, afin qu'il pût les remplir en cas de nécessité. Pressé par l'abbé d'écrire de sa main une lettre à Innocent X pour dissiper les soupçons de jansénisme, Retz lui répondait galment sans sourciller : « Je n'écris pas par cette voie au Pape, parce qu'il est trois heures du matin et que je n'écris tout-à-fait si vite en italien qu'en françois, et que de plus vous êtes un rêveur de me demander des lettres, puisque vous avez des blancs signés de quoi en faire de plus éloquentes que moi, vous qui êtes frais esmolu et véritablement *Fiorentino*. » Ainsi piqué d'honneur et tout-à-fait mis à l'aise, l'abbé ne s'en fit faute, et, pour calmer les inquiétudes de Mgr Chigi, il présenta au prélat une lettre de sa façon, et en termes équivoques, contre le Jansénisme, sous la signature du coadjuteur, et que ce dernier pouvait désavouer au besoin. « J'ai vu dans votre dernière, lui écrivait le coadjuteur, mis en belle humeur par cette nouvelle, ce que vous aviez fait en votre dernière entrevue du Pape et tout l'entretien que vous aviez eu avec M. Chigi sur le Jansénisme, et comme quoi, pour l'amuser, vous aviez fait une fausse lettre que j'approuve fort. » Il lui déclarait en même temps qu'il n'était nullement résolu à envoyer à Rome la déclaration explicite et de sa main, que Mgr Chigi exigeait de lui contre le Jansénisme, et qu'il doutait fort que cette pensée fût celle du Pape, « qui semble, dit-il, comme vous m'en parlez, se soucier peu de ces sortes de choses. » Il ajoutait qu'au fond il était persuadé qu'on lui cherchait « une mauvaise chicane » pour retarder sa promotion, et il lui déclarait résolûment qu'il ne voulait pas qu'il parût dans le monde qu'il eût « acheté cette dignité par la vente de sa liberté et de son honneur. » Cette lettre écrite d'un ton de hauteur extraordinaire et parfois avec une sombre éloquence, achève de montrer Retz dans les dernières profondeurs de son âme, comme aussi dans toute la plénitude de son talent d'écrivain et d'orateur. Cette missive, ainsi que plusieurs autres dépêches de cette même Correspondance, fut dictée et improvisée par le coadjuteur ; intéressante particularité qui donne raison à M. Sainte-Beuve, lorsqu'il a dit en parlant de Retz : « Il avait le don de la parole, et ce qui se jouait et se peignait dans son esprit ne faisait qu'un bond sur le papier. » Dans cette remarquable lettre, le coadjuteur ne donne plus de frein à sa passion. Il franchit les dernières limites. Si on lui refuse la pourpre, il se mettra résolûment à la tête des Jansénistes et propagera le schisme. Il ordonne à l'abbé Charrier de faire insinuer au Pape qu'il est de son intérêt « *de ne pas allumer en France un feu qui s'éteindroit difficilement et qui pourroit même à la fin embraser plus dangereusement la Cour de Rome.* » Ne pouvant plus maîtriser sa colère, à la pensée que la pourpre va lui échapper, au moment où il espérait la saisir, il éclate dans son entourage avec la dernière imprudence. Ses moindres paroles, avidement recueillies par les espions de la Cour, sont aussitôt divulguées au dehors ; ses explosions ont trouvé un écho : « Ce fut alors, dit un pamphlétaire aux gages de Mazarin, qu'en présence de plusieurs personnes qui en frissonnèrent d'horreur, il prononça ces paroles détestables : « Si je ne puis fléchir les dieux d'en haut, je me résous d'employer à mon secours les divinités de l'Enfer :

Flectere si nequeo Superos, Acheronta movebo. »

Il semble que Bossuet ait eu connaissance des audacieux moyens que Retz mit alors en œuvre, lorsque, dans l'Oraison funèbre de Michel Le Tellier, il trace de lui ce portrait si vigoureux, qui ne paraît forcé de ton que lorsqu'on ignore le fond des choses. Bossuet savait évidemment à quoi s'en tenir sur le côté effrayant, sur le côté satanique mais grandiose du personnage, lorsqu'il disait de lui : « Cet homme.... si redoutable à l'État..., ferme génie que nous avons vu, en ébranlant l'univers, s'attirer une dignité, qu'à la fin il voulut quitter, *comme trop chèrement achetée*.... Mais pendant qu'il vouloit acquérir ce qu'il devoit un jour mépriser, il remua tout par de secrets et puissants ressorts.... » Ces ressorts, nous les voyons aujourd'hui à nu, nous les touchons du doigt. Disons vite, en manière de correctif (si correctif il y a), que toute cette Correspondance de Retz offre les qualités les plus rares d'un grand écrivain, la propriété des termes, la clarté, la rapidité, le souffle et l'ampleur, l'esprit et l'éloquence; qu'elle fut écrite six ans avant les *Provinciales*, et que Retz fut ainsi l'un des premiers maîtres et précurseurs de cette belle prose du dix-septième siècle.

Dans une autre lettre (16 février 1652), d'une non moins grande hauteur, mais d'un ton plus radouci, le coadjuteur donnait à l'abbé Charrier l'ordre écrit de la main du duc d'Orléans de revenir en France. Il lui recommandait de déclarer à M. Chigi qu'une des raisons qui l'obligeait de le rappeler, c'était la déclaration qu'on lui avait demandée contre le Jansénisme, qui « l'a étrangement blessé, disait-il, non pas sur le fond de la chose à laquelle vous lui direz, comme de vous-même, que je ne suis nullement attaché, mais par la forme qui m'est injurieuse. Vous lui ferez voir la lettre que je vous écris à ce sujet (la lettre qui suit), et puis vous lui direz, en confidence, que vous voyez, par la dépêche que je vous ai fait (*sic*), que je suis persuadé que la Cour de Rome n'a nulle intention de me faire cardinal, et que, comme elle appréhende mon ressentiment, pour lequel je me puis servir du Jansénisme, l'on me veut désarmer de ce moyen qui me peut rendre considérable, et que je suis persuadé que c'est par cette seule raison que l'on m'a demandé la déclaration. Et vous marquerez toujours à M. Chigi que, *dans le fond, je n'ai nul attachement à toutes ces matières*, auxquelles, en votre particulier, vous vous montrerez très-contraire, et, par conséquent, très-affligé que, par l'affront que je reçois, l'on me jette tout à fait dans la nécessité, pour ne pas tomber dans le mépris, de ne me pas brouiller avec des gens qui n'ont pas les sentiments si soumis. Mon sens est que vous parliez au Pape, en prenant congé de lui avec tout le respect possible, mais avec autant de froideur que l'on en peut avoir avec un homme de cette sorte, c'est-à-dire avec autant qu'il en faut pour lui faire connoître que l'on voit de quelle manière on est traité, sans ajouter celle qui le pourroit aigrir tout à fait, ce qui ne seroit pas politique, puisqu'il ne faut jamais ôter le retour à personne.... S'il vous parle du Jansénisme, ajoutait-il, vous lui répondrez dans les termes avec lesquels j'ai écrit la lettre que je vous envoie sur ce sujet (la suivante), dont il n'est pas bon, à mon sens, que vous donniez des copies, mais que vous pouvez pourtant faire lire à beaucoup de gens. Faites paroître surtout à M. Chigi, et faites-le entendre sous main au Pape, que vous voyez bien que je refuse cette déclaration, moins sur la matière que parce que je la consi-

dère comme un piége que l'on me veut tendre pour me désarmer....
Affectez, dit-il enfin, de faire paroître que je suis mieux que jamais dans l'esprit de Monsieur (d'Orléans), ce qui est vrai en effet, et par une adresse digne du pays où vous êtes, faites voir à Chigi et autres gens, comme je vous l'ai déjà dit, que le refus de la déclaration vient de ma politique, et aux autres qui n'ont pas de part aux affaires, faites-leur connoître que les raisons qui sont dans ma lettre sont les véritables causes de ma résolution. »

Par surcroît de combinaison et de manége, dans une seconde lettre pleine d'astuce et d'une souplesse d'esprit incroyable, lettre jointe à la précédente, Retz se défendait de donner la déclaration contre le Jansénisme, en jouant, du ton le plus pénétré, le rôle d'un chrétien blessé dans sa dignité, dans son honneur et sa foi, d'un soupçon si injurieux, d'une demande si offensante. En même temps, il donnait à entendre que, s'il avait embrassé au fond la doctrine du Jansénisme, « *il devroit plutôt mourir dans le martyre que de corrompre, par des considérations temporelles, le témoignage de sa conscience.* » Enfin, après les plus vives et les plus éloquentes protestations de son dévouement au Saint-Siége, il disait à mots couverts que Rome pourrait bien se repentir de ne pas lui accorder le chapeau de cardinal. Voici cette fameuse lettre que Retz considérait comme le chef-d'œuvre sorti de sa plume, qu'il a crue à jamais perdue et à propos de laquelle il a témoigné, dans ses Mémoires, le plus sincère repentir de l'avoir écrite :

LETTRE DU COADJUTEUR A L'ABBÉ CHARRIER
SUR LE JANSÉNISME [1].

« J'ay esté surpris, Monsieur, à un point qui n'est pas imaginable, de la proposition que j'ay veue dans vostre lettre et j'avoue que sy je ne l'avois apprise par une personne à qui je me fie autant qu'à moi-mesme, j'aurois douté que l'on eust esté capable de la faire. Je suis bien aise de vous faire sçavoir sur ce sujet mes sentiments ; je vous prie de les faire connoistre avec soin aux personnes qui vous ont entretenu sur cette matière, pour le moindre desquels (*sic*) j'ay trop de respect pour ne pas souhaitter avec passion qu'ils soient entièrement satisfaits de ma conduitte. J'ay fait voir par touttes mes actions le respect que j'ay toujours eu pour le Saint-Siége ; je n'ay jamais manqué d'occasions de le témoigner d'une manière qui

---

[1]. D'après une copie du temps, insérée dans un Recueil de nombreuses pièces imprimées et manuscrites, relatives au cardinal de Retz, qui est en la possession de l'auteur du présent mémoire.

ne pût laisser aucun doute[1] dans les esprits qui ne sont point passionnez. Il y a eu mesme des rencontres, dans le peu de temps que Monsieur de Paris m'a laissé pour faire sa fonction, qui m'ont donné lieu de faire connoistre à toutte la France l'aversion que j'ay des brouilleries et des divisions que la chaleur des esprits, sur la matière de la Grâce, peut produire dans l'Église. J'ay fait des mandements publiés et imprimés sur ce sujet ; j'ai interdit des prédicateurs pour ne les avoir pas observés assez ponctuellement ; j'ay contenu les esprits dans une paix douce et chrestienne ; je me suis porté avec ardeur à tous les moyens que j'ay cru capables de conserver la tranquillité dans l'Église ; enfin, je n'ay oublié que le zèle ridicule et ignorant qui, sous prétexte de vouloir la paix, cause la guerre, qui est indigne des véritables lumières d'un véritable évesque, et qui auroit sans doutte produit un effect bien contraire à la paix des concitoyens dans une ville aussy sçavante que Paris et dans une faculté aussy esclairée que la Sorbonne. Je me reproche à moy-mesme d'écrire tant de paroles sur cette matière, après tant d'actions qui doivent rendre ce discours fort superflu. Je ne suis ni de condition ni d'humeur à me justifier, lorsque je ne suis point accusé dans les formes, et mon caractère m'apprend à mépriser touttes ces lasches impostures qui seroient capables de le déshonorer en ma personne, si elles étoient capables de m'obliger seulement d'y faire la moindre réflexion. Il n'y a rien qui doive estre si cher à un prélat et qu'il soit obligé de conserver avec plus de respect que l'obéissance qu'il doit au Saint-Siége ; mais, par cette mesme raison, il n'y a rien de si injurieux que de le soupçonner de manquer au devoir, sur des calomnies qui n'ont pas seulement des apparences pour fondement. J'ay sucé avec le lait la vénération que l'on doit avoir pour le chef de l'Église. Mes oncle et grand oncle y ont esté encore moins attachés par leur pourpre que par leurs services tous positifs et tous particuliers. J'ay marché sur leurs pas ; j'en ay fait profession ouverte, et je puis dire, sans vanité, que dans la plus docte eschole du monde[2], j'ay fait esclatter, à vingt-trois ans, si clairement mes pensées sur ce sujet, que je ne conçois pas qu'il y ait encore des esprits capables de ces sortes d'ombrages, si mal fondés et si peu apparents. C'est dans cette source où j'ay puisé ce respect pour le Saint-Siége que j'ay protesté à mon sacre et dans lequel je veux vivre et mourir. Je ne l'ay jamais, grâces à Dieu, blessé par aucun mouvement du plus intérieur de mon cœur, et il ne seroit pas juste que, par une complaisance basse et servile, je fisse voir une cicatrice où il n'y

---

1. On lit dans une autre copie qui n'offre que des différences insignifiantes de texte : « aucun lieu de douter. »
2. Au collége de la Sapience à Rome.

eut jamais de playe, et que je reconnusse moy-mesme avec honte que l'on a eu raison de soupçonner, en reconnoissant pour raisonnable la proposition que l'on me fait de me justifier. Je l'ay consulté en moy-mesme ; je l'ay discuté avec des personnes remplies de doctrine et de piété ; je l'ay pesé au poids du sanctuaire, et je proteste devant Dieu, qu'après un examen profond et sérieux, exempt de toutte sorte de préjugé, je trouve que je manquerois à toutes les règles du Christianisme, si je ne suivois dans ce rencontre les premiers mouvements de mon âme, qui, à l'ouverture de cette proposition, s'est sentie troublée par ces nobles impatiences que les Pères ont appellé (sic) des saintes indignations. Elles ont quelquefois porté les grands hommes à deffendre leur honneur et devant les monarques et devant les empereurs avec une hardiesse digne de leur profession, et qui passoit mesme, aux yeux du monde, pour un mouvement de fierté et d'orgueil. Mes deffauts et les imperfections de ma personne me deffendent assez de ces inconvénients, mais, par la grâce de Dieu, ils ne m'ont pas osté de la mémoire que j'ay succédé à l'honneur de leur ministère, que je suis obligé d'estre dans leurs maximes, que si j'estois dans les sentiments de ceux que l'on appelle Jansénistes, je devrois plus tost mourir dans le martyre que de corrompre par des considérations temporelles le témoignage de ma conscience ; que, si j'estois contraire à leur opinion, je ne devrois pas pour cela trahir l'honneur de mon caractère qui m'apprend à ne le pas soumettre à des soupçons frivoles qui l'avilissent, et, qu'en quelque manière que ce soit, je suis obligé par toutte sorte de devoirs de me conserver en estat de respondre à la vocation du Ciel, qui, apparemment, ne m'a constitué dans la capitalle de la France et la plus grande ville du monde que pour y assoupir un jour les divisions que cette multitude de sçavants préoccupés de tous les deux partis peut y faire appréhender avec beaucoup de fondement. Si j'avois esté dans la plénitude de la fonction, il y a longtemps que, sous l'autorité du Saint-Siége, j'aurois décidé ces questions, et ce mesme esprit, qui est celuy du repos et de la tranquillité de l'Église, qui m'y auroit porté, si j'eusse esté en estat, m'a obligé de ne point faire de pas en cette matière que ceux qui ont esté absolument nécessaires pour empescher la division, m'y a, dis-je, obligé dans ma condition présente, dans laquelle je me puis et me dois considérer, et par le poids de mon ministère et par la qualité du lieu où je dois un jour l'exercer, comme un de ceux qui doit, à l'avenir, entrer avec le plus d'autorité dans le fonds de ces questions, et qui, par cette raison, ne doit pas aisément mesler sa voix, encore foible et presque impuissante, dans ces bruits tumultuaires et confus, qui diminuent toujours, par les préjugés qui y sont naturellement attachés, de la créance que l'on doit prendre en un juge, mais qui l'estoufferoient pour jamais en l'occasion qui se présente aujourd'huy, dans laquelle il y auroit beaucoup d'apparence que les sentiments que je desclarerois me seroient plus tost dictez ou par mon ressentiment ou par mon ambition que par ma conscience.

« Voilà, mon cher abbé, la raison qui m'empesche de donner la déclaration qu'on me demande, et, à vous parler franchement, je ne puis croire que la proposition en vienne de Sa Sainteté. Elle m'a tesmoigné jusques icy trop de bonté pour me vouloir obliger à des choses qui blessent mon honneur, et touttes ces marques de bienveillance qu'elle m'a données depuis quatre ans, en souhaittant ma nomination, me persuadent qu'elle n'a jamais douté de la sincérité de mes sentiments. Dittes, je vous prie, à ceux qui ne me font pas la mesme justice, que j'ay beaucoup de respect pour le chapeau, mais que j'ay assez de modération pour ne le pas souhaitter par touttes voyes, pour m'en consoler avec beaucoup de facilité, et pour me résoudre aisément à vivre en archevesque de Paris, qui est au moins une condition assez douce et dans laquelle je pourray peutestre faire connoistre, plus d'une fois l'année, le respect que j'ay pour le Saint-Siége; et que le cardinalat, en la personne d'un archevesque de Paris, ne seroit pas contraire aux intérests de Rome. Je ne fais pas de doutte que l'on ne soit surpris, au lieu où vous estes, de la résolution que je prends dans ce rencontre. Ils s'en estonneront moins asseurément quand vous leur ferez sçavoir que j'ay une fois en ma vie, reffusé la nomination dans une occasion où je la pouvois prendre avec honneur, mais où je n'estois persuadé que je peusse tout à fait satisfaire à la bienséance, qui fut à la prison de MM. les princes; quand vous ferez entendre que je n'ai jamais tiré aucun avantage des troubles et des mouvements de France, dans lesquels la Providence de Dieu m'a fait tenir une place assez considérable pour avoir eu besoin de modération, pour me deffendre de recevoir des biens et des grandeurs; je m'imagine que quand l'on connoistra à Rome mes inclinations et mes maximes, l'on ne prétendra pas de m'obliger à des bassesses indignes de mes premières actions. Parlez, mon cher abbé, en ces termes, avec toutte la liberté et le désintéressement dont je suis capable[1], mais avec toutte la douceur et la modération que ma profession m'ordonne. Vous verrez que ce que je vous escris est encore plus véritable dans mon cœur que dans ceste lettre; vous le verrez, dis-je, par l'ordre de son Altesse royalle que je vous envoye pour vostre retour, et que je n'ay obtenu qu'avec beaucoup de difficulté, et après des instances très-pressantes. Ne respondez aux indifférents qui auront de la curiosité sur ce sujet qu'en leur montrant l'ordre que vous avez de vous en revenir en diligence, et dittes à mes amis que,

---

1. On lit dans l'autre copie : « avec toute la force, toute la liberté et le désintéressement dont vous savez que je suis capable.... »

bien que je sois très-persuadé que le cardinalat est infiniment au-dessus de mon méritte, je ne le suis pas moins qu'une prétention, traversée par des douttes injurieux, est fort au-dessous de ma conduitte et de ma dignité. »

Comme le coadjuteur fut promu au cardinalat dans le consistoire du 18 février (1652), et que la lettre sur le Jansénisme fut expédiée le 16, il est manifeste que l'abbé Charrier ne put en faire usage, et qu'il se garda bien de la divulguer après coup, ce qui eût été dangereux. Le cardinal de Retz a supposé à tort, dans ses Mémoires, que son confident la montra à Rome. Après plus de vingt ans, il ne se rendit pas compte que la date de cette lettre, écrite deux jours seulement avant sa promotion, excluait l'idée qu'elle eût pu arriver en temps opportun. Retz ajoute, ce qui est vrai, que cette lettre écrite de sa main, fut détruite à Rome par la prudence de l'abbé Charrier [1], et qu'il fit plus tard (lorsqu'il composa ses Mémoires) de vaines recherches pour en retrouver et en publier la minute. Moins prudent que l'abbé, il la montra aux Jansénistes ses amis, comme un trophée, comme une preuve de grandeur d'âme, et, bien qu'il ait affirmé le contraire à son correspondant, il en laissa prendre ou ses serviteurs plus zélés en cela qu'infidèles en prirent des copies. Nous savons qu'on en faisait part volontiers aux amis à l'hôtel de Liancourt. C'est une de ces copies du temps que nous avons trouvée dans un volumineux recueil de pièces imprimées et inédites concernant le cardinal. Guy Joly, dans ses Mémoires, composés vers 1665, dit que cette fameuse lettre était en latin et qu'elle ne fut pas envoyée à l'abbé Charrier; mais, après ce long intervalle, il ne se souvenait pas bien de ce qui s'était passé. Nous avons vu la preuve du contraire dans un fragment de la dépêche qui précède celle-ci, et celle qui suit en fournit une nouvelle preuve : « Si vous faites voir *la lettre que je vous ai envoyée sur le Jansénisme*, dit le coadjuteur, ajoutez, je vous supplie, au lieu où il y a : me seroient plutôt dictés par mon ambition, *par mon ressentiment et* mon ambition. »

Le cardinal de Retz qui comprit plus tard toute l'énormité de sa faute vis-à-vis du Saint-Siége, a exprimé, comme nous l'avons dit, dans ses Mémoires, ses plus vifs regrets d'avoir écrit cette lettre qui était destinée au besoin à être mise sous les yeux du Pape. Ce repentir qui s'étend évidemment à toute sa Correspondance avec l'abbé Charrier, puisqu'elle tend au même but et par les mêmes moyens, ce repentir de Retz doit être d'un grand poids dans la balance. Au surplus, voici le curieux passage de ses Mémoires où il parle de cette affaire : « Je ne puis m'empêcher en cet endroit,

---

[1]. Elle ne figure pas, en effet, dans la Correspondance du coadjuteur avec l'abbé Charrier, dont je suis possesseur.

dit-il, de rendre hommage à la vérité, et de faire justice à mon imprudence qui faillit à me faire perdre le chapeau. Je m'imaginai, et très-mal à propos, qu'il n'étoit pas de la dignité du poste où j'étois de l'attendre, et que ce petit délai de trois ou quatre mois que Rome fut obligée de prendre pour régler une promotion de seize sujets, n'étoit pas conforme aux paroles qu'elle m'avoit données, ni aux recherches qu'elle m'avoit faites. Je me fâchai et j'écrivis une lettre offensive à l'abbé Charrier, sur un ton qui n'étoit assurément ni du bon sens ni de la bienséance. C'est la pièce la plus passable pour le style de toutes celles que j'aie jamais faites (je l'ai cherchée pour l'insérer ici, et je ne l'ai pu retrouver). La sagesse de l'abbé Charrier, qui la supprima à Rome, fit qu'elle me donna de l'honneur par l'événement; parce que tout ce qui est haut et audacieux est toujours justifié, et même consacré par le succès. Il ne m'empêcha pas d'en avoir une véritable honte; je la conserve encore, et il me semble que je répare en quelque façon ma faute en la publiant. » Notons, en passant, que cette dernière phrase indique bien que Retz n'écrivait pas seulement ses Mémoires pour amuser madame de Caumartin, mais qu'il avait surtout en vue la postérité.

A quelques années de sa trop fameuse intrigue pour obtenir le chapeau, Retz essayait de répandre l'opinion qu'il n'avait fait aucune démarche pour y arriver. Le Père Des Mares « m'a nié, dit le docteur Des Lions dans ses Journaux, qu'il (Retz) eût jamais demandé le chapeau; qu'au contraire il en avoit écrit une lettre de mépris à Rome, mais si adroite qu'il leur faisoit bien voir qu'en ne le faisant pas cardinal, ils n'y gagneroient pas. » Nous ne pouvions passer sous silence ces détails qui ont leur intérêt, et nous reprenons le fil de notre récit.

« J'ai vu par votre dernière lettre, dit Retz à l'abbé dans une dépêche du 23 février (1652[1]), que l'on ne me demande plus à Rome de déclaration pour le Jansénisme. Vous userez de la lettre que je vous ai envoyée sur ce sujet en la manière qui vous semblera le plus à propos; il est bon, à mon sens, de ne la pas faire éclater tant que les remèdes forts et extraordinaires ne seront pas nécessaires. Surtout n'en donnez pas de copie. *Je n'en ai donné aucune à Paris, quoique je l'aie montrée à beaucoup de gens*, etc. Prenez garde que, comme on a vu ici la lettre, il n'y ait des gens qui mandent que l'on vous a envoyé une déclaration expresse en faveur du Jansénisme. Ayez, s'il vous plaît, les yeux ouverts là-dessus, et voyez ce qu'il sera à propos de faire, car plutôt que de laisser croire cela, il vaudroit mieux la montrer, etc. » Cette lettre, en effet, comme nous l'avons vu, est conçue en termes si

---

[1]. Retz n'avait pas encore appris la nouvelle de sa promotion.

habiles qu'elle peut être interprétée dans les deux sens, pour ou contre le Jansénisme. — « Vous pourrez dire, continue le coadjuteur, que vous appréhendez que la conjoncture des affaires ne me permette pas de prendre assez de patience en moi-même pour l'attendre (la promotion) et pour ne me pas porter à des choses qui y peuvent être contraires ; et, sur ce sujet, vous répéterez, s'il vous plaît, ce que je vous ai tant de fois mandé sur ce que je serois peut-être obligé de faire contre le cardinalat, et, en ce cas, je crois qu'il sera à propos de laisser voir ma lettre…. Je laisse tout à votre disposition, et je tiendrai pour bon tout ce que vous résoudrez et tout ce que vous ferez. »

Il paraît que le pape Innocent X n'insista pas pour obtenir du coadjuteur, avant sa promotion, une déclaration en règle contre le Jansénisme. Guy Joly, témoin fort bien informé, alors secrétaire de Retz et chargé précisément de chiffrer sa Correspondance avec l'abbé Charrier, dit dans ses Mémoires que « le Pape se résolut tout d'un coup d'avancer la promotion, après avoir tiré un écrit de l'abbé Charrier, par lequel il s'engageoit d'en tirer un du coadjuteur tel qu'il le désiroit. » Il ne paraît même pas que le Pape ait depuis insisté pour obtenir cette déclaration, que Retz n'eût pas manqué d'éluder plus que jamais, puisqu'il était cardinal et qu'elle aurait pu lui nuire auprès des Jansénistes. Quoi qu'il en soit, Innocent X qui nourrissait un profond ressentiment contre Mazarin, ayant appris qu'il venait d'envoyer secrètement à l'ambassadeur de Louis XIV l'acte de révocation du coadjuteur[1], prit toutes ses précautions pour la rendre inutile. Le bailli de Valençay lui ayant demandé une audience pour le lendemain lundi, 18 février, dans le but de paralyser la promotion en lui présentant cet acte, le Pape eut soin d'assembler le consistoire de très-grand matin, et l'ayant ouvert par les promotions, il attendit tranquillement l'ambassadeur. Le bailli, ayant appris de quelle manière il avait été prévenu, ne trouva rien de mieux que de se taire et de s'envoyer excuser. On peut juger du mécontentement de Mazarin à la nouvelle de ce tour à l'italienne : il eut pourtant l'art de se contenir et il poussa même l'astuce jusqu'à engager la Reine à se contraindre et à faire paraître de la joie de cette promotion[2].

Tant que Retz eut à briguer le chapeau, il avait pu faire espérer aux Jansénistes qu'il les appuierait de tout son crédit, comme il le fit ou le tenta, plus d'une fois, notamment dans l'affaire de M. Singlin[3], et aussi, avec moins de succès, dans l'affaire du Père

---

1. Retz prétend, dans ses *Mémoires*, que l'abbé Charrier lui dépêcha deux courriers pour lui donner le même avis, ce qui justifierait suffisamment l'attitude hostile qu'il prit après la réception du chapeau.
2. *Mémoires* du cardinal de Retz.
3. *Port-Royal*, tome 1, page 472.

Des Mares, interdit par son oncle, l'archevêque de Paris. On a vu même qu'il alla jusqu'à leur faire espérer, en termes ambigus, dans sa fameuse lettre du 16 février, qu'il pourrait bien se ranger à leur opinion, et la défendre même jusqu'au martyre. Mais, après sa promotion, il changea sur-le-champ d'attitude et de langage. Désormais les Jansénistes, au point de vue de l'orthodoxie, ne pouvaient que le compromettre vis-à-vis du Pape et surtout de la Reine qui avait horreur des nouveautés. Suivant le Père Rapin, dont le récit nous paraît sur ce point très-véridique, « il leur représentoit même qu'il étoit important de dissimuler leur liaison, afin que l'indifférence et une espèce de neutralité à leur égard, dont il auroit fait profession devant le monde, donnât plus de poids et d'autorité aux choses qu'il feroit à leur avantage, aussitôt qu'il seroit archevêque, ce qui pourroit arriver bientôt. » — « Ce discours, continue le Père Rapin, qui nous montre bien au vif le personnage, parut dur à ceux qui avoient été témoins du dévouement de Port-Royal au service du coadjuteur et de ses engagements avec le parti. Quand il leur parloit de neutralité, on ne vouloit point toutefois être mécontent de lui ; on aima mieux croire qu'il avoit des raisons pour en user de la sorte, sans les examiner. » Tout cela est bien dans le tour d'esprit de ce fin diplomate qui ne voulait pas non plus se compromettre vis-à-vis d'eux en faisant une déclaration expresse contre leur doctrine, et qui, dans le traité des Frondeurs avec Mazarin, tout en promettant de faciliter le retour du ministre, se réservait le droit de courir sus au Mazarin, dans ses discours, afin de conserver tout son crédit au Parlement et parmi le peuple. Retz ne se rapprochait donc des Jansénistes que par pure politique, évitant désormais avec le plus grand soin « de s'intéresser à leur doctrine, » et de se mettre « à la tête des cérémonies de Port-Royal [1]. » — « Quoiqu'il eût été fait cardinal sans condition aucune qui dût le contraindre dans ses sentiments sur la nouvelle doctrine, il ne laissa pas de devenir plus circonspect sur cet article qu'il ne l'étoit [2]. » Un de ses anciens domestiques, Giroust, qui était devenu prêtre et qui s'était retiré depuis quelque temps à Port-Royal des Champs, prétendait que le cardinal ne parlait jamais qu'avec indifférence et froideur du Jansénisme et de cette pieuse maison [3]. Mais il ne tenait ce langage que dans l'intimité, et, sans vouloir donner des gages ostensibles aux Jansénistes, il leur laissait toujours espérer sa secrète protection. Malgré les précautions infinies qu'il prenait pour ne pas se compromettre, il en avait dit, ou il en disait assez encore pour que ses mystérieuses relations avec eux se fissent jour au dehors. « Ne savez-vous pas, disait l'auteur d'une affiche placardée (le 5 juin 1652) sur les murs de Paris, qu'il traite

---

1. *Mémoires* du Père Rapin *sur le Jansénisme*, etc.
2. *Ibidem.* — 3. *Ibidem.*

secrètement avec les religionnaires et qu'il fait espérer aux Jansénistes qu'il fera protéger toutes leurs opinions par l'autorité de leurs Majestés, pourvu qu'ils conspirent et de forces et d'argent au dessein qu'il a de s'élever dans le ministère d'État ? N'avez-vous point ouï dire qu'il marche accompagné d'un bon nombre de satellites armés, pour solliciter plus assurément, pendant la nuit, et qu'un de ses aumôniers, homme de bien, a dit que la passion de s'agrandir dominoit tellement sur l'esprit de ce pauvre prélat, qu'elle ne lui permet plus de lire son bréviaire ? »

Retz, en effet, songeait sérieusement alors à remplacer Mazarin, bien qu'il ait toujours soutenu le contraire. En l'absence de la Cour qui était allée combattre Condé dans le Midi et sur la Loire, le cardinal s'efforçait par tous les moyens de former avec Gaston d'Orléans, le Parlement et le peuple, un tiers parti contre M. le Prince et contre le premier Ministre. Mais il s'épuisait dans le vide ; la Fronde était usée, et les peuples las, pour se sauver de l'anarchie et de la misère, tendaient les mains à la servitude. L'homme le plus impopulaire, le plus haï, le plus méprisé qui fût jamais, le conspué de la veille, était redevenu possible à force de ruse, d'opiniâtreté et de patience. Il envoya du fond de sa retraite des instructions mystérieuses à la Reine pour qu'elle fît arrêter son ambitieux et implacable ennemi, et en même temps il la pria de brûler son Mémoire, afin de s'épargner l'odieux d'avoir, lui cardinal, fait porter la main sur un prince de l'Église.

On sait comment Retz fut arrêté au Louvre (19 décembre 1652) et conduit à Vincennes. Deux jours après, le comte de Brienne, secrétaire des commandements du roi, adressait, au nom de son maître, une longue dépêche à l'ambassadeur de Louis XIV à Rome pour qu'il fît valoir auprès du Pape les puissants motifs qui avaient déterminé le roi à faire arrêter le factieux prélat. Il est dit dans cette lettre que, le roi, sur la demande de Retz (demande à laquelle celui-ci ne voulut donner aucune suite), lui avait accordé d'aller défendre à Rome ses intérêts, en lui offrant des sommes considérables. Le roi, ajoutait Brienne, avait approuvé ce dessein « disant franchement aux personnes qu'il (Retz) avoit choisies pour en faire l'ouverture, qu'il lui importoit de beaucoup de rétablir sa réputation et que c'étoit entrer dans un bon chemin pour y réussir, servant à Rome, *et qu'il éviteroit par ce moyen d'être soupçonné d'avoir part aux nouveautés desquelles on se trouve menacé et qui lui fussent imputées, quand bien il en seroit innocent, demeurant à Paris.* »

Le cardinal de Retz ne montra aucun courage dans sa prison. Plein de fougue, de bravoure et d'audace, dans la chaleur de la lutte et tant qu'il comptait sur la veine et la bonne fortune, il manquait de caractère dans l'adversité. Sans foi religieuse et sans foi politique, n'ayant embrassé la défense des lois intérieures du royaume, violées par Mazarin, que dans un intérêt personnel, Retz n'avait rien en lui de ce qui fait les citoyens, les héros et les martyrs. Son amour-propre fut impuissant à lui inspirer la fermeté et la constance. Cette fausse grandeur, ces airs de stoïcien et de Romain, dont il se pique en cette circonstance dans ses Mémoires, ne sont de sa part qu'une comédie pour cacher l'humiliation de la défaite. Loin de là, assailli par la crainte d'être assassiné ou empoisonné, il tomba dans le plus complet découragement. Dans une conversation, en date du 14 août 1653, avec le nonce du Pape qui vint le visiter à Vincennes, il prenait l'air contrit d'un pénitent et lui disait que « dans sa solitude, la prière et l'étude, qui sont ses occupations ordinaires, lui apprendront à bien vivre, quand il sera sorti de prison, ou à bien mourir si sa captivité dure autant que sa vie. » Comme dans ses Mémoires il ne dit pas un mot de ces dispositions pieuses, il est permis d'en douter aussi bien que des airs de Romain qu'il se donne.

Après l'arrestation de Retz, on sait avec quel empressement les curés des diverses paroisses de Paris, qui étaient presque tous jansénistes, ordonnèrent des prières dans leurs églises pour que « Dieu fît revenir leur cher pasteur dans sa bergerie. » Port-Royal ne mit pas moins de zèle à défendre les droits légitimes et les prérogatives de l'illustre captif. Les Jansénistes publièrent plusieurs écrits en sa faveur, et ce fut probablement alors qu'ils lui donnèrent d'importantes sommes d'argent pour suppléer aux revenus de ses abbayes qui avaient été mis sous le séquestre. Suivant le Père Rapin, la Cour en fut informée et s'en fit un nouveau grief contre lui. A la nouvelle de l'arrestation, le Pape s'était montré fort ému et avait adressé à la Cour de France les plus vives protestations. L'abbé Charrier avait été envoyé auprès de lui (par Bagnols, maître des requêtes, son neveu, fort attaché à la nouvelle doctrine), pour l'entretenir dans ces sentiments et réclamer la liberté du cardinal. Mais Innocent X qui commençait alors à s'occuper des actes préliminaires de la condamnation des cinq Propositions, et à qui les Jésuites et le cardinal Chigi ne cessaient de répéter que Retz était janséniste, se montra alors de moins en moins pressant à demander sa délivrance. Il avait à ménager avec le plus grand soin le cardinal Mazarin pour que sa bulle contre l'*Augustinus* ne fût pas supprimée par ses ordres.

Le 3 février 1653, le bailli de Valençay, dans une dépêche adressée au comte de Brienne, constatait déjà les dispositions plus pacifiques du Pape à l'égard de la Cour de France : « Au sujet de la prison du cardinal de Retz, lui disait-il, il ne m'est jamais venu d'appréhension du côté du Pontife et de MM. les cardinaux, mais bien de la France et de trois sortes de personnes, savoir des malcontents et brouillons temporels, des spirituels, qui sont les réformés jansénistes politiques, et ceux qui se sont mis dans les nouvelles doctrines, *sans néanmoins autre objet que celui d'embrasser la vérité*, m'étant aperçu que telle sorte de docteurs ont parlé avec des ressentiments inexplicables de dégoût et de fâcherie de l'emprisonnement de cette Éminence, que je reconnois bien qu'ils tiennent pour le grand arc-boutant des tenants de la doctrine de saint Augustin [1]. »

Lors de la condamnation des cinq Propositions [2], le cardinal de Retz qui n'était encore que simple coadjuteur n'eut point à se prononcer publiquement sur cet acte de la Cour de Rome, ce qui le sauva d'un grand embarras. Mazarin, fort irrité de la conduite des Jansénistes en faveur de son captif, reçut favorablement et sans discussion la bulle d'Innocent X ; il en fit ordonner sur-le-champ l'exécution dans tout le royaume. En même temps, pour que le Pape se montrât de moins en moins exigeant à réclamer la liberté du coadjuteur, Mazarin ne cessait de faire insinuer à Innocent X que le cardinal était janséniste et que les partisans de cette doctrine lui avaient avancé d'énormes sommes d'argent. Le docteur Hallier, qui avait été envoyé à Rome pour y faire condamner les cinq Propositions, fut en même temps chargé de formuler contre Retz l'accusation de jansénisme. Il fut conduit en présence du Pape par l'ambassadeur de France. Je le conjurai, dit le bailli de Valençay dans une dépêche à Mazarin (25 août 1653) « de dire, comme devant Dieu, si la bulle contre les cinq Propositions eût trouvé cette facilité à passer dans le Clergé, la Sorbonne et même dans l'état séculier du royaume, si le cardinal de Retz eût été en liberté et en crédit dans la Cour et dans les Conseils du roi, et que M. le cardinal Mazarin se fût trouvé hors de France et du ministère. Il faut avouer que ce bon docteur, avec sa manière de parler flegmatique, mais vigoureuse et prouvante, fit des merveilles sur ce point ; et pour l'heure j'oserois bien assurer qu'il laissa le Pape persuadé qui si ladite bulle fût allée de par delà, le cardinal de Retz étant en quelque pouvoir, le Saint-Siége et sa personne y auroient reçu un très solennel affront; et, aimant naturellement la finance, il ploya le gantelet quand il sut que ledit cardinal de Retz avoit été assisté de plus de sept cent mille livres par des personnes enfarinées de Jansénisme et qui se faisoient les chefs de cette nouvelle doctrine. »

La mort de l'archevêque de Paris ayant eu lieu le 21 mars 1654, un fondé de pouvoir du cardinal captif, muni d'une procuration

---

1. Le Père Rapin, dans ses *Mémoires* (tome Ier, page 513), a donné un texte altéré de ce passage, bien qu'il ait eu sous les yeux la Correspondance autographe du bailli de Valençay, ambassadeur de Louis XIV à Rome, aujourd'hui déposée aux Archives du ministère des Affaires étrangères.

2. 18 août 1653.

anti-datée, prit sur-le-champ possession de l'archevêché en son nom. Aussitôt, et au grand mécontentement de la Cour et de Mazarin, il fut proclamé archevêque dans toutes les églises de Paris, dont les curés étaient presque tous jansénistes. En haine de Mazarin qui avait favorisé la condamnation des cinq Propositions, les hommes remuants du Jansénisme conseillèrent à leur nouveau pasteur de jeter l'interdit dans Paris pendant la semaine sainte. Cette vigoureuse mesure eût répandu le plus grand trouble dans les paroisses ; les églises eussent été fermées pendant ce temps-là, les sacrements suspendus, et le peuple se fût porté peut-être aux dernières extrémités. Le chapitre de Paris, les curés n'attendaient que le signal ; le Pape lui-même, suivant l'abbé Charrier, pour protester d'une manière plus efficace qu'il ne l'avait fait jusqu'alors contre la captivité du cardinal et pour forcer la main à Mazarin, avait promis d'approuver l'interdit ; mais rien ne put décider Retz à cet acte de vigueur. Soit qu'il craignît d'exposer sa vie, ou d'offenser la Reine sans retour, soit qu'il espérât, en usant d'une certaine modération, pouvoir traiter de l'échange de son siége à des conditions avantageuses (déjà mises par lui en avant et favorablement accueillies), il reçut très-froidement les pressantes sollicitations qu'on lui adressa de lancer l'interdit. La nouvelle de son refus et de ses pourparlers avec la Cour pour l'échange de son siége, jeta le plus grand trouble parmi les Jansénistes. Ils craignaient, non sans raison, si Retz, dont la neutralité leur était au moins assurée, venait à donner sa démission, d'être livrés sans défense à Mazarin, qui, pour se venger d'eux, désirait vivement leur donner pour pasteur un ardent ennemi de leur doctrine, l'archevêque de Toulouse, M. de Marca. Dans cette appréhension, ils envoyèrent, suivant le Père Rapin, M. d'Andilly et quelques-uns de leurs amis auprès du Père de Gondi (père du cardinal de Retz), qui, depuis la mort de sa femme, était entré à l'Oratoire, afin de lui adresser de vives plaintes sur les projets de démission de son fils : « Ce qu'on lui représenta en termes si forts, ajoute le Père Rapin, qu'il ne pouvoit plus en parler lui-même qu'en pleurant, et disant tout haut qu'il auroit bien mieux aimé embrasser son fils mort que de le voir sans archevêché. »

Après plusieurs entrevues avec son ami le premier président de Bellièvre qui lui avait été envoyé par Mazarin, Retz consentit, mais seulement sur parole, à donner sa démission en échange de sept abbayes d'un revenu de 120 000 livres ; et, en attendant la décision du Pape sur la validité de l'acte, il fut conduit au château de Nantes, sous la garde de son parent le maréchal de La Meilleraye. Mais comme cet accord eût légitimé en quelque sorte son arrestation, le Pape déclara que la démission était forcée et comme telle nulle et non avenue. La captivité de Retz menaçait donc de ne jamais finir, lorsque (le 8 août 1654) il parvint à tromper la surveillance de ses gardes et à s'échapper du château de Nantes.

II

Retz après son évasion. — Partie liée avec le Clergé de Paris. — Retz à Rome : dénoncé par Mazarin auprès du Pape. — Il quitte Rome. — Vie errante, peu honorable. — Intrigues de toutes sortes et revirements en tous sens. — Sa démission d'archevêque.

J'ai essayé dans la première partie de ce Mémoire de déterminer quelle fut la nature des relations de Port-Royal et des Jansénistes avec le coadjuteur pendant la guerre de Paris, et je crois avoir fourni la preuve que jusqu'à sa fuite il n'y eut entre eux aucun engagement secret, aucun traité politique et que le chef de la Fronde, quoi qu'on en ait dit, ne reçut d'eux à cette époque aucun secours d'argent. Les témoignages directs et inédits, qui émanent de Retz lui-même et dont j'ai cité de nombreux fragments, me semblent avoir résolu cette question d'une manière victorieuse et détruit le vieil échafaudage de l'opinion contraire. Je l'ai longtemps partagée moi-même, cette erreur, j'ai même tenté de la propager quelque part et je saisis avec empressement l'occasion qui m'est offerte de la réparer autant qu'il est en moi. M. Sainte-Beuve, se fondant, en l'absence de documents, sur des preuves morales, avait parfaitement deviné que les vénérables hôtes de Port-Royal étaient restés complétement purs de toute participation aux troubles de la Fronde et de toute complicité d'action et d'intention avec le coadjuteur. C'est le coadjuteur lui-même qui est venu lui donner raison. Les Jansénistes entre ses mains n'ont été, à cette époque, qu'une machine de guerre dont il a menacé Rome sans qu'il y eût entre eux et lui la moindre compromission politique ou même doctrinale. Retz, il est vrai, fit alors une tentative pour se faire agréer dans la société des Jansénistes, mais nous savons par l'auteur de *Port-Royal* de quelle manière elle fut accueillie[1]. Sans tenir compte de sa dignité, et sans le moindre ménagement ils lui imposèrent la condition, pour être admis parmi eux, de n'avoir que sa voix comme un autre, et, de l'humeur dont il était, avec son esprit de domination, il dédaigna ce rôle de simple mortel. Rien de plus impolitique de la part des Jansénistes, mais rien qui prouve mieux leur esprit de défiance et d'indépendance vis-à-vis du chef des Frondeurs.

Les relations directes, les relations mystérieuses de MM. de Port-Royal et des Jansénistes avec Retz ne furent donc bien établies et nouées, ainsi que l'a dit M. Sainte-Beuve, qu'à partir de l'empri-

---

1. *Port-Royal*, tome III, p. 190.

sonnement du cardinal et surtout de sa fuite du château de Nantes[1].

Il s'agit de bien préciser ici l'état de la question. Le cardinal de Retz, archevêque de Paris, une fois qu'il eut été mis en possession régulière de son siége, ne put en être privé que de fait par le roi. Louis XIV, tout-puissant qu'il était, vint se briser contre l'investiture sacerdotale. Le Pape ayant constamment refusé, sur sa demande, de traduire le cardinal devant une cour ecclésiastique comme criminel d'État, et de le faire condamner comme tel à la perte de son siége, le prélat resta régulièrement archevêque de Paris jusqu'à sa démission. Dès lors, et en n'usant pour ainsi dire que des armes spirituelles dans cette lutte, les Jansénistes, tout en y trouvant leur compte, s'étaient constitués les légitimes défenseurs d'un droit incontestable. Il est vrai que dans l'intention de Retz comme dans la pensée de Mazarin, la lutte, sous prétexte de conflit religieux, prenait une couleur politique, qu'elle entretenait l'agitation dans les esprits ; mais il s'agit, pour être juste, de ne pas prêter aux Jansénistes, à cette époque, plus de connivence frondeuse avec leur archevêque qu'il n'y en eut en réalité.

La fuite de Retz qui le rétablissait dans toute l'indépendance de ses droits, sinon dans l'administration de son diocèse, causa une joie immense dans Port-Royal et parmi les Jansénistes. Avec lui s'éloignaient les menaces de persécution que Mazarin tenait suspendues sur leur tête par un changement de pasteur. Dans toutes les paroisses de Paris, on alluma des feux de joie pour célébrer sa délivrance, et plusieurs curés chantèrent des *Te Deum* qui leur valurent les honneurs de l'exil. Suivant le Père Rapin (qui paraît avoir été bien renseigné sur ce fait), la présidente de Herse fit alors parmi les Jansénistes une fructueuse quête dont le produit fut envoyé à l'illustre fugitif, ainsi qu'une somme de 260 000 livres qui lui fut prêtée en même temps par M. et madame de Liancourt, M. de Luines, l'évêque de Châlons, et MM. de Caumartin, de Bagnols et de La Houssaye, ses intimes amis et la plupart jansénistes.

Plusieurs de ces noms figurent, en effet, parmi ceux des créanciers de Retz, vers 1672.

Je ne veux point essayer de raconter ici les divers épisodes de la *Fronde ecclésiastique*, de cette autre *Guerre de sept ans* d'un nouveau genre, guerre de mandements, de monitions, de lettres pastorales, de pamphlets et de brefs, qui ne s'éteignit presque qu'à la mort de Mazarin et dans laquelle les Jansénistes prêtèrent plus d'une fois à leur pasteur le secours de leur plume : je me bornerai à énumérer quelques faits et circonstances qui feront mieux connaître les diverses relations qu'eut avec eux le proscrit.

---

1. *Port-Royal*, tome III, page 190.

Pendant cette longue lutte qui ne laissa ni paix ni trêve à Mazarin, on voit que son invariable tactique fut de lancer constamment à la tête de son plus mortel ennemi l'accusation de jansénisme. Dans une lettre qu'il adresse de Péronne à l'abbé Fouquet (24 août 1654), peu de jours après l'évasion de Retz, et dans laquelle il se plaint amèrement et des Jansénistes et des curés de Paris, à propos des *Te Deum :* « On ne manquera pas, lui disait-il (en parlant de la réponse que le curé de Saint-Paul avait faite, au nom des autres curés, à la lettre que l'archevêque leur avait écrite), de faire connoître à Rome l'intention du cardinal de Retz dans le retranchement que ses prétendus grands vicaires ont fait des deux mots si essentiels : *apostolique et romaine*, et, au surplus, oubliant de prier pour la Reine et voulant qu'on prie pour le prince de Condé qui est de la maison royale.... »

A son arrivée à Rome, le cardinal de Retz avait trouvé le plus bienveillant accueil. Son premier soin fut d'adresser au Clergé de France une lettre rédigée par MM. de Port-Royal que venait de lui apporter son secrétaire Verjus [1], et dans laquelle on le faisait protester avec force contre sa prison, les rigoureux traitements qu'il avait subis et la violation de ses droits. Dans cette apologie de sa conduite, écrite d'un style élevé, éloquent, véhément, les solitaires avaient poussé l'illusion (ce qui donne bien la mesure de leur entière et naïve bonne foi) jusqu'à faire dire à leur pasteur que sa situation était comparable à celle des Athanase, des Chrysostome, des Cyrille, des Thomas de Cantorbéry. Cette lettre produisit dans le Clergé et dans Paris une si vive sensation que Mazarin irrité fit ordonner par le Parlement qu'elle serait brûlée par la main du bourreau. Ce fut probablement aussi à cette époque qu'il obtint la radiation du cardinal de Retz comme docteur de Sorbonne. Lorsque le grand Arnauld fut expulsé à son tour de cet illustre corps, les amis de Port-Royal disaient d'un ton attendri e qui prouve leur parfaite ignorance sur les opinions secrètes du prélat : « Qu'attendre d'une société qui ne rougit point de chasser de son sein le cardinal de Retz, son propre archevêque, l'un des plus habiles théologiens [2] ? »

La mort d'Innocent X, arrivée au commencement de 1655, fut pour le cardinal une irréparable perte. Il concourut avec ardeur et succès à l'élection de son successeur Alexandre VII qui parut d'abord fort bien disposé en sa faveur. Le 1ᵉʳ juin (1655) le nouveau Pape lui accorda le *pallium*. C'était une consécration solennelle de ses droits comme archevêque de Paris. Mazarin éprouva un déplaisir extrême de cette grâce que le Pape, en toute justice, ne pouvait guère refuser à un métropolitain, mais qui donnait au prélat de

---

1. *Mémoires* de Guy Joly.
2. *Port-Royal*, tome III, pages 189 et suivantes.

nouvelles forces pour continuer la lutte. Il eut peur de rencontrer dans Alexandre les mêmes dispositions hostiles que chez Innocent X, et il se résolut à ne rien épargner pour troubler et pour rompre les bonnes relations qui commençaient à se former entre le pontife et le cardinal. Il prit un parti extrême : ce fut d'envoyer sur-le-champ à Rome (9 juillet 1655) le comte de Lyonne pour demander au Pape, au nom du roi, que Retz fût traduit devant une cour ecclésiastique comme criminel de lèse-Majesté. Lyonne était porteur d'un acte d'accusation formidable dans lequel étaient énumérés en détail les crimes vrais ou supposés et jusqu'aux moindres fautes qu'il avait commis ou pu commettre. Entre autres curieux détails, on voit dans cette longue liste que le coadjuteur, en prévision de son arrestation, avait rempli l'archevêché de Paris de munitions de guerre, de poudre, de mousquets, de grenades, pour y soutenir un siége en règle. La haine de Mazarin n'omettait pas même les péchés de jeunesse, ses duels, ses galanteries, sa vie à la Don Juan ; il rappelait ses moindres équipées de la Fronde, lorsque, par exemple « en habits séculiers et le pistolet à l'arçon, » il s'était mis « à la tête de son régiment corinthien, » et lui avait distribué force « bénédictions » en le faisant marcher contre le roi. Rien n'était oublié dans ce long réquisitoire, si ce n'est le Jansénisme que Mazarin gardait en réserve pour porter, au besoin, le coup décisif. Alexandre VII (il eût dû s'y attendre) était trop jaloux de l'honneur et de l'indépendance du sacré Collége, pour laisser traduire sur la sellette un prince de l'Église accusé de haute trahison. Il opposa la plus impassible résistance aux sollicitations de Lyonne. Cette ferme attitude fit sortir l'astucieux Mazarin de son calme habituel. Dans une lettre des plus vives et, disons-le, des plus offensantes pour le caractère du Pape, lettre adressée à Brienne et destinée à être mise entre les mains de Lyonne, pour qu'elle pénétrât jusque dans le Vatican, il accusait non-seulement le cardinal de Retz d'être le principal fauteur de l'agitation causée par les Jansénistes, mais il allait jusqu'à insinuer que le Pape lui-même poussait la longanimité envers eux jusqu'à la complaisance. « Il sera bon de dire, écrivait-il sur le ton le plus impérieux, qu'*il semble que Sa Sainteté attend qu'il arrive quelque nouveauté dans Paris*, faute d'avoir pourvu à l'administration de ladite église, comme M. de Lyonne l'en a sollicité (*sic*) plusieurs fois.... *On peut ajouter aussi que le roi, et toute la Cour, ne sauroit s'étonner assez que le Pape ne soit pas scandalisé que le curé de la Madelaine*[1], *qui est un janséniste déclaré, lequel encore, depuis peu, a été caché quinze jours dans le Port-Royal, soit l'instrument des attentats du cardinal de Retz, et celui au nom de qui se publient tous ces placards, après les avoir concertés avec les plus savants et les plus opiniâtres de cette secte-là,*

---

1. M. Chassebras.

puisqu'il n'y a personne qui ne juge que tout cela ne tende directement à relever le Jansénisme, qui n'a plus d'autres ressources que dans la confusion et le désordre. Enfin c'est un janséniste qui, soufflé par ceux de sa cabale, et avec les armes que le cardinal de Retz lui fournit, fait présentement au roi, dans Paris, la guerre, et c'est parce que, nonobstant toutes les sollicitations de M. de Lyonne, Sa Sainteté ne juge pas à propos de pourvoir à l'administration de l'Église de Paris; de façon que l'on ne croit pas que personne puisse trouver à redire que le roi y mette ordre, pour arrêter le cours des maux que ledit curé et autres jansénistes et mal intentionnés pourroient faire à l'avenir. »

Notons en passant que le cardinal Mazarin, qui, s'il était prêtre, l'était si peu, et qui au fond se moquait de ces disputes, avait laissé dormir les Jansénistes dans une paix profonde avant l'arrestation du coadjuteur, et que ce ne fut que depuis cette époque qu'il fut pris d'un si grand zèle contre leur doctrine. Jusque-là, il s'était bien gardé de les inquiéter, lorsqu'ils n'avaient été désagréables qu'aux Jésuites et à la Cour de Rome. En les poursuivant à outrance, il n'avait pour but que de frapper les amis de Retz.

Alexandre VII, comme on sait, était fort ombrageux sur cette question du Jansénisme ; aussi rien ne pouvait lui être plus sensible que les perfides insinuations du cardinal Mazarin. Les Jésuites, le voyant dans ces dispositions, le pressaient vivement, à l'instigation de la Cour de France, pour qu'il donnât un suffragant au siége de Paris. Ils ne cessaient de lui répéter que le cardinal de Retz était engagé avec les Jansénistes et que l'occasion d'étendre en France l'autorité pontificale était des plus propices [1]. Le Pape de plus en plus ému d'une situation si fausse, et dans la crainte de participer lui-même en quelque sorte à la propagation de la nouvelle doctrine, s'il continuait à soutenir l'archevêque de Paris, qui semblait lui être favorable, ne savait quel parti prendre. Il craignait, non sans raison, que si le cardinal était rétabli sur son siége, il ne devînt le protecteur des Jansénistes, sinon par des actes ostensibles, du moins par son silence et sa tolérance. Mais il craignait encore plus qu'en nommant un suffragant à l'archevêché de Paris, Retz, de l'humeur dont il était, ne fût poussé au désespoir par un acte qui l'eût empêché plus que jamais de recouvrer son autorité ou de traiter avantageusement avec la Cour, et qu'il ne se mît dès lors résolûment à la tête des Jansénistes. « De son côté, le cardinal..., dit Guy Joly, n'ayant voulu prendre aucune résolution vigoureuse et s'étant contenté de se tenir sur la défensive, il ne fut pas difficile au sieur de Lyonne, aux Jésuites et à ses autres ennemis, de détacher le Pape de ses intérêts, en lui représentant la foiblesse de son parti, sa liaison avec les Jansénistes, la puissance

1. *Mémoires* du Père Rapin et *Mémoires* de Guy Joly.

redoutable de ses parties…, et qu'en continuant de le protéger, Sa Sainteté pouvoit compter qu'elle n'auroit aucune part à la paix générale dont il étoit question, la chose du monde que le Pape appréhendoit le plus [1]. » Alexandre VII, de plus en plus effrayé du ton plein de hauteur et d'aigreur que prenait à son égard la Cour de France pour lui arracher son consentement au procès criminel qu'elle voulait intenter au cardinal de Retz, se voyait réduit à la pénible nécessité d'abandonner les droits très-légitimes d'un prélat qui n'avait point été régulièrement dépossédé de son siége, et, tout en refusant le procès, de lui retirer sa protection.

Le 12 décembre (1655), le comte de Brienne, poussé par Mazarin, revenait à la charge et faisait adresser au Pontife de nouvelles plaintes. Il ordonnait à Lyonne de lui reprocher sans ménagement « qu'il avoit toléré, sans la moindre protestation, que Chassebras, un des plus considérables jansénistes, pratiquât hardiment, par ordre du cardinal de Retz, tous les moyens les plus propres pour allumer le feu d'une nouvelle sédition dans Paris…. Le Pape a laissé croire, ajoutait-il, qu'il préféroit la satisfaction du cardinal de Retz à l'aversion qu'il a contre les Jansénistes, condamnés du pape Innocent *par son conseil* [2], et à l'affection qu'il dit avoir pour le roi et pour le repos du royaume. » Et le Pape agit ainsi, disait enfin Brienne (non sans une certaine force de logique), dans le moment même où le roi poursuit l'exécution de la bulle d'Innocent X contre les cinq Propositions de l'*Augustinus*.

Il faut bien le dire, le cardinal de Retz semblait, de son côté, n'avoir rien négligé pour s'aliéner les bonnes dispositions du Pape. Avec cet esprit de gloriole auquel il ne savait guère résister, il s'était plus d'une fois vanté publiquement d'avoir entraîné la majorité du conclave en faveur d'Alexandre VII, et le Pontife, très-froissé de ces propos, lui avait témoigné son mécontentement par une grande froideur. Enfin, Retz donna lui-même le signal de sa disgrâce en destituant brusquement le sieur Du Saussay, très-vif adversaire des Jansénistes, que, sur la désignation du Pape, il avait nommé son grand vicaire, et en le remplaçant du même coup par ses anciens grands vicaires jansénistes, les sieurs Chevalier, L'Avocat et les curés de la Madeleine et de Saint-Séverin. Le Pape surpris et blessé au dernier point de ce changement, sur lequel il n'avait pas été consulté, ordonna avec hauteur à l'archevêque de rétablir le sieur Du Saussay, mais Retz s'y refusa avec obstination. Un ordre si impérieux lui fit comprendre que c'en était fait de son crédit auprès du Pape ; il craignait de plus qu'Alexandre ne vînt à céder aux obsessions de Lyonne et ne le livrât à un tribunal ecclésiastique comme

---

1. *Mémoires* de Guy Joly.
2. Ce fut en effet le cardinal Fabio Chigi (depuis, Alexandre VII), qui entraîna Innocent X à condamner les cinq Propositions.

criminel d'État. Il prit donc le parti de quitter Rome à petit bruit.

Après avoir parcouru plusieurs pays, en gardant le plus strict *incognito*, et sous divers déguisements, pour se soustraire aux émissaires envoyés de tous côtés sur sa trace par Mazarin, il finit par se réfugier en Hollande.

Un libelliste du temps, aux gages de Mazarin, qui ne se faisait pas plus de scrupule de lancer des pamphlets que le cardinal de Retz, nous peint à merveille dans quelle fausse position s'était trouvé à Rome l'archevêque de Paris entre les partisans de la Grâce efficace et ceux de la Grâce suffisante. « Ce n'est pas, dit l'auteur du libelle, après l'avoir accusé d'avoir animé les esprits les uns contre les autres à propos de Jansénius, ce n'est pas qu'en cette occasion il ne se soit trouvé très-embarrassé (tout fin et malicieux qu'il est), parce que n'ayant pas vu les Jansénistes assez bien établis pour s'en appuyer, et reconnoissant que s'il les favorisoit ouvertement, il y auroit plus à perdre qu'à gagner pour lui, à cause de la puissance du parti contraire, il ne s'en est servi que secrètement pour jeter la division dans les familles, et a été même contraint de manquer de parole à ceux de cette doctrine[1], auxquels il avoit promis sa protection pour les engager dans ses intérêts ; néanmoins, pour ne rien faire qui lui puisse nuire auprès de l'un et de l'autre parti, *il se tient clos et couvert sur cette matière, ne se déclare ouvertement ni pour ni contre*, mais assure les deux en particulier de sa faveur et de sa protection, faisant à Rome l'*anti-janséniste*, et faisant dire ici (à Paris) tout le contraire par ses émissaires à ceux qu'il croit encore partisans de Jansénius[2]. »

Peu après le départ de Retz, le Pape confirma par une bulle (16 octobre 1656) le décret d'Innocent X contre les cinq Propositions, et les poursuites contre les Jansénistes recommencèrent avec une nouvelle vivacité. On voit qu'à cette date, l'archevêque de Paris, fort mécontent de la Cour de Rome, maintenait encore dans leur poste ses grands vicaires jansénistes et qu'il leur donna ordre d'instituer M. Singlin comme supérieur officiel de la maison de Paris et de celle de Port-Royal des Champs[3]. Ce fut aussi à la même époque, et pendant son séjour en Hollande, que l'évêque de Châlons, intime ami de Retz et qui lui resta fidèle jusqu'à la fin, lui écrivit et lui fit écrire de belles lettres par MM. de Port-Royal, pour le consoler dans sa solitude. On lui proposait l'exemple de saints évêques qui s'étaient cachés « dans les déserts et dans les cavernes au temps de la persécution. Ce qui, dit son

---

1. Lors, probablement, de la nomination du sieur Du Saussay, qui était fort hostile à Port-Royal.
2. *Lettre écrite à M. le cardinal de Retz par un de ses confidents, de Paris, dont la copie a été envoyée à Rome.* 1655.
3. *Port-Royal*, tome III, pages 188 et suivantes.

confident Joly, lui fit former le dessein frivole et chimérique de se cacher aussi, *dans le dessein de se faire une grande réputation dans le monde,* en suivant l'exemple de ces grands hommes ; quoique, dans son cœur, il ne se proposât de se tenir caché que d'une manière et dans un esprit tout à fait différent. » On sait, en effet, par les malignes indiscrétions de Joly, que Retz se plongeait alors dans des plaisirs aussi indignes de son caractère épiscopal qu'ils étaient peu dignes de l'ancien ami de la princesse Palatine et de mademoiselle de Chevreuse.

Suivant le Père Rapin, ce fut vers cette époque que le cardinal aurait joué une haute comédie, qui est trop dans le tour de cet esprit si amoureux de l'extraordinaire et des coups de surprise, pour ne pas être vraie. Las des exhortations et des pieux conseils que lui donnaient les solitaires et l'évêque de Châlons pour qu'il changeât de conduite, il prit une résolution aussi soudaine qu'étrange. Afin de couper court à leurs défiances sur son dévouement envers eux et sur sa manière d'interpréter la Grâce, et dans le but sans doute de rouvrir la source de leurs libéralités qui s'était tarie depuis quelque temps, il feignit de se rendre à leurs prières et de vouloir changer de vie. Il n'imagina rien de mieux, à cette fin de les éblouir, que de leur demander un asile à Port-Royal des Champs, « pour y vivre *incognito* parmi ses bons amis et pour y faire pénitence. » Cette proposition fut accueillie avec admiration par ceux qui connaissaient peu le nouveau saint, mais avec défiance par ceux qui l'avaient vu d'un peu près. Retz avait une trop haute opinion de son mérite et de l'effroi qu'il causait encore à Mazarin pour ne pas être persuadé que, vivant dans une retraite à six lieues de Paris, il ne pouvait manquer d'y être découvert ; et cette simple considération nous donne bien la portée de la tentative. De leur côté les Jansénistes jugeaient que le séjour du cardinal dans leur solitude n'était pas à souhaiter pour leur repos et qu'il eût infailliblement attiré la foudre sur le monastère. L'évêque de Châlons, l'ami de Retz et son intermédiaire auprès de Port-Royal, qui savait un peu trop à quoi s'en tenir sur la conduite du pénitent, ne se laissa pas prendre au piége ; et pour bien lui faire comprendre qu'il n'était pas sa dupe, il affecta de garder pendant quelque temps le silence. Mais, pour ne pas le blesser tout à fait, « il lui manda que MM. de Port-Royal étant dans la nécessité de se cacher eux-mêmes trouveroient difficilement dans leur solitude un lieu assez obscur pour y cacher un homme aussi important que lui, mais qu'ils ne laisseroient pas de lui donner de leurs nouvelles, du moins pour le remercier de l'honneur qu'il leur faisoit de penser à se retirer avec eux [1]. »

Retz avait, à Rome, monté sa maison sur un si grand pied et mené un si grand train qu'il avait déjà dévoré les sommes immen-

---

[1]. *Mémoires* du Père Rapin.

ses mises à sa disposition par les Jansénistes et ses amis, après sa fuite. Il fallait avant tout pourvoir aux nécessités les plus urgentes. Joly lui proposa, et ce fut aussi l'avis d'un ami de Retz et de Port-Royal, de M. d'Aubigny (de la Maison des Stuarts), d'établir des troncs dans les églises de Paris avec cette inscription : *Pour la subsistance de M. l'archevêque.* Joly disait au cardinal que si Cour le tolérait, ils produiraient un revenu considérable ; mais repoussa fièrement et noblement cette proposition « *qu'il traita de gueuserie indigne de lui,* » et il consentit plutôt à en être réduit, lui qui avait déjà dépensé des millions, à une pension de 8000 livres que lui assura l'évêque de Châlons, fort probablement de la part des Jansénistes.

Ce fut pendant cette année (1656) que parurent les *Provinciales.* Retz en homme d'esprit, et qui avait plus d'une raison pour ne pas aimer beaucoup les Jésuites, dut se complaire extrêmement dans la lecture de cette piquante satire, de ce pamphlet théologique d'un style si nouveau, et comme il était grand amateur de belles éditions, il est à croire que le charmant petit volume des *Provinciales,* sorti des presses des Elzeviers, fut plus d'une fois son livre de chevet. Mais, en homme non moins prudent, il ne laissa jamais percer son opinion sur ce premier chef-d'œuvre de notre prose, et lorsque la malencontreuse *Apologie pour les Casuistes* attira sur eux un si terrible déluge de lettres pastorales et ce bref du Pape Alexandre VII qui leur fut comme un coup de tonnerre, le cardinal se garda bien d'intervenir, et, se tenant à l'écart, il laissa, sans mot dire, ses grands vicaires fulminer leurs censures[1]. Il garda également le silence lorsque trente curés de Paris et des environs demandèrent à ses grands vicaires, en 1659, la condamnation d'un livre du Père Thomas Tambourin, jésuite[2].

Cependant les amis de Retz avaient fait de vains efforts auprès de l'Assemblée du Clergé pour arranger ses affaires. Perdu dans l'esprit de la reine-mère, perdu dans l'esprit du roi, irréconciliable ennemi de Mazarin, fort compromis à Rome, il ne trouvait plus nulle part de sérieux points d'appui. Ce fut le moment que choisirent les hommes les plus remuants du Jansénisme pour lui dépêcher à Rotterdam un gentilhomme « d'un grand sens et d'une grande discrétion, » M. d'Asson de Saint-Gilles. Suivant le récit de Guy Joly,

---

1. Censure d'un livre intitulé : *Apologie pour les Casuistes,* etc., faite par MM. les vicaires généraux de Mgr l'éminentissime cardinal de Retz, archevêque de Paris. Paris, 1658, in-4°, avec les armes du cardinal sur le titre. — Il y eut d'innombrables censures d'archevêques et d'évêques contre ce livre, et le Pape, le 21 août 1659, le condamna et en défendit la lecture sous les peines portées par le concile de Trente. (*Décret de N. S. P. le Pape Alexandre VII,* portant condamnation et censure d'un livre intitulé : *Apologie pour les Casuistes,* etc., sur l'imprimé à Rome par la R. Chambre apostolique.)
2. *Dixième Écrit des Curés de Paris,* etc.

témoin oculaire, il engagea le cardinal à s'unir aux Jansénistes qui étaient vivement pressés par la Cour de Rome et par celle de France, « avec offre de tout le crédit et de la bourse de leurs amis, qui étoient en grand nombre et fort puissants ; lui conseillant fortement d'éclater et de se servir de toute son autorité qui seroit appuyée vigoureusement de tous leurs partisans. » « Cette offre (ajoute le véridique Joly, dont les paroles prouvent bien qu'il n'y avait jamais eu jusque-là entre Retz et les Jansénistes de concert politique), cette offre auroit pu être acceptée, *et auroit peut-être produit son effet si elle eût pu être faite à propos ; mais ces Messieurs n'ayant rien dit dans le temps, et ne se mettant alors en mouvement que pour leurs intérêts particuliers*, le cardinal, dont le courage étoit d'ailleurs extrêmement amolli et le crédit diminué, ne fit aucune attention à leurs propositions, comme s'il eût voulu rebuter ceux dont il pouvoit espérer quelque secours.... Ainsi, Saint-Gilles retourna en France, sans emporter avec lui autre chose qu'un chiffre, qui étoit la conclusion ordinaire des négociations qui se faisoient avec lui. » Le Père Rapin, qui eut connaissance de cette mission de Saint-Gilles, complète et confirme en quelque sorte le récit de Joly. D'après lui, la correspondance chiffrée entre Port-Royal et Retz aurait bientôt cessé « à cause de sa paresse naturelle..., si ceux qui le suivoient n'eussent eu soin de l'entretenir avec une ponctualité qui engageoit le cardinal à y répondre assez exactement. » Saint-Gilles se borna à le tenir au courant des affaires des Jansénistes, et *Tannier*[1], un des secrétaires de Port-Royal, des nouvelles du jour. « Mais, ajoute le Père Rapin (dont le témoignage est décisif sur un tel chapitre), il ne prit sur les avis qu'on lui donnoit aucune résolution, ni même aucune mesure pour en recueillir quelque fruit qui pût le tirer d'une façon ou d'autre d'une vie molle et fainéante dont il ne se lassoit pas encore. » Guy Joly en a dit assez sur certaines distractions du cardinal de Retz pour qu'on sache à quoi s'en tenir. Il s'en allait d'auberge en auberge à travers les villes de Hollande, « passant son temps à la comédie, aux danseurs de corde, aux marionnettes et à d'autres amusements de cette nature (sans compter d'autres passetemps), et s'il lisoit, il ne lisoit que des livres de badineries et de fadaises. »

A cette date où Retz, complétement démoralisé, ne songeait plus qu'à s'oublier lui-même, les politiques du parti janséniste avaient donc bien mal choisi leur temps pour l'engager à se joindre plus étroitement à eux qu'il ne l'avait fait jusque-là. Ses amis en personne, les Bellièvre, les d'Aubigny, les de Laigues, les Bagnols, tout habiles et remuants qu'ils étaient, y eussent perdu leur crédit[2].

1. Le docteur Taignier. — 2. *Port-Royal*, tome III, p. 585.

Le Père Rapin nous fournit lui-même la preuve du peu de portée politique qu'avaient alors les relations de Retz avec les Jansénistes, et nous fait pénétrer dans le cœur même de la question. Ils se plaignaient de ce que le cardinal ne faisait pas assez pour eux. Lui, au contraire, les pressait vivement d'abandonner « une question d'école qu'il estimoit peu importante, » et de le servir avec un dévouement absolu. Il les engageait à s'appliquer uniquement à le rétablir « dans un poste où il auroit eu lui-même soin de leurs intérêts et leur auroit donné toutes sortes d'avantages sur leurs adversaires. » Les Jansénistes comprenaient trop bien que leur liaison avec l'ancien chef de la Fronde animait de plus en plus contre eux la Cour et Mazarin: Les plus ardents lui conseillaient de faire un coup d'éclat, de lancer un mandement décisif en leur faveur qui déconcertât le favori, très-facile à intimider. D'autres l'engageaient à établir « un règlement dans son diocèse qui fût capable d'arrêter pour un temps le cours des poursuites qu'on faisoit sans relâche contre eux. » Mais le cardinal résista toujours à ces sortes de sollicitations. « C'étoit une démarche qui lui parut toujours délicate, sur laquelle il eut toujours grand soin de se ménager, et il crut n'être pas plus obligé de troubler son repos pour les intérêts de Port-Royal que pour les siens propres[1]. » — « Ce fut aussi ce qui fit dire alors à Saint-Amour que les affaires du cardinal de Retz et celles des disciples de saint Augustin étoient fort différentes les unes des autres et ne laissoient pas de se nuire beaucoup parce qu'on les croyoit unies.... En effet, les chefs du parti, voyant combien leurs liaisons avec le cardinal de Retz les avoient rendus odieux à la Cour, où l'on confondoit les intérêts des uns et des autres, et reconnoissant enfin combien le commerce qu'ils entretenoient avec le cardinal leur étoit infructueux, s'en déclaroient en bien des lieux par la bouche d'un homme dont ils faisoient profession de n'être pas tout à fait responsables (Saint-Amour), qu'ils faisoient parler pour faire savoir leurs sentiments à la Cour sans choquer le cardinal. Mais une conduite si intéressée ne lui plut pas quand il le sut: il vit bien qu'on ne le ménageoit à Port-Royal que dans un intérêt de cabale qui l'offensoit, ce qui lui fit prendre une étrange résolution [2]. » De plus en plus convaincu que Mazarin ne se servait contre lui du prétexte du Jansénisme que pour lui nuire auprès des Assemblées du Clergé, pour usurper les attributions les plus essentielles de sa dignité et pour le ruiner à jamais auprès de la Cour, Retz eut la singulière pensée qu'il pourrait rétablir ses affaires en sacrifiant les Jansénistes. Il ne fit pas réflexion que s'ils étaient odieux à la Reine-mère, il l'était lui-même encore plus à Mazarin et que celui-ci, au besoin, eût plutôt toléré cent

---

1. *Mémoires* du Père Rapin. — 2. *Ibidem*.

fois les Jansénistes que lui. Il crut donc pouvoir rentrer en grâce en offrant à la Reine « de les exterminer, si elle vouloit agir de concert avec lui pour les persécuter. » Il lui fit promettre, si elle vouloit le rétablir sur son siége, d'user de tout son pouvoir pour atteindre ce but « en les poursuivant avec toute la rigueur qu'elle pouvoit souhaiter. » Il lui fit dire par ses amis, qui n'étaient pas jansénistes (car il en avait des uns et des autres) « que personne n'avoit en main plus de moyens de les perdre que lui, ayant toute la capacité nécessaire pour les convaincre de leurs erreurs et toute l'autorité pour les en punir [1]. » Ainsi, avec aussi peu de scrupule qu'il avait fait menacer le Pape Innocent X de se mettre à la tête des Jansénistes pour propager le schisme, si on lui refusait le chapeau, Retz offrait aujourd'hui, pour remonter sur son siége, de devenir leur persécuteur. Disons, toutefois, qu'il eût réfléchi sans doute à deux fois avant de jouer un si triste rôle, et qu'il y eut toujours loin chez lui, en définitive, et sur bien des points, de la parole à l'action. Dans notre conviction profonde (et c'est là aussi une réflexion qui s'est présentée à l'esprit du Père Rapin sous forme d'hypothèse), Retz ne fit cette détestable proposition que dans l'espoir de rentrer dans son archevêché, et s'il eût réussi, il eût éludé, à coup sûr, par tous les moyens une si honteuse promesse. Son génie italien, si fertile en combinaisons machiavéliques, se fût arrêté sans doute à cette limite de l'odieux à une époque où Port-Royal, disons le hautement, venait d'accomplir dans les esprits une véritable révolution morale. Ceux qui n'y croyaient pas étaient obligés du moins de s'incliner, et de tenir compte de l'impression produite. Je n'en veux pour preuve, en ce qui concerne le cardinal de Retz, que les précautions infinies dont il usa constamment lui-même pour sauver les apparences. Il est donc difficile d'admettre l'autre alternative mise en avant par le Père Rapin, à savoir que, si Retz se fût trouvé dans la nécessité de suivre la volonté de la Reine, il eût pu consentir à ruiner de gaieté de cœur des hommes qui avaient tant fait pour lui. Quoi qu'il en soit, la Reine, soit défiance, soit mépris, ne crut pas devoir répondre aux étranges propositions du cardinal. Il reconnut alors, mais un peu tard, qu'on se souciait fort peu à la Cour qu'il fût ou non favorable au Jansénisme « pourvu qu'il fût suspect à Rome et qu'il passât pour criminel d'État en France, et qu'on eût de quoi le perdre et le dépouiller de sa dignité [2]. » On lui avait nettement déclaré depuis longtemps que l'on n'accepterait jamais d'autre accommodement de sa part qu'une abdication dans les formes. Se voyant repoussé d'une façon si humiliante, il passa sur-le-champ d'une extrémité à l'autre avec sa mobilité ordinaire, et, pour se venger

---

1. *Mémoires* du Père Rapin. — 2. *Ibidem.*

de ses ennemis, il eut recours à la plume du grand Arnauld, alors caché comme lui, pour rédiger une apologie de sa conduite. Suivant le Père Rapin, il envoya même quelques mémoires au célèbre docteur pour servir de base à cette composition; mais Arnauld ne jugea pas à propos de s'en servir, ce qui ne l'empêcha pas de réussir « d'une manière qui attira l'admiration de tout le monde. » Nous savons, par une lettre d'Arnauld d'Andilly[1], quelle haute opinion cet aîné de l'éloquente famille avait du cardinal de Retz, et avec quelle chaleur il le remercia de je ne sais quel service que le prélat avait rendu à Port-Royal. « Les personnes que vous avez principalement obligées en cette occasion, lui écrivait-il, suppléeront à mon défaut, et en rendant grâces à Dieu de celle qu'il leur a faite par votre moyen, elles ne lui demanderont pas moins de bénédictions pour vous que pour elles-mêmes. Cette récompense, Monseigneur, ne vous sauroit être désagréable, puisque vous n'en cherchez point d'autre dans le zèle qui vous porte à employer pour le service et pour la gloire de Dieu toute l'autorité qu'il vous a commise, et cela même m'ôteroit la liberté de vous en parler, si mon ressentiment ne me contraignoit de dire l'honneur que vous méritez d'user si dignement du pouvoir que vous avez de bien faire, et si cette considération, jointe à tant d'autres qui m'attachoient déjà à votre service, ne m'obligeoit encore plus étroitement à demeurer toute ma vie, etc. » Je cite presque en entier cette lettre pour mieux montrer à quel diapason pouvait s'élever, dans ces âmes candides, l'admiration pour tant de fausses vertus. Quelle dissonance lorsqu'on pénètre dans les coulisses de ce « *théâtre* » où suivant son expression, Retz aimait tant « *à badiner avec les violons* » et à étudier des rôles si divers, passant avec la même aisance du majestueux au familier et du comique au tragique! Et comme on serait tenté de le condamner avec sévérité, s'il ne fallait se souvenir incessamment qu'il fut prêtre malgré lui, à son corps défendant, et condamné ainsi à la situation la moins compatible avec son humeur et ses penchants! Suivons-le donc dans ses évolutions et ses métamorphoses, en ne perdant jamais de vue ce point essentiel.

En 1659, ses grands vicaires jansénistes, qu'il avait maintenus dans leur poste depuis son départ de Rome, publièrent un Mandement dans lequel ils cherchaient à biaiser sur le Formulaire d'Alexandre VII, en introduisant la distinction du fait et du droit sur les cinq Propositions. Le cardinal, de plus en plus irrité contre Mazarin qui venait de refuser de nouvelles ouvertures d'accommodement, parut se réjouir d'abord de l'échec que lui faisaient subir ses grands vicaires; mais, quand il apprit le terrible fracas causé par le Mandement, dont on ne manquerait

---

[1]. *Lettres de M. Arnauld d'Andilly*; Paris, Nicolas Le Gras (1680). Lettre II à M. le cardinal de Retz.

pas de se servir pour lui nuire de plus en plus dans l'esprit du Pape, quand il connut les vives plaintes du nonce et les inquiétudes de ses amis, il commença à être effrayé. « Il se crut entièrement perdu, s'imaginant que le doyen n'avoit été engagé à faire ce Mandement que de concert avec les ministres, pour le noircir encore davantage à Rome, et son imagination, blessée à cette idée, ne lui montroit le Pape qu'en colère, qui nommoit des commissaires pour lui faire son procès sur les autres chefs dont on l'accusoit[1]. » Il eut peur qu'Alexandre VII, déja fort prévenu contre lui et jaloux d'user « du droit qu'il prétendoit avoir en France et dans les autres royaumes, de faire le procès aux cardinaux par des commissaires, » ne cédât enfin aux instances de Mazarin pour le livrer comme criminel d'État, — et comme janséniste, — à un tribunal ecclésiastique. Retz, qui ne pouvait d'ailleurs se résoudre à faire un Mandement dans un sens contraire à celui de ses grands vicaires, ce qui l'eût perdu sans retour dans le parti janséniste, ne savait quel parti prendre. Sa vive imagination lui montrait sans cesse « le Pape armé du glaive de saint Paul, qui le poursuivoit d'un air menaçant, » et qui le faisait condamner comme indigne et schismatique, à une humiliante déchéance. Dans ces perplexités, il ne voyait plus d'autre parti à prendre que de donner sa démission pure et simple, sans condition, ce qu'il avait su éviter jusque-là avec tant de soin. Heureusement quelques-uns de ses amis (et il en eut toujours de fort dévoués) le sauvèrent de cette situation désespérée. Ils insistèrent avec force auprès des grands vicaires pour leur faire retirer le Mandement qui avait précipité leur archevêque dans un abîme, en l'exposant à un procès comme schismatique. Les grands vicaires, se retranchant sur la question d'honneur, hésitaient à se déjuger; mais les amis de Retz leur montrèrent une lettre de sa main dans laquelle il blâmait si énergiquement leur conduite, le nonce remua tant et la Cour fut si menaçante, qu'ils finirent, ainsi que le Chapitre, par capituler.

A peine remis de cette alerte, le cardinal, pour en finir, fit à Mazarin de nouvelles propositions pour se démettre de son siége; mais il eut le déboire d'essuyer un nouveau refus[2]. Ces tentatives étant parvenues à la connaissance des Jansénistes, ils ne le considérèrent plus dès lors que comme un homme qui leur devenait tout à fait inutile, et ils évitèrent toute espèce de rapports avec lui[3]. Retz, de son côté, après la terrible affaire qu'il venait d'avoir sur les bras, les considérant de plus en plus comme un sérieux obstacle à son accommodement avec la Cour, affectait de se tenir éloigné d'eux le plus possible et de ne parler de leur

---

1. *Mémoires* du Père Rapin. — 2. *Ibidem*. — 3. *Ibidem*.

doctrine qu'avec un certain dédain. A ce propos, le Père Rapin raconte que le cardinal déclarait que, de toutes les sectes engendrées en Angleterre par le Protestantisme (sectes qu'il avait vues de près lorsqu'en 1660 il visita Charles II), « il n'en avoit point trouvé de moins raisonnable que celle des Jansénistes qui lui paroissoit absurde de toute manière. » — « Et l'évêque de Verdun (Armand de Mouchy d'Hocquincourt) me dit..., ajoute le Père Rapin, qu'il l'avoit ouï parler de la sorte de cette doctrine ou plutôt de cette cabale, à laquelle on l'avoit cru attaché, pour donner plus d'idée de l'éloignement et même de l'aversion qu'il en avoit et dont il vouloit persuader le public pour mieux faire sa cour. » Et précisément à la même époque, pendant qu'il affectait de tourner le dos à ses anciens amis les Jansénistes et se déclarait hautement leur adversaire pour rentrer en grâce, Mazarin donnait pour instruction principale à M. Colbert, le nouvel ambassadeur de Louis XIV auprès de la Cour de Rome, de l'accuser auprès du Pape d'être leur plus puissant protecteur. « L'on publie ici (à Rome), écrivait à l'abbé Charrier l'un des prêtres de la Daterie romaine, que Mgr le cardinal de Retz est en Angleterre, et que M. Colbert, qui n'a pas encore eu audience du Pape, comme l'on m'avoit dit, doit représenter au Pape que le cardinal est chef des Jansénistes et qu'il est parmi les hérétiques, et que, si Sa Sainteté veut députer un vicaire apostolique à Paris, la Cour le soutiendra. Je ne crois pas que Sa Sainteté donne plus dans ce panneau, ni que ledit sieur Colbert ait satisfaction de son ambassade. »

Peu après, les amis de Retz firent encore auprès de Mazarin malade de nouveaux efforts pour qu'il fût réintégré sur son siége; mais l'ombrageux Italien, qui ne pouvait pardonner à ce seul ennemi, se montra inflexible. Retz, pour se venger, fit un nouveau retour vers ses anciens amis. Guy Joly nous apprend que, pour faire peur au ministre, ils composèrent une belle lettre adressée au Clergé de France, dont le cardinal de Retz était censé l'auteur, et dans laquelle, après avoir reproché à Mazarin son extrême dureté, il prenait un ton menaçant. Cette lettre, lui ayant été soumise, reçut son approbation; il la fit imprimer en latin et en français, et, après quelques hésitations, ayant appris que Mazarin, quoique dangereusement malade, était de plus en plus intraitable et exigeait sa démission pure et simple, il la fit répandre à profusion.

La mort du favori (9 mars 1661) n'apporta aucun changement à la déplorable situation du cardinal de Retz. Mazarin lui avait fait dans son testament un legs de haine, si fortement motivé, que Louis XIV opposa longtemps la plus grande résistance aux pressantes sollicitations du prélat. Retz, croyant que désormais le seul obstacle à son accommodement était l'accusation de jansénisme, adressa au Pape et à plusieurs cardinaux de ses amis une nouvelle lettre dans laquelle il essayait de se laver de ce soupçon. Voici ce qu'écrivait de Rome, à cette occasion (27 juin 1661), un M. de Lavau, dont j'ignore la qualité, mais qui devait être un de ces agents diplomatiques secrets que Louis XIV entretenait dans cette ville : « Les lettres que le cardinal de Retz a écrites au Pape et aux cardinaux Barberini, Borromée, Chigi et Rospigliosi n'ont pas fait en cette Cour le bruit qu'il s'étoit figuré. Il présume fort de lui et montre croire n'être pas si mal dans l'esprit du roi que tout le monde s'imagine ; il s'excuse envers le Pape de l'union trop grande qu'on lui reproche avec les Jansénistes, alléguant pour raison que la grande assistance d'argent qu'il en recevoit étoit cause de la partialité qu'il montroit pour eux. Tout le monde généralement a loué le roi de la résolution qu'il a prise d'extirper entièrement cette hérésie, et ce qui a été fait au Port Royal par son ordre a été également approuvé. On attend ici avec impatience les résolutions du Conseil général qu'on écrit de France se devoir tenir à Fontainebleau [1]. »

Cependant les mois s'écoulaient et Retz ne voyait aucun changement à sa triste position. Dans son impatience de rentrer en France, après six ans d'exil, il écrivit de nouveau au Pape pour se disculper de l'accusation de jansénisme. « Il y a quelques semaines, disait dans une dépêche adressée à Brienne le comte de Lyonne (Rome, 15 août 1661), que ledit cardinal écrivit au Pape tout de sa main, et la lettre étoit de six pages, et, depuis, il n'en est venu aucune autre, et même il en envoya, sur la même teneur, par quatre ou cinq voies, afin qu'elle fût rendue au Pape, et la dernière étoit sur la fin un peu différente des autres sur le sujet de justifier qu'il n'a jamais été et ne sera jamais janséniste et que ce ne sont que ses ennemis qui font courir ce bruit.... La lettre donc qu'il a écrite au Pape est comme une justification qu'il n'a jamais été janséniste et en produit plusieurs raisons et proteste à Sa Sainteté que, s'il étoit à son église, ces désordres n'arriveroient jamais, et que, s'il plaît à Sa Sainteté de le rétablir, il veut tout aussitôt mettre la main à dissiper le Jansénisme, et que cependant il est au désespoir de quoi tout se fait en son nom sans qu'il ait connoissance de rien, étant bien fâché de voir continuellement des choses mal faites et au préjudice de l'Église et qu'il y va de la conscience du Pape à laisser son troupeau sans pasteur, et qu'il supplie Sa Sainteté d'employer

---

1. Je dois communication d'une copie de cette dépêche à M. Aimé Champollion, le très-obligeant érudit, qui a donné la meilleure édition des *Mémoires* du cardinal de Retz. — Je ne serais pas étonné que ce M. de Lavau qui écrivait ainsi de Rome, et qui avait un pied dans les Affaires étrangères, ne fût autre que celui qui devint bientôt l'abbé de Lavau et plus tard (grâce à Colbert) membre de l'Académie française. On voit, dans sa Notice par d'Olivet, qu'il put être à Rome vers ce temps-là et qu'il essayait de faire son chemin dans la diplomatie.

son autorité pour son rétablissement, espérant qu'il ne rencontrera pas beaucoup d'obstacles dans l'esprit du roi et des reines, faisant, après, un éloge de leur piété et bonté, etc. » Ce récit d'un témoin, qui avait été envoyé à Rome pour y surveiller les manœuvres de Retz, offre tous les caractères possibles d'exactitude et de sincérité. Suivant le Père Rapin, la dépêche du cardinal renfermait la déclaration formelle « qu'il se soumettoit aux Constitutions et qu'il renonçoit au Jansénisme ; qu'il disoit anathème aux cinq Propositions condamnées par le Saint-Siége, etc. » Il ajoute que le nonce montra une copie de cette lettre aux grands vicaires du cardinal, et que ceux-ci consentirent à casser un autre Mandement suspect de Jansénisme. Le Pape, à l'occasion de cette lettre de Retz, dit à son entourage « qu'il n'avoit été janséniste que par ambition et par cabale, » ce qui est en effet le dernier mot sur la question.

Après cette éclatante démarche, le cardinal de Retz écrivit à Louis XIV et à la Reine-mère des lettres pleines de respect dans lesquelles il s'excusait du refus qu'il avait fait jusque-là de donner sa démission pure et simple, en alléguant pour motif les procédés blessants de Mazarin à son égard. « Il assuroit Leurs Majestés d'une soumission parfaite à leurs volontés, et d'être prêt à renoncer à tous ses intérêts, lorsqu'il ne s'agiroit plus de ceux de la conscience et de l'Église [1]. » Tout à fait maté et se confiant pour dernier recours dans la magnanimité du jeune roi, il se démit enfin de son archevêché sans condition. Louis XIV, touché de cet acte suprême de soumission du vieux frondeur et de son semblant de désintéressement, lui offrit aussitôt l'abbaye de Saint-Denis, dont les revenus étaient considérables, deux autres abbayes, 50 000 livres comptant, en attendant l'expédition des bulles de son successeur et le règlement de l'énorme arriéré des revenus de l'archevêché de Paris, mis sous le séquestre. On avait désigné comme son successeur M. de Marca, archevêque de Toulouse, ardent adversaire des Jansénistes, et l'on ne voit pas que Retz ait fait la moindre objection contre un tel choix, qui menaçait d'être si préjudiciable à ses anciens alliés. Il avait hâte d'en finir, et, après une vie si agitée, d'aller chercher le repos et le bien-être, auprès de quelques amis intimes, dans sa terre de Commercy, où il dut se fixer rigoureusement, sans en sortir, jusqu'à l'installation de M. de Marca.

Par une étrange circonstance, le nouvel archevêque, qui avait été nommé le 26 février 1662, mourut le 9 juin suivant, le jour même de l'arrivée de ses bulles, et les Jansénistes ne manquèrent pas de voir dans cet événement une vengeance du Ciel. Les plus remuants du parti écrivirent alors une lettre des plus pressantes au cardinal de Retz pour le dissuader de tout nouvel accommodement .

---

1. *Mémoires* de Guy Joly.

avec la Cour; mais il ne prêta aucune attention à ces démarches, et, un mois après, M. de Péréfixe fut désigné comme archevêque de Paris. Une singulière fatalité semblait poursuivre le cardinal de Retz. L'expédition des bulles du nouvel archevêque fut retardée fort longtemps encore par la terrible affaire du marquis de Créquy, ambassadeur de Louis XIV, avec le Pape Alexandre VII : affaire qui se termina par l'érection d'un obélisque, pour rappeler l'injure et la réparation, et dont l'idée fut secrètement suggérée au roi, qui le croirait? par le cardinal de Retz lui-même. Mais, en attendant les bulles, comme Retz ne pouvait toucher les revenus de son abbaye de Saint-Denis non plus que les arriérés de l'archevêché de Paris ; qu'il ne pouvait apaiser les clameurs de ses créanciers, ni sortir de Commercy (fût-ce même pour se rendre à Paris auprès de son père dangereusement malade, qu'il n'avait pas vu depuis sa prison et qui mourut à l'Oratoire le même jour que M. de Marca, sans qu'il pût lui fermer les yeux), exaspéré d'une telle situation, il passa des impatiences les plus vives à des éclats de colère sans nom. Guy Joly, qui s'attache à expliquer tous ces longs retards afin de jeter un blâme sur le cardinal, a fait un curieux récit de son état moral à cette époque : « Si le cardinal de Retz eût bien voulu faire attention à tout cela, il auroit pris patience de meilleure grâce, et ne se seroit pas laissé transporter, comme il faisoit à tous moments, à un dépit outré, qui lui faisoit dire et faire mille extravagances, jusqu'à jurer grossièrement que, pour se venger de la Cour, il quitteroit son chapeau et se feroit moine à Breuil, petit monastère de Bénédictins à la porte de Commercy. Il se fâchoit sérieusement contre ceux qui rioient de ses boutades, et cela me fait souvenir encore d'une saillie plus ridicule et plus indigne de son Éminence, saillie qu'il ne manquoit jamais d'avoir quand il recevoit quelque mécontentement du Pape. Il disoit donc que, pour le faire enrager, *il se feroit huguenot* et qu'*il écriroit ensuite contre Rome d'une terrible manière.* Par là il est aisé de juger que la bile et la colère régnoient avec une violence extraordinaire dans le tempérament du cardinal.... Des murmures on passa aux imprécations quand on apporta la nouvelle de la nomination de M. de Rhodez (Hardouin de Péréfixe) à l'archevêché de Paris ; mais les vacarmes, les emportements et les malédictions allèrent dans les derniers excès, quand on sut l'insulte qui avoit été faite à Rome au duc de Créquy, dont le cardinal jugea bien que le contre-coup tomberoit nécessairement sur lui, en arrêtant les bulles du nouvel archevêque. » On reconnaît bien ici le Retz de la Correspondance avec l'abbé Charrier qui menaçait le Pape de se faire janséniste, comme il menace maintenant de se faire huguenot. Il est vrai que cette dernière menace, comme le disait fort bien Joly, n'était qu'une boutade, mais une boutade pour le moins assez singulière dans la bouche d'un cardinal.

III

Retz depuis sa démission. — Son existence et son train de vie à Commercy. — Embarras et dettes. — Louable résolution. — Influence de Dom Hennezon, directeur. — Nobles qualités. — Infirmités et maux. — Dessein de pénitence. — Idée de renvoi du chapeau. — Opinions diverses des contemporains. — Sa dernière maladie. — Un point obscur sur sa mort.

Le cardinal de Retz, de retour à Commercy, seigneurie dont il était damoiseau et qui lui venait du chef de sa mère, Marguerite de Silly, ainsi que la principauté d'Euville, ne négligea rien pour embellir cette retraite et pour s'y créer toutes les distractions et les douceurs d'une vie épicurienne. Il choisit pour sa résidence le château haut de la ville, en fit raser les tours, y fit construire une belle galerie et des bâtiments à la moderne qui lui coûtèrent plus de cent mille livres. L'appartement qu'il s'était fait préparer fut orné de meubles dans le goût de ceux de son amie intime, madame de Sévigné, qui lui en fournit les modèles, et des portraits de ses aïeux, les Gondi, qu'il fit venir de sa terre de Villepreux. Il s'amusait à dessiner ses jardins, à y planter des arbustes rares que lui fournissait La Quintinie, le célèbre agronome, à faire grimper autour de ses croisées des plants de vigne de Virginie. Sa maison fut montée sur un grand pied ; il eut une table recherchée et somptueuse, moins pour lui qui n'attachait pas grand prix à la bonne chère, que pour ses visiteurs, et, bien qu'il fût assailli de tous côtés par une nuée de créanciers, il dépensa plus de cent mille livres en vaisselle plate. En réminiscence des usages de quelques grands seigneurs romains, il eut un maître de musique, un maître-violon, d'autres musiciens, des chanteurs et jusqu'à une « *cantatrice.* »

Il organisa une faisanderie, qui fut peuplée par les soins de madame de Lameth, et une vaste ménagerie où il aimait à voir s'ébattre des cerfs, des sangliers, des chevreuils, qui lui avaient été envoyés par le grand Condé. Il fit creuser un vivier, et l'un des plus agréables passetemps de cet homme qui avait troublé si longtemps le monde, c'était d'y jeter du pain à ses truites. Parfois, enfermé dans sa bibliothèque, au milieu de ses nombreux manuscrits, de ses livres rares d'un choix exquis et ornés de riches reliures à ses armes, il faisait ses délices des chefs-d'œuvre des anciens et des modernes. Comme sa vue était fort basse, il portait constamment des lunettes et se servait d'un pupitre pour ses lectures. Entre autres curiosités, il possédait un corps de Bibles en plusieurs sortes de langues qu'il pouvait lire presque aussi facilement en hébreu et en grec qu'en latin et en italien. Un de ses plaisirs les plus vifs était de parcourir à la dérobée les Gazettes de Hollande qui le tenaient au courant des nouvelles vraies ou fausses, prohibées à la frontière.

De nombreux visiteurs et du plus haut monde venaient animer cette solitude, dont la conversation de Retz, si étincelante de verve et d'esprit, était le charme suprême. C'était un passage continuel de princes, de grands seigneurs, de cardinaux, de prélats : le duc de Navailles, le cardinal de Bouillon, les évêques de Meaux, de Verdun, de Châlons, de La Rochelle ; d'intimes amis, tels que MM. de Caumartin, de La Houssaye, de Corbinelli, les abbés Charrier, de Hacqueville, de Pontcarré, qui lui formaient comme une petite cour pendant une bonne partie de l'année.

Parfois ces distractions lui paraissaient insuffisantes, et, lorsque, après la nomination de M. de Péréfixe, il eut enfin la permission de s'absenter de Commercy, il fit plus d'une fois des fugues à Paris, mais dans le plus grand secret, afin d'échapper à la curiosité des importuns. Causeur comme on en vit peu au dix-septième siècle, il y recherchait avidement la société de spirituelles et charmantes femmes, ses amies dévouées à divers titres, de sa nièce, madame de Lesdiguières, de madame de Caumartin, de madame de La Fayette, surtout de madame de Sévigné qui lui donnait le rare plaisir d'entendre Corneille, Molière et Boileau, débiter leurs nouveaux chefs-d'œuvre. Je le surprends aussi en grande et mystérieuse relation, malgré les injures du temps, avec son ancienne et coquette amie (du temps de la fameuse retraite de Saint-Lazare) madame de Pomereu, avec laquelle, dès son retour à Commercy, il se reprit à entamer une secrète et active correspondance. Malgré le soin qu'il prenait de se cacher, son arrivée dans la grande ville était bien vite ébruitée et faisait événement. « Je m'étonne, écrit-il à un de ses amis (4 janvier 1672), de ce que l'on parle encore de mon voyage à Paris, car personne du monde n'en savoit rien ici, et je n'en ai même écrit à personne ; mais vous savez que l'on n'est jamais trois mois sans renouveler ce bruit duquel, ce me semble, on devroit pourtant être las. »

Dès qu'il fut entré en possession de son abbaye de Saint-Denis, il s'occupa du fond de sa retraite à l'administrer avec vigilance au spirituel et au temporel; et, à défaut de la gestion des affaires publiques qui lui avait toujours échappé, il se complaisait, deux fois la semaine, à rendre justice à ses vassaux dans un certain appareil.

Depuis son retour à Commercy, ses créanciers, à qui il devait plus de trois millions, ne lui laissaient ni paix ni trêve. Les lettres et billets souscrits pleuvaient sur le château, et il était sans cesse menacé de nombreuses saisies. Une fois il craignit, ce qui eût fait un terrible scandale, que les revenus de son abbaye de Saint-Denis ne fussent atteints par un jugement, et, vers 1666, il fut même sur le point de voir éclater sa banqueroute. Pendant près de dix ans, il en fut réduit, malgré ses grands revenus et par suite de ses folles dépenses, à vivre d'expédients, pour faire face aux pressantes réclamations de gens dont plusieurs, depuis vingt ans, n'avaient pas touché une obole. Il donnait des à-comptes à ses créanciers, leur payait des pensions, mais il ne pouvait se résoudre à s'imposer les derniers sacrifices pour se libérer. Plus d'une fois, un de ses amis, homme riche, habile en matière de finances, et qui s'était chargé du soin d'éteindre peu à peu ses dettes criardes, le sauva d'une catastrophe en lui faisant des avances considérables.

Ce ne fut qu'en 1670, que Retz prit enfin un parti aussi honorable que décisif pour sortir de cette déplorable situation. Le 21 juillet, il écrivait à cet ami pour lequel il paraît avoir éprouvé la plus vive et la plus durable reconnaissance : « Après avoir fait toutes les réflexions nécessaires à l'état des choses, j'ai pris ma résolution dernière qui est de laisser tout mon bien à mes créanciers, à la réserve de la terre de Commercy, et dix mille livres sur le surplus, bien entendu que mes créanciers payent l'usufruit de la terre à M. de Lillebonne. Je suis persuadé qu'ainsi il se pourra trouver quelque jour à mes affaires et qu'au moins mes créanciers reconnoîtront que je n'oublie rien pour les satisfaire. Je prétends commencer cette manière de vie le premier jour (d'octobre) et vous pouvez faire état sur cela, ma résolution étant prise et tellement formée que rien sur la terre ne la peut faire changer.... Examinez, s'il vous plaît, avec M. de Hacqueville le détail de ce que je dois faire dans ce moment pour assurer au moins mon repos dans cette manière de vie. » Il ajoutait plus loin qu'il ne voulait se réserver en tout que 24 000 livres de revenus. L'année précédente, pour éviter des saisies, il avait été sur le point de vendre sa vaisselle d'argent. Outre les revenus de ses abbayes de Saint-Denis, de Buzay, de Quimperlé, de La Chaume et d'autres bénéfices, sans compter ceux de plusieurs de ses terres, telles que sa seigneurie de Villepreux, sa principauté d'Euville, Retz s'était réservé la jouissance de sa terre de Commercy, qu'il avait vendue, dès 1660, au duc de Lorraine, Charles IV, au prix de 360 000 livres. Il avait de plus touché l'arriéré des riches revenus de son archevêché de Paris, mis en régale et séquestrés pendant sept ans, par suite de l'impossibilité où il s'était trouvé de prêter serment en personne à Louis XIV. Mais le total de toutes ces sommes réunies ne saurait nous expliquer comment il a pu, de 1670 à 1679, époque de sa mort, s'acquitter de plus de trois millions de dettes[1]. On est donc conduit à supposer ou que Louis XIV ne se contenta pas de lui donner 50 000 livres dès son arrivée à Com-

---

1. « Il a payé plus de trois millions de dettes contractées à une époque qu'il appeloit *le temps de sa jeunesse* et de ses égarements. » (Portrait at-

mercy, ou que le roi d'Angleterre, d'après le témoignage de Guy Joly, lui fit remettre dans le plus grand mystère d'énormes sommes d'argent pour qu'il facilitât la promotion de M. d'Aubigny, son parent, au cardinalat. Lorsqu'on se rappelle que la plupart des grands seigneurs de cette époque traitaient leurs créanciers de la même façon que Don Juan M. Dimanche, et combien était vive et prononcée la passion de Retz pour le faste et la dépense, devenus en quelque sorte pour lui un besoin, on ne peut s'empêcher, avec madame de Sévigné, d'admirer et de louer une action si rare. Mais quel fut le point de départ, la cause secrète d'une si ferme et si honorable résolution? A quelle inspiration faut-il la rattacher? Retz céda-t-il à un mouvement de délicatesse et d'honnêteté purement humain? Après un examen attentif de plusieurs documents inédits, de certains rapprochements de faits et de circonstances qu'il serait trop long d'examiner ici, je crois pouvoir dire que ce premier retour marqué vers le bien, vers la pratique des idées morales, lui fut suggéré à cette époque par un respectable religieux, qui, depuis longtemps, avait su gagner sa confiance. Ce fut comme un premier pas, comme un acheminement à un acte d'une plus grande importance dans la vie du cardinal : je veux parler de son dessein déclaré de conversion. Depuis son arrivée à Commercy, Retz avait introduit dans son intimité un parent de son écuyer Malclerc, Dom Hennezon, qui figure dans les Mémoires de Guy Joly sous le nom d'abbé de Saint-Avaux, et qui était depuis peu abbé de Saint-Mihiel, monastère situé à une petite distance de Commercy. C'était un pieux et savant bénédictin, en même temps qu'un homme d'esprit, un personnage important, fort estimé, et grand ami des Jansénistes dont il avait embrassé la doctrine. En 1667, le cardinal l'avait emmené à Rome pour un conclave et l'y avait fait son auditeur et son théologien ; puis, l'année suivante, il avait obtenu pour lui l'abbaye de Saint-Mihiel que le digne abbé accepta après avoir résigné celle de Saint-Avaux. « Dom Hennezon, dit le docte Dom Calmet, avoit le talent de manier les affaires avec beaucoup de dextérité et de discernement, mais jamais aux dépens de l'équité et de la droiture ; sa candeur, jointe à une éloquence qui lui étoit naturelle, lui concilioit les cœurs ; c'étoit assez, pour persuader, qu'il parlât. Les rois, les princes, les cardinaux, les évêques l'honoroient de leur bienveillance et de leur estime. Il avoit surtout la confiance de la princesse Marie de Lorraine, duchesse de Guise. Elle se régloit sur ses avis et lui communiquoit ses plus secrètes et importantes affaires :... elle voulut qu'il fût le chef de son Conseil de conscience.... Le cardinal de Retz, ajoute Dom Calmet, n'avoit pas moins de considération pour Dom Hen-

tribué à Saint-Évremond) — Voir aussi la lettre adressée au comte de Bussy-Rabutin, le 24 juin 1678, par madame de Sévigné.

nezon que la princesse de Guise.... Il le préféroit à tous ceux qui lui étoient attachés ; il trouvoit en lui toutes les qualités auxquelles il étoit le plus sensible ; s'étant retiré dans sa terre de Commercy, il profitoit du voisinage de Saint-Mihiel pour lui rendre de fréquentes visites. Une de ses plus grandes satisfactions étoit de s'entretenir avec lui, comme un ami avec son ami, le consultant dans toutes ses affaires. L'expérience lui fit connoître qu'il ne pouvoit suivre un meilleur conseil ; aussi eut-il soin d'y déférer pendant le reste de ses jours ; son attachement pour Dom Hennezon alla si loin qu'il voulut se faire religieux de Saint-Mihiel, etc. » Madame de Sévigné, qui avait vu quelquefois cet abbé auprès du cardinal, en parle comme d'un homme tout à fait recommandable. Quant au Père Rapin, cela va sans dire, il lui donne en passant un petit coup de griffe, et pour cause. « Dans son séjour à Commercy, dit-il en parlant de Retz, il ne laissa pas de souffrir le commerce d'un abbé bénédictin de Saint-Avold (lisez Saint-Avaux), ennemi déclaré des Jésuites, qui se mit bien dans son esprit par ses discours aux dépens de ces Pères, mais sans autre dessein que de décharger par ces entretiens sa mauvaise humeur, et de se désennuyer, par ce commerce, d'une vie trop sombre et trop oisive. »

Heureusement nous avons de meilleurs témoins et d'une autorité plus directe pour apprécier le digne religieux à qui le cardinal de Retz donna toute sa confiance, qu'il initia à ses plus secrètes affaires, et à qui il en confia plus d'une fois l'administration, en attendant qu'il remît entre ses mains la direction de sa conscience. Plusieurs lettres inédites de Retz et de Dom Hennezon me montrent toute l'intimité qui existait entre eux, et l'espèce de direction morale qu'exerçait l'abbé sur l'âme du cardinal, à l'époque critique où nous sommes et à dater de laquelle une notable partie de lui-même s'améliora.

Voici ce que Retz écrivait de Châlons, le 17 mars 1671, à l'ami chargé du règlement de ses dettes : « J'ai donné samedi rendez-vous à Commercy à M. l'abbé de Saint-Miel (Mihiel) pour y régler sur le nouveau plan la conduite de ma subsistance ; assurez-vous qu'elle ne dépassera jamais d'un sol sa destination, et je vous écrirai sur cela le détail que je me propose, après que j'en aurai conféré avec M. l'abbé de Saint-Miel. » Deux jours après, ainsi que le constate lui-même dans une lettre Dom Hennezon, le cardinal avait fait « de grands retranchements sur sa table, » et adopté le plan concerté entre eux.

De nombreux documents inédits me découvrent tout un ordre de faits qui prouvent qu'un profond changement s'était opéré dans les idées et la conduite du cardinal. Ainsi je constate par des preuves irrécusables, non équivoques, qui certainement n'étaient pas destinées à voir le jour, qu'il eut dans la vie privée bien des côtés nobles et élevés. S'il n'eût pas été prêtre, et prêtre malgré lui, sa conduite n'eût assurément pas présenté, sous un jour si odieux, ce caractère presque constant et invétéré de duplicité qui fut comme la conséquence inévitable et fatale de sa vocation forcée. Nous aurions eu, il est vrai, un diplomate peu scrupuleux sur les moyens, comme la plupart des grands seigneurs de son temps qui se mettaient si facilement au-dessus des lois de la morale ordinaire, mais on lui eût pardonné plus facilement en considération de son beau génie et de quelques généreux instincts. « Cet homme si fidèle aux particuliers, » comme le disait si justement Bossuet, cet homme double et triple d'aspect eut des amis à toute épreuve, dans la bonne comme dans la mauvaise fortune, des amis qui l'aimèrent jusqu'à la fin avec tendresse. Il suffit de lire les lettres de madame de Sévigné pour n'avoir aucun doute sur ce point. « Jamais ami n'a été plus chaud, écrivait Saint-Évremond ; il exposa pour les siens sa fortune et sa vie. Personne n'a plus aimé la magnificence, et il donnoit si noblement qu'il paroissoit être obligé à ceux qui recevoient ses profusions. » Ce ne sont pas les témoignages et les assertions intéressées de Guy Joly et de quelques autres domestiques dont Retz ne put satisfaire les convoitises, qui doivent seuls peser dans la balance, c'est aussi l'affection qu'eurent pour lui la divine marquise, M. Vialart, évêque de Châlons, MM. de Caumartin, Corbinelli, les abbés Charrier, de Pontcarré et de Hacqueville, sans parler de plusieurs hommes considérables.

Dès son arrivée à Commercy, le cardinal avait fondé, parmi les gens riches, une association charitable pour le soulagement des pauvres dans leurs maladies, et tous les ans il donnait sept cents francs sur sa cassette au chirurgien attaché à cette œuvre. Non-seulement il soutenait ses parents dans la gêne, tel, par exemple, qu'un certain baron de Gondi, fort mauvais sujet, à qui il avait donné un refuge dans son abbaye de Buzay, mais il payait fort secrètement et fort généreusement des pensions à ses amis dans le besoin, à Corbinelli et à d'autres encore. Il faisait tous ses efforts, il usait de toute son influence pour leur faire obtenir des emplois à eux et à leurs enfants. Pour récompenser l'abbé Charrier, qui avait conduit si habilement son affaire du chapeau, il se dessaisissait en sa faveur de son abbaye de Quimperlé d'un assez beau revenu, et il renonçait à je ne sais quel autre de ses bénéfices en faveur d'un autre abbé. « Quand il pouvoit découvrir que des personnes qu'il considéroit manquoient des choses nécessaires, dit Saint-Évremond, il trouvoit mille moyens ingénieux pour soulager leur besoin et pour ménager leur amour-propre. Les dernières années de sa vie, il leur distribuoit, le premier jour de chaque mois, une somme assez considérable qu'il prenoit sur son entretien. » Voici un trait, inconnu jusqu'à ce jour, qui touche à la magnanimité, et qui console un peu après tant de faiblesses et de misères. Un jour, un de ses domestiques, nommé de Beauchêne, à qui il avait assuré une pension viagère, l'insulta grièvement. Il ne tenait qu'à Retz de lui retirer cette pension, mais il eut la grandeur d'âme de de la lui laisser, se contentant, malgré ses supplications et ses excuses, de lui fermer à jamais la porte du château. « Il étoit agréable et complaisant. Il découvroit le fond de son âme à ses amis, sans penser qu'aucun d'eux pût ou osât abuser de sa confiance. Personne n'étoit plus honnête avec ses égaux et ses inférieurs ; mais, quand il se croyoit blessé par les procédés de gens plus élevés que lui, aucune considération ne pouvoit arrêter ses hauteurs et ses ressentiments [1]. »

M. Sainte-Beuve a parlé de l'hospitalité qu'il offrit à Nicole dans son abbaye de Saint-Denis [2]. Un passage d'une lettre inédite qu'il écrivit à cette occasion à l'un de ses religieux nous apprend avec quelle générosité il lui ordonna d'y préparer un logement pour le vertueux solitaire : « Je sais bien, lui dit-il, que ce seroit une affaire de mettre cette maison en état, mais je crois que ce n'en est pas une d'y mettre un appartement, et quand même il y auroit en cela quelque dépense, je la ferois de très-bon cœur pour un si bon sujet et qui m'est recommandé par M. de La Houssaye. »

La brouille de Retz avec les Jansénistes n'existait plus alors ; il s'était même tout à fait rapproché d'eux. Lorsque, en 1668, eurent lieu les préliminaires de la Paix de l'Église sous le pontificat de Clément IX, qui devait assoupir pour quelques années la querelle du Jansénisme, le cardinal, afin sans doute d'expier autant qu'il était en lui tant de graves torts envers des amis si chauds et si dévoués, s'entremit avec empressement pour donner une heureuse issue à cette affaire ; « et l'on peut dire, ajoute le Père Rapin à qui l'on doit ce détail, qu'il fut l'un de ceux qui contribuèrent le plus à l'accommodement qui auroit eu sans lui bien des difficultés. » C'est là un de ces dénoûments auxquels on ne se serait guère attendu après l'offre si odieuse faite à la Reine et au Pape « d'*exterminer* » les Jansénistes, si on le rétablissait sur son siége. Mais, avec Retz, il ne faut s'étonner de rien.

Dans sa retraite de Commercy, il était bien apaisé, bien revenu de ses erreurs de la Fronde ; le fier Catilina de 1648 était devenu le plus humble, le plus empressé, et, disons-le, le plus embarrassé des courtisans. Il était à l'affût de tous les passages du roi aux alentours de Commercy, et courait à Nancy ou à Verdun recueillir

---

1. Œuvres de Saint-Évremond, édition d'Amsterdam, 1701. — Nous devons dire que ce portrait de Retz, attribué à Saint-Évremond dans cette édition de ses Œuvres et accueilli par Musset-Pathay dans son travail sur Retz, pourrait bien ne pas être du spirituel exilé auquel on le prête, mais dont il ne porte pas le cachet ; il est du moins d'un contemporain bien informé. Nous citerons plus loin Saint-Évremond avec plus de certitude.

2. *Port-Royal*, tome IV, p. 477.

avidement quelques bonnes et affectueuses paroles du jeune monarque qui lui avait rendu toute sa confiance et qui, plus d'une fois, sut utiliser dans les conclaves ses rares talents de diplomate. Une fois même, suivant Dom Calmet qui doit être bien renseigné sur un fait de cette importance, le vieux conspirateur, qui portait alors le titre fastueux de damoiseau souverain de Commercy et de prince d'Euville, reçut Louis XIV dans son château. Après la vie si peu sage qu'il avait menée pendant la Fronde et durant son exil, il se voyait envahi peu à peu par de cruelles infirmités : « J'ai eu ces jours passés, écrivait-il à un ami en 1669, un mal assez bizarre qui est une manière de migraine qui a eu ses accès depuis neuf jours, aussi réglés qu'une fièvre. Celui d'hier n'a fait que marquer, en sorte que m'en voilà quitte, mais je ne le suis pas de la goutte qui me tient au lit par le pied. » La goutte, en effet, ne cessa de le tourmenter pendant plusieurs années. En 1671, il en était réduit à se réjouir de l'avoir à la main, parce que cela, disait-il, lui faisait du bien aux yeux. Dans plusieurs lettres inédites, écrites de sa main, je vois que ces maux d'yeux qui, parfois, étaient « *terribles*, » ne le quittaient presque jamais et le forçaient à porter presque constamment des « *bésicles*. » L'éclat éblouissant de la neige lui causait surtout d'insupportables douleurs ; pour s'en garantir, il portait des « *bésicles vertes*. » — « Envoyez-m'en deux paires si vertes, écrivait-il à un ami, qu'elles fassent paroître de la même couleur tout ce qu'on voit à travers. » Ajoutez, par surcroît, des fluxions, des douleurs de rhumatisme, et, pour complément, une sciatique qui lui survenait en 1672 et en compagnie de laquelle il ne pouvait faire un pas sans être soutenu. Vers les dernières années de sa vie, il allait toujours s'affaiblissant, et madame de Sévigné pouvait dire sur la fin que son existence était comme « *une langueur*. » Une seule chose survivait en lui, cette vive imagination de la jeunesse, cette flamme étincelante de l'esprit qui semblait s'être ranimée comme pour lui dicter, sur les derniers confins de la vie, ses immortels Mémoires.

Telle était la situation de l'illustre malade, lorsqu'il songea ou parut songer assez sérieusement pour la première fois à faire pénitence. Depuis longtemps il avait dit adieu à ses rêves d'ambition ; il était dépouillé de son titre et de ses fonctions d'archevêque ; il se consumait d'ennui dans l'oisiveté ; après cette vie de luttes et d'orages, où il s'était joué comme dans son élément, le repos ne pouvait être pour lui qu'un supplice, le plus cruel de tous les supplices, et la solitude un cercueil. Il n'est donc point surprenant que Retz, en ces heures de détresse où tout lui échappait, ait tourné sincèrement les yeux vers le Ciel. Les maux dont il était accablé, les regrets et les dégoûts qui remplissaient son âme furent de solennels avertissements auxquels il ne put se soustraire. Son activité dévorante, n'ayant plus où s'épandre, reflua vers les choses d'en haut. Ce retour de conscience qu'il fit sur lui-même avait été préparé peu à peu par Dom Hennezon, le respectable abbé de Saint-Mihiel qui, depuis dix ans, vivait dans son intimité et qui, vers la fin, était devenu son confesseur. Retz avait à revenir de loin, et il ne s'achemina qu'à pas lents et par degrés vers cet acte suprême.

Ici doit trouver place un épisode ou, mieux encore, tout un ordre de relations, qui nous semble avoir laissé une impression profonde dans son esprit et qui n'est peut-être pas étranger à sa résolution dernière de conversion : je veux parler de ses rapports continués ou repris avec l'abbé de Rancé devenu pénitent.

Dans un de ses voyages de Rome, pendant l'été de 1665, on sait qu'il donna l'hospitalité dans son palais à Rancé, qui s'y trouvait alors, député pour la seconde fois auprès du Saint-Siège par les Pères et supérieurs de l'étroite Observance, pour y solliciter la réformation de tout l'Ordre de Cîteaux, et, sur la recommandation de la Reine-mère, fort désireuse du succès, il fit tous ses efforts, bien que vainement, pour la faire agréer par le Pape. L'intimité et la confiance la plus grande régnaient entre le cardinal et l'abbé, depuis longtemps amis, et qui avaient été peut-être compagnons des mêmes plaisirs au temps de la Fronde. Le cardinal, effrayé des austérités de Rancé et craignant qu'il n'en fût victime, lui fit toutes les instances possibles pour le détourner de ce genre de vie et pour l'attirer à sa table : mais l'abbé tint ferme et voulut vivre dans le palais de la même manière qu'au fond de sa cellule. Ce dut être un spectacle des plus touchants pour l'âme jusque-là si profane de Retz, mais si accessible à toutes les choses grandes et extraordinaires, que celui de cet ancien ami, de ce brillant mondain d'autrefois, qui expiait sous ses yeux mêmes, dans toutes les rigueurs de la pénitence, les fautes et les incrédulités de sa jeunesse. Il dut être profondément frappé du contraste, et par une de ces émulations soudaines dont il était capable, il put bien être tenté de l'imiter [1].

[1]. Dans un savant ouvrage qui vient de paraître, l'*Histoire de l'abbé de Rancé et de sa Réforme* par M. l'abbé Dubois (1866), nous trouvons une piquante confirmation de notre conjecture, et même quelque chose de bien au delà. Retz fut tellement touché de l'exemple de Rancé qu'il eut, à un certain moment, la pensée, le croirait-on ? de se faire trappiste ou du moins cette saillie rapide traversa un jour sa vive imagination qui allait aisément aux extrêmes. La sage fermeté de l'abbé de Rancé ne s'y trompa point un seul instant, il résista à ce désir excessif qui se serait bientôt dissipé de lui-même ; et en continuant de correspondre de temps en temps avec le demi-solitaire de Commercy, il sentit que le danger n'était pas dans le trop d'ardeur, et qu'il avait bien plutôt, avec les années, à réveiller en lui l'idée de pénitence, qu'à en modérer les élans. Voici un passage significatif d'une de ses lettres au cardinal de Retz, que cite M. l'abbé Dubois (tome I, page 363) : « Au nom de Dieu, je vous conjure, Monseigneur, de rappeler dans votre mémoire ce que vous eûtes la bonté de me dire la dernière fois que j'eus l'honneur de vous voir à Commercy. Il s'est passé plusieurs années, et l'affaire pour laquelle il me parut que vous aviez

A partir de 1672, nous voyons le noble malade en correspondance suivie avec plusieurs évêques qui devaient l'entretenir des choses de la foi, et nous trouvons entre ses mains l'*Esprit du Bienheureux François de Sales*, par Camus, évêque de Belley. En 1673, il se rend à Saint-Mihiel pour y assister aux fêtes de Pâques, et, l'année suivante, il fait une visite à ses vieux amis de Port-Royal, pendant l'octave du Saint-Sacrement, fort probablement dans des dispositions plus pieuses ou plus graves que ne l'a cru l'ingénieux auteur qui a traité ce sujet.

Enfin, se trouvant à Paris avec Dom Hennezon, au commencement de 1675, comme s'il eût voulu en quelque sorte se proposer pour modèle l'abbé de Rancé, il conçut le dessein extraordinaire de se dépouiller de la pourpre, de quitter entièrement le monde et de se faire religieux dans l'abbaye de Saint-Mihiel. « Il fit, dit Dom Calmet, l'ouverture de son dessein à Dom Hennezon, abbé de ce monastère et son confident, et lui déclara qu'il vouloit renvoyer son chapeau de cardinal au Pape. Dom Hennezon ne s'opposa pas à sa résolution (de religion), mais il lui dit qu'il n'étoit pas nécessaire pour cela de renoncer au cardinalat : que cette dignité n'avoit rien d'incompatible avec la profession religieuse. Le cardinal persista et lui dit qu'il ne vouloit pas faire la chose à demi, ni devenir l'ermite de la foire. Sur quoi il faisoit ce petit conte : Un homme, ayant pris la résolution de se faire ermite, se retira d'abord dans une profonde solitude ; mais n'y trouvant aucune des choses nécessaires à la vie, ni même aucuns des secours de personne pour se guider dans les voies du salut, il se rapprocha de son village et trouva encore quelque chose qui n'étoit pas de son goût ; enfin, après avoir souvent changé de demeure, il alla dans une bonne ville où l'on tenoit une foire. Il s'y plaça, comme en l'endroit qui lui parut le plus propre à son dessein. » Tel était l'ermite de la foire, que ne vouloit pas imiter le cardinal de Retz. Il garda toutefois ses abbayes pour en consacrer tous les revenus au payement de ses dettes qui, d'après ses calculs, devaient être éteintes en peu d'années, et il destina aux pauvres, lorsqu'il aurait réalisé ce plan, ceux de son abbaye de Saint-Denis [1].

Il écrivit aux cardinaux et au Pape pour leur annoncer son

---

tant de passion, tout importante qu'elle est, n'est pas plus avancée qu'elle étoit pour lors. Cependant tout fuit avec une vitesse effroyable, et l'éternité de Dieu s'approche, dans laquelle, comme dans une mer d'une étendue et d'une profondeur infinie, il faut que les vies des hommes les plus illustres et les plus éclatantes se perdent et se confondent. Je m'assure que Votre Éminence ne condamnera point la liberté que je prends, elle sait quel en est le principe, et elle connoît trop le fond de mon cœur ; je la supplie très humblement de croire que rien n'y peut être plus avant, ni d'une manière plus vive et plus inviolable, que le respect et la fidélité que j'ai pour elle. »

1. Lettre de madame de Scudéry à Bussy-Rabutin (25 mai 1675).

projet de quitter en même temps et le monde et la pourpre, afin de se réfugier dans une solitude, et pour les supplier d'approuver sa résolution. Un historien de nos jours s'est demandé si Retz qui était parfois le plus fin des hommes, et qui n'ignorait pas que le titre de cardinal, inhérent à la personne, ne peut jamais être déposé, n'avait pas joué une comédie pour sonder les vraies dispositions de Louis XIV à son égard. Si tel fut son motif secret, ce qui n'est pas invraisemblable, il ne dut pas être satisfait du résultat, car il ne paraît pas, bien qu'on ait dit le contraire, que le roi ait fait la moindre démarche pour s'opposer à son projet. Ce dessein de renoncer au cardinalat, qui était peut-être sans exemple, fut jugé fort diversement par les contemporains. Les uns le louèrent avec admiration ; « ils regardèrent, dit malicieusement un chroniqueur de la Compagnie de Jésus, le Père d'Avrigny, comme un grand triomphe de la Grâce, ce qui, dans un autre, ou dans un autre temps, auroit pu être regardé comme un raffinement de vanité. » Bossuet, à dix ans de distance, croyait fortement à la sincérité de l'acte[1] : « Ferme génie, disait-il en parlant de Retz (et je me plais à m'armer encore une fois de cette haute parole), que nous avons vu, en ébranlant l'univers, s'attirer une dignité qu'à la fin il voulut quitter comme trop chèrement achetée..., et enfin comme peu capable de contenter ses désirs, *tant il connut son erreur et le vide des grandeurs humaines!* » Saint-Évremond, tout sceptique qu'il était sur bien des choses, ne paraît pas non plus avoir douté de la droiture de l'intention[2]. D'autres, au contraire, ne virent dans cette solennelle abdication qu'un extrême désir de faire du bruit à tout prix. La Rochefoucauld, qui jugeait le Retz d'alors par le Retz d'autrefois, et qui lui croyait « *peu de piété* » sous « *quelque apparence de religion,* » écrivait à madame de Sévigné : « La retraite qu'il vient de faire est la plus éclatante et la plus fausse action de sa vie ; c'est un sacrifice qu'il fait à son orgueil, sous prétexte de dévotion ; il quitte la Cour où il ne peut s'attacher, et il s'éloigne du monde qui s'éloigne de lui. » — « Si le cardinal de Retz, écrivait de son côté Bussy-Rabutin à madame de Scudéry (27 mai 1675), ne l'ayant jamais été, en refusoit le chapeau, je

---

1. *Oraison funèbre de Michel Le Tellier.*
2. C'est dans ses *Réflexions sur la Religion* que Saint-Évremond ne trouve rien de mieux, pour appuyer ses remarques, que l'exemple du cardinal de Retz. En le citant, il ne blâme ni n'approuve ; il semble admettre la sincérité du cas ; mais il se plaît à montrer la contrariété des jugements du monde : voici le passage : « Quand il s'est fait cardinal par des intrigues, des factions, des tumultes, on a crié contre un ambitieux qui sacrifioit, disoit-on, le public, la conscience, la religion à sa fortune. Quand il quitte les soins de la terre pour ceux du Ciel, *quand la persuasion d'une autre vie lui fait envisager les grandeurs de celle-ci comme des chimères,* on dit que la tête lui a tourné, et on lui fait une foiblesse honteuse de ce qui est proposé dans le Christianisme pour la plus grande vertu. »

trouverois l'action bien plus exemplaire ; mais il ne sent plus le plaisir d'avoir cette dignité, qu'on a même avilie par les gens qu'on lui a associés, et il est accoutumé à être cardinal comme un autre à être comte. Si le cardinal de Retz encore, étant premier ministre et tout-puissant, comme nous avons vu le cardinal Mazarin, se déposoit lui-même pour se donner à Dieu, cela feroit un grand effet sur nos esprits ; mais c'est un particulier qui n'est point heureux : il a soixante-dix ans, et il n'est pas sain. Je vous assure, Madame, que ce qu'il fait n'est pas un grand sacrifice, quoiqu'il ne puisse mieux faire et même qu'il soit capable de faire mieux. »

Quelques jours après, il disait, mais avec plus de ménagements, dans une lettre à l'évêque de Verdun (8 juin) : « ... Sans vouloir diminuer le mérite, je vous dirai que, s'il y a un homme de grande qualité qui doive faire un pas comme celui-là, c'est lui. Il a soixante-dix ans ; après le grand bruit et la grande figure qu'il a faits dans le monde, il se trouve sans emploi et abandonné, hors d'un petit nombre d'amis ; il se sent peut-être assez incommodé pour ne croire pas vivre encore longtemps.... Que peut-il faire de mieux que la retraite qu'il fait ? Elle est si belle, en méprisant comme il fait les honneurs, que s'il n'avoit les bonnes intentions qu'il a assurément, il en pourroit tirer vanité. Enfin, Monsieur, je suis bien éloigné de changer ma manière de vie ; mais si j'étois en la place de M. le cardinal de Retz, je ferois ce qu'il fait. »

Madame de Scudéry, qui ne croyait guère à la conversion, écrivait à Bussy à quelque temps de là : « Notre ami le cardinal de Retz quitte son chapeau, mais il ne quitte point, dit-on, madame de Grignan ni madame de Coulanges ; il passe les jours avec ces dames. Que dites-vous de cette retraite ? » Et Bussy, dont l'esprit impitoyable n'épargnait rien, lui répliquait : « Le cardinal de Retz a fait comme font la plupart des capucins en quittant le monde : ils se soûlent de plaisirs sept ou huit jours avant que de prendre l'habit. »

Mais nous avons des témoignages[1] plus sérieux, plus directs, d'un plus grand poids. Madame de Sévigné, qui n'était pas facile à duper et qui voyait fréquemment le cardinal, son allié et son ami intime, ne cessa jamais de croire à l'entière bonne foi du vieux pécheur repentant, et elle le défendit toujours avec une extrême vivacité contre les propos sceptiques et railleurs de plusieurs contemporains : « On ne parle aujourd'hui que de sa retraite, écri-

---

1. L'évêque de Grenoble M. Le Camus, que nous aurons à citer encore tout à l'heure, était moins en garde et en défiance que Bussy ; il écrivait à l'abbé de Pontchâteau, de Chambéry où il était alors, le 12 juin 1675 : « J'ai été ravi d'apprendre de toutes parts ce qu'a fait M. le cardinal de Retz. Voilà ce qu'on appelle des coups de grâce. Qu'avons-nous fait et que pouvons-nous quitter qui approche de cela ? »

vait-elle à sa fille (29 mai 1675), mais chacun selon son humeur, quoique l'admiration soit la seule manière de l'envisager...» Et le 5 juin : « Son âme est d'un ordre si supérieur qu'il ne falloit pas attendre une fin de lui toute commune comme des autres hommes. *Quand on a pour règle de faire toujours ce qu'il y a de plus grand et de plus héroïque*, on place sa retraite en son temps, et l'on laisse pleurer ses amis. » Retz, en effet, et quelque sincères que pussent être ses nouvelles dispositions intérieures, ne pouvait échapper, malgré lui, tout en faisant pénitence, à sa passion pour le merveilleux et le grandiose ; on n'était pas impunément de la génération qui avait applaudi aux héros du grand Corneille. C'était le faible de certains demi-dieux de l'époque, avides par-dessus tout de gloire et de renommée, et qui. la poursuivaient encore jusque sous le cilice et les pratiques de l'humilité chrétienne. Le retour de Retz pouvait donc être parfaitement sincère, même avec tout ce luxe d'ostentation.

Un témoignage fort considérable et qui doit, ce me semble, dominer toutes les rumeurs malveillantes des contemporains, c'est celui de Turenne. Avant de partir pour cette dernière campagne à jamais glorieuse, où il devait trouver la seule fin qui fût digne de lui, le grand homme vint dire adieu à son ami le cardinal de Retz, et voici les paroles que madame de Sévigné met dans sa bouche : « Monsieur, lui dit-il, je ne suis point un diseur, mais je vous prie de croire sérieusement que, sans ces affaires-ci où peut-être on a besoin de moi, je me retirerois comme vous ; et je vous donne ma parole que, si j'en reviens, je ne mourrai pas sur le coffre, et je mettrai, à votre exemple, quelque temps entre la vie et la mort[1]. »

Peu de jours avant que le cardinal quittât Paris, madame de Sévigné trouva chez lui Dom Hennezon, confesseur du prélat. « Nous lui donnons comme en dépôt, écrit-elle à sa fille, la personne de son Éminence. Il me parut un fort honnête homme, un esprit droit et tout plein de raison, qui a de la passion pour lui, qui le gouvernera même sur sa santé et l'empêchera bien de prendre le feu trop chaud sur la pénitence. Ils partiront mardi, et ce sera encore un jour douloureux pour moi, quoiqu'il ne puisse être comparé à celui de Fontainebleau[2]. » — « Ce départ achève de m'accabler, » disait-elle dans une autre lettre.

Le cardinal partit en effet, le 18 juin, de Boissy-Saint-Léger, près du château de Gros-Bois, appartenant à son ami M. de Caumartin. Il était accompagné des abbés de Hacqueville et de Pontcarré, et aussi de son cuisinier et d'un chef d'office qui devaient

---

[1]. Lettre de madame de Sévigné à madame de Grignan (2 août 1675).
[2]. Le jour où madame de Grignan quitta sa mère. (Lettre de madame de Sévigné à sa fille, 7 juin 1675.)

s'enfermer avec lui dans le couvent de Saint-Mihiel, afin d'y pouvoir donner tous leurs soins à sa santé délabrée. « Il nous paroît, ajoutait madame de Sévigné, que son courage est infini : nous voudrions bien qu'il fût soutenu d'une Grâce victorieuse. »

A son arrivée à Saint-Mihiel, les habitants l'accueillirent avec de grands témoignages de respect et se mirent à genoux sur son passage, comme s'il se fût agi de l'arrivée d'un saint. Le cardinal fut si touché de cette démonstration, dont il devait se juger pourtant bien peu digne, qu'il sollicita auprès des ministres le départ d'une garnison qui foulait depuis quelque temps les habitants de Saint-Mihiel, et comme il fut assez heureux pour réussir, un historien de cette ville prétend malicieusement qu'ils attribuèrent au nouveau converti le don des miracles.

Son premier soin, lorsqu'il fut installé dans l'abbaye, fut d'en suivre rigoureusement les exercices ; il se rendait même au réfectoire, les jours maigres, pour y prendre ses repas au milieu des religieux. Mais à peine commençait-il à embrasser une vie si nouvelle pour lui qu'il reçut un bref de Clément X. Le Pape, qui ne pouvait s'imaginer que Retz eût eu la sérieuse pensée de renoncer à une dignité qui imprime comme un caractère ineffaçable et dont il n'est pas permis de se démettre pour que le Sacré Collège soit à l'abri de toutes les intrigues et de toutes les surprises, le Pape lui exprima, sous une forme bienveillante et flatteuse, à quel point il avait été étonné de l'étrangeté de son dessein (*novitate rei*) ; et tout en lui disant qu'il avait la plus grande confiance en sa piété, et la certitude qu'il avait pris cette résolution, « *non dans le désir d'une vaine gloire,* » mais par un pur motif de religion, il lui déclarait qu'il ne pouvait se passer de ses services qui, jusquelà, avaient été fort utiles à l'Église. Il lui rappelait que la principale mission des cardinaux est de remplir auprès du Souverain Pontife l'ancien ministère des Apôtres auprès de Jésus-Christ, et de l'aider de leurs conseils et de leurs œuvres dans la direction de l'Église universelle. Puis, après un éloge quelque peu hyperbolique des mérites et des vertus du prélat, où l'on sent percer cette fine ironie dont les Italiens ont si bien le secret, le Pape lui ordonnait de quitter le cloître et de reprendre son ministère, ce qui ne l'empêcherait pas de se livrer à la vie contemplative. « Si vous avez des ailes qui vous entraînent vers la solitude, lui disait en finissant l'aimable et spirituel Pontife, n'oubliez pas cependant que ces ailes sont liées par les préceptes, de telle sorte que vous ne pouvez les déployer sans permission. »

Madame de Sévigné à qui Retz avait fait la promesse de laisser tous ses biens à la fille de madame de Grignan, et qui d'ailleurs l'aimait avec tendresse, n'avait garde de désirer qu'il restât à jamais confiné dans un monastère. Elle s'entendait avec tous leurs amis communs pour le presser de quitter son désert et d'obéir aux ordres de Rome. Le cardinal, dans la dernière confidence, lui avouait qu'il n'était pas éloigné de céder aux instances du Pape ; mais, pour ne pas avoir l'air de se rendre trop tôt, il se faisait tirer l'oreille. « Si Sa Sainteté, disait la marquise à sa fille (10 juillet 1675), persiste à lui commander de le garder (le chapeau), *il est tout disposé à obéir.* Ainsi toutes les apparences sont qu'il sera toujours notre très-bon cardinal. Il se porte bien dans sa solitude ; il le faut croire quand il le dit. *Il ne m'a point dit adieu pour jamais ; au contraire, il m'a donné toute l'espérance du monde de le revoir, et m'a paru même avoir quelque joie non-seulement de m'en donner, mais de conserver pour lui cette petite espérance.* Il conservera son équipage de chevaux et de carrosses, car il ne peut plus avoir la modestie d'un pénitent à cet égard-là, comme dit la princesse d'Harcourt. Il m'écrit souvent de petits billets qui me sont bien chers. » Et peu de jours après, le 13 du même mois, Retz adressait au Pape une nouvelle lettre, fort pressante, datée de son couvent de Saint-Mihiel (*ex fano sancti Michaelis*), pour le supplier de revenir sur sa décision.

« Il se porte très-bien, je vous en assure, disait coup sur coup madame de Sévigné à sa fille ; ce n'est plus comme cet hiver : le régime et les viandes simples l'ont entièrement remis.... Dieu merci, je ne vois que des gens qui voient son action dans toute sa beauté, et qui l'aiment comme nous. D'Hacqueville veut qu'il ne se cloue point à Saint-Mihiel ; il lui conseille d'aller à Commercy, et quelquefois à Saint-Denis. Il garde son équipage en faveur de sa pourpre ; je suis persuadée avec joie que sa vie n'est point finie.... » (24 juillet.) — Et encore : « Il se porte très-bien, et fait une vie très-religieuse : il va à tous les offices, il mange au réfectoire les jours maigres. Nous lui conseillons d'aller à Commercy. Il sera très-affligé de la mort de M. de Turenne. » (31 juillet.) — « Je vous conseille d'écrire à notre bon cardinal sur cette grande mort ; il en sera touché. L'on disoit l'autre jour en bon lieu que l'on ne connoissoit point d'homme au-dessus des autres hommes que lui et M. de Turenne : le voilà donc seul dans ce point d'élévation. »

Le cardinal par son attitude, par ses airs de Romain, par sa fierté et sa dignité tout extérieure, et par ses maximes politiques tout empreintes d'une grande indépendance, était parvenu à tromper si adroitement certains de ses contemporains sur le fond de son caractère, qu'ils avaient pu le mettre sur le même rang que ce héros et ce grand homme de bien. Retz, depuis son retour en Lorraine, ne négligeait rien pour entretenir cette illusion et pour se donner autant que possible le beau rôle. Ses Mémoires ne sont que le développement, sur bien des points, de ce secret désir ; et, après avoir grandi plus que de raison certains des acteurs de la Fronde, encore vivants, il essayait de ne pas trop se rapetisser et de se placer autant que possible sur le premier plan. Même lorsque l'on serait disposé à n'avoir aucun doute sur la conversion de Retz, on ne pourrait s'empêcher de surprendre en lui cet ardent désir de faire du bruit, de se singulariser par tous les moyens imprévus, par tous les côtés étranges. « M. le cardinal, écrit à sa fille madame de Sévigné, se lève à six heures: *il dit son bréviaire en hébreu :* vous savez pourquoi; il va à la grand'messe, etc » Notons que madame de Sévigné n'est qu'un écho du solitaire. Il n'est pas fâché qu'on puisse dire de lui : *Il sait le grec, ma sœur !*

Madame de Sévigné est inépuisable à son ordinaire et elle multiplie les variations à n'en pas finir sur ce thème de la sincérité des sentiments du noble ermite : « Il dîne sobrement, il lit le Nouveau Testament, ou il écrit jusqu'à Vêpres [1]; il se promène, il soupe à sept, il se couche à dix; il dit de bonnes choses; en un mot, il paroît content. » — « Je vois des gens, qui disent qu'il devroit venir à Saint-Denis, et ce sont ceux-là même qui trouveroient le plus à redire s'il y venoit. On voudroit, à quelque prix que ce soit, ternir la beauté de son action; mais j'en défie la plus fine jalousie.» — « Il s'est mis dans la solitude, disait-elle à son cousin Bussy: que dites-vous de la beauté de cette retraite ? Le monde, par rage de ne pouvoir mordre sur un si beau dessein, dit qu'il en sortira. Eh bien ! envieux, attendez donc qu'il en sorte ; car, de quelque côté qu'on puisse regarder cette action, elle est belle; *et si on savoit comme moi qu'elle vient purement du désir de faire son salut et de l'horreur de sa vie passée, on ne cesseroit point de l'admirer.* »

Le Pape, nous l'avons dit, n'avait garde de consacrer cette abdication du cardinalat qui, jusque-là, était sans précédent, et qui aurait pu entraîner de graves inconvénients à l'avenir, en créant un dangereux exemple. Tout en louant Retz de la pureté de ses intentions, il lui représentait que la dignité dont il était revêtu, loin de nuire à ceux qui veulent faire pénitence, leur donne au contraire de nouvelles forces, et il lui ordonnait de nouveau de la garder. Enfin, après plusieurs mois de silence, comme si l'on eût voulu lui faire sentir que sa renonciation ne devait pas être prise fort au sérieux, le secrétaire du Sacré-Collège, Guido Passionei, eut ordre de lui faire une réponse qu'il rédigea dans un latin des plus pompeux au nom de leurs Éminences : à travers les éloges les plus surprenants, on dirait qu'un malin génie a glissé comme une intention ironique [2]. Il lui rappelait qu'un grand nombre d'hommes

---

1. Peut-être écrivait-il alors ses *Mémoires*, ce qui diminuerait singulièrement la portée de sa conversion.

2. Cette lettre, encore inédite, est datée du 9 octobre 1675. — Sans doute il ne faut s'en prendre qu'au latin cicéronien de la pompe et de la qualité des éloges qui nous font l'effet, à nous, de contre-vérités. Quand on veut écrire en beau latin, on arrondit presque forcément sa phrase, même

éminents, bien que revêtus de la pourpre, avaient su mériter non-seulement les louanges des hommes, mais, qui plus est, conquérir les récompenses éternelles. « Vous avez toujours montré l'exemple des bonnes œuvres, lui disait le prélat secrétaire; vous avez lui comme un phare au sommet d'une montagne : ce serait mettre la lumière sous le boisseau que de vous dépouiller de la pourpre.... Que votre lueur resplendisse non dans le désert, dans un lieu d'horreur, mais devant les hommes pour éclairer vos bonnes actions, etc. »

Madame de Sévigné, en apprenant le second refus du Pape d'accepter la démission du chapeau, laissait éclater toute sa joie : « Notre cardinal non-seulement est *recardinalisé*, écrivait-elle à madame de Grignan, mais vous savez bien qu'en même temps il a eu ordre du Pape de sortir de Saint-Mihiel (il y avait séjourné trois mois); de sorte qu'il est à Commercy. Je crois qu'il y sera fort en retraite et qu'il n'aura plus de ménagerie. *Le voilà revenu à ce que nous souhaitions tous.* Sa Sainteté a parfaitement bien fait, ce me semble; la lettre du Consistoire est un panégyrique; je serois fâchée de mourir sans avoir encore une fois embrassé cette chère Éminence. » (23 octobre 1675.)

Le cardinal, rentré dans son château et craignant d'être en butte aux mauvaises langues, comme ayant joué le rôle de l'ermite de la foire, priait son amie de ne plus parler de ses allées et venues : « Monsieur le cardinal de Retz me confie, écrivait la marquise à sa fille, le jour de Noël, qu'il est à Saint-Mihiel pour passer les fêtes, mais que je n'en dise rien de peur du scandale. »

« Le cardinal, dit le grave Dom Calmet, se rendit aux désirs et aux ordres du Pape et aux prières du Collége des cardinaux. On dit même que Louis XIV y joignit ses recommandations[1]; mais si le cardinal n'obtint pas la permission de renoncer aux dignités et aux grandeurs du monde, en embrassant la vie religieuse, il vécut, le reste de sa vie, d'une manière réglée, retirée et édifiante. »

« Il n'en fut pas moins religieux de cœur et d'affection, » dit de son côté Dom de L'Isle, abbé de Saint-Mihiel en 1757, et qui a laissé une histoire de cette abbaye dans laquelle il consacre un intéressant chapitre au cardinal de Retz.

Voilà deux importants témoignages, émanant de deux Lorrains, de deux hommes recommandables, qui vivaient à peu de distance

aux dépens de la vérité. Ce Guido Passionei, qui exerçait avec beaucoup de distinction les fonctions de secrétaire du chiffre, de secrétaire du Sacré Collége et aussi de secrétaire de la Congrégation consistoriale, était oncle du célèbre cardinal Passionei, qu'il forma de bonne heure pour sa haute fortune ecclésiastique.

1. Dom Calmet ne parait pas bien renseigné sur ce point. Nous n'avons trouvé aucun document qui prouve que le roi ait fait une démarche de ce genre. S'il fallait même en croire madame de Sévigné, le cardinal d'Estrées aurait demandé au Pape, au nom de Louis XIV, d'accepter la démission du cardinal pour donner son chapeau à un autre.

des événements et qui savaient bien des choses par la tradition conservée dans l'abbaye de Saint-Mihiel.

L'année suivante (4 juillet 1676), le cardinal dota Commercy d'un établissement nouveau : les Dames religieuses de l'Institut du Saint-Sacrement. Ce fut à cette époque qu'il reçut une lettre de la main du roi, dans laquelle ce prince lui donnait l'ordre de se rendre à Rome pour assister au conclave où devait être éu Innocent XI : « J'espère, lui disait Louis XIV, que le changement d'air et la diversité des objets vous feront plus de bien que la résidence et l'application dans votre solitude. »

Le cardinal, malgré la goutte et de grands maux de tête que madame de Sévigné appelle des « rhumatismes de membranes, » s'empressa d'obéir. Il partit pour Rome, le 2 août. « Nous sommes en peine de sa santé, écrivait madame de Sévigné, et nous nous fions à sa prudence pour accommoder le langage du Saint-Esprit avec le service du roi. » Et plus loin : « Pour moi, j'ai dans la tête que notre cardinal fera quelque chose d'extraordinaire à quoi l'on ne s'attend point, ou de rendre son chapeau dans cette conjoncture, ou de prendre un style tout particulier, ou qu'il sera Pape : ce dernier est un peu difficile, » observait toutefois la marquise, qui devait en savoir bien long sur la vie du vieux pécheur. Ce qui dut assez l'égayer, c'est qu'il eut huit voix pour la papauté. « M. le cardinal m'écrit, du lendemain qu'il a fait un Pape, dit-elle à sa fille (7 octobre 1676) : il m'assure qu'il n'a aucun scrupule..., et que pour le Pape il est encore plus saint d'effet que de nom.... Ce voyage lui a fait bien de l'honneur, car il ne se peut rien ajouter au bon exemple qu'il a donné. On croit même que, par le bon choix du souverain pontife, il a remis dans le conclave le Saint-Esprit, qui en étoit exilé depuis tant d'années[1]. Après cet exemple, il n'y a point d'exilé qui ne doive espérer. »

A son retour de Rome, le cardinal de Retz passa par Grenoble et y vit M. Le Camus, évêque de ce diocèse, homme de beaucoup d'esprit, dont la jeunesse avait été plus que dissipée, mais qui était devenu alors fort pénitent et resté l'ami de quelques Jansénistes. Cette entrevue fut des plus favorables à Retz ; le pieux évêque conçut de lui l'opinion la plus haute : « Je suis venu à temps pour voir ici (à Grenoble) M. le cardinal de Retz, dont je suis content au delà de ce que je vous puis écrire, disait-il à l'abbé de Pontchâteau (14 décembre 1676). Il a une grandeur d'âme extraordinaire, mais elle est accompagnée d'une humilité profonde à la vue de sa vie passée, d'une sincérité merveilleuse et d'un grand désir de faire pénitence et de se séparer du monde. Je ne parle

---

1. Madame de Sévigné veut faire évidemment allusion aux pontificats d'Innocent X et d'Alexandre VII, qui furent si sévères pour ses amis les Jansénistes.

point de son désintéressement : il l'a eu très-grand avant la foi. Je vous avoue, mon très-cher frère, que cet exemple me servira beaucoup pour me redresser. »

Et plus loin dans la même lettre : « M. le cardinal de Retz a fait encore instance pour quitter son chapeau [1]. Le Pape a rejeté cela comme une tentation et vouloit l'engager à demeurer à Rome pour servir l'Église. Il n'a pas cru se pouvoir sauver en se mêlant d'affaires, et il retourne à Commercy avec dessein de ne plus paroître dans le monde. Il est bien heureux d'être libre. Nous avons fort philosophé, lui et moi. Je voulois qu'il me conseillât de me retirer. Il faut qu'il me croie encore attaché au monde ou trop foible, puisqu'il n'a pas cru me devoir conseiller un état qui me convient si bien. » Mais, dans la lettre suivante, du 18 janvier 1677, au même M. de Pontchâteau, on lit : « M. le cardinal de Retz a besoin de quelqu'un qui le pousse et qui l'empêche de s'éparpiller dans le monde et dans les conversations séculières. Les voyages de Rome lui sont très-nuisibles. C'est un grand homme, et à qui Dieu demande de grandes choses. »

Retz, par la puissance de son esprit et de son imagination, exerçait autour de lui un grand prestige ; on ne pouvait l'entendre impunément. C'est *une grande cervelle*, disait de lui, à peu près à la même époque, un cardinal romain.

De retour dans sa solitude, malgré ses infirmités qui allaient toujours en empirant, malgré la goutte qui lui donnait de sérieuses alertes, il consacrait son temps à remplir les devoirs nouveaux qu'il s'était imposés, et à deviser avec quelques amis sur des questions de métaphysique, « aussi bien que sur la prédestination et sur la liberté. Corbinelli tranche plus hardiment que personne, disait madame de Sévigné ; mais les plus sages se tirent d'affaire par un *altitudo*, ou *par imposer silence, comme notre cardinal*. » Il assistait aussi, pour se distraire, à des disputes sur le Cartésianisme qui avaient lieu à Saint-Mihiel entre les Bénédictins et Dom Robert Desgabets prieur de l'abbaye de Breuil, située dans un des faubourgs de Commercy [2]. Le cardinal était toujours choisi pour arbitre, et avec un grand sens naturel, bien que novice sur ces matières, il prenait le plus souvent parti pour Descartes contre Dom Robert, qui tirait de fausses déductions de son système. Mais sa conclusion finale était, « tout bien examiné, qu'*on ne savoit ce qui en est*. » Sur ces questions de haute métaphysique, de même que sur celle du libre arbitre, il jugeait à propos de rester en suspens, comme Montaigne.

Je continue de donner le bulletin d'après notre grande gaze-

---

[1]. C'est à cette dernière tentative de Retz pour rendre son chapeau que Bossuet fait allusion dans son *Oraison funèbre de Michel Le Tellier*.
[2]. M. Cousin, *Fragments de Philosophie cartésienne*.

tière, madame de Sévigné : « Je ne suis point du tout contente de ce que j'ai appris de la santé du cardinal; je suis assurée qu'il n'ira pas loin s'il demeure là; il se casse la tête d'application. Cela me touche sensiblement.... » (12 octobre 1677). — Et du 15 du même mois : « Et Pauline?... Je suis en peine, comme vous, de son parrain : cette pensée me tient au cœur et à l'esprit. Vous ignorez la grandeur de cette perte ; il faut espérer que Dieu nous le conservera[1]. Il se tue, il s'épuise, il se casse la tête; il a toujours une petite fièvre. Je ne trouve point que les autres en soient aussi en peine que moi ; enfin, hormis le quart d'heure qu'il donne du pain à ses truites, il passe le reste dans des distillations et des distinctions de métaphysique avec Dom Robert, qui le font mourir. On dira : Pourquoi se tue-t-il? Et que diantre voulez-vous ? car quoiqu'il donne beaucoup de temps à l'Église, il lui en reste encore trop. »

C'est ici le lieu de se demander à quelle époque précise le cardinal de Retz rédigea ses Mémoires : on comprend facilement que de la solution de ce problème dépend surtout l'opinion définitive que l'on doit se former sur le plus ou moins de portée de sa conversion. S'il les a écrits avant 1675, c'est-à-dire avant d'entrer dans sa voie nouvelle, comme on le suppose assez généralement, pourquoi, devenu repentant, n'en a-t-il pas au moins biffé certains passages qui, pour un homme d'Église, dépassent toute mesure [2]? Si, au contraire, comme je serais presque tenté de le croire, leur rédaction est postérieure à cette date, il faut avouer que la conversion perd singulièrement de son importance. Sans vouloir entrer ici dans une dissertation sur un sujet qui n'est pas sans intérêt, je me bornerai à rappeler qu'il existe une lettre de madame de Sévigné, trop peu remarquée, et qui fait naître un doute assez sérieux. Au moment même où Retz partait pour l'abbaye de Saint-Mihiel, la marquise écrivait à madame de Grignan, le 24 juillet 1675 : « Quand je vous ai proposé de lui conseiller de s'amuser à écrire son histoire, c'est qu'on m'avoit dit de le faire aussi et que tous ses amis ont voulu être soutenus, afin qu'il parût que tous ceux qui l'aimoient étoient dans le même sentiment. » Madame de Sévigné, intime amie et confidente du cardinal au degré où elle l'était, fort liée aussi avec madame de Caumartin, à qui sont dédiés, dit-on, les Mémoires, aurait-elle pu ignorer leur existence avant 1675? Ce qui semblerait prouver le contraire, n'est-ce pas précisément ce petit complot qu'elle forme avec sa fille et les amis de Retz pour le presser de toutes parts et d'un commun accord d'écrire l'histoire de

---

1. Le cardinal de Retz avait promis, ses dettes payées, de laisser sa fortune à la fille de madame de Grignan.
2. Il n'est pas impossible d'admettre, puisque rien ne prouve le contraire, que c'est par l'ordre même du cardinal qu'ont eu lieu les suppressions des passages les plus risqués. Si l'on arrivait à cette preuve, ce serait l'indice d'un repentir.

sa vie dans sa solitude? Si la question était résolue en ce sens, nous saurions un peu mieux à quoi nous en tenir sur le fond des sentiments religieux du cardinal, vers la fin de sa vie. Sa pénitence se réduirait alors, ce me semble, à bien peu de chose : elle ne serait plus guère qu'une concession ostensible faite aux idées du temps, qu'une précaution pour mourir avec décence et pour éviter un dernier scandale. De quelque point de vue, d'ailleurs, qu'on envisage les Mémoires, ils sont bien plutôt une apologie, à la façon des *Confessions* de J.-J. Rousseau, que l'expression d'un repentir, et ils n'ont rien de commun avec l'humilité toute chrétienne qui a dicté les *Confessions* de saint Augustin. Mais, quoi qu'il en soit et quelque sévères que nous puissions être pour le conspirateur égoïste, pour l'homme d'Église dévoyé, n'oublions pas que Retz a enrichi notre littérature d'un chef-d'œuvre; que nous lui devons d'admirables portraits ; que, plus d'une fois avant Bossuet, il a parlé le grand langage de l'histoire. Tout en condamnant ses sentences révolutionnaires, sachons-lui gré de tant de maximes politiques si justes, si profondes, si praticables ; sachons-lui gré d'avoir infligé un blâme sévère au despotisme de Richelieu et de Mazarin.; sachons-lui gré surtout d'avoir eu, l'un des premiers, « la sérieuse pensée » d'une digue, « d'une constitution, d'une charte en germe ; » d'avoir compris, bien avant Sieyès[1], la force du Tiers État et la nécessité de son intervention dans les affaires publiques; d'avoir fait entendre, au milieu du silence de ses contemporains, les fiers accents de la liberté, et d'avoir été, en quelque sorte, un précurseur (par ses vues) de la Révolution de 89. Ses Mémoires étaient tout à fait redevenus une œuvre de circonstance pour les témoins et les acteurs éclairés de ces temps. Benjamin Constant, sous le Directoire, leur a rendu ce témoignage qu'ils étaient le seul livre qu'il pût lire et qui redoublât d'intérêt en présence des événements[2].

Que si du talent nous revenons à juger le caractère, nous dirons: Il n'y a pas de doute sur la conversion morale de Retz; vieux, il

1. *Causeries du lundi*, tome V.
2. Un autre écrivain de beaucoup d'esprit et d'un rare coup d'œil politique, Senac de Meilhan, publiant en 1790 une traduction des deux premiers livres des *Annales* de Tacite, y mettait une préface, toute d'à-propos, où il disait : « J'ai souvent cherché quel était l'écrivain de nos jours qui avait le plus de rapport avec Tacite, et il me semble que le cardinal de Retz est le seul qu'on puisse lui comparer. Tous deux sont doués éminemment du génie politique, tous deux portent d'un trait rapide la lumière dans les profondeurs du cœur humain, rassemblent, démêlent et séparent les principes des actions ; tous deux ont eu de grands hommes à peindre et les ont peints des plus fortes couleurs ; tous deux ont eu part aux plus grandes affaires et se sont trouvés à portée de connaître ceux dont ils ont tracé les portraits et rapporté les actions. L'amour de la vertu, l'horreur du vice, n'éclatent point dans le cardinal de Retz comme dans Tacite ; et si je trouve du rapport dans leurs pensées, il n'en est point entre un citoyen

s'était rangé à être le parfait honnête homme du dix-septième siècle : quant à sa conversion chrétienne, elle reste environnée de mystère.

Nous touchons aux dernières années de la vie de Retz. Il demeura à Commercy jusqu'au commencement de 1678, où il se rendit à Paris pour y suivre un procès dont le gain ou la perte devait lui permettre ou non d'acquitter toutes ses dettes. Il habitait tantôt l'hôtel de sa nièce madame de Lesdiguières, ou son abbaye de Saint-Denis où il célébrait l'office divin, les jours de grande solennité [1].

A la nouvelle qu'il avait quitté sa retraite pour vivre dans un hôtel où se rendait tous les soirs la plus haute société de Paris, Bussy, qui ne voulait pas se rendre compte que ce séjour était fort naturel, puisque le cardinal était chez sa nièce, donnait un libre cours à son humeur railleuse : « Le cardinal de Retz a donc jeté le froc aux orties? écrivait-il à madame de Scudéry (5 mai 1678). A qui se fiera t-on après cela? Je n'ai jamais vu une vocation qui eût non-seulement tant d'apparence de sincérité, mais encore de durer jusqu'au tombeau. On m'a dit que le roi lui avoit fait mille amitiés. Je vois bien qu'on n'est dévot que jusqu'aux caresses d'un grand prince. »

Madame de Sévigné, qui n'avait jamais eu aucun doute sur les sentiments du cardinal, allait au devant des propos malins, et le vengeait de son mieux : « M. le cardinal de Retz, écrivait-elle au comte de Guitaut (28 avril 1678), est arrivé tout tel qu'il est parti. Il loge à l'hôtel Lesdiguières. Il est allé ce matin à Saint-Germain: il a un procès à faire juger qui achève de payer ses dettes ; cela vaut bien la peine qu'il le sollicite lui-même. Je crois qu'il sera à Saint-Denis pendant le voyage du roi qui s'en va le 10e de mai. Tout le monde meurt d'envie de trouver à reprendre quelque chose à cette Éminence, et il semble même que l'on soit en colère contre lui et qu'on veuille rompre à feu et à sang. Je ne comprends point cette conduite, et pour moi, j'ai été extrêmement aise de le voir; je ne suis point payée ni députée de la part de la forêt de Saint-Mihiel pour la venger de ce qu'il n'y passe point le reste de sa vie : je trouve que le Pape en a mieux disposé qu'il n'auroit fait lui-même : le monde tout entier ne vaut point la peine d'une telle contrainte ; il n'y a que Dieu qui mérite qu'on soutienne ces sortes de retraites. Je lui fais crédit pour sa conduite ; tous ses amis se sont si bien trouvés de s'être fiés à lui, que je veux m'y fier encore; il saura très-bien soutenir la gageure par la règle de sa vie. Vous ne le verrez point de ruelle en ruelle soutenir les conversations et

---

vertueux et un prélat factieux et déréglé.... » Il ne se peut rien de plus vrai que ce jugement, auquel il y aurait cependant à ajouter ceci encore, que ces Mémoires merveilleux de Retz, il les a écrits ou dictés presque en se jouant.

1. *Histoire de l'Abbaye de Saint-Mihiel* par Dom de L'Isle, abbé de ce monastère, et *Généalogie de la Maison de Gondi*, publiée par Corbinelli.

juger des beaux ouvrages; il sera retiré de bonne heure, fera et recevra peu de visites, ne verra que ses amis et des gens qui lui conviennent et qui ne seront point de contrebande à la régularité de sa vie. Voilà de quoi je trouve qu'on doit s'accommoder ; pour moi, j'en suis contente, et j'aime et honore cette Éminence plus que jamais. »

Bussy, qui cédait toujours à la démangeaison de dire un bon mot, écrivait à la marquise (20 juin): « Mais je vous supplie de me mander ce que c'est que le retour du cardinal de Retz dans le monde : cet homme que nous croyions ne revoir qu'au jour du jugement est dans l'hôtel de Lesdiguières, avec tout ce qu'il y a d'honnêtes gens en France. Expliquez-moi cela, Madame, car il me semble que ce retour n'est autre chose que ce que disoient ceux qui se moquoient de sa retraite. »

Et la marquise, pour couper court à ces *robutinades*, comme elle disait plaisamment, lui répondait aussitôt (27 juin) : « Pour le cardinal de Retz, vous savez qu'il a voulu se démettre de son chapeau de cardinal. Le Pape ne l'a pas voulu, et non-seulement s'est trouvé offensé qu'on veuille se défaire de cette dignité quand on veut aller en Paradis, mais il lui a défendu de faire aucun séjour à Saint-Mihiel..., qui est le lieu qu'il avoit choisi pour demeurer, disant qu'il n'est pas permis aux cardinaux de faire aucune résidence dans d'autres abbayes que les leurs. C'est la mode de Rome, et l'on ne se fait point ermite *al dispetto del Papa*. Aussi, Commercy étant le lieu du monde le plus passant, il est venu demeurer à Saint-Denis, où il passe sa vie très-conformément à la retraite qu'il s'est imposée. Il a été quelque temps à l'hôtel Lesdiguières, mais cette maison étoit devenue la sienne. Ce n'étoit plus les amis du duc qui y dînoient, c'étoit ceux du cardinal. Il a vu très peu de monde, et il est, il y a plus de deux mois, à Saint-Denis. Il a un procès qu'il fera juger, parce que, selon qu'il se tournera, ses dettes seront achevées d'être payées ou non. Vous savez qu'il s'est acquitté de onze cent mille écus. Il n'a reçu cet exemple de personne, et personne ne le suivra. Enfin, il faut se fier à lui de soutenir sa gageure. Il est bien plus solitaire qu'en Lorraine, et il est toujours très-digne d'être honoré. Ceux qui veulent s'en dispenser l'auroient aussi bien fait quand il seroit demeuré à Commercy qu'étant revenu à Saint-Denis. »

— « Je suis bien aise, lui répondait Bussy, qui feignait de croire à ses paroles et faisait vis-à-vis d'elle le bon apôtre, je suis bien aise que vous m'ayez éclairci de la conduite du cardinal de Retz, qui de loin me paroissoit changée ; car j'aime à l'estimer, et cela me fait croire qu'il soutiendra jusqu'au bout la beauté de sa retraite. » Mais par derrière, auprès de quelques intimes, il s'abandonnait sans contrainte à sa verve *gauloise:* « On me mande, écrivait-il le 24 novembre (1678) au marquis de Trichâteau, que M. le cardinal de Retz achève de faire sa pénitence chez madame de Bracciano, qui, comme vous savez, étoit madame de Chalais, fille de Noirmoutier. Si cela est, je ne désespère pas de voir l'abbé de La Trappe revenir soupirer pour quelques dames de la Cour. » Et le 26, il écrivait à madame de Scudéry pour qu'elle fît courir son mot dans les ruelles : « Si le cardinal de Retz va en Paradis par chez madame de Bracciano[1], l'abbé de La Trappe est bien sot de tenir le chemin qu'il tient pour y aller. »

On sait à quoi s'en tenir sur le peu de portée des malins propos de Bussy, et nous devons croire, sans hésiter, madame de Sévigné et d'autres témoins non suspects, lorsqu'ils nous affirment la parfaite régularité de conduite du cardinal de Retz pendant les dernières années de sa vie.

Voici comment Dom de l'Isle, cet abbé de Saint-Mihiel, du milieu du dix-huitième siècle, et qui paraît avoir été bien renseigné par la tradition du monastère et par des parents de Dom Hennezon, raconte la fin du cardinal :

« L'année 1679, qui fut celle de sa mort, il officia à Pâques, à la Pentecôte, au Saint-Sacrement, et vint, la veille de l'Assomption de la Vierge, pour passer la fête dans son abbaye. Mais ayant eu, la nuit suivante, un accès de fièvre très-violent, à peine put-il entendre une messe basse ; s'étant trouvé mieux l'après-midi, il retourna à Paris. Le lendemain, la fièvre qui le reprit redoubla aussitôt et lui causa quelques transports qui faisoient craindre. *Dans un intervalle que la maladie lui laissa, il fit une confession générale à Dom Hennezon, abbé de Saint-Mihiel[2], et il se disposa à la mort avec de grands sentiments de religion.* Les nouveaux transports qui lui survinrent lui ôtèrent la liberté de donner les derniers ordres à ses affaires, et il mourut sans avoir fait aucun testament. Il étoit pour lors dans la 66e année de son âge. Sa mort arriva le 24 août 1679[3]. »

Écoutons maintenant madame de Sévigné, dont le récit se rapproche beaucoup de celui de Dom de L'Isle, excepté pourtant sur le point qui nous intéresse le plus : « Hélas ! mon pauvre Monsieur,

---

1. C'est elle qui a joué un si grand rôle à la Cour d'Espagne, pendant le règne de Philippe V, sous le nom de princesse des Ursins. Elle dut apprendre de la bouche de Retz bien des maximes de haute politique. Elle eût été digne qu'il lui adressât ses Mémoires.

2. J'ai pu constater par plusieurs documents inédits que Dom Hennezon, confesseur du cardinal, l'accompagnait souvent à Paris. Sa présence à l'hôtel de Lesdiguières, aux derniers moments de Retz, me paraît donc tout à fait probable.

3. Dans la Vie de Dom Hennezon, Dom de L'Isle confirme la partie essentielle de ce récit : « Le cardinal, dit-il, attaqué de la maladie dont il mourut, *profita du séjour que Dom Hennezon faisoit à Paris*, et lui fit sa confession générale, continuant jusqu'au dernier soupir la confiance qu'il avoit toujours eue en lui. »

écrit-elle au comte de Guitaut, le 25 août 1679, quelle nouvelle vous allez apprendre, et quelle douleur j'ai à supporter ! M. le cardinal de Retz mourut hier, après sept jours de fièvre continue. Dieu n'a pas voulu qu'on lui donnât du remède de l'Anglois[1], quoiqu'il le demandât, et que l'expérience de notre bon abbé de Coulanges fût tout chaud, et que ce fût même cette Éminence qui nous décida pour nous tirer de la cruelle Faculté, en protestant que s'il avoit un seul accès de fièvre, il enverroit querir ce médecin anglois. Sur cela, il tombe malade, il demande ce remède ; il a la fièvre, il est accablé d'humeurs qui lui causent des foiblesses, il a un hoquet qui marque la bile dans l'estomac. Tout cela est précisément ce qui est propre pour être guéri et consommé par le remède chaud et vineux de cet Anglois. Madame de La Fayette, ma fille et moi, nous crions miséricorde, et nous présentons notre abbé ressuscité, et Dieu ne veut pas que personne décide, et chacun en disant : « Je ne veux me charger de rien, » se charge de tout : et enfin M. Petit, soutenu de M. Belay, l'ont premièrement fait saigner quatre fois en trois jours, et puis deux petits verres de casse qui l'ont fait mourir dans l'opération, car la casse n'est pas un remède indifférent quand la fièvre est maligne. Quand ce pauvre cardinal fut à l'agonie, ils consentirent qu'on envoyât querir l'Anglois : il vint et dit qu'il ne savoit point ressusciter les morts. Ainsi est péri devant nos yeux cet homme si aimable et si illustre que l'on ne pouvoit connoître sans l'aimer. Je vous mande tout ceci dans la douleur de mon cœur, par cette confiance qui me fait vous dire plus qu'aux autres ; car il ne faut point, s'il vous plaît, que cela retourne. Le funeste succès n'a que trop justifié nos discours, et l'on ne peut retourner sur cette conduite, sans faire beaucoup de bruit : voilà ce qui me tient uniquement à l'esprit, etc. »

« Plaignez-moi, écrivait-elle aussi à Bussy-Rabutin, d'avoir perdu le cardinal de Retz. Vous savez combien il étoit aimable et digne de l'estime de tous ceux qui le connoissoient. J'étois son amie depuis trente ans, et je n'avois jamais reçu que des marques tendres de son amitié. Elle m'étoit également honorable et délicieuse. Il étoit d'un commerce aisé plus que personne du monde. Huit jours de fièvre continue m'ont ôté cet illustre ami. J'en suis touchée jusqu'au fond du cœur.... Admirez en passant le malheur de Corbinelli : M. le cardinal de Retz l'aimoit chèrement ; il avoit commencé à lui donner une pension de deux mille francs ; son étoile a fait mourir cette Éminence.... Notre bon abbé de Coulanges a pensé mourir. Le remède du médecin anglois l'a ressuscité. Dieu n'a pas voulu que M. le cardinal de Retz s'en servît *quoiqu'il le*

---

[1]. Tabor, médecin anglais, fit, un des premiers en France, usage du quinquina, infusé dans du vin, pour couper la fièvre. Louis XIV lui acheta sa recette et la rendit publique.

demandât sans cesse. L'heure de sa mort étoit marquée, et cela ne se dérange point. »

N'est-il pas étrange que la marquise, qui souvent avait pris la défense de Retz auprès du comte de Guitaut et de Bussy-Rabutin, sur le chapitre de la conversion, ne leur dise pas un mot des dispositions dans lesquelles il mourut? Eût-elle omis de parler de la confession générale faite à Dom Hennezon, si elle eût eu en main un pareil argument pour triompher de leurs derniers doutes? D'un autre côté, ne serait-il pas surprenant que le cardinal (qui ne perdit guère connaissance, puisqu'il demandait sans cesse le remède de l'Anglais), n'eût pas jugé à propos de se mettre en règle une dernière fois, ne fût-ce que pour sauver les apparences ? Dom Calmet, un peu plus rapproché de l'époque où vivait Retz que Dom de L'Isle, ne dit pas un mot non plus de cette confession générale. Mais comme Dom de L'Isle paraît avoir été fort bien renseigné sur la fin de Retz par les bénédictins de son abbaye et par des parents de Dom Hennezon, son témoignage doit être d'un assez grand poids. A défaut du témoignage direct de madame de Sévigné, nous avons, il est vrai, celui d'un contemporain, de Corbinelli, l'intime ami du cardinal : mais il ne faut pas perdre de vue qu'il était son pensionnaire, qu'il a eu plus d'une complaisance dans la *Généalogie de la Maison de Gondi*, et qu'il est toujours sur le ton du panégyrique : « Comme le cardinal de Retz, dit-il dans ce recueil, fit toujours consister la véritable grandeur dans une solide piété, Dieu récompensa tant de saintes actions par une fin véritablement chrétienne, et il mourut d'une aussi belle mort que sa vie avoit été exemplaire et glorieuse. »

Malgré ces témoignages, il restera toujours un dernier doute que fait naître l'inexplicable silence de madame de Sévigné. On dirait que le sphinx, après avoir semé tant d'énigmes pendant sa vie, a voulu emporter avec lui son dernier mot.

Tout jusqu'à la fin devait être extraordinaire dans cette étrange destinée. Comme si les ministres de Louis XIV eussent craint que l'illustre mort, du fond de son cercueil, pût causer une dernière émotion populaire, ou pour un autre motif inconnu, on fit partir le convoi funèbre de l'hôtel de Lesdiguières sur les onze heures du soir (26 août). Le corps fut placé dans un carrosse drapé, à huit chevaux caparaçonnés de deuil, qui le conduisirent à Saint-Denis. Il était accompagné du duc de Lesdiguières, des autres membres de la famille, dans des carrosses drapés, et de cent valets de pied qui portaient des cierges de cire blanche. Le grand prieur et les religieux de l'abbaye, accompagnés du clergé de Saint-Denis, du bailli et des officiers de justice, allèrent au-devant du convoi à la porte de la ville, où le curé de Saint-Paul de Paris présenta le corps en prononçant une harangue, et le grand prieur lui ayant répondu « d'une manière convenable au sujet et aux cérémonies ordinaires ¹, » le cortége se dirigea vers l'église. « Il étoit fort tard ; on se contenta de faire les prières de l'inhumation, et le corps fut porté aussitôt au lieu de sa sépulture, au dehors du chœur, proche la grande grille de fer de la croisée du côté du midi. Le feu cardinal avoit témoigné en plusieurs occasions qu'il désiroit être enterré en cet endroit sous une colonne pareille à celle du cardinal de Bourbon qui est vis-à-vis ². »

Le cardinal défunt ne fut ni embaumé ni exposé sur un lit de parade, ainsi qu'il était d'usage, même pour les évêques de Paris qui s'étaient volontairement démis de leur siége ; on se contenta de le placer dans un cercueil de plomb ; la fosse fut simplement recouverte de briques, et, chose étrange, pendant de longues années, on n'y plaça aucune inscription, comme si l'on eût espéré effacer jusqu'au nom de cet homme qui avait été « si redoutable à l'État. » On se borna à dresser un lit mortuaire, « entouré d'un balustre tendu de deuil, » jusqu'au 4 novembre, jour où l'on fit un service solennel. Le 7 octobre précédent, le duc de Lesdiguières avait fait célébrer un autre service solennel à Paris, dans l'église des Religieuses du Calvaire du Marais, où le cœur du prélat avait été déposé à la prière de sa nièce, Marie-Catherine de Gondi, qui était Générale de cet Ordre. L'église fut tendue superbement, aux armes du défunt ; toute la famille et un grand nombre de personnes de première qualité assistèrent à la cérémonie, mais aucune oraison funèbre n'y fut prononcée, non plus qu'à Saint-Denis ; il n'y eut même pas de discours funéraire chrétien, tant la Cour craignait que l'on remuât cette cendre brûlante ³.

Quelques passages énigmatiques d'une lettre de madame de Sévigné, où elle parle de la mort du cardinal de Retz, ont donné lieu à deux auteurs ou éditeurs du commencement de ce siècle de supposer, entre autres hypothèses, qu'il s'était peut-être suicidé ou qu'il voulut mourir sans confession.

« Je ne puis jamais passer au pied d'une certaine tour ⁴, écrivait de Nantes à sa fille la marquise, dix mois après cet événement (le 13 mai 1680), que je ne me souvienne de ce pauvre cardinal *et de*

---

1. *Histoire généalogique de la Maison de Gondi*, par Corbinelli, tome II, pages 191 et suiv.; et *Histoire de l'Abbaye de Saint-Mihiel*, par Dom Léopold de L'Isle, page 332.
2. *Histoire de l'Abbaye de Saint-Mihiel*. — « Son corps gît à Saint-Denis en France, hors le chœur, proche la grille de fer qui le ferme et près le grand pilier de la croisée, vis-à-vis du tombeau de François Iᵉʳ, et son cœur dans l'église du Calvaire du Marais. » (*Histoire généalogique de la Maison de Gondi*, par Corbinelli.)
3. Corbinelli qui ne manque jamais, à propos des cérémonies mortuaires des prélats de la famille de Gondi, de faire mention des discours funèbres prononcés en leur honneur, est complétement muet sur ce point, en ce qui concerne le cardinal de Retz, comme aussi de son côté Dom de L'Isle.
4. Une des tours du château de Nantes, du sommet de laquelle le cardinal s'évada au moyen d'une corde.

sa funeste mort, encore plus funeste que vous ne le sauriez penser. Je passe entièrement cet article sur quoi il y auroit trop à dire; il vaut mieux se taire mille fois : peut-être que la Providence voudra quelque jour que nous en parlions à fond. »

« Ce passage, dit Musset-Pathay [1], fait naître sur le genre de mort du cardinal beaucoup de soupçons sur lesquels on n'a aucun éclaircissement. » Et il allègue à ce propos l'opinion de Grouvelle qu'il qualifie de judicieuse : « Madame de Sévigné a dit précédemment [2] qu'il était mort *après huit jours de fièvre continue.* Mais il est vrai pourtant qu'elle laisse entendre ici *que sa mort fut violente, ou peut-être seulement qu'elle fut peu chrétienne.* » C'est ainsi que s'exprimait dans une note l'éditeur de madame de Sévigné, Grouvelle.

« Quant au genre de mort du cardinal, reprend et ajoute Musset-Pathay, on ne peut disconvenir que la manière dont en parle madame de Sévigné ne soit énigmatique. S'est-il détruit ? Ce serait plus croyable, si sa mort fût arrivée quelques années plus tôt ; mais il achevait de payer ses dettes, et touchait au moment de jouir de toute sa fortune. L'expression de madame de Sévigné n'a-t-elle de rapport qu'aux sentiments chrétiens du cardinal? Mais l'aimable mère de madame de Grignan n'était pas dévote. Quoi qu'il en soit, il est étonnant qu'on n'ait aucun détail sur la mort du cardinal. *Suicide* ou *impiété,* l'un ou l'autre ou tous les deux méritaient une mention. — Du reste, il est possible, dit en terminant Musset-Pathay qui veut bien ne pas s'arrêter en définitive à cette étrange supposition de suicide, que l'expression de madame de Sévigné répondît à son idée. La mort de M. le cardinal de Retz était *funeste* à Corbinelli qu'elle aimait beaucoup, à madame de Grignan, à qui le cardinal voulait faire du bien ; et, en y réfléchissant, je pense que c'est le sens que l'on doit donner à la phrase de madame de Sévigné, dont la fille héritait pour une portion considérable du cardinal de Retz : mais il fallait que celui-ci vécût encore plusieurs années et jouît de toute sa fortune pour en laisser à sa parente. »

Lorsque Grouvelle et après lui Musset-Pathay ont mis en avant ce soupçon de suicide, ils ne connaissaient, ni l'un ni l'autre [3], la lettre de madame de Sévigné au comte de Guitaut, écrite à la date du 25 août 1679, le lendemain de la mort du cardinal, dans

---

1. *Recherches historiques sur le Cardinal de Retz,* p. 162.
2. Dans sa lettre du 25 août 1679 au comte de Bussy-Rabutin, que nous avons citée ci-dessus.
3. L'édition des Lettres de madame de Sévigné par Grouvelle fut donnée en 1806, et les *Recherches sur le Cardinal de Retz* parurent en 1807. Or la lettre au comte de Guitaut fut publiée pour la première fois dans le volume de *Lettres inédites* de madame de Sévigné en 1814 (Paris, Klostermann, 1 vol. in-8°, p. 31).

laquelle elle lui donne tant de détails sur ses derniers moments auxquels elle assista.

Ce qui prouve qu'il n'y eut point suicide, c'est que le malade réclama sans cesse le remède de l'Anglais, que madame de Sévigné nous apprend d'ailleurs qu'il était atteint d'une fièvre continue et que la mort, suivant son opinion, fut hâtée par quatre saignées, pratiquées coup sur coup en trois jours et par deux petits verres de casse[1]. « D'ailleurs, dit fort justement M. Paul Mesnard[2] sur un premier point, madame de Grignan était présente aux derniers moments du cardinal, et madame de Sévigné ne peut lui apprendre aucun détail qui lui soit inconnu.... Il est plus probable, ajoute-t-il, que cette mort inopinée aura été *funeste* à la fortune de madame de Grignan et qu'elle aura empêché le cardinal de faire des dispositions testamentaires qu'il semblait avoir depuis longtemps projetées. » Le malade, en effet, n'eut pas le temps ou la possibilité de faire un testament.

Cette dernière interprétation, qui semble de prime abord assez vraisemblable, devient insuffisante lorsqu'on relit avec attention les phrases de madame de Sévigné qui donnent tant à penser. Si elle eût voulu simplement annoncer à sa fille que le cardinal n'avait pu faire de dispositions testamentaires en leur faveur, y eût-elle donc mis tant de mystère? aurait-elle d'ailleurs attendu si longtemps pour lui parler de la ruine de leurs espérances, puisque, selon toute vraisemblance, elle dut savoir à quoi s'en tenir sur ce point presque aussitôt après la mort?

En disant à sa fille que « *cette mort fut encore plus funeste qu'elle ne pouvoit le penser,* » voulait-elle faire allusion à une mort peu chrétienne? Mais madame de Grignan, qui avait assisté aux derniers moments du cardinal, ne pouvait rien ignorer sur ce point[3].

Quelle est donc la dernière supposition probable? Quel sens faut-il donner aux paroles mystérieuses de madame de Sévigné?

La plus proche parente de Retz, du côté paternel, était sa nièce, Paule de Gondi, fille de son frère aîné, Pierre de Gondi, et femme de François-Emmanuel de Blanchefort, de Créquy, duc de Lesdi-

---

[1]. M. Adolphe Regnier, et M. Paul Mesnard, dans leur excellente édition des Lettres de madame de Sévigné, disent que le cardinal succomba vraisemblablement à une fièvre pernicieuse et à l'emploi immodéré des saignées.

[2]. Dans ses notes sur les Lettres de madame de Sévigné, tome VI, p. 394.

[3]. La supposition que le cardinal n'aurait pas voulu recevoir les sacrements nous semble tout à fait invraisemblable, après le soin extrême qu'il s'était donné jusque-là de vivre chrétiennement, — ou tout au moins de sauver les apparences. On peut admettre seulement, d'après le silence complet de madame de Sévigné sur ce point, qu'il n'eut pas plus le temps ou la possibilité de se confesser que de tester.

guières, gouverneur du Dauphiné, dont elle avait un fils, en qui
s'éteignit plus tard ce nom illustre de Lesdiguières. Parente au
troisième degré du cardinal et descendant comme lui en ligne directe de leur auteur commun, Emmanuel de Gondi, si le cardinal
mourait *ab intestat*, tous les membres de la famille de Sévigné, qui
n'étaient ses parents qu'à des degrés plus éloignés[1], se trouvaient
exclus de la succession, et elle seule et sa sœur Catherine de Gondi,
Générale de l'Ordre du Calvaire, s'y trouvaient appelées.

Or, voici, ce me semble, quelle serait la signification probable,
le sens caché des paroles de madame de Sévigné. Lorsqu'elle dit à
sa fille que « *cette mort est encore plus funeste qu'elle ne sauroit
le penser*, » je crois qu'il faut prendre ces mots dans le sens direct
et non dans un sens détourné. Qu'on se rappelle avec quelle insistance le malade, qui se trouvait chez sa nièce à l'hôtel de Lesdiguières, demandait sans cesse le remède de l'Anglais ; les vains
efforts de madame de Sévigné, de sa fille et de madame de La
Fayette pour que les parents se rendissent à ce désir ; l'obstination qu'ils mirent à s'y refuser : enfin, les quatre saignées en trois
jours et la casse qui, suivant la marquise et ce qui paraît de toute
vraisemblance, précipitèrent le dénoûment. Le jour même de la
mort, madame de Sévigné fut tellement frappée de ce qu'il y eut
d'extraordinaire et d'inexplicable dans la conduite des membres de
la famille de Lesdiguières, qu'elle conçut dès lors quelques doutes
terribles. Remarquez avec quel mystère elle parle déjà de cette
fin : « Je vous mande tout ceci, dans la douleur de mon cœur,
dit-elle en terminant sa lettre au comte de Guitaut, *par cette confiance qui me fait vous dire plus qu'aux autres, car il ne faut
point, s'il vous plaît, que cela retourne. Le funeste succès n'a que
trop justifié nos discours, et l'on ne peut retourner sur cette conduite* (la conduite des parents, des Lesdiguières), *sans faire beaucoup de bruit. Voilà ce qui me tient uniquement à l'esprit*, etc. »
Il est évident que tout cela s'applique au genre de mort. Et maintenant rapprochez de ces paroles les expressions de la lettre datée de
Nantes et adressée dix mois après à madame de Grignan (13 mai
1680) : «... *Cette funeste mort, encore plus funeste que vous ne sauriez le penser. Je passe entièrement cet article sur quoi il y auroit
trop à dire ; il vaut mieux se taire mille fois : peut-être que la Providence voudra quelque jour que nous en parlions à fond.* » En

---

1. Le cardinal, pendant qu'il était coadjuteur, avait marié son parent,
Henri de Sévigné, avec Marie de Chantal, le 8 août 1644. Le marquis de
Sévigné, ayant eu pour mère Marguerite de Vassé, fille de Lancelot de
Vassé et de Françoise de Gondi, sœur de Philippe-Emmanuel de Gondi,
père du coadjuteur, était par conséquent cousin issu de germain du cardinal,
c'est-à-dire son parent au cinquième degré seulement, tandis que la duchesse de Lesdiguières et sa sœur Catherine de Gondi, Générale de l'Ordre
des religieuses du Calvaire, étaient ses parentes au troisième degré.

prenant ces mots dans leur sens direct, comme ce qui précède, la marquise veut dire à sa fille, cela est fort probable, qu'elle en sait bien plus long qu'elle n'ose l'écrire sur les circonstances de la mort du cardinal, et qu'elle ne pourra lui confier cet horrible secret que de vive voix. Comme le cardinal avait témoigné peut-être ou laissé percer son intention de léguer une grande partie de sa fortune à sa filleule Pauline de Grignan, la marquise eut peut-être la preuve ou tout au moins le soupçon, qu'une main intéressée dirigea la lancette du chirurgien, ou administra assez à contre-temps les remèdes. Tel est peut-être le dernier mot de l'énigme.

Mais il était dit que Retz serait un sujet d'énigme, depuis le premier jour jusqu'au dernier. Nous avons épuisé les textes, les témoignages humains et les probabilités, les conjectures. Le jugement final appartient à Celui seul qui « scrute les cœurs » et qui « sonde les reins. »

R. DE CHANTELAUZE:

SUR MADAME DE SABLÉ.

(Se rapporte à la page 67.)

Madame de Sablé aurait voulu que les religieuses de Port-Royal signassent, et elle le leur faisait comprendre. Elle s'attira, à ce propos, la lettre suivante de la sœur Angélique de Saint-Jean, dont je dois connaissance à M. Claude, de la Bibliothèque impériale. La date paraît être un peu antérieure aux événements d'août 1664.

« Ce lundi 7.

« Vous m'avez extrêmement obligé (*sic*), ma très-chère Sœur, car je mourois d'envie de vous parler sur nos affaires, et je n'osois commencer parce que j'avois envie de vous faire des reproches ; mais, à cette heure que vous m'obligez de parler, il faudra bien que vous souffriez mes plaintes, qui ne sont fondées que sur ce que vous nous aimez trop, mais que vous ne nous aimez pas bien, puisque votre tendresse ressemble à celle de ces mères qui aiment mieux laisser mourir un enfant que de lui voir faire des remèdes violents dont elles appréhendent pour lui la douleur, encore que lui-même n'en ait pas l'appréhension. Vous devinerez trop dans notre sens de quoi je parle, et quel sujet vous avez eu, sans y penser, de dire vrai quand vous regrettez si obligeamment que vous ne nous êtes bonne à rien ; car il est vrai que toute votre amitié, qui nous a toujours été si précieuse, nous deviendra inutile dans cette grande occasion, si vous ne nous la témoignez en nous fortifiant plutôt que de nous abattre, et en nous animant à demeurer telles que vous nous avez estimées, c'est-à-dire de vraies religieuses qui ne sont attachées qu'à Dieu et à sa vérité qui les met au-dessus des menaces du monde, plutôt que de devenir, par un affoiblissement et une lâcheté honteuse, semblables à tous ceux que vous méprisez dans votre cœur, et encore beaucoup plus criminelles, puisqu'il y en a bien peu qui soient autant que nous persuadés des vérites qu'on combat, et de la passion de ceux qui font jouer tous ces ressorts : ce qui nous ôte tout prétexte de conscience et d'ignorance, et nous rendroit aussi indigne de l'amitié de Dieu que de la vôtre, si nous nous laissions aller à faire quelque chose contre notre devoir. C'est tout ce que nous craignons, grâces à Dieu, et non pas les suites, qui sont aisées à prévoir, d'une fidelité courageuse. Un bon arbre ne peut porter de mauvais fruits, selon l'Evangile, et si notre action est bonne, les effets n'en seront point mauvais selon Dieu, qui ne seroit pas ce qu'il est si ses pensées n'étoient fort élevées au-dessus des nôtres, et ce qui nous paroit une ruine, une perte, une destruction, est souvent le moyen de l'établissement de ses plus grands desseins ; et c'est ainsi que la foi juge des choses sans consulter la raison et les apparences. Mais que direz-vous, ma très-chère Sœur, de ma prêcherie? Ne m'en accusez pas néanmoins, car ce n'est pas mon dessein : je ne voudrois que vous résoudre à nous voir tout souffrir plutôt que de faire rien d'indigne de la bonne opinion que vous avez eue de nous jusques à cette heure. Nous n'avons point su que vous vous soyez trouvée mal. Je loue Dieu qu'il n'y ait pas eu de mauvaises suites à ce commencement qui vous a fait si peur. En vérité, ces honnêtes gens-là qui ont tout fait murer chez vous n'y ont pas mal réussi ; car cela nous éloigne quasi autant que si vous n'étiez plus avec nous. Je vous rends mille très-humbles grâces, ma très-chère Sœur, de votre offre pour la conserve : je n'ai pas encore usé ce que vous m'en avez envoyé, quoique j'en prenne tous les jours. Mais mon petit mal, pour n'être pas grand, ne laisse pas d'être opiniâtre ; je n'en suis mieux qu'en ce qu'il a à présent des intervalles, et c'est assurément une petite fluxion, à quoi le temps fera aussi bien que les remèdes. Notre mère et ma sœur Anne-Eugénie (madame de Saint-Ange) vous saluent très-humblement, et je suis, plus que personne et avec toute sorte de respect, parfaitement à vous. » (Supp. français, n° 3029.)

Une autre fois, madame de Sablé, qui avait des velléités d'être plus austère qu'elle ne pouvait, s'était avisée d'en vouloir à madame de Longueville de ce que, projetant une retraite absolue et tout à fait monastique, elle n'avait pas songé à l'y faire entrer de moitié et à la mettre de la partie. Madame de Longueville, à qui elle s'en plaignit, s'excusait en lui écrivant :

« De Trie, ce 15e septembre (1667).

« Je n'ai garde d'être fâchée qu'on vous ait parlé de mon dessein, puisque vous savez que je vous en ai parlé moi-même, et que j'avois même prié mademoiselle de Vertus de vous rendre compte de l'état où est la chose ; mais je ne puis comprendre qui vous en a parlé, et il m'est important de le savoir, et ce que l'on vous en a dit ; je vous prie de me le mander, et d'être assurée que, s'il ne faut pas le dire, je n'en parlerai point du tout. Je m'imagine qu'il faut que ce soit ou M. du Trouillas ou M. de La Vergne :

mais qu'est-ce que vous trouvez là qui vous puisse donner sujet d'appeler cela à votre égard de petites duretés? Car on sait bien qu'on ne prend pas ensemble ces résolutions-là à jour nommé, à moins qu'on n'ait vécu longtemps ensemble aussi, et qu'on soit propre à prendre les mêmes mesures et le même plan de vie : or on ne pense pas qu'il soit aisé de vous trouver tout ce qu'il vous faut, et assurément il ne m'est point entré dans l'esprit que ce fût là une chose possible. Je penserois bien que si jamais la retraite vous la devenoit, et que je fusse déjà dans une qui vous pût être convenable par toutes les conditions dont vous ne pouvez vous passer, que ce vous seroit une chose qui vous la rendroit supportable que de la faire où je serois ; mais il faut assurément que je vous marque les logis et que je sois fixée, auparavant que vous preniez une vraie résolution. Voilà ce qui m'entre dans l'esprit, sur l'ouverture que vous me faites, à laquelle j'avoue que je n'ai nullement pensé auparavant, n'ayant jamais regardé comme une chose praticable que vous puissiez jamais vous fixer à exécuter une résolution qui a de l'air de se mettre dans son tombeau. Si je me trompe, redressez-moi ; mais ne vous trompez pas vous-même, et ne pensez pas de vous des choses incroyables, et surtout ne trouvez pas mauvais qu'on ne les ait pas pénétrées si elles sont vraies.....»

Et maintenant, au point de vue littéraire, ou du moins à ne considérer que la clarté et la netteté, que vous en semble? Pour moi, quand je viens de lire ces phrases enchevêtrées et interminables de madame de Longueville et de la mère Angélique de Saint-Jean, je me prends à invoquer la venue de madame de La Fayette et de madame de Maintenon qui ont coupé court à cet écheveau embrouillé, et qui ont donné à la parole écrite la vivacité, la prestesse et la justesse dont il n'a plus été permis à une femme d'esprit de se passer [1]. Le style périodique est beau dans son ampleur chez Descartes, chez Bossuet, chez les maîtres; mais le style alerte et prompt est d'un usage perpétuel; il est de tous les jours; il s'applique à tout et sert à chacun. On n'en sent jamais mieux la nécessité et les avantages que lorsqu'on a longtemps été, comme nous, au régime ordinaire de Port-Royal et qu'on a eu à traverser nombre de ces phrases jansénistes dans toute leur longueur.

1. Je recommande aussi aux curieux, à ceux qui se piquent de bien savoir et d'être justes, un autre nom de femme, madame d'Aulnoy, qui eut de l'influence à son moment par quelques ouvrages agréables et fort lus. On trouvera dans ses *Mémoires de la Cour d'Anglet rre* (1695) des *Conseils pour bien écrire les lettres*. C'est toute une rhétorique du genre qui contient vingt et un articles, vingt et un préceptes excellents.

SUR LE PÈRE COMBLAT.

(Se rapporte à la page 141.)

Ce Père Vincent Comblat, qui est si fort ami de nos amies, n'a point d'article au Nécrologe. On sait seulement qu'il etait un prédicateur et missionnaire, plein de feu et d'un zèle extrême. Venu du Midi, sorti et comme échappé d'une maison de son Ordre, on l'avait vu parcourir en apôtre les campagnes, évangéliser les pauvres et les paysans. Fidèle au premier esprit de saint François, il ne vivait que de ce qu'on lui donnait en aumônes et couchait la plupart du temps dans des étables ou au milieu des champs. M. Pavillon qu'il était allé consulter, avait approuvé sa vocation et lui avait dit de la suivre. Le Père Comblat, après un séjour de quelques mois au séminaire d'Aleth, avait repris son bâton de voyage, se sentant confirmé dans la pratique apostolique. Deux hommes, deux paysans qu'il avait recrutés en chemin s'étaient attachés à lui comme disciples et ne le quittaient pas. Il avait hâte, on le conçoit, de visiter Port-Royal, cette terre de promission : il y vint, il causa avec quelques-uns de ces Messieurs : il était homme à les compromettre bien innocemment. Il scandalisa quelques-uns des puissants de l'Église par son trop de zèle et par ses maximes ultra-évangéliques sur la pénitence. Voici deux lettres inédites que je rencontre à son sujet, et qui marquent bien son défaut de prudence en même temps que ses qualités de chaleur et d'âme. La première est de M. Le Camus, évêque de Grenoble, écrivant à M. de Pontchâteau :

« A Grenoble, 11 novembre 1674.

« ... J'ai reçu un grand mémoire contre le Père Vincent, qui m'est venu de la part de M. le cardinal Barberin et qui a été envoyé à Rome par les Récollets de ces quartiers. On l'accuse de beaucoup de choses, et on désiroit que je l'arrêtasse prisonnier. Par les lettres qu'il écrit en ce pays ici, j'appréhende fort qu'il ne se fasse des affaires du côté de Paris et au lieu où il est, et qu'il n'en fasse à ses amis. C'est un bon religieux et puissant en paroles quand il parle au peuple ; mais, comme il est injudicieux, il pousse les choses à l'extrême et cite ses amis qui n'ont pas besoin de cela. Je ne sais à qui il a parlé et avec qui il a conféré ; mais il prend si crûment tout ce qu'on lui dit que, selon mon sens, il seroit plus à propos de ne se point tant ouvrir avec les religieux.... »

Dans une autre lettre adressée à M. Arnauld, sur cette même affaire, par l'évêque d'Aulone, je lis :

« A Laon, ce 18 décembre 1674.

« Je viens d'écrire à Son É. (le cardinal Barberin ?) pour le Père Vincent, et je crois que Monseigneur de Grenoble aura calmé cet orage qui s'est élevé dans son diocèse contre ce bon Père et qu'ayant informé son É. de la vérité, cet (*sic*) affaire n'ira pas plus loin, et que ses adversaires n'auront d'autre avantage que la confusion d'avoir attaqué la vérité en sa personne. Il est dans ce diocèse en odeur de sainteté partout où il a passé. Il est maintenant à Vervins (?), d'où il m'écrit que le peuple goûte fort les vérités de l'Évangile qu'il lui prêche, et si j'avois dix ouvriers de sa force, j'espérerois de changer la face de ce diocèse avec la grâce de Dieu.... »

Il ne semble pas que cette première affaire ait eu des suites. Le Père Comblat put encore visiter depuis lors Port-Royal, et il y passa quelques semaines, comme on l'a vu. Mais à un certain moment, il disparaît et on ne sait ce qu'il devient : il est à croire que les Cordeliers le firent enfermer dans un de leurs couvents et lui interdirent la prédication. Les deux fidèles paysans et disciples qui s'étaient donnés à lui, se voyant forcés de le quitter, revinrent à Port-Royal, y entrèrent comme serviteurs et domestiques de la maison, et n'en sortirent qu'à la toute dernière dispersion, en 1709.

SUR M. DE PONTCHATEAU.

(Se rapporte à la page 249.)

Cet *Appendice* de notre tome V étant déjà très-chargé, je remets à donner la *Vie* entière de M. de Pontchâteau que je tiens de mes amis d'Utrecht, à la fin de l'*Appendice* du tome VIe et dernier.

SUR LE DOCTEUR TARGNI.

(Se rapporte à la page 273.)

M. Louail, l'auteur de la relation du Pèlerinage à Port-Royal des Champs, ayant eu, des années après, à écrire l'Histoire de la Constitution *Unigenitus*, se crut obligé de tracer de son ancien ami et compagnon de voyage le portrait qu'on va lire et qui n'est pas beau. C'est à l'occasion de l'Instruction pastorale, donnée par les quarante évêques en faveur de la Constitution et pour justifier l'acceptation qu'ils en avaient faite (mars 1714); cette Instruction, avant d'être publiée, avait subi toutes sortes de remaniements, comme l'attestait l'original chargé de ratures :

« C'étoit M. Targni, nous dit M. Louail, entre les mains de qui M. l'évêque de Meaux (Bissy) avoit fait mettre cet original, qui présidoit à ces corrections, ou plutôt qui exécutoit les ordres que lui donnoit sur cela le Père Tellier. Ce fut aussi lui qui fut chargé de l'impression de cette Instruction et de celle du procès-verbal de l'Assemblée ; et il s'acquitta de cette commission avec tant de zèle qu'il passoit les jours et les nuits chez l'imprimeur, afin que tout se fît avec l'exactitude et la diligence qu'on lui avoit prescrite. Nous avons déjà parlé plus d'une fois en passant de ce docteur, mais sans le faire connoître : le personnage qu'il a fait dans toute cette affaire et l'éclat avec lequel il doit bientôt paroitre sur la scène, nous obligent à faire ici en peu de mots son histoire.

« M. Louis Targni est natif de Noyon : il fut envoyé de bonne heure à Paris, où avec un esprit qui n'avoit rien de brillant, mais qui étoit aidé par une mémoire heureuse et un travail assidu, il se distingua dans tout le cours de ses études. Pendant celles de théologie, il s'attacha au célèbre M. Faure, grand vicaire de M. Le Tellier, archevêque de Reims et prévôt de son Chapitre. Dirigé par cet habile maitre, il lut avec méthode non-seulement les auteurs ecclésiastiques, mais encore les plus considérables d'entre les profanes et acquit une vaste érudition. Il n'en devint pas toutefois un meilleur ni un plus profond théologien, ne s'étant pas également appliqué à perfectionner son raisonnement, et à se faire une suite de principes liés les uns aux autres, pour se former des idées justes sur les différentes matières qu'embrasse la théologie. Ses sentiments néanmoins furent toujours très-éloignés de ceux des Molinistes, surtout en ce qui a rapport aux libertés de l'Église gallicane, pour lesquelles M. Faure lui avoit inspiré un grand amour. Par le privilége de sa patrie, il fut fait procureur et ensuite principal du collége de Dainville, qui est fondé pour les étudiants du diocèse de Noyon et de celui d'Arras.

« Il étoit dans ce collége lorsqu'il fut choisi, en 1691, pour conduire, en qualité de docteur, les études de Théologie de feu M. l'abbé de Louvois. Cette place lui procura la bienveillance et la confiance de M. l'archevêque de Reims, oncle de cet abbé, qui lui donna dans la suite la trésorerie de son église, outre les bénéfices qu'il avoit déjà reçus de son élève. Il fut le théologien de l'un et de l'autre à l'Assemblée générale du Clergé de l'année 1700, dont l'archevêque étoit Président, et l'abbé député du second ordre, et il eut beaucoup de part à la célèbre Censure qui y fut faite. A la fin de l'Assemblée M. de Reims fit récompenser les services qu'il lui avoit rendus par une pension de mille livres, qu'il lui fit donner par le Clergé et dont il jouit encore aujourd'hui. Le Clergé le chargea en même temps de travailler d'abord à une nouvelle collection de ses mémoires, et ensuite à une nouvelle édition des Conciles de France. Mais jusqu'à présent, il n'a encore rien paru de son travail ; et il est difficile que, depuis six ans, il ait pu l'allier avec l'occupation que lui a donnée la Constitution. Il continua jusqu'à la mort de M. de Reims, arrivée au commencement de 1710, à être attaché à ce prélat et à l'aider de ses conseils et de ses lumières dans les différentes ordonnances ou mandements qu'il publia contre les thèses de Jésuites, et sur d'autres sujets qui n'intéressoient pas moins ces Pères, et en particulier dans la dénonciation qu'il fit avec quatre autres prélats au pape Innocent XII des erreurs du cardinal Sfondrate.

« Après la mort de M. de Reims, la reconnoissance qu'il devoit à M. le cardinal de Noailles, qui lui avoit fait continuer sa pension dans les Assemblées de 1705 et de 1710, l'engagea à offrir ses services à cette Éminence. On ne sait pas jusqu'à quel point ils furent agréés. Mais on l'a vu conserver jusqu'à l'arrivée de la Constitution une relation particulière avec ce cardinal, pour lequel il fit divers mémoires sur des matières théologiques dans des sentiments directement opposés à cette Bulle.

« Il se lia dans le même temps à M. l'évêque de Meaux Bissy. La faveur où ce prélat commençoit à entrer à la Cour, et la disgrâce où il voyoit que les Jésuites y avoient mis M. l'abbé de Louvois, auprès duquel il demeuroit toujours, purent lui inspirer la pensée de s'avancer par ce canal, ou du moins de s'acquérir une protection qui le mît à couvert de la mauvaise volonté des Jésuites qui l'avoient souvent menacé.

« M. Targni, en changeant de patron, changea aussi de sentiments ou du moins de conduite. Ceux qui l'ont suivi de près prétendent que tel est son caractère de se livrer servilement aux grands auxquels il s'attache, de n'avoir point d'autres sentiments que les leurs, de se prêter à toutes leurs volontés et de les exécuter aveuglément, sans consulter sa propre conscience et sans même avoir égard aux bienséances. C'est ainsi qu'il se dévoua à M. de Bissy. La première démarche publique qu'il fit dans l'affaire présente fut d'aller à Fontainebleau trouver ce prélat qui le manda quelques jours après que la Constitution y fut arrivée. Là on lui expliqua l'intérêt qu'on avoit qu'elle fût reçue, à quelque prix que ce fût.

« Depuis cette entrevue, il ne fut plus occupé que de chercher les moyens de faire réussir ce dessein. Il oublia tout ce qui pouvoit l'en détourner ; le respect qu'il devoit à la mémoire de M. l'archevêque de Reims ; les obligations qu'il avoit à M. le cardinal de Noailles ; les égards de bienséance et de reconnoissance qui l'engageoient à ne point entrer dans cette querelle sans consulter M. l'abbé de Louvois, son bienfaiteur ; *la douleur qu'il alloit causer à une infinité de docteurs, de savants et d'honnêtes gens, à qui il étoit lié par l'amitié la plus étroite ;* l'incendie qu'il allumoit dans l'Église, son propre honneur et les vérités qu'il avoit aimées, qu'il avoit soutenues jusqu'alors, qu'il sacrifioit à la passion des Jésuites ses ennemis, et les ennemis de tous ses amis. Il étudia la Constitution et les cent et une Propositions pour y trouver des mauvais sens. Il se hérissa de toutes les chicanes que lui purent fournir la Bulle contre Baïus, celles contre Jansénius, et les équivoques qu'on a répandues dans ces derniers temps sur les expressions des Pères, par rapport aux matières de la Grâce et de la Justification. Il devint en peu de jours le plus habile à pénétrer dans les mystères de la Constitution, à en pallier les défauts, à aplanir les difficultés qui s'opposoient à sa réception.

« On fit connoître son mérite au Père Tellier, qui lui communiquoit ses projets de vive voix dans les entrevues qu'il avoit souvent avec lui, et par écrit dans les lettres fréquentes qu'il lui écrivoit. Il fut admis dans les conseils les plus secrets de M. le cardinal de Rohan, de M. l'évêque de Meaux et des autres protecteurs de la Constitution, qu'il voyoit à Paris et à Versailles où il étoit conduit dans une chaise de poste de M. le cardinal de Rohan. M. l'abbé de Broglio se reposoit sur lui du détail de l'exécution des ordres qu'il recevoit des commissaires et de l'Assemblée. Nous avons vu qu'il fut chargé de l'impression de l'Instruction pastorale et du procès-verbal de l'Assemblée. Il le fut aussi de la distribution de ces pièces à Paris, et de l'envoi qu'on en fit dans les provinces.

« Enfin il mérita par ses services l'honneur d'être choisi par le Prince sur la fin de 1714 pour accompagner M. Amelot à Rome, où il demeura jusqu'à la mort du roi. Il fut gratifié pour ce voyage d'une somme considérable qu'on lui paya comptant. Ce ne fut pas là la seule récompense qu'il reçut. Quelques mois auparavant, M. le cardinal de Rohan et le Père Tellier lui avoient fait tomber la première place de garde de la Bibliothèque du roi, vacante par la mort de M. Clément, contre la volonté de M. l'abbé de Louvois, à la nomination duquel elle étoit due comme intendant de cette Bibliothèque. Cet abbé ne lui avoit destiné que la seconde place qui a quinze cents livres d'appointements ; et il avoit mis par avance en possession de la première, qui en a trois mille, M. Boivin, professeur royal, qui remplissoit depuis dix-huit ans la seconde. Mais pour récompenser M. Targni, on fit donner ordre par le Prince à M. l'abbé de Louvois, de remettre M. Boivin dans son ancienne place, et d'établir le docteur dans la première.

« On crut que le changement qui se fit après la mort du roi, et l'alliance que la famille de M. l'abbé de Louvois contracta quelque temps après avec celle de M. le cardinal de Noailles par le mariage de M. le marquis de Louvois avec une des nièces de Son Éminence, pourroient engager M. Targni à changer de conduite, ou du moins à garder plus de mesures. Mais les engagements qu'il avoit pris étoient trop forts pour les rompre ; et il a toujours continué depuis à entrer avec le même éclat et le même zèle dans toutes les entreprises de M. le cardinal de Rohan et de M le cardinal de Bissy, à assister à leurs conférences, à agir et à écrire pour eux ; et on a lieu de croire qu'il n'a guère paru d'écrits en faveur de la Constitution, où il n'ait eu part, si même quelques-uns ne sont pas entièrement de lui. Aussi feu M. l'abbé de Louvois, malgré sa douceur naturelle, a-t-il témoigné plusieurs fois à ses amis, les dernières années de sa vie, qu'il ne le souffroit qu'avec peine ; et il en a laissé une dernière marque dans son testament, où il n'a fait nulle mention de lui, quoiqu'il s'y soit souvenu d'une manière honorable de tous ceux qui avoient contribué à son éducation, et en particulier de M. Boivin, qu'il a dédommagé par une pension viagère de mille livres, de l'injustice qu'on lui avoit faite.

« Pour revenir à l'Instruction pastorale, l'impression en étant achevée par les soins de M. Targni, elle fut enfin donnée au public le 21 mars (1714) avec les pièces qui y avoient rapport, etc. [1]. »

On le voit, le rôle de M. Targni n'est pas beau ; c'est un transfuge et des plus actifs, des plus employés sous main. Il y trouva son profit. Il y a dans tous les partis de tels hommes. Port Royal toutefois en compta peu de cette espèce. On ne sauroit comparer la chute ou l'affaiblissement de quelques-uns de nos personnages tels que le curé de Saint-Merry, M. Du Hamel, ou le docteur de Sainte-Beuve, avec le rôle de M. Targni. Les premiers faiblirent ou peut-être changèrent en effet de sentiment ; ils cédèrent et se turent. Lui, il était de ceux qui continuent d'agir, qui, retournant leur cocarde, passent

---

(1) *Histoire du livre des Réflexions morales sur le Nouveau-Testament et de la Constitution Unigenitus, servant de préface aux Hexaples*, tome I, p. 173 et suiv.

sans dire gare au service de l'ennemi et visent traîtreusement au cœur de leurs anciens amis.

SUR M. DE HARLAI.

(Se rapporte à la page 323.)

M. de Harlai dut passer par plus d'une disposition d'esprit à l'égard d'Arnauld, et il ne serait peut-être pas juste de mettre toutes ces variations de langage sur le compte de l'hypocrisie. Voici ce que je trouve dans un *Journal* manuscrit de M. de Pontchâteau :

« Du 2 mai 1682. M. Bellot, ecclésiastique du diocèse de... habitué à Saint-Louis, vit hier matin M. l'archevêque qui lui avoit donné heure pour le matin, afin de lui porter quelques mémoires sur la contrition. Il l'avoit vu peu de jours auparavant; et le prélat lui avoit parlé de l'*Apologie des Catholiques*, témoignant une grande envie de la voir. Il parla fort bien de M. Arnauld et de ses ouvrages contre M. Mallet, disant même qu'il avoit bien dit à celui-ci qu'il ne devoit pas se jouer à ces messieurs, que leurs armes n'étoient pas pareilles, et qu'en effet il étoit bien bourré. Il témoigna aussi à M. Bellot qu'il eût été bien aise que M. Arnauld n'eût pas été éloigné; qu'il auroit pu les servir dans ce qu'ils se proposent de faire au Clergé; qu'on pourroit faire du bien si on vouloit agir de concert; qu'il avoit eu tort de s'en aller; que lui, archevêque, avoit trouvé bon qu'il répondît à M. Mallet; qu'il étoit vrai que M. Arnauld et ses amis sembloient vouloir vivre comme indépendamment de lui et sans aucun rapport, mais qu'il seroit prêt d'oublier tout le passé, pourvu qu'on se rapprochât.

« Hier il en dit encore davantage : car il ne parla d'autre chose trois heures durant qu'il tint M. Bellot avec lui, jusque là même qu'il ne voulut point parler à des gens qui le demandoient. Il a rendu à M. Bellot l'*Apologie*, lui disant qu'on lui en avoit apporté une et que c'étoit M. de Roannez. Le prélat a dit que c'étoit un fort bon livre où il y avoit d'excellentes choses, très-fortes, et auxquelles les Huguenots ne pourroient répondre ; qu'il eût pu néanmoins ne pas rapporter si au long ce procès d'Angleterre qui est ennuyeux. Il s'est ensuite fort étendu sur les louanges de M. Arnauld, sur son esprit, son habileté, sa piété ; mais qu'il n'avoit pu encore s'empêcher dans ce livre de faire à son ordinaire, qui est, après avoir dit qu'il ne vouloit pas parler d'une chose, de le faire néanmoins, comme sur la Régale, car en quatre lignes il dit son sentiment; qu'il se fût bien passé de tant louer MM. d'Aleth et de Pamiers pour la résistance qu'ils ont faite, et surtout ce dernier, qu'on savoit bien avoir été un fort homme de bien, mais qu'il n'étoit pas tant nécessaire de dire qu'il étoit un saint, à l'occasion de ce qu'il a fait sur la Régale.

« Pour ce qui regarde M. Arnauld en particulier, M. de Paris dit qu'il ne croyoit pas qu'il voulût s'ériger en chef de parti, mais que néanmoins cela arrivoit, puisque tout le monde vouloit se modeler sur lui. Et sur cela il a conté à M. Bellot toute l'histoire des Filles de Liesse depuis un bout jusqu'à l'autre, ce qui a duré une heure; car M. Thaumas y est entré.... »

Ce M. Thaumas qui intervient ici mérite bien qu'on en dise un mot. Il avait été greffier du criminel au Châtelet de Paris, et il s'était retiré pour mieux se consacrer à son salut et aux bonnes œuvres. Lorsque les religieuses de Port-Royal, menacées en 1679, crurent devoir passer procuration devant notaire contre les bulles et provisions qu'on pourrait expédier contre elles, M. Claude Thaumas, « bourgeois de Paris, » fut l'un des témoins de cet acte secret. Il rendit de pareils offices à celles des religieuses de Liesse qu'on persécutait à l'occasion de la signature. On surprit une lettre qui lui était adressée par ces religieuses et dont la suscription portait: « *A notre Père Thaumas.* » Il paraît que le roi en railla un jour l'archevêque et que, le voyant, il lui dit: « Vous croyez être supérieur de Liesse, mais c'est un greffier du Châtelet, voyez cette lettre. » Et le roi la lui remit. M. Thaumas paya ce dévouement un peu intempestif de huit mois de prison à la Bastille qui furent suivis d'un exil à Quimper-Corentin. Il y mourut au bout de deux mois, dans sa soixantième année. Quelques mots bien sentis d'une lettre d'Arnauld à la mère Angélique de Saint-Jean (19 octobre 1681) lui tiennent lieu d'épitaphe. M. de Harlai, dans cette conversation, s'étendit donc fort sur M. Thaumas:

« M. l'archevêque a aussi conté à M. Bellot tout ce qui s'étoit passé à l'emprisonnement de M. Thaumas, et comment il lui avoit fait parler par M. de Bretonvilliers dans le temps qu'il étoit à la Bastille; qu'il avoit été fort surpris à son sujet parce qu'il connoissoit de longue main M. Thaumas et qu'il n'eût pas cru qu'il en eût voulu user ainsi à son égard; qu'il avoit eu peine à croire tout ce qu'on lui en avoit dit, mais qu'il n'en avoit plus douté après le dernier entretien qu'il eut avec lui, lorsqu'il alla prendre congé de lui en s'en allant à Quimper, ce monsieur lui ayant alors déclaré qu'*il ne vouloit signer que comme M. Arnauld,* aussi bien que les Filles de Liesse: mais que cela n'avoit pas empêché qu'il n'eût parlé pour lui, et qu'il ne lui eût fait avoir cent écus pour son voyage.

« M. l'Archevêque ajouta qu'il y avoit encore eu un chantre de chez le roi, qui ne savoit pas un mot de latin, qui avoit aussi dit qu'*il vouloit signer comme M. Arnauld;* qu'on avoit trouvé cela ridicule et qu'on en avoit ri; mais que, comme il a la voix belle, on l'a laissé là; qu'enfin cela fait paroître M. Arnauld comme un homme qu'on regarde pour un chef, qu'on veut suivre.

« Tout cela néanmoins étoit entremêlé de grands témoignages d'estime pour M. Arnauld, et même de désirs qu'il se rapprochât....

« Il est à remarquer que M. Bellot n'a aucune habitude ni connoissance avec M. Arnauld. M. de Paris le sait, et il en est persuadé. Il est connu du prélat à l'occasion d'une dame de la religion qui s'est faite catholique et au sujet de laquelle il a été engagé à voir M. de Paris et le Père de La

Chaise. M. l'archévêque de Bordeaux l'a présenté à M. de Paris qui a dit lui-même depuis à M. Bellot que ce prélat lui avoit rendu témoignage qu'il ne se mêloit de rien que de sa paroisse. M. de Paris lui a même donné quelques livres à examiner pour lui en rendre compte.

« M. Bellot croit que, si M. Arnauld vouloit faire quelque avance, il ne seroit pas difficile de donner la paix à l'Église. »

C'est ainsi que nos pauvres amis persécutés et à la merci d'ennemis puissants étaient à l'affût des moindres paroles.

SUR LE PÈRE DU BREUIL.

(Se rapporte à la page 344.)

J'ai reçu, depuis la première édition de ces volumes, une lettre d'un ecclésiastique l'abbé R..., alors professeur de rhétorique à Bois-Guillaume près Rouen, ainsi conçue :

« Monsieur, en cherchant dans les Archives de Rouen des documents sur l'Oratoire, j'ai trouvé au milieu d'une liasse de papiers provenant de la maison de Rouen, parmi quelques lettres d'oratoriens connus, tels que les Pères Lami, Des Molets, Le Long, etc., deux pièces touchant le Père Du Breuil, son testament autographe, écrit du château de Brest, et une copie d'une lettre que j'avais déjà lue dans un manuscrit des Archives de Paris : *Articles de quelques grands hommes de l'Oratoire.* Ces lignes écrites de la main même du pieux vieillard ont réveillé en moi plus sensible et plus vive l'impression que j'avais ressentie à la lecture des pages si attachantes que vous avez consacrées à cette touchante mémoire ; et j'ai cru que peut-être elles pourraient vous inspirer aussi quelque intérêt.... »

Des deux pièces, je me contente d'indiquer le testament qui n'est guère rempli que de legs et de dispositions particulières ; il est daté du 19 février 1685, au moment où le Père Du Breuil allait être transféré du château de Brest dans la citadelle d'Oléron. Mais je donne en entier la lettre, écrite de son dernier lieu d'exil dans les Cévennes et adressée au Général de l'Oratoire et à ses anciens confrères.

« Septembre 1693.

« Mon Révérend Père, *Gratia et Pax a Deo patre nostro, Domino Jesu Christo.*

« L'extrême affoiblissement où je me trouve en suite d'une troisième maladie dans ce lieu depuis quatorze mois, semble m'avertir assez et me donne sujet de croire que « *velox est depositio tabernaculi mei.* » C'est ce qui m'oblige de rompre le silence où je me suis tenu à l'égard de ceux qui ont gouverné la Congrégation depuis onze ans que je suis arrêté. J'ai cru que devant être sensiblement mortifié par les deux disgrâces de ma détention et de mon exclusion qui m'arrivèrent en même temps, elles m'interdisoient aussi un commerce où j'aurois trouvé des consolations et des douceurs qui n'étoient pas convenables à mon état présent. Je considérai ma détention comme un juste châtiment de mon imprudence, de ma curiosité et des autres fautes dont on me jugea répréhensible. Je les regarde aussi comme un effet de la divine miséricorde qui vouloit me retirer des trop grands épanchements extérieurs et de la dissipation à laquelle mon peu de ferveur et de régularité joint à la diversité de mes emplois et de mes fonctions servoit ou d'occasion ou de prétexte. La bonté de Dieu a voulu me faire rentrer en moi-même, m'assujettir à la retraite, m'engager à devenir plus pénitent pour expier tant de fautes passées et enfin m'apprendre à me recueillir ; ce que mon peu de zèle néanmoins a trouvé fort difficile parmi les déréglements d'une soldatesque emportée et au milieu des garnisons où j'ai toujours vécu en sept différentes prisons depuis onze ans, ayant incessamment devant mes yeux, à mes oreilles, à droite et à gauche, du tumulte et des objets scandaleux, choquants et d'ailleurs inévitables. Pour ce qui regarde mon exclusion, je l'ai considérée avec respect comme un effet de l'autorité que la Congrégation avoit alors sur moi ; il n'étoit pas juste que ma disgrâce lui fût en aucune manière préjudiciable, tombant sur une personne qui eût continué d'être un de ses membres et de ses sujets ; et d'ailleurs j'ai cru que Dieu l'avoit permise pour punir mes prévarications précédentes et tant d'infidélités à ma vocation, n'ayant pas toujours réglé ma conduite selon la sainteté de son esprit et la droiture de ses règlements, étant si éloigné de la perfection où un autre plus exact et plus fidèle que moi auroit dû être arrivé après avoir été élevé et souffert dans cette Congrégation avec tant de bonté et de charité et de patience pendant cinquante-quatre ans (?) que j'y avois vécu avant ma détention. Toutes ces considérations m'ont fermé la bouche et m'ont empêché de vous faire aucune demande, me croyant obligé d'attendre humblement, sans inquiétude et en silence, les ordres de Dieu, et prenant pour moi ce que dit le Prophète : « *Expecta Dominum, viriliter age, et confortetur cor tuum, et sustine Dominum,* » je n'ai pas osé former aucun désir ; mais, dans la foiblesse où je me trouve maintenant, j'ai cru que je devois rendre témoignage des sincères sentiments de mon cœur, toujours plein de fidélité, de reconnoissance, de respect et d'amour pour la Congrégation, en la suppliant très-humblement que, si je demeure exclu de son corps, je ne sois pas exclu de ses prières, et que ne méritant pas d'être considéré comme un de ses enfants, elle daigne au moins me regarder comme un de ces étrangers qu'elle associe et sur qui elle étend les effets de sa charité en la présence de Dieu et sur les autels. Tout misérable que je suis, je ne cesserai point de faire des vœux en faveur de cette sainte Congrégation pour demander à Dieu une abondante effusion sur elle de ce même esprit qui la forme et la conduit ; et de lui souhaiter toutes les bénédictions nécessaires pour la rendre de plus en plus utile à son Église et pour la sanctification de ceux qui la gouvernent, qui la composent et qui lui sont et lui seront associés par des liaisons spirituelles. Je présente mes très-humbles respects à tous ceux du Conseil de la Congrégation et à ceux de votre assemblée de qui j'ai l'honneur d'être connu, désirant avoir part aux prières de tous.

« Faites-moi l'honneur de me croire très-sincèrement en Jésus-Christ Notre-Seigneur,

Mon Révérend Père,

Votre, etc. »

Il est toujours très-fâcheux que, sous un roi qui se dit très-chrétien et qui tâche de l'être, de semblables saints meurent en prison. Un autre persécuté et prisonnier de la fin de ce règne, M. Vuillart, a écrit ce mot au sujet de Louis XIV : « Ce prince si équitable quand il est bien informé! » C'est aussi le mot d'Arnauld. Oui, mais le malheur était que Louis XIV se croyait bien informé et par ses confesseurs et par son astucieux archevêque de Paris, et qu'il l'était fort mal.

SUR L'INSTITUT DE L'ENFANCE.

(Se rapporte à la page 453.)

Je donnerai ici un extrait de ce que j'ai eu l'occasion d'écrire de précis dans une Étude sur cet Institut et sur sa fondatrice (*Causeries du lundi*, t. II) :

« Mademoiselle Jeanne de Juliard, fille d'un conseiller au Parlement de Toulouse, naquit en cette ville sous Louis XIII : elle était belle, spirituelle, et fut très-recherchée de plusieurs partis. Parmi ceux qui se mirent sur les rangs, on citait M. de Ciron, fils d'un président au même Parlement, et qui, malgré les convenances apparentes, fut évincé. Mademoiselle de Juliard épousa, le 13 décembre 1646, M. de Turle, seigneur de Mondonville, fils lui-même d'un conseiller au Parlement. Le jeune M. de Ciron n'avait pas attendu ce jour du mariage pour rompre avec le monde : voyant la ruine de ses plus chères espérances, il s'était tourné du côté de Dieu, et, dans son premier accès de douleur, il avait voulu se faire chartreux ; puis, son peu de santé s'y opposant, il s'était voué simplement à la prêtrise. Il fut ordonné sous-diacre le 22 décembre 1646, c'est-à-dire neuf jours après le mariage de celle qu'il aimait. Il s'acquit l'estime publique, et devint Chancelier de l'Église et de l'Université de Toulouse. Député à Paris à l'Assemblée du Clergé de 1656 (à cette heure décisive des *Provinciales*), il y contracta des liaisons avec les principaux chefs du parti janséniste. Le prince de Conti, gouverneur du Languedoc, s'était converti et obéissait aux influences jansénistes lui-même :

M. de Ciron fut chargé de le diriger [1]. Cependant madame de Mondonville perdit son mari après quelques années de mariage, et ce fut l'abbé de Ciron qui, comme prêtre, assista cet ancien rival dans sa maladie et jusqu'à sa mort.

« Madame de Mondonville était, tout l'atteste, une personne de tête et de capacité, ferme, altière, séduisante, ayant l'instinct et le génie de la domination.

« De concert avec l'abbé de Ciron, elle posa les bases de l'Institut nouveau qu'elle prétendait fonder ; elle dressa les *Constitutions* de la Congrégation dite de l'Enfance, ainsi nommée parce qu'il s'agissait d'y honorer particulièrement la divine enfance de Jésus-Christ. Ce que la fondatrice voulait établir, ce n'était pas un Ordre religieux ni un cloître austère ; c'était quelque chose d'intermédiaire entre la retraite et le monde, un asile en faveur des filles qui n'auraient point de vocation pour le mariage ni pour le couvent proprement dit, et qui voudraient concilier l'éloignement du siècle avec une vie exempte de clôture et affranchie de la solennité des vœux. « Les Filles de l'Enfance, telles que les vierges chrétiennes
« ou les *diaconesses* des premiers siècles, n'étoient point enfermées
« dans un cloître, pour être à même de vaquer avec plus de faci-
« lité à tous les emplois de la charité que les vierges chrétiennes
« peuvent pratiquer honnêtement dans le monde. Elles vivoient
« néanmoins en commun, mais sans autres pratiques extérieures
« que celles que doivent observer toutes les personnes de leur
« sexe qui renoncent au mariage et qui veulent mener une vie
« modeste et chrétienne. Elles ne faisoient d'autre vœu que le vœu
« simple de *stabilité*, mais il renfermoit les trois autres, de pau-
« vreté, de chasteté et d'obéissance. » Ce vœu de *stabilité* revenait assez aux vœux perpétuels, mais sous un air moins formidable. La distinction des rangs et des conditions de naissance selon le siècle n'était pas supprimée dans cette Congrégation d'une nouvelle espèce. Il y avait trois sortes de filles : les premières, qui devaient être *damoiselles, de noblesse d'épée ou de robe*, pouvaient seules arriver aux hautes charges du gouvernement intérieur. Les secondes devaient être des filles de condition inférieure, mais honorable encore ; celles-ci ne pouvaient prétendre qu'aux charges moindres et secondaires, sauf le cas d'une dispense extraordinaire que se réservait d'octroyer la fondatrice. Enfin, il y avait des filles de troisième rang, simples femmes de chambre et servantes, frappées d'une incapacité absolue pour tous autres emplois. On voit que les trois Ordres subsistaient là comme ailleurs. Mais la supérieure s'était fait la large part dans ce gouvernement, et l'on peut

---

1. Voir quelques détails sur cette direction dans ce même tome V, pag. 29 et suiv.

dire que tout s'absorbait en elle. Elle aussi avait dit à sa manière, en prenant possession : *L'État, c'est moi.* « La Supérieure, disait « un des articles des *Constitutions*, est l'âme de la maison et le « chef de tous les membres qui la composent ; toute leur vertu « dépend de son influence. » Elle devait être âgée de trente ans au moins; elle était perpétuelle. Il y avait de la reine dans la manière dont madame de Mondonville établissait cette domination à son usage. « La Supérieure, disait-elle, donnera une fois le mois « une audience à chacune des filles qui demandera de lui parler, « les accueillera avec un visage serein, les écoutera paisiblement « et charitablement, gardant un juste tempérament entre la fami- « liarité et la pesanteur d'une trop tendue conversation.... Enfin, « elle se comportera de telle manière qu'elle ne les renvoie jamais « mécontentes, s'il est possible. » C'était la punition la plus sensible que d'être privée de sa présence. Sur quoi les railleurs avaient fait des vers satiriques, une espèce de parodie des Commandements de Dieu à l'usage des Filles de l'Enfance :

> Madame seule adoreras,
> Et l'Institut parfaitement.
> Son beau minois tu ne verras,
> Si tu fais quelque manquement....

Les confesseurs n'avaient eux-mêmes qu'un rôle secondaire et subordonné à l'influence de la Supérieure, qui tenait en main la clef des consciences. Les habits étaient simples, mais non uniformes : « On pourra indifféremment choisir du noir, du gris, du blanc, du « *feuille-morte* ou autre couleur obscure, pour le choix de la- « quelle on prendra l'avis de la Supérieure, qui réglera toutes ces « choses, ayant égard à l'*âge*, à la condition des esprits et à la « *qualité* des personnes. » Et pour la forme tant du linge que des habits, il semblait que, sans être tout à fait des religieuses, les Filles de l'Enfance eussent déjà pour règle le code mignon de Gresset :

> Il est aussi des modes pour le voile ;
> Il est un art de donner d'heureux tours
> A l'étamine, à la plus simple toile.

« Elles garderont, était-il dit, un juste tempérament, qui ne fasse « pas rire les fous et qui ne contriste pas les sages, qui ne les fasse « pas remarquer par la légèreté de la mode, ni par le ridicule « d'un usage passé.... Elles seront bien propres sans curiosité, « nettes sans délicatesse, et bien mises sans afféterie. » Qu'on joigne à cela de bonnes œuvres, l'éducation gratuite des jeunes filles, l'instruction des Calvinistes nouvelles converties, le soin des pauvres, et l'on aura quelque idée de cet Institut habilement concerté, fait pour séduire, attrayant, et utile peut-être, mais empreint évidemment d'un reste d'orgueil humain et même de coquetterie mondaine.

« L'abbé de Ciron pouvait être lié avec quelques amis et disciples de Saint-Cyran, l'Institut fondé par madame de Mondonville put être persécuté à ce titre, et finalement détruit, comme une succursale que les Jansénistes avaient dans le midi de la France; mais ce n'était pas là et ce ne fut jamais l'esprit pur du sévère et intègre Port-Royal [1].

« Ce qui ne faisait pas une moindre différence, et qui ne laisse pas de surprendre au premier coup d'œil, c'est cette espèce de commerce dévot, sans rien de sensuel, on veut le croire, mais trop propre à faire jaser et sourire, entre l'abbé de Ciron, ancien prétendant, et madame de Mondonville, jeune encore. Ce M. de Ciron, d'ailleurs, paraît avoir été un homme vertueux, d'une charité qui se prodigua durant une peste de Toulouse. Tout indique qu'il était doux, modéré, de bon conseil, plus fait pour mitiger et retenir celle qu'il dirigeait que pour la pousser aux extrêmes [2]. Mais il était, de concert avec elle, le directeur de la maison de l'Enfance; il logeait dans l'enceinte de cette maison, dans l'enclos du jardin, n'ayant qu'un pas à faire pour être chez sa pénitente. Après sa mort, et peut-être de son vivant, son portrait ornait la chambre de la fondatrice; elle lisait et relisait ses billets, dont elle faisait des recueils et qu'elle gardait précieusement. On ne peut s'étonner, après cela, qu'il ait couru des propos et des chansons à ce sujet, et l'on assure que le saint évêque d'Aleth, Pavillon, blâma M. de Ciron d'y avoir prêté par les apparences.

« Il avait également désapprouvé, dès le principe, l'idée de mettre en *corps de communauté* les filles destinées à l'éducation de l'enfance. Notez bien que c'est ce saint évêque qui avait d'abord établi dans son diocèse des filles *régentes* pour l'éducation des personnes du sexe, et M. de Ciron lui avait demandé d'en envoyer quelqu'une à Toulouse pour y former d'autres maîtresses et y faire

---

1. Aussi Arnauld avait beau prendre la défense de cet Institut, les purs et les sages de Port-Royal ne reconnaissaient pas la parenté sans réserve et sans restriction. Dans une lettre de M. de Pontchâteau pour M. *Davy* (M. Arnauld) je lis (1688): « J'ai été si charmé de la lecture de l'*Innocence opprimée* que j'en ferai encore une seconde. Mais je voudrois bien qu'il fût écrit quelque part que Madame de Mondonville avoit fait tout ce qu'elle avoit pu pour éloigner d'elle la tache du Jansénisme, faisant signer jusqu'à des enfants de sept ans. Et néanmoins son œuvre est renversée. Il seroit utile qu'on sût que ce n'est pas là le moyen de *le* (sic) conserver, et je souhaiterois que cette bonne dame le reconnût et en fût convaincue. M. de *Bétincourt* (Nicole) faisoit cette réflexion, et que Port-Royal n'a rien fait de semblable, et il subsiste encore. » — La Providence ne se chargea point de justifier jusqu'au bout le raisonnement de Nicole : Port-Royal n'y gagna que quelques années de répit.

2. La dévotion de M. de Ciron n'était pourtant pas exempte de quelque singularité (précédemment, tome V, page 30).

école. Madame de Mondonville, en embrassant la pensée d'une fondation plus ambitieuse, ne suivit point les conseils de M. Pavillon ; il s'y opposa autant qu'il le put, mais inutilement : « Les « Communautés, disait-il, dégénèrent toujours et ne conservent « pas longtemps l'esprit de leur Institut [1]. » — A bien regarder ce passage de la *Vie* de M. Pavillon, qui est écrite par une plume janséniste très-pure et aussi très-circonspecte, on y voit implicitement l'aveu qu'il y eut des abus dans cet Institut de l'Enfance.

« Parmi les nombreuses Approbations d'évêques qu'on recueillit comme pièces justificatives pour la défense de l'Institut après sa suppression et dont on se fit une arme tardive, on ne trouve point en effet celle de M. Pavillon : elle brille par son absence.

« Ce fut en 1662 que l'Institut se fonda régulièrement, mais il eut dès sa naissance à surmonter bien des difficultés et des obstacles. Les religieux, et particulièrement les Jésuites, qui se voyaient exclus de la direction de cet établissement, et qui n'y avaient aucun accès, essayèrent de le ruiner à diverses reprises. Quatre fois ils revinrent à la charge : une première fois, dès l'origine, en 1663 ; une seconde, en 1666, aussitôt après la mort du prince de Conti, protecteur puissant. Madame de Mondonville fit alors un voyage à Paris, et s'y concilia d'autres protecteurs, particulièrement M. Le Tellier, qui fut plus tard chancelier de France, et qui la soutint tant qu'il vécut. En 1682 (M. de Ciron étant mort depuis deux ans), une Fille de l'Enfance, mademoiselle de Prohenques, qui s'échappa de la maison par escalade, et qui se plaignit de mauvais traitements, suscita une affaire grave dont les ennemis s'empressèrent de profiter. Mais ce ne fut qu'en 1686 que la foudre, toujours conjurée, éclata : la maison fut détruite et la Congrégation dispersée, avec des circonstances qui excitèrent alors l'intérêt universel.

« Madame de Mondonville, qui, sur la première nouvelle du danger, avait couru à Paris, y reçut dès son arrivée l'ordre du roi de se rendre à Coutances en basse Normandie. Là, détenue comme en prison au couvent des Religieuses Hospitalières, elle n'en sortit plus, et mourut seulement en 1703 ou 1704. »

1. *Vie de M. Pavillon, évêque d'Aleth*, tome Ier, page 166.

SUR SANTEUL.

(Se rapporte à la page 475.)

« M. Arnauld était mort à Bruxelles le 8 août 1694 ; son cœur, selon le vœu des religieuses de Port-Royal des Champs, fut rapporté parmi elles. On demanda une Épitaphe à Santeul ; on l'invita à venir à Port-Royal où il était si souvent allé. Il avait connu M. Arnauld, il l'avait aimé ; il fit une belle Épitaphe. Les derniers vers surtout étaient bien ; il y disait que ce cœur, qui revenait porté sur les ailes de l'Amour divin, n'avait jamais été absent en réalité de ces lieux chéris :

>   Huc cœlestis Amor rapidis cor transtulit alis,
>   Cor nunquam avulsum, nec amatis sedibus absens.

Mais il y avait d'autres choses encore dans l'Épitaphe ; il y disait d'Arnauld qu'il revenait de l'exil, ayant triomphé de ses ennemis, *exul hoste triumphato* ; il l'appelait *le défenseur de la vérité, l'oracle du juste* :

>   Arnaldus veri defensor, et arbiter æqui.

La traduction qui courut en vers français étendait et aggravait encore ces endroits. Au bruit de cette Épitaphe, les Jésuites firent les furieux contre Santeul ; le Père Jouvancy lui écrivit une lettre qu'on ne peut croire qu'à demi sérieuse, mais que Santeul prit au plus grave : « On m'a dit, lui écrivait ce Père, que
« vous aviez fait une Épigramme à la louange de M. Arnauld ; je
« vous ai défendu autant que j'ai pu ; j'ai dit qu'il n'y avoit pas
« d'apparence que M. Santeul, sachant bien que M. Arnauld est
« mort chef d'un parti déclaré contre l'Église, étant lui-même
« ecclésiastique et d'un Ordre dont la doctrine a toujours été
« sans reproche, eût voulu louer et préconiser un hérésiarque re-
« connu par l'Église et la France pour tel, et que si le roi savoit
« cela, etc.... »

« Santeul effrayé, et qui avait une pension du roi de huit cents livres, s'excusa en paroles, désavoua les vers comme il put ; mais Jouvancy voulait une rétractation, non pas seulement verbale, mais écrite. Que faire ? se déclarer contre M. Arnauld ? Santeul se révoltait à cette idée. Son cœur saignait, sa tête se troublait. Il s'adressait à tous les Pères jésuites de sa connaissance, il leur disait ce qu'il écrira un peu après au Père de La Chaise et à

Bourdaloue, pour expliquer son Épitaphe. Il n'avait pas voulu dire par *hoste triumphato* que M. Arnauld eût triomphé des Jésuites, ni en général de ceux qui l'avaient fait sortir de France, mais bien de Claude et Jurieu et des Protestants; cela n'avait pas été saisi par le traducteur en vers français, et le scandale venait de cette traduction vraiment séditieuse. *Veri defensor* ne se rapportait également qu'à l'ouvrage d'Arnauld, *De la Perpétuité de la Foi; arbiter æqui* n'était qu'un pléonasme poétique dont il ne fallait pas trop demander compte. Cependant, sur ce premier trouble du pauvre Santeul, un jeune Jésuite, régent à Rouen, le Père Du Cerceau, lança une pièce en vers glyconiques et asclépiades intitulée *Santolius vindicatus*, qui courut manuscrite et vint siffler comme une flèche à l'oreille de l'imprudent. C'était la première attaque ouverte d'un Jésuite contre lui. Il n'y tint pas et courut au Collège des Pères, criant merci et miséricorde. Il se décida à écrire une première, puis une seconde Épître ou palinodie en vers au Père Jouvancy Il cherchait à couvrir le vague et l'indécis de sa rétractation par le pompeux des éloges décernés aux Rapin, aux Commire, aux La Rue, à toute la Société; il fallait bien pourtant aborder ce point délicat d'Arnauld, auquel on le ramenait toujours. Vers la fin de la seconde Épître, il disait en un endroit :

> . . . . Ictus illo fulmine,
> Trabeate Doctor, jam mihi non amplius,
> Arnalde, saperes. . . . .

C'est-à-dire : « Atteint de ce foudre du Vatican, si grand et si illustre docteur que tu sois, ô Arnauld! tu *n'aurois* plus raison à mes yeux. » Les Jésuites voulaient quelque chose de plus positif, de moins conditionnel, et qu'il mît *sapias* au lieu de *saperes*, c'est-à-dire : « tu *n'as* plus raison à mes yeux. » Le pauvre Santeul fit deux copies, l'une où était *saperes* pour les amis de M. Arnauld, l'autre *sapias* pour les Jésuites.

« Il y avait des moments où il essayait d'emporter le tout d'un air dégagé : « Voilà bien du bruit, disait-il, pour six méchants « vers que j'ai faits en badinant sur le bord d'un étang. » Mais ce ton-là ne réussissait pas.

« Au nom des amis de M. Arnauld, Rollin, de son côté, s'enhardissant sous l'anonyme, lançait le *Santolius pœnitens*, où il évoquait l'Ombre du célèbre Docteur, qui reprochait tendrement et avec pathétique à Santeul son ingratitude et son reniement. Boivin jeune traduisait la pièce de Rollin en vers français, et dans le premier moment on disait que la traduction était de Racine.

« Santeul était bien malheureux, et ne savait par où faire sa retraite. Toute la jeune cavalerie légère des Jésuites (*pubes Jesui-*

tica sagittaria, comme il l'appelait) était à ses trousses et le houspillait. Les rieurs du dehors faisaient courir d'autre part des vers français et pas trop mauvais, censés faits par les Jansénistes courroucés : il était entre deux feux; ou encore, comme on lui faisait dire en une métaphore gastronomique qui lui allait bien : « Que suis-je pour décider sur de si grands débats? de côté et « d'autre, j'aurois été écrasé; *je suis la gaufre.* »

« Un petit livret très-spirituel, publié en 1696, qui donne l'Histoire de ces troubles, nous le représente ainsi au plus fort de la crise :

« Il étoit dans des transes mortelles, écrivant à tous les Jésuites
« de ses amis pour leur demander quartier ; il croyoit voir partout
« le *Santolius vindicatus* imprimé ; et le moindre Jésuite qu'il
« rencontroit, il l'abordoit brusquement, et, le reconduisant d'un
« bout de Paris jusqu'au Collége, il lui faisoit ses doléances avec
« le ton, l'air et les gestes que ceux qui ont l'avantage de le con-
« noître peuvent s'imaginer ; et criant à pleine tête, il récitoit par
« cœur l'Apologie qu'il venoit de donner au public, appuyant sur-
« tout sur ces endroits qu'il répétoit plusieurs fois : *Veri sanctis-*
« *sima custos, docta Cohors*, etc., etc. (et autres passages en l'hon-
« neur de la Compagnie).... Enfin il falloit l'écouter bon gré,
« mal gré ; et fût-ce le frère cuisinier des Jésuites, rien ne lui servoit
« de n'entendre pas le latin : de sorte que le chemin n'étoit pas
« libre dans Paris à tout homme qui portoit l'habit de Jésuite ;
« Santeul les attendoit au passage, et, se jetant à la traverse, les
« poursuivoit, son Apologie à la main, jusqu'à la porte du Collége
« *exclusivement* ; car je ne sais quelle terreur panique l'empêchoit
« de passer outre. »

« Il y avait de ces jeunes malins Jésuites, espiègles déjà comme le sera Gresset, qui, pour s'assurer si le repentir de Santeul était bien sincère, se déguisaient en Jansénistes dans des lettres qu'ils lui écrivaient; ils signaient au bas le nom de quelque curé respectable, du curé de Saint-Jacques-du-Haut-Pas, par exemple : « Quoi ! lui disait-on dans ces lettres, n'est-ce pas honteux et scandaleux à un homme comme vous, que M. Arnauld a honoré de son estime et de son amitié pendant sa vie, de le décrier après sa mort, pour faire votre cour à des gens qui, dans l'âme, se moquent de vous et ne vous en savent aucun gré ? etc. » Et Santeul donnait dans le piége ; il répondait sur-le-champ « qu'il n'avoit jamais désavoué son Épitaphe ; qu'il honoroit M. Arnauld plus que personne au monde, qu'il portoit toujours sur lui, comme une relique, une lettre que cet incomparable Docteur lui avoit autrefois fait l'honneur de lui écrire ; » et la réponse allait non aux mains du digne curé de Saint-Jacques, qui ne savait mot de ce manége, mais droit au Collége Louis-le-Grand, où c'était la gaieté des récréations. Le Père Commire, alors, jugea qu'il était temps de frapper le grand coup, et pour en finir de tout ce *pour* et ce *contre*, lui qui s'était tenu jusque-là en réserve comme le corps d'élite, donna brusquement par sa pièce de vers intitulée Linguarium (*le Bâillon de Santeul*). Les vers sont jolis, catulliens ; les idées sont piquantes, et le jeu se ferme sur le conseil donné à Santeul de ne plus faire le docteur et de savoir se taire : *Sile et sape.*

« Ce Bâillon fut ce qui mordit le plus au sang la langue du malheureux Santeul ; il demanda quartier par une Élégie où il en appelle à la charité chrétienne.

« On aime à savoir que l'aimable Bourdaloue contribua plus que personne à sceller la paix, et à réconcilier Santeul avec ses autres confrères plus irrités ou qui le voulaient paraître. Il avait cherché à le rassurer dès ses premières démarches, en lui disant « qu'il
« avoit lu sa justification avec plaisir et qu'il étoit fort aise de rece-
« voir de ses lettres, parce qu'elles étoient *pleines d'esprit et ré-*
« *jouissantes.* »

« Telle est l'esquisse très-abrégée de cette grande bataille de collège, qui rendit peut-être Santeul au fond moins à plaindre qu'on ne croirait et que ne le supposaient ses adversaires ; car, après tout, une si bruyante tempête était une bien bonne fortune et bien inespérée, pour six ou sept vers. On le croyait un souffre-douleur, mais il avait eu un bien grand porte-voix [1]. »

(*Causeries du lundi*, tome XII, article SANTEUL.)

SUR M. FEYDEAU.

(Se rapporte à la page 594 du tome IV.)

Nous avions promis, pour l'*Appendice* de ce volume, un extrait des Mémoires de M. Feydeau ; mais la même raison qui nous a obligé de renvoyer à l'*Appendice* du tome VI° et dernier la *Vie* de

---

[1]. Le passage suivant d'une lettre de M. Vuillart, du 27 octobre 1696, n'a rien qui infirme cette interprétation et vient bien plutôt la confirmer. On avait beau tourner et retourner Santeul, sa vanité revenait toujours à la surface et comme à fleur d'eau : « Santeul s'est vanté de s'être conduit de telle manière qu'on ne sait s'il est pour les Jansénistes ou pour les Molinistes. Et sur ce qu'il s'applaudissoit de l'avoir fait par modestie, parce que le parti pour lequel il se seroit déclaré lui auroit érigé une statue

tica sagittaria, comme il l'appelait) était à ses trousses et le houspillait. Les rieurs du dehors faisaient courir d'autre part des vers français et pas trop mauvais, censés faits par les Jansénistes courroucés : il était entre deux feux ; ou encore, comme on lui faisait dire en une métaphore gastronomique qui lui allait bien : « Que suis-je pour décider sur de si grands débats ? de côté et « d'autre, j'aurois été écrasé ; *je suis la gaufre.* »

« Un petit livret très-spirituel, publié en 1696, qui donne l'Histoire de ces troubles, nous le représente ainsi au plus fort de la crise :

« Il étoit dans des transes mortelles, écrivant à tous les Jésuites
« de ses amis pour leur demander quartier ; il croyoit voir partout
« le *Santolius vindicatus* imprimé ; et le moindre Jésuite qu'il
« rencontroit, il l'abordoit brusquement, et, le reconduisant d'un
« bout de Paris jusqu'au Collége, il lui faisoit ses doléances avec
« le ton, l'air et les gestes que ceux qui ont l'avantage de le con-
« noître peuvent s'imaginer ; et criant à pleine tête, il récitoit par
« cœur l'Apologie qu'il venoit de donner au public, appuyant sur-
« tout sur ces endroits qu'il répétoit plusieurs fois : *Veri sanctis-*
« *sima custos, docta Cohors*, etc., etc. (et autres passages en l'hon-
« neur de la Compagnie).... Enfin il falloit l'écouter bon gré,
« mal gré ; et fût-ce le frère cuisinier des Jésuites, rien ne lui servoit
« de n'entendre pas le latin : de sorte que le chemin n'étoit pas
« libre dans Paris à tout homme qui portoit l'habit de Jésuite ;
« Santeul les attendoit au passage, et, se jetant à la traverse, les
« poursuivoit, son Apologie à la main, jusqu'à la porte du Collége
« *exclusivement* ; car je ne sais quelle terreur panique l'empêchoit
« de passer outre. »

« Il y avait de ces jeunes malins Jésuites, espiègles déjà comme le sera Gresset, qui, pour s'assurer si le repentir de Santeul était bien sincère, se déguisaient en Jansénistes dans des lettres qu'ils lui écrivaient ; ils signaient au bas le nom de quelque curé respectable, du curé de Saint-Jacques-du-Haut-Pas, par exemple : « Quoi ! lui disait-on dans ces lettres, n'est-ce pas honteux et scandaleux à un homme comme vous, que M. Arnauld a honoré de son estime et de son amitié pendant sa vie, de le décrier après sa mort, pour faire votre cour à des gens qui, dans l'âme, se moquent de vous et ne vous en savent aucun gré ? etc. » Et Santeul donnait dans le piège ; il répondait sur-le-champ « qu'il n'avoit jamais désavoué son Épitaphe ; qu'il honoroit M. Arnauld plus que personne au monde, qu'il portoit toujours sur lui, comme une relique, une lettre que cet incomparable Docteur lui avoit autrefois fait l'honneur de lui écrire ; » et la réponse allait non aux mains du digne curé de Saint-Jacques, qui ne savait mot de ce manége, mais droit au Collége Louis-le-Grand, où c'était la gaieté des récréations. Le Père Commire, alors, jugea qu'il était temps de frapper le grand coup, et pour en finir de tout ce *pour* et ce *contre*, lui qui s'était tenu jusque-là en réserve comme le corps d'élite, donna brusquement par sa pièce de vers intitulée *Linguarium* (*le Bâillon de Santeul*). Les vers sont jolis, catulliens ; les idées sont piquantes, et le jeu se ferme sur le conseil donné à Santeul de ne plus faire le docteur et de savoir se taire : *Sile et sape*.

« Ce Bâillon fut ce qui mordit le plus au sang la langue du malheureux Santeul ; il demanda quartier par une Élégie où il en appelle à la charité chrétienne.

« On aime à savoir que l'aimable Bourdaloue contribua plus que personne à sceller la paix, et à réconcilier Santeul avec ses autres confrères plus irrités ou qui le voulaient paraître. Il avait cherché à le rassurer dès ses premières démarches, en lui disant « qu'il « avoit lu sa justification avec plaisir et qu'il étoit fort aise de rece-« voir de ses lettres, parce qu'elles étoient *pleines d'esprit et ré-« jouissantes.* »

« Telle est l'esquisse très-abrégée de cette grande bataille de collége, qui rendit peut-être Santeul au fond moins à plaindre qu'on ne croirait et que ne le supposaient ses adversaires ; car, après tout, une si bruyante tempête était une bien bonne fortune et bien inespérée, pour six ou sept vers. On le croyait un souffre-douleur, mais il avait eu un bien grand porte-voix [1]. »

(*Causeries du lundi*, tome XII, article SANTEUL.)

SUR M. FEYDEAU.

(Se rapporte à la page 594 du tome IV.)

Nous avions promis, pour l'*Appendice* de ce volume, un extrait des Mémoires de M. Feydeau ; mais la même raison qui nous a obligé de renvoyer à l'*Appendice* du tome VIe et dernier la *Vie* de

---

1. Le passage suivant d'une lettre de M. Vuillart, du 27 octobre 1696, n'a rien qui infirme cette interprétation et vient bien plutôt la confirmer. On avait beau tourner et retourner Santeul, sa vanité revenait toujours à la surface et comme à fleur d'eau : « Santeul s'est vanté de s'être conduit de telle manière qu'on ne sait s'il est pour les Jansénistes ou pour les Molinistes. Et sur ce qu'il s'applaudissoit de l'avoir fait par modestie, parce que le parti pour lequel il se seroit déclaré lui auroit érigé une statue

M. de Pontchâteau, nous fait remettre également la notice de M. Feydeau : nous les donnerons ensemble tout à la fin.

de bronze, on a fait les quatre vers suivants qu'il a dits lui-même à un de mes amis :

> Pour attirer Santeul on met tout en usage,
> Mais on fait, selon lui, des efforts superflus :
> De deux partis fameux voyez quelle est la rage :
> Car celui qui l'auroit, n'auroit qu'un fou de plus. »

FIN DE L'APPENDICE.

TABLE DES MATIÈRES.

LIVRE CINQUIÈME.

LA SECONDE GÉNÉRATION DE PORT-ROYAL (SUITE).

IX, pages 3 et suiv.

L'automne de Port-Royal. — M. d'Andilly à Versailles. — Il s'oublie à Pomponne. — Son retour à Port-Royal des Champs et sa mort. — Madame de Sévigné amie mondaine; libre parleuse. — La Fontaine auxiliaire et collaborateur. — Brienne et ses frasques. — Les amies et bienfaitrices. — Prince et princesse de Conti. — Caractère de tous deux. — Les mérites sérieux de la princesse. — Restitutions et aumônes. — Bourdaloue grondé pour un sermon. — Duc et duchesse de Liancourt. — Perfection de l'épouse chrétienne. — La terre de Liancourt embellie; et pourquoi. — Mort de la femme et du mari.

X, pages 51 et suiv.

Madame de Sablé : sa distinction et ses défauts. — Ses frayeurs. — Se loge contre Port-Royal de Paris. — Monde et retraite. — Jours de souffrance sur les jardins. — Porte murée et démurée. — Les malades, les mortes; *qui-vive* perpétuel. — Bel esprit et Maximes. — Expérience morale. — L'abbé de La Victoire. — Madame de Sablé à la Paix de l'Église; retenue à Paris. — Le Père Rapin et la salade. — Madame de Bregy et les compliments. — Madame de Sablé amie non convertie. — Tréville, un voisin de Port-Royal. — Sa conversion. — Sa science; sa supériorité. — Délicatesse et dédain. — Mis en sermon par Bourdaloue. — On n'a pas plus d'esprit que lui. — Oracle de la rue Saint-Jacques ; théologien de qualité. — Relâchement et inconstance. — Ce qu'en dit Saint-Simon. — Lettre de Lassay. — Un fonds d'épicuréisme.

XI, pages 94 et suiv.

Les vrais pénitents : M. de Sévigné. — Courtoisie et charité. — Chevalier servant du cloître. — Mademoiselle de Vertus. — Son origine, sa jeunesse. — Attachée à madame de Longueville, et messagère de conversion ; — lui amène M. Singlin. — Pénitente à son tour. — Conseil et prudence. — Zèle pour M. de Saci. — Séparation d'avec madame de Longueville. — Retraite à Port-Royal. — Prise du petit habit. — Infirmités. — Médecins et directeurs. — Lettres de Du Guet : consolation et réconfort. — De la fin chrétienne. — Madame de Longueville ; son adhésion à Port-Royal. — Sa forme d'esprit : subtilité et gloire. — Se convertit à temps ; y trouve son compte. — Amour-propre inversé. — Absence de calcul et sincérité : amour. — Témoignage de M. de Pontchâteau. — Caractère de madame de Longueville. — Sa mort, signal de persécution. — Le trop d'éclat à Port-Royal — Les carrosses. — Les pèlerins.

LIVRE SIXIÈME.
LE PORT-ROYAL FINISSANT.

I, pages 149 et suiv.

Caractère de la dernière persécution. — Pensée arrêtée de Louis XIV sur le Jansénisme. — Rôle et portrait de M. de Harlai. — Visite de l'abbé Fromageau à Port-Royal des Champs ; — l'interrogatoire poli. — Visite de M. de Harlai ; — le prélat grand seigneur. — Langue dorée. — Rigueur en douceur. — Une scène de haute comédie. — Renvoi des postulantes ; — des pensionnaires : — des confesseurs et des Messieurs. — Incidents de la sortie. — Entretien du président de Guedreville et de l'archevêque. — Mademoiselle de Gramont ; la petite Du Gué. — Difficulté de remplacer les confesseurs. — Entretien de M. Grenet et de l'archevêque. — Le bonhomme et l'habile homme. —

La comédie sous l'alcôve. — Les vraies raisons de M. de Harlai. — Ses mœurs ; jolie lettre du Père Quesnel. — Disgrâce de M. de Pomponne.

II, pages 202 et suiv.

Confesseurs donnés à Port-Royal. — M. Lemoine et son affaire de Pamiers. — Il sort du Paradis terrestre. — Réélection de la mère Angélique. — M. Le Tourneux confesseur. — Ses talents ; sa vocation de sermonnaire. — Sa vie et ses écrits. — Son Carême de Saint-Benoît ; vogue immense. — Moment d'éclaircie pour le monastère. — Apparition de M. de Saci aux Champs ; joie muette. — Disgrâce de M. Le Tourneux ; sa retraite. — Étude et austérités. — Réprimande de l'Archevêché ; belle réponse du juste. — Sa mort subite. — Son cœur à Port-Royal. — Acharnement contre ses écrits. — Considérations à ce sujet.

III, pages 235 et suiv.

Suite de l'histoire intérieure ; — baisse et dépérissement. — Ecclésiastiques du dedans : M. Eustace. — M. Bocquillot ; ses fredaines et son repentir ; — brusque et honnête figure ; janséniste non mortifié. — Santeul, ou l'hôte jovial. — La cuculle de saint Bernard. — Les années funèbres. — Morts sur morts. — M. de Pontchâteau : — sa jeunesse ; chute et rechute. — Pénitence violente ; — fureur d'humilité ; abjuration de grandeur. — Jardinier et vigneron. — Voyageur infatigable. — Il fait des miracles après sa mort. — Sage réserve de Nicole. — Les visites interdites à Port-Royal. — Fêtes des Rogations ; — du Saint-Sacrement. — Une procession en 1693 ; — belle description par M. Louail. — La mère Racine, abbesse, et son neveu le poëte. — Mort subite de M. de Harlai ; — propos jansénistes. — M. de Noailles archevêque. — Lettre et conseil de Racine. — Extrême déclin.

IV, pages 289 et suiv.

Arnauld à l'étranger. — Ses motifs de retraite. — Nobles lettres ; beau sentiment moral. — Son livre contre le docteur Mallet ; éloquente conclusion. — Voyage et séjour en Hollande. — Église d'Utrecht ; M. de Neercassel. — Son caractère apostolique. — Mœurs chrétiennes primitives. — Visite à Utrecht en 1849 ; — tradition retrouvée de Port-Royal. — Retour d'Arnauld à Bruxelles. — Sa doctrine déclarée dans les trois affaires : 1° de la Régale ;

—2° des quatre Articles ;—3° de la révocation de l'Édit de Nantes. — Inconséquence et conscience. — Il choque et froisse de tous les côtés. — Aux prises avec Jurieu. — Outré contre les Protestants. — Perquisitions de la police. — Affaire des ballots. — Arrestation du Père du Breuil. — Son mérite ; son rang dans l'Oratoire. — Coup d'État dans cette Congrégation. — Lettres de Quesnel et de Du Guet au Père Du Breuil. — Les sept stations du prisonnier. — Clémence et douceur ; mort édifiante. — Arnauld fidèle à ses amis.

V, pages 348 et suiv.

Arnauld tout à la vérité. — Guerre à Malebranche. — Cartésianisme et Jansénisme : inconséquence. — Malebranche né de Descartes ; sa vocation métaphysique. — *Recherche de la Vérité.* — Application de la philosophie à la religion. — *Traité de la Nature et de la Grâce.* — Innovations théologiques : — justification du Père aux dépens du Fils. — Le moins de miracles possible. — Colère et lettre éloquente de Bossuet. — Railleries de madame de Sévigné. — Entrée en campagne d'Arnauld. — L'ami devenu adversaire. — Examen des écrits. — Caractère et mérite de la *Recherche de la Vérité.* — Des erreurs de l'imagination. — Portrait du métaphysicien qui *voit tout en Dieu.*

VI, pages 397 et suiv.

Traité d'Arnauld *des Vraies et des fausses Idées.* — Ce qu'entend Malebranche par *tout voir en Dieu.* — Ce qu'y oppose Arnauld. — La parabole du sculpteur. — Caractère de la dispute : — duel de l'Ange et du Centurion. — Beauté d'imagination : architecture mystique. — Le temple de la Nature et de la Grâce. — Lois générales naturelles ; économie de miracles. — Le Verbe selon Malebranche ; Création et Chute en vue du Christ. — Nouveauté de doctrine. — Éloignement et relégation de Dieu le Père. — Que devient le *Pater* et le Sermon sur la montagne ? — Rabaissement du Fils, du Verbe incarné. — Un Christ borné qui ne pense pas à tout. — Altération du Christianisme. — Malebranche innocent malgré tout et invulnérable. — Son palais dans les nuages. — Bayle témoin et railleur. — Leibniz et Arnauld ; le vrai de leurs relations. — Arnauld non philosophe.

VII, pages 451 et suiv.

Derniers factums d'Arnauld. — Les Filles de l'Enfance. — Arnauld anti-orangiste. — Le *Péché philosophique*. — Le *faux Arnauld*. — Retour en France entrevu et fermé. — Dernière demeure à Bruxelles. — Préparation à la mort. — Fin paisible. — Sépulture cachée. — Éclat posthume. — Un mot sur Quesnel. — Boileau ami d'Arnauld et de Port-Royal. — Son rôle satirique au début, à côté de Molière. — Première rencontre de Boileau et d'Arnauld. — *Arrêt burlesque*. — Épitre iiie. — Le *Lutrin*. — La Satire des *Femmes* approuvée d'Arnauld. — L'*Amour de Dieu*; du jansénisme poétique de Boileau. — La Satire de l'*Équivoque*. — Découragement final et mort de Boileau. — Mort de Domat.

APPENDICE.

Sur les dispositions finales du cardinal de Retz	525
Le cardinal de Retz et les Jansénistes. Mémoire de M. de Chantelauze	526
Sur madame de Sablé	605
Sur le Père Comblat	608
Sur M. de Pontchâteau	609
Sur le docteur Targni	609
Sur M. de Harlai	613
Sur le Père Du Breuil	615
Sur l'Institut de l'Enfance	617
Sur Santeul	622
Sur M. Feydeau	625

FIN DE LA TABLE DES MATIÈRES.

1916. — Imprimerie générale de Ch. Lahure, rue de Fleurus, 9, à Paris.

www.ingramcontent.com/pod-product-compliance
Lightning Source LLC
Chambersburg PA
CBHW051318230426
43668CB00010B/1068